过云楼第一代主人顾文彬云："书画之于人，子瞻氏目为烟云过眼者也。"

苏轼，字子瞻。

烟云过眼，意出自苏轼著《宝绘堂记》"烟云之过眼，百鸟之感耳"之句。

又，南宋周公谨著《云烟过眼录》。

过云楼由此得名。

过云楼第一代主人顾文彬云："书画之于人，子瞻氏目为烟云过眼者也。"

苏轼，字子瞻。

烟云过眼，意出自苏轼著《宝绘堂记》"烟云之过眼，百鸟之感耳"之句。

又，南宋周公谨著《云烟过眼录》。

过云楼由此得名。

"十三五"国家重点图书

"过眼烟云——过云楼历代主人手书精粹"丛书

顧文彬日記（一）

（清）顾文彬 / 著

苏州市档案馆　苏州市过云楼文化研究会 / 编

文匯出版社

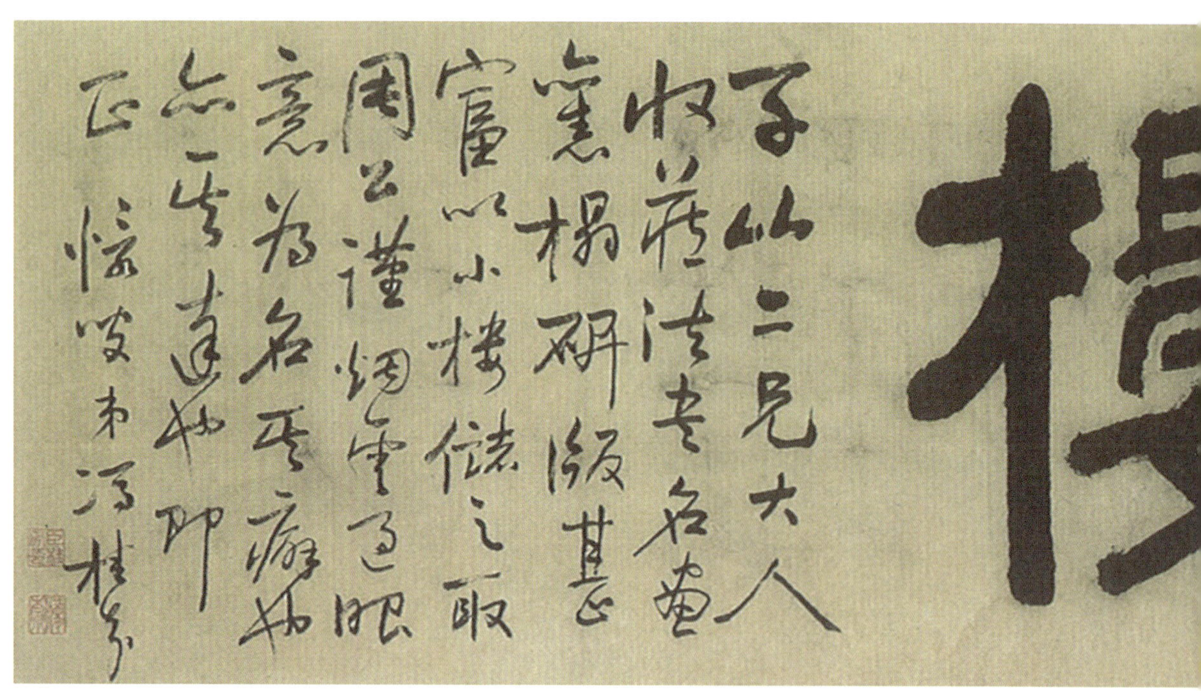

冯桂芬书“过云楼”

子山二兄大人收藏法书名画、旧拓碑版甚富，以小楼储之，取周公谨烟云过眼意为名，其癖也，亦其达也。即正。怀叟弟冯桂芬。

顾文彬晚年书“艮庵对联”

过云楼者，余收藏书画之所也。蓄意欲构此楼十余年矣，尘事牵率，卒卒未果。乙亥夏，余移疾归里，楼适落成，乃集辛幼安词句题之。时方有书画录之辑，故次联云尔。

丛书总序

苏州顾氏过云楼是江南最著名的藏画楼。该藏画楼建成于清同治十二年（1873），以书画名迹兼善本古籍收藏及文人雅士文化活动而驰名于世。素有“宁波天一阁，苏州过云楼”之称，为中国雅文化的一代经典和吴越士文化的最后高峰；据此一隅，可放眼整个大变革时代中的江南文脉之延续。

苏州望族顾氏传人，依托过云楼的藏品，以怡园为中心，云集名流，挥毫泼墨，国画、国学、诗词、古琴、昆曲、西画乃至摄影等无不切磋琢磨。《吴县志》云，怡园水木清华，“遂为有清一代艺苑传人之殿”。时至今日，昆曲与古琴艺术已被联合国教科文组织列入世界非物质文化遗产名录。绝世清音，生生不息。

由于战乱、“文革”、城市变迁等诸多因素，这座江南著名藏画楼曾一度湮没，并淡出公众视野。值得庆幸的是，顾氏后人几经周折尽力保存先人遗泽，方使此楼过半数之藏画、藏书至今完好无损。

藏书藏画之外，自清同光年间至民国时代，更有过云楼历代主人将过云楼本身的社会活动、文化交往、曲折经历手书成册。这些顾氏后人艰辛珍藏的私家版文献，乃过云楼四代主人之荟萃。从第一代顾文彬、第二代顾承、第三代顾麟士，到第四代顾公硕之代表性手书典籍，包括日记、家书、友朋信札、笔记、书画创作与私家法帖等，内容极其丰富，全面反映过云楼创建以来的发展历程与历史时期的文化风貌，诚为不可多得的历史文献。对过云楼历史容有不同的认识，但对其留存下来的历史文献价值当有目共睹。

这些文献作为家藏秘珍，绝少为外人所知。顾文彬的玄孙顾笃璜先生将珍藏的《顾文彬日记》《宦游鸿雪》《顾文彬手订年谱》《顾承书信》《顾公柔日记》等有关过云楼历代主人的珍贵文献无偿捐献给苏州市档案局（馆），为研究顾氏家族和过云楼文化提供了重要的第一手资料。档案文献不仅要妥善保管好，更要开发利用好，为此，苏州市档案局（馆）携手苏州市文广新局、苏州过云楼文化研究会、文汇出版社等相关单位精心策划，周详安排，组织专家团队编辑，集为“过眼烟云——过云楼历代主人手书精粹”丛书，作为“十三五”国家重点图书予以推出。此举洵称文坛盛事、学界美谈，故乐以为之小序云尔。

周振鹤

2016年10月于复旦大学光华楼

“过眼烟云——过云楼历代主人手书精粹”丛书
编纂委员会

顾　问：顾笃璜
主　任：钱　斌　李　杰
主　编：周振鹤
执行主编：钱　斌
编　委：徐国保　顾其正　沈慧瑛　卜鉴民　虞爱国
俞　菁　金德政　许晓霞　孙中旺

本册《顾文彬日记》
编纂委员会

主　任：钱　斌
委　员：钱　斌　沈慧瑛　卜鉴民　虞爱国　施　开
王仁斌　贾　莉　林忠华　谈　隽　张小明
谢　静　俞　菁　陈　亮　刘凤伟　陈进锋
孙勤康　陈　亮（大）

主　编：沈慧瑛
编　务：俞　菁　贾　莉　刘凤伟　毛鹂鹂　李志娟
倪嘉琪　王　燕　王怀芹　雷思雨
封面题签：郦　方
特邀篆刻（过眼烟云）：童衍方

过云楼第一代主人顾文彬七十四岁时画像

顾文彬（1811—1889），字蔚如，号子山、紫珊，晚号艮盦、艮庵。生于江苏苏州，道光二十一年（1841）进士，历任刑部主事、汉阳知府、宁绍台道员等。清代词人、书法家、收藏家。

他自幼喜爱书画，娴于诗词，尤以词名。其词多抒写离愁别绪，意境清幽，风格细密。工于书法。书法溯源欧、褚，所藏碑版卷轴，乌阑小字，题识殆遍。酷爱收藏，精于鉴别书画，创办过云楼，为第一代主人。

主要作品有《眉绿楼词》八卷、《过云楼书画记》十卷、《过云楼帖》《过云楼题画词》《艮庵手订年谱》等。

图书在版编目（CIP）数据

顾文彬日记 /（清）顾文彬著；苏州市档案馆，苏州市过云楼文化研究会编．— 上海：文汇出版社，2019.10
（“过眼烟云”：过云楼历代主人手书精粹 / 周振鹤主编）
ISBN 978-7-5496-3028-8

Ⅰ．①顾… Ⅱ．①顾… ②苏… ③苏… Ⅲ．①日记—作品集—中国—清代 Ⅳ．①I264.9

中国版本图书馆CIP数据核字（2019）第207724号

顾文彬日记

著　　者 /（清）顾文彬
编　　者 / 苏州市档案馆　苏州市过云楼文化研究会

丛书策划 / 陈雪春
丛书主编 / 周振鹤
责任编辑 / 吴　斐
装帧设计 / 周　丹
责任校对 / 章新明

出版发行 / **文匯**出版社
上海市威海路755号
（邮政编码200041）
印刷装订 / 苏州市大元印务有限公司
版　　次 / 2019年11月第1版
印　　次 / 2019年11月第1次印刷
开　　本 / 787×1092　1/16
字　　数 / 700千
印　　张 / 77.75

ISBN 978-7-5496-3028-8
定　　价 / 398.00元（全四册）

同治九年岁次庚午

正月

初一日　晴

黎明即起，礼拜天地、神祇、祖先。出门拜年，当道、本家、亲友，择其必应去者，约数十家。未刻回家，稍歇再出，归已抵暮。

天气甚暖，穿大毛嫌热。

初二日　晴

午后，游元妙观。

初三日　晴

午刻，往七夕生家午膳，践上年之约，归已申刻。

天气更暖，途人多穿棉衣。

赠七夕生六番。

初四日　晴

午后，独游元妙观。

晚祀财神。

初五日　晴

午后，至退楼家，与敉闲、采香推牌九，下六番。

下半夜雷雨。

初六日　雨

与七夕生有约，雨阻不果。

天气骤寒，仍御重裘。

初七日　雨

午后，至退楼家，与敹闲、采香、还巢推牌九，下三番，掷百花筹，下十番，退楼领八番，还巢领二番，均未付与。

酉刻，香严在外宅招饮，偕赴者贾芸樵、退楼、敹闲、还巢，侑觞者七夕生，二更始散。

夜大风严寒，瓶水皆冻。

初八日　晴

夜大雪严寒，滴水滴冻。

浦姬发寒热。

初九日　阴

午后，往拜张友山方伯夫人寿。

骏叔约同人讲德，上四番。

初十日　晴

申刻，仍踵昨局，平。

十一日　晴

程味亭来谈堂事，段山沙有土人王姓等来，欲占买堂田接涨之地，余坚拒不许。盖其地堂中已具呈承买，第缴价未清，故土人欲乘隙占买。若许之，则堂田水口为其所截，大有不利也。

夜雨，在枕上朦胧中得句，云："湖山信美非吾土，萍水相逢如故人。"似是远游投赠之作，志之，以待后验。

浦姬病愈。

十二日　雨

留孙朗石、陈季谷、朱槐轩午饭。

十三日　午前晴　午后雨

午刻，赴李军门春酒，共两席，同席者德静山、应敏斋、杜小舫、涂朗轩、王荫斋、贾芸樵、汪秉斋。

十四日　阴　晚晴　夜雨

申刻，同人讲德，上六番。

十六日　晴

午前，拜张友山方伯太夫人八十寿，与李质堂同席。访冯林一，未晤。答常镇道沈公。

午后，至育婴堂，林一亦来。与味亭公议，将段山思贤港沙田批与土人王、叶二姓，每亩议价二千四百文，约二月来定局。

十七日　晴

午后，访巧云茗话。

十八日　晴

织造德静山招饮，借湖南会馆演大章班，共三席，同席者李质堂、英茂文名朴，督粮道，在都中旧识也、王荫斋、贾芸樵、汪秉斋、潘季玉。午刻到，亥刻散。

十九日　晴

送彭芍亭行，未晤，托其带朱研生银、物、信。答金眉生晤谈。

午后，访巧云。晚饭，留宿未果，归已二鼓。

二十日　晴

羖闲招饮，与金眉生、许××、汪秉斋同席，席散推牌九。盛杏荪亦来，余无胜负，先归。归途往晤退楼，感冒新愈。

廿一日　晴

午后，杏荪邀手谈，羖闲、还巢诸君俱到，余不欲入局，先归。

廿三日　晴

往谒李小泉，未晤。小泉由浙抚调署两湖制府，路经苏郡，郡绅有公请之局，闻已辞矣。答潘心田，于女堂略谈。拜应敏斋，未晤。

廿七日　晴

赴吴守约之吊。往晤陈达甫，初登其堂，即金侣卿故宅。

廿八日　晴

午后，访七夕生，因客来而返。

廿九日　晴

未刻，同人讲德，胜廿七番，敹闲负百余番，恐未能全璧归赵矣。

三十日　晴

午后，至府学观演学，自中丞以下，各官俱到，绅士到者亦多。

往晤应敏斋，与谈德馨转票事。

二月

初一日　晴

先通奉公十周年忌辰，在宝积寺礼忏一日。亲友来拜者，素斋，午饭坐四席。申刻，往晤李薇生，领刘中丞存典规银一千两。晤厉慕韩，代王介生递控，化铜作把。持公禀往拜汪耕余，未晤，晤其账房友高西园，代谢选青。交税契、房契一纸。晤退楼，交与履历，托其代主起服呈稿。

初二日　先阴后雨

巳初，偕江子山、骏叔至胥门码头下船，往光福看梅。傍晚至圩里李家，即子山收租栈，止宿过木渎，访冯景翁。

初三日　阴

辰刻起，待山轿不至，步行至一仁堂，觅得山轿两乘，时已午初，偕骏叔先至司徒庙，次至石壁，次至石楼，次至圣恩寺，归已抵暮。

司徒庙前年因看桂，曾偕端卿到彼一宿。清、奇、古、怪四柏彼时尚在荒烟蔓草中，近则缭以围墙。柏之清者直干于霄；古者亦耸峙，周身作绞纽纹，如文与也画法；奇者身已卧地，顶上之枝又昂起；怪者半腹已空，只剩枯皮，亦卧地，上半之枝槎枒拄地，宛如树根。此外，尚有三柏，大亦相等，直干者二，其一齐腰折断，横若桥梁，近顶之枝俯地而起，亦甚奇矫，为四柏所掩，而名不彰。草木之传播，亦有幸不幸耶？

石壁庵基甚小，面临太湖，背负石壁，纵横数丈，壁下修竹成林，境甚幽邃。

石楼庵亦甚小，惟寺门外竹林数千竿，皆干霄直上。东有高冈，登之亦可望太湖。

圣恩寺规模宏敞，郡中所无，虽经兵燹，寺外树木尽摧为薪，而寺中佛像殿宇皆未毁，正殿前古柏四株，大者逾于司徒庙。至还元阁，观所藏太公钟及叶璠所画五十三参册，有金耿庵对题。

登藏经阁，观藏经已不全及血书《华严经》。

登钟楼，楼三层，钟悬上层，极大极精，钟上镌《法华经》全部，如指顶大，皆阴文，故疑是镌非铸也。

主人李君邀晚饭，同席江子山及其子奕之，并帐友陶君与骏叔。

初四日　阴

辰刻起，下船，与江奕之及骏叔偕归。至木渎，访周子曾，未晤。至胥门码头上岸，访七夕生，小坐，归已抵暮。

初五日　阴

午后，盛杏荪来，代郑润记书济成典票，知其即日起身往湖北。

初六日　晴

未刻，同人讲德。

初八日　晴

先妣张太夫人八十冥诞，在宝积寺礼忏一日，亲友来拜者，坐四席。

初九日　晴

午后，往晤应敏翁，托其谈德馨钱铺转票事，并赠以种子古方及余平素按摩之功。往晤盛旭人、吴平斋，俱略谈。

初十日　晴

午后，同人讲德，胜四十一元。

十一日　晴

如冠九署粮道押运进京，道出于此，来晤畅谈。

十二日　雨

午刻，请如冠九、彭芍亭、盛旭人，出所藏四王卷册，与冠九观。

十三日　晴

午后，敉闲来，同访旭人，偕往湖南会馆，欲借其地演剧，先相度之。余与旭人同访巧云，小坐，抵暮而归。余复往观还巢新辟小园。

（眉批：余竭力作撮合山，而旭人后竟娶张姬，论貌远不如巧云。舍此取彼，岂非前定之缘？）

十四日

往拜程味亭之母冥诞，留饭。

申刻，同人讲德，胜十一元。

香严招饮，未去。

十六日　晴

未刻，借湖南会馆公局演大章班，正厅两席，客惟许缘仲、王荫斋，此外李质堂、德静山、李眉生、贾芸樵、吴退楼、盛旭人、汪梦棠、潘季玉与余皆主人也。西厢女眷一席，眉生、梦棠各一妾，余两妾，公论推余妾张姬为冠。酒肴极丰美，季玉承办，所费共一百三十余元。亥刻始散。

十七日　晴

午刻，往拜应敏翁之太夫人常诞，留面。公送小戏班、清音等礼。

申刻，访七夕生，赠以侧托两支、翠簪一支。

十八日　晴

午后，敏斋还席，公送大章班两席，李质堂、德静山、方子箴、张友山、贾芸樵、倪醉轩、汪梦棠、潘季玉与余，亥刻散。

十九日　晴

观音生日，余与浦姬、七夕生偕至圆通庵烧香。午饭后，往游拙政园、程公祠，归已抵暮。

二十日　晴

午后，讲德，胜三十七元。申刻，在梦棠处与季玉公请方子箴都转，退楼作陪，侑觞者七夕生、陈巧琳、王兰卿，亥刻散。

廿一日　晴

巳刻，往候厉慕韩，托其补用起复甘结印，候汪耕余，托其谢氏税契事，俱未见。谒丁中丞，亦未见。

未刻，往观前买物。访七夕生，折柳条赠别。

廿二日　晴

午后，偕梦棠访李薇翁，为郡庙道士事，复至观前买物。

作京信复研生。

廿五日　晴

午后，谒见中丞，告以起复事，中丞许为出奏。访应敏翁，未晤。

廿六日　晴

送借结至元署用印，送至抚院，未谒见。晤香严。酉刻，江子山、陈佩萸、郭孟衡、程韬安、何寿岭在迎风阁饯行。微雨，先归。

廿七日　晴

辰刻，至胥门下船，挈眷至下沙扫墓。申刻回，至胥门上岸。送程申甫笔墨费六元。访七夕生。

廿八日　晴

午后，访退楼并晤小舫。

廿九日　阴

午后，何子贞来晤，已扶杖而行，谈次精神尚足。

三十日　晴

午后，往亲友处辞行。

上灯后，应敏翁来送行。

三月

初一日　晴

午后，往当道处辞行，谒见丁中丞，此外藩、臬、首府俱未见。

函封刘松翁存典利折，交李薇翁。

申刻，在家起身登舟，舟泊胥门码头，承儿、祥孙、卓卿、小庄俱送至舟中。

夜雨。

初二日　雨

黎明，张姬与朱妪登舟，伴余入都也。此举早经定见，虑浦姬知而相阻，因未声张，至是潜令张姬同行，托言儿辈送我登舟，见我凄然不乐，始商定此举。

申刻，至昆山宿。

初三日　雨

卯刻，开船。申刻，至黄渡宿。

初四日　雨

卯刻，开船。申刻，至洋泾浜二摆渡宿。

初五日　晴

辰刻，登岸，寓在荣锦里椿记客栈，与徐燮堂、朱忆萱、程韵泉同寓。

午刻，燮堂招饮复新园，同席者李松卿、春谷、沈旭初问梅子、忆萱、韵泉。

晚饭后，燮堂邀往丹桂园观演京班夜戏。张姬坐包楼，余与日间同席诸君坐正席。归已子正。

初六日　晴

往拜王黼庭、黄焕烟、沈旭初，俱未晤。晤叶咏仙，往德馨钱庄注明会票付利，展期至九月十五本利俱还。

午后，忆萱、韵泉邀往三雅园观演大章班，张姬仍坐包楼。

散后，偕忆萱访潘秀宝，秀色可餐，名下无虚也。

上灯后，严莘钼招饮泰和楼，同席者席馥斋、翁序卿，侑觞者凤宝、宝珠、金珠。

昨日接元号家信，知二媳于初四日丑刻病故，即发元号信一封。另纸谕慰浦姬。

初七日　雨

王黼庭来，交与宝珠家缴案洋三十元。

发第二号家信。复吴平斋信，因接其来信，有托致乔空偪中丞信件，并提广庵交漕米未足事，被经手人所误，嘱其速交。

上灯后，潘少麦招饮复盛堂，同席者潘季楂、王俊卿、朱忆萱。本堂伎十余人，无出色者。忆萱唤秀宝出局，压倒群芳矣。

初八日　晴

午刻，偕张姬至丹桂园观春台部。

酉刻，陈宝渠招饮，在会审公署，同席者徐燮堂、冯××。

初九日　晴

发三号家信，又致梦棠一函。

午后，偕张姬至金桂轩观徽班，与春台部不相上下。有小旦演紫金锁者，色颇佳，惜不知其名。

晚饭后，燮堂邀往同桂轩，观新到之广东班，到门见外国人争闹，内则闭门，外则投石，未及进门而返。

初十日　晴

午刻，金邠怀来，偕访张子祥，观其所藏石田《集庆堂》卷、廉州《对题仿古》册及各家立轴扇面，买其印色一盒。

十一日　微雨

往晤金保三，见沈石田《花石立鹅》轴、陈白阳《芙蓉墨石》轴、赵松雪青绿山水轴、吴小仙《渔乐图》卷、倪文贞字卷《律诗六首赠范贤公》者，顾湘舟旧藏；另有花卉卷，乃赝本新配者。晤徐顺之，见董、张两文敏字册，甚精，戴醇士山水卷，赠余家刻八种。晤严莘钼，托其买戒烟丸。答冯培之、黄梅先，俱晤。答而未晤者，叶云岩、朱霁峰。

午后，偕张姬至金桂轩观富春部。

申刻，黄焕烟来邀，往谢秀宝家饮，姿态秀媚，工于酬应，足与潘秀宝相埒。同席者五人，出局伎四人，皆不记其姓名。归途至沈十全家茗。

十二日　晴

至张子蕃古香斋，见鲜于伯几字卷、李子威黼字卷，题跋数十家，沈石田山水卷，皆真迹，余俱不足观。

午后，独至长兴阁茶室，观花鼓戏，鄙俗可叹。

晚饭后，偕张姬至丹桂园观春台部。

接承之十一日家信。

十三日　晴　暮雨

冯培之、黄梅先招饮复新楼，同席者徐燮堂、严兰卿昆季。

发第四号家信。

十四日　晴

午后，偕张姬至金桂园观富春部。

夜雨。

十五日　雨

上灯时，忆萱招饮，在潘秀宝家，同席黄焕英、严莘钼、高志堂，出局谢秀宝、王又娟。

十六日　晴

辰刻，往贺冯林一令孙入赘之喜。往晤叶云岩。答潘露园，未晤。

严兰卿昆季来，知新南浔轮船已到。

接承之十五日家信。

十七日　阴

巳刻，兰卿来约看新南浔轮船。先坐小渡船，行至申江中流，逆风逆水，颠簸异常，急令返棹，后坐小车至惇裕码头上轮船，定其舱位一间，付与兰卿船价九十两。

午后大雨。

十八日　雨

兰卿来，云新南浔船因货少不开，改开行如飞船，约明日往看。

发第五号家信。

十九日　晴

巳刻，兰卿来约看行如飞轮船，有浙江编修颜雪庐宗仪同往。

午后，登轮船，张姨与朱妪共住一小舱房，并未加钱，我与下人俱住大舱。

朱忆萱、颜雪庐俱同伴，徐燮堂因解军火不及同行，叶咏仙另搭海龙轮船。

二十日　晴

轮船上货，未开。

廿一日　晴

寅刻，开船。是日微风，稍有颠簸，张姨与朱妪皆吐，余略觉头晕。

廿二日　晴

过黑水洋，波平如镜，舟人皆谓向来稀有。

廿三日　晴

平静如昨，至燕台小住，起货即行，至此始见山，山皆无树木。

是日天后圣诞，俗名“娘娘报”。上灯后忽起风，舟之颠簸甚于初开，张姨与朱妪复吐。

廿四日

辰刻，至紫竹林。午刻，抵天津。未刻，至惇裕洋行借寓，管事者叶子晋、翁鹤田，皆洞庭山人，兰卿有信托其招呼，故宾至如归，雪庐亦同寓。

廿五日

午后，与雪庐偕往观剧，脚色尚可，而行头极敝。

是日，雇定轿车六辆。

廿六日　晴

黎明开车，杨村尖，河西务宿。

雪庐同伴。

廿七日　晴

黎明开车，码头尖，俞家卫宿，先遣赵学进城，托研生备车来接。

廿八日　晴

巳刻，研生备车来接。余与张姨各坐大鞍车一辆，行至沙窝门，研生与张姨之车先进城，余为门隶所阻，诈去京钱三千。至研生公馆，即余昔年旧寓，所住西边楼下两间，昔年研生入赘新房，相隔二十年，迭为宾主，亦是奇缘。惟念及浦夫人与次儿夫妇，室在人亡，怆然于怀。

是日，行李车为门隶及税局百方需索，托叶恒泰店友陶醇甫关说，至上灯后始放回，共费税银二十两每箱四两，另费京钱六十千。

廿九日　晴

午后，与研生坐车先至恒泰店，晤叶小韩，以银百两托其换钱，并划去昨日垫付税银，先取二百千票归。

至源泰店，晤姚守堂，买刻丝补一副。

至间壁凤仪帽局买纬帽。

回寓后往晤雪庐，先取回代垫京钱三十三千。

往琉璃厂洗浴。至博古斋，晤李老三，观书画十余件，内有石谷临山樵长卷，索价四十两，方方壶小立轴，索价四十两，以此二件为最，惜价昂不能买也。

三十日　晴

发第七号家信。

午后，至博古斋，取王觉斯字册归。

四月

初一日　晴

汪鸣銮、吴景萱来。

午后，李老三来观字画，令其评价。余复往博古斋，约其店伙将字画一箱抬去，托其销售。

初二日　阴

午后，步至孝顺胡同，晤姚守堂，托其买女衫里子，归途买帽合、护书。

和颜雪庐见赠之作：

巨舟如一叶，浪簸又风颠。
安枕初无地，乘槎欲上天。

笠车敦气谊，缁素续尘缘。
愿践西湖约，烟波系画船。

一识陈惊坐，如登太华颠。
词臣心恋阙，关吏势熏天。
系楫澄清志，联吟翰墨缘。
使星秋更朗，碧汉看横船。

附录颜宗仪原作：

昨脱惊涛险，锋车不畏颠。
平沙黄到海，远树碧黏天。
挥扇真名士，同舟有宿缘。
何当来浙水，携手上湖船。

（眉批：湖船之约竟成诗谶，明春当可践约矣。）

初三日　晴　大风

颜雪庐来还垫付税银，以和诗赠之。

初四日　晴

至博古斋，取归罗念庵洪先诗翰册、傅青主山楷书册。

午后，访姚守堂，托其为李眉生代办皮帽、皮统各物，偕至天丰金店，为张姬制金手锁链。

初五日　晴

始出门拜客，穷日之力，城外之客俱拜完。晤者潘星斋、蒋子良、汪小樵、柳门、洪文卿、吴畹卿、朱玉圃、冯申之、顾俊叔、蒋松生、徐绍圃、曾印若、顾缉庭。

尹耕云托蒋子良问书画价，先是余以书画三十余件托博古斋之李老三销售，李老三送与耕云阅看，耕云知系余物，故托子良来问。余虽告以所择八件索价四百余金，然因李老三是经手人，嘱其不可撇却也。

初六日　晴

是日立夏。

辰刻，往晤陈小舫，托其投吏科文书。往拜汪芾村、彭 ××、许星叔，俱晤。

午后，进东城谒官中堂，他出未晤。晤沈经笙总宪，至恒泰取回京钱百千。

至博古斋，晤老三，告以耕云问价事。

晚饭，研生邀小酌。

初七日　晴

午后，至博古斋，取回汉玉印一方，兽头雕琢浑朴，红白分明，晶莹透澈，惜无字耳。

初八日　晴

午后，往谒官秀峰师，晤谈良久。

初九日　晴

巳刻，往贺庞宝生升总宪，往拜江黄舫，俱未晤。

汪芾村为其尊人杏春做寿，在文昌馆演剧。午饭而归。

酉刻，往余庆堂，赴蒋子良招饮，客两席，相识者江芙舫、尹杏农。

初十日　晴

宋雪帆、官秀峰师俱来谈。

申刻，雷雨。

夜雨达旦。枕上闻檐滴声，甚喜，都中近日久旱。

皇上三日前祈雨也。

十一日　晴

午后，至松筠庵，访心泉和尚不值，遇雨而归，小雨即止。

十二日　晴

巳刻，访心泉和尚，见其所藏书画各件。一夏珪纸本山水卷，有俞紫芝、黄大痴、柯丹邱、文衡山跋；一恽香山纸本水墨山水册；一恽香山青绿山水册；一王西庐山水册，先画七页，后补三页，有王员照跋；一恽南田山水册，诒晋斋藏本；一恽南田花鸟册；一恽南田扇面册；一黄瘿瓢画册；一蒋南沙绢本花卉册。皆真迹，其中以南田山水册为最佳。有陶九成绢本山水册，乃伪迹，盖旧画添款者。又见汉玉各件，大拱璧两件、圭一件、杠头两件、文带两件、书镇一件，其中以杠头为最佳。

申刻，叶咏仙招饮，与研生同往，因待客未齐，先至四条胡同买料货各件。晚饮，同席者汪小樵、陈培之、吴畹卿。

得浦姨三月廿七日信。

十三日　晴

午后，至松竹斋晤张仰山，谈古颇洽，取回汉玉两小件，又绞丝圈一件。

十四日　晴

至松竹斋取回旧拓《佛遗教经》一本，后有翁覃溪跋。

十五日　晴

往晤李眉卿，山东人，刑部员外，其父竹朋，刻《古泉汇》者，知其识古泉，兼识书画，一见如故，约他日同游厂肆。

补贺沈凤池迁居之喜。

往拜彭会之久余，新升吏左，未晤。

赴许星叔招饮，同席者安徽藩司吴竹庄坤修、尹杏农、夏巘云。

是日考试差，文题"'旧令尹之政'至'悉矣'"；经题"惟时亮天工"；诗题"水石会平分，得'分'字"。余拟作律诗一首，及观研生考作第五联，与余第七联不谋而合，亦一奇也。

发第八号家信，托恒泰寄。

十六日　晴

往松竹斋，取回石谷《竹趣》卷。往博古斋，取回汉铜官印两方，滇黄马纽印一方。往筠青阁，将前所见之吴文中彬画《辋川图》小卷、仇十洲人物画扇面一页，添价至九金，尚不肯售。

十七日　晴

往松竹斋，见祝枝山纸本小行书册，临米字极精。至论古斋，见其管事萧钟山，素耳余名，相接甚殷勤。见卷册颇多，佳者寥寥，内有萧照山水长卷，画极古厚，非明以后人所能到，然不知其真赝也。

十八日　晴

往晤李眉卿。

午后，至筠青阁，向其管事王泉坡买得吴文中《辋川图》，价八金。

至论古斋，见绢本石田大轴、纸本文衡山、王员照中轴，皆山水，甚佳。又见查二瞻山水纸本小册，极精。据云，已为人买去，价十四金。

十九日　晴

陈培之令爱招赘，贺喜。

未刻，赴文昌馆，宋雪帆招饮，观演四喜部。

酉刻，赴庞宝翁招饮，同席方 ××、段 ××、周 ××、尹杏农。

二十日　晴

往谒彭会之侍郎久余，托其催选勋两司，速办投供公事。

往晤胡石查义赞，河南人，辛卯同年胡仁颐之子。前日李眉卿称其精于鉴古，故往拜之。先是前在论古斋见查二瞻山水册，爱其工致，向其借观，携在车中，出示石查，一见决为赝本。余询其于何决之，曰家藏亦有一本，取出勘对，画境、题字并于升双款，丝毫无二。审视之，觉款字亦嫩，始识其伪。若非石查说破，几乎以善价得之。甚矣，赏鉴之难也。

午刻，至长元吴会馆，赴同乡公请，共三席，余打通关一巡，大获全胜。

廿一日　晴

偕研生往松竹斋，取回汉玉鸠杖头一件，惜为俗工琢损下颔。余携向文华银楼，托其以金镶之。

往晤姚守堂，交与银十七两零。

酉刻，偕研生赴汪小樵招饮，同席者邵小村，系辛卯同年邵又村灿之子，朱 ××、洪文卿、顾缉庭、吴畹卿，拇战，饮颇酣。

得四月初七日家信。

廿二日　微雨

午刻，赴江芙舫招饮，在安徽会馆演四喜部，与潘星斋同席。

廿三日　晴

未刻，约胡石查在博古斋会晤，偕往各古玩铺，买得小币廿余枚，小钱刀十余枚，罄币二枚，两半钱一枚，磁轴头三枚，牙轴头一枚，所费止五十余千。

廿四日　晴

往松竹斋，购得鹅眼五铢钱四枚，取回汉印两方。

午后，往晤胡寄舫肇智，志春圃和及蔚丰厚之伙补兰、乾盛亨之伙兰谷。往拜官秀峰师、江芙舫、载鹤峰、宝东山、联凯、庆裕、官三世叔，俱未晤。

廿五日　晴

往润鉴斋，晤其管事人雷际云，购得马钱七十枚，罄币一枚，议价三十六金。翻《古泉汇》所载，马钱止一百廿枚，今一朝而十获其七，岂非快事？虽费多金，何悔焉！

廿六日　晴

昨所取马钱尚有剔剩者九枚，然亦非重复者，复往润鉴斋挑取七枚，余二枚，似皆赝品，断不能入选矣。

午后，往晤许星叔，交与履历。拜同年苏勒布，未晤。胡寄舲有信来云，事已办妥，五月朔准可投供矣。

往论古斋，取回王孟端山水长卷，索价五十金。在亦古斋购得唐六如画《墨石菖蒲盆》立轴，价京钱四十千，又汉玉钩一枚，白质斑文，制亦古朴，价京钱二十千文。

廿七日　晴

午后起阵，雷声大而雨点小，须臾即止。

廿八日　晴

午后，蔚丰厚管事孔惇五招往广德楼，观剧四喜部。晚至惠丰堂饭，同席者湖北二人、湖南一人，皆忘其姓名。先拇战获胜，后主人唤艳侬侑觞，复与拇战，小胜。

廿九日　晴

往晤彭味之，托其招呼进单事。

五月

初一日　晴

赴吏部投供，巳刻往，午正始点名。往晤胡季临，询其应否进单，据云应进，后闻其几将司官申饬，其议始定。谒见官秀峰，长谈。

初四日　晴

至松筠庵，见心泉和尚所藏智永《千文》卷墨迹，杨忠烈涟奏稿卷，渐江和尚山水小卷，董文敏仿赵细笔设色山水轴，徐幼文山水小轴，恽南田《睡鸟图》轴，吴渔山仿山樵立轴、廉州仿倪轴。

往晤胡石查，见景剑泉，托其所销汉玉各件，皆平常。往拜景剑泉，及选司掌印何枢，均未见。

午后，往贺秀峰师节禧。至源泰，晤守堂。

赴燮堂招，在广德楼观春台班。

灯下写九号家信。

初五日　晴

许星叔来晤，言进单事尚须请枢堂主裁，因致书胡季临，托其转致正堂沈经笙。

三次游厂还账，在德宝家见心泉和尚所押恽花卉两本：一唐北枝旧藏，甚佳；一与余带来一本相伯仲。

在英古家以十金得恽南田临米行草卷，汉玉虎头一枚。

（眉批：恽字不真，玉虎头亦是提色。恽字款是辛未，乃南田已故之明年。玉虎头用力盘之，黑色易褪，此皆不的之明证。及携归苏中，见者皆叹赏，可见真鉴之难。）

晤张仰山，取回马钱五枚。

申刻，往晤朱茗笙，知吏部知照军机后，伊将军机进单条款内有一条云：朱笔特简道府，原系请旨缺，丁忧起复，方准进单。此条与余之原系选缺相背。及胡文忠请旨简放正折密保附片，并李中丞善后案内奏请交军机记名原折，俱呈堂请枢堂定夺，枢堂酌议至一时之久方谕准进单。吁！可谓艰难险阻矣。

初六日　晴

往晤许星叔，谢其进单事，向非星叔嘱余往托茗笙，必不能如此着力，星叔之为功不小矣。

往晤景剑泉，见其所藏董思翁临米袖卷、恽南田山水轴，皆精。又月泉和尚《葛洪移居》轴。又见汉玉钩两枚，其一与余藏钩竟是一对，惟腹上亦作琴式而花纹不同，否则几乎分别不出，可谓奇事。扳指一枚，通身黑色，露两白点，甚佳，又圭一件，亦是黑色而不露本质，似不见佳。

往谢彭会之、施小珊，俱未晤。

胡季临信来，并附示沈经翁回信，云已商定，然经翁信中有章京拘于旧例，拟不进单，幸堂议偏重特简一边，方准进单，知茗笙亦不可靠也。

初七日　晴

往晤心泉和尚，与谈古玉，并见其所藏小品数件。

午后，至润鉴斋，翻阅书画，取归数种，内有翁覃溪写《金刚经》，可与石庵写经成对。又有雪庵和尚写韩诗卷，颇佳，惜首数行残缺。又有明人书册，内有柳如是、阮大铖两人书，亦罕见之品。

初八日　晴

午后，至德宝斋，观周荇农所当书画，共四十余件，内有十余件绝佳者，另记于所见书画录中。

初九日　晴

巳刻，朱玉圃世兄招饮谢公祠，同席者颜雪庐、朱少伯、庆裕、曾 ××。

答钱调甫、邵小村、汤似瑄。

初十日　晴

秦谊亭来晤，索观书画，将新得各种及旧藏沈石田三卷、石谷一卷、南田一册并博古之大痴、方壶、天游三轴与观。

午刻，姚守堂招饮东兴居，复往庆和园，观三庆部，看三出即归。

论古斋取去恽册、沈两卷。谊亭送来柳如是《五柳高隐》卷，纸本，钱牧斋题右方，袁简斋题引首。顾横波画《梅兰竹菊》卷，纸本，龚芝麓题引首，吴梅村题七绝于卷尾。

十一日　晴

至松竹斋取回小玉钩一件。

酉刻，赴胡小蘧招饮谢公祠，同席五人，皆其同乡，相识者只夏巘云一人，上灯时已散。

十二日　晴

景剑泉来晤，索观石田《吴山草堂》卷、吴文中《辋川图》卷、石谷《清閟阁图》卷。谊亭送阅之柳、顾两卷，还价十二金，据复云，前途须廿八金方肯售，乃还之。

（眉批：柳、顾两卷若的是真迹，即廿八金亦不为贵。余因无可印证，未能灼然无疑，故姑舍是。）

十三日　晴

午后，至黄协卿观寄售书画，捡得赵伯驹卷、王麓台轴、傅青主、王熙字轴四种，还价二百千。

往答董云卿。赴陈小舫招饮，同席者钱调甫、彭会之、孙芥航。

晚雨，即止。

十四日　晴

发十号家信，手拓马钱八十二品，附入信中，托源泰寄苏。

十五日　晴

午刻，苏府同乡在三邑馆公请钱调甫，邀余往陪，共三席，未刻散。

十七日　晴

蒋松生、汪惠生招饮，辞之。

十八日　晴

苏省大同乡在文昌馆团拜，公请外官，余亦与焉，辞之。

十九日　晴

往西城请善霞卿占课，问简放之期，据云秋季可得。又代研生占放差事，据云可得房差，若学差须打补子，存其说以待验否霞卿，旗人，向官国子监。

访彭芍亭，答蒋香生，均晤。送钱调甫行。贺朱茗笙升通副喜。晤施小珊，托查起复与投供名次先后。

胡石查处送来古泉，择其压胜十余品。

二十日　晴

送交张慕青投供费八十千。

托盛宇怀带回十一号家信，附寄压胜钱大小四十九品、刀币蚁鼻钱五十二品、铜象棋一付、蛮夷印一方、纸本文衡山画轴一帧、罗念庵字册一本、绫本字画直幅八帧。眉生托买物四包，并致退楼、还巢、眉生之信，杏仁十斤。

以二金得龚半千绫本画轴一帧于德宝斋，并携归傅青主父子字卷三个。以三十金得王孟端纸本水墨山水长卷，复见宋拓《定武兰亭》卷，笪江上藏本，后归高江村，稀世物也，索价百金，急携之归，志在必得。

廿一日　晴

以二十千得白玉带钩一枚，送与外孙。以三十千得压胜钱八品，还衡山画轴、郭玉龙隶书小对，价二十千，于彩笔斋。

（眉批：衡山画粗笔草草，而字则本色，余决为真而骏叔乃疑其伪，归当细辨。）

廿二日　微雨

在德宝斋见傅青主草书大轴一帧，草书唐人七绝条幅十二帧，皆纸本，屏末幅自跋三行，秃笔狂草，字多不识。后见其父子杂书册两本。青主所书皆断简残编，首页仿颜楷书为最，余皆信手。寿毛所书小楷甚工，全法晋人，胜于前日所见行草卷。

在松竹斋携归李世倬手抄《草诀辨疑》一本二金得之。

廿三日　晴

在论古斋取回石谷《十万图》纸本册一本，索价八十金。

以十六千文得王酉室《逍遥亭图》卷于宝古斋。

廿四日　阴

往晤胡石查，送还代购古泉廿四千，又以滇黄、寿山印章两方托其转交史 ×× 刻字。又见其《对临戴醇士山水》册，颇可乱真。又见四马崇祯泉，甚精。又见其所藏陈寿卿《秦汉印谱》八本，极精。向其借《茶余客话》一部。

往晤秦谊亭，见其所藏石谷水墨山水卷，后有南田题，原本有自题数行，不知为何人截断，幸未失落。又有仇十洲、王廉州山水小册，惜皆绢本。罗两峰鸟兽、花卉册两本，纸本。

以七金在德宝斋买小古铜器廿一种，又以三金买古锦数张。

廿五日　微雨

往晤心泉和尚，见其所藏王振鹏《竞渡图》卷，绢本；石谷水墨山水卷，纸本，似未竟之稿，有自题数行；新罗鸟兽花卉册十四页。

在松竹斋携归丁云鹏临郭河阳细笔水墨山水卷，有范允临跋。

（眉批：丁云鹏卷未买，毕竟可惜，否则恰好与宋石门《白岳图》成对，皆另开生面，有奇趣也。后在德宝斋见王小厓之子质丁云鹏水墨山水册，用笔极工细静穆，全仿宋元，有观止之叹。）

至德宝斋，还其傅寿毛字卷，以六金买其文休承绢本水墨山水轴，又以八金买印谱百种。适李眉卿来，坐谈良久。

《茶余客话》载藕复妇人膝袜始于杨妃，见《致虚杂俎》，遂成断句云：

蹴鞠不禁松藕复，送钩时觉碍葱尖。

夜雨。

廿六日　大雨竟日

至汪芾村家，与芍亭、培之、羽香默和，下廿八千。

天津天主堂法国人贿通地方无赖，将小孩赚入堂内，挖去眼睛及心，埋尸地下，被百姓搜获，聚众二三万人，殴毙领事官，烧毁天主堂。天津道崇地山驰奏，上谕命曾中堂驰驿前往查办。

廿八日　晴

是日，慈仁寺祭顾亭林先生，有知单来邀余，因熟识者只秦谊亭一人，此外无一相识，惮于酬接，故未去。

还德宝斋小铜器价银七两。与论古斋议定宋拓《定武兰亭》卷、王石谷《十万图》册，价银八十两。近日快心之事，除军机进单外，此事为最。然进单一节尚属分内之事，此则得之意外者。平心而论，即石谷册已值此数，《兰亭》卷只算平空拾得，论此卷价值，即三百金不为贵也。

论古斋携示宋人《九老图》卷，绢本，无款无印，虽属旧画，未能决其为宋也，李季云物，前签后跋皆季云手笔，何子贞楷书诗跋极精。又示明人扇面册四十页，字多画少，以烟客画为最。

大便干结，努力三四次始下，甚矣其惫。

廿九日　晴

还论古画价三十两。

心泉和尚来，观余新得书画，极叹赏九龙山人长卷，谓值百金。又与之同游厂肆，至德宝观其所质各种，南田纸本山水册八页，又纸本花卉册二本，绢本花卉册一本，绢本松水仙轴一幅，董思翁绢本山水轴一幅，刘松年绢本人物手卷一件，此外小品不能悉记。

大雨竟夜。

三十日　晴

酉刻，赴彭味之招饮，同席者皆其湖广同乡。

六月

初一日　晴

巳刻，赴吏部投供。

谒秀峰师，晤谈良久。

初二日　晴

至松筠庵晤心泉和尚，携石田《吴中草堂》卷示之，再观其智永《千文》卷，议价一百五十金，当即携归。

初四日　晴

发第十二号家信，附致退楼信，托源泰寄南。

访张慕青，托其查昔年起复文曾否到部。

便道至阡儿胡同五圣庵，三十年前会试，三次寓此。问旧人，无一存者，殊有丁令威化鹤归来，城郭犹是，人民已非之慨。庵外东西两洼，积潦如池，绿树环绕，大有南中风景。

午后，游厂，以五金得绫本傅青主大草直幅于凝秀阁。

在德宝斋见王觉斯临钟太傅小楷书四段小卷，笔笔矜严，绝去纵横习气，惜是绢本，后有朱竹垞、陈香泉诸跋。

以智永《千文》卷送还心泉，无从张罗价值也。

初五日　晴

得承之五月十四信，又得浦姨及其父信。

初六日　晴

视李镜湖病。

以二金半得毛际可绫本山水于博古斋。

初七日　阴

答晤彭味之，前曾托其查元年起复文曾否到部，据云，查选司并无此件。

（眉批：塞翁失马，安知非福？幸为申甫所误，压迟一月，反得杭省之缺。）

答温平叔、朱茗笙、颜雪庐、吴子植、陈赓畴，俱未晤。

心泉和尚来看《定武兰亭》卷、石谷《十万图》册，评价值三百金。

虎丘山僧月智来辞行。

初八日　先雨后晴

研生招午饮，同席有徐夔堂、汪小樵、沈凤池、沈 ××、许鹤巢、彭芍亭、吴畹卿。

从博古收回曼生字册，十六两添入四两，付还论古三十两。

初十日　晴

在德宝斋见所押石谷纸本山水册，真而不妙，又见文、沈、唐、仇扇册画六页，皆真，内有十洲画《文姬归汉》一页，衡山楷书《胡笳十八拍》于对页，精绝。

（眉批：十洲画、衡山字，此两页愿以十金购之，竟不能成，惜哉！）

十一日　晴

在德宝斋见仇十洲佛像两轴，皆纸本，一作夹叶树一株，古佛一尊倚于树枝，四面皆用墨水烘托；一白描两罗汉，一向一背，在云中共观经卷，一大士坐于莲花上，一布袋罗汉坐，作欠伸状，四面皆海水环绕，左角有王世贞题，下左方隶书“李龙眠画，仇实父谨摹”。以余所见，前一幅是真迹，后一幅尚疑是赝本。

（眉批：十洲两轴细审之，皆不真。）

在博古斋携归绢本陈老莲罗汉卷，古雅沉著，决为真迹。当时见而不赏，当拘于不收绢本之故。然老莲真虎寥寥，似此经意之作，虽绢本亦应收之后以十四金得之。

十二日　晴

在长元吴会馆敬止堂之东书房与芍亭、培之、羽香默戏，净胜七十八千。

以六十千在英古斋得旧玉小牛一只，绫本陈香泉字轴、颜仪山水轴、汪退谷五言纸本对。

十三日　晴

十五日为秀峰师七十二岁生辰，送与汉玉小佩一枚、汉玉扳指一枚，即从前得于德宝斋者，价约六金，又禹鸿胪《寿星》轴一幅。

在论古斋见老莲画《古佛》轴绢本与前卷一样笔墨，以此印证皆真迹矣，罗两峰《药王》轴纸本，又携归董思翁山水册一本。

以五金在德宝斋得汉玉小羊一件、吹大龙一件、斜角佩一件。

（眉批：小羊是白汉，大可珍爱。）

晚卧不能成寐，集兰亭数联，五言云：

一亭俯流水，万竹当群山。

七言云：

修竹每怀文与可，幽兰若遇管夫人。
管领清风有修竹，游观永日在长林。

八言云：

少文倦游静坐一室，老彭信古叙述万言。
贤者所为不随不激，风人之咏可兴可观。

十四日　晴

还德宝斋银十两，结净该银二十一两，见赵松雪佛像轴、海云花卉翎毛轴、彭孔嘉佛像轴。

薄暮大雨。

十五日　晴

答许鹤巢、黄恩同。往拜秀峰师生日，扰其午饭。观演四喜部，未及一出即归。同席有号凤诏者，年七十八岁，精神矍铄，耳聪目明，齿牙牢固，须仅花白，真可羡也。

十六日　晴

往贺彭味之简放江西主考喜。答晤祁世兄世长，往吊蒋和叔之丧。晤其二世兄，取回《和余集》《归去来辞》《沁园春词》。住在后门外，鼓楼之西北，往返有二十余里。

十七日　晴

巳刻，至会馆与芍亭、培之、俊叔默和，净胜十三千。

以二金得绫本董东山轴于论古斋。以七千文得楼阁钱一品于松茂斋。

十八日　晴

往晤张慕青，询知昔年起复文书，遍查稽勋、文选两司，并无此件，想为抚院房沉搁矣。

昨心泉持巨然卷送阅，未值而返，因往索观，适送与宋雪帆处，仍未见而归。

傍晚，心泉送来巨然《长江万里》卷，阅过即交原人带去。

十九日　雨

天气骤凉如初秋，可穿单夹衣。

发十三号家信，附大孙、浦姨、浦荣森、还巢、程申甫等信。

廿一日　雨

陈培之在本寓招饮，同席者彭芍亭、许鹤巢、沈凤池，尚有不识者三人，研生与余。

廿二日　晴

德宝斋以旧瓷、印盒、水盂五件售与景剑泉，换其汉玉琴钩，归于余，余代还瓷器价作六十两。此钩与余昔年得张柳亭汉玉钩制造出于一手，色泽、分寸若合符节，惟下半钩所镂琴轸一凹一凸，似分阴阳，当时必是一对。千百年后，散而复合，洵奇缘也。

午后，游厂，与胡石查遇，偕游各肆。

廿三日　晴

发十四号家信，附退楼一信，并绫本轴七幅、古锦十三块、磁轴头三付、牙轴头一付、压胜钱十品、元僧雪庵字卷一个，托徐燮堂带回苏。

午后，向博古取回翁覃溪写经价二十两，以十两先还德宝，以四两六钱六分还渊鉴，以五两一钱六分换钱五十七千。

抵暮大雨，连宵达旦。

廿五日　晴

托研生向恒泰移六十金，还德宝所换玉钩价。

晤心泉于论古，长谈。

廿六日　晴

至德宝，将两玉钩托其镶嵌，晤朱俊卿毓霖、倪小舫、李眉卿。

下半夜雨。

廿七日　晴

至德宝取回玉钩，并装潢匣。以十九千买《高贞碑》，用笔细填便成浓墨拓。在德宝见白瓷金鱼缸，有花纹隐起，据云是宋定窑，未知确否。景剑泉已还价五十金。

七月

初一日　晴

巳刻，赴吏部投供。

答拜忻承，往晤恩秋舫。

往谒秀峰师，时已未刻，从户库归，犹未午餐，遂未请见。

初二日　晴

至博古斋，取回倪云林小幅题诗与跋有二百余字，以十六金得之。

初七日　晴

在筠青阁见罗两峰《鬼趣图》卷，还价四金。

（眉批：画只四五段，有包仁伯世臣题引首与跋，还价四金，似亦足矣，而竟不成。物之得与不得，洵有一定，不可强也。）

初九日　晴

在论古斋见旧拓《刁遵碑》，韩小亭物，索价五十金，还价八金得之。在德宝斋见景剑泉托售汉玉十余件，内以冕旒一件为最，然不适于用，未还价。有束发圈一件的系旧物，不买可惜，还价十二金。

初十日　晴

腹泻三次，精神颇倦。

昨夕枕上口占《汉双玉钩歌》，附录于后：

玉人入山得璞玉，琢作双钩成白龙。
上不在天下入地，土花血沁千年红。
双龙本是雌雄匹，出土何年忽相失。
从此遥遥各一方，一在江南一冀北。
神物离合原有神，我来燕市逢景纯。
各出一钩互惊诧，曾谓无双今两身。用句。
景纯爱古兼好客，谓此美离群应作。
非君赠我我赠君，脱手琼瑶无吝惜。
摩挲终日慰平生，受璧真如受宠惊。
但感交情逾缟纻，非夸声价重连城。
龙钩半截皆琴式，玉轸分明有区别。
一轸阳文一轸阴，当时制造精工极。
剑合延津一例奇，传之图画播之诗。
只防变化通灵去，倘遇风雷好护持。

（眉批：久离复合倍缠绵，人多如斯物亦然。合浦明珠叹再聚，乐昌宝镜庆重圆。好似鹣鹣禽比翼，又如鲽鲽鱼同穴。笑尔双龙旖旎多，并头交尾眠琼室接吝惜句。）

十一日　晴

翁叔平来晤，以《定武兰亭》示之。

接六月十二日家信。

十二日　晴

安则久来晤。

发第十五号家信，并致玉泉、旭人、卓卿三函，交源泰寄。

十四日　晴

在会馆与芍亭、培之、俊卿默和，下廿二千。另有申之、文卿、植卿、研生竹游。

至论古斋，交还欠找十金。晤心泉，知李镜湖已故。

十五日　晴

在松茂斋以四十千买铜象棋一副与前所得同、红木烟盘一只。

在德宝斋见宋石门《白岳图》，以十金得之。李檀园《慎娱山斋图》，文文水《仿洪谷子山水》，皆纸本卷子。

十六日　晴

巳刻，往晤心泉和尚，见其所藏恽南田小卷、王麓台淡设色树石小幅、吴渔山墨竹小幅，皆纸本。

往晤胡石查、朱忆萱、吴子植、严 ××，答翁叔平、李 ××。

赴朱茗笙招饮，同席者夏巘云、裕庆、夏同善，尚有一沈姓，一旗人，新放浙江者。

十七日　晴

在德宝斋闲坐，适胡石查来，偕至宝珍斋，见当号赵字册，未必真笔，且绢本，蓑衣裱不足取矣。

（眉批：宝珍斋大玩甚多，字画亦不少，余在京十月竟未与成一文交易，可谓无缘。）

十八日　晴

在松茂斋以三千文买小白瓷瓶一个。

廿五日　晴

张仰山在宝兴堂为母做寿，往拜之，答安则久，及同乡来京乡试者三处。午后，至椿记，答乡试张 ××。晤许鹤巢、黄协卿。往谒秀峰，未晤，知其放崇文门监督。

廿六日　晴

芍亭约贝康侯、郑羽香在会馆默和，因殇孙女，不果，邀陈芝泉补之，余无胜负。

同班之方学苏放衡永郴桂道。

廿七日　晴

研生之生母陈安人六十寿，因欲择日称觞，故未举行，仅供星官而已。

托研生向恒泰移银六十两。

托德宝转付心泉和尚所售南田山水袖卷，价四十五两，余一两二钱，收在德宝账上。

（眉批：心泉收藏颇富，赏鉴亦精，近为境遇所困，大半散去，所存者以南田山水袖卷、又山水小册、又花鸟册三种为最，皆为余物色得之。心泉书画船从此减色矣。

余所欲购未成者，只智永《千文》卷，然究非开门见山之物矣。)

还论古银六两。

廿八日　晴

游厂肆，得小瓷瓶数件。

答朱茗笙晤谈，知应补班名已首列。

廿九日　晴

天气新凉，可御单夹衣。

三十日　晴

得六月廿七、七月十七家信及秉斋信。

八月

初一日　晴

辰刻，赴部投供。

饭后谒秀峰师，未晤。往晤许星叔，见学差单，相识洪文卿放湖北，汪柳门放陕甘，景剑泉放安徽，彭味之放江苏。

丁雨翁已到天津，帮同曾中堂办理夷务，并闻要调杜小舫来津。

初三日　晴

在寓与培之、俊叔、羽香默和，余下十千。

发十六号家信，附带南田山水袖卷，并地黄根一篓，托同乡杨敦甫带回。适叶小韩来，即交其转交。附寄平斋、敏斋两信。

初四日　晴

往晤心泉和尚，示以倪、黄两小幅，谓倪真黄赝，与余意合。

(眉批：大痴轴以二十金得之，余在京出重价而误收伪迹，只此一件。)

晤方学苏、冯晓沧。贺洪文卿、汪柳门、景剑泉放差之喜。

初五日　晴

与羽香、俊卿、培之在寓默和，第一局毕，天色尚早，再接一局，余下五千。是日，余备东，又贴三千。

山西河东道出缺，放首府俞信卿世铨，此缺虽好，近有防堵军务，不得不甚可惜也。江蓉舫放山西遗缺知府。

初六日　晴

因伤风未出门。顺天主考：倭仁、郑敦谨、瑞常、唐壬森。

初八日　雨

本拟送考，因雨未去。描《高贞碑》，是日始毕。

初九日　晴

在会馆与芍亭、俊叔、康侯默和，余下四千。另有竹游，培之、申之、羽香、研生四人也。

天气新凉，可御棉衣。

初十日　晴

在博古斋取回二十金，即付与德宝。

在论古斋见石田《雏鹅图》、陆包山《古柏图》、文伯仁《仿山樵山水》立幅，皆佳。又在蕴珍斋见赵文敏书札卷、新罗花鸟卷，皆佳。

十一日　晴

送第二场同乡乡试，各友至椿记、彭寓、蒋寓三处，头场文题"'季康子问仲由'两章，'故天之生物'二句，'禹、稷、颜子'二句"；诗题"'人语中含乐岁声'，得'含'字"。所见文三四篇，皆不见佳。在椿记寓午饭，时已未正，不及送诸君入场。往谒秀峰师，未见。往蔚丰厚号，未见孔惇五，见其他友李朗斋。

十二日　晴

午后，至蔚丰厚，晤李朗斋，向借曹平足纹一百两，立有会券，并致书应仰之，嘱其划付，即托该号寄南。

往晤姚守堂，先还其代买各物银廿三两零，尚欠眉生所买绣袖价廿四两，未付。

十三日　晴

还德宝斋十两，结欠十六两，还论古十两，还松竹十两。

十四日　晴

在培之处与俊叔、张莲生默和，两局共下十九千，时已三鼓。

以六十千买汉印两方。

十五日　晴

向德宝买旧宣纸五张，旧罗纹纸三十二张，另有旧纸六张或亦宋纸，归当细考之，不知其名，疑是仿宋。又有一张老色者此张议价三金，后让去未买，据云是明宣纸。

（眉批：后在博古见宋纸一张，与明宣无异，殆交臂失之矣。）

往贺秀峰师，沈、宝、李三枢堂暨单地翁、江芙舫喜。

十六日　晴

是日，为西宫皇太后之母出殡。余雇三车，偕五女、外孙、张姨往观。出平则门，驻车大道之旁，举国若狂，人极拥挤，殡过约两时许始毕。纸糊及松毛所制人物甚多，然尚不及南中盛会也。归途进平则门，挤车约一时许，复至金鳌玉蛛，在桥上徘徊良久而返。

十七日　晴

买桂花两盆，一送朱宅，一置窗前，花始脱帽，香气已烈。

十八日　晴

接程味亭信。

十九日　晴

在长元吴会馆，为乡试同乡接场，共五席，外县人皆未到。散后与培之、俊叔、康侯默和，另有芾村、植卿、申之、研生竹游。

天气复热。

廿一日　晴

辰刻，进城，至彭芍亭家，与俊卿、培之默和，余上四十千。室中置南来老桂两木桶，木逾拱把，香气甚烈，询价二十金。

廿二日　晴

辰刻，至长元吴会馆，拜朱亲家母寿，观演春台部。到后忽发痧，腹痛异常，急令朱妪提刮并吞闻痧药，于别室静卧，片时而愈，然人已委顿。是日早晚皆食粥，亥初先归，腹泻两次，微觉形寒发热。

（眉批：余到京以来，微疾仅只此一次。）

廿三日　晴

腹泻两次，仍食粥。

廿五日　晴

发十七号家信，托椿记带去，内附致校邠、味亭二函，又程九小姐一信，令云千面交周姨娘。

廿七日　晴

在会馆与芍亭、培之、俊叔默和，余净上三十五千。散时尚早，游厂肆，以五千买小方铜瓶一枚，以八千买小白玉碟一枚。

九月

初一日　晴

赴部投供，归途送吴稼如行。

初二日　晴

以四金买水晶小瓶一枚、玉小瓶一枚，以八千文买六角小铜碟一枚，以六千文买五彩一瓷瓶一枚，以十千文买小铜钟一枚，有文曰“宋公戌之謌钟”，虽非三代物，亦前人仿古之物，非近制也。

初三日　晴

沈凤池在会馆请客，一席，共十人，即与芍亭、培之、康侯默和，三角完，天已不早，即结账，余下一千。

初四日　晴

午后，往晤心泉和尚，见金笺南田花卉一册，又见沈石田、文衡山纸本山水卷，唐六如、仇十洲绢本人物卷，柯丹邱楷书《宫词》纸本卷、董札卷、杨文骢纸本山水卷、王麓台纸本设色山水卷，皆瑛兰坡物欲押者。

（眉批：各件以柯丹邱书《宫词》为最，胎息晋唐，可与松雪并驱，后来宋仲温颇似之。龙友山水有纵横习气，当是真迹，麓台粗笔浅绛。）

往拜许星叔，未晤。英茂文在家做寿，演春台部，同乡公送寿礼，只受寿幛，余往拜寿，略坐即归。

至恒泰，取钱一百千。

初五日　晴

在会馆与芍亭、俊叔、康侯默和，余下四十三千。

初六日　晴

踵昨局，平。

郑羽香闻讣。

初七日　晴

邀康侯、俊叔、培之来默和，康侯有宴会，邀陈芝泉来代，余下五千。

初八日　晴

研生请客，皆同乡，一席，余作陪。

初十日　阴

是日乡试填榜。巳刻闻报，三县竟脱科，亦近年所未有，外县亦无熟人，曾君表仅中副车。

十一日　晴

接八月廿五日家信。

南中还恒泰曹纹百两。

十二日　晴

在博古斋，见文伯仁两卷。

十三日　晴

偕研生、步青、五女、张姬往天宁、法源两寺，距昔年旧游已二十年矣。法源僧恒修导往各处，颇殷勤。天宁花木极多，茉莉尚有残花，菊花仅含苞也。

十四日　晴

以四金得沈石田水墨山水立轴于论古斋，店主萧某不知其为真迹也。

（眉批：心泉见此轴亦疑为伪，可见真识之难。）

十五日　晴

发第十八号家信，托恒泰寄苏。

十七日　晴

往送方次坡、洪文卿、汪柳门、潘辛之行。唁郑畬香之母开吊。答杨见山。

接得八月廿五日家信。

十八日　晴

陶曼生在龙源楼招饮，同席者徐李侯、潘辛之、顾俊叔、潘味琴。

十九日　晴

午后，顾俊叔、陈芝泉约贝康侯来默和，余上十余千。

廿一日　晴

汪我庾从南来，携来衣服一箱并书画各件。

辛丑同年团拜，在安徽会馆，客则祁子和世兄、杜孙世兄、潘绂庭与余，主则宝东山珣、胡小蘧家玉、联凯、苏勒布、贺云甫寿燕。

冯申之招饮，未赴。

廿三日　晴

彭芍亭来，附其车至顾俊叔寓，与贝康侯默和，余约定与陈培之合，先默两角，培之来即续下。余归途游厂肆而返。

廿四日　晴

仍踵昨局，移在培之寓，午后即歇。余下五千，复续一局，培之补芍亭之缺，二鼓仍罢。

廿七日　晴

与研生同车，赴咏仙招饮。三点钟到，先往四条胡同买得料瓶六个。同席者吴植卿、顾俊叔。

廿八日　晴

以三十千得石庵小对于润鉴斋。

廿九日　晴

至俊叔寓与贝康侯、赵菊生默和。

十月

初一日　晴

赴吏部投供，谒官中堂，未见，谒见单地山、曾中堂时寓贤良祠，明日要移寓法源寺、许星叔。余前日曾以信止法国行教条议，嘱星叔转商枢堂。据复云，已告沈经翁，据称今年不及办，明年换约时再议。但此时法国已为布国所灭，新主未立，乃绝好机会，失此不图，迟至明年，更不能办。吾谋不用，付之浩叹而已。

初二日　晴

康侯携肴来，与俊叔、培之默和，余下十八千。

协卿携示江南乡试，三县同乡中式者十五人，汪杏春之幼子、刘叔涛之子、吴慎生皆中式。庞宝生之子与弟皆中式。

初三日　微雨

雨竟夜。

初四日　雨

上谕命刘铭传往陕西总理军务。

初五日　晴

在德宝斋，有徐姓持来烟客山水立轴求质，店主李诚甫斥为赝笔，余审为真而且佳，托店主和会，惜索价太昂，未成，然念之不置也。

初六日　晴

夜雨。

托德宝斋售去王、恽扇面十二个，得价百金。

初七日　雨

以麓台扇面一个售与李眉卿，得价八金。

初八日　雨

芝泉、俊叔、培之在寓默和，余下廿五千。

初九日　阴

送贝康侯行，答盛杏荪，均未晤。雨后泥泞，行路甚难。

初十日　阴

拜杏荪，未晤。赴单地山招饮，同席者江西臬司晋达、孔少唐、劳星阶之二子。归已抵暮。

十一日　阴

发第十九号家信，附退楼一信，托杏荪带去。

十三日　晴

午后，游厂，遇胡石查，邀归，见所收各种皆欣赏不置，尤以十八金新得傅青主屏十二幅为最便宜。

十四日　晴

发二十号家信，附王孟端长卷，又致秉斋一信及楹联三副，附与宝姨一信及荣森一信，皆托叶咏仙带回苏。

以十三金得圆珠廿一粒，重一钱半。

十五日　晴

以十八金得石谷题廉州《碧山云海图》于隶古斋。在德宝斋见董云舫寄存黄山谷草书《清公颂》绢本卷、阎立本《北齐校书图》绢本卷、唐六如字册。

十七日　晴

以二十金得张楞寮写《华严经》两册。

（眉批：楞寮两册皆真迹，然一致佳，一稍逊。知大家作书，亦有出入如此。）

以四金得白玉带圈一枚，皆德宝经手。松竹斋携示麓台轴，用尖秀之笔仿子久，纸墨如新，尚是三十九岁时作，索价五十金，嫌其过昂，还之。德宝斋亦有一轴，较前轴稍小，纸亦稍黄，设色浑厚，六十九岁所作，价亦昂，故未收。

在筠青阁见何子贞书屏四幅，朱丝栏字，大如《鲁公画像赞》，结体亦相近，是子贞二十年前书，近日所书虽更脱化，然不能如此严密精整矣。子贞素不肯书朱丝方格，余从前亦有朱丝方格楷书屏六幅，庚申之乱失去，本拟售此四幅以补缺陷，然索价十六金，未免太昂，不能得矣。

又见刘松年画《青楼事实》四本，虽非真迹，而画境颇不落恒溪。从买女子入青楼，以后教其歌舞侑觞，用种种非刑毒楚，或被坐客殴辱，或被官役锁获，或伴老翁及残疾之人卧宿。最奇者，一醉客踞其体而吐，其女双手掩面承受，旁一姬掩鼻立睨。后幅医生诊病，末幅一女尸僵卧空中，现大士像，女鬼作跪求状，四本约有百幅，足令妖姬悲泣，荡子惊心，虽游戏之笔，可作地狱变相观也。

十九日　晴

在涵雅斋买扇面三个，一文二恽，价二十四千。

二十日　晴

灯下阅张即之写经，知钱鲁斯、王梦楼、顾耕石三家书法皆滥觞于此。前在青云斋、宝珍斋各见钱鲁斯书册，当往访之。

廿一日　晴

以明人书画扇面十六张，又明人花卉扇面、恽南田花卉扇面共八张，托李诚甫交裱匠裱成扇面册两本，言明裱价共四十千零八百，册面不在其内。

接十月初四日家信，即发二十一号家书，托椿记寄苏。

划付恒泰曹纹一百两。

廿二日　晴

贺彭芍亭令爱招赘之喜，在彭宅午饭，归已傍晚。

廿三日　晴

王永义庄伙顾逸亭来京，带来皮箱一只，男女皮衣十一件并九月十六日家信，即写第二十二号信并致退楼、敉闲各一信。

夜大风。

廿四日　晴

大风竟日。

将昨书家信并买胎产金丹廿丸、益母膏一斤半，托椿记孙蕴苓带回苏中。

以六金得汉玉方勒一枚，此勒于数月前见于东城古玩铺绪古斋，还价三金，不售。嗣后托德宝店伙屡次添价，今始买得，亦前缘也。

（眉批：方勒玉质甚白，与琴式双钩相伯仲，惜一头磨过，非完璧矣。）

前在德宝斋见徐文长粗笔人物册八页，有倪鸿宝对题，以为赝迹。置之今日复看文长画，不见其佳，殆吴小仙、张平山一派，而鸿宝题语既超妙，书亦奇崛，是其本色，决为真迹无疑。末页又有王雨谦题、赵甸书，二公不知何许人，而题语古雅，书法晋人，决为明人笔墨，此册乃必得之物，几于交臂失之，审定书画之难如此，总不宜掉以轻心耳。

（眉批：书是熟纸，故疑其伪。）

廿五日　晴

作与骏叔一信，嘱其购陈伯蕴所藏王石斋字册，仍交椿记带去。

（眉批：如尚未购得，归当促之。）

午后，拜客，晤黄协卿、王曼生、顾逸亭，拜而未晤者庞宝生、蒋崧生、陈芝泉、陈苓舫。

在德宝见七芗人物册，未知购得成否后以三十一千得之。

廿六日　晴

以五金得黄石斋草书绫本条幅于凝秀阁。以二千文得卷尾跋一纸，原系跋王虚舟字卷，今失去原卷，只存跋十二家，内有彭芝庭先生数行，因芍亭嘱觅先人遗墨，故代购之。前在德宝斋得彭年写经并佛像，又明贤书翰内亦有彭年诗两页，皆为芍亭代购者。

在德宝斋将陆续所得瓶楪制齐架座捡点一过，共计瓶五十五件，楪五十二件。

廿七日　晴

昨在凝秀阁见廉州水墨山水册十页，纸本，画颇苍秀，已言定价值二十金。然有可疑者二：一则考癸丑年，公七十余矣，而鉴字单名印如新刻者；一题款字方整，与平时圆润之笔不类。因托德宝店友携示心泉和尚，据云此册曾见过，系祁贡之子行十二者所藏，此公能画，或即其摹本。此言虽未可尽凭，然不愿以厚值购疑似之物，遂还之。

（眉批：此册复售与秦谊亭，已议定价值，付于定钱，数日后始悟其伪，退还前途，颇费唇舌。）

德宝掌柜人李诚甫定于明日起程往山西置货，因送之。

（眉批：诚甫，山西人，虽市井中人，颇讲交情，故余与之颇投契。）

见张得天《缩临王圣教》小册，甚精，德宝还价十六金，尚不肯售。

廿八日　晴

向张仰山借得《龙图耳录》廿本，又取其小铜鸠花插一件。

廿九日　晴

向赵价人转借《野叟曝言》十二本，据云已散失，存者仅只此耳。

闰十月

初一日

得张慕知照云，闰月不投供，故未去。

往法源寺拈香，布施黄布拜垫四个。

晤袁宗山崇，观其所藏高房山设色山水绢本袖卷，仇十洲设色《深柳读书图》绢本卷。此二卷廿年前曾见过，当时不辨真伪，今日复观，皆真迹也。又祝枝山草书卷纸本，真而且佳，后有郑板桥跋。

答费延厘，又答晤吴子实。

游厂肆，遇见胡石查，与之同游。在宝石斋见黄石斋绢本诗翰册，真迹，后附纸本乃伪作也。又见熊廷弼、金声、倪元璐、杨涟字册四本，有翁方纲跋，皆真迹。

得骏叔十月十三日禀。

夜雨。

初二日　阴

以十二金得石谷临米袖卷于隶古斋。

（眉批：石谷袖卷，心泉见之，叹赏不置，愿倍价得之，余不能割爱也。）

初三日　晴

发廿三号家信，托恒泰寄。

初四日　晴　大风

青溪道人书《纪梦》册两本，石溪题“梦在”二字，王箬林、翁覃溪皆有跋，李季云所藏，借录副本还之。

初五日　晴

与德宝王伙至汇丰当，观所当书画各件。

初六日　晴

借恒泰曹纹三十两。

初七日　晴

题改七芗人物画册，每页各集宋词一首。

初八日　晴

董康伯嫁女，陶曼生娶媳，皆送份去。

初九日　晴

还隶古石谷卷画价十二两。

十一日　晴　大风

摘录《野叟曝言》内“文素臣论《三国志》陈寿不帝魏”一段、“辟老庄论”一段。

十二日　晴

在隶古斋取回旧拓《瘗鹤铭》一本，共有八十一字，汤潜庵楷书《理学宗传》序册一本。从培之处借阅国朝张力臣弨所著《瘗鹤铭辩》，据云旧传只存六十一字，渠又搜得八字，共六十九字，乃知此册八十一字已多十二字，其为旧拓无疑。

吴子实来谈，据云近闻轮船名“恰便”者有沉溺之信，其船是前月二十放洋，约计叶咏仙及杏荪之仆四南皆在，此时但愿不趁此船，若趁此船凶多吉少，两家皆有托带之物，恐化为乌有矣。

于《瘗鹤铭》中集字一联云：

江上浮家亭前爽垲；
上方丹篆仙侣黄华。

十三日　晴

昨所取《瘗鹤铭》，乍见以为旧拓，细阅之竟是摹本，并非木石复刻本。作伪者千奇百怪，稍不经意，即受其欺。甚矣，赏鉴之难也。

十四日　阴　大风

叶咏仙已于廿八日到沪，子实乃误听谣言也。

十五日　晴

在隶古斋见李季云所藏沈石田《长江万里图》长卷，后有自题七古一首，赠与郭总戎者，画笔甚细，与平素笔意不同，即与余家所藏《缥缈峰图》用细笔者亦不同，一时未能决其真伪，当细审之。又见洪周禄草书《千文》卷，笔意与张二水相仿，或系同时人耳。

十六日　晴

向隶古斋取沈卷归，细阅之。画长四丈四尺四寸余，高一尺，自题诗长四尺七寸余，定为真迹无疑。生平所见沈画卷无有长于此者。工细中仍饶苍秀之致，当是极经意之作，未审与之有无夙缘，能得之否也。

卧室东向，月出适当窗面玻璃，口占一绝云：

树头月上侧金盆，照见栖鸦淡墨痕。
遥望美人千里外，天寒翠袖立黄昏。

十七日　晴　大风

不能出门，在寓抄书竟日。

十八日　晴

在博古斋见王叔明山水小轴、张得天梅花小帧还十五金，不售。王轴虽真，纸已破碎，张轴却极精。索价皆昂，不能得也。

在隶古斋见南田花果册一本，纸本，八页，内有唐宇肩对题者三页，并总跋一页，皆真迹无疑，其五页决为伪迹羼入者，作伪之人断凫续鹤，致为可恨，然亦非近人手段也。

昨所见石田长卷系隶古斋杜姓经手，询其实价，非四十金不可。得之，嫌其昂；舍之，又可惜，甚费踌躇矣。

以四千文得前所见汤文正小楷，三页，可谓墨缘。

十九日　晴

在博古斋见陆放翁行书五绝卷，字大径二寸许，书甚古雅，纸色亦旧，然放翁真迹从未见过，难以臆断。翻阅三希堂所刻放翁书札，字仅大如钱，与卷中字笔意却不类，后有笪重光、唐宇肩两跋，皆伪笔之恶俗者，后附蔡京题徽宗《十八学士跋》一纸，亦是赝迹。

二十日　晴

在德宝斋遇心泉，见其所质翁覃溪书《金刚经》册，系施于松筠庵供奉者，复约其同至博古斋观放翁字卷，伊亦不能决其真赝也细思之，究系伪品。归已午刻。

接到朱茗笙信，知于本日“奉上谕，浙江宁绍台道员缺，著顾 ×× 补授，钦此”。饭后往拜茗笙，尚未下班，先至朱玉圃处晤谈，复至茗笙寓，待至上灯始回，即将履历托其代办谢恩折。

写廿四号家信，托椿记发。

廿一日　晴

往晤许星叔，谢其招呼一切。答蒋 ×× 及会馆中吕小思、陶瓶如，俱未晤。彭芍亭来道喜，晤谈。

廿二日　晴

丑初进内谢恩，研生相送至东华，步行而入，月明如昼。十余年未到，路已半忘，进景运门，先在九卿朝房少坐，复至内务府朝房坐，待军机苏拉先将谢恩折递上，枢堂沈经笙桂芬、宝东山鋆、文百川祥、恭亲王陆续进内，皆迎见，各略问履历，至巳刻折子留中，系头签发还，未蒙召见，官中堂、志春圃、潘伯寅、唐耕石壬森皆至朝房道喜。许星叔送点心，与研生共食。各处朝房皆赏给钱文共二十余千。散后往谒官中堂、宝东山、沈经笙、单地山、胡季临、朱桐轩，皆未见。只见董云卿醇，畅谈外国行教事，并托交伊戚浙江试用县丞刘玉华条子。

归时未刻，觉有倦意，不再出门。蒋子良来道喜，晤谈。

廿三日　晴

往谒毛旭初昶熙、李兰生鸿藻、李叔彦、乔鹤侪松年，俱未见，见者庞宝生、潘星斋、朱茗笙。

归，午饭后出门，往谒恭亲王、崇纶、文祥，俱未见。恭邸外回事处穆尔庚额号晓泉托荐下人杨姓，并托照拂绍兴府海某，送与门包，未收，据云近日王爷不准收此，约日到寓来取，归已抵暮。

彭老七、沈凤池来道喜，晤谈。

有常州人潘喆甫钟隽送来词稿一本，并信一封，意在告帮。

廿四日　晴

往晤李叔彦常华、贺云甫寿慈、宋雪帆晋，晤阜康管事曹恬波、严小舫，向借京平松江银一千两。

往拜唐壬森、陈廷经、王大经、桑春荣、温保深、顾万清、王桢、汪熙、宋邦惠、何枢、沈尔嘉、汪蕙孙、李贻良、沈振麟、胡家玉、祁世长、胡义质、胡义赞、秦炳文、王景贤、方蓉钊、顾肇熙、赵宗德、曾君表、袁崇、章乃畲、张茂昭、孔广陶。少唐出示旧拓《兰亭》，据云唐拓，实则宋拓，亦未见确，又国学本及吴荷屋翻刻定武两种。

廿五日　晴

前在隶古斋所取沈石田《长江万里图》卷以四十金得之。

还德宝斋百金，内有与心泉赎出恽册一本及前得张樗寮写经册二本，作价七十两，余三十两，还其旧账。

往谒官中堂、毛昶熙、宝鋆、沈桂芬、赵佑宸、锡缜、夏同善、钟宝华、文祥、李衢亨、恽鸿仪，俱未见。

廿六日　晴

往鸿胪寺谢恩，行三跪九叩首礼，复于堂簿上画押，谒见文百川祥、官中堂，俱长谈。拜瑞中堂，未见。

发廿五号家信，托源泰寄南。

廿七日　晴

接到闰十月初六日家信。

谒见毛旭初昶熙、宝佩珩鋆、志春圃和，俱长谈。拜而未见者联凯、载龄、成林、恩祥、周家楣。

廿八日　晴

往晤赵菊生、许鹤巢、姚守堂。约守堂至天丰号制锡。往拜蒋彬蔚、沈济邦、林天龄、蒋嘉栋。

廿九日　晴　大风

是日冬至。往谒恭亲王、李鸿藻、李衢亨、龚自闳，俱未见。晤崇纶、许庚身，俱长谈。星叔索观宋拓《九成宫》，即以赠之。

十一月

初一日　晴

往拜唐绍墀、王承埙、张学海、葛学澄、徐桂芬、程辙、王宗沂、叶衍兰、吴仁杰、吴文塄、汪继昌、朱逌然、童凤冈、李耀奎、恽祖贻、吴凤藻、董儁翰、鲁世保、胡国栋、陈敬修、陈昌年、徐廷瑞、何福咸、程蓉寿、施启宗、徐用仪、罗嘉福、蒋保燮、叶觐光、李士彬、施人镜、熊汝梅、王书瑞、田其年、沈维裕、顾允昌、冯芳缉、田士龙、叶国昌、魏弼文，俱未见。

赴朱玉圃招饮，在余庆堂，同席者有蒋叔起超伯，余皆不认识。

散后往晤冯晓沧，伊于明日有河南之行，送与别敬十二两。

初二日　晴

往拜沈敦兰、刘国光、朱福荣、方熊祥、吴国杰、萧廷滋、周瑞清、李瑞章、李方豫、娄奎垣、钱宝廉、董韫清、陈汧、谢钺、载尧臣、李廷萧。苏府同乡京官在长元吴会馆公请，共三席，饮酒尽欢，拇战与对饮无不应者，然未醉也。

以宋人书黄素《黄庭经》卷赠彭芍亭，因后有尺木先生长跋，是其家藏也。在论古斋取回文衡山《秋林闲眺》卷，罗纹纸本，高五寸半，长三尺四寸，仿李晞古，公年七十八岁所作，后有彭年、吴玑、吴鼒三跋，以十七金得之。

初三日　晴

往拜史菘秀、朱澄澜、许景福、孙庆咸、郑思赞、凌其榜、姚觐光、姚梦薇、胡葆清、丁士彬、凌行均、余撰、胡维杰、娄誉著、陆懋宗、陆象宗、汤学海、曾金章、吴鼎元、胡聘之、胡乔年、徐宝谨、张茂桂、金日修、汤似瑄、谢增、翁庆龙、翁在机、董学履、周岱、胡毓筠、陆简金、黄毓恩、曹元福、孙兰谷、毛鸿图、陈玉振、顾云臣、田焕晨、凌忠镇、徐炳烈、傅钟麟、孙诒理、沈元溥、蔡世佐、陆之干、吴廷芬、刘燡、陆以馆、李庆矜、余连沅、毕保厘、孙楫、宋思永、盛襄、黄兆柽、龚霭、何保恩。

初四日　晴

往拜宝森、苏勒布、彭祖贤及其弟侄、汪朝棠、丁鹤年、陆奭棠、胡廷燮、陈××、章××、锡××、王佐。谒恭王，仍未见，已三次矣。

夜雪。

初五日　晴

昨夜雪深四五寸，人安年丰之兆也。

往总理衙门，至东文案处见李叔彦、李荔村、丁××、恽××，适沈经翁来，即进见长谈。往拜管贻萼、胡荣禧、恩纶、谢膺禧、谭廷彪、续廉、成林，俱未见。

初六日　晴

朱茗笙、黄岩县丞龚××，俱未晤。

往天丰托制戒指。往阜康晤曹恬波，借银一千两。

在涵雅斋以五十千得罗饭牛绫本大轴，以五千文得犀角叶一具。在博古斋见大铜盘一具，内有数百字，携归。下润甫画册一本还价十二金，不售，还之。在松竹携归大涤子画册一本还价二十金，不售，乃还之。

初七日　晴

往谒官中堂，未见。朱玉圃因云南请拣补知府，求不入选，嘱司阍者将此意转禀。

往拜祈承，路过东四牌楼，历览古玩铺，以十五千购得景泰小瓶二枚，以十千购得五彩小瓶一枚。

许鹤巢、叶小韩、赵菊生、姚守堂、管少云共请，在福兴小饮，同席者研生父子。

初八日　晴　大风

往拜祝康民、俞熙志、章耀廷、史大立、曾之撰、葛奎、程秀，俱未晤。拜朱澄澜，亦未晤，告其阍人，所托官中堂之事已亲往切嘱矣。

在宝名堂见文衡山画兰册八页，题诗二页，纸本，倪鸿宝枯木竹石册十页，绫本，还价廿金，不售。前所见倪鸿宝、金正希、杨忠烈涟、熊襄愍廷弼书札四本，复阅一过，还价四十金，亦不肯售。后见陈玉几花卉册一本，纸本，甚精，索价十六金，嫌其过昂，未曾还价。在凝秀阁以三金得绫本傅青主轴。在论古斋以廿五金得明贤诗札四十家，以廿四金得董思翁山水小册。

初九日　晴

往拜魏福瀛、张景清、倪燻、朱毓霖、罗忠祜、龚檠。辛丑同年在安徽会馆公请，到者潘曾莹、贺寿慈、载龄、苏勒布、胡家玉、联凯、寅斋，未到者宝恂。

初十日　晴

秦谊亭招饮，同席者赵佑晨、莘甫，席未终先散，见其所藏项易庵《仿摩诘设色山水》小卷、王蓬心《仿赵松雪山水》小卷。

复赴谢公祠总理衙门司官公局，主人沈彦徵敦兰、李常华叔彦、李衢亨、李村、恽杏农祖贻、丁芥帆士彬、周小棠家楣，未到者毛升甫鸿图。

十一日　晴

往拜毕保厘、张启泰、吴宗麟，至长元吴会馆，赴三县同乡公请，共三席，少坐即散。赴毛旭初昶熙之招，同席者瑛兰坡桂、蒋叔起超伯，少坐即散。后赴宁波一府京官公请，共两席，客则赵莘甫也。

十二日　晴

往各处辞行，罗嘉福、程恭寿、徐用仪、乔松年、杜来锡、吴国杰、萧廷滋、方熊祥、周瑞清、李方豫、朱智、李鸿藻、朱澄澜、李耀奎、秦炳文、恽祖贻、葛奎、叶衍兰、沈源深、庞钟璐、钱桂森、陆懋宗、吴仁杰、钱宝廉、胡家玉、祁世长、温保深、翁同龢、潘曾莹、潘曾绶、潘祖荫、曾金章、朱逌然、韩闻南、刘舜年。未刻，至湖广会馆赴军机公请，共两席，客则余与蒋叔起也。

十三日　晴

复出辞行，朱凤标、朱其瑄、陈汉镇、谭廷彪、谭宝琛、谭宝庆、钟宝华、夏同善、官中堂，送别敬百金，晤谈。胡肇智送别敬卅两，送还燕顶书，晤谈。单懋谦送别敬卅两。单大经、官三大人、沈桂芬送别敬百金，仍璧还。宝鋆送别敬百金，未收。锡缜、志和送别敬百金，晤谈。谢膺禧、联凯送别敬廿两。载龄送别敬卅两。恩祥、宝恂送别敬卅两。瑞中堂、赵佑晨、张岳年、董恂送别敬百金。成林送别敬五十两。周家楣、方汝翼、陶彦寿晤谈。恩纶、陈兆翰、曹杰、叶恒泰。

十四日　晴

往各处送别敬，贺云甫寿慈送三十两即日送还一席。毛旭初昶熙一百两，陈小舫廷经十六两，朱玉圃澄澜三十两，朱茗笙智一百两，祁子和世长四十两，何小蘧家玉三十两，又辛丑团拜公费五十两，惟李兰生鸿藻一百两，即退还。

至余庆堂，赴绍兴一府京官公请，列名者十余人，到者惟桑白斋春荣、余五人，仅一席，午集申散。

在筠青阁见《元贤小像》卷，甚佳，索价八十金，还价二十金，不售。以二十金得汉玉镯一只，心泉经手，苏州县丞张子刚物也。

往拜金日修、宋邦传、史大立、李常华、徐鄞、徐致祥、史崧秀、薛允升、恽鸿仪、李士彬、沈元溥、孙诒经、蒋彬蔚、陶惟琛、朱毓霖、桑春荣、唐壬森。

十五日　晴

往送文祥别敬百金，未收。崇纶别敬五十金，未收，因未见，仍带回。送许星叔别敬百金，晤谈。另送小军机十八位别敬，每位十二金，托其转交。送苏勒布别敬二十金。

往拜张集馨、龚自闳、李衢亨、丁鹤年、胡廷夔、汪朝棠、严家俊、陆爽堂、许赓扬、彭氏昆季叔侄，与彭老七晤谈，并扰其点心。

叶小韩之媳与姑及夫不睦，为其姑毒捶几死，余与研生夫妇相商，接至寓中数月，今托余带回南中，交伊侄咏仙留养并贴余盘川二十金。余姑收之，拟归后仍交还咏仙，作伊媳平日用度。

发廿六号家信，托椿记。

十六日　晴

在论古斋以二十金得金冬心人物册一本。在博古斋以十二金得方方壶小轴，以五金得周东邨《游笔》小卷。

料理各账。

十七日　晴

终日收拾行装。

以三十金买白玉翎管一枝，以三十金买珊瑚记念一副，以十金买皮糙烟壶一个、玛瑙烟壶一个，以廿四金买京珀朝珠身子一副。

十八日　阴　大风

共雇太平车两辆，余与张姬分坐，雇轿车十四辆，下人等分坐，平明装车，午初开车。余自三月杪到京，迄今已及九月，研生夫妇侍奉极周，至此分手甚觉依依。研生欲我一程，辞之不获。同乡来送者彭芍亭、沈凤池、蒋子良、吴子实、吴植卿、姚守堂，皆视我登车。申刻，至篁村宿。

（眉批：青陀寺买唾津膏，研生要十张。）

十九日　晴

寅刻，开车。巳刻，至榆庆尖。申刻，至曲沟宿。

二十日　晴

寅刻，开车。辰刻，孔家码头尖。

未刻，雄县宿。张姬所坐太平车至店门前边，套驴闯绕前檐柱外，将柱拉倒，屋瓦齐塌，压在车顶顶上，横木三根齐断，幸而张姬坐稍偏，未曾受伤，可谓化险为夷，皆托神佑也。车上右轴已断，赶紧修理。

龚棨，号稼生，浙江候补知县，来京引见，约附伴同行。十八日领凭，十九日赶出京，今日始到，同店宿。

廿一日　晴

丑刻，开车。辰刻，任丘尖。未刻，河间二十里铺宿。

廿二日　晴

丑刻，开车。辰刻，商家林尖。未刻，富庄驿宿。

廿三日　晴

丑刻，开车，漫河尖。申刻，刘智庙宿。

适有山东抚标武弁带兵二百名在此巡防，驻店已满，让出两间，逼窄殊甚。

廿四日　晴　大风

寅刻，开车。辰刻，黄河涯尖。申刻，二十里铺宿。

车中口占一律云：

二十年前客，重经此地过。
新村乔木少，旷野夕阳多。
途远迟投店，时清尚枕戈。
绳床聊偃息，旅绪倦闻歌。

补昨吟一绝云：

鹣鹣鲽鲽共南征，露宿风餐路几程。
弱质不堪驮细马，太平车子载卿卿。

枕上又口占三绝云：

来时雪浪凌鳌背，去日风尘逐马蹄。
夙世定应共命鸟，一生无处不双栖。

闺阁居然弟子行，残书几卷贮行囊。
新诗题壁慵留稿，说与卿知记不忘。

山水江南数越吴，明春相约过西湖。
不知当日东坡老，曾挈朝云礼佛无？

发京信一封，托北去车夫寄与研生。

廿五日　晴

丑刻，开车，禹城桥尖。晏城宿。

廿六日　晴

寅刻，开车。日出时渡黄，耽搁一时许，河中断冰顺流而下，始知古人“河带断冰流”之句之妙。午刻杜家庙尖。酉刻，张夏宿，始进山路。

陆续口占数绝：

渡黄车马一船并，小憩晨餐又促行。
才出店门无一里，马前已有好山迎。

石头确荦路嵚崎，惆怅黄昏到店迟。
翰墨有灵先告我，雪庵书卷退之诗。近得元僧雪庵书退之《山石》诗，与山行情景恰肖。

伏处家园已十年，宦途重历意茫然。
皇恩胜赐鉴湖曲，路隔乡关不及千。

烟筇两屐健跻攀，每到名途未许闲。
自叹一官差不俗，天教来看浙西山。

合与兰亭有夙缘，新藏定武字俱全。近得《定武兰亭》五字不损本。
明春经过山阴道，觞咏犹希继昔贤。

苦吟生怕断吟髭，矢口聊成漫兴诗。
付与小红低唱好，尊前递我玉箫吹。

廿七日　晴

寅刻，开车，店台尖，泰安宿。

与龚稼生同游岱庙，记戊申年与亡儿夔伯及金吟香曾游一次，距今已三十余年矣。风景都不记得，汉唐松柏依然未毁，惟画壁大半模糊，细审之亦非名笔，想几经匠手重摹耳。

车中得句云：

曈昽树障上朝阳，一路驿铃替戾冈。
山背响明山腹暗，一般峰影有温凉。

霜严风紧涧冰生，瀌瀌清泉涧底行。
恨不携将小团月，铜瓶汲水竹炉烹。

累卿客路共驰驱，警旦鸡鸣梦易苏。
扶上毡车天未晓，分明虢国早朝图。

落天走海势盘纡，一线洪流故道趋。黄河决口入海处闻是神禹所瀹故道。
从此正供归海运，底须粮艘复东吴。

卅年前事半沧桑，客燕重栖玳瑁梁。
觅取巢痕浑旧识，不须软语更商量。

客馆重来迭主宾，萍蓬聚散亦前因。
当年举案人何在，话旧还伤奉倩神。

十万虫沙付劫灰，霎时卷入浪花堆。
我来揽辔澄清浚，怕听天阴鬼哭哀。

庙门千级接南天，上欲凌霄下坠渊。
迅绝篮舆飞鸟过，此身轻掷仆夫肩。

汉柏唐松立鹤栖，巍峨庙貌与天齐。
金山留带寻常事，不及温凉古玉圭。

霓旌缥缈碧云端，东岳名山镇泰安。
欲续旧游惭未得，心香一瓣礼星坛。

（眉批：到家后立即托县中详报感冒风水。）

廿八日　晴

寅刻，开车，羊流店尖，崔家庄宿。

是日破站而行，车夫拟一日走两站，行至羊流已向午矣，车殆马烦，岂堪再行一站？余立意只破半站，故至崔家庄即宿。

廿九日　晴

寅刻，开车，嶅阳尖，龚家庄宿。

一重山隔一重烟，烟外高峰远接天。
天远峰高行渐近，到家犹及早春前。

隐囊锦褥豹皮斑，六尺安舆坐卧闲。
安着玻璃窗两面，最宜欹枕看青山。

三十日　阴　微雪

卯刻，开车，垛庄尖，青驼寺宿。

朔风怒号，屋宇皆振。

寄研生信，托赵玉之熟人寄京，附去唾津膏五张。

十二月

初一日　阴

寅刻，开车，沂州尖，李庄宿。

抵暮微雨，继以微雪。

陂陀石罅水萦纡，仿佛蚁穿九曲珠。
迎面朔风行不得，廿年空自梦青驼。

朔风吼屋怒如雷，惊起重衾旅梦回。
明日登车寒彻骨，大裘无计庇舆台。

辞家久悔远游非，归及春前尚未迟。
料得天寒笼翠袖，暗轮纤指数归期。

书来每诉泪盈襟，多病多愁那得禁。
待到月明三五夜，挑灯一榻细谈心。

惯储醉墨乞题笺，聚首春明廿载前。
大树飘零冯鲁川三影绝张石州，怕逢诗酒说当年。猿叟。

多君绩学我荒疏，惭愧生平百不如。
一事幸同蝇附骥，乞师请上相公书。校邠。

阳秋南阮双眸子，肮脏东坡一肚皮。
独与余心成莫逆，常如蛩蚷不相离。梦堂。

少年意气压公卿，中岁殊勋事请缨。
却似清凉老居士，逍遥诗酒不言兵。敉闲。

买邻不惜钱千万，同巷相依屋二分。
君早乞闲舍薄宦，在山云笑出山云。香严。

暮年每怅故人疏，况复交情管鲍如。
宿憾不妨杯酒释，莫教轻撰绝交书。味老。

雪月花时邀我饮，画书诗品待君评。
因缘文字交金石，三十余年老弟兄。退楼。

夜雪约寸许。

初二日　阴　午后晴

平明，开车，郯城十里铺尖，红花埠宿。

雪花如被盖平畴，预兆明年麦有秋。
但愿丰登归蔀屋，敢嫌寒气逼貂裘。

昨宵风急万花飘，侵晓难分路几条。
冻日穿云才晌午，破堤残雪一齐消。

历书崎岖路不平，平沙漠漠马蹄轻。
遥峰拱揖如相送，送入江南第一程。

坚壁先谋四野清，一村村筑土围城。

朔风怒撼千林树，犹作当年鼙鼓声。

土堡分防路几程，戍旗斜闪夕阳明。
时清斥堠无烽火，柮榾偎寒卧老兵。

沂水凝冰薄未坚，仆夫卸马土桥边。
双轮扶过人牵曳，一路喧哗争渡钱。

废庙全无香火情，殿门深闭藓痕生。
倚墙半碣断难续，卧地一钟喑不鸣。

初三日　晴

寅刻，开车，沿河集尖，顺河集宿。

板桥人迹店鸡声，妙句争传对晓行。
残月晓风杨柳岸，新词偏让柳耆卿。

荒陲倦客带寒栖，暖酒低翻火一匙。
莫道盘飧嫌市远，居然公膳食双鸡。

万壑奔流泻急湍，拂空洒落雨花寒。
可容半日溪头坐，暂借鞭丝作钓竿。

清籁潺潺韵筑琴，岭头飞瀑落千寻。
和云流出空山去，一到人间便作霖。

（眉批：余立一心愿，明年到任后力行善事，先以一千串为率，首立推仁局，继先志也。）

初四日　晴

寅刻，开车，仰化集尖，仲兴宿。

征途发轫意逡巡，生怕冲寒受苦辛。

多谢天公拨云雾，放开晴日送行人。

青畴寸许麦苗长，也似葵心解向阳。
才到立春前十日，居然消息漏韶光。

天津桥上鹧鸪声，地气年来渐北行。
毕竟江南春更早，霜花浓处草勾萌。

平畴得雪麦苗肥，大野经霜木叶稀。
一样犯寒有荣落，天心随物见恩威。

奔走随车乞一钱，呼号妇稚剧堪怜。
何人能拒嗟来食，只少岑敖具粥饘。

沧海扬尘信有之，黄河亲见有干时。
频年虚牝无舍掷，天与朝廷塞漏卮。

海行飞速陆行迟，到底程途判险夷。
若到亡羊终有悔，须知守骏莫如疲。

初五日　晴

卯刻，开车，鱼沟尖。未刻，至王营，卸车于鲍家车行。

人烟一簇水边村，来往时闻车马喧。
黄土筑墙残垒在，世间何处有桃源？

鲍家行主人号彩轩，徽人，与程韬庵有戚谊，昔年韬庵附居我家时，曾来过两次。遣下人随同龚稼生至清江雇船，雇船佳者俱有差使，雇得吴江快两只。

初六日　晴

先发行李到船，余与家眷随后，下船已午刻矣。舟子买带小货，迁延未开。

初七日　阴　微雨

巳刻始开船，亦因舟人买货，诸多耽搁也。抵暮泊平桥。

初八日　晴

黎明，开船，顺风扬帆。

百丈遥牵俯曲躬，来船安坐曳风篷。
寄声莫羡来船逸，未必明朝不转风。

濑水投金迹尚存，汉王应悔杀王孙。
区区一饭犹思报，何况登坛国士恩。

客路浑忘旅绪牵，水窗坐对远山妍。
人间那有双飞凤，修到鸳鸯便是仙。

蛩蚷相依近一年，客中调护倍缠绵。
入宫未免娥眉妒，说着归家转黯然。

二分眉月照兰桡，行近扬州廿四桥。
携得囊琴谱新曲，不须重忆玉人箫。

闲抛红豆记分明，惯制新词付与卿。
清绝篷窗无一事，水明帘底坐调笙。

抵暮泊高邮。

初九日　晴

黎明，开船，东南风作，舟子拉纤而行，昨日“百丈遥牵”一绝竟成诗谶。泊邵伯。

河流弯折大堤平，送我南归一棹行。
旗影飘扬帆影直，斜阳满岸写分明。

霜天月黑雁声高，欹枕篷窗睫未交。

遥想寒闺愁不寐，预愁河冻客舟胶。

晚风力弱艄帆低，高岸临流邵伯堤。
堤外烟樯齐系缆，夕阳无语下塘西。

初十日　晴

转西南风。往扬州，乃向西行，仍系逆风，舟子拉纤甚费力，屡次停泊以息肩。申刻，至扬州过关泊。

遣仆至江都县，托觅带江红船，县令戴 ×× 系浙江钱塘人，许捉船相送。

十一日　晴

转东南风。黎明，开船，至瓜洲口，来往船甚挤，到巳午刻，且系打头风，不能渡江，即泊。

江都县欲捉红船相送，只遣一疲差到船行谕话，而船行因领钱无几，不肯应差，推脱无船，余恐反为耽误，许官差民雇，言定红船两只，送至孟河小江口，计钱五千六百文，准于明早放船相接，方始安枕。官事之不可靠如此。

十二日　阴

转西南风。辰刻，出瓜洲口，将坐船拖于红船之后。

每思浮玉一跻攀，卅载蹉跎空往还。
今日船风仍引去，何殊海上望神山。

佳处茅庵结几间，昔年曾记叩禅关。
奇峰当面成虚度，不信难偷半日闲。

陈蕃下榻旧东床，奉养无惭半子行。
珍重冲寒远相送，一天霜月记良乡。

膝前最小女偏怜，况复相离已数年。
聚不多时又成别，自搔衰鬓更凄然。

相邀邑馆广开筵，桑梓情深地主贤。

我是春明旧巢燕，雪泥爪印卅年前。

依然酒胆不消磨，拇战频倾金叵罗。
非与少年贪角逐，昔时同辈已无多。

卅年同记咏霓裳，重聚都门各老苍。
莫道故人都不贱，飞觞犹似竹林狂。

于中潘岳是同乡，自赋闲居笔更苍。
一箑相依怀袖里，风流不让董香光。

竟日顺风扬帆，我船或拖于红船之后，或系于红船之傍，抵暮至江中之何家桥泊。从金、焦两山趾经过，俱未及登眺。夕阳在山，风息波平，忘其为大江之险也。

椒山故宅尚依然，遗墨淋漓两疏传。
极谏共夸公有胆，远移空怅我无缘。

坡仙每爱住江南，留带山门侈美谈。
我有乞居公手疏，待磨崖石数行劖。

转因阅历畏风波，无奈纡途绕孟河。
我有片帆收不挂，带江船尾一绳拖。

荒村寥落半荆榛，叹息沿江屡被兵。
渐见太平新气象，晚炊烟里放风筝。

居然白石粲粼粼，水葬相传郭景纯。
莫是佛头真著粪，青螺髻化鬓如银。

焦光后有椒山继，异代同音姓字存。
大隐孤忠俱不朽，相争休拟谢公墩。

焦山蕴藉如名士，浮玉伶俜似美人。

北固块然独中处，三分鼎峙大江滨。

十三日　晴

黎明，开船。午刻，收孟河口，适午潮来，乘潮进口，幸船少不挤，渐行河道更浅，来船更挤，约行五十里已抵暮，即泊。

银镫宝树焰光明，海国如游不夜城。
听遍梨园新乐府，不嫌笑倒董双成。

笞凤鞭龙事杳冥，不期亲驾五云軿。
茫茫弱水三千里，飞渡牵牛织女星。

十四日　晴

河浅船挤，不能开行，停以待潮。抵暮潮来始开行。水浅河窄，时遇大船停泊，舟底半胶于泥，频以绞关拖曳，有一次几不能动，请邻舟相助乃行，邪许半夜仅行数里。

十五日　晴

黎明，开行。

泥深水浅涩征轮，舟子牵舟屡乞邻。
邪许一声齐着力，盘旋百丈捩船唇。

午刻，出孟河口，至奔牛。
风雨交作。舟子拉纤而行，抵暮至常州泊。

湿云如墨漏渔灯，水浅舟胶卧缆绳。
只隔乡关百余里，满天风雨泊毘陵。

屈指消寒六九交，迎春彩仗列东郊。
家家祀岁喧今夕，风雨声中爆竹高。

我与山僧欠夙缘，卅年未泊寺门船。

生平不解相如渴，孤负中泠第一泉。

听松阁上竹炉图，槐火新泉让大苏。
吟到春霏龙吻句，新词能续梦窗无。

簪花妙格请郎教，为爱新词手自抄。
解释美人香草意，花间集外补离骚。

桃叶江南古渡头，归期缓缓木兰舟。
水窗留恋鸳鸯宿，多谢东风阻石尤。

渡江兰桨泊江城，窈窕篷窗月正明。
窗罅清辉侵玉臂，梦回鸳枕听潮声。

颇恨平原识面迟，海天赠我送行诗。
明春准践湖船约，记取微吟侧帽时。

百年乔木产深山，匠石搜罗捆载还。
愿得法王大神力，立成广厦万千间。

珍重清晖十万图，居然声价敌倪迂。
归装如此腰缠富，抵得扬州跨鹤无。

惯向松筠结墨缘，于中最胜数南田。
醉心智永千文外，只与云溪证画禅。

石田名迹至今存，万里岷山导水源。
我欲攫身入图画，神游三峡听啼猿。

云林妙墨重江南，一纸烟云值万钱。
人品于兹判清浊，可容我作在山泉。

跳珠篷背响泠泠，穗落银缸梦易醒。

昨日立春今夜雨，错疑人在小楼听。

肩舆来访午桥庄，林下归欤鬓未苍。
愧我偏招猿鹤笑，闲云犹自出山忙。

密雨竟夜。

十六日　晨阴　午后晴

辰刻，先坐小轿往晤盛旭人父子，继晤史士良长谈，伊旧幕友曹恺堂司钱谷一席，公事甚熟，现在娄县，归当访之。书吏王姓，其人可靠，现已告退。绅士陈鱼门为地方倚赖之人，中外公事皆熟悉。顺风扬帆，上灯后至六社泊。

遣寿喜趁航船先回家中送信。

十七日　晴

黎明，开行，顺风，过黄埠墩，停舟一游。记十余年前曾登此墩，庚申之乱毁于兵火，李中堂鸿章集资重建，倪观察宝璜、邑绅蔡廷槐董其事，靡钱五千六百千千。地基培高尺许，飞阁临丹，视昔年更胜。楼上供奉康乾两朝宸翰，遍皆李中堂补录，此外楹联甚多，颇有佳者。秦缃业一联云：

两水中分孤屿白；
四山回望一楼青。

郭柏荫一联云：

如临扬子大江，听塔上金铃自语；
定有苏公高致，向山门玉带常留。

李 ×× 一联云：

胜境拟瀛洲，喜楼阁重新，此地六军曾驻马；
名区存战垒，慨河山依旧，有谁千里忆归鸿。

此外不能悉记。余挈张姬同游，在楼上送子观音与文帝两处拈香。

铜驼荆棘事堪哀，梵宇琳宫付劫灰。
八万四千造塔手，化城弹指现楼台。

回廊响屧一梯登，自与朝云礼佛灯。
如到宝山空手入，愧无玉带付山僧。

遥峰玉塔峙亭亭，齐列窗前掩画屏。
恰称借题闺吹句，一楼山向酒人青。

中央宛在小金山，山色湖光四面环。
好种沿堤水杨柳，绿云深处辟禅关。

郁林一片石巃嵸，艳说归舟载不空。
笑我独携书画舫，沧江寒月贯长虹。

抵暮，至浒墅关泊。

浒墅关前暮霭浓，桅樯林立一重重。
归舟未泊寒山寺，迟我来听夜半钟。

十八日　阴

黎明，开行。

风饱归帆十幅蒲，乡音到耳尽吴歈。
渡僧桥上人如织，画出金阊晓市图。

巳刻，抵胥门大码头，大孙来谒。家中备轿来接，午刻到家。

十九日　晴

浙江前任学政徐树铭，号寿衡，系辛丑同年徐棻之侄，来晤。此外亲友来晤者络绎不绝，皆不备记。

二十日　晴

答徐寿衡，未晤。往晤潘季玉，适秉斋在座，留午饭。晤应敏翁、吴平翁、杜小翁，俱长谈。拜而未晤者秉斋、李眉生。

廿二日　晴

在湖广会馆公请徐寿衡，演大雅班。未刻往，作主者李质堂军门、德静山尚衣、贾芸樵廉访、杜小舫、何子贞、潘季玉、汪秉斋、李眉生，共九人。寿衡之仆能演剧，令其演《祭塔》《玉堂春》两出，文班中无能演乱弹者，故无杂扮脚色，只一人清唱而已。散已子初。

夜雨。

廿三日　微雨

午后，拜客，往晤何子贞，托其补书雪庵和尚所写韩诗卷。

拜而晤者德静山，拜而未晤者李薇生、蒋启勋太守、龚稼生、厉慕韩、潘东园、杨绶卿。

大雨竟夜。

廿四日　大雨

午后，壶园来谈。

廿五日　阴

往晤吴语樵、李质堂、程藻安、汤敏斋。

退楼来观都中带回书画各件。

退楼、季玉、眉生、书森、梦棠在壶园为余接风，侑觞者张少卿、李桂卿两校书。少卿娟秀，桂卿妩媚，皆一时翘楚。散已亥刻。

廿六日　晴

往晤俞荫甫、应仰之。

向阜康号借二千金，号友已归，仰之代付。

是夕过年。结欠永泰八百余金，函商缓至明年，亦允。

廿七日　阴　午后雪

前任福建学政章鋆、应敏斋、沈书森、潘鹤笙、汪秉斋俱来，即偕鹤笙、秉斋同至抚辕禀见，未见。新中丞张子青之万，由漕督升任来苏，上有老太太，因前中丞丁雨生丁内艰，抚署不利，故以伪忠王府为抚署，即拙政园也。

申刻，李眉生移樽来叙，并邀敦闲、壶园、退楼、书森，侑觞者宝玲即小南京、张少卿。亥刻散。

眉生先到，观京中带回书画各件之精者。

廿八日　阴

陈佩蕙、朱忆萱、潘端卿、汪佑生借壶园与主人接风，侑觞者桂卿、兰卿。亥刻散。

廿九日　晴

琴霞来，言伊友处有周钟一具，有六十九字，重六十余斤。骏叔偕之出城一观，的是周器，色泽亦古，还价二百元，未成。

同治十年岁次辛未

春　王正月

初一日　晴

往当道及本家至亲好友处贺喜，晤者鹤汀二弟与浦佩卿内弟两处。

初二日　晴

往晤退楼，托其代聘曹恺堂为钱谷一席，岁修一千二百两，先送聘金十二元，川资二十元。吴晓帆有信与退楼，邀我往住其家。余托退楼告以先托龚稼生代赁公馆，如彼处不就，然后往住。

到京及出京一路共得绝句一百首，手抄成帙，今日始毕，交孙辈订成一本。

初三日　阴

至退楼处，先推牌九，后讲德，下十八元，同局羖闲、小舫。

初四日　阴

申刻，书森招饮，同席者香严、羖闲，侑觞者少卿。

夜祀财神。

初五日　晴

申刻，至退楼处，踵前局，下十元。

初六日　晴

答徐寿蘅、汪杏春。拜陈达光永泰庄。

午后，敤闲来，偕访少卿，已出门拜年，未晤。

后至退楼处，踵前局，上四十余元，沈韵初书来，约观京中所得书画各件，令骏叔陪之。

初七日　晴

申刻，至退楼处，踵昨局，下百余元。

初八日　晴

赴汤罨斋及宁绍人之官斯土者公请，在浙绍会馆，午到申散。

退楼来邀，踵昨局，辞以醉不能去，送与百元。

河南客携来周邢叔钟，一见叹为真器，未知有缘能得之否。

初九日　晴

织造德静山请春酒，在湖广会馆，演大章班、大雅班，张子青中丞、徐寿衡、何子贞、贾芸樵、英茂文、李眉生、杜小舫、江小云、倪醉轩、汪秉斋、潘季玉、刘瑞芬与余共十四人，散已子初。中丞极喜观剧，终日正襟而坐，虽至更深毫无倦容。有新出台小旦名松福者，唤至台下，询其姓名、年岁，似有赏识之意，与丁中丞之禁戏大相径庭矣。

以二百十四元得邢叔钟。

初十日　晴

儿孙为余补寿，余即日祀神，唤清音一堂，客来朝饭者八席。余惮于跪拜，遂不见客。

添变戏法者一人，至丑刻宾客始散，余以头胀神倦先寝。

十一日　晴

往各处谢，晤者秉斋。

十二日　晴

袁子辛来，为余写照。秉斋来，约往兰卿处茗叙。

十四日　晴

至北石桥扫墓。巳初，在胥门大码头开船，归已抵暮。因一路水浅，舟行不能快也。张姨、浦姨及大孙随行，因此三人皆要出门耳。

本拟游钱园并至冯林一处拜年，亦因水浅不能出斜，故中止。

十五日　晴

袁子辛为张姨写照。

午后，拜客，见者应敏斋、杜小舫、何子贞、俞荫甫。荫甫著作甚多，裒然成集，皆友朋代刻。昨有书来云，尚有《湖楼笔谈》七卷未刻，刻资约需五十元，欲余任其刻资，余特面允之。

十六日　阴

午刻，浙人官于此土者，应敏斋以下道府州县各官十余人作主，客则潘季玉、贾芸樵、李薇生、顾竹城与余，申刻散。

退楼、季玉、芸樵、眉生、小舫作主，在两罍公饯，客则张丞堂、金眉生，亥刻散。

十七日　晴

袁子辛为余画第二照。

顾鉴亭、陈佩萸、江子山移樽来饯，侑觞吴秀卿。

发杨中丞第二禀，报在苏起程日期。

十八日　晴

张中丞常诞，往拜之，未见。

英茂文招饮，亲往辞之。答拜金眉生、方子箴。

李眉生移樽来饯，客则张丞堂、金眉生、潘季玉，侑觞张少卿。

十九日　雨

张中丞在署演剧宴客，共七席，未刻赴之，官则李质堂军门、德静山尚衣、两司道府首县，绅则潘顺之、汪秉斋、蒋仁卿、潘季玉与余。院中搭篷设席，其下雨甚则漏，余所坐之席已移两次。亥刻先散，坐客有俟戏完始散者，已丑初矣。

二十日　阴

往各处辞行，晚间李眉生、潘季玉移樽至壶园设饯，坐客方子箴、张丞堂、江小云，侑觞者张少卿、李桂卿，亥刻散。

廿一日　雨

午刻，至胥门码头下船，以应吉日，复往各处辞行。晚间许达夫、袁子辛、何寿林移樽来饯。

廿二日　阴

冯林一从木渎来，约会于胥门码头。午刻，余往会之，谈及堂事，言味老昔年本已健讼云云，其词有贬无褒，不知何故，去年深信其言也。黄梅先、潘心田皆附冯舟来会，尽日之力收拾行装。

廿三日　微雨

午前，发行李。午后，挈两姬、八儿及大孙夫妇下船，时已抵暮，且雨，即泊。

廿四日　晴

黎明，开船。顺风扬帆。酉刻，至旺江泾泊。

廿五日　晴

黎明，开船。巳刻，至嘉兴府西门大码头，府县尚未到，即不停泊而行，府县遣人追送，并送水礼，辞而不受。

廿六日　雨

黎明，开船。冒雨而行，泊临平。

廿七日　雨

黎明，开船。冒雨而行，至长安坝，两岸备有轮盘，将巨绠兜于船头，拖曳过坝。午刻泊万安桥，至城头巷吴晓帆宅内借住，其西落上房五开间，甚宽绰，会客厅尤精洁。

先拜晤吴晓翁。出门拜客，藩台卢午峰、臬台兴子垣，俱未晤，晤者运司锡子受、首府陈伯敏，两首县亦未晤。

廿八日　阴

辰刻，至抚辕，谒见杨中丞，与首道何青耜同班见中丞，询年岁、子孙、程途日期、应敏斋近政南京审刺有无口供。

拜同城文武各大员，晤者将军连公、都统善庆，织造茂林号竹岩、方子颖鼎锐、学台丁莲夫绍周、许恂臣、杭道何青耜。

来晤者丁莲夫、何青耜、兴子垣、锡子受、吴引之、潘云台、徐少岩，此外府厅州县不计。

廿九日　晴

辰刻，上辕，因忌辰，但禀安，不请见。许恂臣来。李绣若来。

三十日 晴

辰刻，上辕，禀见中丞，谈中外交涉事，问都中各堂官。

各处拜客，晤者卢午峰、兴子垣、濮少霞、郑谱香、秦淡如。

二月

初一日　晴

四点钟即起，盥洗毕，天尚未明，假寐片时，俟平明即上辕，各同寅俱未到，既而陆续皆来，偕谒中丞，退后在官厅吃点心而散。

送中丞礼物京货八色，配以尺头十二端，仅受缙绅、京靴。

谱香招饮，酉刻赴之，同席者秦淡如、吴引之、唐艺农。

门包四十四两改为茶仪，文武巡捕菲敬八两，钱 ×× 门号禀事房赏犒九两。部凭一角，备文移送藩台，请其转详缴部，向杭道借印，即送藩署。

初二日　晴

方子颖来辞行，与之商定十八日赴宁接印，先住西花厅。往送子颖行，未晤。

午刻，奉到抚院札饬赴新任。

发第二号家信，退楼一信、曹恺堂一信。卢午峰招饮，申刻赴之，同席者濮少霞、方子颖、樊迟轩、俞 ××。

送午峰礼，受缙绅；送子垣礼，未受；送子颖，受绣货、缙绅、干果。

初三日　雨

卯刻，上辕，谢饬知，未传见。兴子垣、锡子受、何青耜公请，在运司署，并饯方子颖，未刻散。

中丞招饮，申初即赴谒见。谈及宁波杨企堂家罚捐事，言其家业来路不正。余答云杨某出身微贱，起家之由得于洋行者半，得于军需者亦半，皆未必正，所谓悖而入者，悖而出也。同席之客吴晓帆、濮少霞、郑谱香，亥刻散。

初四日　晴

卯刻，上辕，未传见。中丞交出名条一纸，荐常熟蒋秋纫为书启，昨日席中所托，蒋君系汪小蓬之戚，小蓬乃抚署钱谷，昆山人也。

秦淡如招饮，同席者梁敬叔、唐艺农、吴引之、濮少霞、郑谱香。

备关聘请蒋秋纫司书启笔墨，每岁修一百二十两。

初五日　晴

卯刻，上辕，与司道旅见中丞，言及宁波关饷奉部文应由委员解京，署道方子颖仍由官号会解，与新章不符，已经驳回云云。又言金州战船，前任文道任内，应造一只，迁延未造，署事方道更不承造云云。余答以此项战船只得由道承办，但须咨部展限，中丞以为然。

初六日　晴　雨

吴引之招饮，同席者秦淡如、唐艺农、梁敬叔，未刻散。

答晤善厚斋都统。

是日吴宅内眷招凌波与孙媳游西湖，宝如因病未赴。

初七日　晴

接骏叔信，知明日起程来浙矣。

未刻，至梁敬叔寓，秦淡如亦来，同观其碑帖书画各件，约二十种，以《西岳华山碑》为最。碑共十九开，跋廿九开，皆明人及国初人。明人中以钱牧斋、王觉斯两页为尤胜，皆精楷，据敬叔云得价三千金。字以苏诗两开、黄字一开为最。黄石斋楷书《张天如墓志》及札子一页亦精。画以王叔明《怡园图》卷为最，后有胡俨、解缙两记，此外不及备记。

归后赴吴晓帆招饮，同席高滋园、秦淡如。

初八日　晴

卯刻，上辕禀见，纵谈良久，言及关饷，新奉部文改由委员解京，不准官号会解，闻福建要顶奏，嘱寄信抄其案来，便可援以为例。归后即邀阜康号伙张明扬来，嘱其寄信与曹恬波，往福建抄案。

中丞又言，宁波首县蒋凤祥，据方子颖言其不好，嘱密查之。

送郑谱香行，晤谈良久，适吴引之来，与之同游四面楼，与我意欲造之过云楼同，可谓先得我心。四面天井甚宽，皆环以太湖石，凿池两处，又有回廊亭榭点缀，即此工程非数万金不可，非我力之所能为矣。

抚幕汪小蓬来答拜，谈及关饷改解一节。据云新关饷可顶以饷由号解，便于商贾，否则恐税必减免。如此去言，较为动听，而老关饷全解不过五万，宜允其改解，以塞部臣之意；又言部中催开乍浦、头口口两处税口，必须赶办顶奏；又言中丞所得传调之款夏初、冬初两次，每次四千，兑只九三，此外无他矣。

备关聘请郭绣君司书启笔墨，每岁修一百二十两，方子颖所荐也。晤时嘱其前账房友抄出入账目。

初九日　晴

黄岩镇协台林桃溪来晤，即往答之。

初十日　晴

辰刻，上辕禀辞，中丞出示总理衙门密信，抄寄与各国，议变通传教节略，令抄存备查。拜卢午翁，未晤。午后，上辕，缴还信件。

往晤秦淡如，见倪姓送阅书画，绝无佳品，只携归铜器一件、古钱数枚。

十一日　晴

吴晓帆备湖船邀游西湖，巳刻赴之，客则前天津道周琳粟也。先至湖心亭，次至三潭印月，次至平湖秋月，又步行至孤山林处士墓，又至苏文忠公祠，归已抵暮。

大媳、三儿俱自苏来，携小龄同来，帐友来者朱竹吟、何寿林、董企堂。

十二日　晴

送吴引之行。伊新得海塘工督办差使，即日赴工次矣。

往晤卢午峰，即辞行，托其招呼一切，如臬司、运司有升调，不愿署此缺也。又开名条一纸，托者汪景纯、李炳厚、徐思荐、刘玉华、李燕宾、唐洪训。

十三日　晴

往各处辞行，将军成绪成、都统善厚斋、都统富兰生、织造茂兰亭、臬台兴子垣、运司锡子受、杭道何青耜、杭府陈伯敏、钱塘县李爽阶、仁和县姚季眉、秦淡如、陈六笙、戴涧邻、梁敬叔、林聪逊、唐艺农、吴晓帆、周琳粟、许恂臣、濮少霞、高滋园、徐少岩、张仲甫。晤者茂兰亭、吴晓帆、张仲甫。余见仲甫老而且贫，目已双瞽，因赠以十二元，补上年八十寿礼也。

十四日　晴

又往各处辞行，昨所记者仅去其半，今又去其半也。

向阜康借洋，前后共一千四百元，合之正月内在苏所借千金，付与总票一纸。曹恬波来晤。

（眉批：十四日付阜康会票骑缝印。）

十五日　晴

午刻，由公馆起身，出凤山门，至钱塘江坐茭白船，同乡来送者汪如之、汪班生、龚稼生、曹福保，余二人不记姓氏。

茭白船即江山船，皆船伎服侍，一名爱翠，一名凤玉，皆中下之姿，备燕菜一碗，赏以四元，又赏水手一元。幕友所坐之船亦茭白也，赏船伎二元。

渡钱塘江不过数里，一时许即到彼岸。中渡萧山县，汪学澄小衡来接见，询知即汪衡甫之子。登岸行十里至西兴下船，船甚小，只容一榻。行十里至萧山县城，未停泊，夜行一百二十里。

十六日　晴

至绍兴府城，闻知赵星槎凌汉来接，询知即赵力农之侄。力农官户部，颇喜收藏，昔年在京时曾与往还。山阴县郑东甫锡滜、新任会稽县陈宝善、通判明克庵德俱来接见，知府海云壑霈因考试扃门未来，前任会稽县詹月楼仪桂因病未来。余登岸拜客，晤协台谢 ××。其余皆亲拜，未晤。又有总办厘局委员、候补知府甘炳来见。

午饭后，开船，访知兰亭、禹陵皆远在数里外，不果游。舟行过山阴道上，见群山傍水，石壁崭然，如读北宗画，用大斧劈皴者。山根有水一道，中亘一堤，与外河相隔，然壁立之山只一二里许。过此则平山迤逦，松树林立，时见大树郁葱，皆乌桕，此又如南宗画矣。所谓“山阴道上，应接不暇”者，洵非虚语。行六七十里，至东关泊。

夜雨。

十七日　雨

黎明开行二十里，至曹娥江，上虞县余勉斋庭训暨厘局委员宋陶仙炽曾来接见，登岸渡曹娥江，只里许即登彼岸，行五里至梁湖下船。余所坐者即本道坐船，尚宽敞，余幕友及下人所坐者皆小船，舱中一统无障隔，不堪坐也。

舟行过一大山，颇雄厚，树木稠密，虽经兵燹，尚无大伤，于此可见。行四十里至中坝，乃石砌之坝，两岸亦用椿插地，以巨绠盘之。又行十八里，至下坝，乃泥坝，其盘坝与中坝相仿，属余姚界。余姚县陈仲京彦增来接见。

夜至余姚大码头泊。陈令与都司某俱来见。

十八日　晴

黎明，开行。四十里至长亭，慈溪县李肇卿世基、县丞邓某来接见，因潮落，即在长亭候潮。申刻，潮来，开行四十里至 ×× 坝，亦系石坝，过坝行二十里，至宁波城南门大码头泊。

宁波府边仲思葆诚、候补府彭讷生慰高、鄞县蒋凤祥俱于未过坝时来迎见。

十九日　晴

辰刻登岸，岸上即官厅。提台黄芍岩少春、参将罗熊、游府周善初、都司松奎，方子颖、边仲思、彭讷生、蒋凤祥及各官俱在官厅迎候，略坐即乘轿开道，由南门绕至东门进城入署。先祭仪门，后祭宅门。顷在官厅迎见之文武各官俱来见。

午后即答拜文武各官，晤者黄芍岩、边仲思。

鄞县送来两席，即分送与方子颖、彭芍亭。

二十日　晴

各学教官俱来见。

所请书启郭绣君及其弟候补同知外峰，本在方子颖幕中，先于昨日来见。今日又与子颖来谈，将邢叔钟拓本一纸赠子颖，托郭外峰书释文于下方，托绣君代题跋数行，略改数字，仍托外峰代写。

子颖出示旧玉器十余件，佳者绝少，上带板一块尚可。

发谕大孙信一封，即交与寿喜、徐福，令其带去。即日起身进省接眷，约令廿八日由省起身，因子颖眷属须廿五日起身耳。

浦祝三来。

廿一日　晴

黎明，偕骏叔并一仆共坐轿三乘往阿育王寺拈香。寺距城四十里，出城后有河一道。沿河而行，巳刻到寺。寺在玉几山麓，由竹径而入山门，内有石亭，亭傍两池，折而西即大雄宝殿，中坐三世佛像，甚大，新装金，两傍阿罗汉及十大高僧。第二层殿即舍利宝殿，舍利子藏于木塔内，供在中间。顶礼已毕，令僧奉出舍利塔，在阶下跪而观之，木塔雕刻玲珑，四面有孔，从孔中注视，中悬一小钟，舍利悬于钟内。以余所见，如贯珠者两颗，大如粒米，其色上一颗白，下一颗深红，作宝石色。看毕后，骏叔观之，据云两颗相并，其色一白一黄，所见不同如此。余复跪下默祷，代四孙观之，则只剩宝石色者一颗，其白色一颗不复见。方丈僧挈儒、知客僧定修邀入客堂，先茶点后素斋，酬洋四元。后游钟楼，楼在大殿之东，共三层，登上一层，四面皆山环抱，为寺中最胜处。寺建于西晋，屡经兴废。旧有晋松，今已不存。有承恩堂，上有三匾，俱记纯庙南巡，寺僧三次迎驾事。方丈外有玉几山堂匾，张即之笔也。旧碑皆不存，有唐碑一座，嵌于壁，仅记寺田，盖非名笔也。殿之西有砖塔一座，偕骏叔登其三四层，以砖砌梯，地步逼仄，无坐处，即拾级而下，遂乘兴归。

方子颖邀晚饭，同席者薛友樵庑珍、郭绣君、外峰。

廿二日　晴

午刻，接印，穿朝服至大堂，向北阙谢恩毕，即拜印，俱行三跪九叩首礼，更衣，换蟒袍补挂，至暖阁升座，开印标封，皂役排衙，书吏及各役人等叩见，堂事毕而退。

提台黄芍岩、前任方子颖来贺喜，各官俱来贺。午后，拜客，晤者黄提台及前任江苏学政童华薇砚。书启蒋秋纫来。

请方子颖、郭绣君、外峰晚饭。

廿三日　晴

黎明，往各庙拈香，共十处，府县皆站班。

童学台来答晤。

廿四日　晴

未刻，往晤英国领事费贤礼、翻译卫察士礼，又晤税务司，留茶酒点。赴天后宫观剧。公请者宁府边仲思、候补府杨叔怿、彭讷生及厅州县主人共十余，客则黄芍岩军门暨方子颖也。赏戏班八元，旦脚二元，烧烤桌六元。戌刻散。夜雨。

廿五日　先雨后晴

未刻，往晤美国领事，带洋枪队葛格，留酒点。晤前广东粮道屠啸筼。申刻，赴黄军门招饮，共两席，同席者方子颖、边仲思、彭讷生，有清音。赏清音四元，旦脚二元，烧烤席六元。亥刻散。

廿六日　晴

辰刻，与方子颖先往天一阁，主人范姓两生员迎入，阁在宅内东首，四面缭垣，垣内假山层叠，下有小池，上有两亭，阁五开间，匾曰宝书楼，书多明版，经乱后皆失去，所存皆收回者，然残本居多，仅十之一耳。后至卢家抱经楼，楼亦在宅之东，楼前有土坡，上有孤松一株，下有小池，楼五开间，有十余橱，藏书颇多。主人一孝廉、两生员迎接，其书乱时为杨企堂购去，平定后与杨氏涉讼取归，尚有《图书集成》一部仍在杨家。

接大孙信，知浦姨病已愈。先是浦姨于月初得病，余十五日赴宁时尚未愈，连日甚念，得信乃慰。

屠啸筼招饮，申刻赴之，亥刻散，同席黄芍岩、方子颖。其设席在西书房，三间，对面花圃，中构小亭，亭外凿小池，砌以石岸、石栏，池后假山重叠，高过楼房，极嵌空玲珑之致。

廿七日　雨

辰刻，祀先农坛，文则道府以下，武则提台以下皆至。余主祭，祭毕，行耕籍礼，率府县九推。礼毕，望阙谢恩而散。

送方子颖行。

廿八日　雨

卯初即起，因方子颖有卯刻起行之信，既而知其巳刻方行。先往南门官厅候之，文自知府以下，武自提台以下皆在。送行后即往大关祭神，少坐即归。先于卯刻开库祀神，盘查现银，有四万余两。

是日，家眷起身，先于黎明闻大风，心窃忧之。至辰刻后，风雨皆止，心始释然。

廿九日　晴

象山镇萧 ×× 来晤。

署中楹联皆须换过，嫌旧句不佳，自撰数联附录于后：

一亭临水盘螺髻；
万竹凌霄引凤毛。大花厅。

沧海波恬，喜报鲸鲵扫穴；
春庭草长，闲看蝴蝶上阶。又。

案牍得余闲，豪气能为河朔饮；
轩輶思问俗，吟情题满浙东诗。又。

暮夜无金，常懔四知宝训；
门庭如水，时怀一片冰心。宅门。

画栋飞云，近接四明山色；
珠帘吟雨，倒流三峡词源。内厅。

兰草盈阶，玉燕飞来应入梦；
竹阴当户，金莺啼处欲催诗。内室。

扫榻静调琴，尘迹不侵金琐闼；
卷帘闲拄笏，山光遥挹玉几山。又。

琐阁春多，看玉树调莺，珠帘穿燕；
锦堂昼永，待碧梧引凤，翠竹栖鸾。又。

附录蒋秋纫撰联：

草映帘青，春风入坐；
苔铺阶绿，甘雨来庭。

听衙鼓催诗，花落苔阶未扫；
读汉书下酒，帘深香篆常留。

又自撰句：

休息戒燕居，放衙敢拥黄绸被；
敏求勤蛾术，祀事常怀赤水珠。内厅。

业广惟勤，领横海楼船严关管钥；
仕优则学，治经文礼乐纬武韬钤。大堂。

南雍莺藻，北陇蚕桑，宜措理化民成俗；
东海鱼盐，西郊虎旅，务讲求富国强兵。又。

言忠信，行笃敬，蛮貊可行，外患无由而作；
敦诗书，说礼乐，颛蒙胥化，下民何至为非。又。

未刻，至天主堂拜晤副教主冯伯德。设酒果相款，意甚殷勤，云在此二十年矣。申刻，税务司惠达来答拜，亦设酒果待之，亦甚恭顺。

夜大雷雨。

三十日　阴

卯刻，阅城，从东门上城，从西门下城，同、通、县皆来站班，府中因伺候学台考武未来，城垣尚为坚固。

自撰楹联云：

海岳旧题存，我见奇峰犹下拜；
玉川遗迹渺，园留乔木尚垂阴。大花厅。

附录郭绣君句：

持绛节以巡方，恩传四明，善政常随房孔后；
被绣衣而行部，智周六察，群黎咸庆范曾来。大堂。

闾阎乐而公府闲，看多稼亭开百花台灿；
政刑理则海疆靖，喜蛟门浪息燕寝春和。二堂。

阁拥香霏，宜银烛高烧珠帘低卷；
堂开昼锦，正紫绵初绽红萼纷披。上房旧有海棠香国匾。

未刻，英国费领事贤礼、翻译官卫察士礼俱来拜晤，留茶酒果点款之。陈鱼门来拜晤。

三月

初一日　晴

黎明，至文庙、天后宫拈香。答沈桐甫淮，未晤。赵鲁沂自苏来。

夜大雷雨。

初二日　大雷雨竟日

家眷自省来，接入署。

初三日　晴

辰刻，往拜丁学台绍周、象山镇萧××、象山县刘开国。申刻，在本署公请学台丁莲夫，蒋令承办，余与仲思、讷生、象山刘令共五主，客则请黄提台作陪。客已到齐，提台之夫子忽患昏厥，遣家丁促归。酉刻入席，亥刻散。

学台索观书画，将带出之思翁山水小册、恽王吴合璧册、黄端木山水册、黄郑书画合璧册与观。

（眉批：三月初三日会到通裕曹平，拟定银一万两。）

初四日　阴

接朱玉圃信，为葬亲告借二百金，并有信与仲思。

黄军门请丁学台，邀去作陪，申往戌散。

初五日　阴

辰刻，至西门大码头送丁学台，文自府以下，武自军门以下皆在，午刻散。

未刻，法国副教士冯伯德来，设酒果款之。答晤张奎垣镇台其光。

夜雨。

初六日　阴

接蒋子良信，托荐伊外甥戴赐卿元达征收一席。

与卢午峰一函，托其留县丞高元鉴、柳荣，仍办厘局，此二人皆精医理，黄军门常请诊治，故转托代为乞留也。

初八日　雨

黄军门、彭讷生俱来晤。

初九日　雨

候补县丞马藩来见，即雨峰之第三子也。雨峰当时殉难，其长子、四子俱同殉，存者二子、三子，两人皆县丞班。

初十日　雨

边仲思自镇海看炮台回，与各官同见，云招宝山及山之麓有炮台十余座，俱倒塌，台上间有复屋者，营房两处，其一十四间，其一廿间，俱新修好。

新任鄞县姚徽典，号慎庵，湖南人，举人出身。申刻接印来见。

是日，有中丞自省起身来宁之信，既而探知未确。

往答黄军门，晤谈。送童薇砚行，未见。本有十三起身之说，复改为十九起身矣。送童薇砚礼物十色，收火腿、绍酒、茶、烛四色。

十一日　先晴午后雨

童薇砚来辞行，晤谈，托其胞弟行四者在南局司事。

十二日　先晴晚雨

杭府陈伯敏寄信与边仲思，知中丞准于是日起程来宁。

十三日　晴

午后，起身出西门，至大码头下船，携三仆五役。

坐船为上虞借去接中丞，县中备有官船一只，舱中空洞，前后无门，以布帘障蔽，不能挡风也。申刻，至大西坝，暂泊待潮，晚饭后潮涨，牵舟过坝，坝外水低，势甚猛迅。晚仍开行，至长亭宿。

十四日　晴雨间作

黎明，开行。过余姚城外大码头，慈溪县李世基来见。后前行二十余里，见中丞船，即禀见，谈良久始退。中丞嘱接方道交代应有详文，并闻方道接前任文道交代，似亦未报，嘱并查之。

抵暮回至大码头，余姚令陈彦增冒雨来见，送菜一席，余官俱禀安，未见。过码头里许，风水俱逆，不能行，即泊。至四鼓，风渐止，潮亦退，遂开行。

十五日　晴

辰刻，至长亭。边仲思暨县丞邓某俱来见。中丞船亦至，以手版禀安，未传见，即开行。

过小西坝、大西坝。申刻起岸，坐轿而归。得府中讹传，酉刻，冒雨至大码头，仲思已先至，谈片时而返。

夜雨。

十六日　雨

卯刻，至大码头，文官自府以下，武官自黄军门、张奎垣镇台而下，皆在。辰初，杨中丞至官厅少坐，即回贡院公馆，往禀见，未见。午刻，中丞来谈良久。

卫安勇约于看精兵日同看。定海艇船已朽，不值修理，中丞许另造钓船，从刘光明参将请也。定海左丞之案，中丞嘱不必上详，但报明备案，设使总理衙门问及，有案可查矣。往晤张奎垣其光，即来回拜。

渔人养鱼如养雏，遣此尤物生海隅。
安知中无蛟龙种，戏取江湖入钵盂。

楼中老人日清新，林下先生非我身。
布袜青鞋弄云水，何妨乞与水精鳞。

笑看鱼尾更芊芊，得食无忧便可驯。
舞阔抱深吹荇带，也知作意向诗人。

平安时报故人书，夜梦嬉游童子如。
此外知心更谁是，子今知我我知鱼。

十七日　雨

是日立夏。于上房穿堂悬索称人，余体重一百二十六斤。

申刻，至东门外真武宫，知中丞已下船，即乘小舟趁往谒见中丞。借张奎垣镇台所坐艇船为坐船，禀见后坐谈片时，仍坐小舟载至钓船。此船亦向营中借来者。即刻开行，至抵暮已至镇海县大码头。余先起岸，在官厅候中丞登岸，将行李发上县中所备公馆，坐至一时之久，始知中丞在船住宿，不上岸矣，乃至公馆过夜。捐局委员陆式谷来见，镇海县于映波万川来见，余即以吴荣荐与。赵鲁沂及查关下人袁忠、孔荣来见。

十八日　雨

卯刻，坐小舟至中丞坐船禀见，未见。巳刻，中丞登岸至招宝山。余亦随往，黄提台芍岩、张镇台奎垣、林镇台 ×× 俱随往。由山根至巅，约数百级，盘旋而上，尚不甚峻。有古刹一座，山门内罗汉殿本年二月十一日新毁于火，大殿供观音，殿系新修，尚未漆油。去年雷击殿柱一根，并击佛首。余随中丞行三跪九叩首礼，后至殿背后，有楼三间，据云名望海楼。楼下铺设，中间为坐地，前有平台，台下营房十三间，有兵住宿。此山本有汛官，楼上中西两间有外国人修理住宿，刻下外国人已他往，东间颓塌未修。中丞命设席于楼中间，同席者黄军门，张、林两镇台及余也。楼前临海，东西有山麓，如鸟之张翼，海中近处小山如螺髻浮于水面，有一小山名七里屿，外国人置灯于其上，以照昏夜之船。东面一望无际，盖大洋也。南、西两面众山层叠，中有口子，云是蛟门。初登楼时，众山为雾所羃，不甚明了。酒半，宿雾忽开，山客历历，中丞顾而乐之。既而微雨又作，雾羃如故。中丞此来原为查看炮台，然山上筑台由高击下，不能得力也。饭罢下山，穿城而过，拜于令及刘参将光明，即下船。黄军门因余所钓船不宽，另换伊所坐之艇船，辞之不获，令老将强将行李发去，余不得已即在艇船住宿。亥刻，潮来开行，三鼓至东门，询知中丞仍不登岸。余先至官厅，边仲思、彭讷生皆在，略谈即坐轿回署，已丑正矣。

十九日　晴

卯刻，至中丞行台少坐，中丞已回。余先往小教场备中丞阅看，卫安勇系外国人葛格及华生所带，本传令平明齐集，岂知辰初尚未来。盖翻译官胡赉所误，催之再四始来，而葛格因路滑坠马，污其衣服，急归换衣，又加耽延，请中丞到教场已辰正矣。看各勇操演约半时许，赏葛格金牌一面重八钱，华生衣料一套，胡赉、胡大全袍套料，各勇洋四百元。阅毕，中丞即往大教场看黄军门所练精兵操演。余因待英领事费贤礼来辞行，先回署待之，及费领事与卫翻译来署，余方整衣出迎，而外国人已去矣。余即至教场，而操演已毕，正设席款中丞，余作陪客，彭讷生亦在坐。饭罢往送费领事行。该领事已往他处，仅见卫翻译，略谈而出。

送沈桐甫淮行，未见，送与程仪四十元，归寓少息。

是日公请中丞，即在余署，兼请黄军门、张镇台，边仲思、彭讷生、马玉衡、姚慎庵、于映波、刘厚庵与余皆主人也。坐席之前雷雨大作。亥刻散。

二十日　晴

卯刻，至中丞行台禀见，未见，即至西门大码头送行，文自府以 下，武自提台以下皆在。辰刻中丞来，即送其登舟而归。

答拜林镇台、刘参将。

廿一日　晴

管带湄云轮船吴游击世忠来见。

退楼嘱题听枫山馆楹帖，为集玉田词句云：

衮藏酒颂，润色茶经，爱尘事顿消，天下神仙何处有；

吟老丹枫，坐分黄叶，傍山窗卜隐，此中幽趣许谁邻。

又集稼轩句云：

胸次正崔嵬，更上有青枫。临风一叹，为簪黄菊，旧雨常来，直须抖擞尘埃，不争差盘谷序、辋川图、平泉草木。

园儿名佚老，记当年高会。落日苍茫，两地相思，停云情味，但放平生丘壑，还又要五车书、千石饮、三百篇诗。

廿二日　晴

是日余六十一岁常诞，凡客来拜寿者，一概辞之，惟本署幕友不能辞，备两席款之。署英领事卫察士礼亦来拜寿，设酒果款之。

姚守堂来晤，带有研生京信。

廿三日　晴

是日皇太后寿，五鼓即起，至万寿宫拜牌，文自余及知府以下，武自提督以下皆在。行礼毕后，坐班观演剧，片时即退班。是日天后圣诞，文武各官俱至天后宫祭献行礼，散后复往昨日各官来拜寿者，俱往答拜。拜而晤者黄军门，告以请留局员与卢方伯之信，已得回信，只可留一员，因商留高元鉴一员，又告以刘参府光明，所获未领牌照一船，前札宁府办理，以托宁府不必深究矣。又晤边仲思，即告以不必深究未领牌照一船，据云须营中再有文书来，方可不办。

未刻，答拜署英领事卫察士礼，约黄军门、边仲思俱来会同席，扰其酒果。复同往看湄云轮船，极其精致，与外国造者无异。管事之吴世忠在船接待。张奎垣、彭讷生俱在。观其船头大炮，重六千斤者，十余人即能牵动。

夜雨。

廿四日　雨

汪秉斋索题留桂轩楹帖，为集辛、苏一联云：

天香染露，花意争春，一枝金粟玲珑，依然画舫清溪笛；
歌扇萦风，虚榈转月，小院朱栏几曲，误入仙家碧玉壶。

黄军门来晤。张奎垣送鲜荔枝来。

廿五日　雨

各官俱来见。张奎垣来晤。

能说故园无，一觞一咏。著个茅亭，好长托云烟，洗尽尘缘千种。从今花影下，吾爱吾庐。当年仙桂，算恁禁风雨，染教世界都香。

廿七日　雨

发致退楼、香严、旭人三信，又发致敹闲、还巢两信，交家中送去。

四月

初一日　晴

卯刻，至文庙拈香，文率知府以下，武自提台以下，凡实缺者毕至，文东武西，行礼毕。复至天后宫拈香，行礼毕，各散。因与府厅以下各官皆见过，辞其不必衙参。午后，送黄军门行，先是军门有往上海送闽浙总督英公之说，故往送之，实则尚不起程，谢张镇台步。

是日，骏叔同朱竹吟、浦祝三、俞劲叔往游天童及阿育王寺，雇船襆被而去。

夜雨。

初二日　晴

巳刻，点鄞县生、童名，闻有自慈溪来者，约七百余人，定于是日观风也。生题“子曰：‘里仁为美’两章”；诗题“‘卷帘攲枕卧看山’，得‘攲’字”。童题“‘吾道一以贯之’至‘夫子之道’”；诗题“‘银缸画烛照湖明’，得‘湖’字”。

初三日　晴

黄军门来晤，因买洋枪事托转禀中丞。

稿房书吏吴振家来，与之谈定津贴事。

夜雨。

初四日　阴

绅士童开来见，料其为海船不服稽查一案关说公事而来，拒而不见。黄军门昨曾言之，此人即童薇砚华之第六胞弟，乃兄亦不以为然者。

昨阅张仲举《蜕岩词》，有登招宝山望海赋《望海潮》词一阕，因忆前月十八日陪杨石泉中丞，黄芍岩军门，张奎垣、林 ×× 两镇台登招宝山，宴于望海楼。先雨后晴，风景绝胜，用蜕岩调集辛稼轩词一阕：

江山图画，东南形胜，尊酒一笑相逢。蜗角斗争，豸冠风采，台前戏马英雄，记取楚台风中丞、军门皆湘南人。想登楼青鬓，车骑雍容。快上星辰，看君天上拜恩浓。

门前泥软沙融，看乱云急雨，烟水濛濛。十里翠屏，去天咫尺，崚嶒势欲摩空。更插万芙蓉，向晴波忽见，千丈晴虹。笳鼓归来，黄昏院落月朦胧。

夜雨。

初五日　雨

见官。复集吴梦窗词云：

雁汀沙冷，鲛宫睡起，飞浪溅湿行云。平倚画楼，缓穿斜径，望中璇海波新。缥缈岫眉颦，近玉虚高处，还把清尊。领客登临，紫垣敕使下星辰。

几番时事重论。试摩挲劲石，笔扫千军。翠幌竞飞，鳌峰对起，玉虬萦结城痕。只隔一红尘，怕等闲，易别仙坞迷津。岸压邮亭，晚钟催散又黄昏。

发与研生京信并沈经笙禀函，夹单寄与杭省书局新刻各种。

初六日　晴

辰刻，祭先农坛，文武各官俱到，惟边仲思因书院甄别未到。

初七日　阴

黄军门知照坐湄云轮船出洋，至大羊山等处巡哨，乘便至上海送英制军入都，制军坐万年青轮船从闽省登舟径往天津，其在上海不过作二三日勾留，余遣下人李叔附湄云至沪，持手版禀送。

初八日　晴

午初，美领事罗尔梯来拜会，通事张体仁偕来，设酒果款之。先是该领事有调往暹罗之信，续接彼国钦差文书，不令前往，仍在宁办事，此来即为此也。

初九日　晴

未刻，答拜罗尔梯，亦设酒果相款，出镜照相一册见示，其国主及妻子朋友皆在其内。

初十日　晴

见官。庄乃严来晤。致书鄞令姚慎庵荐庄公征收。

十一日　晴

巳刻，英国新领事郇和来会，设酒果款之。郇和能说官话，在中国已十七年，新从台湾调来，词色之间甚为恭顺。

十二日　晴

巳刻，答晤英领事郇和，并晤副领事卫察士礼，扰其酒果，盘中佐以花枝，皆外国种，鲜艳异常。

十三日　晴

宁波风俗，本月十一日起十四日止，有六庙之神出会，台阁十余座，每座以幼童四五人扮演故事。旱船数只，每船亦饰幼童两三人，又有龙灯、九莲灯，百戏俱陈，彩仗鲜明，锣鼓箫管之声喧天震地。先齐集于城外大教场，午后，各处游行，倾城聚观，举国若狂。闻前任文观察令其穿辕而过，并赏给银牌，边守则闭辕不纳。余以边守为是，任其绕辕而过。

十五日　雨

卯刻，至武帝庙、文昌宫拈香。

辞辕。

十六日　晴

黄军门从上海回，来会，据述英制军因闽督缺苦，有不愿回任之意。先是军门往上海搭坐江西轮船而去，只走六个时辰，湄云轮船放至上海，走十二个时辰，而轮已坏，托外国人修理，耽搁三日，军门坐之而回。行至镇海而轮又坏，失去大锚一只。

得中丞回书云，初不知四元之洋枪易锈易裂，兹已允买六元者，因以此信出示军门。答晤军门，往拜张奎垣、胡雪岩，均未晤。

十八日　雨

张奎垣、周复堂来会。偶集得长对一联云：

生意又园林，穿花省路，拔叶通池，傍竹寻邻，携歌占地，把芳心徐说。老去却愿春迟，多准备水西船，山北酒，树底行吟，足可幽栖，书册琴棋清队仗。玉田句。

我志在寥阔，旧雨常来，临风一笑，乘云共语，对月相思，与造物同游。天也只教吾懒，胜安排溪上枕，柳边亭，桐阴间道，不妨高卧，茶瓯香篆小帘栊。稼轩句。

育婴、广仁两堂报销四柱清册，已令卓卿、绮堂造成，以一册遣家属出名具禀，送苏州府存案备查，以一册送堂董，以一册存在家中，皆交骏叔带归。另有致校邠、玉泉、语樵、藻安三函专达此意。

十九日　阴

边仲思送苏府会试题名来，吴县只中汪昌一人，长、元脱科，可谓减色矣。仲思之子已中，即往道喜。

是日骏叔回苏，何寿林、赵鲁沂俱同归，四点钟上江西轮船，搭至上海。

廿日　雨

巳刻，布国副领事郭彬来会，美国通事洋人偕来，设酒果款之。

黄军门生子，令下人持柬贺之。

廿一日　雨

张一松从苏来。偶集稼轩一联云：

只与少年同，羡安乐窝中，对花临镜，丹青手里，采菊题诗。春风正满余怀，十分筋力夸强健。

更从今日醉，看云霄高处，笑拍洪崖，玉殿东头，叫开阊阖。小草何如远志，一出山来不自由。

廿二日　晴

午后，答晤布领事郭彬，见外国琴，高如桌，形如长方桌而缺其一角，弦有数十条之多。郭领事为余鼓一曲，其声仿佛八音匣或者即瑟之类耶。扰其酒果而返。

贺黄军门生子之喜。

廿三日　晴

解京饷委员王绍庭自京中回，带研生信、李诚甫信并所购智永《真草千文》墨迹卷及骏叔托买琴足两副、琴轸一副。《千文》卷温云心所藏，后归心泉和尚，京中不乏赏鉴家，欲得此卷者亦不少，皆因议价未成。余去年入都候简，一见诧为奇宝，议价一百五十金。嗣以客囊窘涩，舍之而出，中心耿耿，未尝一日忘，遂于履任后即致书研生，仍照原议之价购之。发函展赏，焕若神明。思翁跋中所云，唐人无此写法，足为此卷定评。窃叹历来见此卷者，岂无好而有力之人，顾皆弃而弗收，迟之又久，而卒归于余，固由翰墨因缘亦有前定，究由真鉴难逢，因循不决，如此奇珍，失之交臂。假使余出京后，此卷竟属他人，悔将何及，既自幸又自愧也。接昨日骏叔从沪上来禀，据云已与金保三、张子蕃往还，颇有佳品，未知能购成几件否也。

夜大雨。

廿四日　雨

发第一号家信。

廿五日　晴

见官。

税务司来会，设酒果款之。

题智永《真草千文》墨迹卷。乍见此卷，虽赏鉴家不敢遽定为真迹者，皆有石刻《千文》先入为主，反据虎贲而疑中郎耳。及见翁覃溪先生《复初斋集》载石刻《真草千文》跋，云“向疑其用笔太过圆熟，未必隋人所书，反复辩论，决为宋初人书无疑。盖北宋初年之书迹，至大观已是百余年前旧纸墨。薛氏不暇深考，遽以入石。后人因薛氏所刻，踵而信之，从无纠正之者，遂使北宋人书冒铁门限之名留传至今耳。自古书家，唐以前正楷若钟之《力命》、王之《乐毅》，皆笔笔自起自收，开辟纵擒，起伏向背，必无千字一同之理。至宋以后，乃有通体圆熟之书。此实古今书势大关键，不可不亟为订正者也”。覃溪为本朝赏鉴第一，既决石刻为伪，始可引证此卷之真，惜覃溪未见此卷，不能邀其赏鉴也。

发第二号家信，并寄琴轸一副、琴足两副。

廿六日　晴

得骏叔廿三日沪禀，知其即日登舟旋里，只购得南田轴、序伯册两件，余多还价未成。

得金保三书并寄来赵松雪《三马》卷，有鲜于伯机、俞紫芝两跋，予谛审尚非真迹，然骏叔已还价四十元，予不欲悔议，姑仍其价特不能益耳，又有《国初名贤诗翰》册，系曹仁虎之物，有原唱六首，皆同辈和作，如孙士毅、褚廷璋、阮沅、钱载、赵希哲、赵谦明共十余人。予不集诗翰，不欲留也。随作答保三书及与张子蕃书，皆托阜康寄上海。

慈溪人杨咏春来会，直隶候补道，初起复。答杨咏春，未晤。

廿八日　晴

午后，答晤税务司惠达，扰其酒果。

发第三号家信。

三十日　晴

得金保三书，复将赵松雪《春郊牧马图》卷寄来，据云前路五十元肯售，余答以前还之四十元，不能增添，即以四十元托阜康寄去，大约必成矣。保三并寄来邱三近七言楷书对，索价七元，余还四元，对仍寄还。

集稼轩、玉田词四阕，题于赵卷后。

五月

初一日　晴

卯刻，至文庙、天后宫拈香。辞衙。

曹恺翁处借得《沈石田小像》册，嘱董绮堂摹一副本，另节录小传一页。

初二日　先晴后雨

编修张子腾家骧来会。彭兰孙讷生之侄自苏来会。正教士苏 ×× 来会，副教士 ××× 发第四号家信，附与还巢一信，教沈艮之，另纸与承之，《石田像》亦附去。

初三日　晴

书石田、南田小传各一页。

初四日　晴

答晤正教士苏 ××、副教士 ×××。

写智永《千文》墨迹卷跋。

初五日　晴

贵神庙拈香。亲贺黄军门。

初六日　晴

发第五号家信。

余姚邵茗仙文煦来会内阁中书，小军机。

初七日　晴

致书姚令，委其严拿城中赌局。

又集得张玉田、辛稼轩词：

茅屋短篱边，卷帘收燕，倚栏调莺，隔水呼鸥，寻蕉覆鹿。苍云息影，此中方是无心。　　甚玉笛移宫，又歌南浦，邮亭维缆，重渡西泠。轻衫厌扑游尘，十年前事翻疑梦。案牍余闲，啸歌自若，昔人谓一行作吏，此事遂废，非笃论也。偶集张玉田。

小草何如远志；

一出山来不自由。辛稼轩词句，制为长联，书以补壁。辛未夏五，艮庵识于玉几山馆。

论闲处直须行乐，怯清风入手，笑拍洪厓。明月临关，叫开阊阖，仙人琼海上。　　采菊题诗，看花索句，垂杨系马，吹火烹鲈。

往日曾又集张、辛词句云：

落花啼鸟，断柳枯蝉。记小舫寻芳，洗尽人间筝笛耳。

吹火烹鲈，垂杨系马。待空山自荐，看封关外水云侯。

初八日　晴

黄军门来会。

答拜邵茗仙、黄军门，送茗仙程仪二十元。

集吴梦窗、张玉田词：

临砌脉无言，记晓叶题霜。歌纨金缕，柔葱蘸雪，绣屋秦筝。依前唤酒银缸，愁结春情迷醉眼。　　隔花窥半面，恨剪灯听雨。鹦鹉珠帘，绾绿梳云，鸳鸯锦带。漫绉留仙裙褶，初匀暖鼎熨香心。

又集梦窗词：

金屋贮娇慵，采箑翻歌，松泉荐茗，乌丝润墨，鲛室裁绡，争如连醉温柔。向梦里消春，酒中延昼。　　良宵爱幽独，梅窗沉月，玉尘生风，绀缕堆云，水沈熨露，都把愁怀抖擞。在灯前攲枕，雨外熏炉。

集玉田句题过云楼：

出岫本无心，旧隐琴书，应妒过云明灭。　　弄泉试照影，再盟鸥鹭，知他甚日重来。

集稼轩句题过云楼：

得丧乘除，机心早觉。丹青图画，老眼羞明。飞去了无踪，万事云烟忽过。

渔樵故里，闲处偏多。杖屦当时，梦中行遍。觉来还自笑，一亭风露先加。

集玉田、稼轩句：

为问几日新晴，恨荼蘼开晚，桃李无言。不妨倚绿偎红，买栽池馆多何益。

留得一团和气，向镜水传心，柴桑袖手。颇笑论文说剑，戏引儿孙乐有余。

初九日　晴

福建候补知县俞小舟珣奉文同游击福印押同原告王师宠坐火轮船来宁，缉捕伪造福建船捐执照犯人胡葆甫。俞小舟先来禀见，余立传边仲思来署，嘱其传鄞令密办。

初十日　晴

见官。鄞令禀知昨夜带同王师宠于三更赴东乡，黎明到彼，立将胡葆甫擒获解案。

发六号家信。

十一日　晴

集东坡词：

酣咏乐升平，飞步孱颜，群仙笑我，坐忘遗照。八表神游，蟠桃动是千秋，谁道人生无再少。　　鼓吹助清赏，元圃清寂，学道忘忧，竹坞松窗。多情留客，绛阙岧峣。凭高眺远，白酒新开九醖，相逢一醉亦前缘。

集东坡词：

归去有残妆，春笋纤长，绮窗学弄，铢衣摇曳，莲步轻飞。深杯百罚何辞，不惜玉山拼醉倒。　　起来携素手，困酣娇眼，闲倚胡床，萦损柔肠，要书裙带。芳心千重如束，更将沉水暗同然。

集周美成词：

谁为探芳丛，稚柳苏晴，新添金缕，隔窗寒雨，润逼琴丝，绣户先知，粉蝶多情萦蔓草。　　如何消夜永，晚凉拜月，愁剪灯花，翠幕褰风，困便湘竹，阑干四绕，飞蝇不到避壶冰。

十二日　晴

接初九日家信，知初八日戌刻三孙媳生男，取名希濂，因接家信之时正翻阅《明贤蒙正录》，首页即载宋学士濂，偶然触机，故以此命名，小名曰曾喜，取曾祖大喜之意。

郑鱼门来会。

发七号家书。

十三日　晴

武帝诞，先在署庙拈香，即往武庙主祭，复往大关衙门拈香。

答拜福建委员俞令珣，福游击印 × ×。张一松从局中告退而回，不能耐辛苦也。致书彭讷生，嘱其在局中借二百六十元交郑鱼门，了结税务司租招宝山望海楼之事。

集东坡、美成词：

缓步困春醪，肯亲度瑶觞。醉霞横脸，要书裙带，颦月临眉。不妨低唱微吟，自作清歌传皓齿。　追凉就槐影，映雕栏修竹。笑扑流萤，宝幄香缨，形裁艾虎。但怪灯偏帘卷，更将纨扇掩酥胸。

集周草窗词：

水驿寄诗筒，正香雪随波。柳阴浮桨，痴云剪叶，竹色侵棋。篝灯细勘唐碑，花满翠壶熏砚席。　碧霄澄暮霭，看银潢泻露。四壁骊珠，仙影悬霜，一声龙竹。碎锦懒寻尘谱，帘销宝篆卷宫罗。

十四日　晴

张翼伯景渠来会，并会曹恺翁，留其午饭而去。

接十一日家信云，金保三来知照，有自称顾文彰者，捏冒我之族弟，在夷场上送扇对、打秋风。余即致书涂朗轩，托其密访查办，并专丁寿喜持信往沪。发八号家信。（眉批：是日苏中收到阜康汇寄曹纹二千二百两。有收条寄宁缴销。）

十五日　晴

卯刻，往武帝庙、文昌宫拈香。答晤张翼伯。

是夕月食，在大堂庭心东向设香案。从戌正二刻初食起，素服行礼一次，府学教授、训导陪同行礼。食甚又行礼一次，亥正二刻复圆，换吉服行礼一次而毕。

五点钟葛格来拜会，云黄军门派兵十二名随同卫安勇学习阵法，习熟则再换，已派过两次矣。

闻湄云轮船与红单船闽勇、广勇滋事，因致书边仲思，嘱其查复。嗣据复称，十一日夜间，轮船闽勇与红单船广勇在娼家相遇口角，广勇纠人寻斗，闽勇逃避未成，互斗，而洋人已惊惶，请葛格带队保护，天明始散。

十六日　晴

拟禀中丞一稿，先叙闽省派来轮船应由浙省派拨弁勇水手人等，一则易于节制，二则可省经费，末后附陈轮船闽勇与红单船广勇喧闹一节，以为两省兵勇不能和协之证，即日缮发。

接十四日家信，知新生小孩落地后，眼黑翻上，通身发热，百治无效，至十四日午刻而殇，惜哉！发第九号家信。

十八日　晴

童莼舫会来会，薇砚之第五弟也。边仲思来会，并递假实收案供折。即将供折两份，一禀中丞，一函复福藩，交委员带去。

二十日　晴

福建委员俞小舟珣、福印来辞行。见官。往晤葛格，扰其酒果。黄军门新生之子剃头，往贺。答童莼舫，送俞、福二公行。

廿一日　雨

接到金眉生、陈嗜梅两信，即复。

廿二日　忽晴忽雨

与阜康伙杨远香结算，从前付与之汇票计银一万九千两、洋一千三百元，全行归还涂销，新付与汇票两纸，每纸一万两江平，骑缝图章即印于此页之上。伊号前出历任存项总票一纸，计四万七千六百六十九两七钱六分，亦即发还，因官项存数另有账簿为凭也。

廿三日　晴

发第十号家信，付致退楼信。

请张翼伯、陈鱼门、彭讷生、曹恺堂。申刻饮，戌刻散。

廿四日　晴

接中丞钉封信，询法国有兵船到中国，有无确信。杨姓捐项，及与黄军门商调闽省轮船经费过巨。

张茂、施桂、刘妈从苏州来，带来《九成宫》《鄞县生童观风》卷、《明臣殉难录》两本、《无声诗史》两本及两姨所买各物。

邀鱼门来谈。往晤黄军门。

廿五日　晴

发复中丞禀，仍由四百里钉封。接十九日家信。

寿喜自沪归。金保三带交宋四家一卷。米襄阳未确，陆放翁介乎疑似，张槫寮的确。又有单名震者，不知何人，然亦真迹。吴匏庵《九老图诗卷》，字如杯大，真。石田《芙蓉鹅》轴，真。

廿六日　晴

发十一号家信。

阅定鄞县生员卷，超等三十名，特等六十名，三等一百三十名。

廿七日　晴

发十二号家信。接廿五日家信。

廿八日　晴

发十三号家信。接廿七日家信。

廿九日　晴

发十四号家信。接廿二日家信。

三十日　晴

接金保三信，寄来刘完庵小横幅、邱三近对。

六月

初一日　晴

小腿生疖，不能行走，未去拈香，亦未见官。

初二日　晴

接三十日家信。发十五号家信。

（眉批：是日，苏中收到阜康曹纹四百两，有收条，送宁署销。）

初三日　晴

发十六号家信，附复鹤汀信。

初四日　晴

复金保三信，还其邱三近对价五洋，并书画五件，由信局寄去。

初五日　晴

见官。

初六日　晴

得保三回信，知前信已收到。发复方子颖信。

录沈石田诗：

白头尽是老便宜，六十余生天地私。
学舞固无长袖子，出游还有小车儿。
绿阴如水微吟处，紫袷含风半暖时。
瘦影任君描写去，百年草木要相思。

孙子悯老蹇，惠杖若无杖。
其轻若握烟，且喜不压掌。
七尺多臃肿，论重仅铢两。
促节数三十，还复有一长。
敢书熙熙然，独任探梅往。
暑雨地沮洳，出远步堪强。
非惟借便捷，颠踬有所仗。
何以谢记存，小简附拙响。奉谢西川藜杖之贶。

肺承湿火谓时行，咳引千声气莫平。
疾痛欲呼天不近，痰痍愁竭老何生。
林庐未夜虫蛇乱，田穗先秋鸟雀争。
如此恶怀无遣拨，起挑灯火坐余更。别后病愈奉寄西川。

初七日　晴

春三二月（二三），弹罢七弦琴（二五），问三三径内（长三），绿暗红稀（四六），吹到几番花信（二四），举眼望苍冥（二六），两泪飘零（地），天长地久两头分（么六），听孤鸿五夜凄清（幺五），听孤鸿五夜凄清（幺五）。缺少巫山一点云（五六），梅花帐绝尘（长五），三点三更（长三），纱窗人静（长四），怎能够两头厮并（长二），天涯滞客星（天），天涯滞客星（天）。绿腰瘦损（幺六），更比寒梅瘦几分（长五），两地成孤零（地），曾记得长板桥边（长二），梅花三弄（三五），不系的孤舟（三六），载远人（长四），相送在十里长亭（四六），何曾不款语丁宁（幺二），你一去三载（幺三），你一去三载（幺三）。经久无音信（四五），这相思可不只五分六分（五六），好叫我三番四复难安顿（三四），只落得一年四季（幺四），次第捱寻。

初八日　晴

四点钟，浦姨发痧，起视之。

巳刻，往晤黄军门，谢其委巡捕杨继鲲衢州守备署事，军门修理衙门需一百卅一元，托向厘局说知。

初九日　晴

接到初二、初六家信。发十七号家信。

接到初二、初六两禀，具悉一切。玉谿乃江湖，藏此瑰宝，求之者又多，岂肯轻售？二者不可得兼，舍黄取王，前信已言之。竹虚合买送礼之说，虽未尽信，然亦不可不防。四百元缺一不可，自应□□，添之以成为度，即依其四百元亦无法也。山樵册题款，似专指一幅而言，并不似总题口气，即属可疑。大凡书画稍有疑窦，便恐伪作，尽可缓图矣。友樵四卷中之《渔山云山卷》，攫之者即是退楼。此卷画真而题诗及款皆后添，有此蛇足，便不足取。得暇向退楼取阅，可证余之不谬。大约齐氏二十卷，其精华多在我家，外间止小米卷最为铭心。赵《过秦论》未见，此外如友樵处三卷，皆平平无看耳。若得容斋赵黄庭，则《过秦论》必在下风矣。火焰小表五十元可得甚好，如不肯，即稍增亦不妨也。侣卿成对之表，先买一枚亦不妨，惟价不可太昂耳。汉玉镯煮经两月，红色似乎稍显，然要与双琴钩相较尚远也。渔笙所得，必是佳物，惜其价过昂，不能到手矣。兰畹处之麓台卷知已收到，先将尺寸及各幅题词豁径抄寄，将来渔山卷寄到亦然。其烟客小卷亦宜购之为是，此公之物较之玉谿，尚算便宜也。济成利金必须频催，盛氏父子脾气信已不信人，甚不生辣也。其立议一节，当致意退楼促之。彦仲讼事，一时未必能了。刻接校邠书，将其呈子及信附寄，语气之间甚不和平，校邠未必以为然，恐以后未必肯招呼，为之奈何？观风卷鄞县者已发案，原阅大致□颇，然于二、三等中拔出数卷，若不细复，便成遗珠落，抄出与孙辈观之。榷务分征，五月初八起至六月初七止，大关应得二千一百四十余两，镇海应得二百余两，较前月稍好。账房看账，钮、董两公几有日不暇给之势，即如库簿因寿林压积，今要补抄，须觅熟手。卓卿之来，似嫌寿林办事浮而躲懒，不甚得力。我思寿林家计原不必定要出门，此次邀其来宁，不过为长康面上，且以宁波为其熟地，今既不能得力，何不将伊调入家中账房，代少眉之缺？而分少眉来宁，必可得力。如以为然，即令少眉来宁可也。至于两典之事，小庄司账，衡甫奔走，亦办得下去也。王福与熊厨相熟，本有暂在熊厨手下候寻生意之议，与汝所属相合。

初十日　晨雨午晴

见官。接初八日家信，知是日巳刻，三媳又得一孙，余名之曰麟澥。发十八号家信，附端卿一信。

十一日　晴

接初四日家信，广边亦收到。

十二日　晴

发致卢午峰方伯信。答李绣若信。

十三日　晴

往晤黄军门与商轮船事，因同接中丞信也。接十一日家信。

十四日　晴

边仲思来，商派委员往定海验看修城事，拟委镇海县代往。

十五日　晴

武庙、文昌宫拈香。辞衙。

接十三日家信。发十九号家信。发答研生信，附花线一包。又上董云翁一禀禀内复刘玉华已委处州厘局差，托黄军门折差寄京。定海厅左丞来探问验看城工事。

十六日　晴

边仲思、黄军门皆为左丞来探问，疑余知其工价与估报不符也。

十七日　晴

卯刻，至郡庙祈雨，城中文武官毕集。答定海左丞，左丞来辞。

接十五日家信。发二十号家信。

郑邢叔旅曰："不显皇考惠叔穆秉允明德，御于乃辟，得屯乍攸。旅敢启帅邢皇考威仪，为御于天子。"对天子鲁休扬，用作朕皇考惠叔大棽龢钟，用蕲万年无疆，子子孙孙永宝用享。　邢叔钟释文

乡人抬龙神来署求雨，赏钱二千。

十八日　晴

辰刻，至郡庙拈香。

表弟潘文栋从上海来，从礼八色，收其四色。

十九日　晴

辰刻，至郡庙拈香。

恺翁介绍从楼月潭家取来画四件，麓台山水轴，廉州、石谷合璧山水卷，南田仿元四家四段皆赝本，惟南田《十万图》册乃真迹致佳者，与我家藏石谷《十万图》结构题词皆同，是对临本，两美相合，大是奇缘，以百元得之。

二十日　晴

见官。张子蕃从上海来，与朗亭之伙温姓同来，带有书画碑帖数十件，余挑取十六件，照原码还三折，伊伙写信去问朗亭，即留二人在署住宿。

潘云汀来晤，持伊父仁甫表母舅信来求荐生理，并欲来署暂住。

廿一日　忽晴忽雨

乡人抬地土神来署求雨，将神像抬至暖阁，余出拈香，行二跪六叩礼，赏香金二千文。

发廿一号家信。

廿二日　晴

辰刻，至炎帝庙拈香。是日圣诞。

接二十日家信。

廿三日　微雨

辰刻，至天宁寺求雨。

夜雨。

发廿二号家信。

温公回沪。

廿四日　晨雨午晴

辰刻，至天宁寺拈香。

午后复雨。夜雨。

接廿二日家信。

廿五日　雨

见官。发廿三号家信，附与盛杏荪信。

邀屠啸篔、陈鱼门来署，托其向杨家催取捐饷银。

得郑朗亭回信，其寄来书画照码六折乃肯售，择其精者八种：《三松堂集帖》六本十八元，吴梅村《南湖春雨图》轴三十二元，徐青藤花卉卷三十六元，东林五君子札廿四元，石谷仿董轴二十二元，王廉州仿大痴轴十三元，吴渔山《柳村秋思图》轴十八元，恽南田札十八元。

（眉批：是日苏中收到阜康汇银二千两，收条缴销。）

廿六日　晴

接廿四日家信。两姬口角，余大怒，因出，宿于签押房。

廿七日　晴

昨今两次致书边仲思，嘱催杨家捐饷之款。张子蕃回沪。

廿八日　晴

发廿四号家信。

下午大雨，惜为时不久。

七月

初一日　晴

辰初刻，文庙、天后宫拈香。

答拜屠啸筼、陈鱼门、边仲思。接中丞钉封文，复前钉封禀。

发廿五号家信。

初二日　晴

致边仲思书，催杨家捐项，并以中丞信附阅。答黄军门信，言湄云轮船前禀两院，谓机器是旧物，其言闻之军门，兹军门谓并无此言，余乃自认听言不详，怀疑误禀，请军门据实咨复。

阅楼家书画共一百七十余件，破三日工夫，至今日始阅毕，并略定去取。

初三日　晴

作致退、巢信。发廿六号家信。

初四日　晴

杨少湄从苏来宁，带来书画等物。

初五日　晴

卯刻，至天宁寺拈香祈雨。

夜雨。

答研生京信并送五小姐杭线、衣料二件。

初六日　晴

卯刻，至天宁寺拈香。答晤军门。

申刻倾盆大雨，约有三寸。

初七日　晴

往拜彭中堂冥诞。拜张奎垣生日。答刘子谦亮，新加捐同知，从京回宁，研生托其带信带物，并谢之。昨日发中丞禀，钉封限四百里。

接初四日家信。发廿七号家信。

初八日　卯刻雨即晴

巳刻，至天宁寺谢神。

发廿八号家信。接初六日家信。

初九日　微雨

登螺髻亭，口占一绝：

> 梧桐松柏竹芭蕉，交荫荒园径一条。
> 留与主人消夏坐，一亭临水压峰腰。

夜大雨。

管驾湄云轮船吴世忠来晤。

初十日　雨

见官。遣徐福回苏接骏叔。

十一日　晴

屠啸筼来，云鄞县有孝廉十人作会课，求余出题阅卷，每月两次。

十二日　晴

五鼓，至万寿宫拜牌，成礼而返。

接初十日家信。发廿九号家信。

十三日

出会课文题“发而皆中节”；“敏而好学，不耻下问，是以谓之文也”。

十五日　晴

辰刻，至武庙、文昌宫拈香。

接十二日家信。发三十号家信。

十六日　晴

接十四日家信。

十七日　雨

发三十一号家信，附致语樵、藻安信，蒋蘅皋信、顾鉴亭信。

十八日　晴

邀陈鱼门来，托其招宝山捐事，新河与外国人谈事。

十九日　阴

发三十二号家信。接十七日家信。是夕迁宿于内。

二十日　雨

见官。

廿一日　晴

接十九日家信。发三十三号家信。

廿二日　晴

仲思、讷生皆因薛友樵薪水事来商。

廿三日　晴

黄军门来晤。发致吴引之信。

廿四日　晴

接廿二日家信。发三十四号家信。

廿五日　晴

见官。

廿七日　晴

胡雪岩来晤。

廿八日　晴

申刻，大雨。

往晤税务司惠达、黄提台、陈鱼门。

是日做中元节,僧七人唪经一日,晚放焰口,俱在大堂上,又在二门口搭台清音打唱。各署皆然。

廿九日　晴

接骏叔廿八日在申寓所发禀，知于廿五日偕四孙、袁子辛同舟赴申，廿七日到。发三十五号信寄申。

午后，往晤惠税务司、黄军门、陈鱼门，中途大雨。

三十日　晴

往晤屠啸筼。

八月

初一日　晴

卯刻，文庙、天后宫拈香。

初二日　晴

骏叔偕四孙自申来宁。

常镇道放李长华，沈仲复调补上海道。

初三日　晴

卯刻，诣天后宫拈香主祭。

初四日　晴

卯刻，诣文昌宫、火神庙拈香主祭。

初五日　晴

辰刻，诣龙神庙拈香主祭。

亥刻，平桥民家失火，乘小轿至鼓楼南铺家门首坐下弹压，遥望火光，如金蛇闪电，幸水龙齐集，约七八条，而洋龙尤得力，半炊时即灭，烧去十来间。

初六日　晴

童薇砚之母阴寿，亲往拜之，略坐，有黄军门、屠啸筼相陪。

致研生一信并贺禀十七封，托其分送，又赠节敬百金。

初七日　晴

辰刻，至武帝庙主祭。

陈鱼门往省见中丞，为杨家捐事也。

初八日　晴

夜雨。

浙臬司放蒯士香贺荪。

初九日　雨

卯初，至文庙主祭。

题曹恺堂《西湖侍游图》，图为戴醇士作而汤雨生弁其首，用卷中绿君女史韵题七绝四首：

树萱争咏北堂春，翰墨流芳妙绝伦。
交结忠臣惟孝子，乞将椽笔寿慈亲。

淹有登高作赋中，此携仙眷咏南陔。
贞心慈竹凌霜健，并蒂红莲映日开。

拍堤春水绿波流，无恙湖山且放舟。
珍重双史遗迹在，墨花清劲浪花柔。

色笑难追写不真，蓼莪庆读感诗人。
与君同抱终天恨，一度披图一怆神。

初十日　晴

辰刻，至西门外社稷坛主祭。

十一日　雨

复吴引之信，托刘丞亮带往省垣。

十二日　雨

致吴晓帆信。

十三日　雨

辰刻，至吕祖殿主祭。

英翻译卫察士礼来辞行，奉伊国钦差调往燕台。

晚间赤身小便，忽觉寒凛，继而微热，得汗而解。

十四日　雨

晨起，觉身子略惫，本拟送英翻译行，因身体不爽未往。

十六日　阴

税务司惠达来晤。

十八日　雨

阅鄞县孝廉十三人课卷毕，取五卷交屠啸篔文题“发而皆中节”。

十九日　雨

英翻译官 ×××× 来见。

二十日　雨

见官。

姚慎庵晋省，托其带张仲甫信并赠洋三十元，仲思赠十元。

廿一日　雨

晚卧后，先形寒，后发热，及天明热退未净。

廿二日　雨

卧病，请本地医生庆堂诊视。

廿三日　雨

卧休未起。

廿四日　雨

卧休未起。

廿五日　晴

派薛友樵解淮军协饷来谒见，即请至卧室见之。

遣寿喜进省送中丞及夫人寿礼，附致卢午峰信。

廿七日　雨

接吴晓帆廿四日来信，并寄送《新旧唐书合钞》《廿一史》《四谱》，共十套，计九十六本。

九月

初一日　雨

文庙、天后宫拈香。

辞衙。

初二日　晴

中丞有信来，催解京饷，附户部堂官原信。

初三日　晴

午后，答英国翻译官，扰其酒果。贺黄军门生子剃头。答中丞信，问其应否赶紧续解。

题许颖叔《纪游图》五律八首，题曹恺堂《虞山观海图》，集玉田句填《望海潮》一阕。

初五日　晴

见官。总税务赫德从京中来游历各海关，至宁波来会，设酒果待之。午后，往答赫德，谈论甚洽，临别有“见我甚喜欢”之语，此亦中国所云“灌米汤”也。送礼去，受燕窝一斤、火腿四只、鸡五只、鸭四只、梨一盘。

答张奎垣，晤谈。答黄军门，未见。

初六日　晴

黄军门来晤。

十四日　晴

往晤黄军门，为李参将讨情，虽记过，免咨制台。

十五日　雨

武庙、文昌宫拈香。

十九日　晴

骏叔于午后带同张诚、张茂搭坐轮船回苏。

江苏巡抚张之万升闽浙总督。山西巡抚何璟调任江苏。山东学政鲍源深调山西巡抚。夏同善放山东学政。

致退楼一信。复贾季云一信。

二十日　晴

见官。

廿一日　晴

吴菊青从家乡来晤。接骏叔到沪信。

廿二日　晴

请菊青午饭，邀恺翁作陪。

接骏叔信。

廿三日　晴

发卅六号家信至沪与骏叔。

廿四日　晴

绍兴府发审委员徐思荐来禀。慈溪县贺瑗因北乡抢案，来请红单船同往缉捕。

镇海县于令来禀见。

午后，往晤边仲思，谈贺令所禀事。往晤黄军门，适张奎垣亦在座，同商贺令所禀事，拟派将官周复安带红单船前往。答吴菊青及新翰林陆延黼，俱未晤。

廿五日　晴

见官。复王子泉信，亲笔，两纸。

廿六日　晴

发三十七号家信。

廿九日　晴

发与方子颖信。

陈鱼门自省中回，来见。

三十日　晴

发三十八号家信。

天主堂教士苏凤文、冯伯德来见。冯伯德欲往衢州，求致书衢州道英岳峰廉，即作书予之。彭讷生自省中来见。

十月

初一日　晴

文庙、天后宫拈香。

答张其光、陈鱼门、天主堂教士。

初二日　晴

辰刻,至月湖书院考孝廉堂,文题“子曰 :‘孝哉闵子骞’两章”; 火轮船赋,以“激水如飞，日行千里”为韵 ; 赋得“补贴光阴有夜长”，得“阴”字。

美国带兵官金 ××、穆 ××，领事罗尔梯，翻译麦嘉缔俱来见，设酒果款之。午后，大风，微雨，至新关少坐，晤副税务司竭模，借其坐船上美国兵船，金、穆、罗、麦四位俱出，带兵官领众兵站队鼓吹而迎，入座后先献茶一次，又设酒果相款，意甚殷勤，其送也亦如相接之仪。

接三十日家信。

初三日　晴

发三十九号家信。

初四日　晴

阅凌霄花馆课卷，出文题"'欲罢不能'至'虽欲从之'"；诗题"'迎寒窗隔重糊遍'，得'寒'字"。

初五日　晴

见官。接骏叔初三日禀。发第四十号家信。

初七日　晴

黄军门与周复庵俱来晤，复庵自慈溪巡缉抢案回，获抢匪为从七人解县。据云犯事地方肯赔千元，事主愿具领出结，可以了案矣。

初八日　晴

接初七日家信。发四十一号家信。浦姨之母与弟搭轮船回苏。

初十日　晴

五鼓至万寿宫拜牌。

十三日　晴

接初十日禀。发四十二号信。

十四日　晴

送吏部员外欧阳吉人湖南人行，赠程仪十六元。

十五日　晴

辰刻，武庙、文昌宫拈香。

十六日　晴

接十二日家信。发四十三号信。

十八日　晴

未赴边仲思席，客有黄军门、薛友樵、蒋梧生、姚慎庵，散已亥初。

十九日　晴

致退楼信。接十五日信。发四十四号信。

二十日　晴

见官。接十七日家信。发四十五号信。

廿一日　晴

为传调事，送中丞公费曹平九二光四千两，令徐福赍往省中。

廿二日　晴

前日董绮堂从苏中来，带到赵松雪《黄庭经》陈容斋物，宋仲温《书谱》卷吴退楼物，俞紫芝书《左传》册。

廿三日　晴

接廿一日家信。发四十六号信。

廿四日　晴

管驾伏波轮船都司贝珊泉从福建来见。

廿五日　晴

发致朱研生京信，交新关解饷人带去。接朱研生十月初五日京信，并送麻姑二斤、杏仁五斤、查糕二斤，前信已发不及叙入。

见官。知薛友樵得津局差，新委伊署通判缺，因马倅丁内艰也，然不能久于其任矣。

廿六日　雨　午后止

未刻，答拜贝珊泉，登伏波轮船。少顷，黄军门亦至，船身大而且坚固，大炮七尊，最大者重万余斤，余亦数千斤，炮子俱从后装入，施放极灵便，鸟枪亦然，火器至此可谓精绝。据贝铁生云，火器皆从布国购来，布国之击败法国，恃此火器也。

廿七日　晴

接廿五日家信。发四十七号家信因赶不上，明日发矣。

收平厘局呈缴卫安勇赏犒洋一百六十一元三角六分。

廿八日　晴

发与研生京信，并附宋雪帆、许星叔、朱茗笙、彭芍亭、许鹤巢。

廿九日　晴

汪子楫自苏赴杭省，从上海坐轮船过宁来见。

十一月

初一日

辰刻，文庙、天后宫拈香。

是日新派宁局总办郭谷斋式昌接手，彭讷生交代，俱来谒见。

是夕，江东岸失慎。余已卧，闻报既起驰赴，府县已先至，待火熄而归。

辞郭绣君馆，渠托荐与张奎垣文案，即致书黄军门，邀其同荐。

初二日　晴

答郭谷斋、彭讷生、汪子楫。

初四日　晴

黄军门来晤。

初五日　晴

见官。

初六日　晴

彭讷生为其太夫人做七十正寿，借北号设寿堂演剧。午初刻，余往拜寿，黄军门、张镇台，暨府厅县各官俱至，先排寿面席，后设正席，观剧至上灯时，余先归。

接朱研生十月十八日京信。接初二、初六家信。发四十八号家信。

初七日　晴

彭讷生挈家往衢州局，来辞行，即往送之。

初八日　晴

辰刻，至西门大码头送讷生行。

初九日　晴

徐福附讷生伴回苏，将宋仲温《书谱》、沈石田《虞山图》两卷交其带回。

初十日　晴

见官。带万年青轮船之贝锦泉来见。

十一日　晴

是日冬至。五鼓至万寿宫拜牌，城中文武官毕集。

接到直督李中堂札子及信，为劝捐事。

十二日　晴

接初八日家信。发四十九号家信。

十四日　晴

新到候补知府苏少伊瑞书来见，系鳌石师之孙，送鳌石师《生圹志》《从政录》《年谱》，又送礼八色，收四色：神面、茶叶、万安桥石刻、缙绅。张子腾、边仲思均来晤。

夜雨。

十五日　晴

武庙、文昌宫拈香。

嘉善人钱清岩，系丁忧，江苏候补知县，金眉生、杜小舫遣其来宁，劝捐。

接十三日家信。发五十号家信。

十七日　晴

接十五日家信。发五十一号信，又致退楼信，又致研生信，托阜康。附复董云卿、祁子和两函，致童薇砚、章采南两函。

十九日　晴

发五十二号家信。

廿日　晴

见官。中丞密饬查所属各官优劣一札，昨夕钉封复。

本年大计册于是夕发。

廿一日　晴

陈鱼门来见，询知杨氏续捐七万之款已凑齐，后日可赍送省中。屠啸筼亦来晤，俱谈李中堂捐赈事。

因捐赈事请本地官绅，具柬于廿三日午后杯茗候叙。官请五人，边仲思、郭谷斋、薛友樵、姚慎庵、蒋梧生，绅则屠啸筼继烈、陈鱼门政钥、张子腾家骧、张铁峰恕、王小莲、童镜涵章、张雪君、张竹坪、张渠卿、陈树珊、章 ××、钱丽东、郑小渟、王舜五、张季儒。

廿二日　晴

接十九日家信。发五十三号家信。

廿三日　晴

卯刻，大孙媳分娩，又生一女，下地甚快，母女平安，皆天之佑，并不以生女纳闷也。

未刻，请官绅会议捐赈事，设三席款之。绅到者屠啸筼、陈树珊、陈鱼门、童镜涵、张子腾、张竹坪、章 ××、钱丽东，官则边仲思、郭谷斋、薛友樵、姚慎庵、蒋梧生，二鼓散，散时陈鱼门交出杨家捐项期票七万两并呈稿，与啸筼、仲思、慎庵共商之。

廿四日　晴

朱竹吟、俞劲叔从苏来，带到胡俨《洪崖山房图》，陈容斋所藏物，又王石香刻大小图章各一对。

接廿二日家信。发五十四号家信。

廿五日　晴

见官。

廿九日　晴

接廿七日家信，发五十五号信。

十二月

初一日　雨　雪

辰刻，至文庙、天后宫拈香。

拜二十三所请各客。

初二日　晴

发复如冠九信。

午后，邀官绅集议捐赈事，开出鄞、慈、镇三县第一等富户，出公信邀来书捐。

初三日　晴

胡俨《洪崖山房图》交鲁沂带回。

送张仲甫三十元并信交省书带交。

初四日　晴

鄞县郭庆新榜下分发山东知县，来晤。秘云书到石浦同知任，来见。

接初二日家信。发五十六号家信，附致退楼书。

初五日　晴

见官。是日府考，故边仲思未到。

屠啸筼之母冥诞，往拜之。

初六日　雨

孝廉堂巳刻破土，往拈香。

是日，八儿上学，权请张一松为师。

夜雪。

初七日　晴

接初四日家信并退楼、小舫各一信。发五十七号家信。

初十日

见官。

十一日　雪

接初九日家信。发五十八号家信。

十二日　雪

镇海绅士郑子渟、王舜五来晤。

十三日

答拜郑、王二绅。

十四日　雪

巳刻，孝廉堂上梁，往祀后土。

接十一日家信。发五十九号家信，附致退楼、壶园、寿林、沈艮之各信。复张子蕃信，寄还王石谷、吴渔山、梅庚、文从简、王耕畦五卷，得覃溪札册一本，寄与价洋十元。

夜雪。

十五日　雪

辰刻，武庙、文昌宫拈香。

十六日　雪

张茂、杨成衣从苏来，带到貂褂、书画各物。

发六十号家信。

十七日　雪

手抄《可自怡斋试帖》《诗注》共两本，是日始竣。

十八日　晴

大孙所生第三曾孙女剃头。

十九日　晴

有捐户五家，书捐计九千二百元。

廿日　晴

午刻，封印。

廿一日　晴

接十六日家信。发六十一号家信，附复李蕴之信。

廿二日　晴

鄞、慈、镇六家捐户缴到捐洋五千元。

廿三日　晴

派马县丞蕃、钱令清严解赈捐洋五千元，搭轮船赴上海交牙厘总局刘芝田代收转解。是日接金眉生信，即作复书交钱令带交。

接三儿十九、廿一两禀及退楼、壶园信。发六十二号家信，因上海信局已停寄至杭省，交信书转寄至苏，并附复退楼、小舫两信。

接张子蕃信，送我真王麓台轴、假米南宫轴各一，以十六元得查二瞻书画十册，一本计十页。

廿五日　晴

曹恺堂嘱题其《友人之妻先后封臂图》：

遗体明知戒毁伤，无如亲疾入膏肓。
一脔便抵千金药，废尽人间肘后方。

愿将身代叩天阍，一割难酬罔极恩。
血染袖罗人不见，底须獭髓灭瘢痕。

环佩无端返玉京，难将施报问神明。
投崖饲虎犹成佛，会向莲台证往生。

廿六日　晴

是日立春。

廿七日　雨

是夕过年，祀神、祀先。

廿九日　雨

答拜黄军门。

三十日　晴

张奎垣来晤。

同治九年歲次庚午

正月初一日晴黎明即起禮拜天地神祇祖先出門拜年當道本家親友擇其必應去者約數十家未刻回家稍歇再出歸已抵暮　天氣甚暖穿大毛嫌熱

初二日晴午後游元妙觀

初三日晴午刻往七夕生家午膳餞上年之約歸已申刻　天氣更暖途人多穿綿衣　贈七夕生六番

初四日晴午後獨游元妙觀　晚祀財神

初五日晴午後至退樓家与鞍間采香推牌九下六番　下半夜雷雨

初六日雨与七夕先有約雨阻不果 天氣驟寒仍御重裘

初七日雨午後至退樓家与敉閒采香還巢推牌九下三番擲百花籌下十番退樓領八番還巢領二番均未付与 酉刻香嚴在外宅招飲偕赴者賈芸樵退樓敉閒還巢侑觴者七夕生二更始散 夜大風嚴寒餅水皆凍

初八日晴 夜大雪嚴寒滴水滴凍 孔浦姬發寒熱

初九日陰午後往拜張友山方伯夫人壽 駿姘約同人讌德上四番

初十日晴申刻仍踵昨局平

十一日晴程味言來談堂事段山沙有士人王姓等來欲估買

堂田接壤之地余堅拒不許蓋其地堂中已具呈承買第繳價未清故土人欲棄隙佔買若許之則堂田水口為其所截大有不利也　夜雨在枕上朦朧中得句云湖山信美非吾土萍水相逢如故人似是遠游投贈之作志之以待後驗　札姬病愈

十二日雨留孫朗石陳季谷朱槐秋午飯

十三日午前晴午後雨午刻赴李軍门春酒共兩席同席者德靜山應敏齋杜小舫涂朗軒王蔭齋雲芸樵汪秉齋

十四日陰晚晴夜雨　申刻同人讌滬上六番

十五日雨

十六日晴午前拜張友山方伯太夫人八十壽與李質堂同席

訪馮林一未晤答常鎮道沈公　午後至育嬰堂林一亦來与
味亭公議將段山思賢港沙田撥与士人 王葉二姓 每畝議價
二千四百文約二月交定局
十七日晴午後訪竹雲長話
十八日晴織造德靜山招飲借湖南會館演大章班 共三席同
席者李廣堂英茂文 名樸 督糧道 在都中舊識也 王蔭蘇賈芸
樵汪秉之濤季玉　午刻到亥刻散
十九日晴送彭芍亭行未晤托其帶朱研生銀物信答金眉生
暢談　午後訪竹雲晚飯留宿未果歸已二鼓
二十日晴散聞招飲与金眉生許　汪秉之　同席席散推牌

九戚杏蓀六弟余無勝負先歸〻途往晤退樓感冒新愈

廿一日晴午後杏蓀邀手談數間還巢諸君俱到余不能入局

先歸

廿二日晴

廿三日晴往謁李小泉未晤小泉由浙撫調署兩湖制府路經

蘇郡〻紳有公請之局因已辭矣苔濤心田於女雲晤談相應

拔翁未晤

廿四日晴

廿五日晴

廿六日晴

廿七日晴赴吳守約之弔往晤陳達甫初登其堂即金侶卿故宅

廿八日晴午後訪七夕未因家事而返

廿九日晴未刻同人請阮滕廿七番敘前允可修書並未能全璧歸趙矣

三十日晴午後至府學觀演學自中丞以下各官俱到紳士則來尚多 往晤崔敏之與談治墊錢業事

二月初一日晴先通奉公十周年忌辰在寶積寺禮懺一日親友來拜者素齋午飯坐四席申刻往晤李薇生欽劉中丞存典規銀壹千兩晤屠慕韓代王介生遞控化銅作把持公事往拜

汪耕餘壽朕晤共帳房友高西園代謝選青交秋契房契一紙

晤退樓交與履歷託其代王起鵬呈稿

初二日　先陰後雨　巳初偕江子山駿軒至胥門馬頭下船往光

福香梅僊　晚抵至圩里李家即子山收租棧止宿　過木瀆訪匯崇甯

初三日　陰　辰刻起　待山轎不至　步行至一仁堂覓得山轎兩乘

時巳午　初偕駿軒先至司徒廟　次至石壁　次至石樓　次至聖恩

寺　歸已抵暮　司徒廟前年因秀桂嘗偕端卿到彼一宿　清奇

古怪四柏　彼時尚在荒烟蔓艸中　近則繚以圍牆　柏之清者直

幹干霄　古者亦僊峙　周身作縐紐紋如文字也　畫法奇者身已

卧地　頂上之枝又昂起　怪者半腹已空　止剩枯皮　亦卧地上半

之枝樁枰挂地宛如樹根此外尚有三柏大亦相等直幹者二丈一齊腰折斷橫若橋梁近顶之枝倚地而起亦甚高矯為四柏所掩而名不彰草木之傳播亦有幸不幸耶 石壁菴基甚小面臨太湖背負石壁縱橫數丈壁下修竹成林境甚幽邃 石樓菴亦甚小 惟寺門外竹林數千竿皆干霄直上東有高閣登之亦西望太湖 恩聖寺規模宏敞郡中所無雖經兵燹寺外樹木盡推為薪而寺中佛像殿宇皆未毀正殿前古柏四株大者逾於司徒廟至還元閣觀所藏太公鐘及葉瑞所書五十三參冊有金跋菴對題 登藏經閣觀藏經已不全 及血書華嚴經 登鐘樓樓三層鐘懸上層極大極精鐘上鐫法華經全部

如指揼大皆陰文故疑是鐫非鑄也　主人李君邀晚飯同席
江子山及其子奐之并帳友陶君與駿姪
初四日陰辰刻起下船與江奐之及駿姪偕歸至木瀆訪周子
堂未晤至胥門馬頭上岸訪七夕生小吃歸已抵暮
初五日陰午後感杏蘇耳代鄭閒記書齋感興要知其亦日起
身往湖北
初六日晴未刻同人禱治
初七日晴
初八日晴先妣張太夫人八十冥誕在寶積寺禮懺一日親友來
相共坐四席

初九日晴午後往勝彥敍翁託其談估攢錢舖轉票子并牌以
程子古方及余平素按摩之功往候盛旭人累年尝俱暢談
初十日晴午後同人請估勝四十一元
十一日晴如冠九署糧道押運進京道出於此專晤暢談
十二日雨午刻請如冠九彭芍亭盛旭人出所藏四王卷冊與
對九觀
十三日晴午後報關事同訪旭人借往湖南會館欲借其地演
劇先相度之余與旭人同訪張電如佐樞蓉而歸余後往觀還
巢翁閣小園
十四日往吊程偉堂之母冥誕留飯　申刻同人請估勝十一

余竭力作撮合山
而旭人後竟要張
姬論親遠不如近
而余與所役豈

元　吳蓀招飲未去

十五日晴

十六日晴未刻借湖南會館以局演大章班正廳兩席客惟許緣仲王蔭齋此外李質堂德靜山李眉生賈芸樵吳退樓盛旭人汪夢棠濤李玉與余皆主人也西廂女眷一席眉生夢棠各一妾余兩妾不論推余妾張姬為冠酒肴極豐美香玉承辦兩勢共一百三十餘元亥刻始散

十七日晴午刻往朋庄較官之太夫人壽誕留麵以送小戲班清音奉禮　申刻訪七夕生贈以側插兩支翠簪一支

十八日晴午後較尚還席以送大章班兩席李質堂德靜山方

子箴張友山賈芸植倪醉鄉汪夢棠濤季玉与余亥刻散

十九日晴觀音生日余与浦姬七夕生偕玉園道蕃燒香午後

後往游拙政園程公祠場乞拉暮

二十日晴午後論泛滕三十七元申刻在夢棠寓与季玉公請

方子箴都轄退樓作陪侑觴者七夕生陸巧琳王蘭卿亥刻散

廿一日晴巳刻往縣署慕韓托其補用起復甘結印縣汪耕伯

托其諭氏税契再俱未見謁丁中丞亦未見　未刻往觀前買

物訪七夕生折柳作聯別

廿二日晴午後偕夢棠訪李薇卿為郡廟道士再後至觀前買

物　作書信復研生

廿三日晴

廿四日晴

廿五日晴午後謁見中丞告以起復事中丞許為出奏請應敘
省未歸

廿六日晴送偕佶至元署用印送至撫院未謁見晤秉鈞酉刻
江干山陳佩蕖鄭熙衡程韜安同壽齡在迎風閣餞行微雨先
歸

廿七日晴辰刻至胥門下船挈眷至下沙場墓申刻回至胥門
上峰送程申甫華墨費六元訪七夕生

廿八日晴午後訪逸樵并晤小舫

廿九日陰　午後何子貞來　時已扶杖而行　談次精神尚足

三十日晴　午後往親友處辭行　上燈後應敏翁來送行

三月初一日　晴　午後往當道處辭行　謁見丁中丞　此外藩臬首府俱未見　函封劉松翁存典刻　摺交李薇翁　申刻在家起身登舟　舟泊胥門馬頭　邵見祥孫年伯小莊俱送至舟中　夜雨

初二日雨　黎明張姬與朱姬登舟　伴余入都也　此舉早經定見　盧浦姬知而相阻　因未帶張至　是潛令張姬同行　託言見輩送我登舟　見我懷抱不樂　始肯定此舉　申刻至崑山宿

初三日　雨　卯刻開船　申刻至黄渡宿

初四日　雨　卯刻開船　申刻至洋涇浜二擺渡宿

初五日　晴　辰刻登岸寓在棠錦里椿記客棧與徐燮堂半憶萱程韵泉同寓　午刻燮堂招飲複新園同席者李松卿　春谷　沈旭初　向梅子　憶萱　韵泉　晚飯後燮堂邀往丹桂園觀演京班夜戲張娃坐包樓余與日間同席諸君坐正席歸已子正

初六日　晴　往拜王黼庭黄煥炯沈旭初俱未晤　華祿仙往德馨錢莊注明會票付利展期至九月十五本利俱還　午後憶萱韵泉邀往三雅園觀演大章班張娃仍坐包樓　散後偕憶萱訪濤秀寶秀色可餐名下無虛也　上燈後嚴華鈕招飲泰和樓同席者席稜堂　翁席卿　侑觴者鳳寶寶珠金珠　昨日接

元錦家信知二媳於初四日丑刻病故即寄元錦信一封另信
諭慰甫姪
初七日雨 王黼庭來交與宅珠家繳案洋三十元 寄第二錦
家信後吳平叟信因接其來信有託致寬信中丞信件并提
廣菴交傳米未見取被經手人所誤囑其速交 上燈後偕少
麥招飲後盛堂同席者清李楨王俊卿朱憶萱李堂仗十餘人
無出色者憶萱喚秀寶出局壓倒群芳矣
初八日晴午刻偕張姪至丹桂園觀春台部 酉刻陳寶渠招
飲在會審公署同席者徐燮堂馮
初九日晴寄三錦家信又致夢雲一函 午後偕張姪至金桂

軒觀薇班与春台部不相上下有小旦演紫金鐲者色頗佳惜不知其名　晚飯後燮堂邀往同桂軒觀新出之廣東班到門見外國人争開內則閉門外則投石未及進門而返

初十日晴午刻金邠懷來偕訪張子祥觀其所藏石田集慶堂卷廉州對題仿古冊及各家立軸扇面買其印色一盒

十一日微雨往晤金保三見沈石田花石立鵝軸陳白陽芙蓉墨石軸趙松雪青綠山水軸吳小仙漁樂圖卷倪文貞字卷律詩六首贈花隱云者顧湘舟舊藏另有花卉卷乃應季新配者晤徐頌之見董張兩文敏字冊甚精戴醇士山水卷贈余家刻八種晤嚴莘田鈕託其買戒烟丸答馮培之黄梅先俱晤答而未晤

若華雲岩朱雲峰　午後偕張姬至金桂同觀富春部　申刻黃煥烟來邀往謝秀寶家飲姿態秀媚工於酬應是日同席秀寶相好同席共五人出局伎四人皆不記其姓名惟金玉沈十全家君

十二日晴　至張子蕃古香齋見鮮于伯幾字卷李子威藏宋卷題跋數十家沈石田山水卷皆真跡餘俱不足觀　午後獨至長興園茶室觀花鼓戲鄙俗可笑　晚飯後偕張姬至丹桂園觀春台部　接承之十一日家言

十三日晴　暮雨馮培之黃梅先招飲復新樓同席者徐燮堂嚴蘭卿昆季　發第四號家信

十四日晴　午後偕張姬至金桂園觀冨春部　夜雨

十五日雨　上燈時憶萱招飲在潘秀寶家同席者焕英嚴莘鈕爲志堂出局謝秀寶王又娟

十六日晴　辰刻往賀馮林一令孫入贅之喜往晤葉雲岩答潘霞困步趨　嚴蘭卿昆季來知新南潯輪船已到　楊承之

十五日家言

十七日陰巳刻蘭卿來約搭新南潯輪船先坐小渡船行至中江中流逆風逆水顛簸異常急令返棹後坐小車至博搭馬頭上輪船定艙位一間付與蘭卿船價九十兩　午後大雨

十八日雨　蘭卿來云新南潯船因貨少不開改開行如飛船

約明日往秀　發第五號家信

十九日晴巳刻蘭卿來約秀行如飛輪船有浙江編修顧雲廬宇儀同往　午後登輪船張姊與朱婿共住一小艙房並未加錢我與下人俱住大艙　朱憶萱顧雲廬俱同伴徐燮堂因解軍火不及同行董詠仙另搭海龍輪船

二十日晴　輪船上貨未開

廿一日晴寅刻開船是日微風稍有顛簸張姊與朱婿皆吐余略覺頭暈

廿二日晴過黑水洋波平如鏡舟人皆謂向來希有

廿三日晴平靜如昨至燕臺小住起貨即行至此所見山山皆

無樹木　是日天后聖誕俗名娘娘都上燈後忽起風舟々顛

簸甚於初開張嫂与朱媼復吐

廿四日辰刻至紫竹林午刻抵天津未刻至慎裕洋行借房管

事者葉子晉翁崔田皆同庭山人蘭卿百信托其招呼款賓至

如歸雪庵亦同房

廿五日午後与雪庵偕往觀劉腳色步可而行頭極敝　是日

雇定轎車六輛

廿六日晴黎明開車楊村尖河西務宿　雪庵同伴

廿七日晴黎明開車馬頭尖俞家衛宿先遣葆學進城託硯生

備車來接

廿八日晴。巳刻硯生備車來接，余與張婦各坐大鞍車一輛，行至沙窩門，硯生與張婦之車先進城，余爲門隸所阻，詐去京錢三千。至硯生公館，即余昔年舊寓所，住西邊樓下兩間，昔年硯生入贅新房，相隔二十年，迭爲賓主，亦是奇緣。惟念及浦夫人與次見夫婦，蓋在人已，愴然於懷。是日行李車爲門隸及稅局所苦，方需索，托華恒泰店友陶醇甫關說，至上燈後始放回。共費稅銀二十兩每兩四兩，另費京錢六十千。

廿九日晴。午後與硯生坐車先至恒泰店，晤葉小韓，以銀百兩托其換錢，并劃去昨日墊付稅銀，先取二百千票歸。至源泰店晤姚守堂，買刻絲補一付。至同陞鳳儀帽局買緯帽　四

午後往晤雲龕先生因代墊京平三十三千　往琉璃廠閱帖
毛博古齋晤李老三觀書畫十餘件內有石谷臨山樵長卷索
價四十兩方方壺小立軸索價四十兩以此二件爲最惜價昂
不能買也

三十日晴發第七號家信　午後至博古齋取王覺斯字冊歸

四月初一日晴　汪鳴鑾吴景萱來　午後李老三來觀字畫
令其評價余後往博古齋與其店夥將字畫一箱攜去托其銷
售

初二日陰　午後至孝順胡同晤姚守堂託其買皮衣裡子
歸途買帽合覆書

湖船之約竟成詩讖明春當來踐約矣

和顧雪庵見贈之作

巨舟如一葉，浪皺又風顛。安枕初忘地，乘槎恍上天。笠車敦氣誼，緇素續塵緣。願踐西湖約，烟波繫畫船。

一識陸龔生，如登太華顛。詞臣心戀闕，閩吏勢摩天。擊楫澄清志，映吟觴墨緣。使星秋更朗，碧漢秀橫船。

附錄原作　　顧宗儀

昨晚驚濤險，鋒車不畏顛。平沙黃入海，遠樹碧粘天。揮扇真名士，同舟有宿緣。何當謝湖水，攜手上湖船。

初三　晴　大風　顧雪庵來還契付秋銀以和詩贈之

初四　晴　至博古齋取歸羅念菴洪先詩翰冊、傅青主山楷書冊

午後訪姚守堂託其為李眉生代購皮帽皮統各物借至天

豐金店為張姬製金手鐲鍊

初五日晴始出門拜客竟日之力城外之客俱拜完晤者潘星

齋蔣子良汪小樵柳門洪文卿吳曉卿朱玉圃馮申之顧駿林

蔣松生徐紹圃曾雲孫（印若）顧緝亭

尹耕雲託蔣子良向書畫價先是余以書畫三十餘件託博古

齋之李老三銷售李老三送與耕雲閱耕雲知係余物故託

子良來向余議告以（一概擇八件）畫價四百餘金後因李老三是經手人囑

其不可撤卻也

初六日晴是日立夏　辰刻往晤陳小舫託其投吏科文書

往拜汪茀村處　許星叔俱晤　午後進東城謁官中堂他
出未晤　晤沈經笙總憲　玉恒泰取回京手百千　玉博古齋晤
老三告以耕雲向價予　晚偕硯生邀小酌
初七日晴　午後玉博古齋取回漢玉印一方獸頭雕琢渾樸
紅白分明晶瑩透澈惜無字耳
初八日晴　午後往謁官秀峰師晤談良久
初九日晴　巳刻往賀龐宝笙升總憲往拜江芸舫俱未晤
汪茀村為其夫人李壽做壽在文昌館演劇午飯而歸　酉刻
往修慶堂赴蔣子良招飲客兩席相識者江芸舫尹杏農
初十日晴　宗雪帆官秀峰師俱來談　申刻雷雨　夜雨達

旦枕上聞檐滴聲甚喜都中近日久旱　皇上三日前祈雨

也

十一日晴　午後至松筠菴訪心泉和尚不值遇雨而歸小雨

即止

十二日晴巳刻訪心泉和尚見其所藏書畫多件一夏珪紙本

山水卷有俞紫芝貢大癡楊丹邛文衡山跋一惲東山紙本墨水

山水冊一惲東山青綠山水冊一王西廬山水冊先畫七頁後

補三頁有王負阿跋一惲南田山水冊詒晉齋藏本一惲南田花

鳥冊一惲南田扇面冊一黃癭瓢畫冊一蔣南沙絹本花卉冊

皆真跡其中以南田山水冊為最佳有陶九成絹本山水冊乃

偽跡蓋舊畫添款者又見漢玉各件大拱璧兩件圭一件杠頭二件文帶二件書鎮一件其中以杠頭為最佳　申刻華詠仙招飲与硯生同往因侍寶來齋先至四條胡同買料貨各件晚飲同席者汪小樵陳培之吴曉卿　得浦姊三月廿七日信

十三日晴　午後至招竹岑棧晤張卯山談古頗洽取回漢玉兩小件又緙絲圖一件

十四日晴　至松竹棧取回舊拓佛遺教經一本後有翁覃溪跋

十五日晴　往晤李枚卿山東人刑部員外其父竹朋刻古泉滙其知其識古泉兼識書畫一見如故約他日同游廠肆　補

賀沈鳳池遷居之喜　往掃臺會之　久候翊升左吏未晤　赴許星升招飲同席者安徽藩司吳竹莊坤脩尹杏農夏獻雲　是日考試差文題舊令尹之政至忠矣經題性時亮天工詩題水石會平分得分字余擬作律詩二首及觀研香考作第五聯與余第七聯不謀而合亦一奇也　發第八號家信託恒泰寄

十六日晴　往松竹樓取回石谷竹趣卷　往博古齋取回漢銅官印兩方滇黃馬甸印一方　往筠青閣將前所見之吳文中彬畫輞川圖小卷仇十洲人物扇面一頁還價至九金尚不肯售

十七日晴　往松竹樓見祝枝山紙本小行書冊臨米字極精

玉論古今見其管子蕭鍾山素耳余名相接甚殷勤見卷冊欵多佳其窗〻內有蕭山水長卷畫極古厚非明以後人所能到作不知其真贋也

十八日晴　往晤李眉卿　午後玉筠青閣向其管子王泉坡買得吳文中輞川畫價八金　玉論古今見絹本石田大軸紙本文衡山王多兩中軸皆山水甚佳又見查二瞻山水紙本小冊極精據云已為人買去價十四金

十九日晴　陳培之令愛招贅賀喜　未刻赴文昌館宋雲帆招飲觀演四喜部　酉刻赴龐寶翁招飲同席方周　尹杏農　段

二十日晴　往謁彭會之侍郎久修託其催選動兩司速辦授
供以函　往晤胡石查義贊河南人辛卯同年胡仁頤之子前
日李眉卿稱其精於鑒古故往訪之　先是前在論古齋見查之
臨山水册愛其工緻向其借觀攜在車中出示石查一見決為
贗本余詢其於何決之曰家藏亦有一本取出勘對畫境題字
並于冊後款亦毫無二審視之覺款字亦嫩始識其偽若非石
查從旁幾乎以善價得之甚矣賞鑒之難也　午刻至長元和
會館赴同鄉公請共三席余打通關一巡大獲全勝
廿一日晴　借硯生往松竹齋棧取回漢玉鳩杖頭一件惜為
俗工琢壞下頷余攜向文華銀樓託其以金鑲之　往晤姚守

堂交与銀十七兩零　酉刻偕硯生赴汪小稚招飲同席與鄧小村係辛卯同年　鄧又村燦之子　朱洪文卿　顧緝亭　吳曉卿拇戰飲頗酣　得四月初七日家信

廿二日微雨　午刻赴江芙舫招飲在安徽會館演四喜部与濤巢宝同席

廿三日晴　未刻約胡石查在博古齋會晤偕往各古玩鋪買得小幣廿餘枚小錢刀十餘枚磬幣二枚兩半錢一枚磁軸頭三枚牙軸頭一枚所費出五十餘千

廿四日晴　往松竹齋購得鵝眼五銖錢四枚兩面傳印兩方　午後往晤胡壽舫肇智志春圃和及蔚豐厚之彭補蘭孔盛

亭之影蘭谷　往拜官秀峰師江芙舫戴安峰寶東山聯凱慶
秘官三世拜俱未晤
廿五日晴　往潤鑑堂賠廿管子人雷滌之贖以馬錢七十枚
藝幣一枚議價三十六金　購古泉匯所載馬錢止一百廿枚今一
朝而十獲廿七豈非快事雖費多金不悔焉
廿六日晴　昨所取馬錢尚有剔勝者九枚於亦非重複者復
往潤鑑堂挑取七枚餘二枚似皆贗品斷不能入選矣　午後
往張許星邨齋與履歷　拜同年蘇勳布未晤　胡雪舲有信
來云子巳辦妥五月朔准可投供矣　往論古堂取回王蓋端
山水長卷雪價五十金　在亦古堂購得唐六如畫墨石菖蒲

盔立軸價京錢四十千又渾玉鉤一枚白質斑文製亦古樸價京錢二十千文

廿七日晴　午後起陣雷聲大雨雨點亦須臾即止

廿八日晴　午後蔚豐厚管事孔憶五招往廣和樓观劇四喜部晚至惠豐堂飯同席者湖北一人湖南一人皆忘其姓名先拇戰獲勝後主人喚艷儂侑觴後與拇戰亦勝

廿九日晴　往晤趙味之託其招呼進署事

五月初一日晴　赴吏部投供已刻往午正始點名往晤胡季臨詢其應否進署據云應進後同其叢將司官中協其議始定謁見官秀筆長談

初二日 晴

初三日 晴

初四日 晴 至松筠菴見心泉和南（尚）所藏智永千文墨蹟（卷） 楊忠烈連奏稿卷 漸江和尚山水小卷 董文敏仿趙細筆設色山水軸 徐幼文山水小軸 惲南田睡鳥圖軸 吳漁山仿山樵立軸 廉州仿倪軸 漸江山水小卷 程邃吳漁山小山水立軸 廉州仿倪軸 往晤胡石槎 見景洞泉 託其所鐫潭玉名件 皆平常 往拜景洞泉 及還 司掌印何椢（樞） 均未見 午後往賀秀峯師節禧 玉源祉（泰） 晤守堂 赴燮堂春（招） 廣德樓觀春台班 燈下寫九錦家言

初五日 晴 許星叔來晤 言進單子尚須請樞老主裁 因置（致）書

惲字不真玉虎頭亦
是捉色　惲字既
真因款是辛未乃
南田已故之明年
玉虎頭用力壓之
其色尚退此皆不
的的明証及揅摩
蘇中見此皆欲
贋手以真鑒之
難

胡季臨託其特致正堂沈經生　三次睹廠還賬在汪宝家見
心泉和尚所押惲花卉兩冊唐北枝舊藏甚佳一与全帶来一
本相伯仲　在英石家以十金得羅庵（惲南田臨米）行艸卷價（陳）玉虎頭一枝
價十金　晤張仰山所回馬錢五枚　申刻往晤米若笙知吏
部知照軍機後伊將軍機進單條款內（存原條請旨缺丁憂起復）有一條云硃筆特簡道
方准進單　此條与余之原條適缺相背　及胡文忠請旨簡放
正摺密保附片並李中丞善後案內奏請交軍機記名原摺俱
呈堂請樞堂定奪樞堂酌議亟一時之久方諭准進單吁可謂
艱難險阻矣
初六日　晴　往晤許星叔謝其進單而向非星叔囑余往托若笙

必不能如此着力星牌之為功不小矣 往晤景劍泉見其所
藏董思翁臨米袖卷惲南田山水軸皆精又月泉和尚葛洪移
居軸 又見淨玉鉤兩枚其一与余藏鉤竟是一對惟腹上亦作
琴式而花紋不同別吾則幾乎分別不出可謂奇矣搬指一枚通
身黑色露兩白點甚佳又圭一件亦是黑色而不露奇質似不
見佳 往訪壺公施小珊俱未晤 胡季臨信來并附示沈
經翁回信云已肯定往經翁信中有章京拘於舊例撇不進單
章堂蒙備重特簡一邊方准進單知落筆亦不可靠也
初七日晴往晤心泉和尚与談古玉并見其所藏小品數件
午後至潤鑑堂借閱書画取歸數種內有翁覃溪寫金剛經手

与石菴寫經成對　又有雪菴和尚寫韓詩卷頗佳惜首數行殘
缺又有明人書冊內有柳如是阮大鋮兩人書亦罕見之品
初八日晴　午後至德寶一觀周蔭農所賞書畫共四十餘件
內有十餘件絕佳　都另記於所見書畫錄中
初九日晴　巳刻朱玉圃世兄招飲謝公祠　同席者顧雪盧朱
少伯　慶裕　曾　　　　眷錢調甫邵小村湯似瑄
初十日晴　秦誼亭來晤　索觀書畫將新得各種及舊藏沈石
田三卷　石谷一卷　南田一冊　并博古之大癡方壺天游三軸與
觀　午刻姚守之招飲東興居　後往慶和園觀三慶部演三齣
即歸　論左會取去　惲冊沈兩卷　誼亭送來柳如是五柳高

柳顧兩卷若的是真蹟即廿八金亦不爲貴余因無可印証未敢灼然無疑於姑舍是

絹本隱卷錢牧翁題右方袁簡翁題引首　顧槎陵畫梅蘭竹菊卷紙本龔芝麓題引首吳梅村題七絶於卷尾

十一日晴　至松竹翁所回小玉鉤一件　酉刻赴胡小蘧招飲謝公祠同席五人皆其同鄉相識者止夏嶰雲一人上燈時已散

十二日晴　吳劍泉來偕余觀石田吳山草堂卷吳文中輞川圖卷石谷清閟閣圖卷　誼方送閱之柳顧兩卷還價十二金據後云前途須廿八金方肯售乃還之

十三日晴　午後至黃協卿觀寄售書画檢得趙伯駒卷王麓臺軸傅青主王鐸字軸四種還價二百千　往答董雲卿　赴

陳小舫招飲同席者錢調夫彭會之孫家芥航　晚雨即止

十四日晴　發十肆家信手拓馬錢八十二品附入信中託源泰寄蘇

十五日晴　午刻蘇府同鄉在三邑館公請錢調夫邀余往陪共三席未刻散

十六日晴

十七日晴　蔣松生汪惠生招飲辭之

十八日晴　蘇省大同鄉在文昌館團拜公請外官余亦與焉辭之

十九日晴　往西城請善霞卿占課問簡放之期據云秋季可

得又代研生占放差事據云可得房差若學差須打補子存其
說以待驗否　霞卿旗人向官國子監　訪彭芳亭答蔣香岩均
晤　送錢佃夫行答賀朱茗生卅通副喜　晤施小珊託查起復
與投供名次先後　胡石查介送李古泉擇其璧勝十餘品
二十日晴　送交張慕青投供費八十千　託盛宇懷帶回十
一號家信附寄璧勝錢大小四十九品刀幣五十二品蟻鼻錢
銅象棋一付鑾鈴印一方紙本文衡山畫軸一幀羅念菴字冊
一本綾本字畫直幅八幀石生託買物四色并致退樓還墨石
生三信　杏仁十斤　以二金向龔半千綾本畫軸一幀於治宝
斋并龔楊傳青主父子字卷三个　以三十金得王孟端紙本

衡山畫粗筆艸〻兩字朋本色余決為真而驗特乃疑其偽歸當細辨

水墨山水長卷後見宋拓定武蘭亭卷笪江上藏本後歸高江村希世物也　索價百金急携之歸志在必得

廿一日晴　以二十千得白玉帶鉤一枚送与外孫以三十千得徵滕錢八品還衡山畫軸郭玉龍録畫小對價二十千於彩筆堂

廿二日微雨　在怡寶堂見傅青草艸書大軸一幀草書唐人七絶條幅十二幀皆綫本屏未幅自跋三行秃筆狂草字多不識後見其父子雜書冊兩本青主所書皆斷簡殘編首頁仿顔楷書壽屏餘皆信手書毛所書小楷甚工全法晉人勝於前日所見行艸卷　在松竹棧携歸李世倬手抄草訣辨疑一本二金田之

廿三日晴　在論古齋購石谷十萬圖紙本册一本索價八十金　以十六千文得王酉室逍遥圖卷於寶古齋

廿四日陰　往晤胡石查送還代購古泉廿四千又以滇黃壽山印章兩方託其轉交史刻字又見其對臨戴醇士山水册頗可亂真又見四馬崇禎泉甚精又見其所藏陳壽卿秦犀印譜八本極精向其借茶餘客話一部　往晤秦誼亭見其所藏石谷水墨山水卷後有南田題原本有自題數行不知爲何人截去矣幸未失落又有仇十洲王摩詰山水小册惜皆絹本羅兩峯鳥獸花卉册兩本紙本　以七金在論古齋買小古銅器廿一種又以三金買古錦數張

廿五日微雨 往悟心泉和尚見其所藏王振鵬競渡圖卷絹本石谷水墨山水卷紙本似未竟之稿有自題數行新羅鳥獸花卉卷四十四頁 在松竹齋携歸丁雲鵬臨郭河陽細筆水墨山水卷有范允臨跋 至怡宝尝還其傳壽眉字卷以上全買其文休承倣米水墨山水軸又以八金買印譜五種道書眉卿來坐談良久 茶竹客談刺繡百婦人膝襪始於楊妃見玟庵雜組遂成對句云蹴鞠不禁鬆藕及猜（送鉤）拳時簇礙蔥尖 夜雨

廿六日大雨竟日 至汪茀村家与為高墻之羽垂默和下廿八千 天津天主堂（法）外国人賄通地方無賴將小孩賺入堂內挖去眼睛及心埋屍地下 被百姓拿獲聚眾二三萬人毀領

丁雲鵬卷未買畢竟可惜否則恰好也 宋石門白描普成對皆另開生面有奇趣也 後在德宝曾見王小崖之字賛 丁雲鵬水墨山水冊用筆極工細靜穆全仿宋元有觀止之歎

多官燒毀天主堂。天津道崇地山馳奏，上諭命曾中堂馳驛前往查辦。

廿八日晴。是日慈仁寺祭顧亭林先生，有知單來邀余，因所識者止秦誼亭一人，此外無一相識，憚於酬接，故未去。還治寶古山銅器價銀七兩。與論古齋議定宋拓定武蘭亭卷、王石谷十萬圖冊價銀八十兩。近日快心之事，除軍機進單外，此爲最。緣進單一節本屬分內之事，此則得之意外者。平心而論，即石谷冊已值此數，蘭亭卷止算平空撿得，論此卷價值，即三百金不爲貴也。論古齋攜示宋人九老圖卷，絹本，無款無印，雖屬舊畫，未能決其爲宋也。李季雲物，前籤後跋皆季雲手

筆何子貞楷書詩跋極精　又示明人扇面冊四十頁字多畫少以烟客画爲冠　去便乾結努力三四次始下甚其苦憊

廿九日晴　還福古画價三十兩還治宝小銅器價七兩　心泉和尚來觀余新得書画極欲貴九龍山人長卷謂值百金又与之同游廠肆至治宝觀其所藏各種南田紙本山水冊八頁又紙本花卉冊二本絹本花卉冊一本絹本松水仙軸一幅董思翁絹本山水軸一幅劉松年絹本人物手卷一件此外小品不能盡記　大雨竟夜

三十日晴　酉刻赴彭味之招飲同席者皆其湖廣同鄉

六月初一日晴　巳刻赴吏部投供　謁秀峰師暢談良久

初二日晴　玉松筠菴照心泉和尚携石田吳中艸堂卷示之再觀其智永千文卷議價壹百五十金當即携歸

初三日晴

初四日晴　發第十二號家信附孩退樓信託源泰寄南　訪張慕青託其查前年起復文書咨到部　陝道玉阡兄胡同五聖菴三十年前會試三次寓此胡同舊人無一存者殊有丁令威化鶴歸來城郭猶是人民已非之慨　菴外東西兩院積潦如池綠樹環繞頗有南中風景　午後游廠以五金得綾本傅青主大草直幅於凝秀閣　在汲古堂見王覺斯臨鍾太傅小楷書四段小卷筆筆矜嚴絕去縱橫習氣惜是絹本後有朱竹垞陳

塞翁失馬安知非
福幸为申甫所誤
程遲一月反得收
者之缺

禾泉評跋　以智永千文送還心泉並從張羅價值也
初五日晴　得承之五月十四信又得浦姊及女父信
初六日晴　視李鏡湖病　以二金半得毛際可綾本山水於
博古堂
初七日陰　答照彭味之前為託其查元年起復文書否刑部據
云查過司並無此件　答温平斛朱蒼筆顧雪庵吳子植陳廣
疇俱未晤　心泉和尚來看宋武蘭亭卷石谷十萬圖冊評價
值三百金　虎邱山僧月智來辭行
初八日先雨後晴　研生招午飲同席有徐燮堂汪小雅沈鳳
池沈　許雀巢壺芳高吳畹卿　從博古收田曼生字冊十

六兩添入四兩付還倫古三十兩

初九日晴

初十日晴　在詒寶齋見所押石谷絹本山水冊真而不妙又見文沈唐仇扇冊畫六頁皆真内有十洲畫文姬歸漢一頁衡山楷書胡笳十八拍於對頁精絶

十一日晴　在德寶齋見仇十洲佛像兩軸皆絹本一作貝葉樹一株古佛一尊倚於樹枝四面皆用墨水烘託一白描羅漢一向一背在雲中若現經卷一大士坐於蓮花上一布袋羅漢坐作欠伸狀四面皆海水環繞左角有王世貞題下左方隸書李龍眠畫仇實父謹摹以余所見前一幅是真蹟後一幅者

十洲畫衡山字此兩頁願以十金購之竟不能成惜哉

十洲兩軸細審之皆不真

疑是贋本　在博古堂携歸絹本陳老蓮羅漢卷古雅沉著决為真蹟當時見而不賞嘗拘於多收絹本之戒故老蓮真跡寥寥似此得意之作雖絹本亦應收之　後以十四金得之

十二日晴　在長元和會館敬止堂之東書房與芍亭培之翔香默戲淨勝七十八千　以六十千在萃古堂得舊玉小牛一集續本陳希泉字軸頑儀山水軸汪退谷五言紙本對

十三日晴　十五日為秀峰師七十二歲生辰送與漢玉小佩一枚漢玉搬指一枚即從前所得於怡古堂者價約六金又禹鳴腰壽墨軸一幅　在論古堂見老蓮畫古佛軸絹本羅兩峰藥王軸紙本　與前卷一樣筆墨以此印証皆真蹟矣　又樊場華田翁山水冊一本　以五金在怡古堂得

小羊是白漢玉可
珍愛

陳玉小羊一件吹大號一件斜角佩一件　晚臥不能成寐集蘭亭數帖五言云一亭帶流水萬竹當摩山七言云脩竹每懷文與可幽蘭若遇管夫人管領清風有脩竹游觀永日在長林八言云少文携將靜坐一室老彭信古叙述萬言賢者所為不隨不激風人之詠可興可觀

十四日晴　還恒寶芸銀十兩信厚該銀二十一兩見趙松雪佛象軸海雲花卉鋼毛軸彭孔嘉佛象軸　傍暮大雨

十五日晴　答許雀巢黄貝同　往拜秀峰師生日擾其午飯觀演四喜部未及一齣即歸　同席有龔鳳詒者年七十八歲精神矍鑠耳聰目明齒牙牢固須僅花白真可羨也

十六日晴　往賀彭味之簡放江西主考喜　答晤祁世兄世長

往吊蔣和仲之喪晤其二世兄　所田和余集陽生李麟心周壽

詞係在胥門外鼓樓之西北往返有二十餘里

十七日晴　巳刻至會館與高壽培之後姚默和淨滕十三千

以二金得續本董東山軸於倫古齋　以七千文得樓閣錢一

品於松茂齋

十八日晴　往晤張慕青詢知昔年趙復文書遍查稽勳文選

兩司並無此件想為撫院房沈擱矣　昨心泉持巨然卷送閱

未值而返　因往索觀適送與宋雪帆處仍未見而歸　傍晚心

泉送來巨然長江萬里卷閱過即交原人帶去

十九日雨　天氣驟涼如初秋可穿單夾衣　發十三号家信

附大孫浦娣浦榮森還巢程申甫等信

二十日乍晴乍雨

廿一日雨　陳培之在本廳招飲同席者彭芍亭許鶴巢沈鳳池尚有不識者三人研生與余

廿二日晴　德宝齋以舊磁印盒水盂五件售與景劍泉換其漢玉琴鉤歸於余　余代還磁器價作六十兩此鉤與余昔年得張柳亭漢玉鉤製造出於一手色澤與尺寸若合符節惟下半鉤所鏤琴軫一凹一凸似合陰陽當時必是一對千百年後散而復合洵奇緣也　午後游廠與胡石查遇偕游各肆

廿三日晴　發十四號家信附退樓一信並綾本軸七幅古飾十三塊磁軸頭三付牙軸頭一付壓縢錢十品元僧雪菴字卷一个託徐嬰堂帶回蘇　午後向博古取回翁覃溪書須價二十兩以十兩先還怡寶以四兩六千六分還閔鎰以五兩一錢六分換成五十七千　抵暮大雨連宵達旦

廿四日雨

廿五日晴　託研生向恒泰移百六十金還怡寶取換玉鉤價　晤心泉於論古長談

廿六日晴　至德寶將兩玉鉤託其鑲嵌　晤朱俊卿毓霖倪小舫李眉卿　下半夜雨

廿七日晴　至治宝斋取回玉鉤并裝潢匣　以十九千買高貞碑用筆细填便成濃墨拓　在治宝斋見白磁金鱼缸有花纹隱起據云是宋定窑未知確否　景劍泉已還價五十金

廿八日晴　酷暑

廿九日晴

七月初一日晴　巳刻赴吏部投供　答拜忻承往賠恩結舫往謁秀峰师時巳未刻從户庫歸猶未午餐遂未請見

初二日晴　至博古斋取回倪雲林小幅　題詩与跋有言皆佳以十六金收之

初三日晴　夜雨

初四日晴

畫止四五段有包仁伯甞題引首与跋還價四金似已足矣而意見不成物之間自不得向有一定不可強也

初五日晴

初六日晴

初七日晴　在筠青閣見羅兩峰鬼趣畫卷還價四金

初八日雨

初九日晴　在論古齋見舊拓刁遵碑觽小二方物索價五十金還價八金給之　在德寶齋見景劍泉託售漢玉十餘件內紅寬旗一件為最然不適於用未還價有束髮圈一件還價十二金

的係舊物不買可惜

初十日晴　腹瀉三次精神疲倦　昨夕枕上口占漢佩玉鉤歌附錄於後　玉人入山得璞玉琢作雙鉤成雙白龍上不在天下入地土花血沁千年紅雙龍本是雌雄匹出土何年忽相失

久離復合信邅佈
人生此斯南北複合浦
明珠歸再聚豐昌
環震軍國好似
鶼鶼人而比翼又如
鰈鰈魚同穴哎哉
說詩說多至頭至
尾眠復完的

從此遥遥各一方，一在江南一冀北。神物遇合信有神，我未蓋
市逢最純各藏一鉤共欣賞，曾謂無双今兩自用，向最純當古
深入骨，謂此双鉤必相合，非君贈我我贈君，脫手瓊瑤無吝惜
終日摩挲終日眠，双明受璧真如受寵驚，但感交情業編貯，非
誇聲價重連城。双鉤串截皆琴式，鄧於玉軫徵區别，一軫陽文
一軫陰，當時匠手精工極。劍合延津了一出例，奇葉藏類管虎踞癡
只防變化通靈去，但遇風雷好護持。

十一日　晴　翁井平李照以定武蘭亭示之　接六月十二日家信

十二日　晴　安則久李照　贊第十五號家言并段玉泉旭人

早卿三函交陽來寄

十三日晴　中午忽大雨

十四日晴　在會館與芍亭、培之、俊卿默和下廿二千　另有申之、文卿、植卿、研生、竹勝　玉論右宣交還欠我十金　晤心泉知李鏡湖已故

十五日晴　在松茂堂以四千千買銅象棋一副，與前所得紅木烟盤一隻　在怡宜堂見宋石門白嶽圖（以十金得之）李檀園模娛山堂圖文文水仿洪谷子山水皆紙本卷子

十六日晴　巳刻往晤心泉和尚見其所藏惲南田小卷王耕畫淺設色樹石小幅吳漁山墨竹小幅皆紙本　往晤研石查朱憶萱吳子植嚴　蒼翁耕平李　趙朱茗生招飲同席

寶珍堂大玩甚多
字画亦不少余在京
十月竟未与彼一文
交易可謂無緣

者夏巘雲 裕慶夏 同善 尚有一沈姓一旗人新放浙江者

十七日晴 在德寶堂閒坐適胡石查來偕至寶珍齋見常歸

趙字冊未必真虎且留李葉衣襟不足取矣

十八日晴 在杉陰堂以三十文買小白磁瓶一个

十九日晴

二十日晴

廿一日晴

廿二日晴

廿三日午後雨

廿四日晴

心泉收藏頗富賞鑒亦精近為境遇所困大半散去所存者以南田山水

廿五晴　張仰山在宝興堂為母做壽往拜之答安則久及同鄉來京鄉試者三秀　午後玉椿叔答鄉試張　晤許星巢秀協卿　往謁秀峰未晤知其放崇文門監督

廿六日晴　芍亭約貝康侯鄭炯齋在會館默和因瑞孫女不果邀陳芝泉補之余無勝負　同班之方學蘇放衡永郴桂道

廿七日晴　研香之生母陳安人六十壽因難擇日稱觴故未舉行僅供星官而已　託研生向恒泰移銀六十兩　託德宝將付心泉和尚所售南田山水袖卷價四十五兩餘一兩二錢收在德宝帳上　還瑜左銀六兩

廿八日晴　暗廠肆得小磁瓶數件　答朱茗生　晤瑛知應補

袖卷又山水小册又
花鳥册三様甚需
皆為金粉色得之
心泉書画船從
此處色矣余所
收購未成止者
永千文卷在究
非開門見山之物
矣

班在包　首列
廿九日晴　天氣漸涼　予御單夾衣
三十日晴　得六月廿七七月十七家信及東常信
八月初一日晴　辰刻赴部投供　飯後謁秀峰師未晤　往晤
許星叔見學差弟相識　陳文卿放湖北　汪柳門放陝甘　景劍泉
放安徽　彭味之放江蘇　丁雨生升　到天津勢閣中堂瑯琊
惠務前閣要調杜小舫來津
初二日晴
初三日晴　在寓与墻之後拜羽香欵和余下十千　春十六号
家信附帶南田山水袖卷并地黄根一簍託同鄉楊敦甫帶回

大癡軸以二十金得之余在京出重價而徑收倍積止此一件

孟蕖小韓來即發其轉交 附寄手書致岳兩信

初四日晴 往晤心泉和尚 示以倪黄兩小幅 謂倪真黄贋 与余意合 晤方學蘇 匯曉滄 賀洪文卿任柳門景劍泉放差之喜

初五日晴 与羽兵俊卿培之在庽默和第一局畢天色尚早再接一局余下五十是日余備東又貼三千 山西河東道出缺放首府俞信卿世銓 此缺雖好近有防堵軍務不得不甚可惜也 江英舫放山西遺缺知府

初六日晴 因偏風未出門 順天主考 倭仁 瑞常 鄭敦謹 唐壬森

初七日晴 夜雨

初八日雨　本擬送考因雨未去　描高貞碑是日始畢

初九日晴　在會館與芍亭後胖康侯戥和余千四千　另有竹

塔墻之中之硎系研生四人也　天氣寒涼可御棉衣

初十日晴　在博古齋取回二十金即付與沱寶　在論古齋

見西田雛鵝畫陸包山古柏畫文伯仁仿山樵山水立幅皆佳

又在蘊珍齋見趙文敏書札卷新羅花鳥卷皆佳

十一日晴　送弟二場同鄉之試者友玉椿祀彭府蔣府之考

頭場文題季康子問仲由冉求於天之生物也二句禹稷顏子二

句詩題人在中含畫簫聲以含字所見文三四篇皆不見佳　在

椿祀府午飯時包未正不及送謨君入場往福秀峯師寓見桂

蔚芝屠歸來見孔博之見其他友李朗岩

十二日晴　午後至蔚芝屠晤李朗岩向借曹平生仪東方兩之本合畫并設書店仰之候其劉付印花請歸寓看　往晤桃守堂先還其代買各種銀廿三兩零　尚欠眉生所買舊袖價廿四兩未付

十三日晴　還治寶泉十兩　德又十六兩　還論古十兩　還松竹十兩

十四日晴　在培之寄白俊卅張蓮生默和兩局去大十九千時巳三鼓　以六十千買佛印兩方

十五日晴　向治寶買舊宣紙五張　舊羅紋紙三十二張　另有舊紙二張（我以其紙尚細致之）不知其名　疑是仿宋　又有一張老色者　較之是明宣（此張議價三金　後謀去未買）紙（後在博古見其紙一張與明宣無異　殆余未留失之矣）　往賀秀峰師　洗寶李三　槐堂　隆單地翁　江美舫書

十六日晴　是日為西宮皇太后之母出殯余雇三車偕五女外孫張婦往觀出平則门駐車大道之旁擧國若狂人極擁擠殯至約兩時許始畢紙糊及松毛所製人物甚多然尚不及南中盛會也歸途進平則门擠車約一時許後至金鰲玉蝀在橋上徘徊良久而返

十七日晴　買桂花兩盆一送家宅一置窗前花始脱帽香氣已到

十八日晴　接程味高信

十九日晴　在長元吳會館為鄉試同鄉接場共五席外縣人皆未到散後與培之偕弟庚侯默和另有芾村桂卿申之研生

余到京以來微疾
僅止此一次

竹樫　天氣復熱

二十日晴

二十一日晴　辰刻進城至彭芍亭家与俊卿培之默和仝上

四十千室中置南来老桂兩木桶木盆拱把者氣甚香詢價

二十金

二十二日晴　辰刻至長吳會館拜朱親家母壽觀演春台

部到後忽發痧腹痛異常急令朱姬提刮并吞閭痧藥於別

室靜卧片時而命於人已委頓是日早晚皆食粥亥初先歸

腹瀉兩次　微覺形寒發熱

二十三日晴　腹瀉兩次仍食粥

二十四日晴

二十五日晴　發千七號家信託椿記帶去內附致移卿味言

二函又程九小姐一信令雲千面交周姨娘

二十六日晴

二十七日晴　在會館與芳子晤談　後將默和余淨上三十五

千數附寄早勝廠肆以五千買小方銅執一枚以八千買小白

玉碟一枚

二十八日晴

廿九日晴

九月初一日晴　赴部投供歸途送吳稼如行

余侍以柯丹邱書宮詞爲石屋胎息晉唐，予與松雪並駕，後來宋仲溫頗似之

初二日晴　以四金買水晶小餅一枚、五小瓶一枚，以八十文買六角小銅碟一枚，以六千文買玉朱一磁瓶一枚，以十千文買小銅鐘一枚，有文曰宋公戌之䛥鐘，雖非三代物，亦前人仿古之物，非近製也。

初三日晴　沈鳳池在會館請客一席，共十八，即爲苟言培之唐侯默和三角完，天已不早，即結帳，余下一千。

初四日晴　午後往瞻心泉和尚，見金牌南田花卉一册，又見沈石田文衡山紙本山水卷、唐六如仇十州絹本人物卷、〔柯〕丹邱楷書宮詞紙本卷、董札卷、楊文驄紙本山水卷、王麓臺紙本設色山水卷，皆瑛蘭坡物，欲押者。　桂雨許星齋未贈　英茂文

龍友山水有縱橫習
氣尚是真蹟楚屠
臺摹筆 淺峰

在家做壽演春臺部同鄉以送壽禮止吳壽恃余往拜壽賬告

陰晴 西恒泰取錢一百千

初五日晴 在會館與蔣高俊升康侯默秋余下四十三千

初六日晴 踵琳局手 鄭炯余同計

初七日晴 邀康侯俊升偕之李默和康侯有誼會邀陳芝泉

來代余下五千

初八日晴 研生請客皆同鄉一席余作陪

初九日晴

初九日晴

初十日陰 是日鄉試填榜已刻聞報三縣竟脫科亦近年所

衆見此軸亦疑為僞不見真識之難

未有外縣亦無熟人曾君表僅中副車

十一日晴　接八月廿五日家信　南中還恒泰曹紋百兩

十二日晴　在博古齋見文伯仁兩卷

十三日晴　偕研生步青五女張姬往天甯法源兩寺距昔年舊游已

二十年矣法源僧恒修導往各處頗殷勤天甯花木極多茉莉尚有殘花

菊花僅含苞也

十四日晴　以四金得沈石田水墨山水立軸於論古齋店主

蕭其不知其為真蹟也

十五日晴　獲弟十八號家信託恒泰寄蘇

十六日晴

十七日晴　往送方次坡洪文卿汪柳門濤年之行　咭鄭龠

香之母開弔　答楊見山　接函八月廿五日家信

十八日晴　陶曼生在龍源樓招飲同席者徐李侯濤年之顧

俊艸濤咏琴

十九日晴　午後顧俊艸陳芝泉伯員康侯來默和余上十絶

千

二十日晴

廿一日晴　汪戎庚從南來攜來衣服一箱并書畫多件　辛

丑同年團拜在安徽會館客則祁子和世兄杜篠舫世兄濤綫庭

與余主則寶東山珣坰小蘧家玉昳勤蘇勒布賀雲甫壽慈

馮申之招飲未赴

廿二日晴

廿三日晴　韞苕亭來偕共車至飯後弈局與貝局侯默和余仍定與陸培之合先默和負培之來即續下余歸途游廠甸而返

廿四日晴　仍續昨局移在培之處午後即散余下五千復續一局培之補苕亭之缺二鼓仍罷

廿五日晴

廿六日晴

廿七日晴　與研生因事赴訪仙招飲三點鐘到先往四條胡

同買酒料瓶六个 同席者吳植卿顧駿叔
廿八日晴 以三十千乃石菴少對於閏鐙會
廿九日晴 至俊丹寓與唐侯趙菊生默和
十月初一日晴 赴吏部授供謂官中堂未見謁見單地山曾
中堂 時廣賢良祠於日要移寓法源寺許星舟余前日曾以信
止法國行教條議屬星舟轉寄樞堂據復云已告沈經笙擬稿
今年不及辦明年換約時再議但此時法國已為布國所滅新
王未立乃絕好機會告此不圖遲至明年更不能辦得之浩歎（至陳不用）
而已
初二日晴 唐侯攜肴來與俊丹培之默和余下十八千 協

御携示江南鄉試三批同鄉中式者十五人汪查春之仂子劉竹溪之子吴慎生皆中式　鹿賓笙之子與二弟皆中式

初三日微雨　雨竟夜

初四日雨　上諭命劉銘傳往陝西總理軍務

初五日晴　在德寶齋有徐姓持來烟客山水立軸求售店主李誠甫所藏屢華余審為真而且佳託店主和會借索價太昂未成能會之不置也

初六日晴　夜雨　託德寶齋售去王惲扇面十二個得價百金

初七日雨　以麓臺扇面一個售与李君卿得價八金

初八日雨　芝泉後竹塘之在房默和余下廿五千

初九日陰　送貝康侯行答盛杏蓀均未晤雨後泥濘行路甚艱

初十日陰　拜杏蓀未晤　赴單地山招飲同席者江西臬司晉達孔少唐勞笙階之二子皆已握篆

十一日陰　發第十九號家信附長樓一信託杏蓀帶去

十二日雨雪

十三日晴　午後游廠遇胡石槎邀歸兒所收各種皆欣賞不置尤以十捌金新得傅青主屏十二幅為最便宜

十四日晴　發二十號家信附王孟端長卷又改隸書一件及楹聯三副附与宝臻一信及榮森一信皆託葉頌仙帶回蘇以十三金得圓珠廿一粒重一錢半

樗寮冊皆真蹟然一段佳一稍遜知大家作書亦有出入如此

十五日晴　以十八金得石谷題廬州碧山雲海圖於隸去年

在怡宦曾見董雲舫家藏黃山谷艸書清江頌絹本卷尚在李

北齋榜書圖絹本卷唐六如字冊

十六日晴

十七日晴　以二十金得張樗寮寫華嚴經冊　以四金得澤

玉方勒一枚　以四金得白玉帶圍一枚皆怡宦舊物　松竹爸

張示權量軸用米秀之筆仿宋人紙墨如新尚是三十九歲時

作索價五十金嫌其過昂還之　怡宦又有一軸較前軸精

小紙一幅精美設色渾厚六十幾歲所作價亦昂故未收　在筠

青閣見有何子貞書屏四幅米元章字大如魯公畫象贊結體亦

相近是子貞二十年前書近日所書雖更脫化然不能如此嚴密精整矣子貞素不肯畫朱絲方格余從前亦有朱絲方格楷書屏六幅庚申之亂失去今擬售此四幅以補缺陷於索價十六金未免太昂不能得矣

又見劉松年畫青樓事實四本雖非真迹而畫境殊不庸恒谿從買女子入青樓以後教其歌舞侑觴用種種非刑毒楚或被惡客毆辱或被官役鎖獲或伴老翁及殘疾之人卧宿最奇者一醉客踞其體而吐其女雙手掩面承受窘一姬掩鼻之睨後幅醫生診病末幅一女屍僵卧空中現大士象女鬼作跪求狀四本約有百幅足令妖姬悲泣蕩子驚心雖游戲之筆可作地獄變相觀也

十八日晴

十九日晴　在涵雅堂買扇面三个一文二惲價二十四千

二十日晴　燈下閱張即之寫經知錢魯斯王夢樓顧耕石三家書法皆濫觴於此前在青雲堂寶珍堂各見錢魯斯書冊嘗往訪之

二十一日晴　以明人書畫扇面十六張又明人花卉扇面惲南田花卉扇面共八張託李誠甫寄裱匠裱成扇面冊兩本言明裱價共四十千零八百冊面不在其內　接十月初四日家信即書二十一號家書託椿記寄蘇　劃付恒泰曹紋壹百兩

二十二日晴　賀彭芍亭令愛招贅之喜在彭宅午飯歸已傍

晚

二十三日晴 王永義庄影頤逸亭寄京帶寄皮箱一隻男女皮衣十一件并九月十六日家信即寫第二十二號信并孩退楼致阆多一信 夜大風

二十四日晴 大風竟日 将昨書家信并買胎產金丹廿九益母膏一斤半託椿記孫蘊苓帶回蘇中 以六金得漢玉方勒一枚此勒於數月前見於東城古玩鋪緒古堂還價三金不售嗣後託注宝店影屡次添價今始買得亦前緣也 前在陆宝堂見徐文長粗筆人物冊八頁有倪鴻宝對題以為廣跡置之今日復看文長畫不見其佳殆吴小仙張平山一派而鴻宝

方勒手蹟甚白与琴式双鈎相伯仲惜一頭磨泐非完璧矣

畫是熟紙故疑其偽

如尚未贖自歸書但之

題語既超妙書亦奇崛是其本色決爲真跡無疑末頁又有王雨謙題趙甸書二名不知何許人而題語古雅書法晉人決爲明人筆墨此冊乃必得之物失於交臂失之甯定書畫之難如此總不宜掉以輕心耳

二十五日晴　作與駿妹一信囑其贈陳伯蘊所藏王石谷冊仍交椿記帶去　午後拜客晤黃協卿王曼生顧逸商拜而未晤者嚴寓生蔣叔生陳芝泉陳蓉舫　在伯寓見七鄉人物冊未知贖得成否　後以三十一千得之

二十六日晴　以五金得黃石齋草書綾本條幅於凝秀閣以二千文得卷尾跋一紙原係跋王壺舟字卷今失去原卷止存跋

此冊後售與秦誼亭，已議定價值付與實錢數日，後始據其偽退還前還，頗費唇舌。

十二　家内有趙芝庭先生發行，因為方處覓先人遺墨於代精之。前在怡宝堂將趙年寫經并佛像，又明買書籍内亦有趙年詩冊頁，皆為方代購者。在怡宝堂將陸續所買瓶楪整齊，架座拾點一過，共計瓶五十五件，楪五十二件。

二十七日　晴　昨在凝秀閣見唐州水墨山水冊十頁，絹本，畫頗蒼秀，已言定價值二十金，特有可疑者二：一則政癸丑年云七十餘矣，而鐫字草名印如新刻者；一題類字方整，與平時圖潤之筆不類。因託怡宝居友携示心泉和尚，據云此冊曾見過，係祁墳之子行十二者所藏，此公能畫，或即其摹本。此言雖未可盡憑，然不願以厚值購疑似之物，遂還之。　怡宝掌櫃人李識

誠甫山西人雖市井中人頗講交情於金石之頗投契

甫定於明日起程往山西置貨因送之 見張伯天鑄臨王聖

教小冊甚精 治定還價十六金尚不肯售

二十八日 晴 向張仰山借得敦崖耳飾廿本又取其小銅鳩花

插一件

二十九日晴 向趙仲人轉借野叟曝言十二本據云已散失存本

僅此耳

三十日晴

閏十月初一日 得張慕初函云閏月不授供郁書 往法源寺拈

香布施黃布拜墊四个 晤袁宗山 崇觀其所藏高房山設色山水

絹本袖卷仇十洲設色深柳讀書圖絹本卷此二卷廿年前曾

石谷袖卷以泉見之歎賞不置願倍價以之余不能割愛也

見過當時不爾真偽今日反覆觀皆真蹟也又視枝山草書卷紙本真而且佳後有鄭板橋跋　答黃廷鑑又答瞻吳子實

游廠肆過見胡石查与之同游在寶名堂見黃石齋絹本詩冊真蹟後附紙本乃偽作也　又見熊廷弼金聲倪元璐楊漣字冊四本有翁方綱跋皆真蹟　得駿弟十月十三日書　夜雨

初二日陰　以十二金得石谷臨米袖卷於韻古堂

初三日晴　發廿廿三號家信託恒泰寄

初四日晴　大風　青溪道人書紀夢冊兩本石谿題夢在二字王箬林翁覃谿皆有跋李季雲所藏借録副本還之

初五日晴　与德寶王彝至滙豐當觀所當書画各件

初六日晴　借恒泰曹紋叁拾兩

初七日晴　題跋七鄉人物畫冊每頁各集宋詞句

初八日晴　董甫伯嫁女陶曼生娶媳皆送分去

初九日晴　還錄古石谷畫卷價十二兩

初十日晴

十一日晴　大風　摘錄野叟曝言內文素臣論三國志陳壽不帝魏一段　閱老莊論一段

十二日晴　在錄古齋取回舊拓瘞鶴銘一本共有八十一字湯歷菴楷書理學宗傳序冊一本　從培之處借閱國朝張力臣弨所書瘞鶴銘辨攜來舊拓止存六十一字其又搜得八字共六十九字乃知

此舟八十一字已多十二字其為四柘無疑　吳子實來談橋云近同輪船名恰便者有沉溺之信其船是前月二十放洋約計葉硎仙及杏蓀之僕四南皆在此附但歟不赴此船若赴此船凶多吉少兩家皆有託帶之物將必化為烏有矣　於瘞雀銘中集字一聯云江上漁家亭前爽塏上方丹篆仙侶黃華

十三日晴　昨所取瘞雀銘乍見以為舊拓細閱之竟是摸本并非本石反刻本作偽者千奇百怪稍不經意即受其欺甚矣賞鑒之難也

十四日陰大風　葉硎仙已於廿八日到滬子實乃誤聽謠言也

十五日晴　在隸古齋見李季雲所藏沈石田長江萬里圖長卷後有自題七古一首賸與郭攜我共置筆共細與平素之筆意不同即白

余家所藏繆紗筆閣用細筆共不同一時未能決其真偽當細審之

又見洪周祿草書千文卷筆意與張二水相仿或係同時人耶

十六日晴　向隸古齋取沈卷歸細閱之畫長四丈四尺四寸絹高一尺自題詩長四尺七寸斷定為真蹟無疑生平所見沈畫卷無有長於此者工細中仍饒蒼秀之致當是極經意之作未審與之有無風緣能歸之否也　臥室東向月出適當西面玻璃口占一絕云樹頭月上側金盆○照見栖鴉淡墨痕○遙憶美人千里外○天寒翠袖立黃昏

十七日晴　大風不能出門在房抄書竟日

十八日晴　在博古齋見王叔明山水小軸張風天梅花小幀王軸雖真（價十五金不售）紙已破碎張軸卻極精索價昂不能得也　在隸古齋見南

田花果冊一本絹本八頁内有唐宇肩對題者三頁并細跋一頁
皆真蹟無疑其五頁决爲僞蹟羼入者作僞之人將良續作跋
爲可恨往上非近人手跋也　昨所見石田長卷係隸書杜牧待年
詢其實價非四十金不可得悵悵嫌其昂貪又可惜其費躊躇
矣　以千文等前所見范文正公楷三頁可謂墨緣
十九日晴　在博古齋見陸放翁行書五絶卷字大如錢二寸許書甚古雅紙色亦
舊往放翁真蹟從未見過雖似贗跡繡閣三希堂所刻放翁書札字僅
大如錢而卷中字筆意都不類後有首垂光唐宇肩兩跋皆僞筆
之惡俗若後附蔡京題徽宗十八學士跋一紙亦是贗蹟
二十日晴　在治宣堂遇心泉見其所質第一卑漢書金剛經冊係施於

松筠菴供奉者，後約其同至博古齋，觀放翁字卷，伊亦不稱佳，其真贋（細思之實係偽品）也。歸。午刻接到朱蓉生信，知於本日奉 上諭浙江寧紹台道員缺著顧肇熙補授，欽此。飯後往賀蓉生，適未下班，先至朱玉圃處暢談，後至蓉生處，待至上燈，始回。即將履歷託其代辦謝恩摺，訂廿四呈遞，信託椿記寄。

廿一日晴。往晤許星叔，謝其招呼一切。答蔣……及會館中呂小思陶……歎如，俱未晤。彭芍亭來道喜，暢談。

廿二日晴。丑初進內謝恩，研生相送，至東華門步行而入，月明如晝，十餘年未到，蹤跡已不忘。進景運門，先在九卿朝房少坐，後至內務府朝房坐待。軍機蘊拉先將謝恩摺遞上。樞堂沈經生（桂芬）、寶東山（鋆）、文西川（祥）、恭親王陸續進

内請召見各晤向履歷至巳刻猶子留中綠頭簽均還未家　回見官中

堂志喜　潘伯寅　唐耕石壬森　皆至　朝房道喜　許星垿送點心與所告共

食分賞奴房皆賞給錢文共二十餘千　散後往謁官中堂寶　東山沈

經單地山　胡季臨　朱桐軒皆未見　止見董雲卿　醇暢談外國行教事并

託為伊戚浙江試用佐雜劉玉華保舉　歸時未刻覺有倦意不再

出門　蔣子良來道喜暢談

廿三日晴　往謁毛旭初昶熙　李蘭生鴻藻　李竹彥　喬鶴儕松年　俱未見之者

麗生　潘星齋　朱若生　歸午飯後出門往謁李秋　王崇綸　文祥

俱未見　李郎外四叔家　穆公庚　顏錦曉泉　託薦下人楊姓并託巴掛

紹興府海寨　送去門包未收　據云近日王爺不准收此　縄日到府

來取陽已撼暮　彭君七沈鳳池來道喜暢談　有常州人潘喆

甫鍾雋送來詞稿本并信一封言在告幫

廿四日晴　往晤李粹彥 常華 賀雲甫 壽慈 宋雪帆 晉 晤阜康管事曹

恬波嚴小舫向借京平松江銀壹千兩　往拜唐 壬森 陳 廷經 王 大經

桑春榮 溫保渠 顧 蕅清 王楨 汪 迴 宋 邦惠 何 栢 沈 彤吉茄 汪薰孫 李 貽良

沈振麟 胡 家玉 祁世長 胡 義贊 蘭坡 奉 炳文 王 景賢 方 恭釗 顧 肇熙 趙 宗德

廿五日晴　曾君表 袁 棠 章 乃畬 張 茂昭 照孔 廣陶 廿唐出示舊拓蘭亭

揭云唐拓實則宋拓亦未見確又國學本及吳荷屋翻刻定武兩

種

廿五日晴　前在隸古堂所取沈石田長江萬里圖卷以四十金得

之对王元章梅花卷冒倪胁睛敖去易以冬心赝本花卉卷易之　還治宝岂石
全內有与心泉續出惲冊一本及前日張樗寮寫經冊二本作價七
十兩，餘三十兩還其舊賬　往謁官中堂、毛昶熙、寶鋆、沈桂芬、趙佑宸
錫縝、夏同善、鍾寶華、文祥、李衡亨、惲鴻儀，俱未見
廿六日晴　往鴻臚寺謝恩，行三跪九叩首禮，後於堂簿上畫押
謁見文百川祥、官中堂，俱長談　拜瑞中堂，未見　發廿五號家信
託源泰寄南
廿七日晴　接到閏十月初六日家信　謁見毛旭初昶熙、寶佩蘅鋆、志尊圃和
俱長談　拜前未見者，晤凱載聯、成林恩祥、周家楣
廿八日晴　往晤趙菊生、許星巢、姚守堂　約宇甫、孟玉天、蔡錫

往晤蔣（彬蔚）沈（濟邦）林（天齡）蔣（泰棟）

廿九日晴大風，是日冬至。往謁蒼親王、李（鴻藻）李（衡亭）龔（自閎），俱未見。

晤崇（綸杼庚角），俱未談。星妹索觀宋拓九成宮，即以贈之。

十一月初一日晴。往拜唐（紹壎）王（丞壎）張（學海）葛（學徵）徐（桂芬）程（轍）王（宗沂）

葉（衍蘭）吳（仁傑）吳（文塏）汪（紹島）朱（逌然）童（鳳岡）李（耀奎）惲（祖貽）吳（鳳藻）

董（雋翰）魯（世保）胡（國棟）陳（懿脩）陳（昌年）徐（廷瑞）何（福咸）程（蓉壽）紹施（啟宗）

徐（用儀）羅（嘉福）蔣（保燮）紹葉（觀光）李（士彬）施（人鏡）熊（汝梅）浙王（書瑞）紹田（其年）

沈維裕頤（允昌）馮（芳緝）紹田（士龍）葉（國昌）魏（弼文）俱未見。赴朱玉圃招

飲在餘慶堂，同席有蔣抃超（趙伯），餘皆不認識。散後往晤馮曉滄，

伊於明日有河南之行，送與別敬十二兩。

初二日晴 往拜沈敦蘭 劉國光 朱福棠 方熊祥 吳國燕 蕭廷溶

周瑞清 李瑞章 李方豫 婁奎垣 錢寶廉 董韞清 陳洲 謝鉞

載堯臣 李廷蕭 蘇府同鄉京官在長元吳會館公請共三席飲

酒 畫款梅鵲與封侯 無名雁青雲玉醉也 以宋人書黃素黃庭經卷後

彭菊庭同鄉有大本先生長跋 是其家藏也 在論古齋觀文衡

山秋林閒眺卷 羅紋紙本 高五寸半 長三尺四寸 仿李晞古 公年七十

八歲所作 後有彭年 吳璣 吳才老三跋 以十七金收之

初三日晴 往拜史崧秀 朱燈瀾 許景福 孫慶咸 鄭恩贊 凌其椿 姚覲光 姚夢薇

胡藻清 丁士彬 凌行均 余撰 胡維傑 婁賡奎 者陸樹棠 陸象棠 潘學海 曾金章

吳再元 胡聘之 胡秀年 徐寶謹 張茂桂 金日脩 潘似瑄 謝增 翁慶龍

尚在棧董學庭周鉞胡錫筠陸荀金黃錫恩曹元福孫蘭谷毛鳴岡

陳玉振顧雲臣田煥晨凌忠鎮徐炳烈傅鍾麟孫詒經沈元溥蔡世佐

陸之祥吳廷英劉燡陸以館李慶初余連沅畢保釐孫樺宋思永

盛襄黃兆樫鄭霽何保恩

初四日晴　往拜宝森蘇勤布彭祖賢及其弟侄汪朝棨丁崔年陸爽棠

胡廷燮陳章錫王佑謁恭王仍未見已三次矣　夜雪

初五日晴　昨夜雪深四五寸人安年豐之兆也　往總理衙門並東文案

晉見李牀彥李荔村丁恮　適沈經甫來即進見長揆　往拜

管貽葵胡學禧恩綸謝膺禧譚廷彪讀廣成林俱未見

初六日晴　朱茗生　黃岑孫丞龔　俱來晤　往天豐託製戒指

往聶康晤曹桂波借銀壹千兩　在圖雅齋以五十千得羅飯牛儀本大軸，以五千文得犀角葉一具　在博古齋見大銅盤一具，内有款百字

還價十二金不售還之

摸偶亦闆甫畫冊一本　在松竹齋購得大滌子畫冊一本

還價二十金不售乃還之

初七日晴　往謁官中堂未見　朱玉圃因雲南請揀補知府求不入選屬司閽者得此意轉寄　往蔡祈承，歸，過東四牌樓歷覽古玩鋪，以十五千購得景泰小瓶二枚，以十千購得五彩小瓶一枚　許雀巢、葉小坪、趙菊生、如守堂、管少雲共請在福興小飲，同席者研生父子

初八日晴大風　往拜硯農、庚民、俞與志章、耀廷、史大立、曾之撰鐵、葛奎、程秀僕來　訪朱澄甫，以未晤告其閽人，所托宮中堂之事已親往切囑矣　在寶名堂見文衡山畫蘭冊八頁題詩

二頁　倪紙本鴻寶枯木竹石冊十頁，綾本，還價廿金不售。前所見倪

鴻寶、金正希、楊忠烈漣、熊襄愍廷弼書札四本，取閱一過，還價

四十金，亦不肯售。後見陳玉几花卉冊一本，紙本甚精，索價十六金，

姑另過昂甫來再還價。　在凝秀閣以三金得綾本傅青

主軸。　在論古齋以廿五金得明賢詩札四十家，又以廿四金得董思白山水小冊。

初九日晴。　往拜魏福瀛、張星清、倪燻、朱毓霖、羅忠祐、龔築，辛丑同年。

在安徽會館公請到者濤、曾瑩、賀壽慈、載齡、蘇勒布、胡家玉、寶联觀、寅二。

未到者寶恂。

初十日晴。　秦誼亭招飲，同席者趙佐宸、華甫，席未終先散。見其所藏項易菴

仿摩詰設色山水小卷、王蓬心仿趙松雪山水小卷。　後赴謝公祠偕理衙門

司官公局主人沈彥徵駿蘭 李常華升彥 李衡亭李村 惲杏農祖貽 丁芥帆士彬 周少棠家楣 史致若 毛升甫鳴岡

十一日晴 往候畢保釐 張啓泰 吳宗麟子長元 吳會假赴三牌同鄉公請共三席 少宰師散赴毛旭初昶熙之招 同席者英蘭坡桂 蔣升超超伯 少宰師散後赴甯波一府京官公請共兩席 客則趙茅甫也

十二日晴 往處辭行 羅嘉福 程孝泰 徐用儀 喬松年 杜來錫 吳國杰 蕭廷謨 方熊祥 周瑞清 李方豫 朱智 李鴻藻 朱澄瀾 李聯奎 秦炳文 惲祖貽 葛奎 葉衍蘭 沈源深 龐鍾璐 錢桂森 陸懋宗 吳仁傑 錢寶廉 胡家玉 祁世長 溫保深 翁同龢 潘曾瑩

潘祖蔭 勇余章 朱逌然 韓同南 劉彝年 來 剩玉 湖廣會館赴

軍機公請共兩席 實則余為蔣升起也

十三日 晴 後出辭行 朱鳳標 朱其瑄 陳漢鎮 譚廷彪 譚宝琛

譚宝慶 鍾宝華 夏同善 官中堂送別敬百金 晤談 胡肇智 送還靴帳書

晤談 單懋謙送別敬卅 單大經 官三大人 沈桂芬送別敬百金仍璧還

寶鋆送別敬百金未收 錫縝 志和送別敬百金晤談 謝膺禧 朕凱送

別敬卅 載齡送別敬卅 恩祥 寶恂送別敬卅 瑞中堂 趙佑宸

張彤年 董恂送別敬百金 成林送別敬五十兩 周家楣 方汝翼

陶彥壽晤談 恩綸 陳兆綸 曹求 華恆泰

十四日晴 往各處送別敬 賀雲甫 壽慈 送三十兩 即日送還一席 毛旭初 昶熙

壹百兩　陳小舫廷經十六兩　朱玉圃澄瀾三十兩　朱茗笙智壹百兩

祁子和世長四十兩　何小蘧家玉三十兩　又辛丑同年公費五十兩　惟

李蘭生鴻藻壹百兩即退還　王修慶堂赴紹興一府京官公

請列名者十餘人　到者惟桑白岑　春榮　修五人　便一席　午集申散

在簡青閣見元貝少峰卷甚佳　索價八十金　還價二十金不售　以二十

金買漢玉錩一只　心泉經手　蘇州程巫張子剛挑也　往拜金日修

宋邦僡史太立　李常華　徐郙　徐致祥史山松秀　薛允升　惲鴻儀

李士彬　沈元博　孫詒經　蔣彬蔚　陶惟琛　朱駁霖　桑春榮　唐壬森

十五日晴　往送文祥別敬百金未收　崇綺別敬五十金未收　因未見仍帶回　送許星叔別

敬百金　晤談　易送小軍機十八位別敬每位十二金　託世轉交　送蘇勒布

青陀寺買嗢津
齎研生去十張

別敬二十金。往南張集馨、龔自閎、李衛亭、丁雀年、胡廷璦、汪朝棠、嚴家俊、

陸甎堂、許庚颺、彭氏與季仲姪在彭老七館談，并接史點心。

葉小韓之媳與姑及夫不睦，爲其姑毒捶幾死，余與研生夫婦相商接出府

中。數月令託余帶回南中，交伊姪祁仙留養，并貼金膳用二十金，余姑收

之，擬到滬仍交還祁仙作伊媳平日用度。蘇廿六號家信託樓記。

十六日晴。在論古齋以二十金得金冬心人物冊一本，在博古齋以十二金

得方方壺小幀，以五金得周東邨游華山卷。料理各帳。

十七日晴。終日收拾行裝。以三十金買白玉翎管一枚，以三十金買珊瑚記念一付，以十金買皮糙烟壺一個，瑪瑙烟壺一個，以廿四金買蜜珀朝珠身子一付。

十八日陰大風。共雇太平車兩輛，余與張姬分坐，雇轎車十四輛，下人等分坐。早

刻裝車，午初開車。余自三月杪到京，迄今已及九月，研生夫婦侍奉極周至

此次手甚覺依依研告我一程辭之不獲同鄉來送者彭芍亭沈鳳池蔣子良吳子實吳植卿姚守堂皆視我登車申刻至望村宿

十九日晴 寅刻開車巳刻至榆林尖 申刻至曲濟宿

二十日晴 寅刻開車辰刻孔家馬頭尖 未刻雄縣南張姬所坐太平車至店門前邊套驢圍繞前檐柱外將柱拉倒屋瓦齊墮壁在車頂之上接木三根齊斷幸而張姬店精備未曾受傷予謂他險為甚皆託神佑也車上右軸亦斷趕緊修理 龔藝舫稼告浙江候補知縣李京引見約附伴同行十八日領憑十九日提出京今日始到同店宿

廿一日晴 丑刻開車辰刻任邱尖 未刻河間二十里鋪宿

廿二日晴 丑刻開車 辰刻商家林尖 未刻富莊驛宿

廿三日晴　丑刻開車　漫河尖　申刻到智廟宿　適有山東撫標武弁帶兵二百名在此巡防駐店，僅讓出兩間，逼窄殊甚

廿四日晴大風　寅刻開車　辰刻黄河涯尖　申刻二十里鋪宿　車中口占一律云：二十年前客，重經此地過。[新]荒村喬木少，曠野夕陽多。途遠遲投店，時清尚枕戈。繩床聊偃息，旅緒倦同歌。　補昨吟一絕云：鶼鶼鰈鰈共南征，露宿風餐欲趲程。弱質不堪馱細馬，太平車子載卿卿。

枕上又口占三絕云：往日雲凌鬐背穩，歸時風入馬蹄輕。來時雪浪凌鬐背，今日風塵逐馬蹄。夙世定應共命鳥，一生無處不雙棲。閨閣居然弟子行，殘書幾卷貯行囊。新詩題壁慵留稿，說與卿知記不忘。　山水江南撥越吳，明朝相約過西湖。不知當日東坡老，曾挈

朝雲禮佛圖 發京信一封托北古東夫寄與研生

廿五日晴 丑刻開車 禹城橋尖 晏城宿

廿六日晴 寅刻開車 日出時渡黃河 黃就擱一時許 河中碎冰順流而下

始知古人河帶碎冰流之句之妙 巳午刻杜家廟尖 酉刻張

夏官始進山路 陸續口占數絕 渡黃車馬一船并小憩晨餐

又促行纔出店門無一里馬前已有排山遮 石頭卓稍犖路崎嶇

惆悵黃昏野店遲 狗墨有靈光告我 雪菴書卷退之詩 近得

元僧雪菴書退之山石詩與山行情景恰肖 伏雷家園已十年 宦途雪

歷盡苦辛 皇恩勝賜錦歸胡曲路隔鄉關不及千 煙節雨後健

躋攀每問名途未許聞 自笑一官羞不俗 天敎尋丟解西東山

合與蘭亭有夙緣。新藏定武字俱全。近得定武蘭亭五字不損本明春經過山陰道。觴詠猶存紀昔賢。苦吟生怕苦吟髭。夫口聊成漫興詩。付與小紅低唱好。尊前還我玉簫吹。

廿七日晴　寅刻開車　崔家店台莊尖　奉安宿　與龔穉生同游伏廟記丙戌申年與亡兒夔伯及金吟香曾游一次距今已三十餘年矣風景都不記得僅存栝柏依然未毀惟畫壁大半模糊細審之亦非名筆也幾經匠手重摹耳　車中得句云　曈曨樹杪上朝陽。一路驛鈴替庆岡。山背嚮明山腹暗。一般峯影有溫涼。　霜嚴風緊澗冰生。潺潺清泉澗底行。恨不攜將山園月。銅鐺汲水竹爐烹。　異卿家縫共馳驅旦雞鳴夢易蘧。扶上氊車天未曉。今明號國早朝圖。　蔡天走海

到家後郵寄托
錫中 詳報感冒
風水

勢豎行，一線洪流故道趨。（黃河決口入海處向是神禹所瀹故道）從此已供歸海運，底須糧艘復東吳。卅年前事未滄桑，客舍重棲玳瑁梁。覓取巢痕渾舊識，不須軟語更商量。客館主李送至賓萍蓬聚散亦前因，當年舉案人自在，話舊重傷奉倩神。十萬蟲沙付劫灰，霎時春入浪花堆。我來攬轡澄清後，怕聽天陰鬼哭哀。廟門千級樓南天，上欲凌霄下墜淵。力攀節輿飛鳥過，此身付與僕夫肩。漢柏唐松立雀栖，巍巍廟貌與天齊。全山留帶孚青雨，不及溫涼古玉圭。霓旌縹緲碧雲端，東嶽名山鎮泰安。收拾舊游懷未得，心香一瓣禮昊壇。

廿六日晴　黃剡開車　羊流店尖　崔家庄宿　是日破點而行，車夫攔一

日走兩站行至羊流已向午矣車殆馬煩尚堪再行一站余主意止彼半站故至崔家莊即宿

廿九日晴 寅刻開車 嶅陽尖 龔家莊宿 一重山隔一重烟。烟外遠峯（高）接遠天。嶂（天）遠峯（高）望行漸近。到家應（猶）及至（早）春前。隱囊錦褥韵皮璘。六尺安輿出師間。安著（玻）璃向兩面。窗宜款枕看青山。

三十日陰微雪 卯刻開車 樊莊尖 青駝寺宿 朔風怒號廛宇皆振 寄硯生信託趙玉之轉人寄京附去嘆律膏五張

十二月初一日陰 寅刻開車 沂州尖 李莊宿 抵暮微雨繼以微雪 陂陀石罅水縈紆。彷彿蟻穿九曲珠。迎面朔風行不得。廿年空負夢青驄。 朔風吼屋怒如潮。驚起寒（重）衾旅夢回。明日登車寒

徹骨大寰無計底輿臺　辭家久悔遠游冰歸及春前尚未遲
料得天寒籠翠袖暗輪纖指數歸期　書來每訴淚盈襟多
病多愁那得禁待到月明三五夜挑鐙一榻細談心　慣儲醉
墨乞題牋聚首春明廿載前大樹飄零馮魯川三影絕張石州
柏蓬詩酒說當年蝯叟多君績學我荒疎慚愧生平百不
如一事幸同蠅附驥勻師請上相公書卿將趙人有子擁專城娛
老林泉副盛名人道君耽金石癖我知金石即交情樸迢崦匯陽黃勳
南阮雙眸子骯髒東坡一肚皮獨與金心成莫逆常如蛩蚷不
相離角麗堂夢少年意氣壓公卿中歲餘動事請纓鄧似清涼老
居士道遙詩酒不言兵同戴罷郡不惜錢千萬同巷相依尾

二分君早乞同全唐官。在山嘆出山雲。孟翁暮年每悵故人疎。況復交情管鮑也。宿憾不妨杯酒釋。莫教輕換絶交書。味老雪月花時邀我飲。畫書詩品待君評。因緣文字交金石。三十餘年老弟兄。退樓夜雪仍寸許

初二日陰午後晴 平明開車 郯城十里鋪尖 紅花埠宿 雪花如被蓋平疇。頓兆明年麥有秋。但願豐登歸鄙屋。莜嫌寒氣逼貂裘。 昨宵風急萬花飄。侵曉雖分路幾條。凍日穿雲饒晌午。破堤殘雪一齊消。 歷盡崎嶇路不平。平沙漠漠馬蹄輕。遥峯拱揖如相送。漸入江南第一程。 堅壁先謀四野清。一村村築土圍城。狷風怒撼千林樹。猶作當年鼙鼓聲。 土堡分防路

叢程○戍旗斜向夕陽明○時清斥堠無烽火8柮榾偎寒卧老
兵8　沂水凝冰着未堅○僕夫卸馬土橋邊○便輸扶過人牽曳8
一路喧譁爭渡錢8　廣廟全無香火情○殿門深閉蘚花生○倚牆
半碣漫無字〔跡難讀〕8卧地一鐘瘖不鳴8　桐楸鬱鬱兔樵蒿下有千
年陳死人三尺荒碑磨不滅勝他卧草石麒麟
初三日晴　寅刻開車　沿河集尖　順河集宿　板橋人跡店雞聲○
歸句爭傳劉曉行○殘月曉風楊柳岸○新詞偏讓柳耆卿○　寄鄉
倦客帶寒栖○煖坐低翻火一匙○莫道昬飧嫌市遠○店孫公膳食
雙雞○　萬壑奔流瀉急湍○拂空灑作〔疏〕雨花寒○可容半日溪
頭坐8暫借薇叢作釣竿8　清籟潺潺韻筑琴○嶺頭飛瀑

全立一心願明年到任後力行善為先以一千串為率首立推仁局經先志也

萬千尋和雲流出空山去一到人間便作霖

初四日晴 寅刻開車 仰化集英 仲興宿 征車(途)勞動意逡巡生怕衝寒受苦辛多謝天公撥雲霧放開晴日送行人

青疇寸許麥苗長也似葵心解向陽幾到立春前十日居然消息漏韶光

天津橋上鷓鴣聲地氣年來漸北行畢竟江南春更早霜花褪盡草勾萌

平疇浮雪麥苗肥大野秋(經)霜木葉稀一樣花寒有榮落天心隨處見恩威

奔走隨車乞一錢呼號婦稚劇堪憐何人能拒嗟來食只少咨教具粥饘

滄海揚塵信有之吾亦親見有乾時數年處北無全擲天與朝廷塞漏卮

海行飛速陸行遲到底程途判險夷若到亡羊纔有悔須知守駿莫如疲

初五日晴　卯刻開車　魚溝尖　未刻至王營卸車於鮑家車行

人煙一簇水邊村○來往時聞車馬喧○黄土築牆殘壘在8世間何處

有桃源8

初六日晴　卯刻開車　午刻到王營卸車於鮑家行主人號彩軒徽人與

程韜菴有戚誼昔年韜菴附居我家時與來函兩次　遣下人隨同龔稼生

至清江雇船二二隻佳者俱有差使雇得吳江快兩隻

初七日晴　先發行李到船全與家眷隨後下船巳午刻矣舟子買帶小貨

遷延未開

初九日陰微雨　巳刻始開船向因舟人買貨諸多耽擱也　抵暮泊平橋

初八日晴　黎明開船順風揚帆

百丈縴牽俯曲躬。来舩安坐曳風篷。（寄郵）去舩莫羨来舩逸，未必明朝不轉風。

瀨水投金蹟尚存。漢王應悔殺王孫。區區一飯猶思報，何况登壇國士恩。

客路渾忘旅緒牽。水邊坐對遠山妍。人間那有雙飛鳳，脩到鴛鴦便是僊。

蛩蚷相依近一年。客中調護倍纏綿。（入宮）蛾眉未必能相讓（見蛾眉妬），説着歸家轉黯然。

二分眉月照蘭橈。行近揚州廿四橋。調亂紅鵝舩（樊乃叢琴譜）新記曲，不須重憶玉人簫。

閒拋紅豆記分明。慣製新詞付與卿。清絶水窗（篷）無一點，水明簾底坐調箏。

抵暮泊高郵

初九日晴　黎明開船，東南風作，舟子拉縴而行，昨日百丈縴牽一絶竟成詩讖。

泊邵伯

河流彎折大隄平。送我南歸一棹行。旗影飄揚帆影直，斜陽滿

岸寫分明。霜天月黑雁聲高。欹枕篷窗曉未交。遙想寒閨愁不
寐。頓愁河凍客舟膠。晚風力弱峭帆低。高岸臨流鄧伯堤。堤外烟檣齊繫纜。多傍無落下塘西
初十日晴 轉西南風往揚州乃向西行仍係逆風舟子拉縴甚費力屢次信
泊以息肩 申刻至揚州過關泊 遣僕至江都縣託覓帶江紅船縣令戴 係浙
江錢塘人許捉船相送
十一日晴 轉東南風黎明開船至瓜州口來往船甚擠到巳午刻因係打頭風不能
渡江即泊 江都縣雖捉紅船相送止遣一疲差到船行諭話而船行因領錢無幾不肯
應差推託無船余恐反為躭誤許官差民雇言定紅船兩隻送至孟河小江口計錢
五千六百文准於明早放船相接方始無悮官事々不可靠如此
十二日陰 轉西南風辰刻出瓜州口將坐船拖於紅船之後 每思浮玉一躋攀。

卅載蹉跎幾空往還。今日船風仍引去。不殊海上望神山。佳處茅菴結數間。

昔年曾記叩禪關。奇峰嘗面成虛度。不信雖偷半日閒。陳墓下楊舊

東林。奉養無慚半百行。珍重衛寒遠相送。一天霜月記良鄉。勝前地宗小

女偏憐。况復相離已數年。聚不多時又成别。自憐衰鬢更凄然。相邀

邑館廣開筵。桑梓情深地主賢。我是春明舊巢燕。雪泥爪印卅年前。

依然酒膽不消磨。梅杖頻傾金叵羅。非與少年貪角逐。昔時同輩已無

多。卅年同記春明訪覓。嘗重蹈聚都門文老蒼。莫道於人都不識。飛觴猶似竹

林狂。於中濤岳是同鄉。自賦閒居筆更蒼。一篋相依懷袖裡。風流不讓

董香花。竟日順風揚帆。我船或拖於紅船之後。或繫於紅船之傍。拉暮

江中之何家橋泊。從金焦兩山趾經過。俱未及登眺。夕陽在山風息

波平忌其為大江之險也　耕山故宅尚依然遺墨淋漓兩疏傳極諫共誇

公有膽遠移空悵我無緣　坡仙每愛住江南留帶山門傳美談我有乞

居公手疏待磨崖石數行刻　轉因閱歷畏風波無奈行途繞孟河我

有片帆收不挂帶江船尾一纜拖　荒村寥落半荊榛歎息淞江屢被兵

漸見太平新氣象曉炊煙裡放風箏　虔拜白石梁谿水葉相傳部

曇花莫是佛頭真著糞青螺髻化鬢如銀　焦先後有耕山俗異

代同音姓字存太隱孤忠俱不朽相爭休擬謝公墩　焦山蘊藉如

名士淡去冷僊似美人北固塊然獨中處三分鼎峙大江濱

十三日晴黎明開船午刻收孟河口直午潮來乘潮進口幸船少不擠漸

行河道更淺來船更擠約行五十里已垣暮即泊

銀鐙寶樹熠光明○海國如將不夜城○聽徧梨園新樂府○不嫌嘈雜董双成○笞鳳鞭龍事杳冥○不期親駕五雲軿○茫茫弱水三千里○飛渡牽牛織女星○

十四日晴　河淺船擠不能開行停以待潮　抵暮潮來始開行水淺河窄時遇大船停泊舟底半膠於泥頗以後閘把串有一次幾不能動借鄰舟相助乃行　邪許半夜僅行數里

十五日晴　黎明開行　泥深水淺湮征輪○舟子牽舟屢乞鄰○邪許一聲齊着力○鹽船百丈捩船唇○　午刻出孟河口至奔牛　風雨交作舟子拄縴而行抵暮至常州泊　溼雲如墨漏漁燈○水淺舟膠卧纜繩○止隔鄉關百餘里○滿天風雨泊毗陵○　屈指消寒六九交○迎春綵仗列東郊○家家祀歲喧

今夕風雨聲中爆竹鬧我與山僧欠夙緣卅年未泊寺門船去年不
無相如渴孤負中泠第一泉聽松閣上竹鑪圖槐火新泉試大
蘇吟出春雷龍吻句新詞能使夢回無簪花妙格倩郎教為
愛新詞手自抄為釋美人香草意花間集外補離騷桃葉江南
古渡頭歸期緩緩木蘭舟水自留戀鴛鴦宿多謝江東風阻石尤
渡江蘭槳泊江城簫寫篷窗月正明自鑄清輝侵玉屑夢回鴛枕
聽潮聲頗恨平原識面遲海天聯我送行詩明春準踐湖船約記
取徵吟側帽時百年喬木產深山出匠石搜羅捆載還願得海王大神力
立成廣廈萬千間珍重清暉十萬圖廣播聲價敵倪迂歸裝如此腰
纏富抵得揚州跨鶴無虞山群望色畫禪風雨秋筍結墨緣於中寫勝數南田歸舟游心

智永千文外。與雲溪丨征畫禪。

如貫滄海月。肯讓米家書畫船。石田妙（名）蹟至今存。萬里岷山導水源。我欲攖身入圖畫。神游三峽聽啼猿。雲林妙墨重江南。一縑烟雲值萬錢。人品於茲判清濁。可容我作在山泉。跳珠篷背響泠泠。穗落銀釭夢易醒。明日立春連夜雨。錯疑人在小樓聽。

眉與李詩午橋莊。林下歸歟鬢未蒼。（愧）獨我偏招猿雀唤。閒雲猶自出山忙。

密雨竟夜

十六日晨陰　午後晴　辰刻先生轎往陳盛旭人父子　縱任史士良長談　伊舊幕友曹凱亭司錢穀一席　而其亟現在無物歸常病之　書吏王姓其人亦常現已告退　紳士陳魚門為地方倚賴之人　中外不可訪執生

順風揚帆上燈後至大社泊　遣壽喜趁航船先回家中送信

十七日晴　黎明開行順風　過黄埠墩　信舟一游　記十餘年前曾登此墩　庚

中之亂毀於兵火李中堂鴻章集貲重建倪觀察寶璜邑紳蔡廷槐董其事

糜錢五千六百千千地基培高尺許飛閣臨丹視昔年更勝樓上供奉康熙

乾兩朝宸翰匾皆李中堂補鐫此外楹聯甚多頗有佳者秦緗業一聯云兩

水中分孤嶼白四山四望一樓青郭柏蔭一聯云如臨揚子大江聽塔上金鈴

自語突有蘇公高致向山門玉帶常留李一聯云勝境擬瀛洲喜

樓閣重新此地正軍營駐馬名區存戰壘慨河山依舊有誰千里懷

歸鴻此外不能盡記余挈張姬同游在樓上送子觀音與文帝兩龕拈香

銅駝荊棘事堪哀○梵宇琳宮付劫灰○八萬四千造塔手化城彈指現樓臺

迴廊響屧一梯登○自與祠雲禮佛燈○如趁寶山空手入愧無玉帶付山僧

遙峰玉塔峙亭亭○齊對闌前列畫屏○閒憑西塘高閣遍○一樓山向浮人青○

恰稱借題閣次句

中央突在小金山，山色湖光四面環。種蓮（繞隄水楊柳）萬本，綠雲深處閟禪關。

鬱林一片夜山從，叢蘿夜歸舟載月空。喚我攜舟書畫舫，滄江寒月貫長虹。

抵暮至浒墅關泊。

浒墅關前暮靄濃，桅檣林立一重重。歸舟夫泊寒山寺，遙我來聽夜半鐘。

十八日陰。黎明開行。

風飽歸帆十幅蒲，鄉音到耳畫吳歈。渡僧橋上人如織，畫出金閶曉市圖。

巳刻抵胥門大馬頭。大孫來謁。家中備轎來接，午刻到家。

十九日晴。浙江前任學政徐樹銘（號壽蘅）係辛丑同年，徐棻之侄，來晤。此外親友來晤者絡繹不絕，皆不備記。

二十日晴。答徐壽蘅來晤，往晤潘季玉，適秉〻在座，留午飯。晤應敏

翁、吳平翁、杜小翁俱來談。拜而未晤者秉之、李眉生。

二十一日晴

二十二日晴　在湖廣會館公請徐壽衡，演大雅班，未刻往，作主者李賢堂軍門、德靜山尚衣、賈芸樵廉訪、杜小舫、何子貞、潘季玉、汪秉之、李眉生，共九人。壽衡之僕能演劇，令其演祭塔、玉堂春兩齣。文班中無能演亂彈者，故無雜扮腳色，止一人清唱而已。散已子初。夜雨

二十三日微雨　午後拜客，往晤何子貞，託其補書雪菴和尚所寫韓詩卷。拜而晤者德靜山；拜而未晤者李薇生、蔣厚勛太守、龔穆生、厲壽帥、濤李園、楊縵卿。大雨竟夜

二十四日大雨　午後壺園來談

廿五日陰　往晤吳語樵李質堂程蓉舫湯敍之　退樓來觀都中帶回書畫各件　退樓李玉眉生書森夢堂在壺園為李接風偕觴者張少卿李桂卿兩校書少卿娟秀桂卿嫵媚皆時翹楚之數已亥刻

廿六日晴　往錢俞蔭甫應卿之向年庚歸借式千金歸友已歸卿之代付　是夕回寓　結欠永泰八百餘金閶門後至明年六兌

廿七日陰午後雪　前任福建學政章鋆應敍之沈書森濤霍笙汪秉之偶吏卿借余筆書之因武撫隸字見未見新中丞張子青之薦由漕督升任江蘇上有老太太因前中丞丁雨生丁內艱撫署不利故以協史王府為撫署即拙政園也　申刻李眉生移樽其敍并邀雅聞壺園退樓書森偕觴者寶玲即小南京張少卿矣　刻散　眉生先別　觀京中帶回書畫各件之精者

廿六日陰　陳佩餘來　憶萱濤瑞卿汪佑生借壺園與主人接風備觴者桂卿蘭卿亥刻散

廿九日晴　琴雲來言伊友家有周鐘一具有六十九字索六十餘斤駿卿偕之出城一觀的是周器色澤亦古還價六百元未成

同治十年辛未霜波

時年六十一

同治十年歲次辛未春王正月

初一日晴　往賞道及本家至親好友處賀禧　晤者翟汀之弟與浦佩卿內子弟兩處

初二日晴　往晤退樓託其代聘曹愷堂為錢穀一席　歲脩壹千貳百兩先送聘金十二元　川資二十元　吳曉帆有信與退樓邀我往至其家　余託退樓告以先託龔稼生代覓可復如彼處可辦後往任　到京及出京一路共得絕句一百首　手抄成帙　今日始畢　交孫筆訂成一本

初三日陰　至退樓處先推牌九　後讓位下十八元　同局敦甫少舫

初四日陰　申刻書森招飲同席者書巖　敦甫　竹鶴老步卿　夜祀財神

初五日晴　申刻至退樓處請前局下十元

初六日晴 答徐壽蘅、汪杏春 相待達夫、丙春在 午間散，偕訪少卿，已出門拜年未晤 復至退樓處賭，蔚局上四十餘元 洗翁初書來，仍觀京中所得書畫各件，令駿丹陽人

初七日晴 申刻至退樓處賭，昨局下百餘元

初八日晴 赴湯雨齋及甯紹人之官斯土者公請，在浙紹會館，午刻申散 退樓來邀賭，昨局辭以醉，不能去，送與百元 河南實業來周邢鈍鐘一，見其為真器，未知有緣歸我否

初十日晴 織造德靜山請春酒，在湖廣會館演大雅班，張子青中丞、徐壽衡、何子貞、夏芸樵、吳黃文、李眉生、杜小舫、江小雲、倪醉軒、汪秉堂、李玉、劉瑞芬與余共十四人 散後至和中丞極喜觀劇，終日至樓前坐，歸至更深，毫無倦

客有新出臺，問曰名松福者，喚至臺下，詢其姓名年歲，似有賞識之意，自丁中丞之禁戲，大相逕庭矣。以二百千四元作那肆鐘

初十日晴　見孫為余補壽，余即日祀神，喚清音堂安本朝班者八席，余擇於晚飯過不見客。添變戲法者一人，至丑刻眉安始散，余以頭脹神倦先寢

十一日晴　往東畫謝陸其秉言

十二日晴　袁子年來為余寫照　秉言來，同往蘭卿家茗叙

十三日晴

十四日晴　至北石橋掃墓，巳初在胥門大馬開船，歸已抵暮，因一路水淺舟行不能快也。張姊、浦姊及大孫隨行，因此三人皆不出門耳。本街陸錢園并至馮林一家，每年一出，因水淺不能出斜，故中止

十五日晴　袁子年為張姊寫照　午後接客，見者應敏之、杜小舫、何

見命蓮甫蓮甫著作甚多裒於城集皆友朋代刻時官書李公尚
有湖樓筆談七卷未刻刻資約需五十元將來任其刻資余特為允
之
十六日陰 午刻浙人官於此土者應敏齋以下道府州縣各官十餘人作主客對
請李玉寶芸垣李薇生顧竹城與余申刻散 退謁季玉芸檀眉生小勝
作主在兩罍召錢寄舸張廉卿余眉生亥刻散
十七日晴 孝子辛為余畫第二四 顧鎧亭陳佩黃江子山移樽李
餞偕觴吳贊卿 黃楠中丞弟二年報在蘇起程日期
十八日晴 張中丞常誕往賀之未見 英茂文招飲秋往辭之 吞肉
金眉生方子砯 李眉生移樽偕餞客則張廉卿余眉生唐季

玉侑觴張少卿

十九日雨　張中丞在署演劇請客共七席未刻赴之官則李質堂軍門德静山尚衣兩司道府皆和紳則濤頤之汪秉宗蔣仁卿濤李玉与余院中搭蓬設席其下雨甚則漏余所坐之席已移兩次亥刻先散出寓有僕戲完始散共已丑初矣

二十日陰　往各處辭行　晚向李眉生濤李玉樓楊椿餞止寓方子箴張庶堂江小雲侑觴共張少卿李桂卿亥刻散

廿一日雨　午刻至胥門馬頭下船以應吉日復往各處辭行　晚向許達夫索百年個何壽林移樽來餞

廿二日陰　馮林一從木瀆來約會於胥門馬頭午刻余往會之談及雲和

言味老昔年本已健訟云云 其詞甚聪無疑 不知何故去年深信其言也

黃梅先濤石田皆附馮丹書會 書之力收拾行裝

廿三日 微雨 午前發行李 午後挈兩姬八兒及女孫夫婦下船 時值

抵暮且雨即泊

廿四日 晴 黎明開船 順風揚帆 酉刻至王江涇泊

廿五日 晴 黎明開船 巳刻至嘉興府西門大馬頭 府縣尚未到 即不停泊而行

府縣遣人追送并送水禮 辭而不受

廿六日 雨 黎明開船 冒雨而行 泊臨平

廿七日 雨 黎明開船 冒雨而行 至長安壩 兩岸備有輪盤 將巨絙繫於船頭 拖

曳過壩 午刻泊萬安橋 至城頭巷吳曉帆宅內 借住其西廳上房五開間

甚寬綽會客廳尤精潔 先拜晤吳曉帆 出門拜客藩台盧午橋臬台忻
子垣俱未晤晤者運司錫子受首府陳伯蕤兩首縣亦未晤
廿八日陰 辰刻至撫轅謁允楊中丞與青道何青耜同班見中丞詢年歲子孫
程途日期應敍言退改南京審刺有無日供 拜同城文武各大員 晤者將軍連公
都統善慶織造茂林秀竹岩方子穎嶽銳學台丁蓮夫紹周許恂臣杭道何
青耜 來答者丁蓮夫何青耜與子垣錫子受吳引之濤雲台徐少岩此外府廳
州縣不計
廿九日晴 辰刻上轅因是辰係年安不請見 許恂臣來李儒若來
三十日晴 辰刻上轅前見中丞談中外交涉不同都中各堂官 各處拜客晤
蕃盧五峯與子垣濮少雲鄭譜香秦淡如

二月初一日晴　四點鐘即起盥洗畢天尚未明假寐片時俟平明即上轅各司寅

俱未到既而陸續皆來偕謁中丞退後在官廳喫點心而散　送中丞禮

物京貨八色配以尺頭十二端僅受摺紳京靴　譜弟招飲酉刻赴之同席者秦俟如吳引之唐藝農

門包四十四兩改爲茶儀　文武巡捕蕭敍八兩　錢　門號李子房黄犒九兩

部憑丁角備文移送藩台請其轉詳繳部向糧道借印再送藩署

初二日晴　方子穎來辭行與之商定十八日赴甯接印先往西花廳　往送子穎行

未傳　午刻奉到　撫院札飭赴新任　書第二號家信退樓一信曹惺堂一信

盧午峯招飲申刻赴之同席者濮少霞方子穎樊巨軒俞　送午峯

禮受摺紳送紫垣禮未受送子穎受繡貨摺紳札葉

初三日雨　卯刻上轅謝傷知未傳見　興紫垣錫子受何青耜出請在運

日署并錢方子穎來刻談 中丞招飲申初即赴謁見談及甯波楊企堂家罰捐事言其家業盡既為全省之楊某某出身微賤某家之由得於洋行其半由於軍需其亦半皆未盡正所謂悖而入者悖而出也同席之客吳曉帆濮少霞鄭譜香來刻談

初四日晴 卯刻上轅未傳見 中丞留出名條一紙蔣常熟蔣秋岡為書屏昨日席中所託蔣君係汪小蓬之戚小蓬乃接署錢穀蕘山人也 秦淡九招飲同席者果敦輔唐薇農吳門之濮少霞鄭譜香 潘[illegible]鄭氏 備閱腴蔣秋岡司書屏筆墨每幅酬一百二十兩

初五日晴 卯刻上轅與司道稟見 中丞言及甯波閩餉奉部文應由妻兵舒來署送方子穎仍由宦號 會舒與新章不符已經駁回云云 又言金州

我船前任文英任内应造一只迎延未造署事方道更不承造亦二全若以此
项就船只由道承办但须咨部展限中丞以为然
初六日晴雨　吴引之招饮同席者秦使如唐艺农畢骏甫未刻散
答吴善庵都统　是日吴宅内眷招凌后与叔姒游西湖实以因病
未赴
初七日晴　杨骏甫信知明日起程赴浙矣　未刻至畢骏甫处奉谈
六来同观廿碑帖书画九件约二十种以西岳华山碑为最碑共十九开
跋廿六开皆明人及国初人明人中以钱牧斋王觉斯两页为最勝皆精楷
携翰林云阅价三千金字以苏诗两开黄字画开为最黄石斋楷书张
天如墓志及札子一页亦精画以王翚於恬园图卷为最尚有胡儋

舒續兩祀此外不及備祀　梅隱赴吳曉帆招飲同席高攸園秦淡如

而谷晴印刻上韓年兄　縱談良久言及閩省新年部文改由委員解京

不准官錢余舒向福建也要預奏情實行抄其案卷須可援以為例均

後即遣阜康號將張雨樓吉情視實行與曹恪彼往福建抄案

中丞又云　寓後首得薛風祥接方才款言其不好情審查之　送鄭譜

香行時談良久遂吳引之來與之同游四面樓與我意相造之過雲樓同

可謂先得我心　四面天井甚寬皆隱以太湖石磐池兩處又有回廊亭

榭數假即此工程小費余不多非我力之所能爲矣　換著侯

小蓬來茶畫談及閩省改錢一節　據云新閩省可預以省由錢解俟

於部費可則收換所減色如此之言得無動聽而老閩省余錢不通

五弟宜先只改銀⊗以塞部民之意又言部中催閱首備頭圖[illegible]
稅口必須趕辦須奏⊗又言中丞所得傳聞之款夏初冬初兩次⊗每次四千⊗
兌出見三此外無他矣　備函聘請郭儒君司書啟兼畢每歲脩
一百二十兩方可顧所寫處照時將其前帳房友於出入帳目⊗
初九日晴　黃巖鎮協台林桃溪來晤即往答之
初十日晴　辰刻上轅拜壽中丞出示總理衙門密信於寧與各國議定通商教節
酌令於存備查　排當午方歸　午後上轅繳還信件　往晤秦淡如見倪錫送
閱書畫絕無佳品止擇得銅器一件古錢數枚
十一日晴　吳曉帆備湖船邀遊西湖已刻赴之寓則前天津道周琳
要也先至湖心亭次至三潭印月次至平湖秋月又步行至孤山

十四日早凉

會墨騎經印

林處士墓及孤山蘇文忠公祠歸已抵暮 大姪之兄俱自蘇來杭

小舫同年帳友來共朱竹吟何壽林董企堂

十二日晴 送吳引之行伊赴浙海塘工請辦差使即日赴工次矣 往晤盧午峯

即辭行託其招呼一切如臬司運司有升調不願署此缺也 又開名條一紙託

者汪夢侁 李炳厚 徐田薦 劉玉華 李燕賓 唐世訓

十三日晴 往各處辭行 將軍成 績成 都統善 厚齋 都統富 蘭生 織造茂 蘭亭

臬台興 紫垣 運司錫 子受 杭道何 青士 杭府陳 伯敬 錢塘 丹林 書 吏陪 仁和 錫 姚 季石

秦淮如 陳六笙 戴 同鄰 畢 嚴甫 林 聽泉 唐 藝農 吳曉帆 周琳栗 許 恂甫

漢少霖 高 淞園 徐少岩 張仲甫 晤者茂 蘭亭 吳曉帆 張仲甫 余見仲甫老而

且秀目已双瞽因贈以十二元補上年八十壽禮也

十四日晴 又往交露辭行昨所托其使去其半今又去其半也 向畢康借洋蚨
滬共一千四百元合之五月内於蘇所借千金付与德票一紙 曹恬波来晤
十五日晴 午刻由公館起身出鳳山门至錢塘江坐茭白船同鄉来送者汪子
云汪班生龔稼生曹福保伯二人不記姓氏 茭白船即江山船皆船伎服侍一
名爱翠一名鳳玉皆中下之姿 備菜一桌賞以四元又賞水手一元 幕友所
呼之船曰茭白也 賞船伎二元 渡錢塘江而至數里一时许行到對岸中渡
蕭山知縣趙日蹊（汪學陸）小衖樟亭来接見詢知即趙日叢（汪衡甫之子）日叢之姪由叢官户部昔年在京相
識 登岸行五里至西興下船之甚小止容一榻行十里至蕭山縣城来信泊夜
十六日晴 行一百二十里至紹興府城 同知趙星槎漢来接詢知即趙力農之侄 力農官
下部頗喜收藏昔年在京時曾与往還 山陰知縣鄭東甫錫瀛 新任會稽知縣陳

寶善通判昫堯菴（德）偶來接見，知府海雲墅（需）因考試扃門未來，前任會稽知府詹月樵（嗣桂）因病未來。余登岸拜客，睦協台謝其餘皆親拜去後。又有紳錢厘局委員候補知府甘炳（未刻見）。午飯後開船，訪知蘭亭禹陵皆遠在數里外，不果游。舟行過山陰道上，見羣山傍水，石壁山皴純如讀北宋畫，用大斧劈皴。若山根有水一道，中亘一堤，与外河相隔，其壁立之山止一二里許。過此則平山迤邐，松樹林立，時見大樹欝蒼，皆烏桕，紫如南宋畫矣。所謂山陰道上應接不暇，若向非虛語。行六七十里至東關泊。夜雨。

十七日，雨。黎明開行，二十里至曹娥江。上虞知縣余勉之（庭訓）暨厘局委員宋綺仙（熾曾）來接見。登岸渡曹娥江，止里許，即登彼岸，行五里至梁湖下船。余所坐者即本道之船，尚寬敞，餘幕友及下人所坐者皆小船，艙中

一綫無隙陽不堪嗟也　再行西一大山頗雄厚樹木稠密雖經兵燹尚無
太傷於此可見　行四十里至中壩乃石砌之壩兩岸皆用椿插地以巨繩盤之
又行十八里至下壩乃泥壩只暨壩與中壩相仿　屬餘姚界　餘姚知陳仲
京　彥樽來接見　夜至餘姚大馬頭泊　陳令與都司某俱來見
十八日晴黎明開行四十里至長亭　慈谿縣李肇卿世基　縣丞鄧某來
接見因潮落即在長亭候潮　申刻潮來開行四十里至　壩六
係石壩通壩行二十里至甯波城南門大馬頭泊　甯波府邊仲思葆
誠　候補府彭衲生愚齋　鄞縣蔣鳳祥俱於未通埠時來迎見
十九日晴　辰刻登岸、上即官廳　提台黃芍岩少春　參將羅維熊腊
府周善初　都司桂奎　邊仲思　彭衲生　蔣鳳祥及文官俱在官

方子穎

廳迎候。聆悉即由甬道乘轎由南門繞至東門進城入署，先登儀門，後登宅門。頃在官廳迎見之文武各官俱未見。午後即答拜文武各官，贈以黃芽茶、鼠須筆。鄭叔送來兩席，即分送與方子穎、袁菊峯。

二十日晴。各學教官俱未見。邵清書屬郭傭臣及其弟候補同知李外峯在方子穎幕中，先於昨日來見，今日又與子穎來談，特將邢古鏡拓本一紙贈予，穎託郭外峯書釋文於下方，託傭臣代題跋，擬行跋後數字仍託外峯代寫。子穎出示舊玉器十餘件，佳者絕少，上帶板一塊尚可。發論古孫信一封，即致與壽青徐福令其帶去，卯日起身，進省接眷，約今廿八日由省起身回。予款者

屬使廿五日起身耳　浦硯山來

廿一日晴。黎明偕駿甥并一僕，共坐轎三乘，往阿育王寺拈香。寺距城四十里，出城後有河一道，沿河而行，巳刻到寺。寺在玉几山麓，由竹徑而入山門，内有石亭，亭傍有池，折而西即大雄寶殿，中供三世佛像，甚大，新裝金，兩傍阿羅漢及十大高僧。第二層殿即舍利寶殿，舍利子藏於木塔内，供在中間。頂禮已畢，令僧奉出舍利塔，在階下跪而觀之。木塔雕刻玲瓏，四面有孔，從孔中注視，中懸一小燈鐘，舍利懸於鐘内，以余所見，如貫珠，共兩顆，大如粒米，其色上一顆白，下一顆深紅，作寶石色。看畢後駿甥觀之，據云兩顆相並，其色一白一黄，所見不同如此。余復跪下默禱，代四孫觀之，則止剩寶石色者一顆，其白色一顆不得見

方丈僧絜儒知客僧定脩邀入客堂先茶點後盡齋酬洋四元

後游鐘樓〻在大殿〻東西共三層登上一層四面皆山環抱為寺中冠

勝覽寺建於西晉屢經興廢舊有晉松今已不存有承恩堂上有三扁俱

紀 純廟南巡寺僧三次迎駕于方丈外有玉几山堂扁張即之筆也舊碑

皆不存有唐碑一座嵌於壁僅紀寺田甚亦名筆也殿〻西有塼塔一座

偕驗明登其三四層以塼砌梯地步逼仄無此窄即拾級而下遂乘輿

歸　方丈款邀晚飯同席者薛友樵庭球郭繻君外筆

廿二日晴　午刻接印穿朝服至大堂向北闕謝恩畢即用印僕

行三跪九叩首禮更衣換蟒袍補褂至暖閣升座用印標封

皂役排衙書吏及各役人等叩見堂事畢而退　提台黃芳岩

前任方子穎來賀喜，又曾偕李賀。午後拜客，晤黃提台及前任江蘇學政童華薇硯、書啓蔣秋叔來。請方子穎、郭儒臣、外孫華晚飯。

廿三日晴。黎明往文廟拈香，共十處，府縣皆站班。童學臣來茶膳。

廿四日晴。未刻往晤英國領事費、繙譯衛，又晤稅務司，留茶點。赴天后宮觀劇，公請於甯府邊仲司、候補府楊升擇、彭訥生及雁州縣主人，共十餘客，則黃芍岩軍門暨方子穎也。賞戲班八元，旦腳二元，燒烤席六元，戌刻散。夜雨。

廿五日先雨後晴。未刻往晤美國領事，帶渠鎮陽葛林，留茶點。晤前廣東糧道唐少雲。申刻赴黃軍門招飲，共兩席，同席者方子穎、邊仲田、彭訥生，有清音。賞清音四元，旦腳二元，燒烤席六元，亥刻散

廿六日偕石刻與方子穎先往天一閣。主人范姓，兩生員迎入。閣在宅內東首，四面繚垣，垣內假山層疊，下有小池，上有兩重閣，五開間，扁曰寶書樓。書多明板，經亂後皆失去，所存皆收回其往殘本居多，僅十之一耳。後至盧家抱經樓，亦在宅之東，樓前有土坡，上有孤松一株，下有小池，樓五開間，有十餘廚藏書頗多。主人一孝廉、兩生員迎樓。廿書亂時為楊企堂[illegible]手定，後與楊氏涉訟取歸。尚有圖書集成一部仍在楊家。　接大孫信，知浦婿病已愈。先是浦婿於月初得病，余十五日赴甬時病未愈，連日甚念，得信乃慰。　唐小雲招飲，申刻赴之。家刻敖同席，賓芍岩、方子穎。其設席在西書房三間，對面花園中構小亭，亭外鑿小池，砌以石岸石闌，池後假山重疊，高過樓房，極嶔空玲瓏

之鼓

廿七日雨 辰刻祀先農壇 文則道府以下 武則提台以下皆至 余主祭 祭畢

行耕耤禮 辛府耕九推禮畢 出廟謝 恩而散 送方子穎行

卅日雨 卯初即起 因方子穎有卯刻起行之信 既而知其巳刻方行 先往南門官

廳候之 文自知府以下 武自提台以下 皆在送行 後即往大關祭神 卅里即

歸 先於卯刻開庫祀神 監查現銀有四萬餘兩 是日家眷起身 先

於黎明 因大風 心竊慮之 至巳刻後風雨皆止 心始釋然

廿九日晴 象山鎮蕭 來信 署中楹聯皆須換過 嫌舊句不佳

自撰數聯 附錄於後 一亭臨水醫螺髻 萬竹凌霄引鳳毛 大花廳

滄海波恬喜報鯨鯢歸穴 春庭草長閒看蝴蝶上階 又 案牘得餘

開窗氣能為河朔飲軒輶思向俗吟情題滿浙東詩 又 暮夜無

金常懍四知寶訓門庭如水時懷一寸冰心定 房門 畫棟飛雲近接四明山

色珠簾吟雨倒流三峽詞源 内廳 蘭草盈堦玉蕊飛香應入夢

竹陰當户金鶯啼處好催詩 内室 掃榻靜調琴塵跡不侵金瑣

闌卷簾開桂崗山光遥挹玉几山 又 瑣閑春多香玉樹調鶯珠簾

罩燕錦堂晝永待碧梧引鳳翠竹棲鸞 又 附録蔣秋役擬聯

草映簾青春風入坐苔鋪階綠甘雨盈庭 聽衙鼓催詩花底苔階

土掃讀律書下 酒簾深處篆常留 又自擬句 休息戒燕居放衙鼓

擁黃綢被敬求勤職術祀百常懷赤水珠 内廳 業廣惟勤領横海樓船

嚴閫管鑰任優則學治經文禮樂律武韜鈐 大堂 南維鸞藻北闕

蠶桑宜措理化民成俗東海魚鹽西郊虎旅務謀求富國强兵又

言忠信行篤敬蠻貊可行外患無由而作敦詩書茂禮樂韜蒙育

化下民自孚爲非又　未刻至天主堂有陸副教主禹　設酒果相

款意甚殷勤云在此二十年矣　申刻稅務司惠達來答拜亦設酒果

待之亦甚恭順　夜大雷雨

三十日陰　卯刻閱城從東門上城從西門下城四面懸皆車距府

中國初候學台考武生其城垣尚爲堅固　自撰楹聯云　海嶽舊

題存（我見）高下奇峯猶下拜石（玉川）兩遺愛（詠竹國留喬木）在庭前古樹尚留陰（垂大苑蔭）　附錄

郭儒君句　持節以巡方恩傳四明善政常隨房孔修　被儒

夜而行部智周六察羣黎咸慶苞莠尊　大堂　閭閻樂而芸存

三月初三日會訂直隷曹平撥宜銀壹萬兩

聞吾鄉祿亭開百花臺爍陂刑理則海疆請喜暖門浪息燕寢

春和二堂閱操辛霖宜館燭高燒珠屏佳椿堂開畫錦正紫綿初

綻紅英綠枝上房四首係堂主閱扁未刻美國費領事偕繙譯官衛

寥禮任偕來拜晤留茶湯果點款之陳魚門來拜晤

三月

初一日晴黎明至文廟天后宮拈香答魏桐甫淮書語趙魯所自蘇來

夜大雷雨

初二日大雷雨竟日家眷自省來接入署

初三日晴辰刻往拜丁學台順閱寧山鎮蕭象山縣劉兩圖申刻在寺。

署公請學台丁蓮舫寧令承稼余與仲田訥生象山劉令共五主賓則

請黃提台作陪寅巳到齊提台之夫子西患昏厥遣家丁促歸酉刻

入席，亥刻散。學台宗觀書畫，將帶出之四家山水小册，惲王吴合璧册，黄端木山水册，黄鄭書畫合璧册與觀。

初四日，陰。將朱函圖信，為葵叔告借二百金，并省信與仲田。黄軍門請丁學台邀去作陪，申往，戌散。

初五日，陰。辰刻至西門大馬頭送丁學台，文自府以下，武自軍門以下，請在午刻散。未刻，法國副教士馮伯德來，談悉畢，款之。答晤張奎垣鎮台，甚老。夜雨。

初六日，陰。接蔣子良信，託薦伊外甥戴賜卿元達，微收一席。與盧午峯一函，託其留縣，歷高元鑑、柳鎣仍一概推屬局。此二人皆精醫理，黄軍門常請診治，故特託代為乞留也。

初七日雨

初八日雨　黄軍門札補生供事信

初九日雨　候補知縣馬慶來見，即雨峯之弟三子也。雨峯當時殉難，其長

子四子俱同殉，存者二子三子，兩人皆知縣班

初十日雨　邊仲思自鎮海來，據營回去，昨日見云：招寶山及山之麓

有炮臺十餘座，俱倒壞，其營上向有兵屯於營房，兩處共一十四間，其一卅

間俱新修好　新任鄞縣姚由鄉典史慎菴，湖南人，舉人出身，由刺

授印來見　是日有中丞自省起身來甬之信，既而探知未確

往撫臺黄軍門暗談，送黄藏硯行去。見本有十三起身之說，後改

為十九起身矣　送黄藏硯禮物十色，收火腿、紹酒、茶燭四色

十一日先晴午後雨　章薇硯來辭行　晤謨社史脁未行　四姓在

南局日子

十二日先晴晚雨　杭府陳伯敏寄信與邊仲思知中丞准於是日起

程來甯

十三日晴　午後起身出西門至大馬頭下船　帶三僕至夜　坐船為上虞

借去撫中丞知會備有官船一隻　艙中空闊前後無門以布帘障蔽

不能當風也　申刻至大西壩暫泊待潮　晚復後附長亭舟過壩〻

外水儀勢甚猛迅　晚仍開行至長〻西宿

十四日晴雨間作　黎明開行　過餘姚城外大馬頭　遂豁和李世基來見後

前行二十餘里遇見中丞船　即令兒謁見　久始返　中丞囑據方道宜代庖有

祥文并雨方送接替任文忠公代似字根帰并去了 抵暮回至大馬頭 任姚
令陳彥培冒雨来見送菜一席 附官保爺姊来見 遇馬頭里許風水俱逆不能行
即泊至四鼓風漸止潮亦退遂開行 再對
十五日晴 辰刻至長崗遇仲思暨劉丞鄧某俱来見 中丞船亦至以手版分
安来使見即開行 過小西壩大西壩申刻起岸坐轎而歸 回府中
祝侍酉刻冒雨至大馬頭 仲思已先至候見時而返 夜雨
十六日雨 卯刻至大馬頭 文官自府以下武官自黄軍門張奎垣鎮
台以下皆在 辰初楊中丞至官廳少坐即回貢院 以傍往客見来見
午刻中丞来談良久 衛安勇仍於吾精兵日閱吾 定海艇船已朽
不值修理 中丞許另造釣船 從劉光伯參將請也 定海左承之案

中丞囑不必上詳但備案報明設使經理衙門詢及有案可查矣

往拜張奎垣其先即來回拜　漁人奉魚如春雄遺此尤物生海陽

安知中無怪龍釋戲而江湖入鉢盂　樓中老人日清對林下先生非我

身布韈青鞋美雲水日孵氣與水精鱗鱗　喚秀魚尾爭爭即食無害

須可馴無閒撥深吹荇帶也知作意向詩人　平安時報故人書夜夢

婕嫁童子如此外知心更誰是子今知我我知魚

十七日雨　是日立夏於上房穿堂懸索秤人余體重一百二十六斤　申刻至

東門外真武宮知中丞已下船即乘小舟趕往謁見中丞借張奎垣鎮台

所坐艇船爲坐船筆又將去候齊時仍坐小舟載至釣船此船亦向營中借來者

酉刻開行至撫署已至鎮海樓大馬頭余先登岸在官廳候中丞登岸

將行李送上岸所備公館 坐至一時之久 旋知中丞仍在船住宿不上岸矣 乃至公館過夜 箱為李負 陸武毅李兒鎮海縣于勝後 若同 李兒余即仍吳若蓀

夕趙魯沂及查閣下人 未出 孔若李兒

十八日丙卯刻坐小舟至中丞坐船 余見 未見 巳刻中丞登岸至招寶山 余亦隨往 黃提台為岩 張鎮台奎垣 林鎮台 俱隨往 由山根至巔約數百級 盤旋而上 尚不甚峻 有古剎一座 山門內羅漢殿 本年二月十一日新燬於火 大殿供觀音 殿係新脩 為主僧由去年雷擊殿柱一根 并擊佛首 余隨中丞行三跪九叩首禮 後至殿背後有樓三間 據云名望海樓 樓下鋪設中間為坐地 前有平臺 臺下營房十三間 有兵住宿 此山本有汛官 樓上中西兩間有外國人偕僕住宿 刻下外國人已他

往東向類塌未偕中丞命設席於樓中間同席者黃軍門張林

西鎮台及余也樓前臨海東西有山桂麓如鳥之張翼海中近處小山

如螺髻浮於水面有一小山名七里嶼外國人置燈於其上以照昏夜之

船東西一望無際直至大洋也南西兩面眾山層疊中有口子云是幅門

初登樓時眾山為霧所罩幕不甚明了酒半宿霧忽開山容歷歷中

丞顧而樂之既而微雨又作雲霧罩幕如故中丞此來原為查看炮臺

於山上築臺由高擊下不能得力也復羅下山穿城而過揖于余及劉

參將先行即下船黃軍門因余所釣船不寬另換伊所坐之艇船辭之

不獲今若將強偕行李壽吉余不攜之即在艇船住宿亦利潮

未開行三鼓至衆門詢知中丞仍不登岸[illegible]余先至官廳邊俟四鼓

訥生皆在。晚飯即出，轉回署，已丑正矣。

十九日晴。卯刻至中丞行營，少坐，中丞已回。余先往小教場，備中丞閱兵。衛安勇係外國人管帶及華生所帶，本傳令平明齊集，始知原初尚未來，蓋繙譯官胡賡所誤，催之再四始來，而管帶因路滑遲，馬污其衣服，急須換衣，又加推延，請中丞到教場，已辰正矣。兵勇操演約半時許。賞管帶金牌一面（重八錢），華生衣料一套，胡賡、胡大全袍套料各一，勇洋四百元。閱畢，中丞即往大教場看蔡軍門所練精兵操演。余因待英領事費士禮來辭行，先回署待之。及費領事與衛繙譯來署，余方整衣出迎，而外國人已去矣。余即至教場，尚操演已畢，正設席款中丞，余作陪客，彭訥生亦在此。飯罷往送

费领事行礼领事已往伯豪僕见衡铸譯晤谈两次 送沈桐甫淮
行未见 送与程仪四千元归寓少息 是日出请中丞即印在全署兼
请黄军门张镇台边仲思彭讷生马玉衡姚枝庵于映沙刘厚
庵与余皆主人也坐席之前雷雨大作亥刻散
二十日晴卯刻至中丞行台辞见未见即至西门大马头送行 文
自府以下武自提台以下皆在辰刻中丞去即送其登舟而归 答
拜林镇台刘参将
廿一日晴 管带湄云轮船吴将军世忠来见 还楼岑题驻枫
山馆楹帖为集玉田词句云 龍藏径顶洞龟蒂符曼摩挲
顿消天下神仙气有 吟老丹[illegible]坐黄叶傍山涧下隐

此中正趣許誰鄰　又集楹聯句云　健筆無敵寫草聖

畫史上有青楓臨風一嘆　為替黃鶴傳雨帶手直須抖擻塵埃

不爭羞賢谷亭輞川畫手泉草木　園冕名俠老記當手高曾

落日蒼茫兩地相思憑雲情味但教手生押聲又還兩五車書

千石似三百篇詩

廿二日晴　是日余六十一歲常誕凡家來拜壽者廿一概辭之　惟本署幕

友及不能辭備兩席款之　署英領事衛察士禮亦來拜壽　被

留果款之　姚宇查來陪壽有研生平信

廿三日晴　是日望太后萬壽　五鼓即起至萬壽宮翰牌文　自余及知府

以下文武自提督以下皆在行禮　畢後坐班觀演劇片時即退班　是日

天后聖誕文武各官俱至天后宮祭獻行禮散後復往昨日各官來拜
者共俱往答拜。。而晤黃軍門告以請留府員與盧方伯之信
已得回信止可留一員因府留商元鎧一員又告以劉委存堯所獲來
飲牌四一船並札留存一辦理以祀留存不必深究矣又晤邊仲田
即告以不必深究查飲牌四一船據云須營中再有文書來方可不
辦 未刻答拜署英領事衛穆士神約黃軍門邊仲田俱來會
同席樓其酒果復同往看渭雲輪船極其精緻與外國造者無
異管帶之吳世忠在船接待張奎垣彭詠生俱在觀其船机
大炮重六千斤共十餘人即能拿動 夜雨
廿四日雨 汪秉堂題留桂林撫楹帖為□蘇一聯云天香樂霞

花意爭春一枝金粟玲瓏倚於畫舫清　初層縈風簾櫺轉月小院

朱闌等曲誤入仙家碧玉壺　黃軍門來晤　張金垣送鮮荔枝來

廿五日雨　文官保來見　張金垣來晤　由文泉處寄來茅亭好長楹（能詠於園無一觴一詠）

雲烟洗盡塵緣千種夜月樓臺當年仙桂莫待夢風雨空教世外靜香（從今花影下無塵）

廿六日雨

廿七日雨　發致退樓兵嚴旭人三信又發致毅甫退巢函交家中送去

廿八日雨

廿九日雨

同治十年

四月初一日晴 卯刻至 文廟拈香 文宰知府以下武自提台以下凡實缺者畢至 文東武西行禮畢復至 天后宮拈香行禮畢各散 因與府廳以下各官皆見過 辭其不必衙參 午後送黃軍門行 先是軍門有往上海送閩浙總督英公之說 故往送之 實則尚不起程 謝張鎮台步 是日駿林同米竹吟 浦梲三 俞勁林往游天童及阿育王寺 雇船襆被而去 夜雨

初二日晴 巳刻點鄞縣生童 名冊有自慈谿來者 約七百餘人 定于是日觀風也 生題 子曰里仁為美 兩章 詩題 卷簾鼓枕臥看山 得鼓字 童題 吾道一以貫之 吾夫子之道 詩題 銀缸畫燭照湖明 得湖字

初三日晴　貢軍門來信因貿洋館事托轉寄中丞　稿房書吏吴振
家事与之談定津貼事　夜雨
初四日陰　仲士童開事見料其為海船不服稽查一案関説公事而事
拒而不見貢軍門時為言之此人即童薇硯華之第六胞弟乃兄亦不以為
然者　昨閱張仲舉蛻巖詞有登招寶山望海賦望海潮詞一闋因憶
前月十八日陪楊石泉中丞黄芍巖軍門張奎垣林　兩鎮台登招
寶山讌於望海樓先雨後晴風景絶勝用蛻巖詞集辛稼軒詞一闋
江山圖畫東南形勝尊酒一笑相逢蝸角鬥爭多冠風采臺前
戲馬英雄試記取楚臺風中丞軍門皆湘南人想登樓青鬢車騎
雍容快上星辰看之天上拜恩濃　門前沙（泥）轉沙融看亂雲急

雨煙水濛濛十里翠屏去天咫尺崚嶒勢欲摩空更插萬芙蓉向晴波忽見千丈晴虹笳鼓歸來黃昏院落月朦朧　夜雨

初五日雨　見官　復集吳夢窗詞云　雁汀沙冷鮫宮睡起飛浪濺溼行雲平倚畫樓緩穿斜徑望中璇海波新縹緲岫眉顰近玉虛高處還把清尊領客登臨紫垣敕使下星辰　幾番時事重論試摩挲劫石華埽千軍翠幰競飛鰲峯對起玉虬縈結城痕祇隔一紅塵怕等閒易別仙塢迷津岸壑郵亭晚鐘催散又黃昏　發与研生京信并沈緝甫稟函夾單寄与杭省書局新刻各種

初六日晴　辰刻祭先農壇文武各官俱到惟邊仲思因書院

甄別未到

初七日陰　貢軍門知照坐湄雲輪船出洋至大羊山等處巡哨乘便至上海送英制軍入都制軍坐萬年青輪船從閩省登舟徑往天津其在上海不過作二三日句留余遣下人李升附湄雲至滬持手版等送

初八日晴　午初美領事羅爾梯率携會通事張體仁偕來設法果款之先是該領事有調往暹羅之信併接伊國欽差文書不令前往仍在甯辦事此來即為此也

初九日晴　未刻答拜羅尔梯以設法果相款出鏡照相一冊見示其國主及妻子朋友皆在其內

初十日晴 見官莊乃嚴來晤 陵書鄞令姚慎菴薦莊公徵收

十一日晴 巳刻英國新領事郇和來會設涉果款之郇和能說官話在中國已十七年新從台灣調來詞色之間甚為恭順

十二日晴 巳刻答晤英領事郇和並晤副領事衛察士禮樓其酒果盤中佐以花枝皆外國種鮮豔異常

十三日晴 甯波風俗本月十一日起十四日止有六廟之神出會擡閣十餘座每座以幼童四五人扮演故事旱船數隻每船亦飾幼童兩三人又有龍燈九蓮燈百戲俱陳綵仗鮮明鑼鼓簫管之聲喧天震地先齊集於城外大教場午後各處遊行傾城聚觀舉國若狂聞前任文觀察令其穿轅而過并賞給銀牌邊守則閉轅不納余以邊守

為是任女繞轅而過

十四日雨

十五日雨　卯刻至武帝廟　文昌宮拈香　辭轅

十六日晴　黄軍门從上海回來會據述英制軍因閩省缺苦有不願回任之意　先是軍门往上海搭坐江西輪船而去止走六个时辰湄雲輪船放至上海走十二个时辰而輪已壞託外國人修理耽閣三日軍门坐之而回行至鎮海而輪又壞失去大貓一只　潘中丞回書云初不知四元之洋館易鏽易裂前已見買六元者因以此信出示軍门　答照軍门往拜張奎垣胡雪岩均出晤

十七日先晴午後大雨

十八日雨　張奎垣周復堂來會　偶集得長對一聯云　生意又園林穿花省路撥葉通池借柳維舟支節背錦[傍竹尋鄰攜歌占地]把芳心徐說老來卻願春遲多準備水西船山北酒樹底行吟足可幽棲書冊琴棋清隊伏玉田句我志在寥闊疇昔雨常來臨風一嘆乘雲共語對月相思與造物自游天也只教吾懶膳安排檐外竹柳邊亭桐陰間道不妨[門掩草[illegible]]　[溪上枕]高臥茶甌香篆小簾櫳稼軒句　育嬰廣仁兩堂報銷四柱清冊已令卓卿侍堂造成以一冊遣家屬出名具手送蘇州府存案備查以一冊送堂董以一冊存在家中　皆交駿舟帶歸　另有致梭邨玉泉蔣植蓀安三函專達此意

十九日陰　遣仲思送蘇府會試題名來吳縣此中汪昌一人

長元脫科可謂減色矣 仲旦之子已中即往道喜 是日駿升回蘇何壽林趙魯沂俱同歸 四點鐘上江西輪船搭至上海

二十日雨 巳刻布國副領事郭彬來會美國通事洋人偕來設酒果款之 黃軍門生子令下人持柬賀之

二十一日雨 張一松從蘇來 偶集稼軒一聯云只與少年同叢安樂窩中對花臨鏡丹青手裡采菊題詩精（春光面滿余懷）神便見神仙十分筋力誇強健 更從今日醉看雲霄高處快（哎拍洪崖）上星辰玉殿東頭叫開閶闔小草何如遠志一出山來不自由

二十二日晴 午後答晤布領事郭彬見外國琴如桌形如長方桌而缺其一角經有數十條之多郭領事為余鼓一曲其聲仿彿八音匣或者即瑟之類

耶擾甘酒果而返　賀黄軍門生子之喜

二十三日晴　鮮京餉委員王紹庭自京中回帶研生信李誠甫信并所贈智永真草千文墨蹟卷及駿孫託買琴呈所付琴軫一付千文卷溫雲心所藏後歸心泉和尚京中不乏賞鑒家欲得此卷者亦不少皆因議價未成余去年入都候　简一見詫為奇寶議價一百五十金嗣以客囊實窘舍之而出中心耿耿未嘗一日忘遂於履任後即致書研生仍照原議之價贈之獲閱展賞煥若神明思翁跋中所云唐人無此法所能寫呈為此卷定評竊歎歷來見此卷者豈無好而有力之人頗皆棄而弗收遲之又久而卒歸於余固由翰墨因緣亦有前定究由真鑒難逢因循不決如此奇珍失之交臂假使余出京後此卷竟屬他人悔將何及既自幸

又自愧也　接昨日駿弟從滬上來函，據云已與金保之、張子蕃往還，頗有佳品，未知能購成幾件否也。夜大雨。

廿四日雨　叢弟寄家信

廿五日晴　見官　稅務司李會設酒果款之　題智永真草千文墨蹟卷　昨見此卷，雖賞鑒家不敢遽定為真蹟者，皆有石刻千文先入為主，反據虎賁而疑中郎耳。及見翁覃溪先生《復初齋集》載石刻真草千文跋云：向疑其用筆太過圓熟，未必隋人所書，反覆辯論，決為宋初人書無疑。蓋北宋初年之書蹟，至大觀已是百餘年前舊紙墨，薛氏不暇深攷，遽以入石，後人因薛氏所刻，踵而信之，從無糾正之者，遂使北宋人書冒鐵門

限之名留傳至今耳自古書家唐以前正楷若鍾之力命王之樂毅皆筆筆自起自收開闢縱擒起伏向背必無千字一同之理至宋以後乃有通體圓熟之書此實古今書勢大關鍵不可不亟為訂正者也覃溪為本朝賞鑒第一既决石刻為偽始可引證此卷之真惜覃溪未見此卷不能邀其賞鑒也

發第二八號家信并寄琴軫一付琴呈兩付

廿六日晴 得駿卅廿三日滬寄知其即日登舟旋里止牘得南田軸序伯冊兩件餘多還價未成 得金保三書并寄來趙松雪三馬卷有鮮于伯機俞紫芝兩跋予諦審尚非真蹟於駿卅已還價四十元予不欲悔議姑仍其價特不能益耳又有國初名賢

詩翰冊係曹仁虎之物有原唱六首皆同輩和作如孫士毅褚廷璋阮沅

錢載趙希哲趙[illegible]共十餘人爲不集詩稿不可留也隨作答保三書

及與張子蕃書皆託阜康寄上海　慈溪人楊祁壽李會直隸候

補道初起復　答楊祁壽去晤

廿七日晴

廿八日晴　午後答晤稅務司惠達　接廿酒果　蘇第三号家信　〇8

廿九日晴

三十日晴　得金保三書復將趙松雪春郊牧馬圖卷寄來據云前踪五十元

肯售余答以前還之四十元不能增添即以四十元託阜康寄去大約必成矣

保三并寄來印三近七言楷書對索價七元余還四元對仍寄還

集稼軒玉田詞四闋題於趙卷後

五月初一日晴 卯刻至 文廟 天后宮拈香 辭衙 曹愷翁處

借得沈石田小象冊屬董綺堂橅一副本另節錄小傳一頁

初二日先晴後雨 編脩張子騰家驤來會 彭蘭孫訥生之侄

自蘇來會 正教士蘇 來會副教士 偕來設酒果

款之 發第四號80家信附与还單一信教沈良之另紙与承之

石田象亦附去

初三日晴 書石田南田小傳各一頁

初四日晴 答晤正教士蘇 副教士 寫智永千文墨蹟卷

跋

初五日晴　貴神廟拈香　親賀黃軍门

初六日晴　莪弟五号家信　餘姚邵若仙文煦耳會　內閣中書小軍機

初七日晴　致書姚令委其嚴拏城中賭局　又集得張玉田辛稼軒詞

茅屋短籬邊
後會渺難期卷簾收燕倚檻調鶯隔水呼鷗尋蕉覆鹿蒼雲息

影此中方是無心甚玉笛移宮又歌南浦郵亭維纜重渡西泠

軽彩嚴樸遊塵十年前事翻疑夢　案牘餘閑嘯歌自若昔人謂一行作吏此事遂廢非篤論也偶集張玉田辛稼軒詞句製為長聯書以補壁辛未夏五艮菴識于玉几山館

小草何如遠志一出山來不自由

論閒處直須行樂怯清風入手笑拍洪崖明月臨闗叫開閶闔

仙人瓊海上
舊賞那堪看采菊題詩看花索句垂楊繫馬吹火烹鱸往日曾

又集張辛詞句云落花啼鳥卧柳枯蟬記小舫尋芳洗盡人間箏笛

耳吹火烹鑪垂楊繫馬待雲山自薦看封關外水雲俟

初八日晴　黄軍门來會　答拜邵若仙黄軍门送若仙程儀二十元

集吴夢窗張玉田詞　臨砌脉無言記曉葉題霜秋紈金縷柔蔥蘸

雪練屋秦箏依前喚酒銀缸愁结春情迷醉眼　陽花窺寸面

恨剪燈聽雨鵯鵊珠簾綰綠梳雲鴛鴦錦帶漫繡留仙裙褶初

幻燒殘熨香心（自梅簡墨鱗寫截綃）　又集夢窗詞　金屋貯嬌慵煮銀瓶倦茶薦乳（綠篁翻敬松泉茗）

縈翠袖倦倚凝妝爭如連醉温柔向夢裡消春酒中延晝　良宵（烏絲闌墨鱗寫截綃）

愛函獨簇繡華綾塞截綃寄新吟烏絲闌墨都把離愁抖擻（梅白洗月玉麈生風甜傍雪水洗爨霧）（懷）

在燈前鼓枕雨外熏爐　集玉田句題過雲樓　出岫本無心舊隱

琴書應妬過雲明滅　美泉試照影再盟鷗鷺知他甚日重来

集稼軒句題過雲樓　得喪乘除機心早覺丹青圖畫老眼羞明飛去了無蹤萬事雲烟忽過　漁樵故里閒處偏多杖屨當時夢中行徧覺來還自笑一亭風露先加　集玉田稼軒句　為問幾日新晴恨荼蘼開晚桃李無言不妨倚綠偎紅買栽池館多何益　留得一團和氣向鏡水傳心紫桑袖手頗笑論文說劍戲引兒孫樂有餘

初九日晴　福建候補知縣俞小舟　珣　奉文同游擊福印押回原告王師寵坐火輪船來甯緝捕偽造福建船指部[机]照犯人胡葆甫　俞小舟先來寓見余立傳邊仲思來署為其傳鄞令密辦

初十日晴　見官鄞令寄知帖夜帶同王師寵於三更赴東鄉黎明到彼立將胡葆甫擒獲解案　發八號家信

十一日晴　集東坡词　酣詠樂昇平飛步孱顔羣仙咲我坐忘遺照八
表神游蟠桃動是千年秋　誰道人生無再少　鼓吹助清賞綸巾羽扇閒
元圃清寧　壯學
道氣忘横宴秋竹塢松自多情留客絳闕山名差愚高眺遠
倚胡床碧篁紗廚看分香餅白酒新開九醖相逢一醉是前緣
集周美成詞　東坡
歸去有殘粧春筍纖長綺窗學弄鉄衣搖曳
蓮步輕飛深杯百罰何辭不惜玉山拚醉倒　起來攜素手
困　酣　嫁　眼
重尋幽夢閒倚胡牀縈損柔腸要書處帶芳心千重如束
更將沈水暗同然　集周美成词　誰為探芳叢稀柳蘇晴新添金
縷隔白寒雨洞逼琴絲繡戶先知粉蝶多情縈蔓草　如何消夜
永晚涼秋月琴弄燈花翠幙褰風困倚湘竹闌干四繞孤螢不列
避壺冰

十二日晴　接初五日家信知初八日戌刻三孫媳生男取名希濂因接家信之時正繙閱明賢崇正錄首頁即載宋學士濂偶然觸機故以此命名小名曰兩曾喜兩曾祖大喜之意　鄭魚門來會　葉奶号家書

十三日晴　武帝誕先在署廟拈香即往武廟主祭復往大関衙門拈香　卷海福建妻負俞今珣福游擊印　張一松從局中告退而回不能耐辛苦也　致書彭納生囑其在局借二百五十元交鄭魚門了結税務司租招寶山望海樓之事　集東坡美成詞　獨自（緩步困春醪）由春尋瓊暖碧紗輕肯親度瑤觴醉霞橫臉要書裙帶嚬（月）臨眉不妨低唱微吟自作清歌傳皓齒　庭（追涼）深就槐影映雕闌倚竹咲撲流螢宝帳亦瓔形栽艾虎但怪燈偏簾卷更將紈扇掩酥胸　集周草窗詞　水驛寄

是日蘇中收到阜康滙寄曹紋弍千弍百兩有收條寄甯繳銷

詩筒正香雪隨波柳陰浮鷖凝雲剪葉竹色侵棋篝燈細勘唐碑花滿翠壺薰硯席　碧霄澄暮靄看銀潢瀉露四壁驪珠仙影懸霜一聲龍竹碎錦攔尋塵襟簾鋪宝篆卷宮羅

十四日晴　張翼伯景渠來會并會曹愷之留其午飯而去　接十一日家信云金保三來知照有自稱顧文彰者捏冒我之族弟在南濠上送扇對打秋風余即致書涂朗軒託其密訪查一辦并專丁壽喜持信往滬

發八號家信

十五日晴　卯刻往　武帝廟　文昌宮拈香　答晤張翼伯　是夕月食在大堂庭心東向設香案從戌正二刻初食起素服行禮一次府學教授訓導陪同行禮食甚又行禮一次亥正二刻復圓換吉服

行禮一次而畢　五點鐘葛格來拜會云黃軍門派兵十二名隨同衛安勇學習陣法習熟則再換已派過兩次矣　同渭雲輪船與紅单船閩勇廣勇滋事因致書邊仲思太查復函據復稱十一日夜間輪船閩勇與紅单船廣勇在娼家相遇口角廣勇糾人尋鬥閩勇逃避未成互鬥而洋人已驚惶請葛格帶隊保護天明始散

十六日晴　擬咸筆中丞一稿先叙閩省派來輪船應由浙省派撥弁勇水手人等一則易於節制二則可省經費末後附呈陳輪船閩勇與紅单船廣勇喧鬧一節以証為兩省兵勇不能和協之証即日繕發出

十七日晴　接十四日家信知新生小孩落地後眼黑翻上通身發熱一百伍無效至十四日午刻而殤惜哉　發第九號家信

十七日晴

十八日晴　童莼舫會來會薇硯之第五弟也　邊仲思來會并遞假實

收案供摺即將供摺兩分一寄中丞一閩及福藩交委員帶去

十九日晴

二十日晴　福建委員俞小舟珣福即來辭行　見官　往勝葛板棧共啜果　黃軍门新生之子剃頭往賀　答童莼舫送俞福之公行

廿一日雨　接到金眉生陳嗜梅兩信即復

廿二日忽晴忽雨　与阜康夥楊遠香結算從前付与之滙票計銀一萬九千兩洋一千三百元全行歸還陸續新付与滙票兩紙每紙壹萬兩江平騎縫圖章即

叏南江平壹萬兩

叏面江平壹萬兩

印於此頁之上伊歸前出歷任存項總票一紙計四萬餘兩亦即發還 七千六百十九兩七錢六分

因官項存数另有帳簿為憑也

廿三日晴　發第十八号家信附致退樓信　請張巽伯陳魚門彭

訥生曹惺堂申刻飲戌刻散

廿四日晴　接中丞釘封信詢法國有兵船到中國有無確信　楊姊猜

項及與黃軍門商閩省輪船經費過臣　張菊蓀施桂劉鶴陞

蘇州來書來九成宮勸兒生童觀風卷明臣殉錢錄二本無聲

詩史兩本及西嫗所買之物　與魚門來談　往晤黃軍門

廿五日晴　發恆中丞六百里釘封　接十九日家信　壽喜

自應歸　令保三弟交宋四家一卷米襄陽書碑陸放翁手

疑似張穆齋的確又有單名震卅不知何人行六真蹟 吳

穀庵九老圖詩卷字如杯大真 石田芙蓉鴝鵒軸真

廿六日晴 發十一號家信 閱定鄉試生員卷超等三十名特等

六十名三等一百三十名

廿七日晴 發十二號家信 接廿五日家信

廿八日晴 發十三號家信 接廿七日家信

廿九日晴 發十四號家信 接廿二日家信

三十日晴 接金保三信家第 制定董小槐帽邸三近對

六月

初一日晴 小腿生瘡不能行走未去按察上未見官

初二日晴 接三十日家信 發十五號家信

是日蘇中收到阜康由及四百

两有收條送寓署銷

初三日晴　發十六号家信附復崔竹信

初四日晴　復金保三信還吳卯三近對便五洋并書畫五件由信局寄去

初五日晴　見官

初六日晴　得保三四信知前信已收到　昔復方子頡信　錄沈石田詩

白頭儘是老便宜六十餘年天地私學舞困無長袖子出勝還有小車兒

綠陰如水微答簽豈裕合風平暖時瘦影任其描寫去百年草木要相思

孫子惆者塞惠杖若無杖共輕若撐烟且善不離掌七尺多擁腫論重僅銖兩任節數三十還復有長破書遲遲然獨任探梅經暑雨地阻如出遠步堪扶強非惟借便捷顛躓有所仗日

以詠紀存以蘭附拙響　李詠西門　蔡杖之題　肺承陞火謂肋行咳

引千彰気莫手疾痛叫呼天不近痰瘵獨老同生林廬未夜夢

蚍亂田穗先秋鳥雀爭如此懸懷無遺撥起挑燈火映修更　別添

病余李寓西門

初七日晴　春三二月二三彈羅七弦琴二五問三三徑內長三綠暗紅稀四六吹到幾番

花信二四寧眠坐蒼冥二六兩淚飄零地天長地久兩頭分么六旺孤鴻五夜淒清么五

旺孤鴻五夜淒清么五趁步巫山一點雲五六梅花帳絕塵長五三點三更長三紗

窗人靜長四怎能彀兩頭斷並長二天涯滯客星天天涯滯客星天綠腰

瘦損么六更比寒梅瘦幾分長五兩地成孤另地若祀得長板橋邊長二梅花

三更三五不繫的孤舟三六載遠人長四相送在十里長亭四六何苦不款理丁

寅 幺二 像一去三載 幺三 像一去三載 幺三 經久無音信 四五 這相思何日止 五分六分 五六
好叫我三春四夏難安頓 三四 只落得一季四季 幺四 捱次捱哥 第

初八日晴 四點鐘浦姊發病起視之 已刻往晤黃軍門謝廿委巡捕楊從鯤
衢州守備署事軍門借理衢門需洋卌元託向厘局說知

初九日晴 接到初二初六家信 發十七號家信

接到初二初六兩函寄呈一切並欵及所藏但璟寶求之無又多皆肯轉售二者不可得兼舍黃取王君任
已書之竹廬合買送禮之說錄去畫何然亦不可爲防昌元錄一不可自在退時傳之以風為度即係其四月
六年作也山樵冊題款似古搨一幅而言并不似其題與氣即屬可疑大凡書畫稍有疑實便不必作俍
予從前見方壺四卷中之溪山雲山卷擬之爲印是過雲樓此卷畫真而題詩及款皆後添者此地呈
原為呈昨日假向過雲樓取閱可證余之不謬大約齋氏二十卷只精華多出我家外間世心未卷
黃方銘心之趙臺論未見此物如方壺三卷皆有之無需者黃為家無整黃屋時過牽論出
在下風矣火燒之表五十元我得其好如不肯即捎增之不好也侶卿成對之表先買一枚上好價不

于太常寺陸玉鍔處借來舊日紅色仿單精鈔於吾與雙琴鈞相較爲遠也後覓得內出之原物惜其
價過昂不能到手矣蘭畹手摹舊畫卷初七將寄回先將原書交弟臨摹詩句繕畢將來備此卷
寄到之後其細密卷上宜題之方是此不能將十七至廿數爲篆隸宜之倚成印奈不得類借盛氏父子評
乞作已不作人甚不出轉也其之議一節當時書送樓從之彥仲詒再一附來不能了新接樓師書將其已
于及作寄附語乞之聞甚不和平揚部來函以爲將照以後表盡止日摧峰爲之壺目次風卷鄭寄其已
昔某原閣大致又錄於後二三筆中抄出封卷茲又細之改竣成遂陳前將出與研算現之探稿付他
五月初六起至六月初止大閣原得二千有四書係兩院海各得二百餘兩彼前月結數旋序寄此往黃而已幾
有五不敷條之勢即如庫房周轉林藝積今尚補櫃後覓數千半鄉之素仍種專秋成再行而發緩不
甚得力我固支林堂計及所屬之票於內此次過其事甚不遂尚未康寧且其以前後尚其難地今既不
能得力何必將伊調入票中惟盡代爲用之語常之爲用事者必可得力於尚須體斜所令爲看來實屬可如
再於西曲之多雖與莊日時御前奏事上下月以下者九日福與組廚相繼而前甚爲繼承府來不便手續主
之議與此後之商相合

初十日晨雨午晴 見官 接初八日家信知是日巳刻三媳又得一孫

余名之曰麟獬　叁十八号家信附端卿一信

十一日晴　接初四日家信廣迪已收到

十二日晴　發致盧午峰方伯信　答李佩若信

十三日晴　往晤黄軍门與商輪船事因同接中丞信也　接十一日家信

十四日晴　過仲思來商派委員往定海驗看修城事擬委鎮海縣代往

十五日晴　武廟文昌宮拈香　辭衙　接十三日家信　叁十九号家信

發答研生信附花綠一包　又上董雲翁一箋箋內復劉玉華乞委雲州厘局差託

黄軍门摺差寄京　定海廳左徵來探问驗看城工事

十六日晴　過仲思黄軍门皆为左丞來探问疑余知其工價与估報不符也

十七日晴　卯刻至郡廟祈雨城中文武官畢集　答定海左丞　左丞來辭

過雲樓筆記

接十五日家信　發二十8号家信　鄭邢叔旅曰不顯皇考惠叔穆秉允
明德御于乃辟㝵屯乍攸旅敢啓帥邢皇考威儀爲御于天子對天
子魯休揚邢叔鐘釋攷用作朕皇考惠叔大替龢鐘用蘄萬年無疆
子子孫孫永寶用享　邢叔鐘釋文　鄉人擡龍神至署求雨賞錢二千
十八日晴　辰刻至郡廟拈香　表弟濤文棣從上海來送禮八色收其四色
十九日晴　辰刻至郡廟拈香　愷亭介紹從樓月潭家所本畫四件桂麓堂
山水軸　廉州石谷合璧山水卷　南田仿元四家四段皆贋本　惟南田十萬圖
冊乃真蹟殊佳者與我家藏石谷十萬圖結構題詞皆同是對臨
本而美相合亦是奇緣以百元得之
二十日晴　見官　張子蕃從上海來與朗亭之彭温媼同來帶有書

是日蘇中收到阜康匯銀貳千兩收條繳銷

畫碑帖數十件余挑取十六件出原碼還之折伊夥寫信去向朋之當

理留二人在署住宿　清雲付來賠持伊父仁甫表母舅信李求薦

生隨并攜來署暫住

廿一日乍晴乍雨　鄉人擡地土神來署求雨持神像擡至暖閣余出

拈香行二跪六叩禮賞香金二千文　發廿一号家信

廿二日晴　辰刻至炎帝廟拈香是日聖誕　接二十日家信

廿三日微雨　辰刻至天甯寺求雨　夜雨　發廿二号家信　溫公回滬

廿四日晨雨午晴　辰刻至天甯寺拈香　午後復雨　夜雨　接廿二日家信

廿五日雨　見官　發廿三号家信附與盛杏蓀信　邀屠嘯雲陳魚門

來署託其向楊家催取捐餉銀　得鄭朗齋回信其寄來書畫幽

碼六折乃肯售擇其精者八種 三松堂集帖六本 十六元 吳梅村南湖春雨畫軸 三十二元 徐青藤花卉卷 三十六元 東林五君子札 廿四元 石谷仿董軸 二十二元 王廉州仿大癡軸 十三元 吳漁山柳村秋思畫軸 十八元 惲南田札 十八元

廿六日晴 接廿四日家信 雨姬口角余大怒因出宿於簽押房

廿七日晴 昨今兩次致書邊仲思囑催楊家捐餉之款 張子蕃回庵

廿八日晴 發廿四號家信 下午大雨惜為時不久

廿九日晴

七月

初一日晴 辰初刻 文廟 天后宮拈香 答拜唐歙雲陸魚門 邊仲思 接中丞釘封文及前釘封等 發廿五號家信

初二日晴 致邊仲思書催楊家捐項并以中丞信附閱 答黃軍門

信言滬電輪船前等兩院謂機器是舊物共言向之軍門者軍門謂並無此言余乃自細確言不詳恐疑誤等請軍門核實咨覆　閱樓藏書畫共一百七十餘件破三日工夫至今日始閱畢並略定去取

初三日晴　作致退菴信　蘇廿六号家信

初四日晴　楊少渭從蘇來帶來書畫等物

初五日晴　卯刻至天甯寺拈香祈雨　夜雨　答研生來信並送五少姐祝衣料二件

初六日晴　卯刻至天甯寺拈香　答賠軍門　申刻傾盆大雨約百二寸

初七日晴　往拜藍中丞冥誕　拜張金垣生日　答劉子頤亮新加捐同知從京回甯研生托其寄信寄物并謝之　昨日前中丞等釘封限四百里　接初四日家信

蘇廿七号家信

初八日卯刻雨即晴　巳刻至天甯寺謝神　發廿八号家信　接初六日家信

初九日微雨　登螺髻亭口占一絶　梧桐松柏竹芭蕉交蔭蔗圍徑一條留与主人消夏坐一亭臨水麓峯腰　夜大雨　管駕湄雲輪船吴世忠來晤

初十日雨　見官　遣徐福回蘇接駿材

十一日晴　唐卿電來云節和有考廉十人作会課出余出題閲卷每月兩次

十二日晴五鼓至萬壽宮行拜牌賀禮而返　接初十日家信　發廿九号家信

十三日　出會課文題　夢雨皆中節　敏而好學不恥下問是以謂之文也

十四日晴

十五日晴　辰刻至　武廟　文昌宫拈香　接十二日家信

發三十号家信

十六日晴　接十四日家信

十七日雨　發三十一號家信　附致蓉生（廷植）信　蔣蘅臯信　顧鎧亭信

十八日晴　邀陸孟門來託其招寶山捐局新河與外國人議事

十九日陰　發三十二號家信　接十七日家信　是夕遷宿於內

二十日雨　見官

廿一日晴　接十九日家信　發三十三號家信

廿二日晴　仲思、納生皆因薛友植薪水事來商

廿三日晴　黃軍門來談　發致吳引之信

廿四日晴　接廿三日家信　發三十四號家信

廿五日晴　見官

廿六日晴

廿七日晴　胡雪岩來晤

廿八日晴申刻大雨　往晤税務司惠達　黃提台　陳魚門　是日做中元節僧七人唪經一日晚放焰口俱在大堂上　又在二門口搭臺清音打唱各署皆往

廿九日晴　接駿孫廿八日在申府所發箋知於廿五日偕四孫袁子章同舟赴申廿七日到　發三十五號信寄申　午後往晤惠税務司黃軍門陳魚門中途大雨

三十日晴　往晤唐嘯雲

八月

初一日晴　卯刻文廟　天后宮拈香

初二日晴　駿牀偕四孫自申來甯　常鎮道敘李長華沈仲復調補上海道

初三日晴　卯刻詣　天后宮拈香主祭

初四日晴　卯刻詣　文昌宮　火神廟拈香主祭

初五日晴　辰刻詣　龍神廟拈香主祭　亥刻平橋民家失火秉小轎至鼓樓南鋪家門首坐下彈壓適東火光如金從內衝出水龍齊集約七八條而洋龍尤得力由來快時即滅燒去十來間

初六日晴　董薇硯之母陰壽親往拜之晚坐有黃宇門唐丽雲相陪

致研生一信并賀年十七封託其分送又贈燕窩百金

初七日晴　辰刻至　武帝廟主祭　陳魚門往省見中丞為楊家捐事也

初八日晴　夜雨　浙臬司敘蒯士薌賀蓀

初九日雨 卯初至 文廟主祭 題曹愷堂西湖侍遊圖 為戴醕士作 雨湖雨去并其前用卷中緑君女史韵題七绝四首 樹萱争承北堂春 翰墨流芳妙绝倫 交結忠臣惟孝子 乞将椽筆壽慈親 淹有登高作賦才 况攜仙眷詠南陔 貞心共竹凌霜健 並蒂紅蓮映日開 拍隄春水綠波流 無盡湖山且放舟 珍重双史遺蹟在 墨花清動浪花柔 色笑難追寫不真 蓼莪廢讀感詩人 与君同抱終天恨 一度披圖一愴神

初十日晴 辰刻至 西門外社稷壇主祭

十一日雨 覆吴引之信 託劉丞亮帶往省垣

十二日雨 致吴曉帆信

十三日雨 辰刻至 呂祖殿主祭 英繙譯衛察仕領事辭行奉

伊國欽差調任蘇臺　晚間赤身小便即覺寒凜隨而微熱得汗而解

十四日雨　晨起覺身子略愈　本擬送英倫譯官因身體不爽未往

十五日雨

十六日陰　稅務司惠達來晤

十七日晴

十八日雨　閱鄭叔孝廉十三人課卷畢取五卷交厲嘯雲　文題當而皆中節

十九日雨　英倫譯官　未見

二十日雨　見官　姚慎菴晉省託其帶張仲甫信并贈洋二十元仲田贈十元

廿一日雨　晚臥後先形寒後發熱及天明熱退未淨

廿二日雨　臥病請本地醫生　慶堂診視

過雲樓筆記

廿三日雨　卧床未起

廿四日雨　卧床未起

廿五日晴　派薛友槐叙淮軍協餉事謁見即請至卧室見之　遣李喜進

省送中丞及夫人禮[壽]禮附致盧午峯信

廿六日晴

廿七日雨　接吳曉帆廿四日來信并寄送新舊唐書合鈔廿一史四譜共十套計九

十六本

廿八日晴

廿九日晴

九月

初一日雨　文廟　天后宮拈香　辭衙

初二日晴　中丞有信來催解京餉附戶部堂官原信

初三日晴　午後答英國繙譯官擾其酒果　賀黃軍門生子剃頭

答中丞信同典應召趕緊續解　題許穎叔紀游詩五律八首

題曹愷堂靈山觀海圖集玉田句塡望海潮一闋

初四日晴雨

初五日晴見客　總稅務赫德從京中來游歷各海關至寧波來會

設汪景侍之　午後往答赫德談論甚洽臨別有見我甚喜歡之語此亦

中國所以灌米湯也　送禮去受茶葉一斤火腿四只雞五只鴨四只

梨一盤　答張奎垣晤談　答黃軍門未見

初六日晴　黃軍門來辭

初七日

初八日

初九日

初十日

十一日

十二日

十三日

十四日晴　往勝營軍門為李參將討情雖很遲免咨制台

十五日雨　武廟　文昌宮拈香

十六日雨

十七日晴

十八日晴

十九日晴　駿姊於午後帶同　張誠　張茂　搭坐輪船回蘇　江蘇巡撫張之萬升閩浙總督　山西巡撫何璟調任江蘇　山東學政鮑源深調山西巡撫　夏同善放山東學政　致退樓一信　又寄季雲一信

二十日晴　見官

廿一日晴　吳菊青從家鄉來晤　接駿姊到滬信

廿二日晴　請菊青午飯邀憬之作陪　接駿姊信

廿三日晴　寄卅六号家信並詩與駿姊

廿四日晴　紹興府發審委員徐田一薦來等　並豁粗賀瑗同北鄉搶案

來請紅單船同倚鋒捕　鎮海知事令來筆見　午後往晤邊仲思談賀
令爾常事　往晤貢軍門適張奎垣在座同為賀令爾常為撥派將官
同後要帶紅單船前往　卷吴菊青及新館林陸廷黼偕來晤
廿五日晴　見官　復王子泉信親筆兩紙
廿六日晴　發三十七號家信
廿七日晴
廿八日晴
廿九日晴　發與方子穎信　陳魚門自省中回來見
三十日晴　發三十八號家信　天主堂教士蘇鳳文　馮伯德來見馮伯德別往衢
州求致書衢州道英嶽峯廉　即作書予之　胡湘生自省中來見

十月

初一日晴 文廟 天后宮拈香 答張贊堯陳魚門 天主堂教士

初二日晴 辰刻至月湖書院考孝廉堂 文題 子曰孝哉閔子騫 兩章 火輪船賦 以瞰水如飛日行千里為韵 賦得補貼光陰有穫長 得陰字 美國帶兵官金穆 領同羅田梯僑譯麥嘉締俱來見 設酒果款之 午後大風微雨 至新關少坐 晤副税務司謁模 借其坐船上美國兵船 金穆羅麥四位俱出接 帶兵官領衆兵站隊鼓吹而迎 入座後先獻茶一次 又設酒果相款 意甚殷勤 其送也亦如相接之儀 接三十日家信

初三日晴 發三十九號家信

初四日晴 閱凌霄花館課卷 出文題 欲罷不能至雖欲從之 詩題 迎寒曲橘垂湖編 得[illegible]字

初五日晴　見官　接駿弟初三日箋　發第四十号家信

初六日晴

初七日晴　黃軍門與周復庵俱來晤　復庵自慈谿巡緝搶案回　獲搶匪房從七人解縣　據云犯事地方肯賠千元　事主願具領出結　可以了案矣

初八日晴　接初七日家信　發四十一号家信　浦姨之母與弟搭輪船回蘇

初九日晴

初十日晴　五鼓至萬壽宮拜牌

十一日晴

十二日晴

十三日晴　接初十日箋　發四十二号信

十四日晴　送吏部多外段陽吉人（湖南人）行　贈贐儀十六元

十五日晴　原刻　武廟文昌宮折奠

十六日晴　接十二日家信　發四十三號信

十七日晴

十八日晴　未赴邊仲恩席　客有貢軍門薛友樵以蔣梓生姚慎菴教已委知

十九日晴　致退樓信　接十五日信　發四十四號信

二十日晴　見官　接十七日家信　發四十五號信

廿一日晴　為傳調事送中丞公費曹平九二兑四千兩令　徐福賫往省中

廿二日晴　前日姜績來從蘇中來帶到趙松雪黃庭經　陸實之之物　宋仲溫書譜卷　吳退樓物　俞幼芳世兄書先借册

廿三日晴　接廿一日家信　發四十六號信

廿四日晴　管駕伏波輪船都司貝珊泉從福建來見

廿五日晴　發致朱研生弟信，交新關錢鉤人帶去　接朱研生十月初五日京信，并送蘇餅二斤、杏仁五斤、查糕二斤，前信已發，不及寫入　見宜知薛友植得律局差新委伊署直判缺，因馬停丁内艱也，恐不能久於其任矣

廿六日雨，午後止　未刻答拜貝珊泉，登伏波輪船，少須黄軍門亦至。船身大而且堅固，大砲一尊，重萬餘斤，餘亦數千斤，砲子俱從後裝入，施放極靈便，鳥鎗亦然。火器如此，可謂精絕。據貝鎮軍云，火器皆從布國購來，布國之擊敗法國，恃此火器也

廿七日晴　接廿五日家信　發四十七號信　因趕不上昨日發矣

收平厘局呈繳衛安勇賞犒洋一百六十一元三角六分

廿八日晴　發与研生函信并附　朱雲帆　許星野　朱蔚生　彭芍亭　許雀巢

廿九日晴　汪子楫自蘇赴杭者從上海坐輪船過甯來見

十月初一日辰刻　文廟　天后宮　拈香　是日新派甯局總辦鄧穀齋武昌接手

彭訥生來代偕李謁見　是夕江東岸失慎余已卧聞報即起馳赴府縣已先至

待火熄而歸　鮮部練君館渠託薦与張奎垣文案即致書黃軍門邀其

同薦

初二日晴　答郭穀齋　彭訥生　汪子楫

初三日晴

初四日晴　黃軍門來晤

初五日晴　見官

初六日晴　彭訥生為其太夫人做七十正壽借北號設壽堂演劇午初刻余往拜壽黃軍門張鎮台隨府縣各官俱至先排壽麫席後設正席觀劇至上燈時余先歸　接朱研生十月十八日京信　接初二初六家信　發四十八號家信

初七日晴　彭訥生挈家往衢州局來辭行即往送之

初八日晴　辰刻至西門大馬頭送訥生行

初九日晴　徐福附訥生伴回蘇將宋仲溫書譜沈石田虞山圖兩卷交其帶回

初十日晴　見官　帶萬年青輪船之貝錦泉來見

十一日晴　是日冬至五鼓至萬壽宮拜牌城中文武官畢集　接到直督李中堂札子及信為勸捐事

十二日晴　接初八日家信　發四十九號家信

十三日晴

十四日晴　新到候補知府蘇少伊（瑞書）來見，係盤石師之孫，送盤石師生壙誌墓跋銘年譜，又送禮八色，收四色：神麯、茶葉、芽茶、安陽石刻、縉紳。張子騰、邊仲田均來晤。夜雨

十五日晴　武廟、文昌宮拈香。嘉善人錢（青巖）係丁憂江蘇候補知府，金眉生、杜小舫遣費季甫勸捐。接十三日家信，發五十號家信

十六日晴

十七日晴　接十五日家信，發五十一號信，又致退樓信，又致硯生信，託犀泉。（附致董雲卿、祁子和兩函，致章薇硯、章采南兩函）

十八日晴

十九日晴　發五十二號家信 ○○○

二十日晴　見官　中丞密飭查所屬各官優劣一札昨夕飭封存　本年大計冊於是夕卷

二十一日晴　陳漁門來見詢知楊氏續捐七萬之款已湊齊後日可齎送省中唐僩雲亦來晤偶談李中堂捐賑事　因捐賑事請本地官紳具柬於廿三日午後楊君侯叙　官請六人邊仲思鄭穀齋薛友樵姚慎菴蔣橘畬錢麗東　紳則唐僩雲　後到陳漁門 政鈐　張子騰 家驤　張鍾峯 昶　王小蓮　童鏡涵 章　張雪君　張竹坪　張渠卿　陳樹珊 章　錢麗東　鄭小舫　王彝五　張季儒

二十二日晴　接十九日家信　發五十三號家信 ○○

二十三日晴　卯刻大孫媳分娩又生一女下地甚快母女平安皆　天之佑並不以生女納悶也　未刻請官紳會議捐賑事設三席款之紳到者潘問雲陳樹珊陳魚門童鏡涵張子騰張竹坪章　錢麗東官則邊仲思郭毅堂薛友樵姚恢菴薛槎生二枝散之時陳魚門交出楊家捐項期票七萬兩并呈稿與問雲仲思恢菴共商之

二十四日晴　朱竹吟俞勁坪從蘇來　帶到胡儼浩崖山房圖陳實並所藏物又王石

未刻大小園寄各一封　接廿二日家信　蒼第十四號信

二十五日晴　見官

二十六日晴

二十七日晴

二十八日晴

二十九日晴 接廿七日家信 發五十五號信

十二月

初一日雨雪 辰刻至 文廟 天后宮拈香 拜二十三所請各官

初二日晴 發復如對九信 午後邀官紳集議捐賑事開出鄞慈鎮三縣第一等富户出公信邀來書捐

初三日晴 胡徵浩屋山房圖交魯沂帶回 送張仲甫三十元并信交尚書帶交

初四日晴 鄞縣郭慶翔榜下分發山東知縣來晤 秋雲書到石浦同知任未見 接初二日家信 發五十六號家信 附致巳遂樓書

初五日晴 見官是日府考故邊仲恩未到 唐嵋雲之母冥誕往拜之

初六日雨　孝廉堂巳刻破土往拈香　是日八兒上學權請張一松爲師　夜雪

初七日晴　接初四日家信并退樓少舫各一信　發五十七號家信

初八日

初九日

初十日　見客

十一日雪　接初九日家信　發五十八號家信

十二日雪　鎮海紳士鄭子淳王舜五來晤

十三日　荅拜鄭王二紳

十四日雪　巳刻孝廉堂上梁往祀后土　接十一日家信　發五十九號家信

附致匹樓雲閣壽林沈臣之父信　復張子蕃信寄還王石谷吳漁山

梅庚文從簡王翀畦五卷詩草溪札冊一本寄与價洋十元　夜雪

十五日雪　辰刻　武廟　文昌宮拈香

十六日雪　接張茂楊民衣從蘇來帶到貂裙書画各物　發六十號家信

十七日雪　手抄可自怡齋試帖詩註共兩本是日始竣

十八日晴　大孫所生第三曾孫女剃頭

十九日晴　有捐户五家書捐計九十二百元

二十日晴　午刻封印

廿一日晴　接十七日家信　發六十一號家信附復李蘊之信

廿二日晴　鄞慈鎮六家捐户繳到捐洋五千元

廿三日晴　派馬駿丞蓄錢令清嚴解賑捐洋五千元搭輪船赴上海交牙厘總局劉芝田代收轉解　是日接金眉生信即作復書交錢令帶交　接三兒十九廿兩日手及退樓壺園信　黃〇〇〇六十二號家信因上海信局已寄至杭省交信書贍寄至蘇并附復退樓小舫兩信　接張子蕃信送我真王麓臺軸假米南宮軸各一　以洋十六元得查二瞻書畫十冊一本計十頁

廿四日晴

廿五日晴　曹愷堂屬題其友人之妻先後封臂崙　遺體明知戒毀傷無如親疾入膏肓一臠便抵千金藥廢盡人間肘後方　願將身代叩天閽一割難酬罔極恩血染袖羅人不見底須獺髓滅瘢痕　環佩無端返玉京難將施報問神明投崖飼虎猶成佛會向蓮臺證往生

廿六日晴　是日立春

廿七日晴雨　是夕過年祀　神祀先

廿八日雨

廿九日雨　答拜黄軍门

三十日晴　張奎垣李婚

同治九年歲次庚午

顧文彬日記

（一）

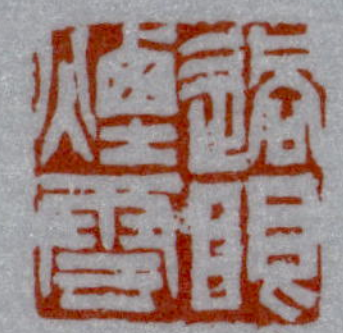

过云楼第一代主人顾文彬云："书画之于人，子瞻氏目为烟云过眼者也。"

苏轼，字子瞻。

烟云过眼，意出自苏轼著《宝绘堂记》"烟云之过眼，百鸟之感耳"之句。

又，南宋周公谨著《云烟过眼录》。

过云楼由此得名。

过云楼第一代主人顾文彬云："书画之于人，子瞻氏目为烟云过眼者也。"

苏轼，字子瞻。

烟云过眼，意出自苏轼著《宝绘堂记》"烟云之过眼，百鸟之感耳"之句。

又，南宋周公谨著《云烟过眼录》。

过云楼由此得名。

"十三五"国家重点图书

"过眼烟云——过云楼历代主人手书精粹"丛书

过眼烟云

顧文彬日記（二）

（清）顾文彬 / 著

苏州市档案馆　苏州市过云楼文化研究会 / 编

文匯出版社

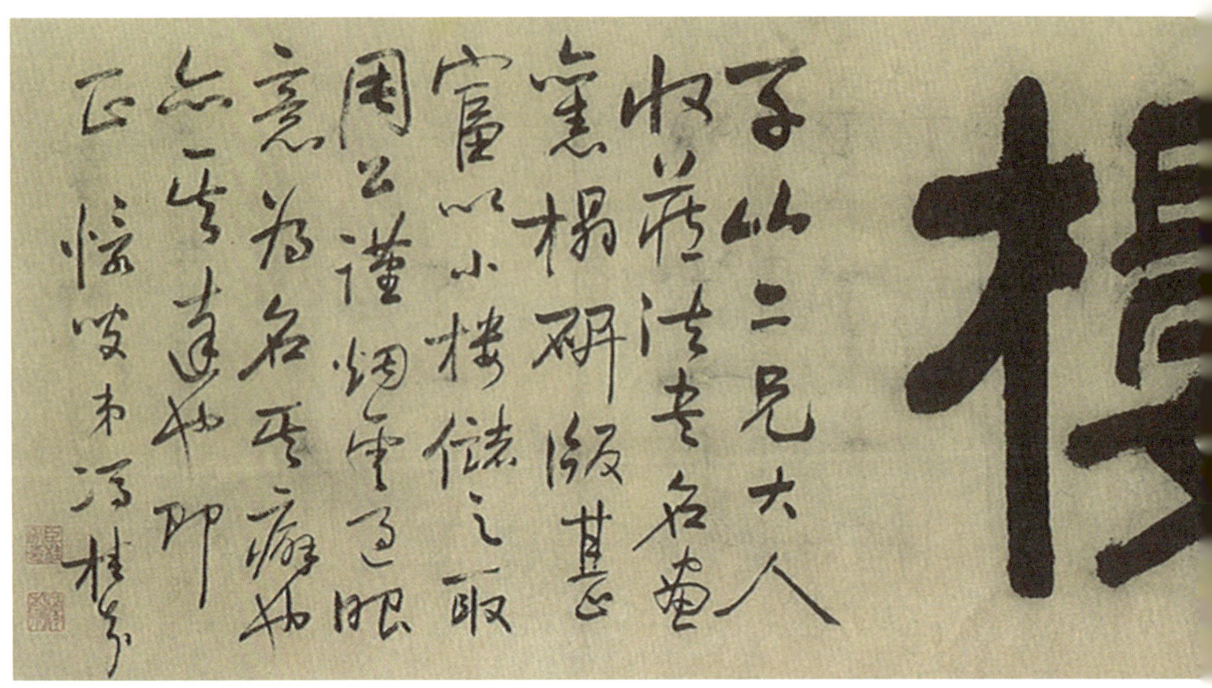

冯桂芬书“过云楼”

子山二兄大人收藏法书名画、旧拓碑版甚富，以小楼储之，取周公谨烟云过眼意为名，其癖也，亦其达也。即正。怀叟弟冯桂芬。

過雲

過雲樓者余收藏書畫之所也蓄意欲搆此樓十餘年矣塵事牽率卒卒未果乙亥夏余移疾歸里樓適落成乃集

一枝粗穩三徑初成

商略遺編且題醉墨

辛幼安詞句題之時方有書畫録之輯故次聯云爾

艮菴顧文彬識并書

顾文彬晚年书“艮庵对联”

过云楼者，余收藏书画之所也。蓄意欲构此楼十余年矣，尘事牵率，卒卒未果。乙亥夏，余移疾归里，楼适落成，乃集辛幼安词句题之。时方有书画录之辑，故次联云尔。

同治十一年岁次壬申

春　王正月

初一日　晴

黎明，至万寿宫拜牌，城中实任文武各官俱在，随往文庙、武庙、文昌宫、天后宫、城隍庙、火神庙、贵神庙、署内武帝殿、土地祠等处拈香，凡顺路之文武衙门及乡绅家俱拜年。

回署后，文官自知府以下，俱在二堂团拜。

初二日　晴

午刻，至大关财神堂拈香，即为开关。在朱竹吟卧室少坐，顺路拜年。午后，又出西门拜年。

初五日　晴

黄军门来拜。午后，答拜黄军门、张奎垣，俱晤。

答朱研生信，附答宝东山信，并借与百金。又答顾缉庭、汪芾村、姚 ×× 各信，托阜康寄。

初六日　晴

是日动身晋省拜年。

先发六十二号家信一封，即去年廿八日写就者。申刻，至西门官厅，黄军门亦同时动身晋省，已先到。文武各官俱送，卫安勇及六营兵俱全队相送。亥刻，过大西坝，过坝后行至半铺，因风逆潮退，停舟候潮。慈溪县因晋省未来，送席上下两桌。

初七日　晴

水卷逆风鳞细皱，山衔夕照额黄涂。
眼前如许好风景，欲索新诗一句无。

早晨逆风不能行。行至一处，两岸皆有小山，询其山名，云是焦山未知是此“焦”字否，即停泊。直至傍晚方开，仅数里，风逆仍不能行，至大英山脚有一小港，即泊。是日只行十余里。

初八日　晴

仍是逆风，时行时止。午后，始抵余姚县码头。陶令云生及都司某先来登舟谒见。过此始有纤路，添纤夫拉纤，行四十里抵下坝，过坝已亥刻矣。作《过坝俚歌》一首：

侯两潮，拖三坝西坝、下坝、上坝也，越儿叫唤吴儿怕。
百索争从两岸牵，一船直向中流泻。
牵如下井牛牵牛下井，吴谚也，泻似瞿塘马。
陡忆漕河下水船乙巳年事，七十二闸高于天。
银河一落几千丈，一叶扁舟箭脱弦。
昔险今夷无定局，区区土坝犹平陆。
历尽崎岖行路难，出门哪比归田乐。

初九日　晴

下午过绍兴署，知府彭讷生来见，因须赶路，未及登岸答拜。是日县考，故各县俱未来谒。是夜长行未泊。

发六十三号家信。

初十日　晴

辰刻，抵西兴渡钱塘江。江船有一姝，殊不见佳。

午初，进城，寓珠宝巷。上辕禀见，而中丞因请客，已先往湖南会馆，未及见。往晤吴晓翁，长谈，备言金眉生屡次因借贷不遂，致书谩骂各情，愤愤之色见于眉宇。拜而未晤者汪小蓬、万篪轩。

三儿初五日发信一函，专差张大持来，中附退老一函。备言小除夕吴谊卿自福建来，据云潘伟如得文制台信，信中言接杨中丞书，有不满之语云云。令刘升持报销经费四竿送至辕上，时中丞未归，交门公高姓收去。

十一日　晴

是日忌辰，未能穿花衣，故辕上仅禀安而不禀见。

如冠九、黄军门来晤。冠九即刻下船往嘉兴临仓，故先来视我而别。留军门与谈被谤一事，欲其在中丞左右排解，军门与中丞同乡故也。军门一力担承，并猜度造谤者当是姚慎庵。军门本与慎庵有隙，此亦约略之词也。午后，往晤秦淡如、唐艺农、卢午峰、英岳峰金衢严道。便道拜客甚多，不能悉记也。

送中丞礼八色，收五色：唐六如画屏四幅，刘石庵、梁山舟字册各一本，金冬心梅花卷一件，退楼刻双钩《虞恭公》一本，鱼肚四片。

十二日　晴

送连将军成礼八色，收去绢本米元章山水立轴张子蕃所赠，六如人物卷骏叔以六元得于苏中者，拼以祝枝山题诗一幅，却是真迹，王烟客山水六页册，恽南田山水十二页册皆赝，高丽参两斤。署中仆人宗玉，将军所荐，此次带伊来杭。伊至将军处拜年，将军告以上年秋间方子颖晋省，历言余种种不善，与中丞与文制台信中之言符合，始知谣言皆子颖所造也。

辰刻，上辕，中丞因家忌未见。终日拜客，见者吴引之、梁敬叔、将军连公、副都统善厚斋。正在坐谈间，织造文治号平轩来，彼此往还未见者也。丁莲夫谈及书画，出示绢本赵松雪、董思翁山水各一帧，董真迹，赵尚介乎疑似也。此外，拜而未见者，不能悉记。

本巷名珠宝巷，盖珠宝店汇聚之所也，逐家阅看，竟无可意之物，尚不及宁波远甚，无论苏州矣。

连绪斋将军出示唐拓《圣教序》，“纷乱”两字及“出”字俱纤毫不损，如果原石非唐拓，不能如此一字不损，然仓卒间不能决，自愧看碑帖眼光尚不老当也。有米汉雯、林佶人等跋，跋中言：“原有范文正公宋元诸跋，今皆不存。”又见《虞恭公碑》一本，有七百余字，字皆清楚不损，而墨色似有描处，从字口看出，亦不能其原翻。又见全张《多宝塔》一幅，“凿”字微损，当是旧拓，特未必宋耳。梁敬叔处见小米《楚山新雾》卷，纸本，开卷横题“楚山新雾”四字，末题“襄阳米元晖作”，字与画俱旧，微嫌字尚不十分沉着。题者廿一家，朱夫子、董思翁、文文水最著者，此外亦皆宋元名家。梁茝林有长跋，又有阮芸台小札。细审董字，尚不能开门见山，于是全局皆生疑窦矣。

夜雨。

十三日　雨

辰刻，上辕，与卢午峰同见，略谈不久，又有客来，即散。

送吴晓帆礼四色，收去鱼肚、海参。

十四日　晴

辰刻，上辕谒见，先谈公事，言及温州关税较前渐短，曾经饬查，欲加振顿。方道复称，如欲振顿关务，须从宁波起，温州虽振顿亦无甚起色。中丞吃此钉子，意欲令宁波税项稍加扩充，余答以必当竭力报效。余递密禀一折，禀中备言方道倾陷各情，颇极痛快淋漓。中丞答云："伊本系乱说。"连说数声。

未刻，至臬司署，同乡团拜，共十席，演小班。团拜时汪杏春居首，余次之。杏春与余同年，伊正月生，余三月生，故居次也。亥初散。

发六十四号家信。

十五日　晴

辰刻，上辕贺喜。是日黄芍岩军门四十诞辰，前往拜寿，未见。

中丞招饮，即往赴席，同席者张奎垣、英岳峰廉，金衢严道、陈伯敏。谈及萧山县海滨有一大鱼，乘潮而至，潮退搁于沙岸而死，萧山汪令送来鱼脊骨两具，围员径七八寸，其大可知。

十六日　雨

上辕禀辞，谒见。谈及中丞向有岁贡，春秋两次，须贴银八千金，余答以关上振顿后，颇有盈余，可资津贴。

至梁敬叔寓，押其书画五件，苏黄合璧册一本、赵松雪札册一本、倪云林画卷一件、王叔明画卷一件、黄石斋札册一件。共押曹平银六百两，不起息，五年为限。

连将军、丁莲夫学政、文平轩治尚衣、富都统尔荪公请，设席于将军署，同席者黄军门、张镇台、金镇台、英岳峰。演文武班尚好。酒半放烟火、花炮，亦可观。戌正散。

雨颇大。

十七日　雨

林听翁世兄来送行。

午刻，渡钱塘江，江山船伎即上次之人，姓钱名意翠，年已不甚轻，色亦平平，而应酬尚好，备席相款，赏十八元。

申刻，从西兴开船，行至中途，先是萧山县汪小蘅学澄来接见，继而绍兴府彭讷生来见。连夜长行，五更至绍兴府。

十八日　晴

辰刻，登岸拜客，先晤讷生，尚未进署。暂住龙山书院，在山上。次赴府中吊前任知府丁母忧，海韵楼容在苫次，见拜而未见。武员及两县即下船至码头，彭守、办厘局甘守及会稽陈宝善俱送，山阴县郑 × 滜因病未来。舟行山阴道中，适展倪云林《湖山书屋》卷，即次卷中题画原韵一绝句：

落灯风里棹归船，又过山阴峭壁边。
莫道江山不复识，寿藤古木总苍然。

十九日　晴

午刻，行至长亭候潮，登岸闲游。申刻开行，二鼓过大西坝，三鼓后抵大码头。

廿日　晴

黎明，登岸回署，时候太早，官与役皆不及接。

廿一日　晴

午刻，开印。边仲思、姚慎庵、胡 ××、蒋梧生、钱清严俱来见。

廿二日　雨

午刻，祀财神开库。

黄军门来晤。午后，答晤黄军门并拜昨来之客。

廿三日　雨

遣徐福赍钉封文书一件进省抚辕投递。内夹单禀三件：一详叙湄云轮船在浙不甚相宜调回更换，缘因总理衙门有信与中丞查此事也；一送税务司，翻译外国新闻纸；一送办贡经费曹平纹二千两阜康票。

遣张大赍六十五号家信回苏，附致退楼、校邠、小舫三函。

廿四日　阴

在上房院内搭台，演老庆丰班。此班在奉化乡间演春台戏，因明日为黄军门补寿送戏，故出票传来。既来之，先在署开演，请幕友观之，班中脚色有好有歹。演至子初而罢。

廿五日　晴

见官。为黄军门补寿送礼，收受梨园一部，酒席满汉菜两桌，对一副，往拜未入。答晤张奎翁。

廿六日

未刻，黄军门招饮，演老庆丰班，即我所送者，共三席，坐客张奎翁、边仲思、胡 ××、姚慎庵及六营将官。至亥刻散。

是日署中请幕友，演小如意班。至子刻始散，余先卧。

接金眉生信。发六十六号家信。

廿七日　晴

答金眉生信。

廿八日　晴

往晤惠税务司。

发六十七号家信。

二月

初一日　雨

发六十八号家信，附去王麓台画卷一个，附退楼一信。

辰初，至文庙、天后宫拈香。发李中堂复禀，并缴排单。

初二日　雨

辰初，致祭龙神庙。专丁徐福从省中回，带来杨中丞回信。

初三日　晴

五鼓，致祭文庙、文昌宫。

各营将官招饮观剧，在中营罗熊署。

初四日　晴

辰刻，致祭社稷坛。

演新萃丰班，共两席，客则胡 × 斋、姚慎庵。戌刻散。赏旦洋四元，赏戏十二千。

初五日　晴

见官。

夜雨。

遣徐福赍复中丞禀及致方伯信进省。

初六日　晴

辰刻，在官厅接丁学台，后至学院拜会。

接初四日家信。发六十九号家信。发研生信，交杨庆带去，杨庆与李彦仲同至上海，附伏船轮至津。

初七日　晴

辰刻，致祭天后宫。

初八日　晴

辰刻，致祭炎帝庙。

酉刻，请春酒两席，黄芍岩、张奎垣、边仲思、郭谷斋、胡 × 斋、姚慎庵、蒋梧生、张 × ×。散席已交子初。

以银四百两托张奎垣寄往广东，买翻刻殿板《廿四史》两部、《佩文韵府》一部、大号皮箱四只。

接初六日家信。发七十号家信。

遣豢鱼人送金鱼至苏交退楼。

初十日　晴

见官。

十一日　晴

发七十一号家信。

十二日　晴

申刻，请武营春酒，本有十二客，辞去八人，来者罗、周、李、松四人，亥刻散。

十三日　雨

接初十日家信，发七十二号家信。

王绍庭自京中来，带到研生信并皮统各物。

张子蕃前日自上海来，携到书画各件，买得其文衡山轴廿八元、文衡山轴廿四元、王麓台大轴卅二元、吴渔山小轴廿元、柴桢册六十元、石涛册六十元、莲池大师卷廿六元、《魏刘懿墓志》一元。

十五日　阴

辰刻，致祭文昌宫，又至武庙拈香。

发七十三号家信。

十八日　晴

发七十四号家信。

廿日　晴

见官。

是日起发疹子，遍体作痒。

发七十五号家信。

廿一日　晴

往裘云栋寓拜其母八十寿。

傍晚形寒早卧，心神恍惚，寤寐不安，幸未发大热。

夜雨。

廿二日　雨

卧床不起。

是日丁莲大学使考竣，本拟在署公请，坚辞而止。余因病不能往谒，伊来亦未晤。请马先生诊视。

廿三日　雨

卧床不起。

午后晴。

学政起马，差人送之。请马先生诊视。

廿四日　晴

始起。

因捐事请蒋梧生来，与之面议。定海厅左公来，未见。

发七十六号家信。

廿六日　晴

题仇十洲《岳阳楼图》，调寄《南楼令》：

烟外倚危楼，能消北客愁。水涵空、云梦南州，自古相从休务日，便乘兴，此淹留。　鸿雁起汀州，渔人一叶舟。数峰青、烟敛云收，醉倚阑干风月好，坐中客，梦中游。集东坡。

千丈翠奁开，浸天春雪来。俯人间、骇浪船回，凫雁江湖来又去，送归客，梦天涯。　哀乐未忘怀，青山非不佳。又何须、岸榭歌台，更觉元龙楼百尺，醉明月，右持杯。集稼轩。

廿七日　晴

得研生十五日信。

三十日　晴

答黄军门、边仲思、屠啸篔，俱未晤。

三月

初一日　晴

辰刻，文庙、天后宫拈香。夜大雷雨。

初二日　晴

得廿九日家信及退楼信。发七十七号家信。

初三日　晴

辰刻，祭先农坛，行耕籍礼。抵暮雷雨即止。

初四日　晴

绍兴府巡检欧阳浩来见，即托其带信与讷生，催赈捐。

初五日　晴

见官。

余因陈鱼门帮办赈捐，今年开局以来，忽而阑珊，大非去年之比，近日许解现洋万元，屡约屡爽。委员往寻，避匿不见。余乃于府县各官前大加责备，使之闻之。是日鱼门即凑现洋七千六百余元，与余所捐三千串，合洋二千三百余元，凑成万元之数，明日可起解矣。

初六日　晴

税库大使吴学礼来见，委其解赈捐赴沪，交沪吴刘芝、田瑞芬转解，即日坐轮船往沪。附与金眉生信。

初九日　晴

接初六日家信。发七十八号家信。复金眉生信。答晤黄军门。

初十日　晴

见官。

童薇砚之父百岁冥诞，往拜之。

十一日　晴

接初九日家信。发七十九号家信。

十四日　晴

赈捐局约数簿被陈鱼门携归，严札催蒋令交出。

十五日　晴

辰刻，武帝庙、文昌宫拈香。

郭谷斋来见，言柴桥卡委员与司事潘云汀不协，欲辞之，愿送干修。余却干修，立令将云汀撤回，并有信与云汀，令其即回。

夜雨。

十六日　雨

是日本已悬牌看卫安勇操演，面谕胡赍，天雨及不雨而地不干，皆不阅看，适辰刻又雨，因不往看。

接十三日家信。发八十号家信。

龚静轩之子名廷玉，号小轩，由省来宁，携有卢午峰书，欲告帮。

题萧尺木卷，集稼轩词填《渔歌子》十阕，小楷书于卷尾。

十八日　雨

接十五日家信。发八十一号家信。

大媳四孙小麟回苏，由内河行。

十九日　晴

黄岩镇总兵卢 ×× 来拜，即往答之。

廿日　晴

见官。

廿二日　雨

是日余常诞，同城文武官俱来拜寿，皆辞之。午后，出门谢寿，遇雨而归。幕友、账房友送戏，辞之不获，传老庆丰班来演。上灯后始开场，四点钟乃罢。

黎明，至万寿宫拜牌，大雨不止，坐处、行礼处皆漏。

天后圣诞，至庙拈香。

接研生信，知于三月初六诞一男。接二十日家信。发八十二号家信。

胡雪岩来，托以抚署办贡事，并随时排解谣言。

以皮锤赠退老，并以诗代柬。

廿三日　晴

阅王仲瞿诗中用许迈语，以《兰亭序》句对之：

此地有崇山峻岭，茂林修竹；
所在皆金堂玉室，瑶草琪花。

廿四日　晴

仍演老庆丰班，还请幕友、账友。子刻始散。

廿五日　晴

见官。

夜大雨。

午后，谢寿未到者补拜之。

廿六日　阴

送郁崑萧山人，新探花程仪十六元。送龚小轩廷玉，辛丑同年龚静轩之子程仪廿四元。送陈桂程仪四元。

廿七日　晴

接廿五日家信。发八十三号家信。

廿八日　晴

是日立夏，循俗例秤人。余重一百四十斤，较上年重二十余斤。张姬重九十三斤，浦姬重八十五斤，八官重三十五斤，大孙重一百二十斤，大孙媳重九十一斤，大曾孙女重二十八斤，三孙女重十二斤。

抵暮，大曾孙女忽然厥去。始疑为惊风，一妪云此犯飞土也。杀一鸭，涂血于额、鼻，渐苏。念《收土咒》四十九遍，渐愈。

四月

初一日　晴

卯刻，文庙、天后宫拈香。

接廿七日家信。发八十四号家信。

初二日　晴

发研生信并京信廿七封。新庶常吴圭庵观礼来晤。

初三日　晴

接初一日家信。发八十五号家信。

初五日　晴

见官。

初七日　晴

辰刻，祭先农坛。

初八日　晴

接初五日家信。发八十六号家信。

初十日　晴

见官。发八十七号家信。

十一日　晴

往晤黄军门，托以造金州战船事。

是日家中大麟于归延陵，署中亲友皆来贺，备两席款之。

十二日　晴

发八十八号家信。复应敏翁、金眉生信各一函。

接李中堂批，云“该道乐施好义，捐钱三千串，计有库平钱一千六百数十两，给予从一品封典，有盈无绌，仰候核明例章，即请奏奖”云云。

十五日　晴

见官。

于署东廊房开窗两扇，以纱障之。墙外过都天会，凭而观之。

接十二日家信。发八十九号家信。

十七日　晴

接十三日家信。发九十号家信。

十八日　晴

往晤周复庵，托造船事，曹恺翁往托之。答拜候补参将张大雄、户部主事沈星标。

十九日　晴

杨庆附伏波轮船从京中来。

依旧也思鲈，近日消磨，客里不须谈世事。　　如何休寄雁，溯风舒啸，我来直欲挟飞仙。

廿日　雨

见官。

廿一日　晴

雅志可闲时，问结庐人远，款竹门深，任他车马虽嫌僻。此心游太古，记曲径幽寻。插花短舞，戏引儿孙乐有余。　　书影舞飞梭，乍扫苔寻径，隔柳呼船，引将芳思归吟箧。夜游频秉烛，试借地看花。行歌趁月，犹未忘情是酒筹。曹恺翁邀大孙、卓卿游天童。

廿二日　雨

接十七号家信。发九十一号家信。

廿四日　雨

接十九日家信。发九十二号家信。

廿五日　雨

见官。

致张仲甫信，赠三十元，附边仲思十元。复何青耜信。致卢午峰，托龚栻中府经历，其叔任臣衡龄太守，辛丑同年。

每日临《温公碑》数百字，以作书课。枕上口占：

一代唐贤迹，欧阳笔最遒。
端庄整绅笏，劲险挺戈矛。
含蓄垂皆缩，纵横往必收。
温公残碣在，善本幸长留。
唐代大家推信本，盛唐名手数王虚舟何义门。
俨然武库森矛戟，临仿其如腕弱何。

欧书第一九成宫，笔谏何曾让柳公。
试与此碑较优劣，果然异曲有同工。

童年涂抹仿欧阳，老去重临尚未苍。
翻以寿徵夸稚笔，子孙逢吉我康强。

一砚传家愧未能，况将遗墨付云礽。
漫凭弱腕追前哲，漆室千年炳一灯。

廿六日　雨
发九十三号信。

廿七日
致研生京信，托阜康寄。

廿九日
发九十四号信。

五月

初一日　雨
卯刻，文庙、天后宫拈香。
日有食之，在大堂院内东向行礼三次，分府一员、教职四员随同行礼。
发九十五号家信并致退楼信。

初二日　晴

题欧帖：

揣公气宇定昂藏，洋溢声名海外扬。
中国大人占利见，书家也有郭汾阳。

初三日　晴

接初一日家信。发九十六号家信。

初五日　雨

辞衙参。至贵神庙拈香。

水中凫，梦中蝶，隙中尘，更没些闲，恁做静中镜。　王家竹，谢家池，陶家柳，无之不乐，须记旧家时。集辛稼轩词句。

水云乡，风月地，松菊径，凤凰巢。岁晚情亲，老去怕寻年少伴。　盘谷序，辋川图，谪仙诗，居士谱。朝熏暮染，近来始觉古人书。又。

种树书，莳花谱，养鱼诀，相禽经。老圃生涯，城市何妨藏大隐。　藏古画，蓄异书，抱周罍，拓秦印。（储宝绘，蓄异编，考吉金，订乐石。）名山事业，风尘哪许托知音。撰句赠退楼。

初六日　晴

接初四日家信。发九十七号家信。

文雅旧知名，笑千篇索价，三径初成，剩安排一壑一丘，为簪黄菊。　幽栖身懒动，试借地看花，就泉通沼，还记得听风听雨，吟老丹枫。集稼轩、玉田句赠退楼。

初八日

接初六日家信。发九十八号家信。

初十日　雨

见官。

十三日

卯刻，武帝庙拈香。是日圣诞，照中祀祭献。复至内关武帝殿拈香。

十五日　雨

卯刻，武帝庙、文昌宫拈香。

庶常张佩纶来晤，古愚之堂弟，翩翩美少年也。

十七日　雨

发九十九号信，并金少芝寄来手卷四个，寄至上海椿记栈交骏叔收。

二十日　晴

见官。

得骏叔在沪十九日禀。发一百号家信，寄至椿记栈交骏叔。

廿一日　晴

凌霄花馆会课，以“雨声荷叶香”命题。夜不成寐，口占一首：

万柄荷如镜，花香叶亦香。
微波风力定，侵晓雨声凉。
淅淅跳珠颗，田田集翠裳。
湿衣雳蛱蝶，擎盖护鸳鸯。
有韵铃能和，无言水自芳。
闹红移棹听，饮绿卷筒尝。
喧欲搀蛙鼓，清宜却麝囊。
催教鸥梦醒，坠粉露瀼瀼。

廿五日　晴

三儿自苏搭轮船来宁。

廿六日　晴

天气骤热。

廿九日　晴

下午口渴，连饮茶数瓯，微觉发热，延医服药。

三十日　晴

卧床未起，仍服药，而热已退矣。

六月

初一日　晴

因病未往拈香。病愈。

初二日　晴

月湖书院补春季课孝廉堂，巳刻往，边仲思、胡勖之俱在。

文题“其生也荣”；诗题“重译来王，得‘重’字”；赋题“金涂塔赋，以‘金涂宝塔一夜造成’为韵”。

初四日　晴

阅凌霄馆会课卷，取五本。文题“‘非求益者也’二句”；诗题“进德修业”。

初五日　晴

见官。月湖书院生、童课卷阅竟。

初九日　晴

总税务司赫德出京后，由上海、广东、福建而来，款以酒果。午后，往晤送礼，只受水果。

初十日　晴

见官。送张佩纶程仪二十元。

十二日　晴

黄军门来晤。

十五日　晴

卯刻，武庙、文昌宫拈香。

答拜黄军门并贺生子。

答研生信，附复绍兴京官信，为绍兴水利事也。

偶忆龚定庵词，有《赋卧钟》一阕，枕上口占七律咏之：

> 不悬杰阁枕荒丘，劫火能逃大冶投。
> 曾伴鼎彝三代古，长埋苔藓六朝留。
> 不鸣哪许号千佛，高卧偏难挽万牛。
> 代远年湮文漫漶，吉金著录费研搜。

十六日　晴

胡雪岩信来。道玢送移居礼，并送金腿廿只、痧药三种。

十七日　晴

偶忆李白“头戴笠子日卓午”句，赋排律一首，于枕上口占得之：

> 饭颗山头客，相逢日午时。
> 长镵曾托命，短笠又吟诗。
> 帽影当檐直，钟声出寺迟。
> 写形天浩荡，曝背叟支离。
> 钓雪孤舟梦，飘烟万户炊。
> 牢骚搔首问，顾盼侧身宜。
> 南阮裈同晒，东坡屐并随。
> 芳徽如可挹，绘入浣花祠。

十九日　晴

摘录凌霄馆诗两首：《赋得雨声荷叶香》。

> 新荷环老屋，著我水云乡。

雨忽飞声急，花还逊叶香。
珠跳圜奕阮，玉戛透丁当。
翠助蕉根活，青分竹榭凉。
暗中挽酒气，空外滟波光。
顿悟闻根妙，难停密点忙。
避喧鱼懒戏，耽寂鹭深藏。
霁后谈禅久，疏钟落上方。

节用爱人，得“人”字。

鲁论垂箴切，周官赞治神。
节惟防滥用，爱不悖知人。
朴素康衢化，慈乌及屋均。
厚生沾美利，弛力酌公旬。
蓄有疏材豫，膏无荫樾屯。
耕三余九积，英百俊千抡。
赈粟非淫赏，钧金本至仁。
度支充国帑，葵日献尧宸。
有幅裁如制，无笺体以仁。

二十日　晴

见官。徐福自省回宁，带到中丞回信，所有办贡经费两竿，本不欲留，因近接内务府来文，抄录旧案，添出贡物不少，是以将此项暂存，倘无须续办贡物，尚欲付还也。

接张仲甫回信，附来东坡居士牙章一方、汉张姓私印十一方，索价三四十元，大约只得情销矣。

廿一日　阴　下午雨

赠金邠卿一联云：

抱三尺琴，游三山岛，水仙操，移我情矣；
载万卷书，破万里浪，郁林石，渺乎小哉。

赠若雪女史一联云：

一曲素琴心怊怅，清音弹别鹄；
十笺香草谱芊绵，芳思托瑜麋。

邠卿先生学问湛深，襟怀豪放，前年遨游日本，东诸侯拥彗郊迎，待以上宾之礼。经年小住，酒醴笙簧，殆无虚日。迨其行也，赏赠如雪，却之不受，挟书万卷而归。先生精于琴学，亦为东人国所钦慕云。

西土求佛书，东土求儒书，三藏而还，艺林定补东游记；
下士珍货物，上士珍文物，重洋以外，异域争延上国宾。

邠卿往游日本，诸侯延为上客，日本重中国文字，载籍极博，皆中国商人携往贸易者。中国自粤逆扰后，各省书籍尽付劫灰，邠卿忽发奇想购之异域，尽出囊中金，载书万卷而归，其未及载者，尚有数十簏，拟雇轮舟，续往载回，豪举卓识，度越恒流矣。

廿二日　晴

炎帝诞辰，诣庙拈香。

甘草二分、大黄三分、硃砂一合共为细末，用黑砂糖□五分，用开水调化，均为两次，以茶匙徐徐灌下治小儿中暑发急惊。方见□闻□。

廿三日　晴　午后雨

王绍庭自京中回，带到研生信及托买各物。

廿四日　晴　午后雨

惠达来晤，欲往游日本，似来辞行之意。

廿五日　晴

见官。

为殿卿题《秋夜读书图》，集家词四阕。

午后，答拜税务司惠达、翻译官索麦礼，俱扰其酒果。拜黄军门未晤。

桥失慎，前往弹压，抵暮而归。

廿九日　晴

下午洗浴后少睡片时，起来忽觉寒凛，旋即发热，延医服疏散之剂。晚间仍发热，黎明后汗出热退。

七月

初一日　晴

偃卧未起，仍延医服药。

恩竹樵中丞有《咏秋兰》四律，用王渔洋《咏秋柳》原韵，刊刻征和，吴下诗人和者甚多。余于枕上口占，亦和四首：

疑是春葩乍返魂，非防锄去不当门。
雁来鸿往花无信，蝶染蜂熏梦有痕。
香草因依松菊径，美人生长苎萝村。
屈灵均后谁知己，沅芷江蓠许并论。

独抱红心配拒霜，不随春草梦池塘。
吟偕菊颂成双璧，佩并荷衣叠一箱。
冷艳本宜承白帝，国香原不让花王。
笑他桃李多凡俗，烂漫徒夸碎锦坊。

娇藏金屋护帘衣，紫苑韶光转眼非。
客过寒江纫佩少，蝶来空谷采芳稀。
琴心三叠花如笑，画本双钩露欲飞。
一室清言能解语，同心相订莫相违。

移栽瓷斗见犹怜，剪取湘江一尺烟。
同谱春花分冷暖，读骚秋士感缠绵。
投来玉燕曾双梦，开向金蝉又一年。
弱质不堪殊臭味，胆瓶休傍茗炉边。

录此四律寄与许颖叔，托其笔削。

初二日　晴

署定海厅陈乃瀚来禀，到禀见。

初四日　晴

屠啸篔、贝珊泉来晤。

预拟孝廉堂楹帖：

入则孝，出则弟，守先王之道以待学者；
顽可廉，懦可立，是百世之师尚友古人。

又有一联云：

百善孝为先，六事廉为本；
×××××，终身恕可行。

惜少一句，容思之。

奉怀俞荫甫太史，即用其和竹樵方伯韵。

东望乡关忆故人，传钞社稿剧清新。
碧云红叶山游剡，白露苍葭水阻秦。
远道诗筒欣可接，新凉灯火喜相亲。
西泠旧有诛茅约，问字亭边愿卜邻。

初五日　早晴　午后雷雨

见官。

往晤黄军门，告其周复庵承造金州战船，言定一万一千四百金，前已领过三千金，现在又要领三千金。军门云，嗣后可缓付，余即托军门转谕之。答童老五、屠啸篔。

阅凌霄课卷竟。

再和俞荫甫韵：

凉花最爱饱霜腴，莲社能容俗客无。
得句羡君双璧贵，废吟媿我一官粗。
邮筒只讶新诗捷，轮船翻嫌内地迂。

玉井呼童频汲取，瓷盆供养石菖蒲。

袁子辛从沪上来。

初六日　晴　午后阵雨

子辛为余画照。

七夕雨，用俞荫甫韵：

洗车雨送女牛来，涤尽茫茫大地埃。
蛛结网悬珠错落，鹊填桥绕水萦回。
无须漏补牵萝婢，尽许甘分乞果孩。
侧听檐声晴未稳，预然泥滑曝书台。

初七日　晴

金邠卿从沪上来，与书客华某偕带书四箱来。

子辛为八儿画照。

初八日　晴　午后雨

□成。

子辛为凌波画照。

余为邠卿之姬人题照，姬日本人也，用其集中赠卷儿诗韵：

别绪纷纷碎似蕉，凤巢抛去付飘摇。
天长地久因缘短，不但魂销骨亦销。

樱桃颜色柳丰姿，独立娉婷寄远思。
檀口脂痕添黛色，不应犹唱比红儿。

珊珊环佩恨迟来，席地芳茵扫绿苔。
结得同心从异域，美人何地不怜才。

初九日　晴　午后微雨

子辛为宝如画照。

邠卿携示东洋古寺所藏残经两卷，日本僧彻定各有跋尾，皆断为唐人所写。余审其笔意，有一卷似张即之者，不过宋人笔，其一卷系小行书，不能定为何代也。

（眉批：或此卷写经在先，而张即之师其笔法，亦未可定，未敢执一己之私见也。）

初十日　晴

子辛补画凌波照，午刻乃毕。下午子辛又为余钩一墨稿。

十二日　晴

黎明，至万寿宫拜牌，同城文武官毕集，康慈皇太后万寿也。

大孙乞铭天然砚，为题六十六字：

世间物，贵天然。端溪石，其一焉。厥性柔，厥体坚。厥质朴，厥貌妍。圭角去，太璞全。洼者池，平者田。温而润，椭而圆。濯蕉雨，吸松烟。诗可圣，书可颠。石可臼，铁可穿。守勿失，子孙贤。

十五日　晴

卯刻，武帝庙、文昌宫拈香。

十六日　晴

子辛为余画照。答退楼、香严书。

十七日　晴

高蔚元，号寿农，辛丑同年高本仁之子，户部主事。恽彦彬，号次园，传胪，常州次山之曾侄孙，均来会。

陪宝如画照。张茂暄莲生之兄来晤。

十八日　晴

答拜高、恽两公。顾顾山之子来晤，诡云被掳为僧，实则为僧乃前事，今从家中逃出者。

答研生信，并贺京中贺中秋禀信廿二件十九日发。

十九日　晴

凌霄会课是日阅毕。

头戴笠子日卓午。摘其佳句于后：

蠹凭壶氏验，尖欲笔公疑。
小样新裁篛，晴晖正向葵。
图兼双屐绘，阴侍八砖移。
×××××，松梢影未欹。
笑谈天地小，笼罩古今奇。

有人持来王阳明大楷书《易经篆辞》纸本册两本，蓑衣裱，大约是屏幅截开者，书法妙绝，有六朝人风味，索价二百元。

二十日

见官。

前夕，幕友往关上看夜戏，浦祝三醉后谓曹恺翁云，外间有人说关书项涛因谋缺一事，送洋三千元与恺翁。恺翁问其得自何人，则云得自侯莱谷，莱谷得自关书徐博泉。越日，恺堂嘱余严究。即于是晨，令祝三邀莱谷到署，书亲供一纸，并项涛押发鄞县，立传徐博泉到案质讯。因项涛于同治九年八月间得缺时，曾出洋五千元填亏空，辗转传述，遂成此谣。其时尚在文道任内，曹恺堂尚未入幕，何由得贿？令三人具结完案。送高蔚元二十元辛丑同年本仁子、恽彦彬二十元新传胪、张茂暄十二元部司务，皆送程仪。

子辛为浦姨画照。

廿一日

子辛为余画照。

廿二日　晴

午后，写对十余付。江东七塔寺重修告成，祝三为寺僧乞余题楹联，刻于石柱：

佛从海上飞来，息足小普陀，无量无边，誓愿众生超苦海；
僧似山中习静，栖心大自在，即喧即寂，始知尘市有深山。

廿三日　晴

考月湖书院生、童诗赋。生赋题“逸老堂赋，以‘四明狂客，风流季真’为韵”；诗题“大暑去酷吏，得‘凉’字”；“秋兰，七律四首，用王渔洋《秋柳》韵”；“月湖秋泛棹歌，七绝，不限韵，不拘首数”。童赋题“天一阁赋，以‘为浙东藏书家第一’为韵”；诗题“清风来故人，得‘清’字，律绝同”。巳刻点名散卷。

廿五日　晴

见官。以四十元得王阳明先生楷书《篆辞》册。由屠啸筼处送来书画一包，以成亲王行书屏四幅、黄小松行书对、朱竹垞隶书对为最。与退楼、黄焕烟信各一。

为大孙铭天然砚。（铭文见十二日记。）

廿六日　晴

骏叔回苏，坐轮船渡海至沪，未刻登舟，同行者杨少梅、袁子辛、金邠卿、书客华寿域，下人赵玉、朱妪也。

廿八日　晴

接骏叔安抵申江之信，仍寓椿记栈。

枕上续《咏秋兰》四首：

话到三生石上魂，前身犹记旧蓬门。
孤根咽露同蛩语，万叶凌霜剔蠹痕。
偕隐常依丛桂岭，沐芳曾入浣花村。
晴窗检校离骚注，碧杜红蘅子细论。

枫江木落忆吴霜，花市人家七里塘。
入室久香瓷制斗，出山小草竹编箱。
云扶绮石供幽客，雪洒青琴感楚王。
一自白堤荆棘蔓，更无人问永丰坊。

合伴蓉裳分芰衣，移根换叶故山非。
露零残粉蝶逾瘦，风秘幽香蜂更稀。
芍药中洲欢事渺，靡芜远道旅魂飞。
芳盟有约莼乡去，归载荃挠愿莫违。

江潭树老已堪怜，况复飘零九畹烟。
骚客青瑶方结佩，湘娥翠袖欲装绵。

笑拈并蒂成连理，愿共灵芝祝大年。

比似谢庭佳子弟，披华擢秀玉阑边。

廿九日　晴

军门派周复庵带红单船，贝珊泉带伏波轮船出洋缉盗，获盗两名。周、贝两君来见，发盗交县审讯。

以十六元买象牙搁臂一枚，精巧之极，有类鬼工。

借观陈粹甫家楹帖，以朱竹垞、黄小松、金冬心、伊墨卿隶书四副为最佳，用油楮双钩，以存副本。

三十日　晴

从退楼处借到王虚舟大楷书《桃花源记》屏十二幅，用油纸映摹，从昨日起至今日傍晚始毕。

八月

初一日　晴

卯刻，文庙、天后宫拈香。

接到骏叔三十日沪上禀。发一百〇一号家信。

初三日　晴

连日和《秋兰》诗，前后共得十六首。

初五日　晴

五鼓，文庙丁祭。

发一百〇二号家信。

初六日　晴

接骏叔初四日到苏信。

平明，祭社稷坛。

金华协台全瑞，荆州驻防。余昔年在官制军营务处，似曾相识。今因黄军门调伊来宁，阅看弓马，盖军政年旧例也。伊年已六十三 岁，恐不能骑射，托余转求军门，免其马箭。余即转恳军门，军门允之，仅看其步箭而已。

初七日　雨

遣张寿赍中丞贺禀，进省投递，内附夹单，禀送办贡费二千两银票一纸。

初八日　晴

接初六日家信。发一百〇三号家信。

仿佛明妃绝代魂，投诗径欲吊荆门。
小山丹桂如承盖，曲砌苍苔不上痕。
雾下三湘都化水，风香九畹自成村。
名花次第看将尽，廿四番风倒指论。

花受金风叶受霜，微波词妙托银塘。
培成宦海三株树，熏到香闺十锦箱。
净土皈依金粟佛，寒泉同荐水仙王。
燕辞巢去花仍发，犹忆吴趋旧日坊。

宰相山中重白衣，其如馨烈故侯非。
立于荆棘丛中独，赏到绮罗香外稀。
蕙帐四周容蝶绕，瑶琴一曲送鸿飞。
芳名岂藉真珠贵，花样投时也不违。

亭亭弱质瘦堪怜，罢炷熏炉一缕烟。
居与善人香耐久，品如君子泽长绵。
沁花凉露垂双管，凛蕙光风殿一年。
一滴蕊珠蜂莫采，甜如崖蜜彻中然。

初九日　晴

辰刻，祭天后宫。

初十日　晴

辰刻，祭文昌宫、火神庙。

十一日　晴

发一百〇四号家信。

十二日　晴

往送边仲翁，因其即日晋省，并将胡秉璠通判撤任之信面交午峰方伯。因胡公听信门差四出讹人，以致来辕控告者纷纷，不能徇同乡情面而庇之矣。安徽编修金镜湖鉴来晤，有金眉生信。

十三日　晴

卯刻，祭武帝庙。

接十一日家信。发一百〇五号家信。

十四日　晴

边仲思于昨晚进晋。

十五日　晴

卯刻，武庙、文昌宫拈香。

仲思六十正寿，往拜。往各衙门贺节。

发一百〇六号家信，附致俞荫甫信，并七律廿三首。致退楼信，楷书近作横幅一张。

十六日　晴

辰刻，龙王庙、风神庙拈香致祭。

十七日　晴

接中秋家信。发一百〇七号家信。

年侄葛理斋自上海交名条一纸，求与沈仲复说项。余许其转托退楼，即致书退楼，以此事托之。

十八日　晴

辰刻，祭吕祖殿。

十九日　晴

接十七日家信。发一百〇八号家信。发致朱研生信，内附致许星叔信。又致朱茗笙信，均交王绍庭带去。

偶阅苏诗，见公自注云："《楞严经》云，我今示汝无所还地。"因得句云："归云自识无还地，积雨难遮有漏天。"

二十日　晴

见官。

廿一日　晴

午后，税务司惠达来晤，新从日本国游历而归。

枕上口占赠壶园一联：

名花蠲忿，美酒延年，笑傲即神仙，不羡长房壶隐；

瘦石补云，小池涵月，往来无俗客，何殊庾信园居。

睡至半夜忽然寒凛，背如水浇，复以重衾，渐觉发热，继而汗出，约一时许始退凉。

廿二日　晴

延医生赵庆堂来诊，服豆卷、葛根等药。

至抵暮复觉寒凛，较昨稍减，逾一时始发热，口中作渴，连饮茶五碗。彻夜神思恍惚，梦寐不安，清早始退凉。

延医周庆云来诊，门生陈汉章所荐。据云有疟象，服柴胡汤。

廿三日　晴

发一百〇九号家信。

是夜先服药，寒热未来。

廿四日

仍延周庆云诊。发一百十号家信。

廿五日　晴

见官。

廿六日　阴

鄞县举人郑震因其母之丧，托门生陈汉章介绍，请余点主。是日午刻前往，一切礼节较我乡更繁重。

午后雨。

发一百十一号家信。

廿八日　晴

午后，答晤税务司惠达。

民人周廷贵遍贴招子，声言是日鄞、慈、镇三邑之民，合力填新开河，英国领事不允。余恐酿成衅端，先札饬鄞县姚令于是日前往弹压。至抵暮姚令来禀，已解散无事矣。

廿九日　晴

接廿六日家信。发一百十二号家信，附致沈书森、汪岭梅两信。

九月

初一日　晴

辰刻，文庙、天后宫拈香。

余忽觉伤风，喷嚏时作，延周庆兰来诊视。张、浦两姨，八儿、大孙媳均邀其开方。

新得倪云林轴，交华福带还苏州。边仲思来晤。

初二日　晴

仲思又来。

接廿九日家信，附许颖叔《秋兰诗》四叠。发一百十三号家信。

初三日　晴

接郇领事照会，因填河一节，已申达彼国驻京大臣。

初四日　晴

发详中丞文知咨总理衙，并与郭谷斋信，托其将填河细情转禀中丞，专差赍送，坐脚划船去。与沈彦徵敦兰信，并节略三件，皆言填河事。又发详通商大臣禀。

初五日　晴

见官。

接初三日家信。发一百十四号家信。

邀张竹坪来，托其与英领事商办填河事。

初八日　晴

接初五日家信。发一百十五号家信。

黄军门来晤并辞行，晋省见新制台李鹤年，面商军政事宜。午后，往送军门，已登舟矣。

初九日　晴

仲思于八月十五日六十寿诞，当时晋省为避寿也，余与宁属五县公送戏双本、酒四席，仲思坚辞不受而罢。

初十日　晴

见官。据姚令面禀，绅士张竹坪等与副领事索公面商填河一节，索公已允许矣。随即照会英国郇领事，并札宁波府、鄞县，并谕张斯安，定于十五日填塞新开河。

接初八日家信。发一百十六号家信。

十一日　晴

填河一事恐外国人反复，托曹恺翁函询戈砚畇，得回信云可以照办。

十二日　晴

午后，请张竹坪来署议开河事，竹坪适回慈溪，其同事杨淡泉来见，是日曹恺翁请戈砚畇、杨远香午饭，因邀同面商。据远香云，此河应从东口填起，淡泉、砚畇均以为然。然前日竹坪来议，则从西口填起，其说已不符矣。

少梅骑马至新开河相度形势，亦以从东填起为是。

十三日　晴

杨远香来晤，云伊与竹坪、淡泉、砚畇均见过，复申从东首填起之议。而竹坪等均云前日与副领事索公面商，已说定从西首填起，今改从东口，恐失信于洋人云云。远香特来知照。

未几接郇领事照会云，十五日填河需从西首填起。

十四日　晴

接十一日家信。发一百十七号家信。

十五日　晴

武庙、文昌宫拈香。

接十三日家信。

是日填新开河兴工，札饬鄞县姚令赴工谕话弹压，工程一切托张竹坪、杨淡泉照料，经费托杨远香照付。此履任后第一快心事也！前任文道办而未成，余上年即欲举办，屡议不果。近又为周廷贵招贴激怒洋人，几乎决裂，今日居然得手，故倍觉快意云。

十八日　晴

黎明，至万寿宫拜牌，贺大婚也。

张竹坪、杨淡泉、卢映甫来晤，据称与索翻译谈填河事，不允填塞东口，并云周廷贵复有招贴。传姚令来见，令其查周廷贵招贴事。边仲思来探问前事。

接十六日家信。发一百十八号家信。

二十日　晴

见官。

廿一日　晴

发一百十九号家信。二孙与朱竹吟、浦丽山从沪坐轮船来宁。

廿三日　晴

接廿一日家信。发一百二十号家信。

新开河填塞西口今日已合龙。

廿五日　晴

见官。午后，答拜福建翰林潘 ××，贺三府伊 ×× 接印。

接廿三日家信。

廿六日　晴

发一百廿一号家信。

格寿峰来晤。

廿八日　晴

接廿六日家信。发一百廿二号家信。

廿九日　晴

送福建翰林潘 × × 程仪十六元，拔贡朱芾四元。

余又冰之子来晤，送《舆地图》一册、漆砚两方。

接朱研生九月十一日信，送果品四色，并京官各件。王绍庭从京中带出，因车中跌下伤足，在沪就医，未来。

十月

初一日　雨

辰刻，文庙、天后宫拈香。

接廿九日家信。发一百廿三号家信。

初二日　晴

以五十元得国初人书画集册一本禹之鼎、王武、吴伟业、王翚皆画，汪士鋐、刘墉、何焯、姜宸英、梁同书、王文治皆书，吴日生易字册一本，王雅宜宠行书一本。

初三日　晴

发何铁山一信，买其翠宝各小件，计洋三十元未付，退还翠札件五对，宝六粒。以六十元得李长蘅书画册一本，明贤尺牍一本，宋曹、傅山字册一本，无名氏临阁帖一本后添董思翁印，茅古董经手。

初四日　晴

张竹坪来晤，据称西口筑坝业已完工，见索翻译面致津贴地亩六百元，退还未收，复论淘淤一节，竹坪答以须在新开河中间筑坝，庶水可断而泥可挖，翻译亦以为然。实则中间筑坝即与东首填口无异，洋人亦入我彀中矣，嘱其即具禀开办。

初五日　晴

见官。

美国新到兵船一只，罗领事偕伊国带兵官三人来见，款以酒果。

接初二日家信，知大孙于是日到家。发一百廿四号家信。

初六日　晴

曹恺堂乞题“花好月圆人健”小影。

千红万紫斗鲜新，凭仗心田雨露均。
常有好花熏砚席，室中留得四时春。

情天不老月团栾，大好楼台托广寒。
捣药不须烦玉兔，驻颜自有九还丹。

抛却长镵与短笻，羡君身似后凋松。
天生腰脚长年健，留看江南十万峰。

初七日　晴

接初五日家信。发一百廿五号家信。

初八日　晴

辰刻，赴小教场，阅卫安勇操演。文前任每年不过阅一次，或有终年不阅者，今一年两阅，欲该勇等知所勉励也。

初九日

接初七日家信。发一百廿六号家信。

初十日　雨

卯刻，至万寿宫拜牌，慈安皇太后万寿。

午晴。

十一日　晴

申刻，赴边仲思招饮，两席，客五人，黄军门、伊通判、姚鄞县令也。子初刻始散。

东西屋堆菊山，约有二百余盆，皆自种也。

十二日　晴

接初十日家信。发一百廿七号家信，附致退楼、璇甫两信。

十四日　晴

接十二日家信。发一百廿八号家信。

十五日　晴

辰刻，武庙、文昌宫拈香。

侵晓冲寒去，天西盼月华。
妖蟆吞不尽，又被妒云遮。

姚慎庵晋省，嘱其将周廷贵一案及填河情形转禀中丞。

以廿六元得石田长卷。

十六日　晴

接十四日家信。发一百廿九号信。

十七日　晴

得傅青主、史曲林汉、李君实、文休承画卷，张二水字卷。

十八日　晴

得陈居中、恽南田画卷，王石谷、张燕昌画轴，刘石庵字小拆。

十九日　晴

接十七日家信。发一百卅号信。

二十日　晴

见官。知中丞委郭谷斋办岱山盐务，宁郡厘局委宋颐接办。

廿二日　晴

接二十日家信。发一百卅一号家信。

廿五日　晴

见官。赵鲁沂告假归家。

廿六日　晴

接廿二、廿四两日家信。发一百卌二号。

廿八日　晴

发与朱研生信，附各京官禀信各件，内附亲笔夹单者潘星斋、胡小蘧、彭芍亭、朱茗笙、许星叔。

廿九日　晴

午刻，请外国人，到者英副领事索礼璧、税务司惠达、参将葛格，陪客张竹坪、边仲思、郭谷斋、胡赉。请而未到英领事郇和、美领事罗尔梯、天主堂正教士苏凤文、副教士××。散已上灯。

三十日　晴

接研生十八日信。发答研生信，附答沈彦徵信。

十一月

初一日　晴

辰刻，文庙、天后宫拈香。

午后，送郭谷斋行。拜黄军门、周复庵，未晤。

初三日　晴

姚令自省回宁，来见。

接廿九日家信。发一百卌三号家信。

初五日　雨

见官。

接初二日家信。发一百卌四号家信。

初六日　晴

以廿七元得恽南田轴，快意之至。

初七日　晴

接初五日家信。发一百卅五号家信。

初十日　晴

见官。

接初七日家信。发一百卅六号家信内附姚氏书目。

十一日　晴

是日苏中四孙娶孙媳于王氏，择亥时结亲，此间只备酒两席，请幕友而已。

十二日　晴

接初十日家信。发一百卅七号家信。

十四日　晴

接十二日家信。发一百卅八号家信附致李眉生一函。

往晤黄军门。送翰林王崧辰行。

是夕发痧，知照姚令明早拈香，不往。

十七日　晴

接十四日家信。发一百卅九号家信。

见南田《芝山谷翠图》轴，乃生平仅见之作，为之狂喜。

十九日　晴

以百元得大痴、徐幼文两轴，以三百六十元得任渭长画册六本，为快心之事。

二十日　晴

见官。

廿一日　晴

接十九日家信。发一百四十号家信。

廿四日　晴

接二十、廿二日家信。发一百四十一号家信。

廿五日　晴

见官。午后，张竹坪来晤。

前日得朱竹垞隶书《十老诗》自跋一页。竹垞藏有徐天池《十老图》，因赋此诗，而图已佚去，付之想象而已。今日古董家持破画一卷来，捡之，而天池《十老》在焉，仅缺老妓一页，不禁狂喜，且以贱值得之，倘所缺一页，亦复珠还璧合，则快意极矣。

廿六日　晴

辰初，至本署、武庙暨财神、玄坛神前拈香。

是日传班演戏敬神。

张竹坪送来胡晓峰家书画一箱，共九十余件，其中佳者有二十余件。

廿八日　晴

接廿五日家信，知赵松坡持来褚摹《兰亭》墨迹卷、唐人写《郁单越经》卷，永仓徐仰屺所藏，索价三千金，骏叔开口即还六百金。余复信嘱其不论价值，以成为度，未知有缘得此否也。

题徐天池自绘《田水月小像》：

得时长揖大将军，失势方知狱吏尊。
一梦春婆谁唤醒，烟篛雨笠月黄昏。

久将道号署青藤，稚子天池亦自称。
名字幻成田水月，宛然谜语绘春灯。

题姜西溟《临赵松雪洛神赋》：

吴兴笔妙宛惊鸿，继起西溟刻画工。
莫道邯郸难学步，恍然重过水晶宫。

相传子敬厌家鸡，此赋曾摹数本携。
绝学千秋谁接武，山阴一脉付慈溪。

题徐文长《十老图》及朱竹垞《十老诗》：

后村当日有新诗，入画争传米虎儿。
妄换马还渔换吏，后人何必苦人师。

传神妙手数青藤，朱十联吟价更增。
老去襟怀当益壮，休嗟耄矣谢无能。

以上六绝皆昨枕夕上口占。

廿九日 晴

夜演小如意班于内宅门，未及数出，五块桥板失慎，即停戏。

因臀上生痈，明早拈香不能去。

十二月

初一日 晴

午后，续演小如意班，至二鼓而罢。

初二日 晴

接廿七、廿九日家信。发一百四十三号家信，知褚《兰亭》及唐人写经以六百十四金得之，为之狂喜。

初四日 晴

曹恺堂、张一松自沪坐轮船来宁，大孙与我庾因上船不及仍未来，下人张茂携铺盖上岸，大约仍回椿记栈矣。

接初二日家信。发一百四十号家信。

天台人郑金斗精于风鉴，上年在苏谈相皆奇中，兹持吴退楼荐书来署，时已下午。余请其略观大概，据云寿可至八十七岁，数年之内不能赋归。六十三岁驿马不动，六十四岁下半年要调动，然未必远调，大约不出省，外官做至七十岁，以后尚要做京官五年，至七十五岁方可回家。六十三岁尚应添一子。生平不聚财，因剋削多也。上司人缘甚好，而奴仆室皆不得力。一生无风波之事。姑记于此，以观日后验否？

初五日　晴

见官。

午后，起大风。是日大孙在沪，计应动身，而竟夜之风如山摇地震，伏枕转侧，不能成寐。

初六日　晴

风仍不止，早晨遣仆至关候大孙，竟日不来，直至二鼓始来。询知昨夜从吴淞开船，行二百里在大洋抛锚不走，至今日午初始走，故到迟也。

初八日　晴

午后，拜黄军门，未晤。答拜张镇台，晤谈。

初九日　晴

接初四、初七两家信。发一百四十五号家信。

初十日　雨

见官。

十一日　雨

发一百四十六号家信。复张子蕃、何铁山信。寄还帽镇六粒。

十二日　阴

陈睿甫家送画轴六十八轴来看。

十三日　雨

接初十、十一家信。发一百四十七号家信，附致杜小舫信。

十四日　雨

宋叔元来见。

十五日　雨

辰刻，武庙、文昌宫拈香。

答宋叔元，未晤。

十六日　雨

接十三日家信。发一百四十八号家信。

接连将军及金眉生信，欲请销洋枪二百杆。与张奎垣面商，只能销其火药，已遣人往上海阅看矣。俟其人回来再商复信。

张奎垣送来代购广版《廿四史》及皮箱两只。

十七日　雪

昨寄还何铁山帽镇价票洋一百七十元，由信局寄去。

十八日　雨

接十六日家信。发一百四十九号家信。

十九日　雨

午刻，封印。

二十日　雨

见官已未初。

廿三日　晴

接十八、二十日家信。发一百五十号家信。

廿五日

见官，只宋叔元、姚慎庵二人。

廿六日

往晤屠啸篔，谈陈氏画书事。

廿七日　晴

巳刻，至天后宫拈香。演戏敬神。因初五日大风暴，适大孙自沪坐轮船来宁，在大洋中抛锚一夜，平安来署，以答神佑。

往晤黄军门。

贝珊泉来见，从上海送李制军家眷至闽，只走二十个时辰。

接廿三、廿四日家信。接杜小舫复信。汪秉斋。

同治十二年岁次癸酉

春　王正月

初一日　晴

黎明，至万寿宫行朝贺礼，文武官皆集。礼毕，至文庙、天后宫、炎帝庙、城隍庙、武帝庙、文昌宫、贵神庙、杨嘉庙、署内土地祠、武帝殿、灶君各处拈香。顺路，文自宁府以次，武自黄军门以次，皆亲到贺年。

回署后，文员自宁守以次，皆在二堂团拜。幕友处互相拜贺。家人俱在内堂拜贺。

初二日　晴

巳刻，至大关财神前拈香。在朱竹吟房中小坐。镇海于令来见。

初四日　晴

候补道前任台州府知府刘兰洲璈来见。去年腊月，新昌县土匪聚众滋事，中丞派刘道带勇三百名驰赴剿捕。土匪闻风远遁，仅获首犯安大金一名。刘道留勇百名在彼弹压。来宁一晤，缘余到任两年从未修谒也。

黄军门、中营罗熊、镇海参府刘光明、慈溪贺令俱来晤。

初五日　晴

见官。

初六日　晴

是日立春。

发第一号家信，附致退楼、壶园、杜小舫三信，皆除夕书就者。

初七日　清早微雪　晚晴

是日未刻，余起程进晋，边仲思、宋叔元、伊××、姚慎庵皆先来送行，复至码头相送，中营罗亦来。二孙与董绮堂、俞劲叔皆同行。大孙、我庚、少梅送至舟中。行至大西坝，即过坝，复行。夜不成寐，口占得二句："一蝶退飞风有致，双禽浓睡月无言。"不自知何所指也。五鼓，行至长兴。黎明，慈溪贺令来谒，未见。

初八日　晴

巳刻，潮来，自长兴顺风张帆。申刻至余姚。戌刻过中坝。亥刻至下坝。

初九日　晴

寅刻，至梁湖，登岸换船。巳刻，自上虞启行。酉刻过绍兴，知府龚幼安嘉俊、会稽左令绍斗来见。

夜大风兼雨，旋止。

初十日　晴

辰刻，至萧山。午刻，至西兴。登岸，渡钱塘江。船伎钱澹香，中人之姿，赏以六元。未刻进城。寓黑桥头省书孙震家中，距抚署甚近。即上院，中丞在湖广会馆请客，未见。

发二号家信。

打篷急雨响萧萧，篷底垂灯照寂寥。
梦醒却忘身是客，错疑窗外滴芭蕉。

篷窗破碎蔽船舱，窗隙尖风射枕旁。
特地枕旁安佛手，引他风递一丝香。

十一日　阴

辰刻，乘小轿，偕二孙至天竺进香。下、中天竺庙皆残毁，上天竺天王殿，犹是乱前之屋，大雄殿乃蒋藩台新修者，后殿尚未修，以王宫为客堂，亦是新修者。

拈香毕，寺僧导至客堂，方丈亦来见。食素斋，折斋三元。寺僧导游梦泉，在大殿之西，方池一泓，石琢龙头，泉从龙口滴出，浅不盈尺，水不溢，旱不涸。据僧云，昔年织造进元旦贺表，必取此水。今久不行，殆无稽之言也。

游飞来洞。洞如覆屋，石皆下垂，低处须俯身而过。洞中屈曲可通数处。所谓窈而深、缭而曲者。石上皆刻佛像，大小不等，乃杨琏真珈所刻，面目为粤逆劓毁。题名甚多，不能遍观。洞乃飞来峰之腹，出洞即遇飞来峰。在冷泉亭小憩，旧题“泉自几时冷起，峰从何处飞来”一联，吴平斋补书。左继高制军续题一联，云：

在山本清泉，自源头冷起；
入世皆幻峰，从天外飞来。

游灵隐寺，只天王殿及罗汉堂尚仍乱前之旧。拈香毕，至罗汉堂随喜，循俗例，按年纪数罗汉，至六十三尊，相貌严厉，眼巨如铃，努而上视。

随喜巡檐步几回，按年数佛老犹孩。
世尊不作拈花笑，偏学金刚努目来。

游岳王坟及庙。

预备一舟，随即登舟。知彭雪琴宫保寓诂经精舍，即往晤。适衢州镇俞 ×× 亦在，坐谈片时而出。彭、俞两公同送至舟中，亦坐片时。

万松深处叩禅关，南北高峰一日还。
手版脚靴暂抛却，真从忙里得偷闲。

俗状填胸郁不开，偶凭清气辟尘埃。
未曾听鼓应官去，先自拈花献佛来。

庇荫全凭我佛慈，无灾无难寿期颐。
栽培更乞慈云力，桃叶桃根子满枝。

曾约朝云到讲台，坡仙真是谪仙才。
此游悔不携天女，同听维摩说法来。

卅六洞天开混沌，百千佛相现浮屠。
探身攫入狮王口，牙后还思拾慧珠。

终古寒鸦夕照斜，一枝塔影卧平沙。
三家村里弹词叟，犹说当年镇白蛇。

一鉴方池榜梦泉，潺潺神溜滴龙涎。
世间万事皆泡幻，更为临流一醒然。

世网如蚕作茧缠，化为蝴蝶便登仙。
何时飞上三天竺，一个峰头住十年。

壁间石孔小如钱，道是呼猿古迹传。
小说稗官多附会，书颠还比济公颠。

冷泉亭尚仿当初，题柱新悬左史书。
欲替佛家了公案，不留一字更何如。

吴中艳说真娘墓，湖上还传苏小坟。
羼入小青一抔土，独留青冢让昭君。

金人长跪石人立，可奈金寒石泐何。
独有一腔忠烈气，天荒地老不消磨。

五年不见老彭宣，渐有霜丝上鬓边。
公是长江真铁锁，不愁飞渡有楼船。

明廷有诏许还山，从此闲云得自闲。
时被清风催出岫，更为霖雨遍人间。

英雄哪怕病来磨，每借醇醪养夙疴。
羡煞山中闲宰相，自寻芝草到岩阿。

西湖胜境恣幽探，最好澄波月印潭。
数折红桥三面水，为公佳处结茅庵。

晨星旧雨各他乡，犹记传杯宴雪堂。
主亦颓然宾尽醉，文忠风趣似欧阳。

疆场从未息劳筋，臂痛常须灼艾熏。
不是愁公肱欲折，还思铺纸乞烟云。

以上六首赠彭宫保。

十二日　晴

辰刻，上院，中丞家忌，不见客。

竟日拜客，晤者卢午峰、如冠九、吴引之、恽耕云、平轩、唐艺农、陈伯敏。

十三日　雨

巳刻，谒见中丞。

发三号家信。

连将军、丁学台、织造、副都统、富乍浦都统公请，在奉直会馆演剧。申刻赴之。客自彭宫保、杨中丞及司道各官毕集。亥刻散。

十四日　雨

巳刻，到珠宝巷买珠玉各件，到古玩铺买小铜瓶、香炉。

梁敬叔之孙，号翰声，示我小米《云山》卷、杨补之《梅影》小轴卷，真而妙，以六十元得之。轴未确，还之。又见敬叔所藏方孝孺草书轴、王石斋真草书册、文衡山《拙政园图》轴、杨椒山四言对、王阳明八言对、祝枝山楷书《饭苓赋》轴，各种皆佳。

往晤吴冠云，拜晓帆之灵。将请祠公呈稿并苏绅列名衔单面交冠云，嘱其专呈赉交应敏斋方伯，转禀合肥李相，求其代奏。先是应敏斋拟就公呈稿，因此议自我发之，即托我转邀苏绅列名。苏绅颇有不满于晓帆者，冯林一亦未免有此意见，以余主持公道，不能拂余意，遂于呈稿内改定数字，首先列名。余则潘顺之、玉泉、汪秉斋、蒋仁卿、吴语樵、潘小雅与余共八人，尚有沪绅七人，并请照军营病故例赐恤。以余悬揣，赐恤未必准，立祠或可准也。

至秦淡如寓，观其所藏十余种，以王叔明《西园图》小立轴、唐六如《王文恪出山图》卷、王孟端《惠山图》卷为最。

十五日　晴

平明，至院，与司道同禀贺中丞，辞而未见。

午刻，赴中丞招饮。同席者嘉兴府许雪门瑶光、金华府徐少岩宝治、衢州府宋湘文瀚源、严州府海 ×× 沛、处州府 ×××。

席散后，至臬署，苏府同乡团拜，演剧。席散已亥刻矣。

十六日　晴

辰刻，上院禀辞。与中丞长谈，中丞云：不必再送办贡经费，因盐务中已筹得万金矣。面恳中丞，今秋乡闱提调差使免调充当，自揣精力不能胜此烦剧耳。至将军辕上禀辞并预祝，顺道辞行，见者只午峰、引之。

往晤仁和典史吴康甫廷康，年已七十五，须发皓然，精神矍铄。赠余翻刻古器拓本数十纸，余以十二元报之。

发四号家信。

十七日　晴

巳刻，起程渡江。船伎翠凤、翠娇姊妹行也，中人之姿，而应酬尚好，赏以六元。

二孙与董绮堂送至江船，定于明日起程回苏。行至绍兴府城已四鼓，知府龚幼安来见，秉烛见之。

十八日　晴

黎明，登岸拜客，晤龚守及协台 × 青芸。

十九日　晴

辰刻，渡曹娥江，游曹娥庙，墓在殿之西。申刻，至中坝候潮。暮至下坝，过坝后，大风，行十余里，泊。游禹陵。

古木槎枒蔽墓门，墓前岁祀洁苹蘩。
月明夜静闻环佩，料是珊珊孝女魂。

潮到祠门尽伏流，过祠依旧喷涛头。
遥知挥霍灵旗者，不敢公然驾赤虬。

去年江上见邻船，隔箬双鬟倚并肩。

今日重逢谈旧事，相逢迟早亦前缘。

千丈阴崖万丈潭。霏霏空翠郁晴岚。
潭中定有骊龙睡，惜少求珠象罔探。

落灯风里棹归船，又到悬崖峭壁前。
莫道山川不复识，寿藤古木尚依然。

绝壁千寻琢削成，居然人巧似天生。
乱书岩石山灵厌，不敢磨崖纪姓名。

二十日　晴

风极大，张帆而行。午刻，至大西坝。余不耐候潮，乘小轿而行。申刻，至大码头，文武官及洋枪队俱出接，在官厅少坐，即回署。

廿一日　晴

发五号家信。

廿二日　晴

往军门署，补祝其十五生辰。顺道答前日在码头迎接各官。

廿三日　晴

接二十日家信及退楼、敏斋信。发六号家信。

廿六日　晴

发七号家信。

廿七日　晴

未刻，往晤费领事，扰其茶酒果品。

廿八日　雨

巳刻，往陈鱼门家拜阴寿。

午刻，请春酒，黄军门、张镇台、边仲思、宋叔元、伊 ×× 、姚慎庵、俞小甫七客，两席。申刻散。

是夕发寒热，即退。

廿九日　晴

强起。写与朱研生信，交袁忠带去。

二月

初一日　晴

香班因病未去。

接廿八日家信。发八号家信。

初二日　晴

天后宫祭祀，因病未去。

发九号家信，并发与蒋心香关聘，请其为孝廉堂山长。

初三日　阴

文昌宫祭祀，因病未去。

初五日　晴

见官。是日边仲思起程进省，即往送之，并贺张奎垣调补台湾镇总兵之喜，晤谈。

购得王孟端枯木竹石、徐天池芭蕉、仇十洲佛像、陈老莲佛像、恽南田临倪、董东山雪景、方环山山水、邹小山花鸟、吴克信山水、王忘庵花卉、童二树梅花，共十一轴，计价洋一百元。

晚卧又发寒热，早晨得汗而解，起来微觉疲倦。请老医胡振初诊视，谓是平素易于出汗，由乎气虚兼有痰滞，将来须服人参，与医生周庆兰之言相同。

初六日　晴

接初三日家信。

是日祭风神，因病又不能去。

初八日　晴

五鼓，诣文庙丁祭。

初九日　晴

黎明，诣社稷坛致祭。

枕上口占《种大梅山馆》四律：

独得先春气，坚持晚岁心。
佳人遗世立，畸士入林深。
幺蝶枝头恋，游蜂叶底寻。
孤芳努力爱，容易绿成阴。孤花。

乞得邻家种，墙根隙地幽。
龙孙迟掉尾，稚子早蓬头。
筛月阴难密，惊雷箨易抽。
短篱先却暑，招客小勾留。稚竹。

生气蓬蓬远，青郊踏踏歌。
岸低消雪易，野旷得春多。
烟浅山初黛，风微地不波。
平芜闲纵眺，新绿在鸥莎。初草。

雨气花砖润，烟纹药院滋。
浅痕双屐试，生意一筇知。
近水鸥分席，寒林客洗碑。
绣鸳泥滑滑，阑角立多时。嫩苔。

初十日　雨

五鼓，诣万寿宫行朝贺礼，因上皇太后徽号也，文武官毕集。

接初六日家信。发十号家信。

十二日　雨

辰刻，至吕祖殿致祭。

十四日　晴

辰刻，承之挈三孙、七孙来宁。蒋心香、浦丽山皆附伴而来。承之肝胃旧病大发，到即卧床，不能起坐。延老医胡振初诊视。

带来书画，先阅褚《兰亭》、唐人书《郁单越经》两卷，皆无上妙品，家藏中甲观也。

俄国皇子从广东来游，泊轮船于甬江，惠税务司来知会。余即通知黄军门偕往谒见，而皇子因登岸闲游，未见。余与军门上船略坐，见其船主而返。余送绍酒、火腿等礼物四色。闻皇子于抵暮即开行，不及再往见矣。

十五日　晴

卯刻，诣文昌宫致祭，武帝庙拈香。

夜雨。

十六日　晴

卯刻，武帝庙致祭。

孝廉堂开课，余先至堂，代边太守陪主讲蒋心香，先与心香诣文昌阁拈香，出至大堂，行交拜礼，复受孝廉拜见礼，献茶点而返。

在东厢房与骏叔、玉书看画。大窗一扇忽然倒下，打在头上，幸未成伤，殆有神佑。

夜雨。

十七日　晴

未刻，赴黄军门招饮，同席者陈鱼门、童老五，散已上灯。

十九日　晴

辰刻，至龙王堂致祭。

二十日　晴

见官。

廿一日　雨

上灯后，边仲思自省回宁来见。

廿二日　雨

余姚麋生黄名承乙，号芸生，携示王元章墨梅轴、恽南田浅绛山水轴、吴小仙《词林雅集》卷、王石谷恽题山水卷、旧拓《夏承碑》及文房各玩物，议价未谐，以二十元得其《夏承碑》。

睡至下半夜，忽发寒热，黎明得汗而愈。

廿四日　雨

挽汪秉斋一联云：

记离群比及三年，去冬手简犹新，竟成绝笔；
数吾党又弱一个，从此牙琴可碎，更少知音。

口占一律：

平昔飞扬气，年来渐折磨。
人从官里老，春向病中过。
旧雨情多怆谓汪秉斋新殁，新霜鬓欲皤。
焚香常习静，经卷伴维摩。

廿五日　雨

见官。于令自镇海来见。

余欲禁钱店之卖空买空，以除地方一害。昨日，令号房传大钱店二十八家，厘头店五家，限今日午刻来辕问话。本拟坐花厅，与府县同问，姚慎庵谓宜坐二堂为得体，余从其请，即坐二堂。先传大钱店伙二十八人，谕以“卖空买空，例有明禁，罪干流徒，尔等何苦以身试法？且输钱之人倾家荡产，投河奔井，造孽亦不浅，既往不咎，自此次严禁，各宜恪遵，如有再犯，定从严究”。众皆唯唯，各具遵依、互保两结而退。又传厘头店伙，谓其情同赌博中抽头之人，专为空盘而设，限本日即行歇闭，违者查封究办。亦各具结而退。

廿六日　晴

夜间发寒热，平明得汗而退，卧不能起。

廿七日　晴

夜间仍发热，平明得汗而退，甚矣其惫。

三月

初一日　晴

文庙、天后宫两处拈香，委首府去。

初五日　晴

未见官。

初六日　晴

梁敬叔之子诸湾来赎前押字画，因物在苏中，约四月间再赎。

初七日　晴

以百金得石谷《十万图》册，有陈香泉对题。屠啸筼经手。

初十日　晴

不可以风，仍未见官。

十一日　晴

张竹坪来晤，谈新开河筑坝、筑闸事。边仲思来晤。

十二日　晴

得研生三月朔书，并送佛手柑十斤、京冬菜五斤。又代买贡带五板、绦子一百提。

十三日　晴

吴振家携示吴渔山册，三十岁所作，徐紫珊收藏物也。

十四日　晴

蒋芳谷、董绮堂、厉梓自苏来署。

十五日　晴

武帝庙、文昌庙拈香。

黄军门、署定海镇黄中理、张其光、象山协萧佑飞、边仲思俱谢步。

十六日　晴

请蒋芳谷开馆。董世兄伴读。

十八日　晴

为张奎垣饯行。为黄岩镇郭紫薇定猷、署定海镇黄定甫中理、象山协萧佑飞接风，及答武营春酒。来者四位，并请姚慎庵作陪客。演凤台班。申刻入席，亥刻散。

二十日　晴

作致杜小舫、应敏斋、李香严三函，谢其买成官房也。

午后，答黄中理、郭定猷、陈旭、张蓉光。

廿一日　晴

家人为余暖寿，演老庆丰班。客三席，皆幕友也。午刻开场，散已子刻。

廿二日　晴

是日为余常诞，仍演昨班，坐客亦照旧，开散亦如昨。

廿三日　晴

是日为今上万寿，黎明至万寿宫行礼。

为台州左营游击张希顺致书黄军门，乞宽其缘事降调处分，因张公面求之故，军门已致书制台，俟得回书，似可从宽也。

答拜寿之文武各官。

廿四日　晴

演小如意班，并送菜四席，幕友公分也。开散亦如前日。

廿五日　晴

见官。

廿六日　晴

午后，答署领事啊喳哩，并晤惠税务司，均扰其酒果。

定海厅胡巾稿一案，人犯过堂，悉从原供。

廿七日　晴

程味亭之子申甫洪奉臬台密札，查奉化县纪三一案，来见。

廿八日　晴

匠人顾东山父子、叶春山来宁，呈东落丈尺，商翻造新屋事，于午后即随同骏叔、玉书暨男女仆共十一人坐轮船由沪回苏。

邀仲思来署，密商纪三案内事。

发与朱研生京信，并附致毕东河、沈彦徵、夏××、周小棠家楣、彭艾圃各信。

廿九日　晴

发致藩、臬两信，托府中转递，为纪三案内事。

三十日　晴

接三儿上海信，发九号信。

程申甫从奉化查案回，禀见，据云，所查与原报大略相同。

仲思来晤。

四月

初一日　晴

卯正，赴文庙、天后宫拈香。

摘录寄园所抄古方：

凡中风寒暑、中气中毒、中恶乾霍乱，一切速暴之症，生姜自然汁加童便调服可解散。

凡风狗、毒蛇咬伤者，以人粪涂伤处，新粪尤佳。

治寒气、腹痛、紧阴危笃者，急饮热酒，外用葱白、碗粗一束麻绳切住，切去头尾，留中一寸厚，放在脐中，上盖片布，以熨斗贮火熨之，令热气入腹。葱坏再换，以汗出痛止为度。

小儿急慢惊风、痰涎壅盛，塞于咽喉，其响如潮，用金星、礞石、火煅过研细末，入生薄荷汁内，加蜂蜜调和，温水服之，良久其药自裹痰从大便出。如慢惊，少加青州白丸数粒更妙。

画上粉变黑，用硫烟熏，以石灰汤蘸洗二三次，则色旧。又用枇杷核洗画上霉，锤浸滚水冷定洗之，则霉气垢汗尽去。亦可用皂角，又须急以清水淋去枇杷、皂角之余气。

稚子误吞五金，啖饧糖半斤，从大便出。

蚯蚓粪能治蜂螫。

以十一元得绫本杨龙友兰卷。

初二日　晴

午后，张奎垣赴台湾总镇任辞行，晤谈。即往答之，未晤。

往晤边仲思，谈纪三案，并催卢瑛甫捐款。

初三日　晴

考月湖书院。生文题“子之燕居”两章；诗题“绿荫幽草胜花时”。童文题“‘则吾从先进’至‘皆不及门也’”；诗题“园林初夏有清香”。

马文斋乞金保三画《赤壁图》，并其俪陆兰孙书《后游赋》嘱题，为题绝句四首：

扁舟小泊黄州岸，曾侍文忠宴雪堂谓胡公林翼。
廿载光阴如一梦，烟波无恙晚山苍。

风月遨游仰大苏，江山如旧入新图。
年来每见秋风起，便忆淞江一尺鲈。

沽酒何须拟拔钗，一鸱家酿早安排。
香闺绝胜刘伶妇，醉倒青山荷锸埋。

木落江皋秋已深，描摹烟景属冬心。
彩鸾妙笔成双绝，合乞挥毫写志林。

午后，至旗昌洋行送张奎翁行，文武官俱集。

发十号家信。

初五日　晴

见官。发十一号家信。

初七日　雨

发与研生信，托阜康寄。发十二号家信。

初九日　晴

是日立夏。余称体重，一百三十六斤，八儿重三十九斤，大孙重一百十八斤，七孙重廿七斤。

初十日　晴

见官。接初七日家信。发十三号家信。

十二日　晴

辰刻，至小教场看卫安勇操演。

发十四号家信。

十三日　雨

辰刻，祭常雩。

十五日　晴

见官。是夕月食，照例救护，陪行礼者，三府及两教官也。

十七日　晴

接十二日家信。发十五号家信。

十八日　晴

午后，美国领事罗尔梯同新到之美国提督郑长庚及兵官士端登广惠来晤，款以酒果。余问郑长庚年纪，答云六十一，转问余年，答以六十三。伊大有不信之意，因伊须皆白也。

十九日　雨

接十五日家信。发十六号家信。

本约于未刻同黄军门答拜大美提督。因大雨，领事罗尔梯来辞，遂不果往。

以一百三十元得恽南田仿大痴山水轴、恽南田题王石谷山水卷。得三儿信，知以三百元得东坡楷书《祭黄几道文》卷于永仓徐仰屺处，为近日大快事。

申刻，惠税务司来晤。

接卢午翁方伯信，云奉中丞谕，上海轮船招商局资本不敷，浙省官场凑银万两，司道分凑，余名下应凑二千两，即如数凑齐，由阜康出票，函交方伯收付，并嘱分票两张。

二十日　晴

见官。本拟答拜美国提督，探知清早已开船而罢。

绍兴庶吉士周福清来拜，未晤。

廿一日　晴

接十八日家信。发十七号家信。

廿四日　晴

接二十、廿二日家信。发十八号家信，并由信局寄去宋八家札子册、石章四十方、东坡墨竹轴。

廿五日　晴

见官。

得余姚诸氏恽南田山水一轴，又一册恽题石谷卷，张得天字轴，《华胥人物》册，共一百九十二元。

廿八日　晴

辰刻，诣郡庙求雨，文武官毕至，三日为期。

发十九号家信。

张竹坪携示书画，无佳者，只张得天书《枯树赋》册，极出色。因无款无印，已被妄人改为张伯雨书。余剔去伪跋，洗出庐山真面，为之大快。在曹恺堂处见金氏送伊文嘉、王翚、方士庶、罗聘四轴，皆佳。另有王叔明一轴，亦佳。

廿九日　微雨

辰刻，仍至郡庙求雨。

得余姚诸氏王烟客山水轴、恽题石谷山水轴《秋山萧寺》、徐文长大草书轴，共洋一百二十元。另有王元章墨梅轴，为蔡姓夺去，惜哉！复以十四元得廉州轴。

五月

初一日　晴

文庙、天后宫拈香，郡庙求雨。

英领事啊喳哩以公事来晤。

初二日　晴

接廿七、廿八日家信。发二十号家信。家信中寄还宋人书札册、东坡墨竹轴，皆不真。石章四十方，只择七方，俱退还前途矣。

午刻至孝廉堂散卷。文题“若时雨降，民大悦”；诗题“存诚为物祈”；舶趠风赋，以“万里初来舶趠风”为韵。

夜微雨。

初五日　晴

往军门、宁府、三府贺节。

初六日　雨

接初二、初四家信。发廿一号家信。

初七日　晴

辰刻，往郡庙求雨。

初八日　晴

又。

初九日　晴

又。

发廿二号家信。

初十日　晴

见官。

十一日　晴

辰刻，至龙王庙求雨。

接初八日家信。发廿三号信。

十二日　晴

辰刻，至龙王庙求雨。伺候者只府与三府，姚令竟未至。昨日约定遣员至铜盆铺请龙神，亦未去，该令可谓荒唐矣。

是日，乡人抬神至署，求雨者甚多。

十三日　晴

武帝庙大祭。白龙庙求雨，委员至铜盆铺请龙神至庙供奉，文武官皆拈香行礼。

发廿五号家信。

十四日

白龙庙拈香。

十五日

武庙、文昌宫、龙神庙拈香。

同黄军门至船厂观所造锦州战船。

是日雨。

十六日　雨

发廿五号家信。发研生信。

十八日

发廿六号家信。夜大雨。与退楼一信，谢其赠马泉。

十九日　大雨

石门徐紫躔振镛，都中故友也，不通音问者二十年矣，今日以绍兴府教谕六年俸满，来辕验看。观其履历，始知丁忧回籍后，因事诖误，革去主事，降捐教谕，今六年俸满，冀保荐知县，功名可谓蹭蹬矣。

夜大雨。

二十日　大雨

接十七日家信。发廿七号家信。

夜大雨。

廿一日　晴

奉化令王 ××、宁府俱来见。

以二十元得王廉州轴、元瓷盆。

廿二日　晴

往晤黄军门，示以周复庵信。信中因造船不敷，欲伸后脚六竿。军门云，置之不理可也。然观此光景，将来总不免请益耳。

至白龙王庙谢神，并送龙神还铜盆铺，文武官毕集。

李制台因温州土匪滋事，文武官延不禀报，将镇台吴鸿源、道台方鼎锐、知府裕彰参出，请旨交部议处。传闻方子颖已告病请开缺，先将家眷送归，何其决也。

廿三日　晴

接二十日家信。发廿八号家信。

廿五日　晴

见官。黄军门来谈战船事，已许加六百金矣。

廿六日　微雨

往晤军门，据云，童莼舫为周复庵事，昨日来求请益，军门劝余再加一千二百金，余念苟不应允，复庵无钱应付，必致误公，不得已而应之。复约张竹坪同至船厂，估计工料，不敷洋一千数百元，加以驾送所需，实须银三竿。于是与竹坪同至军门署，童莼舫亦在坐，三面言明，正款之外，加贴银一千八百两，一切均交竹坪经手，定于六月底完工，如此商定，始不致误公矣。

廿七日　晴

接廿三、廿五家信。发廿九号家信。

三十日　晴

黄军门、张竹坪俱来晤。据竹坪云，诸料俱已购齐，添匠赶办，六月二十日可冀工竣。

接廿七日家信。发三十号家信。

六月

初一日　晴

文庙、天后宫拈香。

初二日　晴

新昌县王令暨驻扎在彼之袁都司飞禀，该邑南乡土匪聚众滋事，请拨兵前往。随晤商黄军门，拨勇二百名，即日驰往，相机剿捕。一面飞札台州府，拨兵在交界地方防堵，以防勾结他窜。

接廿九日家信并退老信，送《彝器图释》四本。发卅一号信。

初五日　晴

见官。

夜雨。

初七日　雨

接初三日家信。发卅二号家信，附致退楼信。

初八日　晴

接初五日家信。发卅三号家信。

初九日　晴

天气大热。

接初七日家信。发卅四号家信。

得省信，知学政丁莲夫于初五日戌刻中痰而逝，惜哉！莲夫品学兼优，为人谦和谨饬，素喜书画，亦善丹青，每见辄以所得书画相质证，年仅中寿而卒，可为悼惜。

初十日　晴

见官。

北门厘局委员周光诰自省中来禀见，并持秦淡如信来。前日黄军门荐其同乡张振蓉孝兰，欲求厘局司事差使，因即荐与周公。

复淡如信。

十一日　晴

得金少芝信，前以廿八元买其麓台山水轴，已允矣。

十三日　晴

往晤黄军门。复至船厂，见战船已竖大桅。

十四日　晴

接初十日家信。发卅五号家信。

十五日　晴

武庙、文昌宫拈香。

以造战船找银八百两，交黄军门暂收，嘱俟周复庵登舟赴锦州时始交与。

发三十六号信。

十六日　晴

黄军门、边仲思及各官俱来送行。

发卅七号家信。

十七日　阴　午后至晚雨

辰刻，至天后宫拈香。

至东门大码头官厅，府县以下俱送行，随即登舟，董绮堂同行。北风极大，行至北门，暂泊候潮，厘局委员周光诰来见。风雨大作，至亥刻潮来始开行，七十里至车厩，停泊候潮。巳刻登岸，游东岳庙。

夜间，慈溪县贺瑗来谒，未见。午刻，潮来即开行。二鼓，至三十牌楼泊。四鼓开行。

十九日　晴

辰刻，在上虞县通陵起岸。因河水已涸，红船不能行也，穿城而过，上虞李令送至城外。

路过里梁河，至王渠源淦家，伊有族弟号心梅，曾以书画、古玩托古董友贤秀来署求售。此行欲访心梅，因李令介绍，反至渠源家。心梅、贤秀知之，即将字画多件送阅，匆匆不暇细看，仅捡其石谷画、董东山山水册、石斋《孝经》册三件。余约返途再往，并扰渠源点心而行。渡曹娥江，昼夜兼行。

发卅八号，交县差由信局寄宁。

二十日　晴

未刻，渡钱塘江，江山船即新正所坐者，备酒一席，点心而已，赏以十二元。申刻，进城，仍寓孙宅。

酉刻，见中丞，畅谈洋布捐事，责备陈绅鱼门，以八字蔽之曰：朦混包捐，偷漏半税。中丞恍然大悟，甚以为然。因时已晚，不及他事。

廿一日　晴

中丞平明赴海塘验工。

余先约汪小蓬来寓，谈洋布捐事，小蓬始了其大旨，可知此事非面谈不明也。又往晤唐艺翁，透彻言之，艺翁亦悟，情愿于捐款中提还半税，为两全之计，未知办得到否。

接承之两信，一由苏寄，一由署转寄。发卅九号信。

来往乘潮汐，舟行江海同。
萧萧骑额雨，兀兀打头风。
破浪忘途险，祈天祝岁丰。
柳荫横短艇，烂醉卧渔翁。补录十七日作。

廿二日　晴

卯正，与董绮堂步行上城隍山。先至城隍庙瞻仰，庙门正在兴造，尚未完工。至茶馆吃茶，南望钱塘江，风帆沙碛，历历在目。以油酥饼充朝饥，甚妙。大小庙十余处，皆在城隍庙东，迤逦而去。北望西湖，一目了然。步回寓中，复与绮堂乘舆至珠宝巷，所见珠玉无佳者。只有碧霞带版一块，腰圆式，色红而透，重二两九钱，索价一千二百金，嫌其过昂，未还价。见一铺内有卷册，询知寄售者，索观之颇多，择其精者数种，令其明日来议值。

午后，拜客，晤者张翼伯、梁敬叔。

廿三日　晴

卯刻，蒯士翁来，伊到火神庙拈香之便。复出拜客，晤者卢午峰、蒯士翁。路过古玩铺，买小件五种。

发寄苏四十号家信。发宁署一信。中丞未刻回辕。

廿四日　晴

午刻，上辕，将洋布公事谈大约，由厘局收陈绅包捐之二万二千串内，提出关上应得半税，按月查数照缴。

今秋乡闱提调，中丞必欲调充，有不能辞之势。

在梁敬叔处观书画，以蔡襄草书卷为最，惜无一跋。刘石庵册甚多，有两本最精。

赠张仲甫侄孙完姻喜份十六元。同学蒋少胪令郎完姻喜份十元。汤云松之儿两元。丁学台楮份四十元。

附记杭城所买物：商琦山水轴十四元四角、王烟客山水十九元二角、查二瞻山水册七元、王椒畦山水轴三元六角、翟琴峰花卉四条十元八角、钱荠石松小帧、费晓楼仕女小页四元八角、耶律楚材字卷十二元。此外，尚有虞集、张雨字卷，甚精，已还价至一百二十元，前途尚不肯售，姑舍之，仍托店伙物色也。

发四十一号信。

廿五日　晴

辰刻，上院禀辞。

午后，起身，渡钱塘江，仍坐翠凤姊妹船。备酒一席，赏十六元。足背一疖肿痛，不能穿袜，沿途地方官接送，一概不见。

廿六日　晴

至绍兴，过乌门山，往来过此者，屡矣。但见峭壁卓立如削，舟子言，中有洞，试往探之。峭壁之下有洞，如数间屋，悬崖覆之，宛如一龛。中有石壁一道，界乎其间，天然有门，遂将一洞分而为二，舟可从中穿过。壁上有道光、咸丰年间人题名，所识者张亨甫际亮而已。薄暮渡曹娥江，至梁湖泊。

廿七日　阴

起早四十里。辰刻至王渠源家，上虞李令肇卿先在，欲往山中祈雨，旋辞去。渠源出所藏书画、古玩相示，古泉颇多，余是门外汉，不辨好歹，仅令董绮堂拓其泉范两枚、刀一枚。又见端石砚两方、歙砚即龙尾石两方，皆佳。其他房书画，有肯售者，只得两件：沈石田山水轴有周天球、十岳山人两题、郑板桥兰竹大轴，共洋廿六元。扰其酒饭。复至心梅家，得其六种：唐六如山水卷绢、仇十洲山水卷绢本、恽香山山水轴、恽南田山水轴绢本、金冬心山水轴、张浦山山水册，共七十元。又前存署中议价未定之恽南田山水册，今议七十元，此近日最得意之物也。晚至通林泊。

五更潮来，开行。

昨所见之书画有不出售者，黄子久山水小帧款一行：至元九年大痴作。有张伯羽题五律一首，跋数行，小楷极精、倪鸿宝《枯木怪石》小矮幅、陈白阳《瓶荷》《明人国初人尺牍》四大册约百余家，以上皆渠源物。

陈老莲《双麻姑》轴绢本、黄石斋《奎星》轴、李世倬虎轴、张得天《千文》小册、马远山水卷绢本。

廿八日　晴

午刻，在余姚码头，延名医杨福康诊视足背肿痛，是紫沿疔，立方留药，意甚殷勤。此老年已七十一岁，矍铄异常。

潮平即开，至长亭泊。

廿九日　晴

午刻，至曹家渡，坐轿十余里，进西门回署。午后，延周凤冈诊视。据云非紫沿疔，乃湿热所结。杨公如此大名，而竟误认为疔，异哉。

接廿五日家信。

闰六月

初一日　晴

发四十二号家信，附寄仇、唐画卷。

初二日　晴

接廿七日家信。发四十三号家信，附寄五铢钱范。

童莼舫送来书画、磁铜、玉石等物，朱定甫物也，索价极昂，仅购成王孟端山水卷廿八元、改七芗人物册二十元、嘉窑青花小印盒八元、青花水盂四元。余有汉玉勒五件、羊脂玉班指、汉玉班指，皆议价未成。

初四日　晴

是日会同提台验看锦州战船。余以足疾未往，请府中代之。

接朔日家信。发四十四号家信，附去王孟端山水卷。

发中丞详文并夹单，为领事啊请停布捐事。又致卢方伯、唐艺农两函，皆此事也。

初五日　晴

张姬患牙痛，延及喉痛，饮食不便，彻夜呻吟不已。

初六日　晴

辰刻，忽发痧，不省人事，急磨辟瘟丹灌之食。朱妪提痧，复请周庆兰诊视，亦云是痧，渐次向愈。

接初三日家信，并佩卿信。发四十五号家信，并佩卿信。

金少芝寄来汪退谷字，刘完庵、张玉山画，共三卷。

初七日　晴

发四十六号家信。

上年新昌县土匪勾结台州土匪聚众滋事，中丞委候补道刘璈带勇剿办，该匪闻风窜逸，陆续缉获逸犯十余名，分别办理在案。今年，因官绅会办保甲事宜，民与绅不协，彩烟山土匪借此煽惑乡愚，聚众滋事。中丞委绍兴府龚守亲往督办，晓谕解散。袁都司单骑入山宣布德意，该匪为首之郑架子等纷纷具呈，似有解散之意。黄军门因龚守请兵防御，两次派勇三百名前往驻扎。中丞因王令办理不善，将其撤任，改委曾任新昌之石令玉麒署事。讵料该匪忽复中变，仍复聚众抗拒，且有四五千之多，始犹负隅自固。初三日忽出山至四乡抢掠，遣奸细混入城中为内应，幸将奸细擒获，讯明正法，内应之计遂不行。初四五等日，该匪盘踞城外棋盘山等处，竟欲攻城。我军见其久暴烈日之中，势已涣懈，遂于申刻分两路整队攻山。该匪一见即退，我军奋勇攻击，杀毙贼匪一百余人，生擒二十余名。经此次惩创，贼胆已寒，且中丞已委记名道张景渠带同候补府刘开勋、副将康荣诏带兵前赴，声威更壮，剿抚兼施，谅可指日荡平矣。

浙江学政兵部侍郎胡瑞澜补授。杭州将军连成因干预地方公事，上谕令其来京当差，以都统善庆补杭州将军，吉禄补都统。

初八日　晴

接初五日家信。发四十七号家信。

接中丞委充提调札。

初九日　晴

英领事啊喳哩欲抽回来文，与之面谈争论，词穷而去。

初十日　晴

接初七日家信。发四十八号家信，附去恽题王石谷卷。

十一日　晴

接研生六月廿三日信，即发回信，托阜康寄。

（眉批：家伙筒两个，我托寄胎产金丹一百丸，浦姨托寄益母膏一斤，平金袖三副，桃脯、苹果脯、杏干各五斤，贡带、椒带、扁带等件。）

十二日　晴

副领事翟理斯来晤。先是啊领事欲抽回文书，于初九日自来面谈，颇以气焰相凌，余以理折，词穷而去。继复有照会来，欲用英文不用汉文，欲用花押不用钤印。余回文复层层驳诘，至欲与在总理衙门评理。啊领事自知理屈，托副领事将回文送回，不欲存案，并肯以后仍照旧章办理。余因其甘自认错，不欲为穷寇之追，允其退回文书，嘱其将所来无印文书加用钤印，俟其送来，和平复之，以敦夙好。盖办理中外交涉事件，须得风便止，不可过火也。

十三日　晴

接初九、十一日家信。发四十九号家信。

十四日　晴

接金少芝信，寄来手卷三件，沈石田《孝行图》，有吴匏翁、李西涯等题跋十九家，宋明之懋晋、魏考叔之璜山水卷，皆无题，随即复之，沈卷还二十元，宋卷还八元。

十五日

发五十号家信。

见官。

夜雨。

十六日　晴

接十三日家信。发五十一号信。接金少芝信，并朱泽民、文衡山、丁南羽、唐半园画卷四个，即作书复之。

为税行与闽商欠缴税项，审讯此案，坐堂两次。

十八日　晴

接十五日家信。发五十二号家信。

十九日　晴

发五十三号家信，附致香严、平斋一信。

二十日　晴

见官。

接金少芝信，并陈白阳、查二瞻画卷，董思翁字卷，随即复信，留其白阳卷，附还文衡山、查二瞻、董思翁三卷。接三儿十七日禀。

巳刻，大雨以后，廉纤细雨。

接徐顺之信，并砚两方。

廿一日　雨

发五十四号家信。复徐顺之信。

廿二日　晴

接十九日家信。发五十五号家信。

廿三日　晴

接金少芝信，并倪云林、米漫士、钱舜举、徐幼文四卷，前存之沈石田、丁南羽、唐半园、朱泽民、文衡山、张玉川六卷，共计洋九十八元。白阳花卉卷还至十四元，未定，即发信复之，四卷暂留。

发五十六号家信，并将倪、钱、徐三卷寄与承之审定。

廿四日　晴雨间作

接廿一日家信。发五十七号家信。

廿五日　晴

见官。

接廿三日家信，并退楼信。退楼力言平粜之议不可发自我，因平粜必要劝捐，捐钱之家必要抱怨，其阅历世故可谓深矣。然使人皆怕招怨，则出头办事无人矣，可为叹息。

接金少芝信，寄来六卷，退还四卷，暂存唐竹卷、仇锁谏图卷，唐卷还十二元、仇卷还十四元。

廿六日　晴

发五十八号信。

廿八日　雨

演凤台班。

发五十九号家信。

为浦姨补寿兼八官受顶，演新丰班，坐客三席皆幕友。

廿九日　晴雨间作

幕友公送凤台班。

金少芝寄来四卷、四刀，留其徐文长花卉、智舷和尚《西筑诗》、朱瑛补图暨刀四把，退还张二水行书《岳阳楼》卷、张天放网书画卷，并复信。

三十日　大雨

发六十号家信。

七月

初一日　晴

接廿九日家信。发六十一号信。

文庙、天后宫拈香。

初二日　晴

接金少芝信，并画册四本。发六十二号家信。

委员周光诰至奉化查办丁、周两姓互控水利事，回宁禀见销差，案已勘结。

初四日　晴

接初一日信。发六十三号信。

初五日　晴

见官。

寄研生信，托分送贺信。

初六日　晴

接初二日禀。发六十四号信。

边仲思来见。姚慎庵来见。

初七日　晴

接金少芝信，寄来卷册，留其张汶卷、山涛字册。

初八日　晴

甘守竹生为洋布捐事来见。陈旭、张蓉光来晤。柴桥委员顾县丞来见。慈溪贺令卸事来见。

初九日　晴

接初四、初七家信。发六十五号家信。复退楼信。

张蓉光、陈旭来晤。送皮箱两只、蜡丸白凤三十二丸、苏合万应四十丸。轮船局总管唐廷枢来见。边仲思来见。

出决科案，刘鲲第一，奖赏洋共二百五十余元。

初十日　晴

见官。

唐廷枢又带领洋行江白大、区姓来见。惠税务司来见。

十一日　晴

屠啸篔来晤。

发六十六号家信。致金少芝信，并票洋八十元。

十二日　晴

黎明，至万寿宫拜牌，文武各官毕集。

偕边仲思至火药总局验看房屋，六营将官俱至。验得朝南五开间东西房各十二间，渐有崩塌之势，须及早收拾，方可储藏军火，拟俟晋省回明中丞办理。

申刻，往拜啊领事及惠税务司，俱扰其酒果。答屠啸筼。

夜雨。发六十七号家信。

十四日　晴

午后，各处辞行，惟军门晋谒。

十五日　晴

见官。闽商董事内阁中书蒋学瀛来见，云是辛卯年侄。

十六日　晴

闽商董事蒋子泉昨来见，云闽商欲与关上秤相较，以三百三十斤之石为准则，我许之。今晨，关书以部秤及税行常用之秤送来。闽商亦以会馆中十五两三钱之秤及大石一块送来。随于花厅院中，先以商秤称石，计重三百三十斤，以关秤复称，亦重三百三十斤，是关秤亦是十五两三钱秤无疑矣。复以部秤复称，亦重三百三十斤，而移至二百八十斤之星上，秤亦不动，足见部秤甚呆，而税行得以高下其手矣。我谕众商云是石称见三百三十斤，其为十五两三钱无疑，他日部领到，再将此石复称，或重或轻、应减应加，即可换算。至关上现在所存部秤，因其甚呆，是以不以此秤为准，故赶请部秤耳。众商闻谕，皆悦服而退。此石存库，待复。

甘竹生、宋叔元均来见，谈洋布捐事。据云华商已允包落地税万串，未知确否。边仲思、秘仙卿、姚慎庵均来见。

申刻，至西门大码头，武自军门以下，文自边以下，葛格带领洋枪队，均来送下船。即刻开船，酉正至大西坝候潮。

早间接十二、十四日禀。发六十八号家信。

沈仲复荐张从九来，能刻石。我以即日晋省，不能款接，赆以八元。

刘兰洲有信来，云回里后部署一切，即晋京引见，随答复信。

二鼓，潮来开行。至长亭又候潮，泊。从鄞县西门至大西坝三十里，大西坝至此五十里。

昨晚慈溪令程云俶、县丞邓锡恩俱来见。今日辰刻，程令又来见，以新开河捐款托其催缴。

十七日　晴

巳刻，潮来开行。过余姚，至三十里亭泊。

三鼓，开行，至通灵坝，上虞令李世基、县丞陈××、典史来见。换船过里梁湖，王心梅、渠源来见。至外梁湖起岸，五里，渡曹娥江。行二十余里，至东关换龙门船。先捉船十余只，被乡试士子抢去，临时再捉，故船只数只，勉强并坐而行。连夜趱行，四鼓时山、会两令来见，辞之。

十九日　晴

辰刻，过柯桥，即蔡中郎柯亭旧里。土人于古庙侧建中郎祠，前后两阁，一祀文武帝，一祀奎宿。阁三面皆窗，凭栏一览，湖山之胜尽在目前。庙前有一碑，刻“御驾亲临”四大字。舟子云，旧有大寺，为粤匪所毁，今片瓦不存矣。

傍晚至萧山界，据接差人云，西兴水干，须起岸二十余里，该处预备脚夫，每被乡试士子抢去，不如绕道走临浦为便。我从之，开行终夜。

二十日　晴

清早至临浦。船局委员过士昇、巡检黄蔚南预备江船四只，其船向装客货，两旁皆客床，中空一路，舟子皆往来其间，甚不舒齐。辰刻开行，至义桥，风逆不能行，暂泊。与心香、我庾登岸闲步，行过乡间人家，从竹墙外过，竹墙被风刮倒，从背后压下。我与我庾急向前走，幸未压着，心香稍迟半步，已压在身上，仆地，尚未受伤。可见天下事无地不可起风波，孟子所以有“不立岩墙”之戒也。

薄暮开行里许，仍泊在一山坡下，山风甚厉，两舟相傍，终夜振荡不安。

廿一日　晴

辰刻开，江行六十里，至闸口大码头登岸。乘轿进候潮门。申刻至剪刀巷提调公馆。

接十九日苏州家信。发六十九号家信，又宁署家信。

候补府刘开勋，仁、钱两令均来见。刘定国来，未见。

廿二日　雨

出门拜客，晤卢午翁、灵蔚生、陈伯敏。

学台考录封门，投一刺。晤如冠九，见其所悬石谷、麓台两小帧，俱佳。又见老莲人物绢本卷，真迹也，老幼十余人，手执盘匜尊罍之属，向左鞠躬而进，一贵者向西受之，极古雅，无补景。

答仁、钱两县，未见。

廿三日　晴

辰刻，上院，偕司道进谒。回寓后，卢午翁、蒯士翁、灵蔚翁、如冠翁、唐艺翁、恽杏翁均来晤。

午后，中丞答拜，坐谈。随即上院谢步，中丞传见，示以总理衙门钉封文书。内封徐侍郎桐密折一件，共四条：一储人材、二固民心、三裕度支、四筹边防，皆为外国而言。恭王等复奏，大旨言连年筹办事宜，与该侍郎所奏大略相同。其裕度支一条由户部主稿，尚未见复奏。余详绎四条，俱是老生常谈，言易而行难者，惟筹边防一条，大意谓蒙古各部落地界与俄国毗连者三分之二，蒙古开国时极强，近则渐趋于积弱之势，或恐为俄国勾结、或为俄国侵吞，皆当先事预防云云，颇为切要，并云俟西路告竣后，须专派大员前往振顿，其意或指左宫保而言，然亦非此公无能胜任也。

发七十号苏信。发宁信，并附致边仲翁一信。

往吊吴冠云。往晤吴引之。拜而未晤者，唐艺农、汪小蓬。余皆答拜府以下各官。

廿四日　晴

往晤蒯士翁，将军拜而未值。午后，偕我庚至贡院前一游。

廿五日　晴

辰刻，坐小轿偕心芗、我庚出凤山门，度万松岭、赵岭、洪家山，约十余里至理安。庙宇全为粤逆所毁，新构两楼两底，旧基，四面皆山，背负大人峰，面对螺髻峰，左为象鼻峰，右为弥陀峰。山木被伐不少，然犹有存者，仍一望青葱。入寺之径曲折，循涧而行，水声潺潺，昔人称其处最为幽僻，洵不虚也。寺中只小沙弥奉母而居。市远无菜，只供蔬笋饭，上下皆欣然一饱，饥者易为食也。余偶忆前人叠床架屋体诗，有“关门闭户掩柴扉，一个孤僧独自归”之句，戏为心芗诵之，即口占二句足成之云：“接客待宾迎施主，养亲奉母侍慈闱。”相与鼓掌一笑。归途约数里至烟霞洞，洞在山顶，高与宽纵横约二丈许，进深倍之。中间地藏，两傍十六罗汉、观音大士、门外财神，皆就石雕出，眉目如生，精妙非常。钟乳从上垂下，如浪如云。洞底尚有如屋者一间，较外间窄而黑，非秉烛不能入。石刻纯阳祖师，背后深黑，莫由测其浅深，借败笔残墨题名于石，石潮渗墨，字不成字，聊记鸿雪而已。春间游飞来峰，背后之洞诧为奇绝，不图此洞又胜之。

翻山至茅家埠，唤船游湖心亭，亭为新构，丹碧焕然。四面红荷尚盛。复至平湖秋月，市饮者数席，喧哗可厌。即下船，至清波门，坐轿而归。

灯下发七十一号苏信，并宁信。

廿六日　晴

辰初，至贡院候中丞小阅，是日新授副都统吉禄从京中来，中丞以下文官、将军以下武官皆迎接。请圣安毕，中丞率司道以下各官至贡院，余随同周阅，至午正散，归。午后，往晤何青耜。

廿七日　晴

心香回苏。吴引之、金少芝来晤。

发苏信七十二号，又宁信。

廿八日　晴

辰刻，何青耜来晤。

是日在城隍山上关帝殿内之太虚楼请将军善庆、副都统吉禄、乍浦都统富尔荪、织造文治。主人六人，卢午峰、蒯士香、灵蔚生、如冠九、何青耜与余也。午集，至申刻散。

接廿六日家信。发七十三号信。

廿九日　晴

辰刻，上院，中丞出示通商大臣信：文书忌用“夷”字。余将修理火药总局及添买洋火药四百筒，中丞皆允。

发谕大孙信，附致黄军门、边仲思、宋叔元、张芙卿、陈印波、曹恺堂各信。

三十日　晴

辰刻，发七十四号苏信。接廿八日大孙禀，附恺老一信。

游鼓楼街古董铺及珠宝巷，适遇绍兴人持珠求售，买其小珠四十粒、中珠十粒、大珠四粒，计二百十二元。宁波珠宝客陆姓来，买其大珠廿粒又一粒、碧霞小背云一块、小方翠一块，计六百四十元。先付八十元，下欠五百六十元，言明回宁找付。

淡如荐一嘉兴张姓人来，唐六如《春晓图》售主也，又持黄石斋《草书讲业》册一本，共还价一百四十元。

发七十四号苏信。

八月

初一日　晴

卯初即起，赴贡院。是日丁祭，中丞祭毕，即往贡院大阅，司道皆从。贡院内陈设齐备，在监临行台吃面，共两桌。阅毕归公馆，已午刻矣。

初二日　晴

发七十五号苏信。又发宁信，并附曹恺翁信。

夜大雨。

初三日　午前雨　午后晴

午后，吊王荫棠之母丧，赠赙廿四元。

接八月初一苏信。发七十六号苏信。

初四日　晴

午刻，赴吴引之招饮，同席者云南候补道廖小楼、梁敬叔、何青耜、秦淡如、恽杏云。

初五日　晴

答晤学台胡瑞澜。巳刻，至贡院与监试陈伯敏候点，誊录生名。岂知汪守元祥办理不善，直待至上灯时方开点，三鼓始散。

初六日

辰正，上院，与司道皆朝服，先晋谒中丞。巳初，委员先请学政，继请两主考，到齐后在大堂叙坐，献茶三道，即朝北谢恩。先监试陈伯敏，次及余，次廉访、方伯，皆坐显轿至贡院，道旁观者真如堵墙，约有数万人，到后俟两主考到，即与司道送入内帘。中丞继至，两司及运史、粮道、首道先散。更衣后，随中丞祭魁星，随至协忠堂，中丞中坐，余与伯敏东西坐，中丞点内外帘毕，中丞回行台。余与伯敏开黉门，进各物，点灯，又补点昨日未进之誊录。又待藩署送卷来，封门已子刻。

发七十七号苏信，并宁信。

初七日　晴

黎明，偕伯敏至二门，点对读生及号军。

午后，在协忠堂，中丞升坐，余偕伯敏东西坐，预备打号戳。先将各号人数扣定，计考生一万二千六百二十二名，号舍有盈无绌，各号皆留空舍，自三舍及六舍不等。随将戳记搀和，请各所委员上堂打戳，抵暮始竣。

初八日　晴

丑正，偕伯敏至二门，密启大门，请点名司道进贡院，卢午峰、蒯士香、灵蔚生、如冠九、何青耜、秦淡如、王清如共七人随进，供给各物。候至卯正，请监临升坐，司道行庭参礼，随东左、东右、西左、西右四路分点。卢午翁、灵蔚翁点东左，约三千人，余与何青耜点东右，约一千七百余人，蒯士翁、如冠翁点西左，约三千人，伯敏、淡如、清如点西右，约四千数百人。东右先完，西右再迟，酉初始毕。是日，有八十七之老生未送者，有得科举而未纳卷者，皆通融办理，给卷入场。有打重号者，有以二三场卷误入头场，皆须提调经理，烦极忙极！

交子初，内帘题已刻竣，请监临至协忠堂传点。开簧门，主考亲送题纸出来，与监临一揖而退。随将题纸分派巡绰号官，毕，略睡片时。文题"'人之过也'一章，'天命之谓性'一节"；"'天子适诸侯'两段"；"州傍青山县枕湖，得'州'字"。

初九日　雨

黎明，偕伯敏至二门，散粥、挑水，接连散饭，自黎明起至午刻始封二门。午后，仍在协忠堂打二场号戳，散时已酉初。

初十日　晴

卯刻，监临偕提调、监试升坐，至公堂，受卷官八员分东西栅内坐。交卷者甚稀。至巳刻，放头牌，只收三百余卷。午刻，放二牌，不过千卷。未刻，放三牌，不及二千卷。直至四鼓末，始净场。

十一日　晴

寅初，开门，又开内簧门，进供给。卯正开点，直至酉刻始毕。亥刻，开内簧门，发题目纸，一如头场之式，分给各号官，已子正矣。

十二日　晴

卯刻，偕伯敏开二门，放粥饭。

午后，监临偕提调、监试至协忠堂，邀对读、受卷两所房官及书吏打三场号戳，酉刻始毕。

灯下发七十八号苏信及宁信。

开黉门，进卷。

十三日　晴

卯初，监临、监试与余至公堂受卷。巳刻，受五百卷，放头牌。午刻放二牌。未刻放三牌。以后直至五鼓，尚有六七人未交者，令其至二门内之小行台写完。天已大明，始净场。

卯正，开点，至酉刻始毕。二鼓，开黉门，发题纸，分给巡绰官。

十四日　晴

辰初，开门进水、菜，散粥饭、考食。

十五日　晴

偕监试至监临行台叩喜。随监临至魁星前拈香。

未刻，纷纷交卷，已有数百本，即开门放头牌。未几，又受二千余卷，即放二牌。又未几，已得数千卷，即放三牌。至抵暮，交卷者已万卷外矣。

监临招余及监试晚饭。余于是夜始酣睡。四鼓，监试封门。

十六日　晴

卯刻，余往开门，号军随士子而出，存者寥寥。

监临作试帖三首出示，余亦作八首，缮正，呈监临请批。

十七日　晴

卯刻，开门，尚有考生六七人出场。

发八十号苏信。

夜雨。

十八日　阴

辰刻，开门，昨得三儿禀，知江南文题“非饮食而致孝乎鬼神”；“武王缵太王、王季、文王之绪”；“以天下养，养之至也”；“波光摇海月，以‘摇’为韵”。余即拟作试帖两首。

发示大孙信，并致黄军门、宋叔元、曹恺堂三信。

监临作入闱四绝出示。余作头场首题，文已起草，尚未删定。

十九日　雨

内帘官即用县欧阳泰暴病而亡，用棕床抬至大门外，借武庙东厢成殓，并无亲属，可惨之至！

二十日　晴

发八十一号苏信。

廿一日　晴

发八十二号苏信并宁信。

和中丞《喜闱中桂花盛开》，七律，四首，中丞又和一首。

廿二日　晴

巳刻，监临出闱。

顺天主考全庆、胡家玉、童华、潘祖荫，同考得房官者刘廷枚、徐郙、陆懋宗。研生仍未得，得其来信，要考御史。

廿三日　晴

发八十三号苏信。

我庚送来李笙渔各物，留其三卷一轴。轴系杨龙友山水小幅，款为克明作，有姜西溟题本身。卷则一系元吴渊颖莱诗笺一纸，呈柳待制贯者，有翁覃溪、黄小松诸跋。一系明包鼎《都隐图》并诗，同时和者十余人，后有戴松门跋，盖其所藏也；一耘樵山人徐枢画《石钟山图》，有钱竹汀、翁覃溪、阮芸台诸跋。玉器留其带板、搬指，图章两方、方圆勒子各一。铜器则留其龟鱼小符，惜俱不全。

顺天乡试题“回也其心三月不违仁”；“凡为天下国家有九经，所以行之者一也”；“孟子曰：‘人有恒言’至‘家之本在身’”；“湖色宵涵万象虚，以‘涵’为韵”。

廿四日　晴

我庚送来笙渔携示白玉镯一只，其色洁白，糯而且结，当是石子儿琢成者，谓为汉白，未必然也。手镯太小，我带不着，且索价五百元之多，据云非四百元不售。又有全红勒子一枚，色泽嫌其太熟，索三百元，一并还之。

福建乡试题“‘乐节礼乐’至‘益矣’”；“‘是故居上不骄’至‘其言足以兴’”；“孟子曰：由尧舜至于汤”；“月过楼台桂子清，以‘清’为韵”。

廿五日　晴

发宁信，并至曹恺堂信。信中言直省赈济拨解海关银二万两事。

廿六日　雨

发研生信，托阜康寄。发八十四号苏信。接苏信及三孙试艺三篇。

廿七日　晴

发八十五号苏信。接宁信，知直省赈银已解，已函致方伯。

廿八日　晴

发宁信。

午后，中丞进贡院，与两主考晤谈。至提调行台坐谈，灵蔚生亦来。前夕所和中丞诗四首即呈阅。

笙渔之物，得其包鼎《都隐》，计三十五元，小方白玉勒子一个，六元。秦淡如经手送来之物，得其顾文康《岁寒三友》卷，廿五元；顾云屋《丹山图》卷，四十元；明人诗翰册，八元。退还者，俞紫芝字册，文氏书札册。

廿九日　晴

发八十六号苏信。

九月

初二日　晴

发宁信。

初四日　晴

申刻，中丞进贡院，与两主考谈并商定十五日发榜。

初五日

发宁信，并致信与边仲思，催其赶紧讯办慈邑案。

初七日　晴

午正，三儿自苏来杭，即搬进贡院住，其岳竹吟偕来，住在公馆。

夜雨。

（眉批：嘱骏叔归后购刘彦冲《钟进士》册。托任阜长画《十老图》小册，切记莫忘！催画《花天跨蝶图》，先送些笔资，并以渭长册许借饵之。）

初八日　雨

阅三儿携来近日所得米元章小楷《千文》、苏东坡《祭黄几道文》、俞紫芝《兰亭》、王石谷山水册、王雅宜书画袖卷。

初九日　雨

以二百元得唐六如《风木图》卷，常熟张氏物，秦淡如为和会得之。

十一日　晴

秦淡如来谈，并观三儿带来宋、元各种。

发宁信。

十二日　晴

何青耜、蒯士香、宋 ×× 俱来。

张戟门携示广东人所藏绢本仇十洲《清明上河图》，引首题跋，文衡山笔，竟俱是真迹。索价千番，还之。又有仇十洲画《会真记》册，绢本二十页，幅幅有文嘉蝇头书《西厢曲》文，画与字皆佳，然犹非真迹也。又有扇面二百张，择其尤者只二十余张，售主不能折，遂并还之。

吴敬之携示徐幼文册，以百六十元得之。

十三日　晴

闱中委员索书楹联者纷纷，破半日工夫，俱写毕。

十四日　晴

黎明，司道俱来，中丞、学台继至。先在协忠堂，中丞用硃笔写榜上中字。巳刻，主考及监试、收掌、各房官俱至协忠堂。两主考、中丞、学台面南正坐，藩司、余及运司面西坐，臬司、监试、杭道面东坐，各房官分坐于后。午初填榜，中、晚两饭皆往凤味堂。主考、房官暂归内帘，余皆正襟而坐。向来填榜至子刻已完，此次独迟，至十五日之卯刻始完。解元沈寿慈，因小考不进，新捐监下场者。据外间传闻云，其人素授乡塾教读，场前，塾中童子见有蓝鬼随之，岂所谓魁星者耶？宁波府中式四十一名，绍兴府中式三十九名，居榜之过半。

十五日　雨

黎明，出榜，中丞以下各官皆散。余仍在贡院住，略睡片时。午后，各房官来见。偕骏叔登明远楼眺望。

十六日　晴

进龙门，拜两主考及内监试、内收掌、各房官。午刻，内帘官请两主考及提调、监试、内总理。席散，余与骏叔始出贡院，随即上辕禀见并拜主考，归寓已抵暮。

十七日

拜客。

得江南榜信，苏府只中七人，门生朱鸿绶云生与马三孙皆未中。

十八日

拜客。

十九日　晴

黎明，上辕，与司道在官厅候学台、两主考及新举人，到者约十人。在大堂，赴鹿鸣宴，先拜阙谢恩，后入席，伶人歌《鹿鸣》三章，演《赐福》一出，始散。

未刻，杭州将军入京陛见，中丞以下各官皆往送之，余未去。申刻，赴中丞招饮，共三席，两主考、学台及司道皆与。

廿一日　雨

中丞嫁女，余与司道入贺。先是骏叔从苏来杭，道出荻江，访章紫伯，见其收藏，择八种，还价三百元，未成。到杭后，与余酌加六十元，添画卷一件，托我庾雇舟往取。是日，我庾回来，共购得恽南田花卉山水合册，张尔唯书画册，石溪山水册，陈士谦书《道德经》卷，丰南禺字卷，杜东原、顾昉山水合卷，陈丹衷人物卷，钱舜举《五柳庄》卷，李流芳父子山水合册，计洋三百六十元。又购得戴子余家藏杜东原《南村十景》册、沈石田山水册、陆包山山水册、石溪山水大轴、文衡山山水大轴、石曼卿草书卷、石涛书画卷、陈惟允山水轴、汪舟次字册，共洋九百四十四元。

以旧藏王麓台《云山》卷及新得陈惟允轴、汪舟次字册与秦淡翁易得王麓台山水册、赵仲穆马卷。王册尚在伊甥张雨生处，约十月中寄来。淡翁尚欲以所藏唐六如画《王文恪出山图》卷易余新得之杜东原册，余许以姑俟异日。

午刻赴如冠九之招，同席者皆候补道。

廿二日　晴

上辕谒见中丞，至秦淡如新居，贺其迁居之喜。

吴引之之子中北榜，三县中者五人。朱研生考御史，取第二名。

廿三日　晴

清晨，偕骏叔、我庚肩舆出候潮门，游凤林寺。寺中有薛庐，绅士为薛慰农时雨太守遗爱而作。复游紫云洞，洞在栖霞山麓，洞口构观音阁。阁右有石磴数级，历磴而下，第一洞高如屋，内有一窦，颇低隘。俯身而入，复有两洞，第三洞低处有泉，高处露天光，与外通，榛荆塞途，不能出游，仍由旧路而出。坐观音阁啜茗，命骏叔题名于石壁。复游飞来峰后之飞来洞，两洞毗连，内有名“一线天”者。另有小洞，如一间屋，顶上有穴如钱，明眼人观之，隐约有佛像，余短视，并穴亦不见，无论佛像矣。出洞至冷泉亭小坐，复至山足听泉。泉出石罅，铮钬有声。复坐肩舆至韬光径，甚幽僻，修篁夹路，循石磴而行，至半途，石级陡峻，舍舆步行，曲折百余级。至吕祖殿，殿前有石台，凭槛而观，夕阳在山，红树掩映，紫翠万状。殿之东为金莲池，拾级而登，至炼丹台。台额“观海”二字，台之北有小石洞，供吕祖像，南望海水，如小杯。北高峰尚在其上，足力已疲，不能再登，与骏叔联臂而下，归寓已上灯矣。

游韬光得五律一首：

曲径入修竹，人从云顶行。
仆顽芒履健，客瘦笱舆轻。
红树新霜艳，丹台夕照明。
一杯东海水，是处即蓬瀛。

廿四日　晴

吴引之、蒯士香、张仲甫、陈季台同新孝廉曹、屈两公同来，备有贽仪，余还之。午刻，至藩署，司道公请两主考、学台、中丞，共四席。申刻入席，散已上灯。

吴庚甫来，托其刻题名于飞来洞石壁，并拓圣因寺罗汉像。

廿五日　晴

清晨，先至两主考行辕辞行，复上辕谒辞中丞。

回寓，张先生携示铜器三件，还价二百元，未成。购得圆珠十粒，价一百二十元，朝珠一挂，价一百元。即起身渡江，坐江山船。船伎即翠凤姊妹，备有酒肴，赏洋十八元。申刻至西兴，汪令小衡来见，荐与徐季和之舅李子长震司笔墨，即送关聘来，舟行竟夜。

廿六日　晴

清晨，至绍兴，龚、甘两守来见，上岸进城拜客，回至东门码头开行。午刻，过鸟门山，雇小舟二只，偕骏叔、我庾至峭壁一夹港内，石壁千仞，高插云霄，下临无地，如以巨灵斧斫削而成。石壁凹进处皆成深洞，有大如两间屋者，中隔石墙一道，墙上有门，可通舟。仰视石皆俯出，不见天日，可蔽风雨，故石壁皆白色，不长苔纹，好事者凿石题名于壁上。若夏日棹小舟避暑于此，真仙境也。沿缘壁下，有石坡阻焉，仿佛桃源洞口。骏叔、我庾舍舟登陆，令舟子扶掖而上，遥望之，另有一洞，数折而入，缭曲深窈。据舟子云，粤逆之乱，土人皆拖舟入洞，避兵于此。惜不能穷探其奥境也。有野鸽十百成群，见人惊飞而出，想其中必有林木可以栖止焉，余惮于履险，坐石以待，兴尽乃返。二鼓泊百官。

廿七日　晴

清晨，渡曹娥江，换红船，上虞李令来见。至后梁湖王渠源家，偕骏叔观书画、古钱。购得倪文贞树石轴、陈老莲《麻姑仙》轴、恽南田《芦汀柳渚》轴，价七十五元；古钱四十五枚，价一百十四元。午饭后登舟，晚过上坝、中坝，行至四鼓，抵余姚泊。

廿八日　晴

黎明，开行，至长亭候潮。未刻，潮平开行。二鼓，抵大西坝，刘厚卿来见，黄军门率六营将弁，边守率文员俱出接。

廿九日　晴

黎明，至西门码头登岸回署。黄军门、边仲思、伊学潮、刘厚卿、郭辅清、罗熊、贝珊泉，府县学教官均来见。

三十日　晴

往晤军门，并拜文武各官。

晚间形寒，因辞明早拈香，幸未发热。

十月

初一日　晴

三儿挈七孙回苏。因张姨与七孙之妪不睦，故令其回苏，然余心甚觉不舍，挥泪送之。

上灯后仍形寒，服丁先生之药而卧，仍未发热。

初二日　晴

往吊秘仙卿之丧，赙以百元。

灯后形寒极甚，旋发热，黎明始退。

初三日　晴

延丁蓉镜诊视，服药。是日寒热俱未作，卧床未起。

初五日　晴

辞衙。

接三儿沪上书，作书复之，发八十七号。

初七日　晴

致金少芝书。

初十日　阴　大风

接朱研生九月十九日信，知考御史取第二名，引见、记名约须三年，方可传到。

德宝斋寄来宋人写经二册、米萼文《秋山烟晓》卷、沈石田《落花图咏》卷、文五峰《春堤策马》卷、吴匏庵《草木诗》卷。

汪钜伯下第南归，赠以赆仪三十两，以上物件托其带来。金少芝寄来宋拓《庙堂碑》一本，八十元；汉弩机，廿六元；蕉叶白砚一方、青花砚一方，共十元。

接三儿初八日到家信。发八十八号信。

十一日　晴

购得沈石田《怀古》册，六元；潘阆山水小册，四元。

十二日　晴

黄军门约于后日出洋巡哨，来辞。

复金少芝书。购得宋拓《庙堂碑》，洋八十元；汉弩机，廿六元；砚二方，十元。退还烟客册，抵洋五十六元，找还六十三元。

十三日　晴

接十一日家信。发八十九号家信。

十五日　晴

辰刻，至武庙、文昌宫拈香。

福建记名提督刘 ×× 来晤，并云缺少川资，欲借三四十元，即赠以程仪四十元。

接十三日家信。发九十号家信。

十八日　晴

发九十一号家信。

十九日　晴

上海道沈仲复派委员同知张翰卿志均，南汇人来宁，因上海设立电线公司，各国请大丹国人特雷以总理其事。所谓电线者，以铁造成线，贯以电气，千万里外言语顷接可通。从上海陆路通至吴淞口，由吴淞口分为两条，一通香港，一通日本。沉于海底，绵亘数千里，然屡次被渔船砍断。所以砍断之故，因渔船停泊海中，所抛之锚钩住电线，起锚时连电线一齐拖起，互相纠结，无法解脱，不得已将电线砍断，既断之后修理甚难。此次来意，求我晓谕海上各渔船，凡遇锚与电线纠结之时，须设法解脱，切勿砍断。我即嘱鄞县刘令传到渔船所请公先生，告知此意，令其传谕各渔船一体遵办。将来此事之能否有效，尚不可知，然外国人已感激不尽矣。我又修书两函，一致定海陈定生，一致镇海于印波，交张翰卿面交，照鄞县办理。

王定九鼎师相之五孙，世兄瑾由京至省城，由省城来宁告帮，持有卢午峰信。

二十日　晴

见官。

午后，答拜英领事啊喳哩，未晤。答拜特雷以、庞尔、张翰卿，登其轮船，扰其酒果，观其电线器具，但觉其精巧异常，不能知所以然也。又见其造一小木船，面试解脱锚与电线纠结之法。另用绳索系于桅竿，将电线挂住，一面将锚徐徐放下，锚与电线离开，即可解脱，无须砍断矣。此法复书至县署，传到公先生，面试与看。

送外国人绍酒、火腿、干湿果子八件。送王世兄堪帮份一百元。

发九十二号家信。

二十一日　晴

往晤黄军门，因其出洋巡查至温州，见方道而回。

边仲思送来秘氏所藏巨然画卷，余酬以四百元，另有字画数种，以王麓台轴、陈老莲人物小幅为佳。

二十二日　晴

接十五日家信。发九十三号家信。

二十三日　晴

以廿二元购得仇十洲《洛神》卷、武衷白舟山水卷、陈眉公山水册。

二十四日　晴

接廿二日家信，并寄示金保三所藏残经小册，无题跋，木面上刻“虞永兴手泽”，亦不知何人所题。观其用笔之沉着，的是唐人写经中之秀劲者，似与褚为近，若谓永兴，则未敢信。

发九十四号家信。撵朱妪回籍，因七孙之妪与张姨龃龉，皆由朱妈谗言所致耳。

廿五日　晴

见官。

廿七日　阴

发九十五号家信。

申刻，干桥走水，往弹压。为大风所吹，晚卧，形寒发热。

廿八日　晴

黎明，汗出热退，惫不能起，卧床竟日。

廿九日　晴

起床，发九十六号家信。

十一月

初一日　晴

因畏风未去拈香。

拟招宝山望海楼柱联：

雉堞拥层楼，雄峙一关蹲虎豹；
蛟门吞巨浪，控连万壑靖鲸鲵。

东虎蹲，西豹洞，南乌石，北雁门。岭岫列如屏，正当一阁凌空，九关设险；
前鳗井，后凤浦，左龙潭，右马渚。波涛平若镜，喜值百川归海，万国来王。

穷理读经，晓事读史；
明心学佛，养身学仙。

初二日　晴

是夕冬至夜。祀先后，家眷分男女两席，宴于后堂。

初三日　晴

五鼓，至万寿宫行庆贺礼，文武官毕集。

初四日　晴

钮卓卿从苏来，携示淡如所让王麓台册十页，精妙之至。

发九十七号家信。

晨起欲口燥，自己至□饮茶，至八碗之多。傍晚觉形寒，卧后果发热，幸下半夜即出汗退热。

初五日　晴

惫卧不起。

初六日　晴

起床，发九十八号家信。

（眉批：云千回苏，浦姨托买长细肥皂卅九，每九廿七文，粗肥皂五十九，粉硝十包，白芙蓉粉四两，印海棠花式杜布两匹，粗红头绳一斤，条头糕。）

初八日　雨

发九十九号信。大孙坐轮船至沪回苏，携回十洲《洛神》、钱舜举《五柳庄》、陈涉江《河浒同心》、王麓台山水册。

初十日　晴

见官。

十一日　晴

辰刻，诣火神庙、天后宫拈香。一禳火灾，一谢战船平安至锦州。

接大孙沪信，知是日唤船回苏。发一百号家信。致金少芝信，附还鲁得之竹册、汉玉小玦。

曹恺翁之女与彭菊樽之子联姻，在上海传红，恺老坐轮船至沪。是夜适狂风大作，兼之以雨。

十三日　阴

发一百〇一号家信。

黄军门寄示甘肃军营信，据报肃州府城于九月廿三日克复。先是逆首马四创乱以来已及十载，现率逆党数千人盘踞肃州，官军四面围攻。八月十三日，左帅飞调湘军助剿，城中逆匪粮尽乞降，左帅许之，令其先缴军械马匹。马四率逆党三千余人出降，左帅分派各营看押。讵马四包藏祸心，令逆子潜率数十人遁出，左帅派马队追擒之。遂将逆匪中尤为凶悍者一千四百余人立时骈诛枭示。城中尚有余党千余人，我军攻克后悉予诛戮，根株尽拔，全境肃清。左帅即日回署，并分派各营商办出关西征事宜。破城之前夕，有狼数百向城而嗥，又有鬼哭。

十五日　晴

辰刻，武帝庙、文昌宫拈香。

发一百〇二号家信。

十七日　晴

天气严寒，滴水滴冻。

十八日　晴

发一百〇三号。

（眉批：伪恽册内有“古涧空山逆”二句者，又汉玉小件内有荷蕊者，俱交大孙带出。恽册对题已觅得，有便寄去。）

二十日　晴

见官。

廿二日

发一百〇四号，答拜黄军门。

廿三日

送还边仲思转借秘氏书画册、麓台山水、老莲《笠屐图》，已令承之摹本易之，张船山五言对，自用油楮双钩副本，存于箧。

廿四日　晴

是日，本约黄军门同看六营合操，因雨雪而止，改期于廿七日。

发一百〇五号家信。

廿五日　晴

见官。

臬台委濮令来查镇海袁阿亚一案，禀辞，以呈阅中丞之《试院天香》《双桂轩》两图，托其带交，并藩账房代垫喜份廿五元。

廿六日　晴

黎明时忽然形寒，随即发热，竟日热势颇甚，延丁蓉镜诊视。

是夕仍寒热间作，至五更得汗而热退。

廿七日　阴

因病不能看操，请边仲翁相代。黄军门亦未去，六营兵丁赏钱一百二十千，精兵赏钱四十千，仍送去。

惫不能起。

晚雪。

廿八日　阴

仍未起。

廿九日　晴

发一百〇六号信。复金少芝信，寄还汉玉印一方、陈白阳。

（眉批：石平如不灵，拟停运大峰，所得王氏恽题石谷卷亦交大孙带出。八儿要自走洋人及堆绢对戏，张姨要麻雀牌。所借宁府抄本院课寄来还之。石盘用以存，买五味姜。）

十二月

初三日　晴

接廿八日家信。发一百〇七号信。

张安来宁。

初五日　晴

辞衙。

接初一日家信。发一百〇八号家信。发复吴引之信，内附去校邠、敏斋各信。又致如冠九信，乞所题《悟到琴心》卷及对。又复吴康甫信。

初七日　晴

接初三日家信。发一百〇九号信。

初十日　晴

见官。发一百十号家信。

十三日　晴

啊喳哩来见。

十四日　晴

发一百十一号信。

十五日

拈香于武庙、文昌宫。

十八日

夜发热。

十九日

惫卧未起。

二十日　晴

坐堂封印。

廿二日

发一百十二号家信。

廿四日

发一百十三号家信。

廿五日

见官。

廿八日

午后，往晤啊领事、税务司。黄军门因足冻，辞不见客。

是夕祀神，祀祖先，吃年夜饭，男女眷属分两席，宴于内堂。

三十日

读苏诗，得集句一联云：

对花把酒未甘老；
吟诗写字有底忙。

吃年夜饭，如廿八夜。

同治十三年岁次甲戌

春　王正月

初一日　晴

黎明，至万寿宫行朝贺礼，黄军门因足患冻疮未到。郡中实缺文武各官毕集。余至各庙拈香，共十处，顺路贺岁。

回署，文官自宁波府以次俱来贺岁，在二堂行团拜礼。与署中各幕友互相拜贺。署中眷属在上房行礼。

午后阴，抵暮微雨。

初二日　雨

午后，至大关拈香。在朱竹吟房中小坐，复至城内外贺岁。

初四日　雨

刘定国、于 ××、程云俶、邓锡恩来见。

初五日　雨

见官。象山令林尔康、萧协台来见。

发第一号家信，附厉慕韩、盛旭人、童际堂内有屠啸篔洋五十元、信。复盛杏荪信。

初八日　晴

接初四日家信。发第二号家信。

台州府徐苑卿士銮来谒。

初九日　晴

酉刻，请徐苑卿、边仲思、宋叔元、刘厚卿春酒。亥刻散。

初十日　晴

新任鄞县孙欢伯喜来谒。

是夕微觉伤风。

十五日　晴

因伤风未往拈香，并辞衙。

发三号家信。

十九日　晴

午刻开印，发四号信。

廿日　雨

见官。

廿二日　雨

慈溪翰林上年放湖南主考，来见，并送闱墨，其子家骕中本省四十八名举人，并送硃卷。

发五号家信。

廿五日　晴

见官。

廿六日　晴

发六号家信。

廿九日　晴

发七号家信，又发研生信，并送于术一斤，托陈季台带去。

二月

初一日

辰刻，文庙、天后宫拈香。

巳刻，送先儒张 ×× 入祀文庙，再去拈香，行祭礼。

初二日

发八号信。

初三日

文昌宫拈香。

黄军门来晤。因谈及护洋事，随于午后邀木行公先生童老四来议，老四已选上虞教官矣。

初四日　雨

五更，至文庙丁祭，文武各官毕集。

发九号信。

初五日　雨

辰刻，至坛，各官毕集。借孝子庙暂坐，坛前搭席棚一座，上漏下湿，不能行礼，于是议将神位及祭品移至庙中戏台上，各官向南行礼。余登台献爵、读祝、饮福、受胙，成礼而归。

初六日　雨

辰刻，至西门大码头官厅，各官毕集，迎接学台胡公瑞澜，至官厅少坐，学使进考棚，余进谒而归。归后觉形寒，随拥重衾而卧，即发寒热，上半夜热颇甚，至下半夜得大汗，热渐退。是日服丁蓉镜药。

初九日　晴

始起床，发十号家信。

初十日　晴

以上三日皆有祭祀，余因病不能将事，委员代行礼，未见官。

十一日　晴

发十一号家信。

十四日　雨

发十二号家信。

毛福带来唐六如《黄茅小景》卷、《四忠》卷，夏禹玉《烟江叠嶂》卷，沈石田山水长卷，刘彦冲《钟进士》册，皆精绝。

十五日　晴

武庙、文昌宫拈香。

申刻，请黄军门及边仲思、伊 ×× 、孙欢伯，演老庆丰班。子刻散。

十六日　晴

卯刻，祭武庙，请幕友春酒，仍演戏。是日为张姨常诞。

发十三号信。

十七日　晴

郑朗如先生之孙名永龄，从四川来，携其父善亭书，求借千金，赠以程仪五百元。

十八日　晴

祭吕祖师。

发十四号信误写十三号。

廿日

发十五号家信。

廿四日

两点钟形寒，旋即发热，天明时得汗而解。

廿五日

是日胡学台起程，余以病不克送之。

发十六号家信。

廿八日

发十七号家信。

三月

初一日　晴

文庙拈香。

发十八号家信。

初四日　晴

黄军门约往小教场，看操演线枪。此枪每杆重卅六斤，营中置而不用，候补参将熊雨人作霖，广东人，能用此枪，并请改制，从后腔装药，便捷异常，每杆用价三元，余前晋省时面请于中丞而许之。黄军门选精兵强而有力者百人，演习此枪，即委熊参将教习，余代垫经费二百元。演习两月，已臻熟练，今日与军门同阅，各赏钱二十千。扰午饭而归。

初五日　晴

见官。

初七日　雨

因镇江米船漏吴淞税事，邀绅士候补县王小莲锡衮来署面议，嘱其采访商情，妥定章程。

初八日　晴

发十九号家信。

初九日

夜间又发寒热。

初十日

因小恙辞衙。

十二日

发廿号家信。

十四日

午后，黄军门邀往看大教场营盘新做营门四座，先未报方伯，嘱续信致之。

十五日

武庙、文昌宫拈香。

发廿一号家信。

十八日

复盛杏荪，抄给战船、兵数等清折，由军门开来者，因李爵相嘱查也。

十九日

慈溪程令云俶、候补知县江澄来见。

廿日

见官。

廿二日　晴

是日为余常诞，在签押房演剧，请署中幕友。

廿三日

五鼓，至万寿宫朝贺万寿，又演小如意班。

廿五日

见官。

廿六日

再演剧，是幕友公送。

廿七日

鄞县孙令送三秀班，复送满汉两席，因即请客，到者黄军门、陈旭、罗熊、边仲思、宋叔元、孙欢伯、刘厚卿、王子仪。

四月

初一日　晴

文庙、天后宫拈香。

初三日　晴

致李香严、吴退楼、蒋心香、潘顺之、黄焕烟。

初四日　晴

辰刻，至先农坛致祭常雩，复往东北门外阅水师操演，搭高台一座，余作客，黄军门作主，阅时余中坐，黄军门与郭镇台东西坐。先阅爬桅杆，次阅水卒乱流而渡，又次阅舟师合阵，归时已未刻。

初五日　晴

见官。

初六日

承之暨大孙眷属回苏，于三点钟坐轮船而去，金保三同伴而行。

初八日

得承之到上海信，即发廿二号家信。

初十日　晴

见官。

十二日

申刻，孙欢伯请至察院阅看，为中丞办备行辕一辆，陈设华丽精工，为向来所罕见。人言欢伯善于办差，观此益信。黄军门、边仲思先在，相与约定十五日起程，至镇海迎接中丞。

十三日　雨

我庚由沪来署。是日承之与大孙登舟回苏。发廿三号家信。

十四日　晴

是晚坐百官船赴镇海接中丞。

十五日　晴

黎明，至镇海县，县令于印波预备公馆，即在公馆小住。得定海陈丞信，知十三日夜大雨，十四日教场有积水，不能阅操，已改于十八日矣。

十六日　晴

中丞往普陀山进香，传闻是日可到，因至黄军门所坐张芙卿之红单船盘桓竟日，船身极大，几于伏波轮船相埒。

是夕仍宿百官船，因行李已从公馆携出也。

十七日　晴

卯刻，中丞坐伏波轮船到镇海，在招宝山口小驻，文武各官俱往谒。余请中丞上招宝山阅修葺之望海楼及威远城工程，中丞急欲进城，不果往即开行，黄军门与余及府县等皆附轮船而行。至旗昌码头上岸，在洋楼少坐，即进城至察院大公馆，文武各官俱进谒。午后，中丞来署答拜，晤谈。

十八日　晴

卯刻，余径往教场。辰初，中丞到，即开操，午饭余与黄军门相陪。是日各营操演皆精熟，黄军门所练精兵五百名皆学外国兵法，另练线枪队百名，此二队最精，虽外国人亦叹服。

发廿四号信。

十九日　晴

辰刻，中丞至小教场阅各弁兵马步箭。午饭亦是余与军门相陪，酉初始毕。复请中丞往火药局阅应修房屋。此屋存贮火药，最关紧要，失修已久，几于不蔽风雨，余屡请方伯修葺，久而未定。兹请中丞阅后，亦以为不可缓之工，因令刘令定国赶紧修理。新买自红毛之西洋火药六万六千磅，暂贮在西屋，俟正屋功竣再移。

是日辰初，英国领事啊喳哩来谒，余带见。

廿日　晴

辰初，中丞往领事衙门答拜领事，留茶果。

巳刻，至咸昌门外，于江边高搭彩台，中丞阅水操。既毕，即往小教场阅卫安勇操。是夕黄军门请中丞筵宴，余与郭镇台作陪。

发廿五号信。

廿一日　晴

卯刻，上院谒见。午正，在余署请中丞筵宴，余与边仲思、宋叔元、厉慕韩作主人，客则黄军门、郭镇台。是日天气极热，散已酉刻。

廿二日　晴

卯刻，余上院禀安。

辰初，在西门外官厅送中丞登舟，复坐百官船送至大西坝，在船禀送，将连日所禀各事宜缮成手折交与中丞，以备遗忘。归途至梁山伯庙一游。庙只大堂一进，近方修葺未完，中坐一神，白面如土地；东坐一神，红面圆眼，貌甚狰狞；西坐两神，并坐一龛如夫妇，当即梁山伯、祝英台是也。庙之西一冢，冢后一碑，题曰“晋封英台义妇冢”，系嘉靖知鄞县徐某所立。西、北两面松柏参天，南面墓门外有樟树一株，大可两抱，数百年物也。

冯林一与余四十余旧交，今于十二日病故，余寄挽一联云：

文社共驰驱，邀我同居，赁庑曾经三度约；
交情深患难，附君不朽，乞师嘱草万言书。

余与林一三次同居，第一次在申衙前孙宅，第二次在铁瓶巷，第三次在京师西河沿，上联指此；同治元年，余与林一同避兵上海，余首创乞师于曾文正之议，嘱林一代草信稿，下联指此。余与林一交情一言难尽，此特举其大者言之耳。

廿三日　晴

午后，起阵大雷雨，旋止。

沈芷生，余四十年前文社旧友也，自服官后，踪迹久疏。兹忽从苏中来晤，具述暮年穷困情形，只存一子，年廿三，尚未娶妇。余欲代谋一席，渠因年老无依不愿出门，遂赠以程仪廿四元。

廿四日　晴

午后，又起阵风雨。

（眉批：支洋一百八十三元，浦记购扁圆珠一粒，计一百六十元，宝□计廿三元。支洋二百十八元，浦金镯，又四百廿元，大圆珠廿粒。）

廿五日　晴

见官。发廿六号信。

廿七日　晴

发廿七号家信。

廿八日　晴

英领事啊喳哩来拜会，谈及日本征台湾生番事。据称日本有铁甲战船二只，甚厉害，中国炮船俱非其敌。据云，英国有铁甲船一只在此，胜于日本之二只，又云欲制此船，须用水雷。微窥其意，大有毛遂自荐之意，然此人极不纯正，断不可用，故虚与委蛇，并不与之兜揽。

廿九日　晴

（眉批：支洋卅二元，浦买扁珠一粒。）

五月

初一日

文庙、天后宫拈香。

发廿八号家信。

初三日

发廿九号信。

初五日

贵神庙拈香。贺黄军门节喜。

发三十号信。

初六日

傍晚起阵大雷雨。

初七日

发三十一号信。

初十日　晴

见官。发三十二号家信。

十二日

发三十三号家信。

张竹坪来。

十三日

官武庙拈香。大关武帝殿拈香。本署武帝殿拈香。

发研生京信，致送寿礼百金，外拜贺礼百金。

十四日

发三十四号信。

十五日

武庙、文昌宫拈香。

十六日

下午往晤黄军门，商办海疆防堵事。

十七日

三孙来宁，带到书画一箱。发三十五号信。

十八日

葛格来晤。

十九日

发三十六号家信。

廿日

始吃西瓜。傍晚起阵。集东坡楹联，手抄成帙。

廿一日

发三十七号信。

廿四日

发三十八号信。

黄军门、边守来商防堵事宜。

廿五日

见官。

廿六日

发三十九号信。

廿八日

发四十号信。

六月

初一日

文庙、天后宫拈香。

发四十一号家信。得金保三信，并寄来沈石田小册一页。

初三日

发四十二号家信。

答拜成邦干，送周善初行。

初五日

见官。

发四十三号信。

初八日

发四十四号信。

初十日

见官。

发四十五号信。

往晤黄军门、边仲思，商镇海炮台事。

十一日

偕黄军门、边仲思往晤葛格，邀其到镇海相度炮台。

十二日

发四十六号家信。

淡如唐卷专由省取回，以王廉州册并烟客、廉州、石谷、南田二、渔山扇面，贴以百洋，易归。

往晤领事啊喳哩及税务司惠达。

十三日

与黄军门、边仲思赴葛格公馆，商议在招宝山筑炮台事，令葛格即日前往。

十五日

武庙、文昌宫拈香。

发四十七号信。

十六日

葛格自镇海回，来见，约同黄军门、边仲思观其所画图形，约须筑炮台十座。

十七日

发四十八号信。复王渠源信，谢其送钱范二枚，并购明人字七条，给价六十五元。

边仲思来谒，出示镇海于令一函，云前日欲于招宝山海口新筑炮台，令外国人葛参将格前往相度，百姓恐碍风水，欲赴郡递公呈，于令追回，禀请缓办云云。余以旧炮台不足以御开花炮，是以商同黄军门、边仲思改筑新炮台，原为保卫地方起见，而不虞百姓之不相谅也。难与图始，此之谓也。

十九日

发四十九号信。

廿日

见官。

廿二日

发五十号信。

廿四日

发五十一号信。

廿五日

见官。

廿六日

发五十二号信。

林颖叔寿图方伯书来，欲借拨洋枪队十余名，前往福建教习洋枪。

是日浦姨常诞，演小如意班，请外客三席，皆幕中人，内客一席。

蔡渌卿托人携示石谷大堂轴，纸白板新，《仿北苑万壑松风》，本身双题，气魄雄伟，盖杰作也。闻以八十金得之，有此等售主，颇觉碍手。

（眉批：郭眉峰帖：《书画舫》载：米元章《宝章待访录》载一条云：羲之千文，楮纸书，笔力圆熟。在宣州观察王铣处谬题“贺知章书”四字于韵字下。文嘉所记《严氏书画记》内载一条云：郑元祐等《游仙诗》一，元祐，字明德，遂昌人，少时右臂脱骱，用左手书，号“尚左生”，博学，能诗文。余近得张雨等《游仙诗》四家，其二即尚左生，未知是此卷否。《书画坊》载巨然《海野图》，有米元章题“长歌”，与余近得巨然《巨壑图》后贾似道所题同，乃知秋壑抄录米诗，其字亦用米法。然卷中诸名人皆指为贾秋壑自题诗，不知出自元章。甚矣，博古之难也！米诗又载《宝晋英光集》。）

廿七日

陆先生携示石谷《临北苑万壑松风》大堂轴，上有双题，极出色，惜已为蔡渌卿以八十金购去。

七月

初一日

文庙、天后宫拈香。

见官。发五十三号信。

初三日

发五十四号信。

初四日

收到金少芝经手前购石谷大堂轴，为王茂京之父芝翁写，又来石田卷、八大山人鹿轴。张子蕃复信，购成宋拓《群玉中秘帖》一本，洋廿四元，有石谷临倪小轴，还价三十元不售，还之。

初五日

因府县俱请假，未见官。午后，孙令来见。

初七日

发五十五号信。

少芝寄示扇面十页，皆四王、恽、吴，只有石谷、渔山各一页可取。有人携示盛子昭《春山无尽》卷，董思翁引首，王觉斯、阮芸台跋。

（眉批：《书画舫》载巨然《山寺图》袖卷，上年余在秦淡如处见之，绢素黯而且敝，骏马之骨无足取矣。三孙提端卿经手，云有梵门桥人家废园，可折卖。置太太遗像。石屏尺寸及价。新得后园应丈量绘图，立禀，立界石。酌送扇面与淡老，以酬其让唐之功。

初八日

发五十六号信。

初十日

发五十七号信。

十二日

至天宁拜牌，天尚黎明。

发五十八号信。

十三日

黄军门有功来晤，即答拜。

十四日

发五十九号信。

十五日

武庙、文昌宫拈香。

十六日

发六十号信。

（眉批：骏叔出门，须带碧霞带版、功甫、蓝宝、右军卷。）

十九日

发六十一号信。

廿日

见官。

廿一日

发六十二号信。

廿三日

发六十三号。

廿五日

见官。

发六十四号信。复江念慈信，寄至上海抛球场北首耕记丝栈转寄。

廿八日

发六十五号信。

王绍庭从都中回甬，携到部颁三百斤关秤，杨庆、王叔均来。

廿九日

发研生信，并京信各件。

（眉批：张姨托买金银羊皮全各十张，阿胶。浦姨托买椒带十、贡带四板、扁带四十。平金袖，花两付，羊皮全，四黄四白。益母膏四瓶。风立膏四瓶。）

三十日

发六十六号信。

八月

初一日

黎明，文庙拈香，致祭文昌宫、天后宫。

午后，刘兰洲来谈，甚久，冒雨送之，已登舟矣。

初二日

辰刻，致祭火神庙。考孝廉堂："'子禽问于子贡曰'全章"；赋得"肯舍渔舟到杏坛"，得"坛"字；月湖赋，以"清风徐来，水波不兴"为韵；赋得"灯火渐可亲"，得"亲"字。

发六十七号信。

初三日

昨日，新领事佛赐礼来晤。

初四日

卯刻，致祭武帝庙。

未刻，往晤新领事佛赐礼。边仲思亦来，同吃其酒果。

初五日

发六十八号信。

初七日

五更，致祭文庙。

发六十九号信。

初八日

辰刻，祭社稷坛。

初九日

发七十号信。

初十日

辰刻，致祭白龙庙。

十一日

致祭吕祖，托宁府代行礼。

十二日

发七十一号信。

十三日

发七十二号信。

十四日

发孝廉堂案。

十五日

辰刻，武庙、文昌宫拈香。至提台署及文武各衙门贺节。

是日阴而微雨，夜无月。

发七十三号信。

十六日

辰刻，致祭风、云、雷、雨祠。

答杨泰亨。

十九日

发七十四号信。

倪文贞之论党人曰：小人之所为，无往不福君子也，旨哉斯言。方余履任之初，兼署闽浙总督、福州将军文煜，夙有世谊，又为刑部旧同僚，谬谓余素能任事。值台湾道出缺，意欲量移余。适有造蜚语中余者，中丞误信之，其语并闻于制军，遂寝其议，而以候补道夏献云署焉。未及四载，日本国借征生番为名，图踞台湾，驻师瑯桥。皇上命船政大臣沈葆桢为钦差大臣，办理台湾事务，而夏观察亦遂驰驱于干戈扰攘之中。假令余得是缺，则今日夏观察之所有事皆余之事也。虽身当其境，未必不黾勉从事，然视兹之卧而可治者，劳与逸固悬殊矣，遑论险夷。是昔年之造蜚语中余者，正所以福余也。余故有感于文贞之言也。

廿日

见官。

廿一日

发七十五号信。是日三孙本拟坐轮船至沪，为风雨所阻。

廿四日

发七十六号信。是日天初晴，三孙搭轮船回家。

余拟一园，名之曰“适园”，先成一赞：

> 不山而岩，不壑而泉。不林薮而松杉，不陂塘而芰荷。携袖中之东海，纵归棹兮江南。或谓文与可之筼筜谷，或谓柳柳州之钴𬭁潭。问谁与主斯园者，乃自适其适之艮庵。

余在京时见扇面声价甚重，明人中有文、沈、唐、仇四家者，国初人有四王、恽、吴者，参以他家，每本十二页，可得百金，且要者甚多，大可居奇。若在他处，断不能得此善价，故欲售去扇面，必应寄与京友，切勿以贱值轻于一掷。

艮庵记于灯下，以示后人，时甲戌八月。

三孙动身，搭坐轮船，带同华福、张升、徐五回苏。

廿五日

见官。留边仲翁监视闽商校部颁秤及新制秤，并邀同闽董事蒋学瀛同校。

廿六日

发七十七号信。

廿八日

发七十八号信，并发信至沪与三儿。

九月

初一日

文庙、天后宫拈香。

初二日

发七十九号信。

初三日

有闽糖船抗不服秤，出差提船户、糖行、税行。

（眉批：发施棺一具。）

初四日

昨所提各犯交府中审讯。

发八十号信。

初五日

见官。询昨审情形，据委员郭辅清云，因税行传话不清，先将行伙重责。

（眉批：发施棺一具，女，王氏，十七余岁。）

初六日

发八十一号信。

发朱研生信，托王绍庭带京。

初七日

承之暨大孙从上海来。

（眉批：发施棺一具，女，陈氏，六十五岁。）

初十日

见官。

十五日

辰刻，武庙、文昌宫拈香。

黄军门先于初四日由镇海出洋，至台州及定海查看炮台，回驻镇海，遣人送信来，约看镇海炮台。余即于是日未刻起身，从东门码头下船，抵暮至镇海，边仲思先到，与于印波及李参将并各官俱来见。

十六日

黎明，起岸，坐轿绕过金鸡山至炮台。少待，黄军门及郭镇台俱到，即在炮台试放四炮。于令邀午饭，辞之。趁潮而回，抵署未初。

十七日

下午，往拜黄军门，未晤。

十八日

巳刻，考月湖书院生、童，在大堂点名。

生文题"'子闻之,曰太宰'合下一章"；赋得"菊花低色过重阳",得"低"字；赋题"张翰思《吴中莼鲈赋》，以'安能从宦，千里要名'为韵"；诗题"赋得'鱼美饭细酒未浓'，得'浓'字"；"诗牌、酒筹、琴囊、画谱，七律，不拘韵"。

童文题"'子说'至'闻之喜'"；赋得"白露滋园菊"，得"滋"字；赋题"'秋阳坚百谷'，赋以'吾好善而欲成之'为韵"；赋得"樵斧带风闻"，得"樵"字；"书艺、农歌、渔笛、樵唱，五律，不拘韵"。

十九日

骏叔因脱肛卧床不起者三日矣。昨日，蔡渌卿送来朱竹垞、金冬心隶书对二副、汉铜铞一具。

题《菊屏双砚草堂图》二绝：

苍波溜雨碧于苔，轻翰烟华染麝煤。
珍重墨池新拓□，有人松下抱琴来。

紫云乞与伴琴书，鱼脑冰纹玉不如。
料得一双鸜鹆眼，底须清泪滴蟾蜍。

廿一日

骏叔至蔡渌卿观其所藏，购得王石谷《临北苑〈松风〉》大轴一项，金冬心、陈曼生、伊墨卿对三副，陈老莲、顾横波、董香光、倪文贞扇面四页，计价一百五十金，连前朱竹垞、金冬心二对在内。

（眉批：施棺一具。）

廿二日

三儿暨二孙夫妇同回苏州，走内河。

往拜税务司惠达，赠以一对一扇，对句云："分袂送归航海客，抱关能读理财书。"

廿四日

发告病禀，另致卢方伯信，告知告病情由，并举边仲思护理，令家丁施桂赍报。

是日发衣箱等物，派高叔、马福、徐五、杨成衣押送。

（眉批：施棺一具。）

廿五日

发八十二号家信，附答退楼书。

廿六日

黄军门来晤，劝不必告病，并欲遣人追回禀帖，余辞之。伊又欲致书中丞相留，余亦辞之，然恐其仍须发信也。

得戈砚畇密信，据云，佛领事谈起中东和议不成，必出于战，闻东兵有先犯舟山及宁波之信。余即将此信封寄黄军门，并嘱其一面飞咨中丞，请调省城南勇来宁防堵，一面将旧船及木排等物齐集镇海口，俟有东兵来犯，即沉船堵塞口子。

廿七日

（眉批：顾耕石所书《孔子庙堂碑》，是其生平杰作，专心学之，必能出乎其类。趁此初拓，亟须多拓一二十张存于家塾。因拓者必多，碑石易泐，再迟数年，欲求如此精拓便不可得矣。四孙书近甜熟，宜临此挺拔之笔，为对病之药。）

廿八日

发八十三号信。

三十日

发八十四号信。

十月

初一日

闻中东和议可成，或云东使哦古柏至京，总理衙门与议不洽，哦国钦使从中说合，中国赏给银五十万，作为赏恤琉球难民之需。或云东使因与总理衙门会议不洽，负气出都，意已决裂。恭邸派员至天津将其追回，议给银五十万，先给十万，俟台湾东兵撤退，再给四十万，两说虽有参差，归于和则一也。

枕上口占：

拟将归计托烟萝，其奈犹牵世网何。
北望青山愧移檄，西飞白日怅挥戈。

征鸿渺渺天无际，落叶萧萧水始波。
只恐故园芜不治，待翻新谱制田歌。

劳劳身世梦沉酣，素食委蛇每自惭。
花甲周余松比健，蓼辛尝遍蔗回甘。

回车不待崎岖路，采药思寻隐退庵。
归棹山阴知不远，休将捷径拟终南。

初二日

发八十五号信。

初五日

发八十六号信。知初三日三儿与二孙夫妇已到家矣，三儿似患疟。

为张子题其尊人春水鉴《寒篷寻梦图》：

西泠载酒狎鸥行，几度迟来冷旧盟。
一叶寒篷穿柳去，教人错认玉田生。张玉田以春水词得名。

十年旧梦了无踪，醉拥寒衾睡思浓。
缥缈诗魂收不住，和云飞过北高峰。

一缕西风曳柳魂，南屏钟动报黄昏。
菰蒲烟外无人迹，凉月荒荒写梦痕。

骑鹤仙人不可期，相逢犹记涉园时。
当年名士多如鲫，争和放翁生日诗。丙申冬，郭君季虎大会诸名士于涉园，作陆放翁生日。坐客皆有诗，余诗先成，先生即席和之，为订交之始。

又题其《东港老屋图》：

漫说生涯似蠹鱼，不安四壁借琴书。
他年魂魄应归此，东港先人有敝庐。

白杨萧瑟墓门风，咫尺相依一亩宫。
露冷霜凄无限感，春晖犹眷草心红。

曈昽初日晓烟浮，虫彻门前溪水流。
流水无风波作镜，倒涵浓树碧于油。

一椽宛在水当中，似隔菰蒲无路通。
屋外颓垣休补竹，要延山色过篱东。

初七日

发八十七号信，附复香严信。

初八日

枕上口占戏赠李香严四绝：

半生枉受惰农名，其奈镃基瘠土耕。
播获别求田上上，如云稼穑卜秋成。

粗枝大叶绿阴肥，偏是娇花结子稀。
莫笑李凡与桃俗，宜男不让草芳菲。

急固元精守谷神，未妨嚼蜡视横陈。
桃花落罢红如雨，始许渔郎一问津。

珍重天公送玉麟，也知迟早定前因。
年来我亦无兰梦，强作登台说法人。

屠啸筼挽联：

宦海早收帆，松菊怡情，继志幸培新玉树；
凌霄曾结社，琴樽雪涕，伤心谁集旧金兰。

（眉批：发棺一具。）

初九日

发八十八号信。

李子长系徐季和之舅，余受季和之托，荐与汪小蘅征收之席，小蘅入京引见，接任者为王福祥，余复将子长荐与，讵知仅送干修四十元之关书。子长信来，欲求别就，余答以不如姑收其干修，俟小蘅回任仍可蝉联，作一复书并关书寄还。此信寄至杭城大井巷口宝泰线庄转交。

（眉批：发棺一具，吕姓。）

初十日

五鼓，至天宁寺拜牌毕，与黄军门及边仲思往看□敦轮船。此船系朱守云甫为招商局承购者，因其不适于用，急求出脱。知杨中丞欲购轮船，遂荐与中丞，将该船驶至甬江。余已将该船种种毛病函致卢午翁，嘱其转禀中丞，庶不致上当矣。又与军门至火药局验工，此房系孙令承造，工料俱好，可期经久。此屋省中已驳不准修，适中丞阅兵来甬，余邀其往观，屋漏垣颓，断不能不修，始允准修。今之焕然一新，皆余之力也。从此数千桶火药皆不着潮，所关岂浅鲜哉。

十二日

发八十九号信。

十四日

发九十号信。

十五日

因腰痛未去拈香，并辞衙。

十七日

发九十一号信。

十九日

发九十二号信。

廿一日

发九十三号信。

廿三日

发九十四号信。

廿五日

见官。

廿七日

发九十五号信，又致金少芝信，又复秦淡如一信，并银票二百两，托朱令懋清带往省中。

曹恺翁之子翼之病故，在观堂寺开吊，撰挽联云：

> 报国矢捐躯，到于今颂满民间。奈天道无知，只留孤女伶仃，惨遗老父；
> 殉夫钦植节，未匝月相从地下。卜灵光长在，料得双魂缥缈，同登菩提。

惜得闻已迟，不及书就悬挂。

平湖沈肃，孝廉，有收藏。

张古愚之子曾否到苏？

王秋言能否延至署？

函询张丙生吴渔山卷。

“初日照三神山，长风破万里浪。”林文忠集句也，工绝。

余偶集《兰亭》一联云：

> 竹所清阴，一亭坐地；
> 兰因领悟，九品生天。

此联于禅室为宜。

（眉批：访张蓉舫，题尔唯扇。）

三十日

发九十六号信。

十一月

初二日

发九十七号信，附复曾伯伟信，允其帮沈春圃之妻女恤嫠，每月一元，按季付。

初四日

发九十八号信。

初五日

见官。

（眉批：若波画石卷。余曾集东坡诗成七律八首，且欲征同人诗，可先请顺之首唱，次及香严，并托其转乞高碧湄。苏中能诗者皆可求之，然须写作俱佳者，诗好而字劣者亦不必求，恐其写坏，如坐一丑人于佳丽之侧，能令一座败兴耳。）

初七日

发九十九号信。

初八日

天台县百姓因抗粮滋事，土匪、土霸王等乘乱胁众，于三十、初一两次进城，刃伤知县、典史及官眷，杀伤官兵十八名并绅士、生员等，放监犯，抢厘局。台州府两次请拨勇协剿，商之提台，拨楚勇一营五百名，即日前往。

初十日

见官。

十一日

发一百号信。

十三日

考月湖书院生、童，补秋课。

生：“‘若有一介臣’三句”；“‘遥知霜叶满长安’，得‘遥’字”；“苏东坡《承天寺夜游赋》，以‘庭中如积水空明’”；“冰奩，得‘寒’字，七排十六韵”。

童：“僩兮赫兮”；“‘薄雪初消野未耕’，得‘耕’字”；“《纸窗竹屋赋》，以‘时于此间，得少佳趣’为韵”；“火砚，得‘烘’字，七言十六韵”。

十四日

五鼓，至天宁寺贺冬至节，拜牌，文武官毕集。

发一百〇一号信。

十五日

辰刻，武庙、文昌宫拈香。

十六日

得梁敬叔信，其侄即恭辰之子有字画求抵押，作信复之。

十八日

发一百〇二号信，致黄焕烟信，代汪佑生辞退并乞干修。

廿日

辞衙。

廿一日

发一百〇三号信。

廿二日

赴屠啸筼之吊。

廿三日

发一百〇四号信，附寄于术、阿胶一匣。

中丞饬甘晋来宁，会审闽商控案。

廿五日

因伤风辞衙。

发一百〇五号信。

廿七日

发一百〇六号信，得汪钜伯与三儿信，知璇甫于十一月初八日去世。先数日，余寄去百元作度岁资，托张芙卿寄去，未及到而已故，伤哉！

廿九日

□□三孙夫妇暨曾孙丙生、曾孙女婉贞从苏中来署。自廿一日下船后，天气晴暖，风帆顺利，皆天佑也。

以七十元得青藤、八大、南田三册，皆精绝，价又便宜，近日得意事也。

三十日

发一百〇七号信。

十二月

初一日

文庙、天后宫拈香。

初二日

发一百〇八号信。

初四日

中丞委候补府甘竹生晋审闽商控案，案结来辞行，余即往送之。

初五日

见官，发一百〇九号信。

初七日

发一百十号信，附《天发神谶碑》。

同年梁吉甫逢辰之子少甫亿年与敬叔之子芷湾自省中各携书画来宁。余以二百五十金得王叔明《庐山草堂》卷，又以三百五十金押得赵文敏书《秋兴》卷、赵仲穆《洛神赋》册、祝枝山《临古》册、黄石斋画菜卷，又绫本楷书册、王觉斯草书册，皆少甫名下物。又以二百押得赵仲穆《双骏》、王孟端竹卷、宋濂楷书册、吴梅村《雕桥庄诗画》卷、黄石斋楷书册，皆芷湾物。芷湾又以铜盖一件押银廿两。少甫物，四年为满，芷湾物，四年为满，皆书收券与之。又以廿元得董思翁对，以十元得王石谷轴，皆芷湾同乡物也。

初九日

发一百十一号信。

大孙动身坐轮船至沪回苏，带新得恽南田花鸟册，□□□小杏附伴去。

初十日

见官。

上虞倪姓带书画十件来，得其四件。

得家书，知后园已草创，因口占一律，俟他归田，留题于壁：

数椽老屋乱余存，更辟榛芜筑小园。
竹笋抽时樊曲径，藕花多处敞层轩。
砚留宿墨呼童涤，瓶汲新泉待客温。
燕子未归帘未下，夕阳红到柳西垣。

十二日

发一百十二号信。

十四日

发一百十三号信。

夜雪积寸。

十五日

辞衙，拈香未去。

十六日

发一百十四号信。

十七日

接部文，用蓝印，知必有大丧。

十九日

卯刻，封印，发一百十五号信。

廿日

见官。

廿一日

发一百十六号信。

廿三日

发一百十七号信。

廿五日

辞衙。

廿六日

发一百十八号信，信局已不走，故此信须明年到苏。

退还龚半千屏八幅，交张丙生。

廿八日

接张丙生回信，知龚半千屏价已付，不能退，只得存店候销。

廿九日

同治皇上于十一月初一日出痘，痘已平复，忽于廿九日骤变，延至十二月初五日申刻宾天。奉两宫皇太后懿旨，命醇亲王之子载湉入继大统，俟将来诞育皇子再继与大行皇帝为嗣。省中奉到礼部文书，载有新皇帝谕旨，并改元光绪等部文，即行哭临之礼。此函部文转行到宁，我意必待红诏到时先行朝贺礼，白诏到时行哭临礼，随即缟素，此照《会典》办理。与军门及府县商酌，意见相同，坚待诏到举行吉凶之礼，不能如省中之鲁莽从事也。再，新皇帝入统，乃兄终弟及，断不能照子持父丧服三年之服，闻京中竟照三年之丧办理，殊不可解，俟明于《礼经》者酌之。

謂刊筆行者也之禮不能知者中之國葬從簡也　再　新皇帝乃從乃先

修弟及齡不能但子持父喪服三年之服而宗中竟但三年之喪　勅辦理殊可

謝侯明於禮經者酌之

廿四日

廿五 陰晴

廿六日 發百十六號信。信上局已不走，故此信須用手刻蘇。退還護半千房八幅

廿七日 交張丙生

廿八日 接張丙生四信，知護半千房價已付，不能退，只得存店候銷

廿九日 同治皇上於十一月初一日出痘，痘已平復，忽於廿九日驟變，延至十二月初五日申刻賓天。奉兩宮皇太后懿旨，命醇親王之子載湉入繼大統，俟得朱誕育皇子再繼為同大行皇帝為嗣。省中奉到禮部文書，載有新皇帝諭旨，即附志伍并及之

等部文即行哭臨之禮。此角部文轉行到省，我意必待紅心丁■時先行朝賀，禮

自衙到時行哭臨禮，隨即偏素，此照會典辦理，與府縣商羊門及酌，意見相同，堅猶

十四日發百十三号信　夜雪積寸

十五日　辭衙　折奏寄去

十六日發百十四号信

十七日　接部文用藍印知有大喪

十八日

十九日　卯刻封印　發百十五号

二十日　見官

廿一日　發百十六　号信

廿二日

廿三日　發百十七号信

初九日 發第百十四號信 大孫動身坐輪船至滬回蘇帶新得惲南田花鳥冊頁[illegible]小李附帶去

初十日 見官 [illegible]雲倪雅帶書畫十件來得其四件

得家書知後園已草創因口占一律俟他歸田留題於壁

數椽老屋亂餘存更闢榛蕪築小園竹筍抽時樊曲徑藕花多處敞層軒硯留宿墨呼童滌瓶汲新泉待客溫蒸子未歸簾未下夕陽紅到柳西垣

十一日

十二日 發第百十五號信

十三日

初六日

初七日　發百十號信，附天發神讖碑。　同年梁吉甫（逢辰）、少甫（儐年）與敬

帥三子芷灣自省中各携書畫來，留余以二百五十金得王叔明廬山草堂

卷；又以三百五十金押得趙文敏書秋興卷、趙仲穆洛神賦冊、祝枝山臨古冊、

黃石齋書菜卷、又綾本楷書冊、王覺斯草書冊，皆少甫名下物；又以二

百押得趙仲穆雙駿、王孟端竹卷、宋濂楷書冊、吳梅村雕橋莊詩畫

卷、黃石齋楷書冊，皆芷灣物。〻〻又以銅蓋一件押銀廿兩，少甫物，四年

為滿，芷灣物年為滿，皆書收券與之。　又以二十元得董思翁對，以十元

得石谷軸，皆芷灣同鄉物也。

初八日

廿八日

廿九日[illegible]三孫夫婦暨曾孫兩生曾孫女婉貞從蘇中來署自廿一号船後天氣晴煖風帆順利皆天佑也　以七十元得青藤八大南田三冊皆精絕價又便宜近日得意事也

三十日　發百○七号

十二月

初一日　文廟　天后宮拈香

初二日　發百○八号

初三日

初四日　中丞委候補府甘竹生音審閱高檉棠之信來[illegible]件余即往送之

初五日見官　發百○九号

十九日

二十日 歸衙

廿一日 發百〇三号

廿二日 赴屬小雲之弔

廿三日 發百〇四号信附寄於木阿膠一匣 中丞偕甘肅臬甯會審閩商控案

廿四日

廿五日 因傷風歸衙 發百〇五号信

廿六日

廿七日 發百〇六号信 得汪館伯與三兒信知璇甫於十一月初八日去世先故日余寄

去百元作度歲資託張芙卿寄去未及到而已攴傷哉 柳

十三日 考月湖書院生童補秋課

生 若[illegible][illegible]庭 三句 遙知霜葉滿長安 得遙字 蘇東坡承天寺夜遊賦

以庭中如積[illegible]空明 冰簟 得寒字七排十六韵

童 倘芳赫公 薄雪初銷野未耕 得耕字 纖容竹屋賦 以时於此間得中佳趣為韵

火硯 得烘字七言十六韵

十四日 五鼓至天甯寺賀冬至節拜牌 文武官畢集 發百〇一号信

十五日 辰刻 武廟、文昌宮拈香

十六日 得粵敬梓信 共任 即恭辰之子 有字函求撫押 作信復之

十七日

十八日 發百〇二号信 致黃煥炯信 代任佑生辭退 并乞孔儕

若洲畫石卷，余曾集東坡詩成七律八首，目欲徵同人詩，可先請通甫順之首唱，次及素嚴并純甫精包、高碧湄輩中能詩者皆可求之，然須皆作俱佳者，詩好而字弱者亦不足求也。女寫懷如出一轍，人於佳麗之惘然，今一展之則興之云。

初五日　見客

初六日

初七日　發九〇十〇九〇號信

初八日　天台縣百姓因抗糧滋事，土匪土霸乘亂脅眾，於三十、初一兩次進城，戕傷知縣、典史及官眷，殺傷官弁兵十八名，并紳士生監等，放監犯，搶釐局。台州府兩次請撥勇協剿，當之提台撥楚之勇一營五百名，即日前往。

初九日

初十日　見客

十一日　發百一號信

十二日

余偶集蘭亭一聯云竹所清陰一亭坐地蘭因領悟九品生天此聯於祇園最爲宜

許張蓉舫堤

智維扇

廿八日

廿九日

三十日發九十六號信

十一月

初一日

初二日發九十七號信 附復萬伽佛信允其幫沈存圃之妻女郵費每月

一元按季付

初三日

初四日發九十八號信

廿四日

廿五日 見官

廿六日

廿七日 發九十五號信 又致金少芝信 又復秦淡如一信并銀一票式

百福祥朱令 樵清 帶往省中 曹愷甫之子翼之病故在觀堂寺甬帀

挽聯云 報國隕微軀夫捐 到於今頌滿民間 奈天道無知 止留孤女

伶仃 慘遺老父 殉夫欽植節 未帀月相從地下 卜雲光長在 料淨

雙魂雪似同登菩提 惜得句已遲 不及書就懸挂 平湖沈甫 孝廉

有收藏 張古愚之子貧居於蘇 王秋言能否延至署 園福張雨生昊

海山卷 初日照三神山 長風破萬里浪 林文忠集句也 工絕

十四日　發九十號信

十五日　因腰痛未去拈香并辭衙

十六日　發九十一號信

十七日

十八日

十九日　發九十二號信

二十日

廿一日　發九十三號信

廿二日

廿三日　發九十四號信

城大井巷口寶泰綢莊贖衣

初十日　五鼓至天寧寺拜牌畢，与黄軍门及邊仲思佳[illegible]閱敗輪船，此船係宋雲甫爲招商局承辦，其因其不適於用，急求出脫，知楊中丞采辦輪船，遂薦与中丞，將該船賤售甬江。余已將該船種種毛病面陳盧午翁，嫌其糙窄，中丞處不致上當矣。又与軍门至火藥局驗工，此房係孫令承造，工料俱好，可期經久。此屋前中丞駁不准借造，中丞閱兵来甬，余邀其往觀，屋漏垣頹，對不勝不脩，將允准脩。今之換盖一新，皆余之力也。從此數千桶火藥皆不著潮，所関豈淺鮮哉。

十一日

十二日　發八月初九号信

十三日

瘠土耕播，穫别求田上之。如雲稼穡卜秋成。粗枝大葉綠陰肥，偏是嬌花結子稀。莫咲李凡与桃俗，宜男不讓草芳菲。急固元精守谷神，未妨嚼蠟視橫陳。桃花落罷紅如雨，始許漁郎一問津。 珍重天公送玉麟，也知遲早定前因。年來我亦無蘭夢，強作燈臺說法人。 屠嘯箕競聯 宦海早收帆，松菊怡情從志事；培栽玉樹，凌霄曹結社，琴樽雪涕傷心，誰集舊金蘭。

初九日 發八十八號信 李子長係徐季和之舅，金受季和之託，薦與任小蘅徵收之席。小蘅入京引見，棲任君為王福祥，余復得子長薦與任知，僅送乾脩四十元之閑書子。長信來邨求别就，余答以如姑收丈乾脩，俟小蘅回任，仍可悍昳作一復書，并閑書字選，此信寄玉杭園詩。嘗年名士多如鯽，争和放翁生日詩。丙申冬郭君季虎大會社名士於愚園作陸放翁生日，生家皆有詩，余請先成，先生卽席和之，爲作壽之始。

又題其東港老屋圖

墨[illegible]生涯似蠹魚，不安四壁借琴書。他年魂魄應歸此，東港先人有敝廬。

白楊蕭瑟墓門風，咫尺相依一畝宮。露冷霜凄無限感，春暉猶眷草心紅。

曈曨初日曉烟浮，出徹門前溪水流。流水無風波作鏡，倒涵濃樹碧於油。

一椽茆在水當中，仍隔菰蒲笑語通。屋外頹垣休補竹，要延山色過籬東。

初六日

初七日發川十七號信 附靈溪秀嚴信

初八日 枕上口占戲贈李香嚴四絕

半生枉受情癡名，其奈鎡基

歸擢山陰知不遠。休將捷徑擬終南。

初二日 發八十五號信

初三日

初四日

初五日 寄八十四號信知初二日三兒与二孫暨大婦已到寓 數日兒似安瘥 為張子題只當人春水 鏡寒篷尋夢圖

西泠載酒狎鷗行。幾度逢來冷舊盟。一葉寒篷穿柳去，教人錯認玉田生。張玉田以春水詞得名

十年舊夢了無蹤。醉擁寒衾聽思濃。纏綿詩魂收不住，和雲飛過北高峰。

一幾西風串柳魂。南屏鐘動報黃昏。孤蒲烟外無人跡，漠月荒荒寫夢痕。

騎鶴仙人不可期。相逢猶記渺

因拓者必多碑石易泐再遲數年欲求如此精拓便不可得矣四條書近甜熟宜臨此挺拔之筆為對病之藥

三十日發八十四號信

十月初一日 聞中東和議已成或云東使哦古柏至京總理衙門與議不洽哦國欽使從中說合中國賠銀五十萬作為賞卹琉球難民之需或云東使因與總理衙門會議不洽負氣出都意已決裂恭邸派員至天津將其追回議給銀五十萬先給十萬俟台灣東兵撤退再給四十萬西洋說雖有參差余謂於和則一也

枕上口占

擬將歸計託煙蘿其奈猶牽世網何北望青山愧移檄西飛白日恨揮戈征鴻渺渺天無際落葉蕭蕭水始波祇恐故園蕪不治待備熟諳艱田歌

勞勞身世夢沈酣素食妄叨每自慙花甲周餘松比健蓼辛嘗遍蔗回甘迴車不待崎嶇路采藥思尋隱退菴

顧耕石所書孔子廟堂碑是其生平傑作專心學之必能出手甚類趙此初拓亟須多拓十張存於家塾

桂孝楨　走回帶衣箱等物派高升馬福偕王張〔楊〕錢亦押送

廿五日　發八十二號家信　附答退樓書

廿六日　黃軍門來照勸不必告病并將遺人送四字帖余辭之伊又將致書中丞相留余亦辭之并恐其仍須發信也　得戈硯昀寄信據云佛領事請起中東和議不成必出於戰聞東兵有先犯舟山及寧波之信余即將此信封寄黃軍門并囑其一面戒嚴　中丞請調省城南勇來寧防堵一面將舊船及木排等物齊集鎮海口俟有東兵來犯即沉船堵塞口子

廿七日

廿八日　發八十三號信

廿九日

施棂一具

掮棂一具

冬心隸書对二付浮銅鎖一具　題翁屏双硯艸堂圖二绝　蒼皮溜雨碧於苔。鍾繇烟華柴麝煤。珍重墨池新拓。有人松下抱琴来。紫雲乞与伴琴書。魚腦冰紋玉不如。料得一双鸜鵒眼。底須清淚滴蟾蜍。

二十日

廿一日　騐艸至蔡葦卿觀其所藏購得王石谷臨北苑松風大軸一頂金冬心陳曼生伊墨卿对三付陳老蓮顧横波姜多光倪文貞之扇面四頁計價洋五十金遣家朱順携金冬心二对至内

廿二日　三兒暨二孫夫婦同回蘇州走内河　往拜杭孫司惠達贈以一対一扇对句云兮袂遠送歸航海客抱関依讀理財書。

廿三日

廿四日　蘗告病箋　另致盧方伯信告知告病情由并举邑遣仲思護理合家丁祀

保刻即在炮營試放四炮 千令鹽午飯解之趁潮而回抵署未初

十七日 下午往拜黄軍門未晤

十八日 巳刻考月湖書院生童在大堂點名

生文題 子聞之曰太宰 合下一章 賦得菊花低色過重陽 得低字

賦題 張翰思吴中蓴鱸賦 以安能從宦千里要名爵韻

詩題 賦得甚美飯细酒未濃 得濃字 詩牌 酒籌 琴棋 書畫譜 七律不拘韻

童文題 子説至聞之者 賦得白露滋園菊 得滋字

賦題 秋陽堅百穀賦 以秋好養而堅成之為韻

賦得挂斧黄鳳閣 得棲字 書聲 農歌 漁笛 樵唱 五律不拘韻

十九日 駿弟因脱肛卧床不起者三日矣 昨日蔡熹卿送來朱竹垞會

初十日 見官

十一日

十二日

十三日

十四日

十五日 辰刻 武廟 文昌宮拈香 黄軍門先於初四日由鎮海出洋至台州及定海查看炮臺回駐鎮海遣人送信來約看鎮海炮臺余即於是日未刻起身從東門馬門下船抵暮至鎮海道仲旦先到与子印汝及李參將并各官俱來見

十六日 黎明起岸坐轎繞過金雞山至炮臺 少待黄軍門及部鎮臺

發梓棺一具

發施棺一具 女王氏十七歲

發施棺一具 女陳氏六十五歲

九月初一日 文廟 天后宮拈香

初二日 發七十九號

初三日 有閩糖船抗不服秤出差提船戶糖行稅行

初四日 昨前提各犯至府中審訊 發八十號信

初五日 見官 詢非審情形 據委員部輔清云因稅行傳話不清先將行夥重責

初六日 發八十一號信 發米研生信托王紹庭帶來

初七日 孫云隆去孫從上海來

初八日

初九日

人有四王惲吳卷以他家每年十二萬可得百金且要者甚多大可居奇若在他處斷不能得善此善價故欲售去居[illegible]以應需与重友切勿以賤值輕於一擲　艮菴記於燈下　以示後人　時甲戌八月

廿四日　三孫動身搭坐輪船帶同　華福　張升　徐五　四名

廿五日　見官　留邊仲容監視閘務校部頒樣及新製樣并邀同閘董子蓉學㬗同校

廿六日　發七十七號信

廿七日

廿八日　發七十八號信　并發信至滬与三兒

廿九日

劇蒋家之三孫因弥
葯之一龕從换之步
八九不遠之家兩之

文貞之言也。

二十日　見官

廿一日　發七十五号信　是日三孫本擬坐輪船至滬為風雨所阻

廿二日

廿三日

廿四日　發七十六号信　是日天初晴三孫搭輪船回家

余擬一園名之曰適園　先成一贊　不山而巖。不澗而潭（壑）不溪（泉。）林而松（藪）杉。不陂塘而葭（芰荷。）蘖。攜袖中之東海而飛渡身江南。知者謂是庾信（徂歸之擢枝兮。郢不及王摩詰之輞川。）

亦不減庾蘭成之小園而圖其為隹（逸史樂土。）則自適其適

之小園。不知者謂是東坡海外之奇談之艮嶽。（或謂……之鈷鉧潭……柳柳……之鈷鉧潭……斯園知乃自適其之）

余在京時見扇面摹價甚重明人中有文沈唐仇四家者國初

十九日發七十四號信

倪文貞之論黨人曰小人之所為無往不福君子也斯言方余之初復任也福州將軍文煜（兼署閩浙總督）夙與余有世誼又為刑部舊同僚頗信（謂）余（素）能任事文將軍兼署制軍值台灣道出缺將軍意欲以余量移（余）適有造蜚語於中余者中丞誤信之其語（並）聞於將軍（制）遂寢其議而以夏（候補道）獻雲署是缺未及四載而日本國借征生番為名出師擾台灣（國）駐師瑯橋皇上命沈葆楨（船政大臣）為欽差大臣辦理台灣事務而夏觀察亦遂奉差馳驅於干戈擾攘之中假令余得是缺則今日之夏觀察之所有事皆余之事也雖身當其境未必不竭蹶從事然視余之臥而可治者勞逸（遑論險夷）圖懸殊矣是昔年之造蜚語中余者正所以福余也余故有感於

初十日　辰刻致祭白龍廟

十一日　致祭　呂祖祀甯府代行礼

十二日　寄七十一號信

十三日　寄七十二號信

十四日　寄考廉書案

十五日　辰刻　武廟　文昌宮拈香　至提台署及文武各衙門賀節

是日陰雨微雨夜無月　寄七十三號信

十六日　辰刻致祭風雲雷雨祠　若楊春亭

十七日

十八日

著毋意の瓢
風生意の瓢

日全年　賦得肯棲漁舟出杏壇　得壇字　月湖駐　以借風倚來

水波不息為韻　賦得燈火斷可數　得數字　發第千〇〇七號信

初三日　昨日新領事佛賜禮來晤

初四日　卯刻致祭　武帝廟　未刻往晤新領事佛賜禮遍伸因亡朱

同吃共泾果

初五日　發第千〇〇八號信

初六日

初七日　五更致祭文廟　發第千〇〇九號

初八日　夜刻祭社稷壇

初九日　發七十〇號信

張嫂純買金銀
羊皮金五十張
阿膠
浦嫂純八月
耕甫青黃扇
　十四段
買
帶　手金袖
　四十　浪形付
羊皮金刀黃四白

轉寄
廿六日
廿七日
廿八日　萸谷五蛋信　王俗庭尼静中四兩摘引郁續亏斤兩拌
楊慶王升偕来
廿九日　發硯生信并李信各件
三十日　發谷六十六号信
初一日　黎明致　文廟拈香　致祭　文昌宫　天后宫　午後劉
蘭淵来談甚久　買兩送之已登舟矣
初二日　廣利致祭　火神廟　考孝廉堂　子禽問於子貢

曉軒出門沿街號
商帶談如面蓋家
右軍巷

十六日 發五十號信

十七日

十八日

十九日 發六十一號信

二十日 見官

廿日 發六十二號

廿二日

廿三日 發六十三號

廿四日

廿五日 見官 發六十四號信 接江余燕信寄至上海拋球場北首耕記棧

書畫舫載巨然山寺圖
神卷上有金冬心奏淡如
黄見之宿素題面且散
駿馬之骨無足取矣
三猿提語卿得之云有
梵門榜人家廣園可
析贋
置太之遠象
石濤屏天寸及價
新得陽園石文章
繪畫之集立界石
鄭遣之兩白清者
以歸其議屬之功

初七日　發五十四五號信　少荃寄示二幅面十頁皆可王惲吳正有石谷漁山

又一頁不取　有人携示盛子昭李山無畫卷董旦一幅引首王覺斯阮芸臺跋

初八日　發五十六號信

初九日

初十日　發五十七號信

十一日

十二日　至天寧寺辭天為碧晴　發五十八號信

十三日　黄軍門有功來修印誉相

十四日　發五十九號信

十五日　武廟　又為宝琳扶乩

於韵字下
文嘉所記嚴氏書畫記內載一條云：鄭元祐書游仙詩一。元祐字明德，遂昌人，少時右臂脫，祈用左手書，号尚左生，博學能詩文。余近得張雨手游仙詩四家，其二即尚左生書，未知是此卷否。

書畫舫載巨然海野圖有米元章題長歌，與余近得巨然巨幅當係贋，似並所題同，乃知秋壑抄錄米詩，又其字亦用米法。然卷中諸名人皆指為贋，秋壑自題詩不知出自元章，其矣博雅之難也。米詩又載寶晉英光集。

色，惜已為蔡蓀卿以八十金購去。

廿八日

廿九日

七月初一日　文廟　天后宮拈香　見官　發五十三號信

初二日

初三日　發五十四號信

初四日　收到金少芝鍾手前購石谷大堂軸，為王茂京之父芝翁壽文，米名田卷，八大山人座軸。張子蕃及信購成宋拓羣玉中秘帖一本。陳芷元有石谷臨倪小軸，還價三十元不售，還之。

初五日　因府縣俱請假，未見官。午後到金家見

初六日

鄭石峯帖
書畫舫載米元章寶章待訪錄載一條云蕭氏之千文楮紙書筆力圓勁在宣州觀察王銑家[illegible]題賀知章書四字

廿二日　發五十號信

廿三日

廿四日　發五十一號信

廿五日　見官

廿六日　發五十二號信　林穎叔壽園函信書來約借接譯館隨十餘名前往福建教習譯館　是日浦姨壽誕演小如意班請外客三席皆幕中人內客一席　蔡琛卿託人攜示石谷大堂軸紙白極新倘北苑萬壑松風本身双題氣魄雄偉蒼傑作也聞以八十金得之者此葉集之幽篁僻寺

廿七日　陸先生攜示石谷臨北苑萬壑松風大堂軸上有双題極出

十六日 葛振卿自鎮海回來見約同黃軍門邊仲思觀其所畫圖形約須築炮台十座

十七日 發四十八號信 復王鳳嬰信 謝其送錢範二枚并買明人字七條價銀六十五元 邊仲思來謁出示鎮海于令一函云前日到於招寶山海口新築砲臺令外國人葛參將按前往相度百姓恐礙風水將赴郡通禀于令退回余請後議云云 余以舊砲臺不足以禦開花炮是以商同黃軍門邊仲思改築新炮臺原為保衛地方起見而不虞百姓之不相諒也難與圖始此之謂也

十八日

十九日 發四十九號信

二十日 見官

廿一日

初八日　發四十四號信

初九日

初十日　見官　發四十五號信　偕照黃軍門邊仲田商鎮海砲臺事

十一日　偕黃軍門邊仲田偕照葛格兩赴鎮海相度砲臺

十二日　發四十六號家信　潞如唐叔專　由省取回以表廉州冊并烟

賓廉州石谷南田二漁山扇面貼以百洋易歸　偕照領田陳查

里及稅務司惠達

十三日　與黃軍門邊仲田赴葛格兒飯商議在招寶山築炮台事　今葛格明日

十四日　前稅

十五日　武康　文昌宮[illegible][illegible]　發四十七號

廿九日

三十日

六月初一日　文廟　天后宮拈香　發四十一號家信　附金保之信并寄本沈石田小冊一頁

初二日

初三日　發四十二號家信　答拜誠軒辭　送周荃翁行

初四日

初五日　見客　發四十三號信

初六日

初七日

十八日　萬樣來信

十九日　發三十六號家信

二十日　始吃西瓜　傍晚赴陣　集東坡楹聯手抄成帙

廿一日　發三十七號

廿三日

廿四日　發三十八號信　黃軍門追守東省防堵事宜

廿五日　見客

廿六日　發三十九號信

廿七日

廿八日　發四十號信

初九日

初十日晴　見官　發三十二號家信

十一日

十二日　發三十三號家信　張竹坪來

十三日　宣武廟拈香　大関武帝廟拈香　奉旨署武帝殿拈香　發硯生全信

附送壽禮百金外加賀禮百金

十四日　發三十四號信

十五日　武廟　文昌宮拈香

十六日　下午從暇黄軍門商辦海疆防堵事

十七日　三孫來甯帶到書函一莿　發三十五號信

五月卅二元酒費二兩張一二支

之意並此人極不純正詐不可用故廬與妻帳並不與之兜攬

廿九日晴

五月

初一日 文廟 天后宮拈香 發卅八號家信

初二日

初三日 發廿九號信

初四日

初五日 貴神廟拈香 賀黃軍門節喜 發三十號信

初六日 傍晚起陣大雷雨

初七日雨 發三十一號信

初八日

支洋四八十三元謝祝

購扇墜珠一粒計洋

十八元寶石計廿三元

支洋百十六元兩金鐲

又洋廿元大墜珠廿七

廿三日晴 午後起陣大雷雨旋止 沈芷生余四十年前文社舊友也自服官後蹤跡久疏前忽從蘇中來晤具述數年宦困情形上有一子年廿三尚未娶婦余擬代謀一席渠因年老無依不願出門遂贈以程儀廿四元

廿四日晴 午後又起陣風雨

廿五日晴 見官 發卅六號信

廿六日晴

廿七日晴 發廿七號家信

廿八日晴 英領事啊嗒哩來拜會談及日本征台灣生番事據稱日本有鐵甲戰船二隻甚利害中國炮船俱非其敵據云英國有鐵甲船一只在此勝於日本之二只又云欲制此船須用水雷微窺其意大有毛遂自薦

中坐一神白面如土地，東坐一神紅面圓眼，貌甚猙獰，西坐兩神並坐，一翁如夫婦，當即梁山伯、祝英臺是也。廟之西一冢，冢後一碑題曰「晉封英臺義婦冢」，係嘉靖知鄞縣徐某所立。西北兩面松柏參天，南面墓門外有樟樹一株，大可兩抱，數百年物也。　湄林一與余四十餘舊交，今於十二日病故，余實輓之云：「文社共馳驅，邀我同居，賃廡曾續三度；約分情倍甚，雖附君不朽，乞師屬草萬言書。」余自林一三次同居，第一次在東衙前孫宅，第二次在錢瓶巷，第三次在京師西河沿，上聯指此。同治元年，余與林一同避兵上海，余首創乞師於曾文正之議，屬林一代草信稿，下聯指此。余與林一交情誼不盡此，特舉其大者言之耳。

聲價理　新買自紅毛之細洋火藥六萬六千磅暫貯在西廠候正屆功竣再移　是日辰初英國領事阿查里來謁余帶見

二十日晴　辰初中丞偕領事衙門答拜領事留茶罷　巳刻至咸安門外於江邊高搭彩台中丞閱水操　既畢即偕至教場閱衛安勇操　是夕黃軍門請中丞筵晏余與郭鎮台作陪　發廿五号信

廿一日晴　卯刻上院謁見　午正在余署請中丞筵晏余與遲仲田宋舜同伊塞韓作主人　客則黃軍門郭鎮台　是日天氣極熱　酉刻

廿二日晴　卯刻余上院稟安　辰初在西門外夜艇送中丞登舟　後坐官船送至大西壩　在船稟送將連日所稟各事宜繕成手摺交與中丞以備遺忘　歸途至粵山仙廟一游　廟止大堂一進　近方修葺未完

急欲進城不果，從即開行。黄軍門與余及府縣等皆附輪船而行，
至校場馬頭上岸，在洋樓少坐，即進城至察院大公館。文武各官
俟進謁。午後中丞來署苦待時談。
十八日晴。卯刻余往校場，辰初中丞到，即開操。午飯余與黄軍門
相陪。是日各營操演皆精熟。黄軍門所練精兵五百名，皆學外
國兵法，另練綠營隊百名。此二隊最精，雖外國人亦欽服。黄芍如号信
十九日晴。辰刻中丞至校場閱各弁兵馬步箭。午飯亦是余與
軍門相陪。酉初始畢。復請中丞往火藥局閱廒修房屋。此屋
存貯火藥最關緊要，未修已久，幾於不蔽風雨。余屢請方伯修葺，
久而未定。茲請中丞閱後，亦以為不可緩之工，因令劉令定國趕

恩先在相与约定十五日起程至鎮海迎接中丞

十三日雨　我庚由滬來署是日承之與大孫登舟回蘇帶去[illegible]三號家信

十四日晴　是晚坐夕官船赴鎮海接中丞

十五日晴　黎明至鎮海縣之令于甬波預備公館即在公館小住得寧海陳丞信知十三日夜大雨十四日教場有積水不能閱操已改於十五日矣

十六日晴　中丞往普陀山進香借閱是日可[illegible]因至黃軍門所坐張美卿之紅單船驗桅竟日船身極大與於伏波輪船相埒　是夕仍宿夕官船因行李已從公館携出也

十七日晴　卯刻中丞坐伏波輪船到鎮海在招寶山口小駐文武各官俱往謁余請中丞上招寶山閱修葺之望海樓及威遠城工程中丞

初五日晴 見官

初六日 承之暨大孫壽屬回蘇於三點鐘坐輪船而去金保三同伴而行

初七日

初八日 得承之到上海信門簽廿二号家信

初九日

初十日晴 見官

十一日

十二日 申刻孫歡伯請至察院閱看為中丞辦備行轅一切陳設華麗精工為向來所罕見人言歡伯善於辦差觀此益信黃軍门邊仲

陳旭羅熊邊仲思宋炳元柳歡伯劉厚卿王玉儀

廿八日晴

廿九日晴

卅日晴

四月

初一日晴　文廟　天后宮拈香

初二日晴

初三日　晴　致李秀巖吴退樓蔣心香儲頌之葵燒烟

初四日晴　辰刻至先農壇致祭帶雩復往東北門外閱水師操演搭高臺一座余作客黄门作主閱时余中坐黄軍门与鄭鎮台东西坐先閱爬桅桿次閱水手亂流而渡又次閱舟师合陣均时已未刻

爵相將查也

十九日　慈谿程令西併候補知縣江灣事見

二十日　見官

廿一日

廿二日晴　是日為余常誕，在簽押房[illegible]劇，請署中幕友

廿三日　五鼓至萬壽宮朝賀萬壽　又演小如意班

廿四日

廿五日見官

廿六日　再演劇，是幕友公送

廿七日　鄞縣孫令送三秀班，復送滿漢兩席，因即請客，到者黃軍門

初十日　因小恙辞衙

十一日

十二日　发廿八号家信

十三日

十四日　午后黄军门邀往看大教场营盘新做营门四座完

未報方伯帰信信致之

十五日　武庙　文昌宫　拈香　　发廿九号家信

十六日

十七日

十八日　復盛李府杨偕戡船兵数等清摺由军门开来於周李

送後膛裝藥便捷異常每桿用價三元余前晉省時面請於
中丞而許之黄軍門選精兵强而有力者万人演習此鎗即
委熊參將教習余代墊經費二万元演習兩月已臻熟練今
日與軍門同閱各賞錢二十千擾午飯而歸

初五日晴　見客

初六日雨

初七日雨　因鎮江米照漏吳淞稅事邀紳士候補縣王小蓮錫

東
東巽甫議懷貫抹訪高情安定章程

初八日晴　寄十九號家信

初九日　夜間又患寒熱

廿五日　是日胡營台起程余以病不克送之　發十〇〇六號家信

廿六日

廿七日

廿八日　發十〇〇七號家

廿九日

三月

初一日晴　文廟拈香　發十〇〇八號家信

初二日晴

初三日晴

初四日晴　黃軍門約往小教場看操演綫鎗此鎗每桿重廿六斤營中置而不用候補參將熊雨人作霖廣東人能用此鎗并請設製

常誕　發十三號信

十七日晴　鄭朗如先生之孫名永驥從四川來，攜其父曼亭書求借千金，贈以程儀五百元。

十八日晴　祭呂祖師　發十四號信（誤寫十三號）

十九日

二十日　發十五號家信

廿一日

廿二日

廿三日　雪

廿四日　兩點鐘形寒發，即發熱，天明時得汗而解。

初九日晴　始起床　發十八號家信

初十日晴　以上三日皆有祭祀，余因病不能將事，委員代行禮。未見客

十一日晴　發十九號家信

十二日晴

十三日晴

十四日雨　發二十號家信　毛福帶來唐六如、黃鶴山樵卷、四忠卷、夏禹玉烟江疊嶂卷、沈石田山水長卷、劉彥沖鍾進士册，皆精絕

十五日晴　武廟、文昌宮拈香　申刻請黃軍門及邊仲思、伊孫歡伯，演老慶臺班，子刻散

十六日晴　卯刻祭武廟　請幕友春酒，仍演戲，是日為張姨

邀木行公先生、童老四来議，老四已選上雲教官矣。

初四日雨　五更至　文廟丁祭，文武各官畢集。　黄九吾信。

初五日雨　辰刻至壇，各官畢集，借　孝子廟暫坐。壇前搭席棚一座，上漏下湿，不能行禮，於是議將神位及祭品移至廟中戲臺上，各官向南行禮。余登臺獻爵讀祝，飲福受胙，成禮而退。

初六日雨　辰刻至西门大馬頭官廳，各官畢集，迎接學臺胡公瑞瀾至官廳少坐。學使進考棚，余進謁而歸。以後覺形寒，隨擁重衾而臥，即發寒熱，上半夜熱頗甚，至下半夜得大汗，熱漸退。　是日服丁蕙鏡藥。

初七日雨

初八日雨

廿五日 晴 見官

廿六日 晴 發六號家信

廿七日 晴

廿八日 晴

廿九日 晴 發七號家信 又發硯生信并送於朮一斤託陳季豪帶去

二月

初一日 辰刻 文廟 天后宮拈香 巳刻 送先儒張 入祀 文廟 萬壽拈香行登禮

初二日 發八號信

初三日 文昌宮拈香 黃軍門來晤因談及護洋事隨於午後

十六日晴

十七日雨

十八日

十九日晴　午刻開印　發四號信

二十日雨　見官

廿一日雨

廿二日雨　蕉谿梅林上年放湖南主考來見并送闈墨其子家棣中本省四十八名舉人并送硃卷　發五號家信

廿三日雨

廿四日

初六日雨

初七日晴

初八日晴　接初四日家信　寄第二號家信　台州府徐苑卿士奎來謁

初九日晴　酉刻請徐苑卿、邊仲思、宋升元、劉厚春酒，亥刻散

初十日晴　新任鄞縣孫歡伯熹來謁　是夕微覺傷風

十一日晴

十二日晴

十三日晴

十四日晴

十五日晴　因傷風未往拜客，並肆銜，寄第三號家信

同治十三年

歲次甲申春王正月

初一日晴　黎明至萬壽宮行朝賀禮　黄軍門因足患凍瘡未到　郡中實缺文武各官畢集　余至各廟拈香共十處　順路賀歲　回署　文官自甯波府以次俱來賀歲　在二堂行團拜禮　與署中各幕友互相拜賀　署中眷屬在上房行禮　午後陰　抵暮微雨

初二日雨　午後至大關拈香　在朱竹吟房中小坐　後至城内外賀歲

初三日雨

初四日雨　劉雲圃　于　程雲卿　鄧錫恩來見

初五日雨　見客　象山令林安康　蕭鎮協台來見　發第一號家信

附唐英緯　盛旭人　童學壹　内有唐小雲寄五十元作　複盛杏蓀信

同治十三年 甲申

廿三日

廿四日　發廿四號家信（旁注：三）

廿五日　見客

廿六日

廿七日

廿八日　午後往賑防領局　報銷司　蔣軍門因足凍辭不見客

是夕祀神　祀祖先　喫年夜飯　男女老幼分兩席宴於內室

廿九日

三十日　讀雜話詩集句一聯云　對花把酒未甘老　吟詩寫字有底忙

喫年夜飯如廿八日夜

十三日晴 阿查里來見

十四日晴 發百七十一号信

十五日 拜客於 武庭文易家

十六日

十七日

十八日 夜發熱

十九日 偃臥未起

廿五日〔二十日〕晴 坐堂封印

廿一日

廿二日 發一百七十二号家信

所借商存柳本阮孫寄來還之
石盤田四本
買五律善

初五日晴 辭衙 接初一日家信 發丁〇八號家信 覆吳引之信
内附玄核卿敬齋先信 又致如冠九信乞所題怪刦琴心卷及扇 又復吳康
甫信
初六日晴
初七日晴 接初三日信 發丁〇九號信
初八日晴
初九日晴
初十日晴 見客 發丁十號家信
十一日晴
十二日晴

石平如不雲樽
停蓮士華雨
内王氏楊魁君
谷巷占為大杉
當出
八面如白青屑
人及排循对戲
張猴丑麻嵌牌

廿六日晴 黎明時忽然形寒，隨即發熱，竟日熱勢頗甚，延丁蔼鏡診視。是夕仍寒熱間作，至五更得汗而熱退。

廿七日陰 因病不能前赴，請邊伸翁柳代黄軍門，亦未去，六營兵丁賞錢又二十千，精兵賞錢四十千，仍送去。傍晚始起。晚雪。

廿八日陰 仍未起。

廿九日晴 發第百號信〇〇 復金少堂信，寄還漢玉印一方、陳白陽

十二月初一日晴

初二日晴

初三日晴 接廿八日家信，發第百五號信七〇〇 張叔來寓

初四日晴

備惲册內有古
洞空山莊二句
者又陳西山伴
內有為蓮生
俱系大孫筆
出
惲册對聯覓
將來便寄云

十八日晴 發一百〇三号

十九日晴

二十日晴 見官

廿一日

廿二日 發一百〇四号 寄黃軍門

廿三日 送還邊仲思轉借秘氏書畫有楮畫山水老蓮笠屐圖
已令邸之摹弃易之張船山五言對自用油搭双鉤副本存於篋

廿四日晴 黃軍門來 星日來仍 約其弟屬秀六營同合操因雨雲而止改期於廿七日 發[illegible]家信

廿五日晴 見官 臬台麦濮令来查鎮海未防亞一案 辭以呈閩中丞之
試院天五双桂翰林箭花共帶方 並薦帳房代墊書公廿五元

中逆匪糧盡乞降左帥許之令其先繳軍械馬匹背馬四車逆黨三千餘人出降左帥分派各營看押詐馬四包藏禍心令逆子騎車十數人遁出左帥派馬隊追擒之遂將逆匪中尤為凶悍者一千四百餘人立時駢誅梟示城中尚有餘黨千餘人我軍攻克後悉予誅戮根株盡拔全境肅清左帥即日出署并分派各營商辦出關西征事宜　破城之前夕有狼數百向城而嗥又有鬼哭

十四日

十五日晴　辰刻　武帝廟　文昌宮拈香　發一百〇二號家信

十六日晴

十七日晴　天氣嚴寒滴水滴凍

白芙实粉罗印
海棠花武杜布兩
庄粗紅頭繩一
斤條頭糕

初九日晴

初十日晴　見官

十一日晴　辰刻詣　火帝廟　天后宮拈香一禳火災一謝戰船平安至錦州　接六孫滬信知是日喚船回蘇　發一百〇号家信　致金少芝信附還魯卿之竹冊漢玉小玦　曹愷翁之女与彭菊樽之子聯姻在上海傳紅愷老坐輪船至滬是夜西狂風大作兼之以雨

十二日雨雪交作大風仍不止

十三日陰　發一百〇一号家信　黄軍门寄示甘肅軍營信據報肅州府城於九月廿三日克復先是逆首馬四創亂以來已及十載現率逆黨數千人盤踞肅州官軍四面圍攻八月十三日左帥飛調湘軍助剿城

電十四蘇浦婦逃
買長佃肥皂廿九
每丸廿七文　粗肥皂
五十九　粉硝十包

萬國來王　窮理讀經曉事讀史　明心學佛養身學仙

初二日晴　是夕冬至夜祀先後家眷分男女兩席撤於後者

初三日晴　五鼓至萬壽宮行慶賀禮文武官畢集

初四日晴　鈕阜卿從蘇來携示滬如所議王麓台冊十頁精妙之至

發九十七號家信　晨起覺口燥自己烹茶飲至二碗之多傍晚覺形寒卧後畏寒發熱幸下半夜即出汗退熱

初五日晴　僵卧不起

初六日晴　起床發九十八號家信

初七日雨

初八日雨　發九十九號信　大孫坐輪船至滬回蘇　携回十州洛神　錢舜舉五柳庄　陳涉江仿沂同心　王麓臺山水冊

廿六日晴

廿七日陰 發九十五號信 申刻乳橋走水往彈壓爲大風所吹晚卧形寒發熱

廿八日晴 黎明汗出熱退猶不能起卧床竟日

廿九日晴 超林來九十六號家信

三十日晴

十一月初一日晴 因畏風未去拈香 擬招寶山望海樓柱聯 雉堞擁層樓雄峙一關蹲虎豹 蛟門吞巨浪控連萬壑鑄鯨鯢 東虎蹲西豹洞南烏石北雁門嶒岫列如屏巨嶂傑[一]閣凌空雄[九]關設險前鰻井後鳳浦左龍潭右馬渚波濤平若鏡春值百川歸海

數種以王麓臺軸陳老蓮人物小幅為佳

二十二日 晴 接廿日家信 發九十三號家信

二十三日 晴 以廿二元購得仇十州洛神卷 武袁白丹山水卷 陳眉公山水冊

二十四日 晴 接廿二日家信并寄示金保所藏殘經小冊 無題跋 木面上刻虞永興手澤 亦不知何人所題 觀其用筆之沉著的是唐人寫經中之秀勁者 似與褚為近 若謂永興則未敢信 發九十四號家信 攆朱姬回籍 因七孫之姬與張姊齟齬 皆由朱媽讒言所致耳

廿五日 晴 見客

李寓甫寄帮 持方雷千峯信

二十日晴 見官 午後偕同英領事阿查里來晤 茶話 雷以特

邀與張翰卿登其輪船 據其係果觀其電線器具 但覺其

精巧異常 不能知其所以然也 又見其造一小木船面試解脫貓

与電線牽續之法 另用繩索繫於桅竿 將電線掛住 一面將

貓徐徐放下 貓与電線雖開 即不解脫 無須砍斷矣 此法甚

善 為縣署傳到公館先生面試与看 送外國人紹酒火腿乾煙

果子八件 送王世兄瑾禮分一百元 發第九十二號家信

二十一日晴 往晤黃軍門 因其出洋巡查至溫州 見方道面回

還仲田送來秘氏所藏巨然畫卷 余酬以四百元 另有字畫

陸路通至吴淞口由吴淞口分為兩條一通香港一通日本沈於海底綿亘數千里然屢次被漁船砍斷所以砍斷之故因漁船停泊海中所抛之貓鈎住電線起貓時連電線一齊拖起互相糾結無法解脱不得已將電線日後砍斷既斷之後修理甚難此次來意求我曉諭海上各漁船凡遇貓與電線糾結之時須設法解脱切勿砍斷我即囑鄞縣劉令傳知漁船所請公先生知此意令其傳諭各漁船一體遵辦將來此事之能否有效尚不可知然外國人已感激不盡矣我又備書爲蘭一致定海陳定生一致鎮海于印波交張翰卿面交照鄞縣一辦理 王宗九鼎 師相之孫世兄堪由京至省城由省城

十四日晴

十五日晴辰刻至　武廟　文昌宮拈香　福建記名提督劉

來晤并云缺少川資乞借三四十元即贈以程儀四十元

接十三日家信　發九十號家信

十六日晴

十七日晴

十八日晴　發九十一号家信

十九日晴　上海道沈仲復派委員同知張翰卿志均南匯人來甯因

上海設立電線公司各國請大丹国人特雷以總理其事所謂電

線者以鑄造成線貫以電氣千萬里外言語須臾可通從上海

約須三年方可傳刻　德寶齋寄來宋人寫經二冊、朱貞文秋山煙曉卷、沈石田落花畫詠卷、文五峯春隄策馬卷、吳匏庵草木詩卷　汪鉅伯下第南歸，贈以賻儀三十兩，以上物件托其帶來

金少芝寄來宋拓廟堂碑一本 八十元　淳聲樓 廿六元　蕉葉白硯一方、青花硯一方 共十元　接三兒初八日封家信 第八十八號信

十一日晴　購得沈石天懷古冊 六元　濤閣山水小冊 四元

十二日晴　黃軍門約於後日出洋巡哨來辭　復金少芝書，購得宋拓廟堂碑 洋八十元　淳聲樓 廿六元　硯二方 十元　退還烟客冊摃頁五十六元，找還六十三元

十三日晴　接十一日家信 第八十九號家信

心甚覺不捨揮淚送之　上燈後仍形寒服丁先生之藥而臥仍未發熱

初二日晴　往弔秘仙卿之喪賻以百元　燈後形寒極甚旋發熱黎明始退

初三日晴　延丁蔭鏡診視服藥　是日寒熱俱未作臥床未起

初四日晴

初五日晴　辭鄉　接三兒滬上書作書復之為八十七號

初六日晴

初七日晴　接金少華書

初八日晴

初九日晴

初十日陰大風　接朱硯生九月十九日信知考御史取第二名　引見　記名

返二鼓泊百官

廿七日晴 清晨渡曹娥江換紅船 上虞李令來見 至後梁湖王晏源家借駿坪觀書畫古錢 購得倪文貞樹石軸 陳老蓮麻姑仙軸 惲南田畫竹柳渚軸 價七十五元 古錢四十五枚 價一百十四元 午飯後登舟 晚過上壩中壩 行至四鼓抵餘姚泊

廿八日晴

黎明開行至長亭候潮 未刻潮平開行 二鼓抵大西壩 劉厚卿來見 黄軍門率六營將弁 邊守率文員俱出接

廿九日晴 黎明至西門馬頭登岸回署 黄軍門遣仲思伊 學淵 劉厚卿 郭輔清 羅鉞貝 珊泉 府縣學教官均來見

三十日晴 往賀軍門并拜文武各官 晚間形寒因歸 明早擬來章未參熱

十月初一日晴 三兒挈七孫回蘇 因張姨與七孫子媳不睦 故令其回蘇 於余

廿六日晴清晨至紹興艤廿兩字來見上岸進城拜客回至東門馬頭開行午刻過烏門山雇小舟二隻偕駿井我庚至峭壁下來港內石壁千仞高插雲霄下臨無地如以巨靈斧斫削而成石壁凹進處皆成深洞有大如兩間屋者中隔石牆一道牆上有門可通舟仰視石皆俯出不見天日可蔽風雨故石壁皆白色不長苔紋好事者鑿石題名於壁上若夏日掉小舟避暑於此真畫境也沿緣壁下有石坡阻焉彷彿桃源洞口駿井我庚舍舟登陸令舟子扶掖而上遙望之另有一洞數折而入極深（繪助深）而窈據舟子云粵逆之亂土人皆拖舟入洞避兵於此惜不能窮探其奧境也有野鴿千百成羣見人驚飛而出想其中必有林木可以棲止焉余憚於履險坐石以待興盡乃

頂行僕頑皆僑健，客瘦筍輿輕。紅樹新霜豔，丹臺夕照明。一杯東海水，是處即蓬瀛。

廿四日晴 吳引之、蒯士薌、張仲甫、陳季壺同新孝廉曹、屆兩公同來，備有贄儀，余還之。午刻至藩署，司道公請兩主考、學台、中丞，共四席。申刻入席，散已上燈。吳廣甫來，託其刻題名於飛來峰同石壁，并拓聖因寺羅漢像。

廿五日晴 清晨先至兩主考行轅餞行，後上轅謁辭中丞。四府張芝生攜示銅器三件，還價二百元，未成。購洵負珠十六，價百二十元；翡翠珠一掛，價百元。即起身渡江，坐江山船，船伎即翠鳳姊妹，備有酒肴，賞洋十八元。申刻至西興，汪今山衛來見，薦與徐季和之甥李子長震同筆墨，即送關聘來。舟行竟夜。

低隘俯身而入復有兩洞第二洞低處有泉高處兩孔通天光與外通榛荊塞途不能出將仍由舊路而出坐觀音閣啜茗命駿并題名於石壁

復游飛來峯後之飛來洞兩洞毘連内有石一線天者另有小洞如一間屋頂上有穴如錢明眼人觀之隱約有佛像余短視并穴亦不見無論佛像矣出洞至冷泉亭小坐復至山足睢泉泉出石罅錚鏦有聲復坐肩輿至韜光徑甚幽僻脩篁夾路循石磴而行至半途石級陡峻舍輿步行曲折而降級至吕祖殿殿前有石臺凭檻而觀夕陽在山紅樹掩映翠萬狀殿之東有金蓮池拾級而登至煉丹臺臺額觀海二字臺之北有小石洞供吕祖像南望海水如小杯北高峯尚在其上足力已疲不能再登與駿扶朕臂而下歸房已上燈矣

游韜光得五律一首　曲徑入脩竹人從雲

山水軸汪舟次字册共洋九百四十四元　以所藏王麓台雲山卷及新得陳
惟允軸汪舟次字册与秦澹翁易得王麓台山水册趙仲穆馬卷王
册尚在伊錫張雨生處約十月中寄来澹翁尚擬以所藏唐六如畫
王文恪出山圖卷易余新得之杜東原册余許以姑俟異日　午刻赴
如冠九之招同席者皆候補道
廿二日晴上轅謁見中丞至秦澹如新居賀其遷居之喜　吳引之之子
中北榜三甲中者五人　朱研生考御史取第二名
廿三日晴清晨偕駿材我庚肩輿出候潮门游鳳林寺寺中有薛廬
紳士為薛慰農時雨太守還愛而作復游紫雲洞洞在栖霞山麓洞
口摘觀音閣閣右有石磴數級歷磴而下第一洞高如屋内有一竇頗

一齣始散　未刻杭州將軍入京陛見中丞以下各官皆往送之余未去　申刻
赴中丞招飲共三席而主考學台及司道皆与
二十日雨
廿一日雨中丞嫁女余与司道入賀先是駿軒從蘇來杭道出荻江訪章紫伯
見其收藏擇八種還價三百元未成到杭後与余酌加六十元添畫卷一件託我
庚雇舟往取是日我庚回來共購得惲南田山水合冊張尔唯書畫冊石
谿山水冊陳士謙書道德經卷豐南禺字卷杜東原顧昉山水合卷陳舟
裏人物卷錢舜舉五柳庄卷李流芳父子山水合冊計洋三百六十元
又購得戴子餘家藏杜東原南村十景冊沈石田山水冊陸包山山水冊
石谿山水大軸文衡山山水大軸石曼卿草書卷石濤書畫卷陳惟允

居榜之過半

十五日雨黎明出榜中丞以下各官皆散余仍在貢院住略睡片時午後

各房官來見偕駿姪登明遠樓眺望

十六日晴進龍門拜兩主考及內監試內收掌各房官午刻內簾官請

兩主考及提調監試內總理席散余與駿姪始出貢院隨即上轅稟見并

拜主考歸房已撤幕

十七日拜客　得江南榜信蘇府止中七人門生朱鳴鑾余生與焉三孫皆未中

十八日拜客

十九日晴黎明上轅與司道在官廳候學台兩主考及新舉人到者約十人

在大堂赴鹿鳴宴先拜闕謝　恩後入席伶人歌鹿鳴三章演賜福

西廂曲文書与字皆佳然猶非真跡也又有扇面二百張擇其尤者止二十餘張售主不能折遂并還之　吳敬〻攜示徐幼文冊以百六十元得之

十三日晴閣中妻負索書楹聯者紛〻破半日工夫俱寫畢

十四日晴　黎明自道俱來中丞學台先在協忠堂中丞用硃筆寫榜上中字巳刻主考及監試收掌各房官俱至協忠堂兩主考中丞學台西南正坐藩司余及運司西面坐臬司監試杭道西面坐各房官分坐於後午初填榜中晚飯後皆往鳳味堂主考房官暫歸內簾餘皆正襟而坐向來填榜至子刻已完此次獨遲至十五日之卯刻始完解元沈壽慈因此考不進私捐監下場者據外間傳聞云其人素操鄉塾教讀場前塾中童子見有藍鬼隨之豈所謂魁星者耶甯波府中式四十一名紹興府中式三十九名

囑駿訪歸後購劉彥沖鍾進士冊託任阜長畫十老圃小冊切々記々莫々忘々催画花天踦蠑畜々先送與華陽々并以渭長冊許借餌之々

初七日晴 午正三兒自蘇來杭即搬進貢院住其岳竹吟

傍晚住在公館 夜雨

初八日雨 閱三兒携來近日所得米元章小楷千文蘇東坡祭黃幾道文合裝之蘭亭王石谷山水冊王雅宜書画袖卷々

初九日雨 以二百元得唐六如風木圖卷黃甄張氏物秦淡如為和會得之

初十日晴

十一日晴 秦淡如來談并觀三兒帶來宋元各種 黃甫信

十二日晴 何青士蒯士薌來 俱去 張戟门携示廣東人所藏絹本仇十州清明上河圖引首題跋文衡山筆 竟見是真跡索價千番還之又有仇十州畫會真記冊絹本二十頁幅々有文嘉蠅頭書

共顧文康藏寒三友卷廿五元 顧雲屋丹山畫卷四千元 此人詩翰

册八元 退還牛 俞紫芝字册 文氏書札册

廿九日晴 發八十六號蘊信

九月初一日晴

初二日晴 發甯信

初三日晴

初四日晴 申刻中丞進貢院與兩主考並房官十五員寫榜

初五日 發甯信並致何與邊仲田催其題紫楓辭並乞

案

初六日晴

之多，標云非四百元不售，又有金紅勒子一枚，色澤極其太艶，索三百

元，一并還之。福建鄉試題：樂節禮樂至益矣　是故居上不驕至其言足以興　孟子曰由堯舜至於湯　月過樓臺桂子清

廿五日晴　發甯信，并致曹愷書，信中言直省賑濟撥解海關銀二萬

兩。

廿六日雨　發硯生信，託阜康寄。發八十四號[illegible]信。接蘇信及三科試

藝三篇。

廿七日晴　發八十五號蘇信。接甯信，知直省賑銀已解，已函致芳侶。

廿八日晴　發甯信。午後申正進貢院，與兩主考晤談，并提調、行臺

坐談。雲蔚先生來，昔夕所和中丞詩四首即呈閱。帶[illegible]之物，澤其包

具都隆計三十五元，以方白毛勒一个六元。秦漢如經手送來之物，澤

軸〻係楊龍友山水小幅款為克明作有姜西溟題本身卷則一

係元吳淵穎萊墨蹟殘一紙呈柳待制貫者有翁覃溪黃小松諸跋

一係明包彝都隱畫并詩同時和者十餘人後有戴松門跋蓋其

所藏也一耘植山人徐楨書在鍾山畫有錢竹汀翁覃溪阮芸臺

諸跋　玉器留其帶板搬指圖章兩方方圓勒子各一　銅器則留其

龜魚小符惜俱不全　順天鄉試題　回也其心三月不違仁　凡為天

下國家有九經所以行之者一也　孟子曰人有恒言至家〻本在身

湖色宵涵萬象靈

廿四日晴　我庚送來笙漁携示白玉鐲一只其色潔白糯而且結實是石子

兒琢成者謂為漢白未必然也手封太小我帶不着且索價五百元

帖兩首　發示天孫信并改黄軍門寄妙元書惺孝三信　監臨

作入闈四絶出示　余作頭場首題文已起草尚未删定

十九日晴雨　内簾官即用縣歐陽泰暴病而已用棕床擡至大门外借

武廟東廂成殮并無親屬可憐之至

二十日晴　發八十一號蘇信

廿一日晴　發八十二號蘇信并甯信　和中丞書闈中桂花盛開七

律四首中丞又和一首

廿二日晴　已刻監臨出闈　順天主考全慶 胡家玉 童華 潘祖蔭 同考得房官

者劉廷枚 徐郙 陸懋宗　硯生仍未得得其來信要考御史

廿三日晴　發八十三號蘇信　我庚送來李筆漁各物留其三卷一

十五日晴　偕監試至監臨行臺叩喜　隨監臨至魁星前拈香　未刻已有完卷已有數百本即開門放頭牌　未發文字二千餘卷即放二牌　又未發已得數千卷即放三牌　至撤幕完卷者已錄卷外矣　監臨招余及監試晚飯　余於是夜始酣睡　四鼓監試封門

十六日晴　卯刻余往開門　歸筆隨士子而出　存者寥寥　監臨作試帖三首出示余　亦作八首　係正草　監臨請批

十七日晴　卯刻開門　尚有考生六七人出場　共八十號　蘇信　夜雨

十八日陰　辰刻開門　昨由三兒字知江南文題　菲飲食而致孝乎鬼神　武王纘太王王季文王之緒　以天下養養之至也　波光搖海月　余即擬作試

始畢　亥刻開內簾門當題目紙及頭場之式分給各房官

巳子正矣

十二日晴　卯刻偕伯敏開二門放粥飯　午後監臨偕提調監

試至協忠堂邀對讀受卷兩所房官及書吏打三場号戳

酉刻始畢　燈下書七十八号之蘇信及甯信　開簾門進卷

十三日晴卯初　監臨監試與余至五堂受卷巳刻僅受五百卷放

頭牌　未刻放二牌　以後直至五鼓尚有六七人未交者令

其至二門內之小行臺寫完天已大明始淨場　卯正開點　酉刻

始畢　二鼓開內簾門當題紙分給迴避官

十四日晴　辰初開門進水並柴薪粥飯考食

緣卷入場有打本號者有以二三場卷誤入頭場皆須提調
經理煩極忙極　亥子初內簾題已刻竣請監臨至協忠堂傳
點開簾門主考親送題紙出來與監臨一揖而退隨將題紙分
派巡綽號官畢散睡片時　文題人之道也一章　天命之謂性一節　天下至誠侯兩段　州傍青山縣枕湖得州字
初九日雨　黎明偕伯敏至二門散粥挑水接連散餅自黎明起至
午刻始封二門午後仍在協忠堂打二場號戳散時已酉初
初十日晴　卯刻監臨偕提調監試陞坐至公堂受卷官八員分
東西柵內坐交卷者甚稀至巳刻放頭牌止收三百餘卷午刻放
二牌不過千卷未刻放三牌不及二千卷直至四鼓末始淨場
十一日晴寅初開門又開內簾門進供給卯正開點直至酉刻

定計考生一萬二千六百二十二名，號舍有盈無絀，各號皆留空舍，自三舍及六舍不等，隨將戳記撓和，請各所委員上堂打戳，抵暮始竣。

初八日晴　丑正偕仲敏至二門，密啓大門，請點名司道進貢院，盧千峯、劉士良、雲蔚先、如冠九、何青士、秦淡如、王清如共七人隨進，供給各物，候至卯正，請監臨陞坐，司道行庭參禮，隨東左、東右、西左、西右四路分點，盧千峯、雲蔚一分點東左約三千人，余與何青士點東右約一千七百餘人，劉士良、冠九分點西左約三千人，仲敏、淡如、清如點西右約四千數百人，東左先完，西右再遲，酉初始畢。是日有八十七之老生赴道者，有得科舉而未納卷者，皆通融辦理初六日辰正出院與司道皆朝服先詣中丞巳初委員先請學政從轅門至考棚齊候在大堂叙坐獻茶三道即轉北謝恩先監試陳伯敍次及余次康訪方伯皆坐顯轎至貢院道旁觀者真如堵牆約有數萬人到後係兩主考出即與司道送入內簾中各從至兩司及運使糧道首道先散更衣後隨中丞祭魁星隨至協忠堂中丞中坐余與伯敍東西坐中丞點內外簾畢中丞回行營余與伯敍開闈門進各物點燈又補點昨日未進之謄錄又待謄署送卷來封門已子刻　發七十七號蘇信并寓信

初七日晴　黎明偕伯敍至二門點對讀生及號軍　午後在協忠堂中丞陞坐余偕伯敍東西坐預備打號戳先將各號人數扣

八月初一日晴卯初即起赴貢院是日丁祭中丞祭畢即往貢院大閱司道皆從貢院內陳設齊備在監臨行臺喫麪共兩桌閱畢歸公館巳午刻矣

初二日晴 發七十五號蘇信 又寄甯信并附曹愷翁信 夜大雨

初三日午前雨午後晴 午後弔王蔭棠之母喪賻廿四元 接八月初一蘇信 發七十六號蘇信

初四日晴 午刻赴吳引之招飲同席者雲南候補道廖小樵 畢叔軒 何青士秦淡如惲杏雲

初五日晴 答晤學台胡瑞瀾巳刻至貢院與監試陳伯敷候點謄錄生名冊知汪守元祥辦理不善直待至上燈時方開點三鼓始散

生如冠九何青士与余也到午集申刻散 接廿六日家信 發七十三號信

廿九日晴 辰刻上院 中丞出示通商大臣信文書忌用夷字 拿獲修理火藥總局及匪買硝火藥四百觔 中丞皆允 發福大孫信附致黄軍門邊仲田守林元張芙卿陳印波曹憬亭各信

三十日晴 辰刻發七十四號蘇信 接廿八日大孫等附憬老一信 赴鼓樓街骨董舖及珠寶市巷適遇紹興人持珠求售 買廿小珠四十主 中珠十主 大珠四主 計二百十二元 甯波珠寶客陸姓來 買廿大珠廿主又一主 碧霞璽小背雲一塊 小方翠一塊 計六百四十元 先付八十元 下欠五百六十元 言明回甯找付 渼如薦一嘉興張姓人來 唐六如春曉圖售至也 又持黄石齋小楷書詩葉冊一本 共還價一百四十元 發七十四號蘇信

心亭〻爲新摘丹碧煥然四面紅荷尚盛復至平湖秋月市飲

茗數席喧譚子獻即下船至清波門坐轎而歸　燈下發七十一号

蘇信并寓信

廿六日晴　辰刻至貢院候中丞出闈　是日新授副都統吉祿從京

中來　中丞以下文官將軍以下武官皆迎接請　聖安畢　中丞

與司道以下各官至貢院會晤同周閱至午正散歸　午後

往晤何青士

廿七日晴　心垒四兄蘇　吳引之　金少芝來晤　發蘇信七十二号又寓信

廿八日晴　辰刻何青士來晤　是日在城隍山上關帝殿内之太虚樓請將軍善

慶　副都統吉祿　乍浦都統富伊和　織造文佶　主人六人　盧午峰　劉士來　雲騎尉

市遠無菜止借蔬筍飯上下皆炊並一飽飢者易為食也余偶憶前人疊床架屋體詩有閉門閑戶掩柴扉一個孤僧獨自歸之句戲為之鄭補之即口占二句足成之云接客待賓迎施主養親奉母侍慈闈相與鼓掌噱歸途約數里至烟霞洞々在山頂高與寬縱橫約二丈許進深倍之中間地藏兩傍十六羅漢觀音大士門外財神皆就石雕出眉目如生精妙非常鍾乳從上垂下如浪如雲洞底尚有如屋者一間接外間雲而黑非秉燭不能入石刻純陽祖師背後深黑莫由測其淺深借敗筆殘墨題名於石々潮滲墨字不成字聊記鴻雪而已未聞游者亂來筆背後之洞詭為奇絕不圖此洞又勝之　翻山至茅家埠喚船游湖

俄國侵吞皆當先事預防云云頗爲切要并云俟西路告竣後須專派大員前往振頓其壹或指左宫保而言然亦非此公莫能勝任也發七十號蘇信 發寗行并附致邊仲翁信 往郎吳冠雲往謁吳引之拜而未晤考唐蘊農汪小達餘皆拜府以下各官

廿四日晴 往謁蒯士宫將軍拜而未值 午後偕戒庚至書院前一游

廿五日晴 辰刻坐小轎偕心鄰戒庚出鳳山門度萬松嶺越嶺洪家山約十餘里至理安廟宇全爲粵逆所燬新構兩楼瓦底舊基四面皆山背負大人峯面對螺髻峯左爲象鼻峯右爲彌陀峯山木被伐不少然猶有存者仍坐青蔥入寺之徑曲折循澗而行水聲潺潺昔人稱其寺最爲幽僻洵不虛也寺中止小沙彌李母而居

真蹟也老幼十餘人手執鹽匳尊罍之屬向左鞠躬而進一貴者向西受之極古雅無補景　蒼仁錢西□來見

廿三日晴　辰刻上院偕司道進謁回寓後盧午翁蒯士翁雲蔚翁如魁翁唐藝翁暉吉翁均來晤　午後中丞答拜坐談隨即上院謝步中丞傳見示以總理衙門寄文書內封徐侍郎相密摺一件共四條一儲備人材二固民心三籌度支四籌邊防皆為外國而言恭王等覆奏大旨言連年籌辦為宜與徐侍郎所奏大略相同其籌度支一條由戶部主稿尚未見發來余詳繹四條俱是老生常談言易而行難者惟籌邊防一條大意謂蒙古各部落地界與俄國毗連者三分之二蒙古開國時極強近則漸趨於積弱之勢或與俄國勾結或為

岸閒步行過鄉間人家從竹牆外至竹牆被風刮倒從背後壓下我與我庚急向前走幸未壓著些系稍遲半步已壓在身上仆地尚未受傷可見天下事無地不可趨風波孟子所以有不立巖牆之戒也　薄暮閒行里許仍泊在一山坡下山風甚厲兩舟相傍終夜振蕩不安

廿一日晴　辰刻開江行六十里至閘口大馬頭登岸乘轎進候潮門申刻至剪刀巷提調公館　接十九日蘇州家信第六十九號家信又甯署家信　候補府劉開勳　仁錢兩令均來見　劉雲國來見

廿二日雨　出門拜客晤盧午翁雷蔚生陳伯敏　學台考錄遺封門投一刺晤如賓九見其所懸石谷麓台兩小幀俱佳　又見老蓮人物絹本卷

船十餘只被鄉試士子擡去臨時再提加船止數只勉强併坐而行
連夜趲行四鼓時山會兩令來見辭之
十九日晴辰刻至柯橋即蔡中郎柯亭旧里土人於古廟側建中郎
祠前後兩間一祀文武帝一祀奎宿間之而皆回廊闌一覽湖山之勝畫
在日前廟前有一碑刻御駕親臨四大字舟子云回有大寺為學政所
駐今只瓦不存矣　傍晚至蕭山界據探差人云西興水乾須起岸二
十餘里俟雇預備腳夫每被鄉試士子搶去不如繞道走臨浦為
二十日晴
便我從之開行終夜清早至臨浦船局委員過士昇巡檢黃蔚南
預備江船四只其船向裝客貨兩旁皆客床中空一路舟子皆從來吳
面甚不舒齊辰刻開行至義橋風逆不能行暫泊與心耘我庚登

武自軍門以下文自邊以下葛枚帶欽洋饋𧷤均來送下船　即刻開

船酉正至大西壩候潮　早兩接十二十四日寄第六十八號家信　沈仲復

蔣張從九來能刻石〻我以即日晋省不能致接贈以兩元　劉蔭洲有

信寄至四里侍許署一切即晋京引見隨答復信　二鼓潮來開行

至長亭又候潮泊從鄞縣西門至大西壩三十里大西壩至此五十里

昨晚慈谿令程雲伻縣丞鄭錫田俱來見今日辰刻程令又來見

以新開河捐款託其催繳

十七日晴　巳刻潮平開行過餘姚至三十里亭泊　三鼓開行至通明壩

上虞令李世基縣丞陳　典史李見　換船過梁湖　王心梅[illegible]阜源來見

至外梁湖起岸過曹娥江行二十餘里至東關換艙門船先捉

原爲準明我許之今晨關書以部秤及稅行常用之秤送來關商亦以會
館中十五兩三錢之秤及大石一塊送來隨於花廳院中先以商秤稱石計
重三百三十斤以關秤復稱亦重三百三十斤是關秤亦是十五兩三錢秤無疑
矣復以部秤復稱亦重三百三十斤而移至二百八十斤之星上秤亦不動
足見部秤甚呆而稅行得以高下其手矣我諭衆商云是石稱見
三百三十斤其爲十五兩十三錢無疑俟日部飭到再將此石復稱或重或輕
應減應加即可核算至關上現在所存部秤因其甚呆是以不以此爲
秤爲準故題請部秤耳衆商同稱皆悅服而退此石存庫待復
甘■行生宋琳元均來見談洋布捐事據云華商已允包茂坤棧等串
未知確否　邊仲思秘仙卿姚慎菴均來見　申刻至西門大馬頭

初十日晴　見官　唐廷樞又帶領洋行江白大區姓來見　惠稅務司來見

十一日晴　唐小雲來談　發六十六號家信　致金少芝信并票洋八十元

十二日晴　黎明至萬壽宮拜牌文武各官畢集　偕邊仲思至火藥總局驗看房屋六營將官俱至驗明朝南五開間東西房各十二間嘶有崩壩之勢須及早收拾方可儲藏軍火撥候吾有田明中丞辦理　申刻往拜惠領事及惠稅務司俱接其後果答唐小雲　夜雨　發六十七號家信

十三日雨

十四日晴　午後各處辭行謝軍門晉謁

十五日晴　見官　潮商董事內閣中書蕭學瀛來見云是辛卯年姪

十六日晴　潮商董子蔣子泉昨來見云潮商煙與閩上秤相較以三百三十斤之

初三日晴

初四日晴　接初一日信　發六十三號信

初五日晴　見官　寄硯香信託為送賀信

初六日晴　接初二日六弟　發六十四號信　邊仲思來見　姚慎菴來見

初七日晴　接金少芸信　家來券兩留與張伋卷山濤字毋斤

初八日晴　甘守竹生為隊布捐事來見　陳旭張蓉光來談　紫橋

委員顧叙蕃來見　慈谿賀令郁子來見

初九日晴　接初五日家信　發六十五號家信　復退樓信　張蓉光陳旭來談

送皮箱兩只　幌丸白鳳三十二丸　蘇合香丸十九　輪船局總管庭廷栢來見

邊仲思來見　出決科案　劉錕第一　與覆閱共二百五十餘元

廿七日雨　發五十九號家信　爲浦婿補壽兼八官受頂　演新豐班　吳寀三

席皆蓉友

廿八日雨　演鳳臺班

廿九日晴雨間作　蓉友出逛鳳臺班　金廿芝寄來四卷四刀　留女徐文長

花卉智艇和尚西集詩朱瑛補畫臉刀四把退還張二水行書岳陽樓卷

張天放綢書畫卷并復信

三十日晴　發六十號家信

七月初一日晴大雨　接廿九號家信　發六十一號信　文廟　天后宮拈香

初二日晴　接金廿芝信并畫冊四本　發六十二號家信　晏元周光誥

王奉化查覆丁周兩姓互控水利事面商令見鎖差等也　勘信

廿三日晴　接金少芝信并倪雲林米漫士錢舜舉徐幼文四卷　前存之沈石田丁南羽唐半園朱澤民文衡山張玉川六卷　共計洋九十八元　向陽莊并卷還玉十四元未定　即發信復之　四卷暫留　發五十六號家信并將倪錢徐三卷寄與承之寄定

廿四日晴雨間作　接廿一日家信　發五十七號家信

廿五日晴　見官　接廿三日家信并退樓信　退樓力言平糶之議不可靠　自我因平糶必要勸捐　捐錢之家必要抱怨　其閱歷世故可謂深矣　於是使人皆怕招怨　則出頭辦事無人矣　可為歎息　接金少芝信　寄來六卷　退還四卷　暫存唐竹卷仇鎖諫圖卷　唐卷還十二元　仇卷還十四元

廿六日晴　發五十八號信

寄文衡山丁南羽唐半園畫卷四个 即作書復之 為稅行事

閱島大徽稅項書訊此案坐查兩次

十七日晴

十八日晴 接十五號家信 發五十二號家信

十九日晴 發五十三號家信附致多嚴平齋一信

二十日晴 見官 接金少芝信并陳白陽查二瞻畫卷董香光字卷隨即復信留其白陽卷附還文衡山查二瞻董香光三卷 接三兒十七日手 巳刻大雨以後廉纖細雨 接徐頫之信并硯兩方

廿一日雨 發五十四號信 復徐頫之信

廿二日晴 接十九號家信 發五十五號家信

五斤丟番州
弟扁帝華住

咐錄事查知理屈，隨刻飭事將回文送回，不敢存案，並肯修傍仍

照舊章辦理。余因其廿日誤錯，不外為客氣之追，其退回文

書，囑其將所索之印文書加用鈐印，俟其送來和平復之，以敦

風好。蓋辦理中外交涉事件，須得風波止，不可過火也。

十三日晴　接初九、十一日家信　發四十九號家信

十四日晴　接余少芝信，寄來手卷三件：沈石田者，行菴有吳匏翁、李西

涯等題跋十九家；宋明之懋晉魏考并之璜山水卷，皆無題。隨即復

之。沈卷還二十元，宋卷還八元。

十五日　發五十號家信　見官　夜雨

十六日晴　接十三日家信　發五十一號信　接余少芝信并朱澤

家信内附丁
我说寄胎产
金丹一方丸
浦续说寄益
母膏一斤平金
神三付枇杷蕉
果脯杏乳丸

副将康荣瑞带兵前赴声威更壮勤抚兼施谅可指日荡平矣

浙江学政兵部侍郎胡瑞澜补授　杭州将军连成因干预地方公事

上谕令其来京当差以都统善庆补杭州将军　来禄补都统

初八日晴　接初五日家信　发四十七号家信　接中丞李元提调札

初九日晴　英领事带同嘛哩将抽回来文面交面谈争论词意而去

初十日晴　接初七日家信　发四十八号家信附去恽题王石谷卷

十一日晴　接砚生六月廿三日信即发回信托阜康寄

十二日晴　副领事瞿理斯来称先是哪领事将抽回文书于初九日自来面

谈数次以贬气相陵余以理折词意而去往复有照会来将用英文不用汉文

将用花押不用钤印余回文复之屡屡驳诘至再与在总理衙门译理

藉此煽惑鄉愚聚衆滋事中丞委紹興府龔守親往猜辦曉諭解散袁郁因單騎入山宣布德意諭匪爲首之鄭架子等紛紛具呈仍有解散之意黃軍門因龔守請兵防禦兩次派勇三百名前往駐紮中丞因王令辦理不善將其撤任改委曾任新昌之石令玉麒署事詎料該匪忽復中變仍復聚衆抗拒且有四五千之多始猶負嵎自固初三日忽出山至四鄉搶掠遣奸細混入城中爲内應幸將奸細拴獲訊明正法内應之計遂不行初四五等日該匪盤踞城外棋盤山等處竟敢攻城我軍見其久暴烈日之中勢已渙懈遂於申刻分兩路整隊攻山該匪一見即退我軍奮勇攻擊殺斃賊匪一百餘人生擒二十餘名經此次懲創賊膽已寒且中丞已委記名道張景渠帶同候補府劉開勳

初四日晴　是日會同提台驗看錦州戰船，余以足疾未詣，請府中代之　接朔日家信

發四十四號家信，附去王孟端山水卷　黄中丞詳文并夾單，另領函所請信布指函

又致盧方伯、唐藝林、邢蘭皆此函也

初五日晴　張姬患手痛，延及喉痛，飲食不便，徹夜呻吟不已

初六日晴　辰刻忽發痧，不省人事，急磨辟瘟丹灌之，令朱姬提痧，復請

周慶蘭診視，亦云是痧，漸次向愈　接初三日家信并佩鄉信　發四十五號

家信，附佩鄉信　余少芝寄來汪退谷字、劉完菴、張玉山畫共三卷

初七日晴　發四十六號家信　上年新昌縣土匪勾結台州土匪聚衆滋事，中

丞委候補道劉璈帶勇勦辦，該匪聞風竄逸，陸續緝獲逸犯十餘名

分別辦理在案，今年因官紳會辦保甲事宜，民與紳不協，彩烟山土匪

長亭伯

廿九日晴　午刻出曹家渡坐轎十餘里進西門田署　午後延周鳳岡診視

據云沭紫治疹乃溼熱而結　據云如此大名而責謨認為疹異哉　接廿五日家

信

閏六月初一日晴　發四十二號家信附寄仇唐畫卷

初二日晴　接廿七日家信　發四十三號家信附寄五銖錢范　童苑舫送來書

畫磁銅玉石等物　米定甫物也　索價極昂　僅購成王孟端山水卷廿八元　敗

七鄉人物冊二十元　嘉窰青花四印合八元　青花水盂四元　餘有漢玉勒子條

羊脂玉班指　漢玉班指皆議價未成

初三日晴

鄭板橋蘭竹大軸 共洋廿六元 撥其後啟復至心梅家得其六種 唐六如山水卷 絹 仇十州山水卷 絹本 惲壽山山水軸 惲南田山水軸 絹本 金冬心山水軸 張浦山山水冊 共七十元 又若存罷中議價未定之惲南田山水冊今議七十元 此近日最得意之物也 晚至通林泊 五更閘乘開行

昨所見之書畫有不出售者 黄子久山水小幀 款一行至元九年大癡作 有張伯雨題五律一首 跋數行小楷極精 倪鴻寶枯木怪石小矮幅之 陳白陽餅菊 明人尺牘四大冊 國初人 約百餘家 以上皆渠源物 陳老蓮双麻姑軸 絹本 黄石齋奎星軸 李世倬虎軸 張得天千文小冊 馬遠山水卷 絹本

廿八日晴 午刻在餘姚馬頭延名醫楊福康診視足指腫痛 言是紫陷疔 立方留藥 意甚殷勤 此老已年七十一歲 矍鑠異常 閘平即開去

廿五日晴　辰刻上院筆錄　午後起身渡錢唐江　仍坐翠鳳姊妹船　備酒一席　賞十六元　足背一瘸　腰痛不能穿襪　沿途地方官接送一概不見

廿六日晴　至紹興過烏門山　往來過此者屢矣　但見峭壁卓立如削　舟子言中有洞　試往探之　峭壁之下有洞如數間屋　懸崖覆之　宛如一盒　盒中有石壁一道界乎其間　天然有門　遂將一洞分而為二　舟可從中穿過　壁上有道光咸豐年間人題名　所識者張亨甫際亮而已　薄暮渡曹娥江　至畢湖泊

廿七日陰　起旱四十里　辰刻至王星源家上寨　李令肇卿先在　欲往山中祈雨　旋歸　去星源出所藏書畫古玩相示　古泉頗多　余是門外漢　不能辨好歹　僅令董綏之拓其泉范兩枚　刀一枚　又見端石硯兩方　歙硯即龍尾石兩方　皆佳　其他房書畫有肯售者　止得兩件　沈石田山水軸　有周天球　十嶽山人兩題

嵩甫署信　中丞未刻回轅

廿四日晴　午刻上轅，將學布公事談，大約由釐局收陳仲色捐〻二萬二千串內提出，闈上應得半稅，擬月查數照繳。今秋鄉闈提調，中丞必欲調充，有不能辭之勢。在畢穀師處觀書畫，以蔡襄草書卷為最，惜無一跋。劉石菴冊甚多，有兩本最精。賠張仲甫侄孫完姻喜分十六元，同學蔣少臞令郎完姻喜分十元之，湯雲松〻兄兩元。丁學台枝分四十元。

附記杭城所買物：商琦山水軸 十四元四角　王烟客山水 十九元二角　查二瞻山水冊 七元　王耕畦山水軸 三元六角　翟琴峯花卉四條 十元八角　錢擇石松小幀　費曉樓仕女小頁 四元八角　耶律楚材字卷 十二元　此外尚有雲集張雨[illegible]字卷甚精，已還價至一百二十元，前途尚不肯售，姑舍之，仍託彥彬物色也。發四十一號信

廿二日晴 卯正與董綺堂步行上城隍山先至城隍廟瞻仰廟门
正在興造尚未完工至茶館吃茶南望錢塘江風帆沙鳥歷歷在
目以油酥餅充朝飢甚妙 大小廟十餘處皆在城隍廟東迤邐
而去北望西湖一目瞭然步回店中復與綺堂棄輿至珠寶巷覓
珠玉無佳者止有碧霞帶版一塊腰圍式色紅而透重二兩九錢索
價一千二百金嫌其過昂未還價見一鋪內有卷冊詢知寄售者
索觀之頗多擇其精者數種令其明日來議值 午後訪客晤其
張翼伯畏敘艸

廿三日晴卯刻蒯士薌來伊到火神廟拈香之便 復出訪客晤其廑
午峯蒯士薌 路過古玩鋪買小件五種 發寄蘇四十號家信

二十日晴　未刻渡錢塘江江山船即新安所坐者備添一席點心而
已費洋十二元　申刻進城仍應孫宅酬刻見中丞暢談洋布捐
事責備陸紳魚門以八字蔽之曰朦混包攬偷漏半稅中丞怫然
大怪其以前糊塗因時已晚不及他事
廿一日晴　中丞率別赴海塘驗工　金光伯汪小蓮來應談洋布
捐事小蓮始了其去年不知此事非面談不明也又往晤唐藝農
述微言之藝農亦懷情願於捐款中提還本錢為兩全之計未
知能辦到否　接丞丞兩信一由蘇寄一由署轉寄　發廿九號信
來往寒潮汐舟行江海間蕭蕭騎鯨兩几几打頭風破浪急
迷險祈天祝歲豐柳陰橫短艇爛醉取漁翁　補錄十七日作

縣以下俱送行隨即登舟董綺堂同行北風極大行至北門暫泊候潮

厘局委員周克諧來見 風雨大作至亥刻潮來始開行七十里至車廄

停泊候潮登岸游東嶽廟 夜間蕪湖縣賀陵來謁未見 午刻潮

十八日晴 巳刻 來即開行 二鼓至三十牌樓泊 四鼓開行

十九日晴 辰刻在上虞縣通陵起岸因河水已涸紅船不能行也穿城而過上

虞李令送至城外 路過裡巢河至王星源家 途伊有族弟號心梅者以書

畫古玩託骨董友賢秀來買求售此行將訪心梅因李令介紹至王星源

家心梅賢秀知之即將字畫多件送閱無一不贋細看僅檢出石谷畫

董東山山水冊石谷者紙冊三張餘均遜舍再措并擾星源點心而行

渡曹娥江晝夜兼行 發卅八號寄縣差由信局寄甯

如信來 前日黄軍門薦其同鄉張振蓉 孝蘭 號求厘局司事差

使因即薦與周公 復渼如信

十一日晴 得金少芝信前以廿八元買其麓臺山水軸已允矣

十二日晴

十三日晴 往晤黄軍門復至船廠見戰船已竪大桅

十四日晴 接初十家信 發卅五號家信

十五日晴 武廟 文昌宮拈香 以造戰船找銀八百兩交黄軍門暫收備

供用復菴登舟赴錦州時始交與 發三十六號信

十六日晴 黄軍門邊仲思及各官俱來送行 發卅七號家信

十七日陰 午後至晚雨 辰刻至天后宮拈香 東門大馬頭官廳府

初三日晴

初四日晴

初五日晴　見官　夜雨

初六日雨

初七日雨　接初三日家信　發廿二号家信　附致滬楼信

初八日晴　接初五日家信　發廿三号家信

初九日晴　天氣大熱　接初七日家信　發廿四号家信　得省信知學政丁蓮夫於初五日戌刻中痰而逝惜哉　蓮夫品學兼優為人謙和謹飭素書畫亦善丹青每見輙以所得書畫相質證年僅中壽而卒可為悼惜

初十日晴　見官　北門厘局委員周光浩自省中來手見并持秦溪

廿七日晴　接廿三廿五家信　發廿九號家信

廿八日晴

廿九日晴

三十日晴　黃軍门張竹坪俱來晤據竹坪云計料俱已購齊添匠趕辦

六月二十日前奠工竣　接廿七日家信　發三十號家信

六月初一日晴　文廟　天后宮拈香

初二日晴　新昌縣王令暨駐紮在彼之袁都司禀等該邑南鄉土

匪聚衆滋事請撥兵前往隨機瞭（商）黃軍门撥勇二百名即日馳

往相機勤捕一面禀札台州府撥兵在交界地方防堵以防白结

他竄　接廿九日家信并退老信送圖（曩函）器釋四本　發卅一號信

開缺先將家眷送歸何其決也

廿三日晴 接二十日家信 發廿八號家信

廿四日晴

廿五日晴 見官 黃軍門來談戰船可七折加六百金矣

廿六日微雨 往晤軍門據云童蓮舫爲周復菴事昨日來求請益軍門勸余再加一千二百金余念萬不應允復菴無錢應付必致誤公不得已而應之復約張竹坪同至船廠估計工料不專錢洋壹千數百元加以餽送所需實須銀三千於是與竹坪同至軍門署童蓮舫亦在坐三面言明正款之外加貼銀一千八百兩一切均交竹坪經手定於六月底完工如此辦定始不致誤公矣

以紹興府教諭六年俸滿手續驗看觀其履歷始知丁憂回籍後因事詿誤革去主事降揀教諭今六年俸滿奏保存知縣功名可謂蹭蹬矣　夜大雨

二十日大雨　接十七日家信　發廿七号家信　夜大雨

廿一日晴　奉化令王　甯存俱來見　以二十元得王廉州軸　元幅盈

廿二日晴　往晤黃軍門　承以周復菴信之中因造船不專欲伸後腳六等軍門亦置之不理可也　往觀此光景將來總不免請益耳　至白龍王廟謝神并送　龍神還銅魚鋪文武官畢集

李制台因溫州土匪滋事文武官延不六字報將鎮台罷[illegible]原道台方縣鈞知府裕彰參出請旨交部議處傳聞方子穎已告病請

矣　是日鄉人抬神至署求雨者甚多

十三日　武帝廟大祭　白龍廟求雨委員至銅盆鋪請龍神至廟供奉　文武官皆拈香行禮　發廿四號家信

十四日　白龍廟拈香

十五日　武廟　文昌宮　龍神廟拈香　同黃軍至船廠觀所造錦州戰船　是日雨

十六日雨　發廿五號家信　發硯生信

十七日微雨

十八日　發廿六號家信　夜大雨　與退樓一信謝其贈馬泉

十九日大雨　石門徐紫驤振鏞都中故友也不通音問者二十年矣今日

初四日

初五日　晴。往軍門甯府、三府賀節。

初六日　雨。接初二、初四家信。發廿一號家信。

初七日　晴。辰刻往郡廟求雨。

初八日　晴。又。

初九日　晴。又。發廿二號家信。

初十日　晴。見官。

十一日　晴。辰刻至龍王廟求雨。接初八日家信。發廿三號信。

十二日　晴。辰刻至龍王廟求雨。伺縣者止府與三府。姚令竟未至。昨日約定遣負至銅盆鋪請龍神，□□去，該令可謂荒唐

廿九日微雨　辰刻仍至郡廟求雨　得餘姚諸氏王烟客山水軸、惲題石谷山水軸秋山蕭寺、徐文長大草書軸，共洋壹百二十元。另有王元章墨梅軸，為葵姪奪去，惜哉。復以十四元得廉州軸。

五月初一日晴　文廟、天后宮拈香，郡廟求雨。英領事阿査里以公事來晤。

初二日晴　接廿七、廿八日家信，嵩二十號家信。家信中寄還宋人書札冊、東坡墨竹軸，皆不真。石章四十方，止擇七方，俱退還前途矣。午刻至孝廉堂散卷。文題：若時雨降，民大悅。詩題：在織為新。船趠風賦，以萬里初來船趠風為韻。夜微雨。

初三日晴

家札子册　石章四十方　東坡墨竹軸

廿五日晴　見官　得餘姚諸氏惲南田山水一軸又一册惲題石谷卷張得天字軸華喦人物册共一百九十二元

廿六日晴

廿七日晴

廿八日晴　辰刻詣郡廟求雨文武官畢至三日爲期　發十九号家信

張竹坪携示書畫無佳者止張得天書枯樹賦册極出色因無款無印已被妄人改爲張伯雨書余剔去僞跋洗出廬山真面爲之大快

在曹愷堂處見金氏送伊文嘉王翬方士庶羅聘四軸皆佳另有王犹明一軸亦佳

申刻惠稅務司來晤　接雲午八、初六方伯信并李　中丞諭上海輪船招商局資本不敷浙省官捐湊銀萬兩司道分湊每名下應湊貳千兩即如數湊齊由阜康出票函致方伯收付并囑分彙和張

二十日晴　見官　本縣答拜美國提督探知清早已開船而罷

紹興府吉士周福清來拜未晤

廿一日晴　接十八日家信　發十七号家信〇〇

廿二日晴

廿三日晴

廿四日晴　接二十、廿二日家信　發十八号家信〇〇并由信局寄去宗八

十五日晴 見官 是夕月食照例救護陪行禮者三府及兩教官也

十六日晴

十七日晴 接十二日家信 發十五号家信

十八日晴 午後美國欽事羅呼稱同到之美國提督鄭長庚及兵官士端

登廣惠來晤款以酒果余向鄭長庚年紀答云六十一轉問余年答以六十三伊大

有不信之意因伊鬚皆雪白也

十九日雨 接十五日家信 發十六号家信 本約於未刻同黃軍門答拜

大美提督因大雨領事羅呼稱來辭遂不果往 以一百三十元得惲

南田仿大癡山水軸惲南田題王石谷山水卷 得三兄信知以三百

元得東坡楷書祭黃幾道文卷於永倉徐仰屺處為近日大快事

初六日晴

初七日雨　發與覲生信託阜康寄　發十二号家信

初八日雨

初九日晴　是日去夏全稱體重一百三十六斤　八兒重三十九斤

大孫重一百十八斤　七孫重廿七斤

初十日晴　見官　接初七日家信　發十三号家信

十一日晴

十二日晴　辰刻至小教場看衛安勇操演　發十四号家信

十三日雨　辰刻祭常雩

十四日晴

章文題則五言先進五皆不及門也 詩題園林初夏有清氣 馬文齋乞金
保三畫赤壁圖并其儷書後遊賦陸蘭孫屬題為題絕句四首 扁舟小泊
黃州岸曾侍文忠讌雪堂 謂胡以林翼 廿載光陰如一夢烟波
無恙晚山蒼 風月遨遊仰大蘇江山如舊入新圖年來每見
秋風起頃憶淞江一尺鱸 沽酒何須擬拔釵一鴟家釀早安
排香閨絕勝劉伶婦醉倒青山荷鍤埋 木蘭江皋秋已
深描摹烟景屬冬心彩筆妙成雙絕畫合氣揮毫寫志
林 午後至禧昌洋行送張奎山行文武官俱集 發十四號家信
初四日晴
初五日晴 見官 發十五號家信

嚮如潮用金星礞石火煅過研細末入生薄荷汁內加蜂蜜調和溫水服之良久其藥自裹痰從大便出如慢驚少加青州白丸數粒更妙

畫上粉皮黑用硫烟熏以石灰湯蘸洗二三次則色舊又用枇杷核洗畫上黴鏽浸漬水冷定洗之則黴气垢汙盡去亦可用皂角又須急以清水抹去枇杷皂角之餘气　稚子誤吞五金喫餳糖半斤從大便出

蚯蚓屎能治蜂螫

以十一元得綫本就左蘭卷

初二日晴　午後張奎垣赴臺灣總鎮任辭行晤談　即往答之未晤　往晤邊仲田談計之槧并催盧琰甫捐款

初三日晴　考月湖書院　生文題子之燕居兩章　詩題綠陰幽草勝花時

廿九日晴　發復蕭臬兩信托府中轉遞為計三案內事

三十日晴　接三兒上海信第九號信　程申甫從奉化查案回寄見

據云所查与原报大略相同　仲思來晤

四月初一日晴　卯正赴　文廟　天后宮　拈香

摘録寄園所抄古方

凡中風寒暑中氣中毒中惡乾霍亂一切速暴之症生姜自然汁加童便調服可解散　凡風狗毒蛇咬傷者以人糞塗傷處新糞尤佳

治寒氣腹痛腎陰危篤者急飲熱酒外用葱白極粗一束麻繩切住切去頭尾留中一寸厚放在臍中上蓋片布以熨斗貯火熨之令熱氣入腹葱壞再換以汗出痛止為度　小兒急慢驚風痰涎壅盛塞於咽喉其

擊張芾卿跋書黃軍門乞寬其緣為降補窮乏因張君面求之於

軍門已跋書制台復函書似可從寬也　答柏壽之文武官

廿四日晴　覆小如真跟并送茶四席幕友公分也　開數亦交前日

廿五日晴　見官　答署領事嘶嗹哩并照會稅務司均接其活集

廿六日晴　午後答晤署領事　定海廳胡卯稿一案人犯逕當從原供

廿七日晴　程味高之子申甫供奉臬台密札查奉化縣紀三一案來見

廿八日晴　匠人顧東山父子葉春山來寓量東簃丈尺商翻造新屋

西於午後即隨同駿群玉書暨男女僕共十一人坐輪船由滬回蘇

邀仲思來署密商紀三一案內事　發與朱研生京信并附跋畢

東河沈彥徵夏　周小棠家楫　彭艾圃各信

十八日晴　為張奎垣餞行為黃巖鎮郭紫薇宗獻署定海鎮黃宗甫中理象山協蕭佑和及接風及若武堂春臺來者四位并請姚慎菴作陪客演鳳臺班申刻入席亥刻散

十九日雨

二十日晴　作致杜小舫應敏齋李香嚴三函謝其賀關署房也　午後若黃中理郭宗獻陳旭張若充

廿一日晴　家人為余暖壽演老慶豐班客三席皆幕友也　午刻開優散已子刻

廿二日晴　是日為余常誕仍演昨班坐客亦照舊開散亦如昨時

廿三日晴　是日為　今上萬壽節仍至萬壽宮行禮　為台州右營游

初十日晴　不可以風仍未見官

十一日晴　張竹坪來暢談新開河築壩築閘事　邉仲恩來晤

十二日晴　潘研生三月朔書并送佛手柑十斤京冬菜五斤　又代買黄帶五板繩子一百提

十三日晴　吴振家攜示吴漁山册三十歲所作係徐紫珊收藏物也

十四日晴　蔣芳穀董倚堂高輝自蕰來署

十五日晴　武帝廟　文昌宮拈香　黄軍門　署定海鎮黄中理　張其光　象山協蕭右磊　邉仲恩俱談步

十六日晴　請蔣芳谷開館　董世光伴讀

十七日晴

廿九日晴

三月初一日晴　文廟　天后宮兩處拈香委首府去

初二日晴

初三日晴

初四日晴

初五日晴　未見客

初六日晴　畢敬軒之子諸灣來贖前押字畫因物在蘇中再約四月間再贖

初七日晴　以百金得石谷十萬圖冊有陸燕泉對題居嘯篔經手

初八日晴

初九日晴

刻來轅同詣本擬坐花廳與府縣同向姚慎菴謂宜坐二堂為得體余從其請即坐二堂先傳大錢店夥二十八人諭以賣空買空例有明禁罪干流徒爾等何苦以身試法且輸錢之人傾家蕩產投河奔井造孽亦不淺既往不咎自此次嚴禁各宜恪遵如有再犯定從嚴究衆皆唯唯各具遵依互保兩結而退又傳饅菴頭店情[夥謂只]同賭博中抽頭之人專為空盤而設限本日即行歇閉違者查封究辦亦各具結而退

廿六日晴　夜間發寒熱平明得汗而退卧不能起

廿七日晴　夜間仍發熱平明得汗而退甚矣其憊

廿八日晴

軸吳小仙詞林雅集卷王石谷惲題山水卷舊拓夏承碑及文三房夕

玩物議價未諧以二十元得其夏承碑　睡至下半夜忽發寒熱

黎明得汗而愈

廿三日雨

廿四日雨　輓汪秉齋一聯云記身離羣襟比及三年去冬手簡猶新竟成

絕筆　數吾黨又弱一个從此平琴可碎更少知音　口占一律

平昔飛揚氣年來漸折磨人從官裡老春向病中過舊雨情多

愴（謂汪秉齋新歿）新霜鬢欲皤（白）焚香常習靜經卷伴維摩

廿五日雨　見官　于今自鎮海來見　余欲禁錢店之賣空買空以除

地方一害　昨日令歸房傳大錢店二十八家齊頭店五十家限今日午

十六日晴　卯刻　武帝廟致祭　孝廉堂開課余先至堂代邊太守
陪王讀蔣心香先與心香詣　文昌閣拈香出至大堂行交拜禮復受
孝廉拜見禮獻茶點而返　在東廂房與駿升王書香畫大字一扇
忽於倒下打在頭上幸未成傷殆有　神佑　夜雨
十七日晴　未刻赴黃軍門招飲同席者陳魚門童老五散已上燈
十八日晴
十九日晴　辰刻至龍王堂致祭
二十日晴　見官
廿一日雨　上燈後邊仲思自省回寓來見
廿二日雨　餘姚麐生黃名承乙号芸生攜示王元章墨梅軸惲南田淺絳山水

十二日雨 辰刻赴 呂祖殿致祭

十三日晴

十四日晴 辰刻豚兒挈三孫七孫來甯蔣心香浦麗山皆附伴而來豚兒肝胃舊病大發到即臥床不能起延老醫胡根和診視 帶來書畫先閱褚蘭亭唐人書鬱單越經兩卷皆無上妙品家藏中甲觀也 俄國皇子從廣東來將泊輪船於甬江惠稅務司來知會余即通知黃軍門偕往謁見而皇子因登岸聞將來見余與軍門上船晚上見其船主而返余送船酒火腿等禮物四色聞皇子於抵暮即開行不及再往見矣

十五日晴 卯刻詣 文昌宮致祭 武帝廟拈香 夜雨

獨得先春氣，堅持晚歲心。佳人遺世立，畸士入林深。幽蝶枝頭戀，
游蜂葉底尋。孤芳努力愛，容易綠成陰。孤花乞得鄰家種，墻根
僻地幽叢。龍孫遅掉尾，稚子早蓬頭。節月陰難密，驚雷擇易抽。短
籬先鄧暑，招客小勾留。稚竹生氣蓬蓬遠，青郊踏踏歌。岸低清雪易，
野曠得春多。煙淺山和黛，風微地不波。平蕪開縱眺，新綠在鷗莎。
初草雨氣花塼潤，煙紋藥院滋。淺痕嫂疑試，生意一節知。近水鷗
分席，寒林客洗碑。儒鴛泥滑滑，閒角立多時。嫩苔

初十日　雨　五鼓詣萬壽宮行朝賀禮，因上
皇太后徽號也。文武官畢
集。接初八日家信。發十號家信。

十一日　晴

奎垣調補臺灣鎮總兵之喜晤談　購得王孟端枯木竹石徐天池芭蕉仇十州佛像陳老蓮佛像惲南田臨倪董東山雪景方環山山水鄒小山花鳥吳乞信山水王愿蓭花卉童二樹梅花共十一軸計價洋壹百元　晚卧又獲寒熱早晨得汗而解起來微覺疲倦　請老醫胡振初診視謂是平素易於出汗由乎氣虛兼有痰滯將來須服人參與醫生周慶蘭之言相同

初六日晴　接初三日家信　是日祭風神因病又不能去

初七日晴

初八日晴　五鼓詣　文廟丁祭

初九日晴　黎明詣社稷壇致祭　枕上口占和大梅山館四律

廿八日雨 巳刻往陳魚門家拜陰壽 午刻請春江黃軍門張鎮
台邊仲思宋耕元伊 姚慎菴俞小甫七客飲席[illegible]刻散
是夕發寒熱即退
廿九日晴 強起寫與朱硯生信交袁忠帶去
二月初一日晴 香班因病未去 接廿八日家信 發八號家信
初二日晴 天后宮祭祀因病未去 發九號家信并發與蔣心香關
聘請其爲孝廉堂山長
初三日陰 文昌宮祭祀因病未去
初四日陰
初五日晴 見官是日邊仲思起程進省即往送之并賀張

行申刻至大馬頭文武官及洋鎗隊俱出接在官廳少坐即

回署

廿一日晴　發五號家信

廿二日晴　往軍門署補祝其十五生辰順道答前日在馬頭迎接

各官

廿三日晴　接二十日家信及退樓畝齋信　發六號家信

廿四日晴

廿五日晴

廿六日晴　發七號家信

廿七日晴　未刻往睦豐領事拜其賽區里品

古木槎枒蔽墓门墓前歲祀潔蘋蘩月明夜靜聞環佩
料是珊珊孝女魂 潮到祠門畫伏流過祠依舊歛濤頭
遙知揮霍靈旗者不敢公然駕赤虬
去年江上見鄰船隔箔雙鬟倚並肩今日重逢談舊事相逢
遲早亦前緣 千丈陰崖萬丈潭霏霏空翠鬱晴嵐潭中
定有驪龍睡惜少求珠象罔探 落燈風狂櫂歸船又出
懸崖峭壁前莫道山川不復識書藤古木尚依然 絕壁千
尋琢削成居然人巧似天生亂書巖石山靈獻不敢磨崖紀
姓名
二十日晴 風極大張帆而行午刻至大西壩余不耐候潮乘小轎而

嘗自揣精力不能勝此煩劇耳　至將軍轅上寄彝并預祝順道

彝行見者止午餐引之　往晤仁和典史吳康甫　廷康　年已七十五鬚

髮皓然精神矍鑠贈余翻刻古器拓本數十紙余以十二元報之

發四號家信

十七日晴　巳刻起程渡江船僅翠鳳翠嬌姊妹行也中人之姿而應酬

尚好賞以六元　二孫與董綺堂送至江船定於明日起程回蘇

行至紹興府城已四鼓知府龔幼安來見秉燭見之

十八日晴　黎明登岸拜客晤龔守及協台　青芸

十九日晴　辰刻渡曹娥江游曹娥廟墓在殿之西　申刻至中壩

候潮暮至下壩過壩後大風行十餘里泊　游禹陵

定數字首先列名，餘則湯順之、玉泉汪重齋、蔣仁卿、吳語樵、湯小雅與余共八人，尚有滬紳七人，并請照軍營病故例賜郵。以余懸揣，賜郵未必准，立祠或可准也。至秦澹如寓，觀其所藏十餘種，以王財明西園高士軸、唐六如王文恪出山圖卷、王孟端惠山圖卷為最。

十五日晴。平明至院，與司道同告賀中丞辭，而未見。午刻赴中丞招飲，同席者嘉興府許雪門瑤光、金華府徐少岩寶治、衢州府宋翰源桐文、嚴州府海沛、處州府　席散後至臬署蘇府同鄉團拜，演劇，席散已亥刻矣。

十六日晴。辰刻上院告辭，與中丞長談。中丞云不必再送一摺，貢維費因鹽務中已籌得萬金矣。而怨中丞令秋鄉闈提調差使免調充

彭宮保楊中丞及司道各官畢集亥刻散

十四日丙　巳刻到陳宮巷買珠玉各件　到古玩鋪買小銅瓶香爐

畀敬井之孫錫翰暫示我小米雲山卷楊補之梅影小軸卷真

而妙以六十元得之軸未確還之　又見敬井所藏方孝孺草書軸

王石齋真草書冊文衡山拙政園畫軸楊椒山四言對王陽

明八言對祝枝山楷書飯卷賦軸各種皆佳　往晤吳冠雲拜曉

帆之靈將請祠公呈稿并蘇紳列名銜單而交冠雲屬其專呈賡交

應敏齋方伯轉寄合肥李相求其代奏先是應敏齋擬就公呈稿因

此議自我發之即託我轉邀蘇紳列名蘇紳頗有不滿於曉帆者爲

林一六未免有此意見以余主持公道不能拂余意遂於呈稿內改

英雄那怕病來磨。每借醇醪養夙痾。黃慈山中向寧桐。自尋芝草到岩阿。

西湖勝境恣幽探。冣好隱波月印潭。數折紅橋三面水。為公佳處結茅庵。

晨星衡雨各他鄉。猶記傳杯讌雪堂。主點秀顏結眉畫。醉文忠風趣似歐陽。

疆場從事息勞筋。臂痛常須灼艾熏。不是壯公胘欲折。還四鋪紙乞烟雲。 以上六首貽彭宮保

十二日晴 辰刻上院中丞家忌不見客 竟日拜客晤者雷午峰如冠九吳引之惲耕雲 平翰唐藝農陸伯敏

十三日雨 巳刻謁見中丞 接三號家信 連將軍丁學台 織造

副都統富尔浦都統公請在奉直會館演劇申刻赴之客自

皆泡幻更為臨流一醒話　世網如蠶作繭纏化為蝴蝶
便登仙何時飛上三天竺一个筆頭伍十年　辟間石孔
小如錢道是呼猿古跡傳小說稗官多附會書顛還比
濟顛公顛　冷泉亭尚仿嘗和題柱新懸左史書欲替佛
家了公案不留一字更何如　吴中艷説真娘墓湖上還
傳蘇小墳羼入小青一抔土獨留青塚讓昭君　金人長
跪石人立可奈金寒石亦冷獨有一腔忠烈氣天荒地
老不消磨　五年不見老去宣斷有霜絲上鬢邊已是
長江真錢塘不壯飛渡有樓船　明廷有詔許還山從
此閒雲得自閒時被清風催出岫更為霖雨徧人間

公同送至舟中小坐片时

萬松深處叩禪関　南北高峯一日還　手版脚鞵暫拋卻

真從忙裡得偷閑　俗狀填胸鬱不開　偶憑清氣辟塵

埃　寺曾聽鼓應官去　先自拈花獻佛來　庇蔭全憑我

佛慈　無災無難壽期頤　栽培更乞慈雲力　桃葉桃根子

滿枝　曾約朝雲到講臺　坡仙真是謫仙才　此將悔不攜

天女同聽維摩說法來　卅六洞天開混沌　百千佛相現

浮屠　探入獅（身搜）王口　采後還思拾慧珠　終古寒鴉夕照

斜一枝塔影卧平沙　三家村裡彈詞叟　搖說常年鎮

白蛇　一鑑方池樓夢泉　漾漾神淵滴龍涎　世間萬事

粤逆劉毁題名甚多不能遍觀洞乃飛來峯之腹出洞即過
飛來峯在冷泉亭小憩舊題泉自幾時冷起峯從何處飛
來一聯吴平齋補書右從高制軍續題一聯云在山本清泉
自源頭冷起入世皆幻峯從天外飛來　游靈隱寺止天王
殿及羅漢堂尚仍亂前之舊拈香畢至羅漢堂隨喜循俗例
按年紀數羅漢至六十三尊相貌嚴厲眼巨如鈴努而上視
隨喜巡檐步幾回按年數佛老猶孩世尊不作拈花笑
倆學金剛努目來
游岳王墳及廟　預備一舟隨即登舟知彭雪琴宫保寓詁經
精舍即往晤適衡州鎮俞　六在坐談片時而出彭俞兩

錯疑窗外滴芭蕉。篷窗破碎敲船艙。窗隙夾風射枕旁。

特地枕旁安佛手。引他風遞一絲香

十一日陰　辰刻乘小輪轎偕二孫至天竺進香下中天竺廟皆殘毀上天竺天王殿猶是亂前之屋大雄殿乃蔣藩台新脩者後殿尚未脩以王宮為客堂亦是新脩者拈香畢寺僧導至客堂方丈亦來見食素齋折齋三元寺僧導游夢泉在大殿之西方池一泓石琢龍頭泉從龍口滴出淺不盈尺水不溢旱不涸據僧云昔年織造進元旦賀表必取此水今久不行殆無稽之言也　游飛來洞洞之如覆屋石皆下垂低處須俯身而過洞中屈曲可通數處所謂窈窕而深繚而曲者石上皆刻佛像大小不等乃楊璉真珈所刻面目為

行夜不成寐口占得二句一螺退飛風有致雙禽濃睡月無言不自知何所指也五鼓行至長興黎明慈谿賀令來謁未見

初八日晴巳刻潮來自長興順風張帆申刻至餘姚戌刻過中壩亥刻至下壩

初九日晴寅刻至曹湖登岸換船巳刻自上虞啓行酉刻過紹興知府龔幼安嘉儁會稽左令紹斗來見　夜大風兼雨旋止

初十日晴辰刻至蕭山午刻至西興登岸渡錢塘江船伎錢濬香中人之姿賞以六元未刻進城寓黑橋頭肴書孫震家中距撫署甚近即上院中丞在湖廣會館請客未見　發二号家信

打篷急雨響蕭〻篷底垂燈照寐寒夢醒卻忘身是客

縣土匪聚衆滋事中丞派劉道帶勇三百名馳赴勦捕土匪聞風遠遁僅獲首犯安大全一名劉道留勇百名在彼彈壓未來一晤緣余到任兩年從未偷謁也　黄軍门中營羅熊鎮海叅府劉光明慈谿賀令俱來晤

初五日晴　見官

初六日晴　是日立春　發第一〇〇号家信附致退樓壽園杜小舫三信皆陰夕書就者

初七日清早微雪晚晴　是日未刻余起程進晉邊仲恩寅封元伊姚慎菴皆先來送行復至馬頭相送中營羅以來二孫与董倚堂俞勁卿皆同行大孫我庚少梅送至舟中行至大西壩即過壩復

同治十二年歲次癸酉春王正月

初一日晴黎明至萬壽宮行朝賀禮文武官皆集禮畢至文廟 天后宮 炎帝廟 城隍廟 武帝廟 文昌宮 貴神廟 楊嘉廟 署内土地祠 武帝殿 竈君各處拈香順路文自甯府以次武自黃軍門以次皆親到賀年 回署後文自甯守以次皆在二堂團拜 幕友處互相拜賀 家人俱在内堂拜賀

初二日晴 巳刻至大關財神前拈香 在朱竹吟房中小坐 鎮海于令來見

初三日晴

初四日晴 候補道前任台州府知府劉蘭洲璈來見去年臘月新昌

同治十二年　癸酉

廿二日

廿三日　接十八二十日家信　發百五十号家信

廿四日

廿五日　見官止宋丹元姚慎菴二人

廿六日　往晤唐爾鍇談陳氏書畫事

廿七日晴　巳刻至　天后宮拈香演戲敬神因初五日大風暴適大孫自滬坐輪船來甯在大洋中拋錨一夜平安來署以荅　神佑　往晤黃軍門　見綱泉來兄從上海送李制軍家眷至閩止走二十个時辰

接廿三廿四日家信　接杜少舫復信　汪秀云

廿八日晴

十四日雨　寉舟元來見

十五日雨　居剃　武廟　文昌宮拈香　蒼寉舟元來歸

十六日雨　接十三日家信　發第四十八號家信　接連將軍及庵君生信到

情銷得錢二百捍與張奎垣面商兵船銷其火藥已遣人往上海閱看矣

俟其人回來再為復信　張奎垣送來代購廣板廿四史及古荊兩只

十七日雪　時家送回鎮山帽鏡價雪翁可七十元由伊肩寄去

十八日雨　接十六日家信　發第四十九號家信

十九日雨　午剃　封印

二十日雨　見友已來拜

廿一日

山搖地震，伏枕轉側，不能成寐。

初六日晴　風仍不止，早晨遣僕至關候大和，竟日不來，直至二鼓始來，詢知昨夜從吳淞開船，行二百里，在大洋拋錨不走，至今日午初始走，故到遲也。

初七日晴

初八日晴　午後拜黃軍門未晤，答張鎮台暢談。

初九日晴　接第四初七兩家信　發第四十五号家信

初十日雨　見官

十一日雨　發第四十六号家信　夜傳子善、何鐵山信　寄述帖鎮東莊

十二日陰　陳賓甫家送畫軸六十八軸來看

十三日雨　接初十十一家信　發第四十七号家信　附致杜小舫信

初三日晴

初四日晴　曹愷堂張一松自滬坐輪船來甯大孫與我庚因上船不及仍未來下人張茂攜鋪蓋上船岸大約仍回樓記棧矣　接初二日家信發可罕四号家信　天台人鄭金斗精於風鑑上年在蘇談相皆奇中若持吳退樓薦書來署時已下午余倩其略觀大概據云壽可至八十七歲數年之內不能賦閒六十三歲驛馬不動六十四歲下半年要調動然未必遠調大約不出省外官做至七十歲以後尚要做京官五年至七十五歲方可回家六十三歲尚應添一子生平不聚財因剋制多也上司人緣甚好而奴僕宮皆不得力一生無風波之事姑記於此以觀日後驗否

初五日晴　見官　午後起大風是日大孫在滬計應動身而竟夜之風如

難學步挽歌奏盡玉川宮　相傳子敬厭家雞此賊曾摹叔本賞絕
學千秋雅接武山陰一脈付誰論　題徐文長十老圖及半竹庵十老詩
後村嘗有新詩入畫爭傳米虎兒妾換馬還這換來儕人日必貴人
師傳非一手栽青藤第十幅吟懷更續老去襟懷常異壯休時菴
者謝無花　以上六絕皆昨夕枕上口占
廿九日晴　夜演小如意班於內宅門未及數齣五堤橋板失慎即停戲
因臂上生癰昭早請吳子麟去
十二月
初一日晴　午後續演小如意班至二鼓而罷
初二日晴　接廿七廿九日家信　發第四十二號家信　知褚蘭亭二兄及
唐人寫經以六百十四金得之為之狂喜

傳班演戲散班　張竹坪送來胡曉筆家書畫一箱共九十餘件

其中佳者有二十餘件

廿七日晴

廿八日晴　接廿五日家信知趙松坡持來褚摹蘭亭墨蹟卷唐人寫

欝單越經卷永倉徐仰屺所藏索價三千金騐拜開口即還六百

金余復信囑其不論價值以成爲度未知有緣得此否也

題徐天池自繪田水月小像　時來長揖大將軍失勢須知獄

吏尊一夢春婆誰喚醒烟蓑雨笠月黃昏　久將道號署

青藤稚子天池亦自稱名寄幻成田水月宛然謎語續春燈　題姜西

溟臨趙松雪洛神賦　吳興筆妙寫驚鴻經題西溪刻畫工莫道邯鄲

廿一日晴 接十九日家信第一百四十号家信

西廿二日晴

廿三日晴

廿四日晴 接二十廿二日家信第一百四十一号家信

廿五日晴 見客 午後張竹坪來談 前日得朱竹垞隸書十老詩自跋一頁竹垞藏有徐天池十老畫因賦此詩而畫已佚去付之想像而已今日骨董家持破畫一卷來捨之而天池十老在焉僅缺老妓一頁不禁狂喜且以賤值得之倘所缺一頁亦復珠還璧合則快意極矣

廿六日晴 辰初至本署 武廟暨財神文壇神前拈香是日

十四日晴　接十二日家信　發一百卅八号家信　附汝壽屏一函　是往晤黃寀門送猶林王崧辰行　是夕發痧　知縣姚令明早拈香班不往

十五日晴

十六日晴

十七日晴　接十四日家信　發一百卅九号家信　見南田芝山古翠圖軸乃生平僅見之作　爲之狂喜

十八日晴

十九日晴　以百元得大癡徐幼文兩軸　以三百六十元得任渭長畫冊六本爲樸心之事

二十日晴　見官

初五日晴雨　見官　接初二日家信　發一百卅四号家信

初六日晴　以廿七元得惲南田軸快意之至

初七日晴　接初五日家信　發一百卅五号家信

初八日晴

初九日晴

初十日晴　見官　接初七日家信　發一百卅六号家信　内附姚氏書目

十一日晴　是日蘇中四孫娶孫媳於王氏擇吉時結親此間止備酒兩席請幕友而已

十二日晴　接初十日家信　發一百卅七号家信

十三日晴

潘星齋胡少蘧彭芍亭朱茗笙梓星舟

廿九日晴　午刻請外國人到者英副領事索禮辭稅務司惠達條脩葛抜陪客張竹坪邊仲思鄒穀齋胡賓請而未到英領事郇和美領事羅爾梯天主堂正教士蘇鳳文副教士　散已上燈

三十日晴　接硯生十八日信　發答硯生信附答沈彦徵信

十二月

初一日晴　辰刻　文廟　天后宫拈香　午後送鄒穀齋行

拜黃軍門周讓菴未晤

初二日晴

初三日晴　姚令自省回甯來見　接廿九日家信第一百卅三号家信

初四日晴雨

二十日晴　見官　知中丞委部穀齋辦岱山鹽務甯郡厘局委宋頤

接辦

廿一日晴

廿二日晴　接二十日家信　發第卅一號家信

廿三日晴

廿四日晴

廿五日晴　見官　趙魯沂告假歸家

廿六日晴　接廿二廿四兩日家信　發第卅二號

廿七日晴

廿八日晴　發與朱硯生信附各家官年信各件內附秋筆表單共

十二日晴　接初十日家信　發一百廿七號家信　附致退樓琁甫兩信

十三日晴

十四日晴　接十二日家信　發一百廿八號家信

十五日晴　辰刻武廟文昌宮拈香　夜畏衝寒（侵曉）去天西盼月華妖蟇吞不盡又被曉（妬）雲遮　姚慎菴晉省鳴其將周廷貴一案及填河情形轉爭中丞　以卅元得石田長卷

十六日晴　接十四日家信　發一百廿九號信

十七日晴　得傅青主史曲林漢李君實文休承畫卷張二水字卷

十八日晴　得陳居中惲南田畫卷王石谷張瑞圖畫軸劉石菴字四摒

十九日晴　接十七日家信　發一百卅號信

均常有好花熏硯席，室中留得四時春　情天不老月團欒，大好樓臺聯記廣

寒搗藥不須煩玉兔，壺中駐顏自有九還丹　拋卻長鏡與短節，箴君身似

後凋松，天生腰腳長年健，留秀江南十萬峰

初七日晴　接初五日家信　寄一百廿五號家信

初八日晴　辰刻赴小教場閱衛安勇操演　文前任每年不過閱一次，或有終年不

閱者，今一年兩閱，猶使勇等知所勉勵也

初九日　接初七日家信　發一百廿六號家信

初十日雨　卯刻至萬壽宮拜牌，恭安皇太后萬壽　午晴

十一日晴　申刻赴邊仲思招飲，兩席客五人，黄軍門、伊通判、姚鄞縣

令也，子初刻始散　東西屋堆菊山約有二百餘盆，皆自種也

初三日晴 發何鏡山一信 買某翠寶各件 計洋三十元 未付 退回翠九件 五对 寶六三

以六十元得李長蘅書画册一本 明賢尺牘一本 宋曹 博山字册一本 無名氏

臨閔帖一本 陳秀董其昌印 萃古堂經手

初四日晴 張竹坪來晤據稱西口築壩業已完工 見家信譯函 改津貼

加啟六百元 退還未收 後論閔滌一節 竹坪答以須在新開河中間築壩

庶水可駐而泥可挖 德譯亦以為然 實則中間築壩即與當前填口無

異 洋人亦入我彀中矣 囑其即具稟開辦

初五日晴 見官 美國新到兵船一隻 羅領事帶偕伊國帶兵官三人

來見 款以湯果 接初二日家信 知大孫於是日到家 發可廿四號家信

初六日晴 曹愷堂乞題花好月圓人健之影 千紅萬紫門鮮時新 愿伏以田雨露

廿六日晴　發一百廿一号家信　柏泉弟來信

廿七日晴

廿八日晴　接廿八日家信　發一百廿二号家信

廿九日晴　送循運錫林價　發傳十六元　楊貴泉弟四元　余又補之子

本館送輿地圖一册淒硯兩方　楊米硯生九月十一日信送果点四色并卒

客冬保王符庭從京中黃出因車中跌下傷足至滬就醫未來

三十日晴

十月

初一日雨　辰刻　文廟　天后宮拈香　接廿九日家信　發一百廿三号家信

初二日晴　以五十元得國初人書畫集册一本　禹之鼎　王武　吳偉業　王翬　皆畫　汪士鋐　劉墉　何焯　姜宸英　梁同書　王文治　皆書　吳日生易字册一本　王雅宜寵行書一本

又 接十六日家信 發一百十八號家信

十九日晴

二十日晴 見官 發第十九號家信

廿一日晴 上孫與先生作吟浦麗山往還坐輪船來甯

廿二日晴

廿三日晴 接廿一日家信 發第二十號家信 新開河填塞

西口今日已合龍

廿四日晴

廿五日晴 見官 午後答拜福建翰林濤 賀三府伊

接印 接廿三日家信

十五日晴　武廟　文昌宮拈香　接十三日家信　是日填新開河四工

札飭鄞縣姚令赴工諭話彈壓工程一切託張竹坪楊渼泉照料經費託楊

渼泉照付此余任後第一快心事也前任文道辦而未成余上年即擬舉辦屬

議而果近子為周廷貴招貼激怒洋人幾乎決裂今日居然得手相信覺快

意云

十六日晴

十七日晴

十八日晴　黎明至萬壽宮拈牌賀大婚也　張竹坪楊渼泉雪映

甫來晤　接秋白字條譯後填河不允填塞缺口并云周廷貴汝

有招貼　傳姚令來見令其查周廷貴招貼事　邊仲思來探問前

十二日晴　午後請張竹坪本署議開河事竹坪適因意谿其同事楊渼泉來見是日曹惺宙請戈硯畇楊遠秋午飯因邀同面商據遠秋云此河應從東口填起渼泉硯畇均以爲然〻前日竹坪來議則從西口填起其說已不符矣　以後歸再到開河相度形勢亦以從東填起爲是

十二日晴　楊遠秋來晤云伊與竹坪渼泉硯畇均兜至復申從東首填起之議而竹坪等均云前日與劉欽予壽公面商已說定從西首填起今改從東口恐失信於洋人云〻　遠秋特來知照　赴錢椿師飲

事與會文十五日填河需從西首填起

十三日晴

十四日晴　接十一日家信　發一百十七號家信

初七日晴

初八日晴　接初五日家信第一百十五号家信　黄軍门来信并辭行晋省見新制台李鶴年面商軍政事宜　午後往送軍门已登舟矣

初九日晴　仲熙於八月十五日六十壽誕當時晋省為避壽也余與甯属五縣公送戲双本酒四席仲熙堅辭不受而罷

初十日晴　見官據姚令面稱紳士張竹坪等為副領事索公所南塘河一節索公已允許矣隨即照会英國郵領事并札甯波府鄞縣并諭張斯安定於十五日填塞新開河　接初八日家信第一百十六号家信

十一日晴　填河一事恐外國人反覆託曹愷甫面詢戈觀的得回信云可以照辦

帶還蘇州　邊仲思來辭

初二日晴　仲思又來　接莘香家信附許穀卿秋蘭信四疊　發第十三號家信

初三日晴　接郎領事照會因壞河一節已由達彼國駐京大臣

初四日晴　發詳中丞文知照總理衙門并與郭毅甚侍郎託其將壞河細情轉寄中丞查看

寄送岳卿樺船去　與沈彥徵蘇蘭信并節略三件皆言壞河事　又發詳道

寄大臣字

初五日晴　見官　接初二日家信　發第十四號家信　邀張竹坪李花史與英

欽予商辦壞河事

初六日晴

廿五日晴　見官

廿六日陰　鄞縣舉人鄭震因其宦母之喪託門生陳漢章介紹請余點主

是日午刻前往一切禮節較我鄉更繁重　午後雨　發一百十一號家信

廿七日晴丙

廿八日晴　午後答晤稅務司惠達　民人周廷貴遍貼招子聲言是日鄞慈鎮三邑之民合力填新開河英國領事不允余恐釀成釁端先札飭鄞知姚令於是日前往彈壓至薄暮姚令來稟已解散無事矣

廿九日晴　接廿四日家信　發一百十二號家信　附復沈書森任筱梅兩信

九月初一日晴　辰刻　文廟　天后宮拈香　余忽覺傷風噴嚏時作　延周慶甫來診視　張浦兩姨八兒大孫媳均邀其開方　新得倪雲林軸交華福

二十日晴　見官

廿一日晴　午後稅務司惠達來，賠新從日本國游歷而歸。枕上占贈壺園一聯：名花蠲忿，美酒延年，笑傲即神仙，不羨長房壺隱；瘦石補雲，小池涵月，往來無俗客，何殊庾信園居。　睡至半夜忽然寒凜，背如水澆，覆以重衾，漸覺發熱，經而汗出，約一時許始退涼。

廿二日晴　延醫生趙慶堂來診，服豆卷、葛根等藥。　至抵暮復覺寒凜，較昨猶減，踐一時始發熱，口中作渴，連飲茶五椀，徹夜神思恍惚，夢寐不安，清早始退涼。　延醫周慶雲來診，門生陳漢章所薦，據云有瘧象，服柴胡湯。

廿三日晴　發京〇〇〇〇九號家信。　是夜先服藥，寒熱未來。

廿四日晴　仍延周慶雲診。　發京〇〇〇〇十號家信。

楷書近作横幅一張

十六日晴　原刻　龍王廟　風神廟　社稷壇致祭

十七日晴　接中秋家信　發一百〇七號家信　年侄葛理吾自上海交名條一紙求與沈仲復説項仝許其轉託道樓即時書道樓以告予託之

十七日晴

十八日晴　原刻祭　呂祖殿

十九日晴　接十七日家信　發一百〇八號家信　發致朱研生信内附段許星坪信　又致朱君鑒信托交王紹庭帶去　偶閲蘇詩見公自注云楞嚴經云我今示汝無所還地因得句云歸雲自識無還地積雨難遮有漏天

初九日晴　辰刻祭　天后宮

初十日晴　辰刻祭　文昌宮　火帝廟

十一日晴　發一百〇四號家信

十二日晴　往送邊仲田因其即日晉省并將胡秉璘通判撤任之信

西安午峯方伯因胡公昨往門差四出訛人以致本縣控告紛紛不雅

徇同鄉情面而庇之耳　安徽編修金鏡湖鑑來持有金眉生信

十三日晴　卯刻祭　武帝廟　接十一日家信當一百〇五號家信

十四日晴　邊仲田於昨晚進省

十五日晴　卯刻　武廟　文昌宮　拈香　仲田六十正壽往拜　往各衙

門賀節　發百六號家　附致俞蔭甫信并七律廿三首　致臣楨信

二千两银票一纸

初八日晴 接初六日家信 廿可○三号家信 彷彿昭妃绝代魂 投诗经以吊

荆门四山丹桂如承盖 曲砌苍苔不上痕 露下三湘都化水 风来九畹自成村 名花

次第春将尽 廿四番风倒指论 花受金风叶受霜 微陂祠朝托银塘 培成

宦海三珠树 重到年闺十锦箱 净上胭脂金粟佛 气象同荐小仙香 並辞巢

吉花争仿发 猿惊吴趋旧日坊 宰相山中年白衣 甚如蘖烈 如保非言於荆

辣丛中独赏封 缘罗系外稀薰 帐四周 实情绕 绿翠一曲送 阳春芳名

岂藉真珠贵 花様较时也不滞 亭亭弱质瘦棱棱 罗帏重燎一缕烟 居

与君人来耐久 品如君子 泽长绵 心花庭露 無双艳 宗兰者 风骚一年

一清蕊珠峰 莫采 甜如崖蜜微中边

年　發一百一號家信

初二日晴

初三日晴　連日和秋蘭詩前後共得十六首

初四日晴

初五日晴五鼓　文廟丁祭　發一百○二號家信

初六日晴　接駿妹初四日到蘇信　平明祭社稷壇　金華協台金瑞荊州駐防余昔年在官制軍營務處似曾相識今因黃軍門調伊來甯閱看弓馬蓋軍政年舊例也伊年已六十三歲既不能騎射託余轉求軍門免其馬箭余即轉懇軍門亦允之僅看其步箭而已

初七日雨　遣張春貴中丞賀年進省投遞內附表單一年送一概首資

飄零九畹烟，騷客青瑤方佇佩，網娥翠袖羽裳偕，邀擷兰蕙成
連理殿失靈芝祝，六年罰受（比似）謝庭佳子弟，披華擢秀玉闌邊
廿九日晴　軍門派周復菴帶紅單船，貝珊泉帶伏波輪船出洋
緝盜，獲盜兩名，周貝兩人來見。夢盤令紆審訊　八十六元買象
牙摘臂一枚，精巧之極，有類鬼工　借觀陸粹甫家藏帖，以朱竹
垞、黄以松、金冬心、伊墨卿隸書四付，另屬倩用油楮雙鉤以存副
本
三十日晴　從退樓處借到王虛舟大楷書桃花源記屏十二幅，用油紙
將摹，從昨日起至今日傍晚始畢
初一日晴　卯刻　文廟　天后宮拈香　接女駿孫三十日滬上

廿七晴

廿八日晴。接駿卿安抵申江，江信仍寓椿記棧。枕上續詠菊四首

話到三生石上魂，無花身〔前〕本任〔猶記舊〕蓬門。孤根咽露通蛩語，萬葉凌霜剔蠹痕。偕隱常依叢桂嶺，沐芳曾入浣花村。晴曲檢校離騷注，碧杜紅蘅子細論。

楓江木落憶吳霜，花市人家七里塘。入室久知磁製斗，出山小草今編箱。雲扶綺石借為容，雪麗青琴感楚王。一自白隄荊棘蔓，更無人問永豐坊。

合伴蓉叢[illegible]底護〔移〕根〔換〕傍盡〔[illegible]〕，秋山非霧零殘粉。蝶倦疲，風祕無多蜂更稀。芍藥中洲歡事渺，蘼蕪遠道旅魂乖。寥芳〔[illegible]〕有約尋鄉去，歸載奩繞隨莫逮。

江潭樹老已堪憐，況復

詩題清風古故人得清字律絕四 已刻點名散卷

廿一日晴

廿二日晴 見官 以四元得王陽明先生楷書參肆冊 由唐款贈友送來書畫一包以成親王行書屏四幅 董十松行書對 朱竹垞鄭書對爲最 占返樓賁煥烟信各一 爲大孫銘天然硯 世間物○貴天然○端溪石○其一焉○厥性柔○厥體堅○厥質樸○厥貌妍○圭角去○太璞全○窪者池○平者田○溫而潤○精而腴○濯蓬雨○吸松烟○石可白○鐫可穿○詩可醒○書可顛○守勿失○子孫賢○

廿六日晴 駛廿四蘇州輪船渡海至滬 未刻登舟同行者楊少梅表子年金鄉卿書窗華素域下人趙好玉朱姪也

五千元填彌空艱轉傳述遂成此謠其時尚在文道任內事懂查

尚未入幕何由得睹今三人具結完案　送高蔚元二十元　辛丑同年李仁字

惲彥彬二十元　對　傳臚張荇暄十二元　郭司務　皆送挂條　子年為浦婿易書

廿一日　子年為余畫書

廿二日晴　午後寫對十餘付　江東七塔寺本僧告成祝三為寺僧乞余題楹聯

刻於石柱　佛從海上飛來息息小普陀無量無邊誓願眾生超苦海

僧似山中習靜棲心大自在即喧即寂始知塵市有深山

廿三日晴　考月湖書院生童詩賦　生賦題　逸老堂賦　以四明狂客風流李真為韻

詩題　大暑去酷吏　得深字　秋蘭七律四首用王漁洋秋柳韻　月湖秋泛櫂

歌七絕不限韻不拘首數　童賦題　天一閣賦　以為浙東藏書家第一為韻

十九日晴 淩霄會課是日閱畢 頭戴笠子日卓午 摘其佳句於後
矗憑壺氏驗炭欲筆也疑小樣新裁篛暈晴西向葵圖兼双筱繪
陰侍八塼移 松梢影未款嘆談天地小以就罩古今奇
有人持來王陽明大楷書易經彖辭紙本冊兩本裝裱大約是
屏幅截開者書法妙絕有六朝人風味索價二百元
二十日見官 前夕幕友往閑上看夜戲浦祝〻醉後謂曹愷翁云
外間有人說閑書項濤因謀缺一事送洋三千元與愷翁〻問其得自
何人則云得自俵茉谷〻〻得自閑書徐博泉趙日愷堂屬余嚴究
即於是晨令祝〻邀茉谷到署書親供一紙并項濤押番鄞縣之
傳徐博泉到案質訊因項濤於同治九年八月間得缺時曾出洋

潤楷而貞濯蕉雨吸松烟詩可聖書可顛石可曰鐵可穿守分失傳子

孫賢

十三日晴

十四日晴

十五日晴 卯刻 武帝廟 文昌宮拈香

十六日晴 子宰為余畫扇 答逗樓岳巖書

十七日晴 高蔚元號青農辛丑同年高宰仁〻子户部主事 暉彥林〻 吳以周

傳臚常州次山〻爸信孫均來會 陪宴如画白 張茂瞳 蓮生〻兄來晤

十八日晴 若孫高惲而公 顧〻山〻子來晤談云被擄為僕實則為僕乃前

為今從家中逃出者 答砍生〻信并賀京中賀中秋〻信廿二件 十九日寄

竊此卷字畫綿密在先而
張即之師其筆法亦
未可定未敢執一己之
所見也

日脂痕添氣色不應猶偶比紅兒 珊珊環佩曉遲來席地芳茵掃綠

茵徘徊月下從異域美人何地不憐才

初九日晴午後微雨 子年為寫九畫扇 邵卿携示東洋古寺所

藏殘經兩卷 日本僧徹定各有跋尾皆以為唐人所寫余審其筆意

有一卷似張即之者不逮宋人筆其一卷係小行書不能定為何代也

初十日晴 子年補畫凌波仙午刻乃畢 下午子年又為余鈎一墨稿

十一日晴 大執

十二日晴 黎明至萬壽宮拜牌 同城文武官畢集 康慈皇太后萬壽也

大孫先銘天然硯為題六十六字 世間物貴天然端溪石其一焉厥性

柔厥體堅厥質樸厥貌妍圭角去太璞全窪者池平者田溫而

袁子年從滬上來

初五日晴午後陣雨　子年為余畫扇　七夕雨用俞蔭甫韻　洗車雨送女牛來，滌盡炎炎大地埃。蛛結網懸珠錯落，鵲填橋繞水縈回。無須漏補牽蘿婢，儘許甘分乞果孩。側聽檐聲晴未穩，預愁泥滑曝書臺。

初七日晴　金邠卿從滬上來，與書賈華某借帶書四箱去　子年為人見畫也

初八日晴午後雨少霽　子年為凌汝畫扇　余為邠卿之姬人題此姬昇弟人也，用大集中燒卷見詩韻　別緒紛紛碎似萍，鳳巢拋去付飄搖。天長地久恨緣短，不但魂銷骨亦銷。　櫻桃顏色柳丰姿，獨立娉婷寄遠丑檀

守先王之道以待學者　頑可廉懦可立是百世之師（又有一聯云（尚友古人）

百善孝為先六事廉為本　終身恕可行惜廿句寔無之

奉懷俞蔭甫太史即用其和竹樵方伯韻　東望鄉関憶故人傳鈔詩（社稿）句劉清

新碧雲紅葉山隱封白露蒼葭水阻秦遠道詩筒欣可接新添燈火喜

相親西泠舊有誅茅約同向宇當年願卜鄰

初晉早晴午後雷雨　見官　往瞻黃軍門告以周復庵承造金州戰船言定

一萬一千四百金前已領過三千金現在又至欲領三千金軍門云須俟日後付金即託

軍門轉諭之　苦盡甘老至序小雲　閱讀雪漁詩卷竟　再和俞蔭甫韻

落花宮費飽霜腴蓮社能容俗客無詩句羨君雙鬢（貴）磨吟愧我一官塵歷郵

筒牋評新詩捷輪船翻嫌內地近玉井呼童頻汲水樽盆供養石菖蒲

獨抱紅心配拒霜不隨春草夢池塘吟偕菊頌成雙璧佩並蘭衣疊一般相矜豔

本宜承白帝國色原不讓花王娛他桃李多凡俗姻婭徒誇碎錦坊

嬌藏金屋護簾衣淺黃（紫花誤免）撚風怯轉眼也非客逗寒江細倂步悟空谷衆芳稀琴

心三疊花如繡畫本雙鉤露影亂一定情言能解語同心相約莫相違

自根（移栽）從斗見猶憐芳形湘江一尺烟同譜春花分冷煖讀騷秋士感纏綿投

末至蓋吴雙夢開向金樽又一年弱質不堪殊臭味臙餅休傍藥（籬）鐘邊

錄此四律寄與許穎升託其筆削

初六日晴　署定海廳孫乃潞事字封圭見

初七日晴

初八日晴　唐留雲目擱泉來晤　預擬孝廉堂楹帖　入則孝出則弟

楊芸慎前往彈壓，抵暮ゝ而歸。

廿六日晴

廿七日晴

廿八日晴

廿九日晴 下午洗浴後少睡片時，起來即覺寒懍，旋即發熱，延醫服疏散之劑，晚間仍發熱，服藥後汗出熱退。

七月

初一日晴 偃臥未起，仍延醫服藥。恩竹樵中丞有詠秋蘭四律，用王漁洋詠秋柳原韻，刊刻徵和，吳下詩人和者甚多，余於枕上口占亦和四首。

疑是春葩乍返魂，非防鋤去不當門。雁來鳴處（從）花無信，蝶集蜂薰夢有痕。香草雜樓（因依）松菊徑，美人生長苧蘿村。屈靈均後誰知己，沅芷江蘺許並論。

上國賓。邵卿往游日本，孫侯延為上客。日本重中國文字，載籍極博，皆中國古人攜往貿易者。中國自粵匪擾後，各省書籍盡付劫灰，邵卿悉舉而重購之。異域書出囊中金，載書若干卷，而惜其未及載者尚有數十簏，擬雇輪舟續往載回。高華卓識，度越恒流矣。

廿二日　晴。炎帝誕辰，詣廟拈香。甘草二分、大黃三分、硃砂一合，共為細末，用黑砂糖水吞服，開水調化，均分兩次，以茶匙徐徐灌下。治小兒中暑發急驚。方見報內

廿三日　晴，午後雨。王繼庭自京中回，帶到研生信及衣帽各物。

廿四日　晴，午後雨。惠達來晤，明往游日本，似為辭行之意。

廿五日　晴。見官。為嚴卿題《秋夜讀書圖》，集宋詞四闋。午後答拜稅

廿六日　務司惠達、德譯官處參禮，俱擾其酒果。拜黃軍門未晤。

欲留因近樓內務府李文抄録旧書局武英殿而少是以將此項暫存伊之處

倭羅貢物尚須付還也　振弦仲甫田信附李東陂居士牙章一方漢張姓

私印十一方壽價三四十元大約只得情錢矣

廿一日陰下午雨　贈金邠卿一映云　抱三尺琴游三山島水仙操移

我情矣　載萬卷書破萬里浪嶙峋林石倚昼遊歟　燃若雪

女史一映云　一曲素琴心自惜清音彈別鵠　十賤香艸譜漫葬

情芳思托瑜麋　邠卿先生學問博深襟懷蕭放前年遨游

日本東訪倭擁篲郊迎待以上賓之禮經年不住挾書萬卷而

歸先生精於琴學而爲外國所欽慕云　西土求佛書東土求儒書三

藏而還藝林定補東遊記　下士珍貨物上士珍文物重洋以外異域爭延

圍爽腕玉戛透，丁當翠助蕉櫺活。青分竹樹涼暗中攪活氣

空外灘波光瑣悟閣根，妙雖信寂點怗。遥喧魚嬾戲，䏚䳺鷺

深藏雲後塔，禪久疎鐘落上方。

節用愛人　得人字

魯論垂箴切，周官贊治神。節惟防濫用，愛不惜知人。樸素

康衢化，蒸烏及屋均。厚生占美利，馳力勵公旬。蓄有疏材豫

賈無蔭樾屯，耕三餘九積。英百俊千掄，賑粟非儀賞，鈞金本

重仁度支充，國帑蓉日獻堯宸。

有幅裁如制，無戕體以仁。

二十日晴　見官　徐福自省回寓帶到中丞回信，所有辭貢經費兩件年奉不

雜撫萬牛代達羊匯文漫游書合著録貫研搜

十六日晴　烟雪君信來道裕送移居禮并送倉肥念只廟蕖三種

十七日晴　偶憶少陵李白頭戴笠子日卓午句賦排律一首於枕上口占得之

飯顆山頭客相逢日午時長鑱曾託命短笠又吟詩帽影書檐直鐘聲出寺遲寫形天浩蕩曝背叟支離釣雪孤舟夢飄烟萬戶炊窄騷搔首向顧盼側身宜南阮褌同曬東坡屐並隨芳巖如可擬繪入浣花祠

十八日晴

十九日晴　摘録淩霄館詩兩首

賦得雨聲荷葉上

新荷環老屋著我水雲鄉雨過亂聲急花還遶葉珠跳

初九日晴 偕稅務司赫德出京後由上海廣東福建而來 餽以洋果 午後往謝 送禮止受水果

初十日晴 見官 送張佩綸程儀二十元

十一日晴

十二日晴 黄軍門來晤

十三日晴

十四日晴

十五日晴 外祠 武廟 文昌宮拈香 答拜黄軍門并賀其子 壽

硯生信附復紹興京官信 為紹興水利事也 偶憶龔定菴詞有賦臥

鐘一闋 枕上口占七律詠之 不懸高閣(傑)枕荒邱 劫大偶(隨)逃(大)冶 換曾身(伴)

鼎彝三代古 長埋苔蘚六朝留 不鳴那許號千佛 高臥偏

三十日晴　卧床未起仍服藥而熱已退矣

初一日晴　因病未往拈香　病愈

初二日晴　月湖書院補春季課孝廉堂　巳刻往邊仲思胡晶之供在　文題其生也榮　詩題重譯來王　得來字　賦題金陵塔賦　以金陵寶塔一夜造成爲韻

初三日晴

初四日晴　閱凌雲館會課卷取五本　文題非求益者也二句　詩題進德修業

初五日晴　見官　月湖書院生童課卷閱竟

初六日晴

初七日晴

初八日晴

集翠裳溼衣霑蛺蝶擎蓋護鴛鴦有韻風鈴能和無言水自芳鬧紅移

櫂聽飲綠巻筩嘗喧欲攙蛙鼓清宜郤麝囊催教鷗夢醒墜粉霰瀼瀼

廿二日雨

廿三日晴

廿四日晴

廿五日晴　三兒自蘇搭輪船來甯

廿六日晴　天氣驟熱

廿七日晴

廿八日晴

廿九日晴　下午口渴連飲茶數甌微覺發熱延醫服藥

武帝殿拓糸

十四日雨

十五日雨 卯刻 武帝廟 文昌宫拓糸 歷常張佩綸李雅古愚

之堂弟嗣之美少年也

十六日雨

十七日雨 發九十九号信并金少芝寄集手卷四个寄至上海棲記棧交駿炸收

十九日晴

廿日晴 見官 得駿炸在滬十九日手 發一百号信寄至棲記棧交駿炸

廿一日晴 淩霄花館會課以雨聲荷葉香命題夜不成寐口占一首

萬柄荷如鏡花香葉亦香微波風力定侵曉雨聲涼淅淅跳珠顆田田

初七日晴　接初四日家信　蘇九十七號家信

文雅舊知名笑千萬索價三徑初成剩要排一竪一卯爲籌黃菊　集稼軒玉田

幽栖身懶動試傍地看花就泉通路還把得睡風醒雨吟老丹楓　句贈退樓

初八日

初九日　接初六日家信　蘇九十八號家信

初九日

初十日雨　見官

十一日

十二日

十三日　卯刻　武帝廟拈香是日聖誕並中祀祭獻　復至內閣

占利見書家也有部汾陽

初三晴　接初一日家信　發九十六號家信

初四日晴

初五日雨　鮮衛来　至貴神廟拈香

水中鳧夢中蝶隙中塵更没些閒慿做静中境

王家竹謝家池陶家柳無之不樂須記舊家時

集辛稼詞句

水雲鄉風月地松菊徑鳳凰巢歲晚情親老去怕尋年少伴

盤谷序輞川圖謫仙詩居士譜朝薰暮染近来始覺古人書

又

種樹書蒔花譜養魚法養鶴經曠世襟懷城市何妨爲遠志

訣　論　相　老圃生涯　成藏大隱

藏萬卷拖雙罍搨千章儲百軸名山事業風塵那許託知音

古畫　蓋異書　抱周罍　拓秦印

儲寶繪蓄異編攷吉金訂樂石

撰句贈退樓

誇稱華子孫逢吉我康強　一硯傳家愧未能況將遺墨付雲礽

漫憑弱腕追前哲漆室千年炳一燈

廿六日雨　蘇九十三號信

廿七日　致研生信托阜康寄

廿八日

廿九日　蘇九十四號信

三十日

五月

初一日雨　卯刻　文廟　天后宮拈香　日有食之在大堂院内東向行禮三次分存一首救護四次隨同行禮　蘇九十五號信并致退樓信

初二日晴　題歐帖　揣公氣宇定昂藏洋溢聲名海外揚中國大人

廿二日雨　接十七日家信　發九十一號家信○○○

廿三日雨晴

廿四日雨　接十五日家信　發九十二號家信○○○

廿五日雨　見客　致張仲甫信 贈三十元附還仲思十元　復何青耜信

致盧午峰託繳棧中存歷經其拌任臣衡鑑太守辛丑同年　每日臨溫公碑數百字以作書課　枕上口占

一代唐賢蹟歐陽筆最遒端莊整飭勁險挺戈矛含蓄垂皆縮縱橫往必收溫公殘碣在善本幸長留

唐代大家推信本　盛朝名手數王虛舟何義門　願將摹本書手本臨倣纖姿武庫森矛戟其如腕弱何

歐書第一九成宮　筆諫何曾讓柳公　試與此碑較優劣果然異曲有同工

童年塗抹倣歐陽　老去重臨尚未蒼　翻以壽徵

十七日晴　接十三日家信　蘇九十〇〇號家信

十八日晴　往晤周復菴托造船事　曹佳卿至往訪之　答拜候補參將張大雄　戶部主事沈墨標

十九日晴　楊慶附伏波輪船從京中來　依旧也里鍾近日消磨實裡不須談世事如今休寫雁閒風歸囑我來直須扶我仙

二十日雨　見官

廿一日晴　雅志可閒時問結廬人遠欵竹門深任他車馬雖嫌僻　此心游太古記曲徑幽尋插花短舞戲引兒孫樂有餘　畫影舞飛梭乍掃苔尋徑隔柳呼船引將芳思歸吟篋　夜游頻秉燭試借地看花行歌趁月猶未忘情是酒籌　曹偉翁邀大孫卓卿游天童

十一日晴 往晤黃軍門託以造金州戰船事 是日家中大講于歸延陵署中親友皆來賀備兩席款之

十二日晴 發八十八號家信 復應敏齋金眉生信各一函 接李中堂批去歲選舉福好義捐錢三千串計有庫平錢一千六百數十兩給予從一品封典有無違礙仰候核明照例彙案請奏獎云云

十三日晴 夜雨

十四日雨

十五日晴 見官 於署東廊房開總兩扇以紗障之牆外過都天會憑而觀之 接十二日家信 發八十九號家信

十六日晴

發八十四号家信

初二日晴 發研生信并京信廿七封 針唐常吴圭盦 觀禮李暲

初三日晴 接初一日家信 發八十五號家信

初四日晴

初五日晴 見官

初六日雨

初七日晴 辰刻登先農壇

初八日晴 接初五日家信 發八十六號家信

初九日晴

初十日晴 見官 發八十七号家信

二十五晴　見官　夜大雨　午後謝壽未到者補拜之

二十六日陰　送都崑莆山人號擺花程儀十六元　送龍龔小軒廷玉辛丑同年龔靜軒之子程儀卅四元　送陳桂程儀四元

二十七日晴　接廿五日家信　發八十三號家信

二十八日晴　是日立夏　循俗例秤人　余重百四十斤　較上年重二十餘斤　姬重九十三斤　俌姬重八十五斤　八官重三十五斤　大孫重一百二十斤　大孫媳重九十一斤　大曾孫女重二十八斤　三孫女重十二斤　抵暮大曾孫女忽然厥去　始疑為驚風　一姬云此犯飛土也　殺一鴨塗血於額鼻　漸甦　念收土咒四十九徧　漸愈

二十九日晴

初一日晴　卯刻　文廟　天后宫拈香　接廿七日家信

二十一日晴

二十二日雨 是日余常誕同城文武官俱来拜壽皆辭之午後出門謝壽遇雨而歸 幕友帳房友送戲辭之不獲傳老慶豐来演上燈後始開場四點鐘乃罷 黎明至萬壽宮拜牌大雨不止坐雾行禮雾皆漏 天后聖誕至廟拈香 接研生信知於三月初六日誕一男 接二十日家信蕻八十二號家信 胡雪巖来託以撫署辦貢事并隨時排解謠言 以皮鎚贈退老并以詩代柬

二十三日晴 閱王仲瞿詩中用許邁語因以蘭亭敘句對之 此地有崇山峻嶺茂林脩竹所在皆金堂玉室瑤草琪花

二十四日晴 仍演老慶豐班還請幕友帳友子刻始散

撤回并有信與電行令其仰回　夜雨

十六日雨　是日本已牌看衛安勇操演面諭胡貴天雨及不雨而

地不乾皆不閱看適後刻又雨因不往看　接十二日家信

發八十號家信　龔靜軒之子名廷玉號幼軒由省來甯攜書

盧木峰書牘告封幫　題蕭尺木秦卷集稿對頌填漁歌子十闋

小楷書於卷尾

十七日雨

十八日雨　接十五日家信　發八十一號家信　大姐四孫小麟四蘇由內河行

十九日晴　黃巖鎮總兵雷　來拜即往答之

二十日晴　見官

初七日雨

初八日晴

初九日晴　接初五日家信　發七十八號家信　復金眉生信　荅陸黄軍門

初十日晴　見官　章薇硯之父百歲冥誕往拜之

十一日晴　接初九日家信　發七十九號家信

十二日

十三日

十四日晴　賑捐局約數籌設陳益門攜眷嚴札催蔣令交出

十五日晴　辰刻　武帝廟　文昌宮拈香　郭穀生來見言紫橋卡

委員與司事僧雲汀不協以辭之願送札飭余卻札飭去令僧雲汀

三月

初一日晴 辰刻 文廟 天后宮拈香 夜大雷雨

初二日晴 收廿九日家信及退樓信 發七十七號家信 80

初三日晴 辰刻祭先農壇行耕籍禮 抵暮雷雨即止

初四日晴 紹興府 巡檢歐陽浩來見即託其帶信與納生催賑捐

初五日晴 見官 余因陳魚門幫辦賑捐今年開局以來但向南翔大非去年之比 近日許解現洋萬元屢約屢爽要自往尋躧遁不見余乃於府縣各官前大加責備使之聞之 是日魚門即湊現洋七千六百餘元與余南翔三千串合洋弍千叁百餘元湊成萬元之數 明日可起身矣

初六日晴 杭庫大使吳學禮來見 委其解賑捐赴滬 交滬吳劉芝田瑞芬 騰舟即日坐輪船往滬 附与金眉生信

北客枉水涵空雲夢南州自古相從供移日便要與此庵留　鴻雁趁汀洲漁人一葉扁舟鼓棹青烟歛雲收醉倚闌干風月好坐中客夢中遊葉東坡野碟張翼葉渡天春雪來傍人同駐文筆奮開浪艙留息雁江湖來又去送獨客夢天涯處半生長懷高岌青山非不住千安雁又何便是舞樹歌臺又覓元龍樓百尺人有田問舍還醉明月在持林瑰

廿七日晴　得研生十五日信

廿八日晴

廿九日晴

三十日晴　答黃軍邊仲思屢雲供香經

二十日晴　見官　是日起發疹子遍體作癢　發七十五號家信○○○

廿一日晴　往裘雲樓寓拜其母八十壽　傍晚形寒早卧心神恍惚寤寐不安

幸未發大熱　夜雨

廿二日雨　臥牀不起　是日丁蓮夫學使考竣本擬在署公請堅辭而止余因病

不能往陪伊來亦未晤　請馬先生診視

廿三日雨　臥牀不起　午後晴　學政起馬差人送之　請馬先生診視

廿四日晴　始起　因有事請蔣梧生來自之面議　定海廳左公來見

發七十六號家信○○○

廿五日晴

廿六日晴　題仇十州岳陽樓圖調寄南樓令　烟外倚危樓綠涌

十三日雨　接初十日家葉七十二号家信　王紹庭自京中来帶到研台信并皮統各物　張石蕾前日自上海来携到書画各件買得其文衡山軸廿八元　文衡山軸廿四元　王麓臺大軸卅二元　吴漁山小軸廿元　笪楨册六十元　石濤册六十元　蓮池大師卷廿六元　魏默深墓誌一元

十四日雨

十五日陰　辰刻致祭　文昌宫又至　武廟拈香　葉七十三号家信

十六日晴

十七日晴

十八日晴　葉七十四号家信

十九日晴

初八日晴 辰刻致祭 关帝廟 酉刻請春酒兩席 黄芍岩張奎垣

邊仲思部穀齋胡 齋姚慎菴蔣椿生張 散席已交子初 以銀

四百四十兩託張奎垣寄往廣東買翻刻殿板廿四史兩部佩文韻府一部

大號皮箱四只 接初六日家信 發七十號家信 遣蔡魚人送金

魚至蘇交退樓

初九日晴

初十日晴 見官

十一日晴 發七十一號家信

十二日晴 申刻請武營春酒 本有十二客辭去八人來者羅周李松

四人亥刻散

辰初至　文廟　天后宮拈香　發李中堂復函并繳排單

初二日雨　辰初致祭　龍神廟　專丁徐福送省中函帶李揚

申收函信

初三日晴　五鼓致祭　文廟　文昌宮　各營將官招飲觀劇在中營署（館）署　演尉華豐班共兩席客則胡蔡兩姚慎菴戍刻散賞旦洋四元賞戲十二千

初四日晴　辰刻致祭社稷壇

初五日晴　見客　夜雨　遣往拜貴中丞（後）年及寄（校）仿信進省

初六日晴　辰刻在官廳接丁學台　復至學院拜會　接初四日家信

發六十九號家信○○○　蓉研生信寄楊慶帶去　楊慶與李彥偕同至上海

附伏船輪至津

初七日晴　辰初致祭　天后宮

之班中脚色有好有歹演至子初而罷

廿五日晴 見客 為黃軍門補壽送禮服受壽圍一部酒席滿漢菜兩桌對一付 往拜未入 晤張奎翁

廿六日 未刻黃軍門招飲演老慶豐班即我所送者共三席坐客張奎翁邊仲恩胡姚慎菴及六營將官至亥刻散 是日署中請幕友演如意班至子刻始散余先臥 接金眉生信 發六十六号家信

廿七日晴 答金眉生信

廿八日晴 往晤典稅務司 發六十七号家信

廿九日晴 夜雨

初一日雨 發六十八号家信附去王麓臺畫卷一个附退樓一信

後撥大馬頭整頓

二十日晴 黎明登岸回署 時候太早官与役皆不及接

二十一日晴 午刻開印 遣仲田姚慎菴娟 蔣桂生錢清巖供事

廿二日雨 午刻祀財神開庫 黃軍門來晤 午後答晤黃軍門并

詢晰事之實

廿三日雨 遣徐福貴釘封文書一件進省撫轅投遞內夾單等三件一詳敘滬雲輪船

在浙不甚相宜調回更換緣因總理衙門有信与中丞查此事也一送稅務司翻譯外國

新聞紙一送蘇貢經費壹千級貳千兩阜康票 遣張大貴家信回蘇六十五号附致退樓校邠小舫三函

廿四日陰 在上房院內搭臺演老慶雲班與瑯在奉化卿局演春臺戲因

明日為黃軍門補壽送戲加出票傳來既來之先在署前演請幕友觀

十七日雨　林聽翁世兄等送行　午刻渡錢唐江，江山船候，即上。次之人姓錢名高舉，年已不甚韶，色亦平平，而應酬尚好，備席相款，資十八元。

申刻從西興開船，行西中途，先是蕭山縣汪小衡學瀅來接，見後而紹興府袁翔之來見，連夜長行，五更至紹興府。

十八日晴　辰刻登岸拜客，先經納此尚未進署，暫住蕺山書院，在山上。次赴府中，府前任知府丁丹叔書海韵樓，字在茗，次見府而袁武貞及兩縣，即下船至馬頭，拜守蘇厚眉甘字及會稽陳寶箕，俱送山陰縣鄭　澤田病未來

舟行山陰道中，遂展倪雲林湖山書屋卷，即次卷中題畫原韵一絕句　落燈風裡櫂歸船，又過山陰峭壁邊。莫道江山不復識，青藤古木總蒼然。

十九日晴　午刻行至長亭候潮，登岸閒游，申刻開行，二鼓過大西壩，三鼓

覲　中丞拔儀即往赴席同席者張奎垣英嶽峯廉金衡巖邑陳伯敏
諸及蕭山縣海濱有一大魚乘潮而至潮退閣於沙岸而死蕭山汪令
送來魚脊骨兩具圍徑七八寸其大可知
十六日雨上燒香辭謁見諸及中丞內有歲貢春秋兩次須貼銀八千餘
叅以閏上報撥後始有盈餘可資津貼　王畏數舜房押來書畫五
件蘇黃合璧冊一本趙松雪札冊一本倪雲林畫卷一件王姚的畫卷
係黃石齋札冊一件共押青平銀陸百兩不起息五年為限　連將軍
丁蓮舅豐段文手録附尚家富都統名恭以請設席於將軍署同席
者黃軍門張鎮台金鎮台裴小嶽峯演文武班尚好陸軍放烟火
花炮亦可觀戌正散　雨歇大

當以札細審華字尚不能開門見山於是全局皆生疑竇矣 夜雨

十三日雨 辰刻上轅 與盧午峯回見晤談不久又有客來即散 送吴曉帆禮四色收去魚肚海參

十四日晴 辰刻上轅謁見 先談公事 言及温州關税較前漸短 並經飭查 欲加振頓 方道復稱 如欲振頓關務 須從常役起 温州雖振頓亦無甚起色 中丞聞此飭予意料 今當將稅項稍加撙節 余答以必當竭力報效 余遂密告之擠年中備言方道頹墮情頗極痛快淋漓 中丞若之 伊本性燥說連說數聲 未刻至臬司署同鄉團拜 共十席 演小班 團拜時往杏齋居首 余次之 杏齋與余同年 伊正月生 余三月生 故居次也 亥初散 第六十四号寄代

十五日晴 辰刻上轅賀喜 是日黄子壽山右軍門四十誕辰 前往拜壽未

者不能悉記　本卷名珠寶卷蓋珠寶店彙聚之所也逐家閱看竟無可意之物尚不及甯波遠甚無論蘇州矣　連備無將軍出示唐搨聖教序紛化兩字及出字俱絲毫不損如果原石非唐拓不能如此一字不損能會本而不能決自愧看碑帖眼光尚不老當也有宋漢雲林借人等跋跋中言原有范文正公宋元諸跋今皆不存又見虞恭公碑一本有七百餘字字皆清楚不損而墨色似有描處從字口看出亦不能其原翻又見全張多寶塔一幅鑿字微損當是舊拓特未敢定耳墨跡則係見小米楚山新霽卷紙本兩卷橫題楚山新霽四字本題襄陽米元暉作字與畫俱舊微嫌字為不十分洗着題者廿一家朱夫子黃山谷文文水最著名此外亦皆宋元名家畢薩林有長跋又有阮芸

中丞禮八色收四色（五）唐六如畫屏四幅劉石菴書山舟字冊各一本金冬心梅花卷一件退樓刻双鉤虞恭公一本魚肚四片

十一日晴 送連將軍（成）禮八色收去絹本米元章山水立軸 張子蕃所繪 六如人物卷驗非以六元收得蘇中丞辦以祝枝山題詩一幅卻是真蹟 王烟客山水六頁冊惲南田山水十二頁冊皆贋 高麗參兩斤 署中僕人宋玉將軍所薦此次帶伊來抗伊至將軍處拜年將軍告以上年秋間方子穎晉省歷言余種種不善與中丞與文制台信中之言符合始知謠言皆子穎所造也 辰刻上轅中丞因家忌未見終日拜客見者吳引之恩敬軒將軍連公副都統善厚堂正在坐談間織造文輅錦平翁來彼此往還未見者也 丁蓮夢談及書畫出示絹本趙松雪董思翁山水各一幀董真蹟趙尚介乎疑似也此外有所未見

曉翁長洪備言金眉生屢次因借貸不遂致書謾罵無情憤〻〻色見於眉宇　拜而未晤者汪小蓬萬篪軒　三兒初五日黃信一函專差張大持來中附退老一函備言公除夕吳謨卿自福建來據云儕偉如得文制台信〻中言接楊中丞書有不滿〻語云〻　令劉升持報銷經費四年送至轅上時中丞未暇交門公高姓收去

十一日晴　是日忌辰未能穿花衣往轅上僅答安而不求見　如冠九黃軍門來晤冠九即刻下船往嘉興臨倉故先來視我而別留軍門與談被謗一事則其在中丞左右排斥軍門者中丞同鄉故也軍門一力擔承并猜度造謗者當是姚慎菴軍門本與慎菴有隙此亦晓約〻詞也　午後往晤秦澹如唐藝農壽午峯英蕺峯　金衡巖送陳道扶家甚多不能盡記也　送

登舟謁見王此沿有縴路添縴夫拉縴行四十里抵下壩王壩已亥刻矣

作過壩俚歌一首　候兩潮。拖三壩。西壩下壩上壩也越兒叫喚吳兒怕百

索爭從兩岸牽。一船直向中流瀉。牽如下井牛。牽牛下井吳諺也瀉似瞿

塘馬。陸塏漕河自北下水船。乙巳年事七十二閘高於天。銀河一落幾千丈。一葉扁

舟箭脫弦。昔險今夷無定局。區區土壩猶平陸。歷盡崎嶇行路難。出門

那比歸田樂。

初九日晴　下午過紹興署知府彭訥生來見因須趕路未及登岸答拜是日

縣考故各縣俱未來謁　是夜長行未泊　發六十三号。家信

初十日晴　辰刻抵西興渡錢唐江江船有一妹殊不見佳午初進城寓珠

寶巷　上轅稟見兩中丞因請客已先往湖南會館未及見往晤吳

信附吝寶東山信并借白百金又若頎偉庭汪茀村姚　又信托阜康寄

初六日晴　是日動身晉省拜年　先發六十二号家信一封即去年廿八日写就者

申刻至西门官廳黄軍门亦同時動身晉省已先到文武各官俱送衛安勇

及六營兵俱全隊相送亥刻過大西壩過壩後行至半鋪因風逆潮退停

舟候潮　慈谿縣國吾若未來送席上下兩桌

初七日晴　水巻逆風鱗鱗細皺山銜夕照顏黄遂眼前如許好風景特索

新詩一句無　早晨逆風不能行行至一雷雨岸皆有小山詢其山名云是焦山未知是

此焦字否　即信泊直至傍晚方開僅數里風逆仍不能行至大英山脚有一小港

即泊是日止行十餘里

初八日晴　仍是逆風時行時止午後始抵餘姚縣馬頭陶令雲卅及都司某先來

同治十一年歲次壬申春王正月

初一日晴　黎明至萬壽宫拜牌　城中實任文武各官俱在　隨往文廟武廟文昌宫天后宫城隍廟火神廟貴神廟署内武帝殿土地祠等處拈香凡順路之文武衙门及鄉紳家俱拜年回署後文官自知府以下俱在二堂團拜

初二日晴　午刻至大關財神堂拈香即爲開關在朱竹吟卧室少坐順路拜年　午後又出西门拜年

初三日雨

初四日雨

初五日晴　黄軍门來拜　午後答拜黄軍门張奎垣俱晤　答朱硯生

同治十一年 壬申 甯波

顧文彬日記

（二）

过云楼第一代主人顾文彬云："书画之于人，子瞻氏目为烟云过眼者也。"

苏轼，字子瞻。

烟云过眼，意出自苏轼著《宝绘堂记》"烟云之过眼，百鸟之感耳"之句。

又，南宋周公谨著《云烟过眼录》。

过云楼由此得名。

过云楼第一代主人顾文彬云："书画之于人，子瞻氏目为烟云过眼者也。"

苏轼，字子瞻。

烟云过眼，意出自苏轼著《宝绘堂记》"烟云之过眼，百鸟之感耳"之句。

又，南宋周公谨著《云烟过眼录》。

过云楼由此得名。

“十三五”国家重点图书
“过眼烟云——过云楼历代主人手书精粹”丛书

顧文彬日記（三）

（清）顾文彬 / 著
苏州市档案馆　苏州市过云楼文化研究会 / 编

文匯出版社

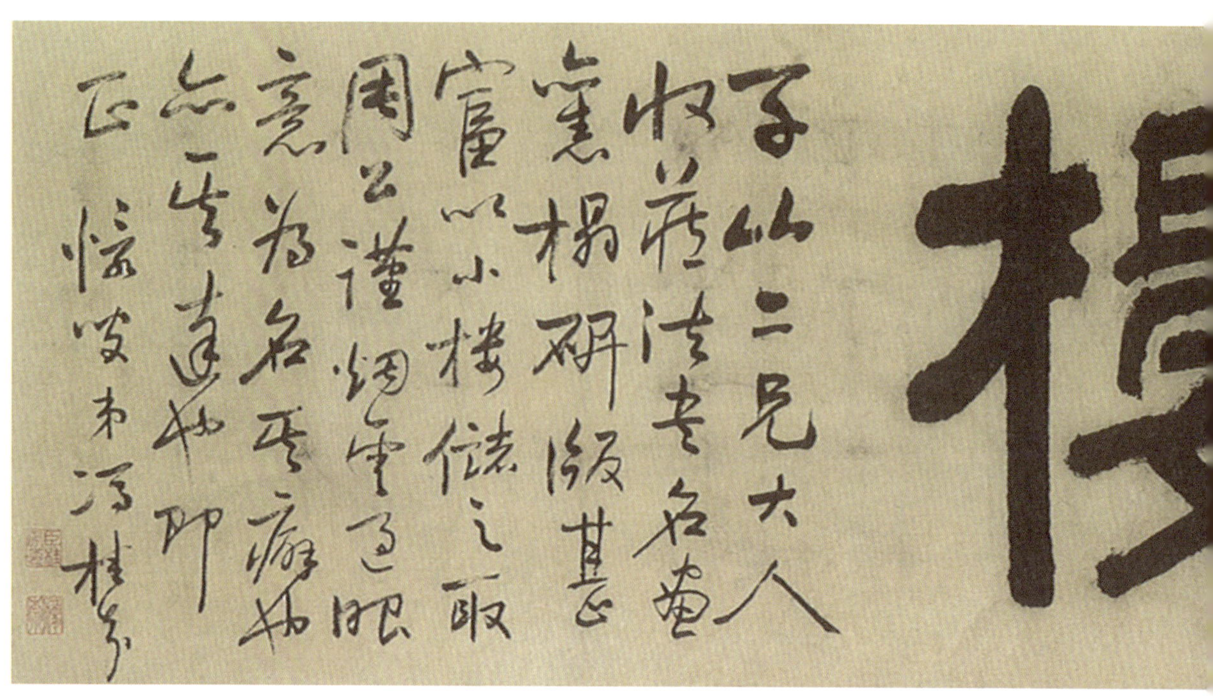

冯桂芬书“过云楼”

子山二兄大人收藏法书名画、旧拓碑版甚富，以小楼储之，取周公谨烟云过眼意为名，其癖也，亦其达也。即正。怀叟弟冯桂芬。

過雲

過雲樓者余收藏書畫之所也蓄意欲搆此樓十餘年矣塵事牽率卒卒未果乙亥夏余移疾歸里樓適落成乃集

一枝粗穩三徑初成

商略遺編且題醉墨

辛幼安詞句題之時方有書畫録之輯故次聯云爾

艮菴顧文彬識并書

顾文彬晚年书“艮庵对联”

过云楼者，余收藏书画之所也。蓄意欲构此楼十余年矣，尘事牵率，卒卒未果。乙亥夏，余移疾归里，楼适落成，乃集辛幼安词句题之。时方有书画录之辑，故次联云尔。

光绪元年岁次乙亥

春　王正月

初一日　先晴后阴

黎明，至万寿宫行朝贺礼，以次至文庙、天后宫、炎帝庙、郡城隍庙、武庙、文昌宫、贵神庙、杨嘉庙、署内武帝殿、土地祠、灶君殿拈香。出门穿素服，行礼换吉服。文武各官均如此。眷属仍行礼，但除红耳。

夜雪。

初二日　阴

大行皇帝宾天之信于上年十二月十六日接到，户部催饷文书惊用蓝印，知必有大丧，续接礼部文书行知大行皇帝于十二月初五日宾天，只各直省督抚提镇等大员不必叩谒梓宫。又叠接部文宣谕，新皇上上谕一道，改元光绪年号，省中文武各员即于廿四日在督署举哀，穿缟素。此间得省信，黄军门之意，欲照省中办理，余与边仲思、孙欢伯皆欲遵照《大清会典》，待遗诏到日举行。正在持议未决之际，今日接到部文云：遗诏本应遣员赍往各省，因省车马之烦，即由提塘分送。诏到之日，文武各官摘缨、素服，出郊迎接，安设后行三跪九叩礼，宣读诏书，成服举哀，再行三跪九叩礼，哭临三日，缟素二十七日。各官百日不嫁娶，期年不作乐，民人二十七日不嫁娶，百日不作乐，官民均百日不剃发云云。军门与府县再来集议，余坚持待诏到举行之说，军门不能强其事，乃定。而曹恺翁亦欲强余照省中办理，余坚执不允，几致龃龉。

夜雨。

初三日　阴

张子腾太史家骧在南书房行走，传闻其家书云："皇后现有遗孕。"此固普天之下所仰望而祈祷者也。大行皇帝升遐之后，必应首先将此情节布告中外，虚立年号以系天下之望。贾长沙云："植遗腹，朝委裘，而天下不乱。"植者，立也。与现在时势适合，他日果诞圣嗣，万千之幸，不幸生女，再议立后，未为迟也。今绝不提起，其误一；及此不提，他日突然再提，必启天下人之疑心，其误二；即谓天下不可一日无君，亦应立侄，不应立弟，惇亲王明明有孙，以侄继伯，名正言顺，乃立醇亲王之子，舍侄立弟，其误三；新皇帝既承大统，他日皇后诞生圣嗣，作何位置？若令新皇帝让位，是置君如弈棋也，若不让位，是嫡嗣反不能继大统也，其误四；两宫皇太后懿旨，命新皇帝入承咸丰皇帝大统，俟其生子仍继与大行皇帝为嗣，但计及新皇帝后日所生之子，而不计及皇后遗腹之子，其误五；即欲以弟继兄，惇亲王、恭亲王皆有已冠之子，假使继统，立可亲政，今皆舍之，而独立襁褓之孩，以仍垂帘之局，如物议何？其误六；现在醇亲王已告病，并有曲赐矜全之语，为天子父，人生之乐何以逾此，反有为难之词？岂不以瞽瞍北面而朝，为千古难处之境故耶。明季濮王已死，尚起大案，况醇亲王尚在，将来更难安顿，其误七；新皇帝以弟继兄，而上谕中有欲持三年之丧之语，其误八。种种错谬，岂不贻讥于天下后世？不禁拍案叹息。遗腹之说得于张子腾家信，嗣得研生京信，并未提及，知此说不确矣，惜哉！

余自履任以来，精神尚好，腰脚亦健，惟兴致则日减一日，平昔博弈饮酒，无所不好，今一概置之，独书画癖如故。暇则手一编，或作书，或翻阅书画，否则萧然枯坐如在家僧。人生如白驹过隙，今年已六十有五，桑榆晚景，知有几何？徒以索寞销磨之，岂不可惜？今秋当决计乞病归家，之后或可冀少增兴致耳。

边仲思送示杭府陈伯敏信云："省中奉到新皇帝上谕，即照历届成案行举哀礼，缟素二十七日，恐外府参差不一，特此通知，遵照一律办理。"前者军门之意本欲举行，因余力持待诏之议，勉强中止。今得省信，坚欲遵照，余亦不能止之。遂约府县出示，定于初六日举行哭临之礼。

初四日　雨

上灯后，祀财神。

初五日　雨

见官。军门来晤，于午后往答晤。

初六日　阴

在校士馆齐集哭临，辰刻缟素至馆，在官厅藉地而坐。少顷，文武各官齐班，先行三跪九叩礼，匍匐举哀。哀止，复行三跪九叩礼而散。是日，绅耆未到，坚持待诏之说，不能强也。

得研生腊月十五日来信。发第一号家信。

夜雪，酉刻往哭临。

初七日　雨

辰刻，赴校士馆哭临。

昨夕枕上口占大行皇帝挽词，五律四首：

隆盛追三代，斋夔奉两宫。
痌瘝萦圣抱，宵旰瘁皇躬。
玉步归天上，金星贯日中。上年十一月朔，金星过度，大行皇上即于是日不豫。
锡聚胡不祚，搔首问苍穹。

天纵推神武，中兴颂太平。
梯航咸悦服，烽火尽澄清。
大度忠言纳，冲年圣学成。
仍符多寿祝，不朽放勋名。

薄海宣遗诏，三年遏八音。
竹斑虞后泪，葵向荩臣心。
螽羽嗟无及，龙髯感不禁。
普天同一恸，德泽入人深。

丹诏除书日，金阶待漏年。
捐縻欣有自，对越恨无缘。庚午十月蒙恩授宁绍台道，诣阙谢恩，未蒙召见。
宦迹南溟寄，臣心北阙悬。
垂帘扶幼主，国祚庆绵延。

酉刻往哭临。

初八日　晴

辰刻，赴校士馆哭临。

接承儿与大孙初五日禀，即作第二号信。

酉刻，哭临。前赋大行皇帝挽诗，意有未尽，续赋绝句八首。

初十日　晴

辞衙。

十一日　晴

接初九日家信。发第三号信。

十三日　雨

接十一日家信。发第四号信。

十五日　雨

强玉送传调尾数进省，寄回门条一纸，并知十一日遗诏已到，各官迎接宣读，并未再行举哀礼。闻即刊刻誊黄，未必有诏到外府矣。在缟素期内不拈香。

辞衙。

十六日　晴

巳刻，邀同黄军门、边仲思、宋叔元至宝德馆观水雷。先是日人占据台湾，海防吃紧之际，禀明中丞，托葛格从西洋购买水雷十个，兹由上海运到，故往观之。拟安顿于火药局内，已嘱叔元承办矣。

十八日　晴

接十六日家信。发五号信。

十九日　雨

午刻，开印，于二堂设香案拜印，素服，冠缀缨，行三跪九叩首礼，一切礼节俱免。（眉批：复初斋，极推重《夏承碑》，今顾氏所藏，能设法得之否？此等天壤间有数之物，胜于寻常书画多矣，虽重价应所不惜耳。嘱承之服白木耳。白衣寺佛龛高一尺八寸，阔六寸半。问太乙针。）

二十日　雨

辞衙。

接十八日家信。发六号信。

廿二日　晴

三孙之叔岳汪范卿杏春子来署，为试县府试文也。

为南海普陀送子观音寺匾书“慈悲抱送”四大字，又书观音座前小对，自撰联云：

念佛千声，异口同音共命鸟；
心香一瓣，开花结子并头莲。

为姫人凌波书也。

廿四日　雨

夜间微觉发热，不能成寐。

廿五日　雨

礼部颁发一大行皇帝遗诏，各省督抚只有一道。此外，将军、都统、学政、提督、总兵各颁誊黄一道，由督抚分送。至道府州县及各营官等，又由藩司刊刻誊黄颁发。是日颁送提督誊黄到宁，文武各官在西门码头迎接至公所奉化，各官行礼，跪听宣读，举哀，再行礼而退。已于初六日先行哭临之礼，故此次只举哀一次也。

昨晚已觉体中不适，今日又值大风，勉强行礼而归。至夜又觉形寒发热，似更甚于昨夜。至晓得大汗乃退热。

发七号信。

廿六日　晴

惫卧不起，邀丁蓉镜诊视，服桂枝汤。

廿七日　晴

病起，发八号信。

金少芝寄示子母汉铜印索价十四元，秦小印索价六元，杨龙石刊青田石印篆“金石缘”，索四元。余复价共十五元。

上年杨中丞书来，因金眉生老境甚窘，又得王补帆中丞吹嘘之函，嘱为设法。余因此间无闲款可筹，愿自解囊助，以每年百二十元，请中丞示遵，中丞并无回信。余遂以百廿元托宋叔元转交，眉生嫌少，退回。叔元又得陈伯敏信，奉中丞谕，嘱于洋药捐项下筹款，每月五十金赠之。叔元来商，余乐得做好人，嘱其照办，并复伯敏，余推出不管矣。

廿八日　晴

园中有梅八九株，入春以来，风风雨雨，殆无晴日，花开适逢其厄。余亦畏寒，未能冒冷游也。今日霁色大开，余挈丙生往游，惜零落殆尽，只余一树花矣。夕阳满地，游蜂在林，徒倚徘徊，殊增怅惋。

程晓峰之子逊非来，邀其在署小住。

入春匝月雨如麻，冰泮平池涨转加。
新霁日光烘藓迹，初番风信落梅花。
蝇贪骤暖栖深幕，蜂抱余香趁晚衙。
病起窥园拖履去，为寻诗句手频叉。

廿九日　晴

骤暖。接廿七日家信。发九号信。

张芙卿交到汪钜伯回信，知上年寄与之百元已收到，兹又作唁信一封并奠份百两，托阜康寄去。

二月

初二日　阴

接廿九、三十日家信。发十号信。接顾月汀信两封。

初三日　晴

辰刻，致祭文昌宫、天后宫，均素服行礼。复顾月汀信。

初四日　雨　午刻雷

辰刻，致祭炎帝。

发十一号信。

初五日　晴

巳刻，见官。

接初二日家信。发十二号信。

沈纫斋来。

初六日　阴

夜放烟火一架。

初七日　晴

接初四日家信。发十三号信。

（眉批：沈揖藏文衡山《大水劝农》卷，未知在否，托张丙生访之。如有售与渌卿之物，必须先开目录寄示，恐有心爱者在内。园中须再造一楼。京信托带烧料、碧霞、莲蓬、梅花。）

初八日

晚间形寒，微觉发热。

初九日　晴

是日丁祭，因病不与。延丁蓉镜，服药，腹中泄泻，夜不成寐。

初十日　晴

是日祭坛，亦未去。仍卧床不起。

十二日　晴

是日祭龙神，未去。改延赵庆堂诊视。

十三日　晴

是日祭吕，未去。

发十四号信。

十五日　晴

是日祭文昌帝，未去。

十六日　晴

是日祭武帝，未去。

发十五号信。

十八日　晴

接二孙十六日禀，知承之忽然吐血，服童便而止。发十六号信。

是日祭风神，未去。

二十日　晴

接四孙十八日禀，知承儿于十七夜复发肝气，血未净，肠红少而未止，请停后园工程。发十七号信。

昨服赵庆堂温命门之剂，始止腹泄。

廿三日　晴

接大孙二十日禀，知承儿吐血已止，不服药而静养，只服燕窝、童便。发十八信。得退老十九、二十日信。

张丙生携物来，佳者寥寥。

（眉批：张丙生携示之物，有抄本《陈后山集》四本、成亲王对一副，略可取，最佳者红白昭文带也。）

廿五日　晴

喜诏颁到，除军门因病未到，文武各官出郊跪接，迎至万寿宫。先行礼，随即开读，复行礼而退。

接三孙廿二日禀。发十九号信。

廿七日　晴

接大孙廿五日禀。发二十号家信。复退老信。

退老老弟亲家大人阁下：

两奉手书，敬悉起居安吉为慰。三小儿偶投采薪，望烦逾恒关切，铭感何极！小儿素性拘谨，惟于工作一事，因为艮庵退归憩息之所，尽心力而为之，遂致召谤受侮，种种郁结致病之由或在乎此，现已嘱其安心静摄，庶有瘳乎？艮庵一官匏系，两地心悬，从二月初起连病两旬，近虽稍痊，尚未复元，殆造两氏，喻以点机耶。

廿九日　雨

是日轮船迟。接廿八日家信，未及复信。

三月

初二日　雨

日本国领事品川忠道、翻译官神代延长从上海来，有上海道信为之先。客来晤时，留其酒果，送挂钟一架、瓷盆十只。方子颖从温州坐伏波轮船来宁，来晤。午后，往答日本领事，扰其酒菜。送子颖，冒雨登舟话别。送日本领事及翻译并子颖水礼。

初三日　雨

接三儿初一日禀。发廿一号信。

夜十点钟临卧时，因咳呛，忽吐鲜血十余口。心中并不跳荡，知为肺中热血也，即靠高枕而睡，竟夜酣卧。至天明后复吐淤血数口，带紫黑色。

初四日　晴

（眉批：碗厨一口，连箱厨、罗层大小两副，汪妈、钥匙。托恺老取金氏物。）

初五日　晴

初三夜吐血后已净矣，今日痰中又带血，非前日满口皆血之比，虽明知是肺热之血，然不净终不妙也。

发廿二号信与孙辈。

初六日

戌刻又吐血十余口。

初七日

申刻又吐血十来口。

初八日　雨

接初四、初六家信。发廿三号信。

自起告病禀稿。

初九日　雨　晚晴

亥刻及次日平明仍吐血，约共三十口左右。令张诚赍病禀进省。

初十日　晴

接初八日家信。发廿四号信。

十二日　晴

徐五从苏赍到向培德堂所索陈芥菜卤一瓶，初十坐脚划船，十一搭轮船，今晨来宁，可谓速矣。余因医家皆言绝非肺痈，故暂停不服。

接初十日家信并寄还参三七半枚。发廿五号家信。

未刻复吐血数口，即磨三七半枚服之。酉刻复吐血数口。

十三日　晴

归田后，拟募修让皇庙大殿，并重建康王庙于让皇庙侧，先拟康王庙楹联云：

匹马渡江来业创，偏安半壁湖山支宋室；

六龙扶辇下地邻，交让千年香火庇神庥。

十四日　晴

戌刻，吐血数口。

十五日　雨

辰刻，吐血十余口。

接十二日家信，知十三日四孙偕王嗜初、钮卓卿来宁。发廿六号家信。

拟让皇庙联：

难弟继高踪，交让西岐，肇八百载周家基业；

逸民成至德，化行南国，开二千年江左人文。

采药侍难兄，断发纹身，抗志并西山薇蕨；
逃荆推始祖，化民成俗，贻谋开南国冠裳。

海国春深柳絮飞，小园花谢绿阴肥；
日长睡起浑无事，自卷疏帘待燕归。

（眉批：所患如果肺痈，如用陈芥菜卤治好，归家后当每年储一二坛埋在僻处，俟年陈施行方便，以答神庥。凡可行方便之单方，如冬霜萝卜之类皆当储备。）

十七日　晴

四孙偕王嗜初、钮卓卿坐轮船来宁，即请嗜初诊视，据云积热所致，用甘寒之剂。

发廿七号家信。

酉刻复咯血，自觉喉间血涌腾沸，咯之不及而呕，呕出紫血块，几至半碗，以后陆续痰中夹血，至临卧时始净。嗜初嘱服花蕊石二钱，次早再服二钱，皆用童便送下。咯血以来，以此次为最盛。

十八日　晴

临卧时复服花蕊石二钱。

十九日　晴

接十七日家信。发廿八号家信。

金保三从上海来视余疾，为余酌定一方，所言与嗜初大同小异。复延其为张、浦两姬诊视，各定一方。复请嗜初诊脉开方，余仍服嗜初方。

以三十六元得宋拓颜平原忠义堂原刻《瘗鹤铭帖》单种一本，后有翁覃溪长跋。有人携示黄文节书刘明仲《墨竹赋》卷，字如杯大，有四百余字。余未能定其真伪，请保三观之，亦不能决。特由信局寄苏，交承儿决之。

（眉批：骏叔决为伪迹，乃还之。可见书画介乎疑似者便是伪作。）

二十日

张诚自省中回，知病禀中丞已批准矣。委金衢严道英廉署事。

是日早晚咯血两次。

廿一日

以廿四元得黄小松《访碑图》册廿四页，以一元得吴让之隶书十二言对。

（眉批：朱保三携示小松扇面册，每页非二元不售，以此较之，此册甚便宜矣。）

廿二日　晴

接二十日家信。发廿九号家信。

是日余诞辰，因国服期内，只平酒请幕友两席。

近有人携示小松为钱梅溪画《梅花书屋图》卷，长不及三尺，后有陈曼生、汪剑潭一诗一词，索价百元，可谓望天讨价，余还价十二元。

（眉批：欧阳文忠云："晚知书画真有益。"此七字刻作图章，印于收藏书画，甚妙！）

廿三日　晴

以十三元得吴仲圭竹轴，有陆听松、徐紫珊藏印。

廿四日　晴

接二十日家信。发三十号信。

浦姬因大便不通，服保三药三剂，大便仍未通，而腹痛颇甚，又发寒热，骨节及腰皆痛，仍服保三之药。

金少芝寄示张尔唯水墨山水小轴，质之保三，以为真迹，还价十一元。

廿五日　晴

以廿八元得孙雪居花卉卷。

浦姬寒热已退。

廿六日

发卅一号家信。

金保三回沪，前后住八日，送伊八十元，程仪八元，下人四元。

是夜复咯血五六口。

廿七日　晴

发致研生京信，告以告病之由。

以四十元得龙眠《揭钵图》，以三十元得《化度寺碑》。皆保三携示，即上虞倪氏物，图尚非真迹，碑亦非原拓，不过皆旧物耳。

黄军门来视疾。告病开缺折，中丞于是日发。

廿九日　晴

接廿七日家信。发卅二号信。

四月

初二日　晴

接廿九日家信，发卅三号信。

有人携示唐六如仕女小立轴自题七绝一首，纸稍破碎，故印章亦失去，纸色亦略暗，然决为真迹无疑，左押角有润州戴培之珍藏印，签亦培之所题。以三十二元得之。另有董思翁山水册两本，一绢一金笺，还价未谐。

是日立夏，俗例秤人。余秤得一百十五斤较上年轻三斤，八儿秤得四十斤，浦姬秤得七十五斤。

初三日　晴

三孙偕我庾、孟衡、嗜初、绳甫往游天童，恺堂因感冒不果行，晚饭后乘舟而去。

（眉批：园中之屋如柱太细皆包，方便可藏拙。询《散氏盘铭》。设法借张芙卿所得文衡山册，未知即所见之花卉否，抑另是一本。据芙卿复云，并未蓄有此册，当系传闻之讹。）

初四日　晴

接初二日家信。发卅四号信。答金保三信。

口占一律：

感荷君恩疾许移，欢然喜气上双眉。

始知襄宦辞官日，宛似顽童放学时。宝如见我得请后喜形于色，谓似儿童放学，故有此联。

如箭归心难少缓，饱帆风力尚嫌迟。

榴红蒲绿端阳节，好酌团栾酒满卮。

初五日

晚间三孙游天童归。

初七日　雨

接初四日家信。发卅五号信。小三房是日午后动身回苏。

初九日　雨

接初七日家信。发卅六号信。

初十日　晴

军门来晤。高子明来见，为其设法委作洋务委员，日得廿五金移交后任，如能历久，便可敷衍矣。

以十二元得李复堂花果卷。

十一日　晴

两姨与八儿俱至阿育王庙，拈香朝舍利。

接初九日家信。发卅七号信。

“忘了年纪月生”，此谚语也，余偶将此语一咀嚼，竟如清夜钟声，当头棒喝，移疾之举诚为刻不可缓。

十五日　晴

接十三日家信。发卅八号信。

十六日　晴

（眉批：天久不雨，园庭花木须勤于浇灌。遣归之仆，凡有家可归者皆遣归，不致有人满之患。）

十七日　晴

发卅九号家信。

十八日　晴

接十六日信。发四十号信。

十九日　晴

有人携示八大山人条幅四帧，皆水墨山水，满幅淋漓，素所罕见，以四十四元得之。

廿一日

发四十一号信。

廿三日

发四十二号信。

英岳峰来晤。华生带卫安勇送万名伞。

廿四日

答拜英岳峰，长谈。答谢华生。

廿五日

饬家人将木器家具发下白鳖壳船，半日已毕。

廿六日　雨

午后，雨稍止，往黄军门及英道、边太守、伊二府、孙令等处辞行。

廿七日　雨

黄军门、英道、边太守、伊倅、孙令等俱来送行，税务司德璀琳亦来。

廿八日　雨

未刻，登轮船，文武各官俱在北门送行。家眷、幕友、下人等同时登轮，曹恺翁、丁蓉镜、陈季台、李小琴、佛领事、德税务司俱来船送行。

申正，展轮，夜半大风雨，颇觉颠簸，雾又甚浓，即停轮。

黎明，开行，风尚未止，颠簸如前，旋即平稳。

廿九日　微雨

午初，抵申江旗昌码头。

廿七日先遣王奎至沪雇轿雇船，约在码头相候。王奎因昨日雨，臆断必不起程，并未雇轿伺候，致不能由轮登坐船，不得已挈眷至怡和洋行暂住。两姬至丹桂园尽夜观剧。

往访金保三，同其至花桂林家及王又娟家茶叙。又娟因病未见。

（眉批：问四孙托保三买膏药曾否付钱。答王子梅信。）

三十日　晴

上灯后，两姨往金桂园观剧。

申刻，至徐家花园，程藻安、冯培之招饮。金保三来约，偕往，坐有叶、朱两客及出局四人。此园只平厅、楼厅前后两层，中辟小池，四周环以湖石，小小结构，颇有丘壑。

五月

初一日　晴

午后，盛杏荪邀往周月林家饮，余唤潘秀宝出局。席散，往访秀宝，还局洋三元。与弈一局棋，甚低，饶其五子，所活数十子而已。蔡渌卿、吴荫庭邀往酒楼，出局三人，保三及钟康侯同坐，保三唤秀宝相陪。

两姬尽夜在丹桂园观剧。

初二日　晴

备蒲鞋头一只、无锡快两只。巳正，挈眷及幕友、下人登舟。向冯琢如借炮船一只护送。

此行购得李龙眠罗汉，唐人写经卷，文衡山写生册，唐子华棣、王石谷两轴，张瑞图、陈香泉两对，在亨达利购得钟表、洋货等四百余元。

暮泊黄渡。黎明，开船，竟日大顺风而雨亦大，冒雨张帆，舟子衣服尽湿。薄暮至娄门，乘轿至家，已上灯矣。家人尽见礼，四、五孙媳尚初次见面也。

初七日　晴

潘玉泉、伟如邀饮，同席者李香严、张子青、杜小舫、吴退楼。

初八日　晴

偕八儿、三孙坐船至虎丘上老坟，至山塘斟酌桥畔观戴氏石，盖竹友庆园也，其石玲珑瘦透，在我家南院两大石之次。复至张公祠一游。归途至吊桥坐轿，往晤盛旭人。

初九日　雨

申刻，雨稍止，往晤张子青。

十一日　晴

吴退楼邀饮，同席者李香严、杜小舫、陆存斋、潘玉泉，观存斋携示东坡行书《昆阳城赋》卷、吴渔山《寿耕烟》卷、宋刻四家帖。

十二日　晴雨间作

往下沙塘扫墓，仍偕八儿、三孙。

十三日　雨

祀天地神祇，谢连年平安福佑，兼祀武帝，往让王庙拈香。午后，往晤程卧云、王沐庵、蒋心香、俞荫甫。

十四日　晴

李香严来谈。

十六日　晴

明日三媳三十诞辰，各亲友俱于今日预祝，唤说大小书者二人，演戏法者一人，深更而散。

十八日　雨

发研生信，交二孙带去。

廿二日　雨

与冯申之、江子山、程藻安抹和，余下五元。晚间梦魂不安，足征精神渐衰。

廿四日　雨

得研生及瑞苐侯信，知已请定曹恺翁。

廿五日　晴

发曹恺翁信，附去黄军门、边仲思信。

往晤退楼、小舫，长谈。

廿六日

陈达甫于前日病故，今日大殓，令三儿往送。

琴霞携示《靖难三忠》卷。三忠者，方正学、黄子澄、俞贞木也。黄令之携示魏大中《狱中遗嘱》册，以上二件皆陈良斋物也。

廿七日　晴

申刻，小舫、退楼来谈。

廿八日　晴

是日甲子，晴，则可望其久。

廿九日

吴语樵、朱忆萱招饮，借花驳岸郁氏宅，坐有潘玉泉、严伯雅、沈问梅之子，余托疾不赴。

往晤沈仲复、顾棣园。拜潘东园、长元两邑令。

六月

初一日

往圆通庵拈香，谒中丞吴元炳，亲拜恩方伯竹樵、吴令褚季常。

午刻，偕香严至杜小舫寓，并吴退楼同赴张子青招饮，坐有沈仲复、潘季玉，在远香堂设席。余亲携巨然去，子青留观，子青亦出黄子久山水、梅道人山水、山谷小像轴、徽宗《竹禽图》，皆绢本。王叔明山水轴、钱舜举瓜水卷，皆纸本，见出皆真迹也。

初二日　晴

香严来谈。

致书黄军门，托其荐施桂与后任。

初四日　晴

申刻，潘季玉招饮，借郁氏花厅，同席者严伯雅、吴植卿、朱忆萱、吴语樵，侑觞者雅云、雅仙。

初五日

拜答文秋圃治，新授江苏织造也。

午后，至退楼处，适应敏斋来，与小舫叙谈，随操演花和。

初六日　晨雨　晴

是日午刻，三孙媳生第二曾孙，取名则诚，小字耀生。是刻适请张子青、李眉生、杜小舫、吴退楼、盛旭人、潘季玉饮。六客皆红顶，子青又是状元，而曾孙诞生，六客宛来送喜，岂非大吉之兆？子青、旭人、小舫、平斋与余合为一手斗花和，至暮而散。

嘉客方盈坐，佳儿正诞生。
德星增瑞气，英物试啼声。
麟趾群称颂，龙头肇锡名。
荣归尤盼汝，绣褓候门迎。艮庵喜成一律示诰孙。

初七日　晴

致书与研生，附致三孙信、瑞茀侯信言代订恺堂事，并恺堂复茀侯信。

未刻，阿顺来说《三笑因缘》。

十四日

小舫借听枫山馆招饮，同席者眉生、旭人、退楼、玉泉、伟如。酒罢，与退楼、旭人、小舫花和。

十六日

旭人借听枫山馆招饮，同席者即十四日所请之客。酒罢花和。

十九日　雨

眉生招饮，同席如前，酒罢花和。

浦姨挈八儿至定心庵烧香，与旭人之姬人张巧珠晤，为谈八儿与旭人之女亲事。

廿一日　晴

辰刻，拜客，晤者玉泉、顺之、藻安，皆为修造交让王大殿、二殿递公呈事，并托玉泉往旭人处作媒。未晤者徐燮堂、浦佩卿、伟如、瑶生、端卿。

廿二日　晴

申刻，听书罢，至听枫山馆花和。

廿三日　晴

小舫、退楼来约花和，怕热未去。

廿四日　晴

江子山、钮卓卿、程老四来抹和。

七月

初七日

在听枫山馆与小舫饯行，退楼、旭人皆主人，即花和。

初八日

何老畦、程老四、卓卿抹和。

初九日

致书英岳峰，托其收取各县欠解公费。

初十日

潘玉泉来，与端卿、岭梅、三儿竹游。金逸亭来晤。

十一日

张子青邀去为其弟菊垞画符治疟。答金逸亭。

十二日

拜俞荫甫之太夫人九十寿。答李友琴。

十五日　晴

雇大快船两只，挈眷往虎丘看会，分男女两舟，余与八儿，大、五、六孙一舟，大孙媳、四孙媳、两姬一舟。辰往酉归，是日游人颇盛。

十六日　晴

与江子山、陆于如、程寿甫抹和。

十七日

午刻，起阵大雷雨风，暑气顿消，为之一快。

十八日　雨

次曾孙耀生剃头，贺客来者，午五席、晚四席，有江西女档子班清唱。余与程寿甫、江子山、陆于如抹和，余胜一元。

廿一日

与程寿甫、陶均如、何寿林抹和，余胜八元。

廿二日

李眉生邀午饭，同席者张子青、沈仲复、盛旭人、潘季玉，饭罢与季玉至护龙街察院场，闲游而返。

廿五日

与寿甫、寿林、均如抹和，下一元。

廿九日

与寿甫、寿林、均如抹和。

八月

初八日

光福山中王晓云善种花树，在管春花圃作伙。承儿素识之，从山中载出桂花树五十本，皆如碗口粗。连日在园中观其种植，亦一乐也。假山石新立，嫌其骨出如飞龙，今以花树环植，如裸体人得衣，一望郁葱，大有生色。

初十日

园中之石皆取给于赵园，近又得山塘杨铁蕉家园中石，大小数百块，内有一峰，皱、瘦、透三美皆备，为诸石之冠。自幸何缘得此奇物，前代米颠下拜之石，未知视此如何也。价洋二百元，运立之费加二三倍，然内有一峰名东安中峰，据云当年杨氏得此，出五百金，则其价远过于此时矣。

十一日

旭人来约，欲请张子青，邀余作陪。

十二日

旭人所约须各唤一花。余意中无人，欲遍访之。因与项琴舫于午后作紫曲之游，共往四处。书寓两处，一殷蕙卿、一李翠娥；京帮两处，有雏姬名素仙、素琴者，皆十三岁，颇可人意。余属意于蕙卿，而以素仙荐于香严。

十三日

季玉来云，旭人所约定于十四日，所唤之花归伊传唤，蕙卿、素仙之外，有双凤者归子青，有雅云者归季玉，有雅仙者归旭人。

十四日

午刻，至胥门码头，旭人预备红单船一只从湖北带归者，与酒船等、灯船一只。子青、香严、季玉、旭人皆先在，同坐在红单船上。未几，所唤群花毕至，遂移舟至青杨里距码头数里泊焉。先吃点心，酒罢，群花各抱琵琶唱小曲及京调不等，以灯船上一雏姬为最，而貌甚不佳。上灯时命灯船张灯，往来数次，遂坐席。余与季玉及诸姬拇战数十合，归已二鼓矣。

十六日

甘露镇有典当一所，昔年为程蘅斋所开，乱后归于华姓，于同治四年重开，有华、钱、马、朱数姓朋开，因各本不睦，于去年底停止。孙朗石说合，归余独开，当本及押租、生财共四万数千串。前数日议定盘包，择于十七日开张。余与大孙是日巳初坐快船前往，至抵暮而至。

十七日

卯初，祀财神，开典。是日当者有六百号。余于午后往荡口拜华笛秋，观其所藏书画，以王廉州大册小卷、王蓬心大册为佳，又往拜华芸庄，观其古玉、铜器，携归汉玉杠头一个、商卣一个而归。

十八日

辰正，仍携大孙坐原船而回。

二十日

发与瑞苐侯信。令施桂、张福赍往杭城。又发与曹恺堂信。

廿二日

傍晚往访蕙卿，小坐。婢三人，阿巧、巧云尚可，阿金甚活动而貌俗极。出门时途遇吴二官者，数年前开烟盘之故伎也，一见尚相识，邀余过其住家小坐，给一番而还，颇诉近况之窘，盖门前冷落者也。

廿三日

刘楚卿、连琴溪奉委勘佐让王庙殿基，余先往，鉴亭踵至，陪委员丈量殿基及戏台旧基，有邻墙侵占之处，托鉴亭清理。

廿九日

先太夫人三十周忌，在宝积寺拜大悲忏，亲友来者，朝饭共四桌。

九月

初三日

午后，往各处谢。

初七日

三孙偕五女，二、四外孙女从都中至津，坐轮船至沪，由沪至苏，午刻到。

初十日

挈三儿、八儿，二、三、四、五、六孙至胥门码头下船，往下沙塘扫墓，未初到，适下雨，在墓门设祭。归舟至吴县学场，登岸已抵暮矣。

十四日

申刻，赴张子青、潘季玉之招，席设远香堂，同席者何煦斋、郭 ××，侑觞者武雅仙、杨双凤，余唤殷蕙卿。

南榜发，三县中五正一副，余所识者，曾君表一人而已，官卷中庞宝生之子。

十五日

午后，香严来谈，携去宋拓《十三行》《靖难三忠》卷。季玉、伟如继至，皆长谈而去。

十六日

取陈万源翠双连一副、艺古斋碧霞佛手一只、裕泰翠佛手一只、祥泰新红绿帽正五粒一板。

十七日

取倪源源珠捧心一只、翠帽正一粒、大扁珠十粒一盒，祥泰新珠十粒，散，一粒一串。至蕙卿处还其十四日出局洋五元，索书楹帖，许之。即拟嵌字一联云：

戏评花谱题红蕙；
细拣箫材选绿卿。

待买金笺书之。

十八日

五孙新生一女，今日剃头，合家俱叩贺。

客来者俱不见，惮烦也，惟潘季玉来，见之。言及购归郡学西南卖与洋人造天主堂地基，价银一千一百两，明日成交，欲余垫银千两，余许之。既而季玉又有信来，云成交尚须改期。余乃复一信云：前年浙省购还城隍山天主堂房屋，银一万一千两，均由平厘局筹给，绅富并未捐钱，似可援照，不必绅富筹捐，即托季玉与各大宪晤商。

季玉来。

十九日

答季玉。拜费幼亭，未晤。

二十日

裕泰送来扁珠廿粒，琴舫送来翠帽正一粒、翠手一只。

廿一日

昨日，何白英之世兄携其甥吴引之之侄来，何世兄嫁妹无资，欲借吴甥之田契抵押，余未允。今日往答，补送白英奠份十二元、贺份十元。顺途答拜长洲县万公、沈书森、潘顺之、伟如，均不晤。

抱璞斋取旧玉签一只，对门古玩摊取竹根一件、念珠一串。

题六如《出山图》：

飞诏下天来，鹏翼徘徊，五云两两望三台。毕竟东山留不住，踏破苍苔，桃李趁时栽。风月追陪，溪山一片画图开。宝马雕车香满路，旋拂尘埃。集稼轩。

颇怪鹤书迟，玉殿论思，山头人望翠云旗。山下朝来云出岫，叠嶂西驰，便有别离时。云洞题诗，故人今又寄当归。钟鼎山林都是梦，醒后方知。

（眉批：张吃牛乳。）

廿三日

申刻，沈书森招饮，同席潘季玉、伟如、瑶笙、吴植卿，侑觞者殷蕙卿。

廿六日

午刻，与季玉、伟如公请应敏斋，邀李香严作陪。

廿七日

先是府学西南杨家巷有陈、汤、毛三姓地基，售与陈楹卿，转租与洋人天主堂造屋。郡人恐其有碍风水，绅、衿各递呈到府，请其查办，继而众议照原价赎回较为省事，约于是日成交。原中上虞生员陈英甫及学中各友彭复斋、江子山、曹益斋、顾少愚、汪梦萱等均集。待楹卿到后，令其写绝契售与郡学，正价一千五百元，中费百元，皆余垫付。备酒两席，留客晚饭而散。

廿八日

华芸庄留其午饭，托其向藩台房讲元泰月捐事。芸庄携示汉玉剑柄一枚、老表一件、猫儿眼两粒，俱还之。

十月

初一日

以八十元得徐天池花卉、文徵明兰竹两卷。

初四日

李薇生来。

初五日

往晤恩竹樵，答勒少仲，未晤。

初六日

郁正卿来晤。题项琴舫独立拈花小照：

胜事每来独领，轻衫厌扑游尘。难挽泠然飞佩，东风也怕花嗔。　　不是寻春较晚，未应闲了芳情。谁写一枝雅淡，湘皋闲立双清。集玉田词。

初七日

是日三孙应小考，文题“不以人废言，子贡曰有一言”。

恩竹樵方伯来晤。

以六十五元得天文钟一具，华芸庄所荐。

初九日

往晤退楼，携示文兰卷。午后，香严、退楼来观书画，并游后园。退楼携去徐天池卷，香严携去王文成楷书册。

得研生来信，知二孙荐至一批，尚清切，三孙备，四孙未荐。

晚饮开仓酒，共五席。

初十日

开仓。

午后，往问汪酉生病，未晤。酉生入潘凤台处州府幕，得吐血病而归。顺途至贡院前一游而回。

三孙招复试第三名，潘伟如两子亦同进。三孙未就县府试，因曾充佾舞生，乃就佾生。

学台点名时见是佾生，遂吊坐堂号，凡十名及幼童皆坐堂号，进者十有八九，三孙之进，未始非得力于此。

枕上口占一联云：

履厚席丰，当思培元气，以报天地；
求田问舍，不如积阴德，以贻子孙。

他日当书之悬于堂中。

十一日

三孙复试。

接秦淡如信，先还曹纹一百两，在押局内算。接瑞苐侯、曹恺堂复信。

王石香忽然中风，神识模糊，吉凶未卜也。

十二日

王石香作古。

十四日

往拜郑谱香、盛旭人、潘季玉、俞荫甫。

十五日

盛旭人招饮，坐客郑谱香、费幼亭。散后往晤张子青。

十六日

勒少仲来晤。

十七日

潘季玉来晤。

十八日

李香严、费幼亭来晤。

李薇生代领由藩库给还买郡学西南地基价，库纹一千〇六十八两。

十九日

往晤潘季玉、陆存斋，取其所藏虞永兴书《汝南公主墓志序》，后有李东阳、王世贞等明贤十余家跋及看款。携归，示三儿与陆芝翁，皆以为伪迹，即日还之。

二十日

李香严来谈，并游后园。午后，察院巷一游。

廿一日

午后，旭人来谈扬州典事，张子青欲合伙，先托季玉说合，谓旭人欲入股，托余穿扇面。今询旭人，亦非所愿，遂议作罢论。

护龙大街竹器店失慎，幸即扑灭，与园屋甚近也。

高处登临眼界开，相将飞步上崔嵬。
祝君他日健于我，携手吴山绝顶来。园之西南积土成高阜，余与香严登高眺远。香严谓余："他日到君之年，如君之健，于愿足矣。"

一条家巷东西屋，衡宇相望过往频。
却怪沧浪苏学士，无端邀去作比邻。香严与余同居铁瓶巷，近日购得网师园，大兴土木，将移居焉，其地与苏舜钦沧浪亭相近，故名其园曰苏东邻。

手辟荒园只自怡余自名新辟之园曰怡园，几间茅屋与疏篱。
输君邻近沧浪水，不愧烟波旧网师。

君家移住苏东邻，我亦怡园结构新。
杖履往还先有约，莺花分作两家春。

廿二日

（眉批：付裕泰四十元做施衣，付裕泰百元，付琴舫百元，买珠三粒与浦。）

廿三日

彭芍亭夫人开吊，在灵鹫寺，辰刻往吊，且陪宾。俟三大宪到齐，送之即返。

午后，敉闲、退楼来谈，游后园而散。

廿四日

午后，赴张菊垞之招。同席者退楼、敉闲。侑觞者，余唤双凤，菊垞唤周墨卿，敉闲唤孙小宝。子青亦在坐，各出汉器多件赏玩，皆佳品也。余所心醉者，以子青所珍画钩为最。

子青戏述人赠双凤一联：

双手撩人春十笋；
凤头勾客月初弯。

余嫌其俗，为易五字云：

双手弹筝春十笋；
凤头蹴鞠月初钩。

便觉雅驯矣。

廿五日

赴陈达甫葬，开吊。

何寿林携示绢本仇十洲《赤壁图》、董思翁山水卷纸本、唐六如书画合璧卷，皆昔年避兵沪上时为其代购，皆佳物也。

汪琴霞携示王石谷山水四段卷，有恽南田、史远公、周而衍题，王廉州《陡壑密林》矮轴，皆佳。

有西山人蒋恂如携示徐姓所藏仇十洲画《兰亭卷》，适琴霞在坐，示之，则伪品也。

廿七日

秦淡如之子号乙青者，华笛秋之婿也，从无锡来，笛秋托其携示绢本陆探微卷。昔年在沪曾见之，乃伪迹也，不知笛秋何以视为珍品。又示白玉扳指一只，亦不见甚白。昔年黄受益夸为羊脂玉，亦未必确，与祥泰新白玉簪相较已逊其白矣。

廿八日

辰刻，携三儿至梵门桥王氏宅观楠木厅三大间，前有石栏三面，湖石甚多，连余房约廿间，索价千元，顾万全经手，余还价六百元，此交易若成，园中石不必再添矣。

秦乙青来取陆探微卷、白玉扳指，均还之。陆卷本伪品，扳指估值只三四十元，前途必不售耳。

（眉批：付裕泰二百元。）

廿九日

郑谱香由常州求仙水回，来晤。午后即往送之，并送菜，四物收二物。答何冠英，已回常熟矣。答王朴臣，未晤。

三十日

以六十元得石谷卷，分四段山水，四十二岁作，有恽题。琴霞经手。

十一月

初一日

琴霞携示宋克所书《画谱》卷，惜纸已受伤，不甚精，索价七十元，还价十元，不售。

初二日

退楼、敉闲招饮，在金石寿世之居，坐客香严、仲复、小舫、彭南屏。南屏从广东送其尊人讷生回苏，明日即回粤矣。

初三日

至双凤家，还其局钱五元。

初五日

往晤小舫、退楼。

初六日

是日四孙媳二十诞辰，贺客早晚数席，唤江西女伶侑觞。午刻香严招饮，坐客退楼、仲复、采香、敉闲，作为消寒第一集。

长庚所藏仇十洲画《赤壁图》卷售与香严，得价一百八十元，余以三十五元得其唐六如书画卷。

初七日

园中山上立起三峰，颇极嶙峋突兀之观。

初八日

是日为大媳卅九诞辰，贺客早晚数席，唤姚士章说书。

十四日

更夫老许醉后误将丈许石笋碰断，恨甚！撵之。

十六日

消寒第二集，在过云楼下请客，李眉生、沈仲复、杜小舫、吴平斋、盛旭人、潘玉泉、潘伟如。午刻入席，未刻散。

十七日

午后，往答勒少仲，未晤。前吴中丞来贺三孙入学之喜，特往谢步。答彭讷生，晤谈。

平斋代购凤字鱼脑端砚，价八元。

十九日

张老三约往天王寺观画，与三儿同去，晤古月和尚。其江北僧所携之画无一佳者，惟古月和尚所藏吴渔山小立幅，虽早年，笔颇佳，惜纸色已黯。

王石香公殡，往吊之。

廿二日

张子青之姊病故于八旗会馆，是日移柩于间壁香象庵。余往吊之，官绅毕集。

廿三日

岁寒草庐之南墙下立石笋十九株，是日植二柏一松于石笋之中，另植五松于小沧浪亭之西，皆王跷仙经手。

廿四日

宁波市上向有卖空买空之弊，最为地方之害，余严禁立案。近闻此风复炽，余遗书嘱瑞苇侯、曹恺堂查办。昨得恺堂信，知已出示严禁矣。

廿八日

李薇生来晤，欲存银一竿，余允之。

廿九日

是日张子青之姊在香象庵开吊。余往吊，送祭幛。

小仓口有一尼庵，庵中有罗汉松一株，长二丈许，大合抱。三儿欲移入园中，令王跷仙与尼相商。尼卜之于佛，得大吉签，遂允移。廿七日掘起，廿八日用两舟并载至言子庙河干，夜深人静用拓车拽至园门，今晨拆墙而进，植于岁寒草庐之东阶下，根蟠入地，枝耸干霄，园中大树，此为巨擘。

十二月

初一日

接曹恺堂、瑞茀侯信。茀侯遣家人郎姓来，并送礼四色。

初五日

茀侯欲买妾，令张福、郎姓办理，以六百五十金得一常州女子，适罗妈欲归，遂伴送而去。

初七日

复恺堂信，送首乌二枚。复茀侯信，送赵松雪、仇十洲画卷。

初八日

潘伟如来贺三孙入泮之喜，余即往答之，并贺其两郎入泮。

是夜大雪。

初九日

是日迎送，尚在大行皇后国服之内，三孙晨坐小轿往县学谒圣，此外亲族俱不往。客来者，首府三县及府县学老师，亲友来者不甚多，因竟日雨雪耳。清音一堂，散已二鼓。

初十日　仍雨

午后，往首府三县谢步，惟拜晤长邑令万公。因关帝庙主持道士朱仰仙为众债主所逼，有蒋姓告在长邑，余为之托情，故往见之。债系姚金元所欠，不应向朱仰仙索取，余亦主持公道也。

十一日　先晴后雨

曲局竟日，亲友来者颇多，朝夜各八席。

十六日

晤杜小舫，嘱将所书南雪匾添跋。晤香严，观其藏砚数方。

十七日

午刻，赴潘伟如招饮，同席者张子青、李香严、吴平斋、杜小舫、沈仲复、潘玉泉。托玉泉为八儿执柯，即伟如之侄女。

十八日

余与吴退楼、杜小舫、潘季玉公请张子青、菊垞，答菊垞之席也。季玉承办，移樽往八旗会馆。午刻往，申刻散。

二十日

午刻，赴沈仲复招饮，同席者张子青、李香严、杜小舫、吴退楼、潘季玉。沈仲复买宅在齐门新桥巷，即冯林一旧居，其东兼并两三宅，至涉园而止。涉园者，即郭季虎旧居，四十年前尝觞咏于斯，乱后化为瓦砾场。仲复大兴土木，构成东西两园，东即涉园故址，然已改头换面，只一水阁尚依稀可认耳。兴筑之费传闻在四万金外，席上盛膳之器，俱用古铜器，镕锡作胆，颇觉新奇可喜。膳亦极精。仲复之友德砚香林故后，所蓄古玩俱托仲复销售。是日所见画卷数件，皆不佳；铜器最佳，玉器次之。同人分取各件，余所取者提梁卣一件、周甗一件、皮糙白玉扳指一件。照所索之价，退楼许以对折，令仲复复之，未知前途肯售否也。

归已申刻。往晤长邑令万小亭，托以惩办地保殳景芳、土棍查阿龙事。

廿一日

午刻，往晤香严，比较昨所取扳指，香严取出四只相较，一只相仿，余皆不及。即在香严处午饭而归。

盛旭人来晤，谈往常熟了结停当折账事，济兴所钘股份，约亏数百串。以菩提庵募捐卷托旭人劝募百元之数，及得复音，只自捐廿千文，他无应者。

廿六日

是夕过年。

廿七日

江子山来说项，帮贴江云□、松□眷属洋一百元。因昔年在沪时了结夙欠，曾打折头，暗以此补情也。

得钱氏空地基在康王庙东，何友云经手，言定洋二百元，明年立契。

怡园之东张氏屋，拟购之改造祠堂，亦何友云经手，还价一千四百元，大约可成。

先得顾桂山空地，后查出乃周氏产，桂山乃盗卖者。经顾培安经手说合，几及半年。今言定贴出洋八十五元，合原价十五元，共百元作为了结，将周氏红契三纸交出。

以四元得李子仙小楷册。

廿八日

仲复所送牝鹿因折足而毙，腹有胎鹿，取出合全鹿丸。

光绪二年岁次丙子

春　王正月　吉立

初一日

昨夜风雪达旦，竟日不休。余巳刻出门拜年，归来午饭。复出，抵暮而归。

初二日

申刻，至退楼处，推牌九，同局者小舫、敉闲，下卅四元。

初三日

申刻，踵昨局，平。

初四日

申刻，踵昨局，上廿四番。

初五日

和敉闲元旦试笔诗，集苏诗。

初六日

张子青请春酒，同席者退楼、敉闲、小舫、仲复、香严。

踵前局，上五元。

初七日

偕退楼、仲复、香严往吊英茂文，悼亡开吊。

初八日

在退楼处与采香、敉闲牌九。

初九日

午后，公请李质堂军门、张子青、勒少仲，共两席，主人仲复、香严、采香、敉闲与余，在退楼新造之书室。

初十日

午刻，勒少仲招饮，同席退楼、采香、敉闲、香严。

十三日

午刻，吴中丞招饮，共两席。同席者潘顺之、敉闲、伟如、蒋心香、仁卿、顾棣园。

十六日

午后，张子青、敉闲在退楼处牌会，下卅二元，统算净下六元。

十七日

午后，拜客，往八旗会馆，预祝张老太太八十九岁生辰。因老太太偶感冒，谢客不见。退楼以三十五元代购史阁部字轴，何蘧庵物也。

廿二日

申刻，李薇生招饮春酒，共两席，同席者蒋心香、顾棣园、盛旭人、费幼亭、吴语樵、程藻安、王仙根。席间谈及殷谱经之子小谱以喉症去世。谱经只此一子，已得庶吉士，忽遭此变，可悲矣。

廿五日

应敏斋转求吴晓帆祠堂楹联，余撰句云：

大勋推筹饷乞师，记当年危局挽回，东海旌旗新壁垒；
祀典重报功崇德，欣此日殊伦荣宠，西湖苹藻荐馨香。

虎丘艳说真娘墓；
湖上争读苏小坟。

千古美人身后福；
山光水色许平分。

二月

初三日

金眉生来，未晤，即往答之，亦未晤。是日在退楼处公请眉生，作主者小舫、香严、仲复、余与退楼也。余至退楼处，眉生先至，诸客陆续而来。酒罢观眉生所送烟火四架，共八盏，不及宁波所制。

初四日

骏叔购得晋太元砖一块。黄山坞中塌出古墓一座，土人争取墓砖，砖侧有太元八年八月一日作，对面有相虎，知系晋时古墓，幸而坑门尚未掘开。余即致书首府李薇生，嘱其立饬地方官封禁。谅薇生必能照办，然未知能否永保无虞否也。

常州孟河有名医巢配山者，杜小舫请来诊其如夫人之病。余托其转邀来诊两姨之疾，各开一丸方而去，请封四元，赏下人一元。

初五日

金眉生来谈，即日回家。

初九日

王蹺仙在木渎觅得罗汉松、玉兰各一树，植于岁寒草庐之南院。松之围与前得尼庵之松相仿而较嫩，盖年代不及前松之古。前松一干直上，枝叶皆紧，此松由一干而分双歧，枝叶较散而茂。余以前松一本者雄，以此松双歧者为雌，遂戏撰一对云：“罗汉比丘尼，松判雌雄，七宝林中，恰似金童玉女。”而未有偶句。因南墙下将种竹，遂对云：“此君高节士，竹分老稚，九华峰畔，宛如凤子龙孙。”此不过戏语而已，不足存也。

初十日　雨

复种玉兰于梅厅之前，种大垂柳三株于池上。

十二日　雨

昨得金校邠与三儿书，云："曾观曾笙巢所携书画，有上上奇品。"开一目录来，约有数十件，余圈出四十余件，自往彭讷生处，面托其致书与伊侄心和，即笙巢之婿也。笙巢现寓伊家，上海文运里，令张升即日往沪取书画，未知有缘得购几件否。

枕上又占一联云：

> 梅开姊妹花连理，茁红英绿萼；
> 松判雌雄树两株，分一本双歧。

亦戏语也。

十四日

午后，往观前各珠宝铺，为浦姬取数种归。

吴九老封翁，字子敬，次垣、介山之父也。卅年前在京师曾往晤，观其所藏晋唐小楷帖四册、王麓台仿元六家直幅横裱卷等件。一别未见。去年曾来吴门，三儿以九百金购其王右军《千文》卷，又以七十元得其烟客山水卷。今又挟书画来访，适与相左。

十五日

余与三儿偕至道前街联升客寓，答吴封翁，观其携来怀素草书、颜鲁公楷书册四本，即上年携来，索价万金，三儿欲千元押之而未成者。此件的系旧物，然亦未敢遽信为真。因唐宋以来名家均无题跋也，只有元时人跋，亦非著名人笔。此外，晋唐集帖四本、阁帖残本二册、祝枝山行草书册、陈白阳花卉八页、大涤子补四页册、国朝名人集书二册、大西洞端砚一方，俱取来阅看。尚有沈石田《雁宕图》卷未取，索之，已为他人借去。

十六日

得金校邠书，知曾氏书画已为蔡渌卿购去十二件，据云不肯送出与人阅看，恐张升徒劳往返也。

十七日

盛杏荪从上海来，知其已将招商局事辞退，李中堂委其在湖北广济县地方，会同汉黄德道办理开煤矿事。现在不过试办，俟所购外国开煤机器到时，便可大开矣。

张升从上海归，曾笙巢之书画不肯付出，空手而归，洵乎无缘也。以五十元得吴封翁送阅端砚一方，余物俱还之。

十九日

访沈仲复，送吴子敬所藏怀颜墨迹册与阅，并游其东西两园，屋宇陈设皆精洁，惟少湖石耳。

二十日

仲复送还怀颜册，即转还吴封翁。

偕叶匠至让皇庙，阅看兴造康王庙基地，以戏台后汪班生房基为合式，拟即在此地兴工，令叶匠与刘蕙卿商之。又往诣顾鉴亭，乞其寄存旧堂木料，鉴亭慨然许助。

廿一日

吴子敬老翁求售书画，又以四十元得其白阳花卉册八页，石涛补四页，其余数件送与仲复阅看，潜入家藏者数件。仲复留黄小松《访碑》册一件，却非吴物，余皆退还。

廿二日

五姑太太挈二外孙女、四外孙女赴甪直，为二外孙女于归赵鲁沂之子揆之。揆之自幼品貌颇佳，研生见而悦之，因以女许字。不料至十七岁忽患外症，幸流注之疾已愈，而已损成驼背矣，岂非命哉。

廿三日

午后，至察院场付还各铺珠翠等物，又取回几件。

廿四日

午后，微觉不适，尚照常至园，睡后至夜半忽寒凛不已，略发热，平明得汗即止。

戌刻，请张小林来诊。

廿五日

三儿与大孙同赴甪直贺喜，仍请小林来诊，医才去而寒凛又作，气逆几至上下不接，两腿酸痛如坠，逾刻始止。

廿六日

惫卧竟日，寒热未来，仍邀小林诊。

廿七日

午后，始起床而坐。

撰康王庙联云：

文武成贻厥孙谋，积德四朝，刑措西岐昭盛大；
伯仲季递开王业，传家一脉，功崇南国振馨香。

遗泽在三吴，立庙欣依曾伯祖；
守成垂万世，祥刑首仰古贤王。

廿八日

王跷仙又觅得大白皮松一株，种在岁寒草庐紫薇穴内，其紫薇移植于石听琴室之南老柏穴内，老柏移在小沧浪亭之右。

退楼知余病，贻闲书数种为消遣，内《潜庵漫笔》一种，仪征陈兰畦著，跋之云：近来稗官小说层见迭出，类皆抄撮陈言，拾人牙慧，阅之生厌。《潜庵漫笔》八卷自出己意，不袭陈言，叙次简洁，语无支蔓，且有合□□劝之旨，间有其事，已见于他说者，各述所闻，非剿说雷同，可传之作也。

廿九日

自廿四日小病以来，不到怡园者五日矣，因惦记新植之白皮松，遂戴风帽往观，亭亭独立，干虽粗而尚嫩，似较胜于先种两株，移往石听琴室前之紫薇，位置亦甚合式。

午后，退楼、香严来视，余视以新得砚台，退楼甚赏识。

三十日

芒鞋不忍踏苍苔，为惜风前有落梅。
老鹤嗔予频侧睨，小园几日不曾来。

三月

初二日

沈仲复招饮，同席者子青、香严、退楼、敉闲。

初六日

是夜，大房二曾女以疾卒于甪直外祖赵鲁沂家。

初八日

巳刻，至虎丘扫墓，余与八儿乘舆而往，三儿及诸孙坐船而行。午刻，祭扫毕。游张公祠并看残石两处，约六十余块，以十五元得之，运费在外。

初十日

敉闲来。申刻，至退楼处，长谈，兼游其柳南书屋。

十六日

携眷至下沙塘扫墓，归舟游端园并游其内园，伟如适来城，不值。

十九日

午后，往访沈书森，适值请客，再四留余，同席者潘季玉，生客三人，出局者武雅仙、孙小宝、吴秀宝、王秀英，余所唤者褚秀宝也。

二十日

李香严招游虎丘。坐沈茭白船。午后，至接官亭下船。同席者张子青、吴平斋、潘季玉、盛旭人，出局者孙小宝、褚秀宝，余所唤者杨双凤也。

廿一日

张菊垞招饮，申刻赴之，同席者盛旭人、宋文轩，出局者周墨卿、武雅仙、琴仙、孙小宝，余所唤者双凤也。

廿二日

余常诞，午筵六席，晚演傀儡戏。

廿三日

请客两席，张子青、李香严、费幼亭、盛旭人、潘季玉、伟如、吴平斋，请而未到者沈书森、张菊垞。坐客为余补祝，公送滩簧、戏法。出局双凤、秀宝、吴新宝、王秀英、孙小宝、武雅仙。余赏出局者各二元，滩簧五元，戏法三元。

廿五日

午后，往吴秀宝、新宝、双凤、褚秀宝三处茗谈。

廿八日

送还褚秀宝出局洋五元。

廿九日

午后，盛旭人来，同至香严处，费幼亭在坐，谈租屋事。旭人邀往褚家小饮，余往邀双凤，适双凤已为菊垞先招去，遂送还其两次出局洋十元。随往褚家，唤吴新宝出局，香严亦来入席，后饮过半而双凤亦赶来。费幼亭因夫人中风不果来，是夕其夫人竟殁。

四月

初一日

午后，旭人来，偕往刘园。遍游内外两园，古木参天，奇峰拔地，真吴中第一名园，惜失修已久，将来修葺约在万金以外。香严亦来，遂复之遍游一次，归已抵暮。

初二日

有南京人持来书画各件，内有唐六如白描《东坡笠屐图》，上方长题，纸白板新，真绝品也。汪琴霞亦持六如字卷本。一日之中两见六如真迹，亦奇缘也。

初三日

午后，敉闲来，偕出访花。先至褚秀宝家，次至对门张二姑娘家，见玉佩、银宝、小宝，皆平平，有名翠玲者只十一岁，秀色可餐，乃寄居学曲者。往通关坊访艳，以病辞。至双凤家，坐稍久，吃其点心，遇雨而归。

初四日

潘端卿约往通关坊竹游，藉以观花，雨阻不果，约俟晴日再往。

初五日

午后，端卿、吉仪、小松昆季约往通关坊郑宅，以竹游为名，藉观姊妹花也，妹胜于姊，只能于竹游时捉刀，借此同坐，稍近香泽耳。饭菜四簋，共赠两饼，可谓廉矣。

初七日

送还吴新宝出局洋五元，并赠以阿胶六片，因渠素患血症也。至双凤处茗谈。

初八日

午初，往约双凤至拙政园，遂至彼，与青帅昆仲、季玉竹游。先有项琴舫代余，言明合局。至上灯时结账，余上十三元，以两元赏下人，以三元赏滩簧，歌伎与琴舫各得四元。出局三人，墨卿、小宝，余所唤者双凤也。

以十元得六如《笠屐图》轴。

初九日

午初赴少仲、小舫招饮，席设听枫山馆，座客青帅、香严、季玉。散后偕季玉至墨卿、素仙、张二姑娘家茗谈。翠玲已出局，未遇。

退楼示余汉玉钩，与余所藏两钩如出一手，索价太昂，未识能得否。

初十日

费幼亭来托租房。

十一日

李香严来谈幼亭租房，托余起租契稿。

取济兴利三千五百五十千，出票送去。

至双凤处茗谈。

十二日

勒少仲、杜小舫招饮，座客张青翁、李香严，潘季玉。

十四日

往晤彭芍亭，芍亭愿以伊弟菊樽之女许配八儿。归途即往晤蒋心香，告以为八儿作伐，心香欣然允诺。

（眉批：张子青借山水扇面册。）

十五日

（眉批：仲复借渭长画册。）

十六日

蒋心香来取求亲帖，送往彭宅。

吴引翁从杭省乞假来晤。沈幼丹制军来拜。

偕季玉至姚小宝、双凤、雅仙家茗谈。

（眉批：西圃借衡山兰卷，已还。）

十七日

往大码头答沈制军。

往晤吴引之，芍亭已将菊樽之四、五、六女八字均交引之送来。

答前吴令汪赓虞。

十八日

邀俞荫甫、沈仲复、蒋心香、吴引之、彭芍亭午饭，邀而未到者勒少仲、杜小舫，因是日往陪沈制军阅兵也。

至褚秀宝家茗谈。史伟堂来晤。

（眉批：退楼借渔山轴、卞文瑜册、刘彦冲册。）

十九日

至双凤家茗谈，约其廿二日出局。至退楼处谈。

廿二日

敉闲借余花厅请史伟堂，陪客旭人、书森，出局姚芝卿、褚秀宝、武雅仙，余唤双凤。

廿三日

午后，旭人邀往秀宝家小饮，坐客伟堂、敉闲，出局秀英、芝卿，余唤双凤。

廿四日

午刻，仲复招饮，坐客少仲、小舫、敉闲、退楼。

廿八日

在二乔家竹游，坐客吴语樵、沈旭亭、冯中之、敉闲、旭人。

廿九日

申刻，余在双凤家设席款客，坐客旭人、敉闲、书森，出局秀英、秀宝、素仙、芝卿，侍婢小金，秀英所携乃叶中之冠。

五月

初一日

余为介绍，以卧云所购刘园售与旭人，议价五千六百五十金。是日在余家成交。余不取中费，程藻安亦在中保之列。

初二日

申刻，旭人来，偕往秀英家小饮。敉闲先到，唤雅仙，余唤双凤。敉闲告余，双凤托伊代办赎身事，有客预备一竿转托王介生说合。是日，余先往双凤家邀其出局，双凤并无一语提及，余嗔其瞒我，颇加诮让。

初三日

余与旭人携樽至拙政园，各出五元为酒席费。子青、菊坨、敉闲与余竹游，潘吟香、旭人后到。出局墨卿、芝卿，余改唤秀宝，敉闲唤双凤，席散后始到，并不招陪。昨事余颇衔之。

初四日

未刻，至秀宝家茗谈。

初五日

午后，旭人邀余至秀宝家小饮，余唤秀英出局，随带侍婢小金。小金乞余过其家饮，因节日无局，为秀英张罗门面，余允之，即翻局至秀英家，旭人仍唤秀宝出局。

初六日

天气大热，可以露体。

殿试状元曹鸿勋山东潍县，榜眼王赓荣山西朔州，探花冯文蔚浙江乌程，传胪吴树梅山东历城、章志坚二甲二名，吴县、殷李尧二甲九名，昭文、庞鸿文二甲十四名，常熟、闻福增二甲卅八名，太仓、吴福保二甲五十一名，吴县、陆宝忠二甲六十二名，太仓、王炳燮二甲六十六名，元和、李士瓒二甲七十九名，昭文、钱陆泰二甲一百〇六名，常熟、沈恩棨二甲一百〇八名，吴江、缪荃孙二甲一百廿五名，江阴、王朝俊三甲一百廿三名，吴县、汪麟昌三甲一百五十六名。

初七日

小金、巧云两婢来游园，至宅内，赠以益母膏等药物。

旭人来，偕秀宝处，便夜饭。

初八日

申刻，旭人在秀宝处招饮，坐客潘梅若、陆竹园与余，余唤素仙，梅若唤陈巧龄，竹园唤桂宝。

初九日

午后，至费幼亭处，因其夫人开吊，请司丧也。

初十日

巳刻，往吊幼亭夫人之丧，陪张青翁、文尚衣午饭。

至秀宝处茗谈。

十一日

午刻，旭人招饮，在秀宝处，坐客宋文轩、梁海翁，出局雅仙。

是晚，余在秀宝家请旭人。

十二日

午刻，旭人招饮，在秀宝家，坐客余幼冰。

十二日

酉刻，潘羖闲、梅若、陆竹园招饮，在梅若家，出局雅仙、芷卿、秀英、陈巧云，余所唤者素仙。三县出示奉抚宪谕禁娼，因韩中军之弟与雅仙有隙，故怂恿中丞有此一举。

十三日

酉刻，旭人、幼冰来游怡园。至秀宝家，旭人作东，余唤素仙，幼冰唤秀英。

十五日

酉刻，旭人邀往秀宝家便饭，余访素仙不遇。

是日，微窥旭老与秀宝，似已成好事。

十六日

午后，与藻安、江子山、卓卿抹和。

十七日

旭人招往秀宝家午饭。

接天津信，知孙辈于初八到津，已由旱路赴京矣。

十九日

余邀旭人至秀宝家便饭。

二十日

至杨宝珠、褚秀宝两处茗谈，知双凤确已回金陵，素仙被潘猗琴抢后，仍送还家，现在寄居轿夫家。

廿一日

旭人招饮，在秀宝家，坐客费幼亭、潘梅若，余唤宝珠，幼亭唤秀英，梅若唤陈巧龄。

不恨杨家恨李家，烟波一舸即天涯。
飘摇风雨孤飞翼，沦落江湖薄命花。
桃叶迎来愁打鸭，桐阴栖处怕随鸦。
圆蟾三五空惆怅，漫说芳时未破瓜。

枕上口占《惆怅词》一首，令人欲唤奈何也。

大雨竟夜。

廿三日

旭人在秀宝处招午饭。至杨宝珠家送还出局洋七元。

廿五日

至王秀英家送还洋十七元。

廿六日

旭人招饮，未往。

廿八日

午后，往秀宝处还局洋十七元，托孔大姐还素仙出局洋十元。

往晤退楼，取其所书匾额。费幼亭来谈。

闰五月

初一日

下午，盛旭人请金逸亭，在褚家，邀费幼亭与余作陪，余唤素仙，逸亭唤王秀英，幼亭唤杨宝珠。

初二日

未刻，旭人、幼亭请逸亭在沈茭白船，接官亭下船，所唤女伶均照昨日，客中添邀潘季玉，季玉唤姚芷卿。先游刘园，后至冶芳浜晚膳，泊在阊门。

初三日

下午，余与季玉、吴平斋请逸亭，在褚家，邀旭人、幼亭作陪，所唤女伶各照昨日。

初四日

下午，至素仙家送还三次出局洋十一元，复至各珠宝店一游。

初六日

潘吟香招饮，坐客张子青、盛旭人。余至时，子青先在，殷蕙卿、姚芷卿亦在。余与子青、吟香、蕙卿竹游。少顷，旭人携秀宝来，余唤素仙，抱病而来，身热畏寒，余脱半臂衣之。

初八日

恩竹樵方伯来晤。

初九日

刘蔚卿来晤。访素仙，疾已渐愈。

初十日

与江子山、何寿林、三儿抹和。

曲局同期移在过云楼下，从项琴舫之请也。

十二日

退楼、小舫邀同子青、季玉与余竹游，酉刻而罢，余下五元。随至褚家，适旭人、幼亭、竹园、梅若均在。旭人即作东，余唤素仙，幼亭唤张小宝，竹园唤姚芝卿，梅若唤陈巧云。更许而散。

十三日

午后，余以洋七十元买赵氏天官佩，托褚家老妪为介绍，尚有皮子玉孩、汉玉勒两件，还之。

十六日

旭人唤沈荌白船请客，未初下船，坐客费幼亭、冯培之，余唤素仙，出局者秀宝、小宝、小翠。

十七日

余往约潘端卿至汪宅观《江南春》卷。此卷青色笺，倪云林楷书《江南春词》，文衡山补图，和词者明贤十余人，汪俊民旧藏。俊民挈眷逃难，死于徽州，遗嘱子孙永保此卷。故其夫人甚珍秘，不轻示人。余托陆小松介绍，始得一见。

与端卿、小松偕访吴增龄，尚未梳洗，中人之姿。后至富郎中巷丁家竹游，有姊妹花，姊甚平平，妹颇柔媚。申刻散。后访郑小乔，未见。访王崧南之侄女，名书金，仅十五岁，颇文雅，鼻有微麻。

十八日

陆竹园家演剧请客，旭人、幼亭、梅若皆主人，坐客季玉、潘允之、汪云峰。余唤书金，而主人先为余唤素仙，故两美夹侍，出局者共十人。天气极热，勉坐至戌刻散。

十九日

傍晚至素仙处略谈。

廿一日

午刻，至褚家，偕旭人往大石头庵郑家，与吴语樵、潘季玉、端卿竹游，余与旭人各出移家贺份二十元，二乔特设款客。散后，复赴旭人邀，至褚家便饭，余唤书金。上灯后散。

廿四日

答严缁生。赴拙政园竹游，余与竹垞合，其三人子青、小舫、季玉，余胜 三元。

廿五日

至富郎中巷丁宅，与陆小松、新之及其帐友竹游。散后复至褚家，赴旭人招饮，余唤书金，坐客幼亭。

廿六日

至素仙家还局洋十五元。素仙出局，未晤。

廿七日

午后，赴拙政园之叙，先往约书金，少坐，即往与子青、语樵、季玉、郭安庭竹游，余与菊垞合。书金先到，余携之游园，出局者周墨卿及其徒小宝，季玉唤新到南京伎，不知其姓名。

廿八日

巳刻，约子青、平斋、小舫、季玉竹游，菊垞午后始来，余仍与之合，各下四元。子青借恽南田花卉册一本去。借用平斋厨子，所制熊掌甚佳。

廿九日

未刻，请客，余唤书金先到，旭人与秀宝继至，幼亭唤小翠，梅若唤陈巧云，偕往游园。

抵暮入席，戌刻散。吴语樵以目疾未到。

六月

初二日

巳刻，退楼招饮，坐客勒少仲、杜小舫、潘季玉，饭后竹游，少仲观局。

初三日

徐夔堂之子以谋缺事相托。午后，往晤恩竹樵、勒少仲，以此事托之。

初四日

午后，至素仙处做堂折。复访书金。

初五日

巳刻，往吊张子青之姊出殡。

初六日

申刻，旭人在褚家招饮，余唤素仙，季玉唤芝卿，幼亭唤小翠。

初七日

午后，至退楼园中，与小舫、敉闲竹游，香严亦在坐，余上五元。

初九日

湘芙祀财神，余往吃便饭。

初十日

旭人邀游花荡观荷，坐客青帅、幼亭，余唤素仙，旭人唤秀宝。褚家眷属俱往。押席两元已付。

十二日

携眷游花荡，快船两只，抵暮而归。

十三日

青帅邀余及旭人、幼亭花和，敉闲观局，余唤湘芙，敉闲唤方丽卿，乃初见者，秋娘老矣。旭人唤秀宝，幼亭唤素仙。

十五日

济成、济兴管事吴师范、朱槐轩来城议典事，余邀旭人、退楼集议，香严未到。议定将两典亏本三万三千串停利，以免虚本实本之累，典事庶有转机矣。

十六日

往拜彭太夫人两周。往晤香严，告以昨议典事。

十七日

旭人邀往褚家小饮，坐客敉闲、幼亭、冯培之、王介生，余唤湘芙，出局者方丽卿、素仙、芝卿、玉佩，并议武雅仙事。雅仙与其母对质，其母理屈词穷，当不敢另生枝节矣。

是夕，张姬忽发冷麻痧，手足拘挛，急令挑痧者针刺，并磨辟瘟丹两丸服之，渐愈。然已竟夕，不能成寐矣。

十八日

青帅招往竹游，因昨宵疲倦，辞之。

十九日

旭人招饮，适敉闲来晤，遂偕往，余唤素仙，敉闲唤小宝，宋文轩唤陈巧云。

二十日

香严招往网师园观荷。荷系新栽者，叶已满池，花尤繁茂。中开台莲，未开时，其形如钵盂，放足时，外层莲瓣，中层如牡丹，莲蓬内出，花如芍药，乃异种也。询之种花人，亦不知其何自来。香严请顾若波绘图，复作四绝句以张之。是日坐客敉闲、旭人、退楼，余唤湘芙、素仙，敉闲唤丽卿、芷卿，旭人唤秀宝。申刻散。

廿一日

彭芍亭招饮七襄公所，荷花亦盛，素称细种，然不及网师园矣。坐客退楼、小舫、旭人、敉闲、伟如。未刻散。

廿二日

冯培之招饮，仍在七襄公所。余未刻往，坐客羖闲、旭人、幼亭、吴植卿，余唤素仙，出局者芝卿、丽卿、秀宝。

廿三日

抵暮，偕两姬游怡园。

廿四日

午初一刻，五孙生一男。是日为莲花生日，周子《爱莲说》有“亭亭静植”一语，查新孩五行缺木，因以“则植”名之，取小名曰莲生。天气不甚热，生产甚速，皆可喜也。

廿五日

在退楼处与小舫、羖闲竹游，余胜五元。先至方丽卿家与羖闲茗谈，复至湘芙处，邀其明日至八旗馆。

廿六日

至八旗馆竹游，先是子青、菊坨、羖闲、郭安庭已入局，余到后与子青、菊坨皆合伙。出局者申酉之间陆续而来，余唤湘芙，此外有丽卿、绣琴、芝卿、墨卿、巧云。

廿七日

至退楼处与小舫、羖闲竹游，余胜二元。

廿八日

踵昨局，下四元。至素仙、湘芙家送还局洋。

七月

初一日

办义庄规庄稿。

初二日

申刻，旭人约在褚家小饮，余邀素仙偕往。坐客只幼亭，伊所唤小凝脂，号素琴，在京帮蓟家，年十四岁，秀出一时，余颇赏之。

初三日

敦闲两次来约竹游，余皆以办义庄稿辞之。

初四日

项琴舫乞书周宣灵王庙匾对，名其堂曰“善宝堂”，对联云：

负米养母，施药疗人，秉一念孝慈，成其正果；
川媚藏珠，山辉韫玉，集四方琛赆，惠我蒸民。

其庙盖珠玉铺中所建造者。

申刻，旭人在褚家招饮，坐客敦闲、梅若、培之，余唤素仙，出局者丽卿、芝卿、巧云。

初五日

往晤彭芍亭，答钱调甫之子，已还太仓矣。香严招游网师园，坐客敦闲、旭人，大石头巷郑妪携其二女来游。申刻散。

初六日

旭人招饮，为褚爱生受发，坐客余与敦闲、幼亭、梅若、培之，皆出贺份，各四元。有清音，各赏一元。余唤小凝脂，号素琴，出局者丽卿、芝卿、巧云。

初七日

在退楼处为张子青做寿，共两席，作主者香严、旭人、幼亭、敦闲、小舫，先作竹抹之游，余下二元。

初八日

往拜子青寿，为阍人所阻。往答吴备卿。晤潘顺之，其西席王仙舟先生为请萧莲士课八儿读也。

午后，子青来邀再往，坐客敦闲、幼亭、旭人、郭老三，余唤湘芙，出局者芝卿、素仙、素琴、秀宝，有帽儿戏、女滩簧。

初九日

余先往小金处茗谈。

申刻，至褚家，余与幼亭请客，坐客到者只培之一人。敉闲以腹疾辞，梅若有事不来。旭人亦托疾，实则吃秀宝有外遇之醋也。

十二日

旭人邀游虎丘，在接官亭下船，坐沈茭白船，客只李香严与余。余唤素仙，旭人唤秀宝。从虎丘小泊，旋至留园一游。

十五日

广东林启联为余画照，潘吟香从广东约来者。

十六日

复画昨照之未竟者，又为宝如画一照。

十七日

城乡哄传妖人以邪术剪纸为人压虎子，甚至有压毙者，小户及各铺家每有通宵不寐，鸣锣鼓以驱邪。余与杜小舫商议，请吴中丞面谕府县，在元妙观建醮三日，各绅士及寓公在大关帝庙建醮三日。余为领袖。巳刻，赴庙拈香。

十八日

郭安庭约游虎丘，在胥门城外下船，坐客子青、敉闲。在船竹游，余上四元，唤小凝脂，安庭唤巧龄。

十九日

为宝如补完小照，退楼邀竹游，子青、敉闲先至，余上五元。

二十日

为凌波画照。

廿一日

张菊垞招饮。巳刻，先往竹游，余与子青、菊垞均合伙，同局者敉闲、安庭，观局者琴舫也。晚饮，余唤素琴，出局者墨卿、巧龄、银宝吴家、素兰姓洪，在计家作伙。

席散，余与安庭送素琴、素兰回寓，茗谈而归。

廿二日

为凌波画照。

以七十元得赵松雪楷书《莲华经》一册，计十二页，郭兰石跋，卢南石藏本，彭岱霖经手。

廿三日

余画第二小像。

酉刻，赴旭人之招，在褚家，坐客敉闲、幼亭，余唤素仙，出局者丽卿、素琴。知素仙发热，促其早归。

廿四日

酉刻，至褚家，旭人、幼亭俱在。余密询添财，知旭人欲娶秀宝为妾，已还价二千元，而旭人秘不告余，殊不可解。

往问素仙病，热尚未退，小坐片时，嘱其珍重而别。

廿五日

请林翰池画第二照毕。

余与郭安庭为小凝脂做生日，余请旭人，未至，送礼洋四元。安庭请其侄纯卿、其友苏景云，景云唤张桂卿，有侍婢名金珠，数年前曾识余，纯卿唤墨卿。余与安庭拇战颇酣，归已略醉。

廿六日

巳刻，赴香严之招，坐客子青、退楼、旭人、仲复。归后往问素仙病，热尚未退，卧床呻吟，情态可怜，还其局洋十四元。

往访湘芙，还其局洋五元。

廿七日

季玉、幼亭在季家招饮，坐客郭安庭与余，余唤张桂卿，因其有侍婢袁宝珠耳，出局者姚芝卿、周小宝、陈巧龄。

廿八日

温明叔来晤。余与安庭合摆素兰酒，无他客，各出八元。

廿九日

午刻，赴香严之招，坐客芍亭、伟如。答温明叔。

三十日

至桂卿家茗谈，送还局洋三元。

八月

初一日

午后，小松、端卿来，偕至闾邱坊王爱姐家竹游，余下二元。

初二日

午刻赴张菊垞之招，大蒲鞋头船，坐客敦闲、安庭，竹游，出局者墨卿、绣琴、芝卿、素兰，余唤素琴。闻素仙病甚剧。

初三日

午后，至退楼处略谈。问素仙病，知服苏效东药，稍有转机。

至褚家茗。

初四日

端卿来邀，至闾邱王家，小松先至，与爱姐竹游，余下二元。

均至褚家茗。

初五日

在小沧浪亭问素仙病，知已稍愈，有生机矣。

初六日

午后，至王爱姐处，适小松与二友先在，遂作竹游之游。晚膳而归，余赠一元。

初八日

午后，赴宝积寺，拜杜小舫之太夫人九十冥寿。往晤程卧云，托其谈杨铁蕉家取石事，因买杨氏之石，由伊说合。此时，杨氏欲加价，另生枝节，故托其排解也。拜萧莲士先生，即从前萧离客先生之子，聘其明年来课八儿，送与聘金两元。往拜写照之粤友林翰池，共写四照，送与润笔四十八元。

舍舆徒行至闾邱及季家茗谈。

初十日

小五房新生莲生剃头，余抱之剃头。早晚坐客十席，晚间出局丽卿、绣琴、芝卿、银宝，余所唤者新宝，因素琴不在家耳。演帽儿戏，三小女孩，只十岁左右。

十一日

往谒吴中丞，递为已故河南巡抚钱调甫请谥公呈。又谒恩方伯，为汪秉翁典当公所董事被安斋呈请撤去，季玉托余周旋此事。

午后，至爱姐处茗谈，赠以节费八饼。

十二日

午后，至新宝处，还局洋五元；至素琴处还局洋三元，并赏下人二元。

十四日

吴中丞来答，彭雪琴宫保来晤，因舟无定所，故未往送。

往答彭芍亭，未晤，晤其弟岱霖并调甫之子，告其前递公呈，中丞许随月折办发矣。往晤李香严，托其写匾，适敉闲亦在坐，扰其午饭而归。至闾邱王家，告以往游端园，舟已唤定，十七日在胥门码头下船，小憩而返。

十五日

是夜，月色朦胧，照常早寝。

十六日

巳刻，至八旗会馆赴吴语樵、郭安庭之招，子青、菊垞、敉闲、安庭先作竹游，余与菊垞合伙。郑氏双乔来游园。酉刻，余与敉闲先散，至听枫山馆，与退楼同作主人，为彭芍亭饯行，并请其弟岱霖。戌刻散。

十七日

约闾邱游端园。巳刻，至大码头下船，到园已未刻矣。因不放游人，园中寂无一人，登陟颇畅，惜桂花未开。归时已上灯。

十八日

子青约石湖看串月。巳刻，至大码头下船，坐客常云衢、郭安庭，作竹林之游。午刻至石湖，过行春桥，泊舟湖心，大小船约数百，游人如蚁。待月上，晚饮游舟尽散，留者寥寥。闻至夜半，月到天心，桥洞中各有一月影，故名串月，然及见者恐无人矣。

昨接京信，知研生未得闱差，诸孙免于回避，已入场矣。

十九日

午后，至闾邱茗谈。复访素仙，病虽愈而体弱，尚未出门。以珠环相示，云取于倪源源者。余许其代售。

二十日

略觉伤风，游后园，在桂花亭坐久，风吹体冷而归，鼻塞更甚。

廿一日

伤风，服曹实甫药两剂。

令三儿送彭芍亭北上之行，并托其招呼它日义庄入奏请御书匾事。

廿三日

至闾邱茗谈。

廿四日

往访素仙，约其明日网师园小叙。

往问小舫病，未晤。往晤退楼、幼亭。适幼亭坐客四人欲游怡园，不得其门而入，余遂为引导，遍游园中。

廿五日

巳刻，至瞿园赴香严之招，坐客张子青、费幼亭、潘羖闲、吴退楼，余唤素仙，幼亭唤素琴，羖闲唤素兰、芷卿，羖闲因长女病，不终席而去。酒罢小作勾留，散已申初矣。

廿六日

大孙女病，伤寒已十余日矣，昨日颇剧，今日稍定，服曹实甫药尚效。退楼来视，并邀名医马培之来诊，方与实甫大同小异，故未服其药。

廿七日

至间邱茗谈。

廿八日

至素仙及褚家茗谈，询知十九日旭人以二千元为秀宝赎身，在叶家巷租屋而居。旭人之妾张巧珠廉得其实，于廿三日率领女仆、轿夫赶至新居，将秀宝及家人遍殴，首饰、箱笼、器具席卷而去，并将旭人殴辱禁锢，闻秀宝已往上海，未知作何结局也。

廿九日

往晤费幼亭，谈旭人事。访素仙，茗谈。

九月

初三日

巳刻，至宝积寺建水陆道场七日，并为余与先室浦夫人，张、浦两姨及夔伯夫妇还寿生，是日为始。

初四日

至寺拈香。

初五日

至寺拈香。

是日，为先室浦夫人、亡男夔伯还寿生。

初六日

至寺拈香。

初七日

至寺拈香。

初八日

至寺拈香。

初九日

是日，圆满功德，并为余与两姨、大媳还寿生，亲友来拜寿堂者共三席。午后，焚化纸房及库箱等，观者如堵。水陆道场及还寿生共费四百元，张姨出百元。余以二十元敬请檀香雕琢西方三圣。衡峰和尚为余设长生位，殆以酬德功耳。

初十日

酉刻，在素仙家设席，旭人先到吾家，同往彼处，敉闲继至，唤方丽卿。散尚早。

十一日

巳刻，勒少仲借听枫山馆请客，坐客沈仲复、敉闲、伟如、小舫。退楼与余谈办保甲事，未有定议。

题陈丹山照集东坡句：

颊上三毛自有神，归来始识岁寒人。
相逢握手一大笑，万劫清游结此因。

鸠仗先生愈少年，神妙独到秋毫颠。
年来齿发老未老，已向闲中作地仙。

十二日

上虎丘扫墓。巳刻起身，余偕八儿乘舆往，三儿暨孙辈坐船而去。午刻祭扫毕，在船午餐，归途游留园。

是日，怡园梅花馆前立一竖峰，颇玲珑，与东首一峰并峙。

十三日

至顾棣园、程卧云两家贺伊孙姻喜，拜浦六舅嫂五十寿。

十四日

午后，闻雷而雨，惜雨不大，今年交夏以来，雷声甚少，无大雨者已百余日，农家云泽甚殷，园中池水久涸，鱼皆枯死矣。

至素仙处茗谈。

金陵榜信，元吴中式者七人。

十六日

北闱榜信，顺之之孙志窠、伟如之子志俊皆中式。七省官卷共二名，尽为潘家所占，亦盛矣哉。元和顾肇新，东山之孙，缉亭之子。吴县王恭让、尤先甲。

十八日

退楼在听枫山馆设席看，坐客子青、仲复、眉生、敉闲、小舫、伟如与余。

二十日

勒少仲借听枫山馆请客，并议保甲事，坐客敉闲、伟如、仲复、眉生、小舫、退楼。

是日，费幼亭之太夫人生日，余晨往拜寿，晚间邀吃寿酒，有帽儿戏，侑觞余唤素仙，主人唤陈巧云。

廿二日

张子青邀看菊花，午饭，坐客小舫、退楼、仲复、眉生、伟如。

廿四日

伟如借拙政园请客，即廿二日所请之客。

廿五日

午后，看温天君会，途遇顾鉴亭，同往元署前。

廿六日

首府三县约午后请诸绅士往元妙观方丈议留难民事。

廿七日

至察院场珠宝铺，遇潘梅若，同至高银宝家茗谈。

三十日

郭安庭与其韩、刘两君为张菊坨做寿，即在安庭设席，备清音，并请子青与余，扰其早晚两席，另有扬州许、王二君皆盐商同席，作竹游四转，余下四元。

十月

初一日

昨夜至是日皆大雨，逆数不雨已百余日矣。唤沈茭白船及蒲鞋头两只，为菊坨祝寿，并请子青。作主者香严、幼亭、敉闲与余。未到者小舫、退楼、仲复、旭人。出局者素仙、素琴、宝珠、墨卿、姚小宝及其妹小七。归已二鼓。

初二日

午后，至拙政园拜菊坨六十寿，出公份四元，在远香堂，江西班女伶弹唱，坐客香严、退楼、仲楼、仲复、敉闲、伟如、旭人、幼亭、培之、安庭与余。出局者除余唤素仙外，周墨卿、方丽卿、杨宝珠、李翠娥、季素琴即小凝脂、张湘芙、姚芝卿并其妹小七、张月卿、小翠、周小宝。

初三日

午后，答拜伟如，询知昨日伊与盛杏荪往见吴中丞，谈及赈济饥民无款可筹，杏荪言上海道冯竹儒捐上海殷商银五万两，预备赈济福建饥民，沈制军因非本省之事，何必苦累商人，拒而不收，而吴中丞已批准，事在两歧，何不以此款赈济本省饥民？中丞以为然。杏荪又言上海招商局及沙船运米往天津，每担扣水脚钱三十文，此款统计有数万串之多，亦可提用赈济，中丞又以为然。拟在七濠口设厂赈济未渡江之饥民，在江阴设厂赈济已渡江之饥民，中丞皆以为然。余胸中有此底稿，往晤李薇生，即以昨事告知，又以义庄事托其速即上详，又以武庙道士朱仰仙求添经费之禀托其转详藩司。又往见藩司，托其义庄事速即上详，并附详援案请匾事，又递请建吴县义仓公呈，又代徐燮堂递求补缺履历。

初五日

巳刻，费幼亭招饮，坐客两席，官绅皆有，熟人只旭人耳。散后旭人邀往武家完结雅仙之事，以八百元代刘荫樾赠与雅仙之母，作为身价，余与敉闲皆为介绍。余唤朱兰卿，乃雏姬耳，意在其使女千金也。

初六日

来远桥失慎，焚去市房六间，前月吊桥堍已焚去一所，何运气之不佳耶。

初七日

至素仙处茗谈，向以素仙为痴憨一流，兹与细谈，似尚懂事，殆秀外慧中者耶。

初十日

巳刻，往拜费幼亭太夫人寿，敉闲约往退楼处与采香竹游，申刻罢局，余下二元。往约素仙，至幼亭处出局，及余先往，则宾客五席观剧，衣冠济济，未便令素仙侍饮，因令其陪内眷同坐，终席未曾一面，亦出局之变局也。

十二日

午后，费幼亭还席，演小班，拆大雅班脚色十余人共演，坐客五席，出局者九人，余唤素仙、湘芙。

十五日

张菊垞招饮，侑觞者有江西女清音两班，其一班有女伶金珠者，旭人所赏，故代唤之。坐客幼亭、旭人，余唤湘芙，幼亭唤素仙，菊垞唤芝卿，余巳刻先到，与青帅竹游，下四元。

十六日

小舫之子完姻，余往贺之。

十七日

午刻，往吊蒋莼卿夫人之丧。散后旭人邀往江西女伶家小饮，余与幼亭、旭人先至钱江会馆，拜邵步云，未遇，即在彼换衣至沈家巷。巷小不容轿进，下轿，践泥途而入。登其小楼，珍珠、明珠伺候颇殷勤，从东来叫菜来，双珠并嘱不足为外人道，可谓掩耳盗铃。

十九日

申刻，沈书森招饮，坐客退楼、敉闲、旭人、幼亭，余唤素琴，出局者素仙、芝卿、素兰。

二十日

冯培之借潘吟香处招饮，坐客敦闲、安庭，培之、吟香竹游，余与吟香合局，各上二元，幼亭后至，余唤素仙、素琴，出局者吴兰卿、吴绣琴、素兰、巧云、芝卿。

廿一日

余与旭人、幼亭作东，借拙政园请子青、菊垞、安庭、敦闲，先作竹游，余与菊垞各局，各下一元，余唤素琴，出局者杨宝珠、绣琴、素兰、巧龄、巧云。是日，唤江西班女伶。

廿二日

下午，往访素仙，赠以翠蝶簪。

廿三日

下午，因义庄事，往晤吴中丞、李薇生谢之，并贺勒少仲署江藩之喜。

廿四日

中丞来答拜，谈及义庄请奖御书匾应归奏案，虽有河南奏案可援，尚恐不稳，因商俟彭芍亭先奏，如奉旨允准，再行援照。

下午，公贺沈书森添丁之喜，同人退楼、敦闲、旭人、幼亭与余，公送江西班，余唤素仙，出局者芝卿、丽卿、巧云。

廿五日

下午，往晤恩方伯，嘱其将义庄缓详以俟京信。

程藻安借潘吟香处请客，坐客敦闲、培之、吴子佩、金子久，余唤素仙，因素仙早去，又唤素琴，出局者素兰、芝卿、丽卿。

廿六日

下午，送还书金局洋十元。

廿七日

下午，送还素琴局洋十二元。

廿八日

下午，送还素仙局洋廿四元。适遇郭安庭，偕至玉佩、书金、绣琴三处茗谈，安庭留余在绣琴处小饮，余辞之而归。

廿九日

下午，访素仙。恩方伯送义庄执照来。

十一月

初一日

敉闲、书森合请薛慰农、徐诵阁、沈子梅与余，在书森公馆中，余唤素仙，出局者丽卿、芝卿、素兰。

初二日

往晤织造文秋圃，为顾希山说接充库书缺事。

潘吟香招饮，下午始往。坐客子青、敉闲、培之，余唤素仙，出局者兰卿、芝卿、素兰。

初四日

八儿发热已五日，是日始见出痧，请吴晋仙诊。

初五日

八儿痧点渐齐，仍延晋仙诊。

是夕冬至。

初六日

辰刻，请吴新之诊视。八儿痢，昼夜有二十余次。

初七日

巳刻延新之诊视。因心绪不宁，辞初九日旭人等所送大媳五十寿公局。

初八日

巳刻延新之诊视。

是日为大媳五十寿，有清音，坐客十席。

初九日

巳刻延新之诊。

初十日

巳刻延新之诊。八儿自痧发后痢疾甚剧，至今日始减，余与浦姬始放心，然连日之愁急，已不堪言状。

朱氏外孙女二小姐嫁与赵鲁沂之子揆之，于初六日由木渎接其来家。不料其身怀孕，初八日已见红，至今日竟小产。人皆归咎于张姬之不应接来，然赵鲁沂夫妇既知伊媳怀孕，不应放其出门。两面均有不合，不能只咎一面也。

十一日

午后，新之来诊，云病已渐愈，药亦减轻。

十六日

午后，香严来游园，极其赞叹。徐颂阁、幼亭父子来看字画。

十七日

午后，费幼亭邀至素仙家小饮，坐客徐颂阁、汪芙卿、吴子佩、罗少耕，余唤素琴，出局者吴增林、吴吟宝。

十八日

午后，至素仙处茗谈。

十九日

午刻，答金眉生、英茂文，俱未晤。至留园赴旭人、幼亭招饮，坐客陈仲泉、沈书森、沈子梅、潘季玉、冯申之、培之、严伯雅、徐颂阁、张 ×× 与余。余唤湘芙，出局者武素仙、桂仙、季素琴、洪素兰、姚芷卿、小七、李翠娥、吴吟宝、李巧生。

二十日

申刻，至书金家请客，所请者徐颂阁、费幼亭、吴子佩，出局素仙、素琴。素仙、素琴因余在书金处摆酒，皆露不平之色，归后大哭。余与吴、费两君皆往素琴处茗谈。

廿一日

酉刻，子佩邀往吴增林家，余唤书金，坐客颂阁、幼亭、罗少耕、唐老三，出局者素仙、吴银宝、石月卿。石月卿初见，颇免柔媚。

廿五日

王跷仙从光福觅得古柏一株，数百年物也，植于岁寒草庐庭中之东南隅，掘去已枯罗汉松一株。此柏古干离奇，枝如虬凤，为庭中群树之冠。

廿六日

申刻，请徐颂阁、陆凤石、吴备卿，请而未到者许星叔、费云舫。

种黄杨一株于舫垒之北，亦百余年物。

廿七日

申刻，往访湘芙，还其局洋廿二元。往晤荫甫，托其写匾。

廿八日

申刻，往访素仙，遇雪而返。

是日微雪。

十二月

初二日

题牡丹厅匾曰 :“看到子孙。”义庄之东，筑堂三楹，庭中多植牡丹，因节诗语榜之，愿我后人勤加培植，比于田氏之荆、窦氏之桂可也，乃作赞曰 :

义庄之东，筑室三楹。姚魏名品，植于广庭。罗邺诗语，可榜可铭。愿我后裔，培植滋荣。抱瓮灌园，负来横经。方兹嘉卉，窦桂田荆。

初三日

申刻，访素仙，以狐须袄赠之。

初四日

申刻，访素仙。适广友方君为素仙画照，陪至上灯时归。

初六日

申刻，又在素仙处陪方君画照，至上灯后犹未画完，促其携回寓所足成之。归途遇雨。赠素仙小对一幅，上联云“天孙织绡素非素”，苏子由《巫山庙》诗也，苦无成句为偶。余自撰下联云“湘灵鼓瑟仙乎仙”，颇为强对。安见古今人不相及耶？

初七日

吊程太夫人韬安礼□。答潘伟如。

初九日　雨

写“看到子孙”匾跋语，四易乃成。

十一日

二小姐回木渎。

作《石听琴室铭》：

生公说法，顽石点头。少文抚琴，众山响应。琴固灵物，石亦非顽。

见子承于坡仙琴馆操缦学弄，庭中湖石有如伛偻丈人作俯听状者，石殆不能言而能听者耶？覃溪学士此额情景宛合。急付手民，以榜我庐。

十三日

费幼亭来，同访素仙。

十四日

往约幼亭。先至书金处送徐诵阁所书楹帖，其句云：

可许书窗常伴读；

预营金屋待藏娇。

复至素琴处送还局洋四元，又赠二元。复往访张少卿，不见者已七年矣，新从张小伊处跳出火坑，虽憔悴可怜而风致楚楚，有飞鸟依人之态。茗谈良久而散。

十五日

抵暮大雪，竟夜不止，约四五寸。

十六日

至园中看雪景，如在琼楼玉阙中。

十八日

王跷仙从穹窿山坞人家购得大白皮松一株，载入城中，泊舟草桥堍，须数十人牵挽，因雇轿役二十人助之，用蹋车拉之至尚书巷口，艰于转弯，大费周折，拉至园中梅林过夜。

十九日

令匠役数人先树鹰架于拜石轩，然后将松树种入，松梢高过小楼屋檐，但愿经春荣茂，乃为万幸。

旭人邀饮，设席于留园，午集申散，坐客张子青、许云樵厚如，陕甘提饷委员、宋文轩、费幼亭。余唤素仙，出局者王雅琴、高银宝、杨巧林，侑觞者江西班珍珠。

二十日

连日雨雪，园中池内水积数寸。

廿一日

立春。口占一律：

不干外事守吾庐，风雨萧萧逼岁除。
兴索懒斟新酿酒，感深欲广绝交书。
庭松乍种已巢鹊，池水渐添仍少鱼。
江北素闻沾雪泽，哀鸣计日返乡闾。

又有感一律：

几人爱护讼庭花，自许今之古押衙。
纵使惊鸳拌打鸭，都缘叹凤误随鸦。
姮娥奔月偷灵药，湘女凌波泛海槎。
好返苎萝村里住，莫过别舫抱琵琶。

廿六日

连日阴雨，是日地始干燥。往退楼处晤谈，并邀采香茗谈。适玉泉、吴清卿来，共谈良久。往访素仙，开发局洋三元。

廿七日

往察院场珠宝铺关账。

廿八日

大雪数寸，往园中眺览，如在琼楼玉宇世界。

过年祀祖、祀先。

一白皓无际，高楼冒雪登。
纷飞银汉水，冻合玉壶冰。
远塔苍茫失，危栏寂寞凭。
峰峦堆积素，石骨尚嶙嶒。

松籁阁直北，正对北寺塔，雪中失之，余因短视，然明眼人亦不能办也。

是夕过年。

三十日　晴

寒甚。王默安送对告帮，赠与两元。

光绪三年岁次丁丑

春　王正月

初一日　晴

午后，往各当道及八旗会馆，顺路拜年。

初二日　晴

午后，往各处贺年，至浦宅拜岳父母影堂。

初三日　晴

午后，往八旗会馆唁张子青太夫人之丧。沈仲复来游怡园。

初四日　晴

午后，李香严来晤，偕至沈仲复处，观其新得虢叔大霖钟及仲敦，皆周器中精品。复同至八旗会馆往唁。是日辰刻，大殓，抵暮往拜，名曰接三。

初五日　晴

申刻，赴吴中丞春酒，共两席，同席者潘顺之、顾棣园、蒋心香、盛旭人、潘伟如、蒋仁卿、潘季玉、费幼亭。

初六日　晴　大风

寄信答彭芍亭、朱研生，托伟如带去。

初七日　晴

大孙欲娶妓女李翠娥为妾，严训止之；继而欲娶小洪，亦不允也。

游察院场，至艺古斋略坐，其余珠宝铺俱未开张。

十二日

巳刻，盛旭人、费幼亭于留园请春酒，坐客吴子健中丞、潘伟如，余于十点钟先到，只有幼亭已到，旭人、伟如陆续而来，中丞到已午正矣。席散已申刻。

是日恩竹樵、薛世香、英茂文在沧浪亭请春酒，余欲到留园，辞之。

十三日　晴

往访素仙，即偕其诸姊妹游园，仍送之归而返。

十四日　晴

巳刻，往约潘伟如至八旗会馆公祭，各送祭幛，合送祭筵。

往答沈莲卿，谈昆山当被窃事，因朱鹤生有连，即致书鹤生，令小鹤来城面谈。

十五日　晴

沈仲复、吴广庵、王默安来谈。赠默安二元。

十六日　晴

江子山、陆于如、伊少尹来抹和。

十八日

抵暮，女仆入厨下，瞥见从空坠下一红丸，大如弹丸，或系花炮余烬，否则恐是灾异，合家皆生疑惧。

十九日

晨起，诣火神庙、城隍庙拈香。

二十日　夜雨

是日张、萧、李三塾师皆到馆。

廿一日

午后，访湘芙，新迁居于宫巷口。

廿三日

午后，往游各珠宝铺。

廿四日

抵暮往晤李薇生，送还存项二千金，随即收还存折。

廿九日

往拜许星叔、史伟堂，俱未晤。

三十日

杜小舫、吴退楼在听枫山馆招饮，同席许星叔、沈仲复、潘季玉、吴清卿。席散后星叔、清卿来游怡园。

往访素仙，未晤。

二月

初一日

汉玉凤钩失手坠地而碎，懊恨之至，生年于古玩之物未尝有损失也。

初二日

余与旭人同往，主人在留园请许星叔、李眉生、杜小舫、吴退楼。往问浦佩卿病，病已十一日，其势颇重，余荐朱小舫往诊，未知能挽回否也。

初三日

午刻，沈仲复招饮，坐客许星叔、杜小舫、吴退楼、李香严、潘季玉。

初四日

午刻，李香严招饮，坐客许星叔昆仲，其余即昨叙之客。

十四日

杨双凤来游园，即挈之往素仙家摆酒，客只费幼亭一人，出局陈巧云。

十六日

申刻，往拜新署苏州府谭曙初，未晤。即往双凤家摆酒，并唤素仙出局，坐客仍只幼亭一人，仍带巧云。是日双凤与素仙皆有出局，直待至戌刻始归，而双凤已醉，心颇厌之，酒散即归。

十七日

在幼亭家公请李薇生、谭曙初，共两席，主人蒋心香、仁卿、潘季玉、吴清卿、程藻安、吴语樵，未到者顺之。

二十日

上虎丘老坟，余与八儿乘轿往，儿孙辈及槐卿、湛甫、瑞宝俱坐船往，午刻会齐。祭毕，在船中午饭而归。

费幼亭、陆竹园公请余与余幼冰，席设陆家。余唤素仙，出局者双凤、石月卿、王桂云。

廿三日

沈莲卿有当典在昆，邻居失火，该典失物数十票。朱研生之堂兄鹤生有两票在内，以致涉讼，照例应赔对价。余为调停，莲卿送与朱氏礼物一百廿元，此事遂了。

廿五日

大孙欲娶李翠娥为妾，余与大媳皆不许之。大孙租娶之赁屋在九胜巷居住。余往晤长邑令万小亭，令其驱逐翠娥出境，立时饬差往逐。

廿六日

李翠娥自来面求，余斥退之，讵大孙偕之而遁，冒雨开船而去，据传闻云往上海去。

廿七日

吴退楼、杜小舫招饮，并嘱各携书画数种共相欣赏。坐客沈仲复、李香严、陆存斋、吴清如、潘季玉与余共六人。余携宋拓《十三行》两种，并梁少甫所押赵松雪书《秋兴赋》卷，此外各人所携者，瑕瑜互见。然此种雅集已不可多得矣。

廿八日

巳刻，至胥门大码头下船，往下沙塘扫墓，余与儿孙共两船。墓上树甚郁葱，石岩甚盛。

浙江余姚杨乃武一案，刑部奏结，承审之杨石泉中丞、胡小泉学政、杭府陈伯敏、宁府边仲思等皆革职，余姚令刘公发新疆。

廿九日

小考出案，五孙未进。玉泉之孙、备卿之子皆入泮。

三月

初二日

发谕大孙信，痛斥之。信中各处穷其所往，实则逼其归家也。

发答研生、芍亭两信。

（眉批：三月廿二日李香严借去小米书画卷，有匣，此卷现在退楼处。）

初四日

往吊温平叔之子之丧。

初五日

持珠子大小三十八粒售与同源，计洋二百九十元。虽照本所亏尚多，然他处珠宝铺皆还不到此数也。

初七日

为藻安修塔事往访恩竹樵方伯，未晤。答潘季玉。

初八日

艮庵庭前牡丹盛开，开筵请客。客于午初到齐，李香严、杜小舫、吴退楼、潘季玉、吴清卿，未到者沈仲复、盛旭人。

大孙自沪归。

十一日

约素仙游天平山。巳刻，在胥门大码头下船。午刻，至山下，与素仙偕坐山轿登山，径至下白云，游人拥挤，几无立足之地。在钵盂泉侧小憩啜茗，即下山乘舆返舟。无隐等处俱不敢往，畏人挤故也。归已抵暮。

十二日

季玉招饮，赏牡丹。同席者香严、旭人、退楼、小舫、清卿。

访素仙不值。

十四日

素仙、桂仙来游园。

十八日

香严、清卿同作主人，在网师园招饮。坐客退楼、小舫、季玉、旭人。各出书画，共相欣赏，香严于上年以千金得宋元名人书简，潘顺之所售与者，系松下清斋旧藏，翁覃溪每页皆题“真无上妙品”，余以石谷《秋山图》卷、石涛书画卷嘱清卿篆书观款。

见会试总裁房官单，宝中堂、毛昶熙、钱宝廉皆总裁，其余无素识者。

二十日

有赠：

称身初试薄罗裳，坐爱风轩纳晚凉。
袅娜纤腰才一捻，教人错认柳枝娘。

幸是三生有夙缘，玉梅树底遇婵娟。
纵然未遂双飞愿，小鸟依人剧可怜。

题东坡像　集苏诗

人间何处吐长虹，春在先生杖履中。
此去若容陪坐啸，海山无事化琴工。

抱琴无语立斜晖，草长江南莺乱飞。
要伴前人作诗瘦，为问鹤骨何缘肥。

万劫清游结此因，雪中屐迹镜中春。
古琴弹罢风吹坐，长与东坡作主人。

芒鞋竹杖自轻软，鹤骨龙筋尚宛然。
至今遗像兀不语，神妙独到秋毫颠。

恍然一梦瑶台客，乘兴真为玉局游。
素琴浊酒容一榻，不妨仍带醉乡侯。

独立千载谁与友，坐视万物皆浮埃。
愿君净扫清香阁，要与梅花作伴来。

袖中自有南风手，断处人言霹雳焦。
最爱长康画金粟，苍颜得酒尚能韶。

何人得似苏司业，他日终须顾虎头。
杖策频过知未厌，城南短李好交游。

通词悔不托微波，岂有娇嗔怕掷梭。
最是萦回肠九转，回眸一笑晕双涡。

任人平视了无猜，佯看金鳞倚钓台。
道是无心托明月，不应却扇屡徘徊。

问年碧玉正盈盈，不解心招与目成。
戏摘青梅遗小妹，赚他笑口绽朱樱。

廿二日

是日为余生辰。退楼、小舫、季玉、旭人、幼亭、香严、清卿并樽来祝，并唤姚士章说书。午间席散，季玉、旭人、香严留晚饭，余唤素仙，幼亭唤巧云，季玉唤素兰、丽卿，皆陆续而来。惟香严唤张少卿，久待不至。香严先散，诸客皆散，少卿始来，辞之。

廿三日

午刻，赴顺之招饮，在三松堂看娑罗花。坐客退楼、小舫、香严、季玉、清卿，演小班答席，并添唤大章班老伶七人同演。退楼等俱来。小舫、香严、季玉、清卿归后，仍演小班，不请客，演至子正始散。

四月

初三日

季玉、忆萱、端卿来园，与余竹游。张少卿来园，请袁子辛画照。男小姐同一张姓姬人来游园，亦季玉所约。

初四日

午前，答沈书森，送吴清卿行，未晤。答刘松南印星，江西人，据云伊叔与我辛卯同年、俞荫翁。午后，往晤张子青、菊垞，长谈。

初五日

在小沧浪亭见幼亭，陆竹园在素仙，即过彼一叙。余作便饭东道，幼亭唤王雅琴，竹园唤陈巧云。

初十日

午后，季玉来，偕往阿男处，唤月三来竹游，余下七元。

十二日

午后，访素琴，今年第一次见面。

十三日

请袁子辛画照。

十四日

沈莲卿携樽来怡园，邀书森、季玉作陪，并唤少卿、素琴、素兰、宝珍出局，酬余调停朱氏一事之劳也。

二十日

往晤香严，取回小米卷，募归善局捐，每月两元。午饭后，往晤沈仲复，亦写捐两元，送小米《云山》、石田《长江》两卷与张青帅阅看，归途访潘吟香。

廿一日

余与季玉、敬之在怡园竹游，请子辛为素兰画照，并唤素琴。

廿二日

季玉、藻安请蔡滋斋、冯申之。季玉唤素兰，申之唤巧生，余唤素琴，并请子辛为其写照。

廿三日

巳刻，往约潘端卿、陆小松至海红坊张家竹游。有一姬人，即吴妈之甥女。潘子山后至，共竹游，抵暮散。

廿五日

冯校邠入乡贤祠，午后，往送，郡绅毕集。是日吴子健主祭。

廿六日

冒雨至小松家，偕伊弟二人及端卿同至水潭巷丁家，手谈。

廿八日

在园与季玉、江子山、琴舫竹游。午后，雅仙来，与季玉谈刘处事。

廿九日

在过云楼与江子山公饯申之，陪客季玉、藻安、备卿、仁卿。午前季玉、备卿、申之、藻安竹游。晚饮，唤素仙、素兰、少卿、巧生侑觞。

五月

初一日

送还素仙局洋，复至纪家送还素琴局洋，知素琴抱恙归家，复至富仁坊住家访之，卧床无语，态度可怜，另赠五饼。

初六日

小松约往张月三家，与其弟及端卿竹游竟日。

初八日

在怡园请客赏荷，到者仲复、小舫、退楼、季玉，请而未至者俞荫甫，因小恙故也。饭罢与小舫、退楼、季玉竹游，适勒少仲来访，畅谈而散。

初九日

为义庄事往晤吴子健中丞、恩竹樵方伯，并答少仲。是日退楼、小舫请少仲，余与季玉作陪，散后访素仙。

十一日

与季玉、琴舫、张莼溪竹游。

十七日

旭人与幼亭在留园请客，余先拜吴 × × 先生，请其教课孙辈，送怡园记纸与荫甫。巳刻到园，坐客少仲、香严、仲复、退楼、小舫。池荷稍开，不及我园远甚。

十九日

在怡园与少仲饯行，坐客香严、小舫、旭人、幼亭。池荷盛开，坐客皆叹赏。

二十日

季玉、琴舫、子山竹游，余与子山合。

廿一日

久旱望雨，自十六日起连日雨，虽不甚大，已可插秧。今日始见日光。

在园得句云：

燕掠飞花供蹴鞠，鱼穿浮藻捉迷藏。依蒲鱼入定，对竹鹤忘言。　水榭摊书午枕凉，昨宵新雨过银塘。涨痕几许，戏把钓丝量。燕掠飞花忙蹴鞠，鱼穿浮藻捉迷藏。一池风定，自在白莲香。

风摇树影鱼惊避，云护林梢鹤稳栖。疑是银河落九天，雷车□□雾漫漫。

黑云堆墨，闪烁电丝穿。隔树烟横孤塔没，跳珠雨急万荷喧。剑沟梭溜，雪瀑一绳悬。

廿三日　大风雨竟日

园中树木被风吹欹侧者甚多，池中水涨约二尺，各处石牌楼、破屋吹倒者亦多。有一航船遭风，溺死二十余人，亦风灾也。惟田中可以莳秧，蝗蝻可冀扑灭，乃可喜耳。

与子辛、敬之、衡甫竹游。

六月

初三日

青帅来游怡园，留其便饭，阅字画二十件。

初四日

青帅借去渔山《临山樵横山晴霭》卷、南田花卉七页册。

初五日

在听枫山馆与青帅、季玉、小舫竹游，下十三元。

初七日

往拜薛世香廉访，未晤。往晤青帅，取归题石册。

初九日

旭人邀往留园午饭，与青帅、季玉、小舫、退楼竹游。

初十日

沈仲复送牝牡鹿各一，小鹿一。园中鹿房新造，大小两间，鹿至如归。

十一日

仲复复送一鹿来，此鹿性极咆哮，入笼后逃出三次，角已受伤，归入鹿房与母鹿同柙，始觉相安。怡园中忽得四鹿而仲复处遂无一鹿矣。

十二日

往拜恩竹樵寿。往晤万小亭。

十三日

季玉、子山、琴舫来竹游。

十四日

《曝言》十五本抄完，寄还吴冠英。得断句云：

> 篱雀久驯除竹挡，笼鹦调熟唤茶来。
>
> 循廊负手，剔藓读残碑。
>
> 南田小隐，云溪钓徒。呼之欲出，仙乎仙乎。南田象赞。
>
> 云溪钓徒，剑门樵客。挥洒云烟，一时双绝。南田石谷象赞。

廿一日

藻安、培之在褚家招饮，坐客季玉、吴子备，余唤素仙。

廿三日

吴子备在褚家招饮，坐客季玉、藻安、培之，余唤素琴。

廿五日

余为素仙补生日设席，坐客吴子备、季玉、幼亭、藻安。

廿八日

青帅招饮，坐客眉生、仲复、小舫、退楼、季玉，并作竹游。

七月

初二日

与子山、敬之、莼溪竹游。

初四日

听枫山馆招饮，坐客青帅、眉生、仲复、季玉，并作竹游。

初五日

咏怡园秋色：

纷红骤绿满阶除，秋色斓斑画不如。
霜滋露染，花叶十分腴。
野趣别饶蜂蝶外，芳时转胜燕莺初。
依稀金谷，七尺斗珊瑚。

初七日

端卿来园请客，共两席，余亦与焉，竹游，与端卿合。

初九日

郭安庭偕其友杜东伯来竹游，东伯是手谈高手，余邀忆萱、蓴溪与之对垒，东伯下五元，可见高手亦无把握也。

十一日

郭安庭招同青帅、季玉竹游，扰其朝夜膳而归。

十二日

夜大雨，池水顿长盈尺。

十三日

小风吹水碧生鳞，见惯文鱼不避人。藕花深处，藓磴坐垂纶。　　饲鹤储粮餐竹实，调鹦舒爪剥瓜仁。呼僮剪柳，让出石嶙峋。

十七日

仲复招饮，坐客青帅、香严、退楼、小舫、季玉。饭后与青帅、小舫、季玉竹游。青帅为余作《怡园图》小帧，并题《拜石轩》诗。

十八日

午前，至嘉馀坊访素仙。

窥宋墙东早结邻，者番真个许销魂。羞红晕颊，那解体横陈。　抱月飘烟腰一尺，携云握雨趾三分。枕边私语，吹息似兰薰。

题张子青画册：

国朝艺苑超先代，老辈前身是画师。
我与画禅定公案，南宗法乳在南皮。

泼纸云烟墨未干，一遍珍重比琅玕。
据舷狡狯至何敢，馋眼摩挲且饱看。

剪取怡园入画图，鸥波明瑟鹤林纡。
他年吴下征名迹，定有虹光贯顾厨。

晚寓名园暂乞身，早施德政泽吴民。
即论范水模山客，我亦攀辕卧辙人。

八月

初二日

听枫山馆饯青帅，余作陪，竹游。

初三日

沈仲复踵前局。

初四日

汪赓虞踵前局。

初五日

冯培之踵前局。

初六日

盛旭人、费幼亭在留园，踵前局。

初七日

余在怡园，踵前局。

初八日

潘季玉踵前局。

初九日

李香严踵前局。

初十日

蔡滋斋踵前局，借听枫山馆。

十二日

挈眷游留园，并游虎丘。

十三日

往拜沈太夫人寿。

十五日

怡园公饯张子青、菊坨，作主者李眉生、沈仲复、吴退楼、杜小舫、盛旭人、费幼亭、潘季玉、蔡滋斋与余。上灯后散。

十六日

巳刻，至八旗会馆公祭。李眉生、旭人、幼亭、季玉、培之与余。

十七日

张子青太夫人出殡，在齐门下船。同乡在渔郎桥设公祭，共十九人。

二十日

挈眷游观音山、无隐庵、天平山。至白云泉小憩，桂花盛开，游人绝少，颇可畅游。

好借清游结净因，精蓝新洗劫余尘。
蓬头稚子红颜妾，联臂推移大法轮。

访桂来游高义园，品茶还憩白云泉。
年来腰脚犹轻健，扪壁猱升一线天。

五年不踏天平岭，无隐重寻旧草堂。
鹿苑西归明久谪，轮园老桂为谁香。

西风料峭袭罗衣，浓树萦回合翠微。
一路木樨香不断，晚蝉声里笋舆归。

廿四日

芙容桂树开都晚，红蓼鸡冠遍水涯。
负手回廊来又去，只看秋色不看花。

九月

初二日

至虎丘扫墓。

初八日

至下沙塘扫墓。

初九日

程藻安借怡园请三邑、明府及褚季常、吴语樵。吴邑令以期服丧，未到。

十六日

何寿林、潘 ××、伊少卿来抹戏。

二十日

费幼亭太夫人常诞，往拜。拜曾星巢，因病未晤。

廿一日

史伟堂招饮，同席者俞荫甫、潘季玉、潘梅若、陆竹园。

廿三日

老姨太自十七起噤口，痢紧，药罔效，延至是日申刻而终。

廿五日

老姨太入殓。

廿九日

是日老姨太头七，作佛事三日。

十月

初三日

至高银宝家茗谈。

初五日

季玉、旭人俱来谈山西劝赈捐事，因各接两司照会也，约于初七到季玉家面议。

初七日

偕旭人至季玉家中谈山西劝捐事。吴子和、冯培之先在。余复同旭人往见恩方伯谈捐事，方伯以交卸在即，不能承办也。

初九日

连日雨，池水顿长尺许，今冬可无水涸之虞。

初十日

勒少仲从京中陛见回来，晤谈。

十二日

往答少仲，晤谈。

十五日

似曾识我月窥户，强作解人风展书。偶得断句。

十六日

与子山、莼溪、少梅竹游，上四饼。

十九日

以山西旱荒，接两司照会，在城隍庙设局劝赈捐。

廿三日

午后，到劝捐局。

廿六日

午后，到局。

廿八日

午后，到局。

廿九日

午后，到局。上灯后，赴八旗会馆云渠、玉泉之招，有孙、谢两人陪坐。

三十日

午刻，赴署藩司勒少仲招饮，同席者胡子庸、潘季玉、费幼亭、盛旭人。席散后，往晤谭曙初。

十一月

初九日

赴八旗会馆观班，家眷在西厢一席，孙辈在正厅搭席。

十一日

秦淡如、勒少仲来晤。

十二日

老姨太终七，开吊出殡。余为点主，抵暮送柩登舟，在学场停泊一夜。

十三日

三儿、二孙、五孙送姨太柩至下沙塘，暂停在祠屋内，因方向不利，拟于明年择日安葬。

十四日

在八旗会馆演京班，为潘季玉、童际庭祝寿，共三席，公送者十一人。挈八儿及家眷同往观剧，散已二鼓。

十五日

往晤杜小舫。

十七日

是夕冬至。

十九日

往答勒少仲,未晤。答英茂文,晤谈。为大孙求海运津局差,渠已应允。晤程卧云,劝其捐赈，不允。

是夜大雪。

二十日

晓至园中看雪景，极佳！添集苏《咏雪》七绝数首。

廿一日

得断句云：

> 干卿甚事一池水，酌我无多三月花。

廿二日

> 宦海无涯防失足，家园初筑即抽身。

廿七日

日间雨雪交作，随落随化，夜间积雪五寸余。

廿九日

竟日大雪不止，约又有尺许，蝻子可冀冻死矣。至园中看雪景，如入琉璃世界。

十二月

初一日

闻勒少仲升广西藩司。

初二日

谭曙初太守来询收捐事。

> 积雪深三尺，朝来喜嫩晴。
> 避风扃北牖，负日对南荣。
> 松柏苍髯叟，楼台白玉京。
> 蝻蝗遗患尽，多黍盼春耕。

初七日

往贺勒少仲升广西臬台之喜。

初八日

往晤沈仲复，答潘顺之及秋谷。午后，答彭漱芳及彭老八。晤李眉生、谭曙初。

十二日

在园中集消寒会，与汪云峰、江子山、陶钧如抹和。

十三日

沈仲复之弟在灵鹫寺开吊，余往唁之。

廿四日

往晤退楼，适勒少仲在坐，晤谈良久。

廿五日

勒少仲坐升方伯，往贺之。往晤谭太守，投递公呈，交清山西赈捐，三邑除西号外共捐一万四千余金。

廿七日

恩竹樵方伯进京引见，距京两站，因病卒于尖站。此间三邑尊于八旗会馆开吊。余因大雨未去，送香楮焉。

廿八日

是日过年，祀神祀先。

廿一

廿二

廿三

廿四 往候退樓，遇勒少仲左堂，晤談良久。

廿五 勒少仲望升方伯，仍偕賀之。往晤譚太守，投遞公呈，交清山。

廿六 西賑捐三邑，除西號外共捐一萬四千餘金。

廿七 恩竹樵方伯進京引見，距來兩日，因病卒於寓，誌此。間三邑首事於八旗會館開局，局因大雨未去，送來梅焉。

廿八 是日過年，祀神祀先。

廿九

十一日

十二日　在園中集諸寓會与汪雪峰江子山陶鈞父林和

十三　沈仲復之弟在靈鷲寺開弔予往唁之

十四

十五

十六

十七

十八

十九

二十

叟樓臺白玉京蝻幃遺患畫多乘勝春耕

初三日

初四日

初五日

初六日

初七日　往賀勒少仲升廣西臬台之喜

初八日　往賀沈仲復、蒼濤、頌閣及秋谷　午後蒼彭徽芳及彭老八　晤李君青、譚曙初

初九日

初十日

廿四

廿五

廿六

廿七

廿八　日間雨雪交作隨落隨化夜間積雪五寸許

廿九　竟日大雪不止仍又有數寸（尺許）蝻子可冀凍死矣　西園中丞

雪景如入琉璃世界

十二月初一日　同勒少仲升廣西藩司

初二日　譚勝初太守來詢彼指示

積雪深三尺朝來喜嫩晴避風居北牖負日對南榮松柏蒼髯

十五日 往晤杜小舫

十六日

十七日 是夕冬至

十八日

十九日 往晤勒少仲來晤 蒼英茂文晤談 為其孫求海運津局差 渠已應允 晤程臥雲 劝其捐賑 不允 是夜大雪

二十 晚至園中看雪 景極佳 添集藕詠雪七絕數首

廿一 得句云干卿甚事一池水如家騎雞三月花

廿二 宦海無涯防失足 家園可築即抽身

廿三

初九日　赴八旗會館觀班　家眷在西廂一席　瑛輩在正廳搭席

初十日

十一日　秦淡如勒少仲年姪

十二日　老姨太終七開弔後出殯　余為點主　抵暮送柩登舟在墨場停泊一夜

十三日　三兒二孫五孫送殯　本柩至下沙塘暫停本祠屋內　因方向不利　擬於明年擇日安葬

十四日　在八旗會館演辛班　為陳季玉童階庭祝壽　共三席　公送共十一人　挈八兒及家眷同往觀劇　散已二鼓

三十日　午刻赴署，潘伯寅招飲，同席者胡子英、潘壽玉、費幼亭、盛旭人。　席散後，往看譚曙初。

十一月初一日

初二日

初三日

初四日

初五日

初六日

初七日

初八日

廿一日

廿二日

廿三日　午後到勸捐局

廿四日

廿五日

廿六日　午後到局

廿七日

廿八日　午後到局

廿九日　午後到局上燈後赴八旗會館雲渠玉泉之招有孫詒

兩人陪坐

十一

十二日 偕蒼步仲晤談

十三

十四

十五 幼勇證我月窺戶強作解人風展書仍 偶同戲句

十六日 與石山苑溪在梅竹館上四併

十七日

十八日

十九日 以山西旱荒接電出示在城隍廟設局勸賑捐

二十日

初四

初五　李玉旭人偕弟謀山西勸賑捐事，因多接洽，乃與會也。約於初七到李玉家面議。

初六

初七　偕旭人至李玉家中謀山西助捐事，晏子和、馮培之先生爭頗同，旭人往見閻方伯，謀捐事，方伯以處節未即，不能承辦也。

初八

初九　連日雨，池水積長尺許，今冬可無水涸之虞。

初十　勸少仲、洪東中、陸凡四來晤談。

刻而終

廿四

廿五　老婦太入殮

廿六

廿七

廿八

廿九　是日老婦太頭七作佛事三日

十月

初一

初二

初三　至高錕宅家若談

十四

十五

十六　何壽林信　伊少卿來拜歲

十七

十八

十九

二十　費幼亭太夫人壽誕往拜　拜客至葉因病未往

廿一　史偉堂招飲同席者俞蔭甫潘季玉潘梅若陸竹園

廿二

廿三　老婢太自十七起嘈口痢醫藥罔效延至是日申

初五

初六

初七

初八　至下沙塘掃墓

初九　程滌岑借恪園請三邑明府及狄秀才吳語

槎吳邑令以期服告歸

初十

十一

十二

十三

廿五

廿六

廿七

廿八

廿九

三十

九月初一

初二 至虎丘掃墓

初三

初四

聯臂推移大法輪　訪桂來諧高義周品茶還憩白雲

泉年來腰腳猶強健扪薜猱升一線天　五年不踏

天平嶺無憑重尋舊草堂鹿苑西歸明夕謫輪

周老桂為誰香　西風料峭襲羅衣濃樹縈迴合翠

微一路木犀香不斷晚蟬聲裡簡輿歸

廿一

廿二

廿三

廿四　芙蓉桂樹開都晚紅蓼雞冠徧水涯負手迴

廊年又去只為秋色不禁花

吳亞樓杜小舫盛旭人黃幼亭陳香五蔡浔卿與余上岸

後散

十六日 巳刻至八旗會館公祭李眉生旭人幼亭李玉培之七秩

十七日 張子青太夫人出殯出閶門下船同鄉出送郎樓設公

祭共十九人

十八日

十九日

二十日 挈眷游觀音山無隱庵天平山至白雲泉小憩桂

花盛開游人絡繹頗爲暢游

好借清游結淨因。精藍新洗劫餘塵。蓬頭稚子紅顏妾

初六　盛旭人費幼亭在留園議前局

初七　全在怡園議前局

初八　陳季玉議前局

初九　李季蘇議前局

初十　蔡從堂議前局傍晚抵山館

十一

十二　挈眷游留園并游虎邱

十三　往拜沈太夫人壽

十四

十五　怡園芝餞張子青菊坨作主者李眉生沈仲復

廿五

廿六

廿七

廿八

廿九

八月初一

初二　醉楓山館錢青師全作陪於滋

初三　沈仲復談前局

初四　汪慶震談前局

初五　馮培之談前局

西畲（鷗）水波照髮樹叢（雀林）行他年吳下傳佳話（徵名蹟）
坐有蝦光貝膾廚　晚屬名園暫乞身早
施德政澤吳氏即論範來模山家邦亦攀
裝臥撤人
十九
二十
廿一
廿二
廿三
廿四

十六

十七　伊後招飲，坐客青帥、香嚴、退樓、小舫、季玉，飯後同青帥、小舫、季玉竹語。青帥爲余作怡園圖小幀，并題拜石軒詩。

十八日　午前至壽修坊訪西去仙罷。

窺宋東鄰半倚郭，君看真个且銷魂。羞紅擁頰嫁耶態，體揆陈。

搖月飄烟勝一尺，携雲握雨趾三分。枕邊私語吟真似蘭，翡蘭竟體錦衾度繡衾裏。

題張子青畫冊　國朝藝苑超前代，光大非筆前身

是也畫師我與禪，空公筆，偈南宗法乳在南皮。

潛俄雲烟墨未乾，一編殘珍重比琅玕，十編。

拜又得我溫圖　剪取怡園入

橡船猿猶至自顧眼摩挲且飽看

初九日　鄭安亭偕其友杜東伯、葛竹儕來。東伯是手談高手，余邀壽黃蒓溪與之對壘，東伯下五子，乃見高手，亦足抵擋也。

初十日

十一日　鄭安亭招同黃師李丞、竹儕樓其朝夜膳而歸。

十二日　夜大雨，池水頓長盈尺。

十三日　小風吹水碧生鱗，見慣文魚不避人。藕花淺處蘚磴坐垂綸。飼雀餕糧餐竹實，調鸚剩果剝榛仁。呼僮剪柳攘出石峰峋。

十四日

十五日

初二日　与子山游之顺德竹湖

初三日

初四日　雅枫山馆招饮者家青帅、君子仲俊、季玉，岸作红湖

初五日　咏怡园秋色　修红骇绿荡阶除，秋色斓斑画不如。（霜滋霞染花叶十分映）野趣别饶烽烨外，芳时特续蓝鸳翔。珊瑚宝树疑奁谷，松柏浓阴柳草庐。似与晚霞开颊争，隋堤接翠共蘼[illegible]。[illegible]依稀金谷七尺阿珊瑚

初六日

初七日　端卿来园请客芸舫、席奎上与香竹游，与端卿合

初八日

廿一日　蔣安培之在孫家招飲，坐客吳子備、季玉、余煥、董仙。

廿二日

廿三日　吳子備在祖家招飲，坐客季玉、蔣安培之、余煥、董琴

廿四日

廿五日　余為董琴仙補生日設席，坐客吳子備、季玉、鈍齋、蔣安

廿六日

廿七日

廿八日　青帥招飲，坐客君季、仲復、小舫、巨懷、季玉，并作竹游

廿九日

七月初一日

得詩句云籬雀欠馴除竹搭籠鵰補熱喚茶來循廊多手

剔蘚讀殘碑　南田小隱雪溪釣徒呼之欲出仙乎仙乎

南田象贊　雪溪釣徒劍門樵客揮灑雲烟一時雙絶

南田石谷象贊

十五日

十六日

十七日

十八日

十九日

二十日

初九日　旭人邀往留園午飯与青帥季玉小舫返棹竹游

初十日　沈仲復送牝牡鹿各一小鹿一園中鹿房新造大小兩間鹿至如歸

十一日　仲復復送一鹿來此鹿性極咆哮入籠屢逃出三次角已受傷歸入鹿房与母鹿同柙將與相安怡園中息得四鹿而仲復處遂無一鹿矣

十二日　往拜恩竹樵壽　往晤吳小亭

十三日　季玉丁山翠聆來竹游

十四日　曝書十五本抄完寄還吳冠英

六月初一日

初二日

初三日　青師來偕怡園留共便飯閱字畫二十件

初四日　青師借去漁山臨山樵橫山晴靄卷南田花卉七頁冊

初五日　至睦桃山後與青師季玉小舫竹塔下十三元

初六日

初七日　往揚薛世兄處訪求經摹經青師所臨題名冊

初八日

水漲約二尺，各處石牌樓破屋吹倒者亦多，有一航船遇風溺死二十餘人，亦風災也。惟田中禾以時秧蝗蝻，禾冀撲滅，乃禾害耳。　与西辛翁之衛甫於滬

廿四日　晴

廿五日

廿六日

廿七日

廿八日

廿九日

三十日

穿浮萍捉迷藏　依蒲魚入定村竹雀忘言

水榭攤書午枕涼　昨宵新雨過銀塘　漲痕幾許

戲把鈎絲量　蓋揉花忙蹴踘　魚穿浮藻捉迷

藏　一池風定自在白蓮香

風搖樹影魚驚避　雲護林梢雀穩棲

疑是銀河落九天　雷車　霧漫漫　黑雲堆墨　閃爍電

綠穿陽樹　桐樓飛檐浸　跳珠雨急　萬竅喧　鈿溝兜橋

溜雪瀑一繩懸

廿二日

廿三日　大風雨竟日　園中樹木被風吹欹倒者甚多　池中

十五日

十六日

十七日 旭人与叩亭去留園請客余先赴吳 先生請安敘

課孫輩送怡園花紙与蔭甫已刻到園坐客少仲多嚴

仲後退樓小舫 池首盛錯 聞不及我園遠甚

十八日

十九日 去怡園与少仲錢行坐客多嚴小舫旭人秋亭聞坐客 池首盛 肯欽貴

二十日 香玉琴舫西山竹溪余与西山谷

廿一日 久旱望雨自十六日起連日雨雖不甚大已可挿秧

今日始見日光 杏園得句云 並採飛花供蹴踘

初八日 在怡園候蒿青蓉到來仲復小舫退樓季玉倩雨未到其俞蔭甫園小集也飯罷與小舫退樓季玉竹勝遠勸少仲來訪暢談而散

初九日 蔣蒓莊兩維時吳子健中丞園竹植道旁仍拜答少仲是日退樓小舫請少仲余與季玉作陪 對後訪麦伍

初十日

十一日 與季玉琴舫張茂陳竹勝

十二日

十三日

十四日

廿九日 至過雲樓与汪子山、少陵、申之、詒安、備卿、仁卿午前香玉 香玉蔭甫

備卿、申之、芝芳、子安、竹游，晚飲，喚素仙、素蘭、少卿、巧生、倩鶴

五月初一日 送還素仙局本，復至紀家，送還素琴局，至知素琴捷甚

坊家，復至寓，在坊住家，訪之，臥床養疾，睽隔可情，与贈五餅

初二日

初三日

初四日

初五日

初六日 以松筠僧張月三家与甘平及琦卿、竹游竟日

初七日

喚巧生，命喚書琴并借百年為其寫照

廿三日　已刻往約濤、瑞卿、陸小松、王海紅坊張家竹樓吉一

姬人，即吴聽之妹也。濤、玉山後至。吉竹樓接著敍

廿四日

廿五日　偕揆師入鄉買祠，午後往送鄴紳畢集。是日

吴子健來拜

廿六日　冒雨至少松家，偕伊弟二人及瑞卿同至水澤巷王家手談

廿七日

廿八日　李周白、季玉江、玉山、琴聯竹樓，午後雜佔李與季玉德

劉為爭

十五日

十六日

十七日

十八日

二十日 往晤吳嚴蓀，取回小米卷，歸。蒼揚攜每月兩元。午飯後往晤沈仲復，出所攜兩元，送小米雲山、石田長江兩卷與張青帥閱看，歸，遂訪濤吟矣。

廿一日 余與季玉敬之至怡園竹游，倩子年爲畫蘭盆出，并喚畫照。

廿二日 季玉藻安請蔡濟齋臨申〻，季玉喚素蘭申〻

初六

初七

初八

初九

初十　午後季玉來偕往阿男處喚月之來竹膳余下七元

十一

十二　午後訪李琴今年第一次見面

十三　偕袁子韋蛋出

十四日　沈蓮卿攜禎來怡園邀書森季玉并喚少卿作陪

李琴來出蘭室珍出局酬余調停朱氏一事之勞也

廿九日

四月初一日

初二日

初三日　香巖怡蓮請卿來園與余竹游　張少卿來園借

袁古香畫照　男少姐同一張姓姐人來游園出手云取約

初四日　午前答沈書森送吳清卿行未晤答劉松南即星江西

人接云伊將與我辛卯同年俞蔭甫　午後往晤張子青菊花

長談

初五日　左濟泉亭兄約言陸竹圃左壽仙即過彼一敘全作便飯

本道約言喚王醴琴竹圃喚陸陔雲

喚壽仙、幼雲，喚巧雲、季玉，喚壽蘭、麗卿，皆陪侍。雨耕、惟香、巖

喚張少卿，久待不至。香巖先散，諸客皆散，少卿始來，辭之。

廿三日　午刻赴順之招，飲在三松堂，秀安、羅花，坐客退樓、

小舫、香巖、季玉、倩卿。演小班，有席，并添喚大奎班老伶七

人同演。退樓等供來。

廿四日　陽溪衖演小班，不請客，演玉子五脫簇

廿五日

廿六日

廿七日

廿八日

有南風手撚香人言霹靂催駐景恨無千載葉蘆顏（冢處長庚西含粟）
得活尚能韶　何人得似薛司業他日終須顧虎頭杖策
類函　知未厭城南韋杜好交游
通詞悔不託微波　豈有嬌嗔怕擲梭　冢是縈迴腸九轉回
睇一咲暈雙渦　任人平視那生嗔（了無猜佯指金韉倚鉤臺）歡傍闌干看錦韉道
是無心託明月　不應都肯屬徘徊　閑拿碧玉盈盈不解心招
与目成　戲擒青梅遺小妹　睡他嗟嗟綻朱櫻

廿一日

廿二日　是日爲余生辰　退樓小藤秀玉旭人幼亭秀巖清卿并樗
來視　并喚姚士奇候書　午間席散　秀玉旭人秀巖留晚飯　余

纖腰縷一捻，被人錯認柳枝娘。綠萼三生了夙緣，玉梅樹底

過姮娥縱然未遂，如飛頭山鳥依人到子棲。

題東坡象集蘊詩　人間何處吐長虹，春在先生杖履中。此老若定

隱坐嚼海山無事，化琴工。抱琴無語立斜暉，雀山空雀不歸。

道人絕粒對寒碧，為問雀骨何緣肥。萬劫清游結此因，雪

中履進鏡中春。古琴彈罷風吹坐，長與東坡作主人。

高居江海上，雲士風流水石間。至今遺像兀不語，神物獨

到秋毫顛。恍然一夢瑤臺客，樂與真為玉局游。筆琴

閣結容一榻，兩驛仍帶肆鄉侯。稱言千載誰與友，坐視紛

物皆浮埃。顧君淨掃清香閣，安與梅花作佳客。袖中自

十六日

十七日

十八日　香嚴清卿同作主人在網師園招飲坐客退樓小舫季玉旭人各出書画共相欣賞香嚴於上年以千金得宋元名人書翰清暇之所舊與其孫柳下清齋舊藏冊卑溪每頁皆題其上妙品余得石谷秋山圖卷石濤書画卷扇清卿篆書楹款　見贈試漁裁扇官草　寶中堂毛昶熙錢寶廉皆經載其跡無處識其

十九日

二十日　有照　稼身初試舊羅衣。坐愛風和得晚涼。蕉鄉

初十日

十一日　約素仙游天平山　巳刻在胥門大馬頭下船　午刻到山下

與素仙偕坐山轎登山　經西下白雲　游人擁擠無立足之

地　在鉢盂泉側小憩啜茗　即下山　乘輿返舟　午隨等處

俱不敢往　畏人擠故也　物已換著

十二日　季玉招飲黃牡舟　同席者嚴旭人　退樓　少舫　清卿

訪素仙不值

十三日

十四日　素仙　桂仙來游園

十五日

二月廿二日李香巖借去山來書畫卷有匾此卷現在且樓李

三月初三日

初四日 往弔溫平妹之子之喪

初五日 持珠寶大小三十八粒售與同源計洋二百九十元雖與

市面虧尚多然他處珠寶鋪皆還不到此數也

初六日

初七日 為葆安偕搭早往訪恩竹樵方伯未晤 荅沈季到

初八日 是庵庭前牡丹盛開々延請客々於午初到齊李

香巖杜少舫吳退樓偕秀巫吳清卿未到并沈仲復盛旭人

太孫自滬歸

初九日

廿八日　巳刻至昏門大馬頭下船往下沙塘掃墓余與思孫共兩船　墓上樹甚鬱葱　石岩甚盛　浙江餘姚楊乃武一案刑部奏結承審之楊石泉中丞胡小泉學政杭府陳伯敬甯府邊仲思及　等皆革職餘姚令劉發黑龍江

廿九日　小考出案五孫未進　玉泉之孫備卿之子皆入泮

三十日

二月初一日

初二日　寄諭大孫信痛斥之信中多受窮苦頗從實則逼其歸家也　寄蓉研生芍亭兩信

廿五日　大孫私娶李翠娥為妾，余與大姐皆不許之。大孫
租屋之賃居在九勝巷居住，余從請長邑令葛心亭令
其驅逐。翠娥出境，立時飭差從逐。
廿六日　李翠娥自來面求余，余斥退之。詎大孫借之而遁，冒雨
開船而去，據侍聞云往上海去。
廿七日　吳退樓、杜小舫招飲，並囑各攜畫書數種共相欣賞。
坐客沈仲复、李香嚴、陸存齋、吳清如、潘季玉與余共六人。
余攜宋拓十三行兩種，並畢少甫所押趙松雪書枯樹賦卷。
此外各人所攜亦瑕瑜互見，然此種雅集已不可多得
矣。

二十日　上席北老墳余与八兒秉輅桂兒孫輩及槐卿湛甫瑞宝俱坐船往午刻會斉琴阜在船中午飯而歸　費幼亭陸竹圃公請余与余幼冰席設陸家余與壽仙共房共双鳳石月卿王桂雲

廿一日

廿二日

廿三日　沈蓮卿有當典在崑静居失火燒典去物數十兩朱研生之妻兄朱生有當票在内以後涉訟照例應賠对半余為調停蓮卿送与朱氏禮物洋卅元此事遂了

廿四日

人出局陪巧雲

十五日

十六日　申刻往拜穀署穗州府譚序　未晤即往双鳳家擺酒并喚壽仙出局坐客仍止劬予一人仍帶巧雲是日双鳳与素仙皆有出局直待至戌刻始歸而双鳳已醉心頗厭之席散即歸

十七日　在伽予家公請李蔚生譚序　共兩席主人蔣心香仁卿濤香玉吳清卿程藻安吳煜植李利共順之

十八日

十九日

初五日

初六日

初七日

初八日

初九日

初十日

十一日

十二日

十三日

十四日　楊双鳳來偕閨門望之往壽仙家擺酒實止費錢二千一

三十日　杜小舫、吳退樓在醉楓山館招飲，同席許星叔、沈仲復、
清、李玉甫、吳清卿。散後星叔、清卿來游怡園。　往訪壽仙，未晤。

二月初一日　陳玉鳳鈞尖手墮地而碎，懊恨之至。生平於古玩之物未
嘗有損失也。

初二日　余與旭人同作主人，在留園請許星叔、李眉生、杜小舫、吳退樓。
往問浦偶卿病，病已十六日，其勢頗危。余薦朱小舫往診，未能挽
回否也。

初三日　午刻沈仲復招飲，坐客許星叔、杜小舫、吳退樓、李香嚴、清
香玉。

初四日　午刻李香嚴招飲，坐客許星叔昆仲，其餘即昨敘之客。

二十日　夜雨　是日張蕭李三塾師皆到館

廿一日　午後將緗芙移還居於宮巷口

廿二日

廿三日　午後往偕允珠寶鋪

廿四日　薄暮往晤李薇生送還存項弍千金隨即收還存摺

廿五日

廿六日

廿七日

廿八日

廿九日　桂舫許星畔史佛盦俱未晤

十三日晴　往訪素仙即偕其諸姊妹游園仍送之歸而返

十四日又　巳刻往约清佛如至北苑會館出發各送祭幛合送祭筵　往答沈蓮卿談崑山常熟議局同年生有連即致書安生令山室來城面談

十五日又　沈仲復吳廣菴王跂安來談黟縣叢元

十六日又　江子山陳手如伊少平來搭和

十七日

十八日　撫幕女僕入廚下瞥見從空墜下一紅丸大如彈丸或係花炮餘燼　否則恐是災異合家皆生疑懼

十九日晨起詣火神廟　城隍廟拈香

初七日又 大孫兒娶伎女李翠娥爲妾 奉嚴訓止之 從此兒娶妾以供亡不允也 游琉璃廠至藝古齋 晚坐其餘珠寶鋪俱未開張

初八日

初九日

初十日

十一日 夜大雪

十二日 巳刻盛旭人費幼亭於留園請季涵星實吳子健中丞潘偉如余於十點鐘先到止者幼亭巳到 旭人偉如恬續兩中丞到巳午正開席散巳申刻 是日回行樵薛世香英茂文在滄浪亭請季涵余以到留園辭之

光緒三年春王正月

初一日晴　午後往各當道及八旗會館順路拜年

初二日又　午後往各處賀年至浦宅拜岳父母新禧

初三日又　午後往八旗會館唁張石青太夫人之喪　沈仲復來將招同

初四日又　午後李勺巖來晤偕至沈仲復處觀其新得魏銖大霖

鐘及仲敦皆陳（周）器中精品後同至八旗會館往唁是日辰刻大殮

子據蓉往拜名白樓三

初五日又　申刻赴吳中丞春陞苦雨席同席者潘順之顧棣

周蔣心香盛旭人潘佛如蔣仁卿潘季玉費幼亭

初六日又大風　寫信答彭芍亭朱研生託佛如帶去

光緒三年　丁丑

廿六日 連日陰雨是日始乾燥往迎樓處瞻候并邀來寓書談

邊玉泉吳清卿來共談良久 往訪素仙開菊局用三元

廿七日 往寄隱瑞珠宝鋪英帖

廿八日 大雪數寸往園中眺覽如在瓊樓玉宇世界 過年祀神

祀先 一白皓無際高樓冒雪登紛飛銀濤水凍合玉

壺冰遠塔茫茫尖危周帷廣凭峰巒堆積素石骨

尚嶙嶒 山 松藪閣直北正對北寺塔雪中尖之全圍極耿然照人 亦不能辨也

是夕過年

廿九日 晴 嚴寒

三十日 晴 寒甚 王默遜叔送封告幫贈與一兩元

偪歲除興索懶斟家(新)釀活閒(感深杜廣絶交)甘飲展禪宮書庭松動(下)樓

已覺鵲池水潛(漸添)生仍少魚江北春回汚雪澤哀鳴應(計日)日返雁(鄉園)陣

又有感一律　幾人(爱)護惜記庭花自許今之古

押衙維使鷩鴛掉打鴨都緣惜(歎)鳳誤隨鴉

姮娥奔月偷靈藥湘女凌波泛海槎(妝)返芳蘼

村裡佳篁過别舫抱琵琶

廿二日

廿三日

廿四日

廿五日

十八日 王蹛仙從穹窿山塢人家購得大白皮松一株載入城中治舟革搭境須數十人牽挽因僱轎役二十人助之用蹛車拉之至尚書巷口銀於轉運大費周折拉至園中梅林過夜

十九日 令匠役數人先樹鷹架於村石數並陵將松樹種入松村植高過山樓屋檐但願經春葉茂及爲萎牽 旭人邀飲設席於留園午集申散坐客張子青許雲樵壽負厚如陳廿提倫宋文叔費幼亭出局者全喚素仙王雅琴高銀它楊阿林倩鶴并江西班珍珠

二十日 連日雨雪園中池內水積數寸

廿一日 雲寒 口占一律 不干外事守吾廬風雨蕭蕭

十二日

十三日　黄仰亭來同訪書仙

十四日　往訪仰亭先生書舍　寄送徐頌閣所書楹帖　如勾之手跡書聰帶伴讀頗覺含居待藏嬌後至素琴處送西筒米四元又燭二元後往訪張少卿不免在已上年矣新隱張小伊系姚出火坑雖性伴可憐而風致楚楚者有飛鳥依人之態若談良久而散

十五日　拂暮大雪竟夜不止約四五寸

十六日　至園中看雪景如在瓊樓玉闕中

十七日

卞賦云湘靈鼓瑟仙手仙頗為強對女見古今人不相及耶

初七　弔程太夫人　稼如祖母　蒼濤佛九

初八

初九　雨　寫秀利子移遺跋語四易乃成

初十　雨

十一日　二少姐四本讀　作石聽琴室銘　生公說法頑石點頭少文撫琴衆山響應琴固靈物石亦非頑兒子承於坡仙琴偶操優學矣庭中湖石有如傴僂丈人作傾聽狀其石猶不能言而能聽其耶覃溪學士此額情景最合爰付手民以榜我庵

初二日 題牡丹廳匾曰秀列子孫 義莊之東築堂三楹庭中

多植牡丹因摘節 詩語榜之欲我後人勤加培植田氏比

於田氏荊寶氏之桂子也 乃作贊曰義莊之東室築堂三楹姚魏

名品植於廣庭羅鄴詩語可勝予銘願我後裔培植滋榮挹寶甕灌園負

來積經方者去旅舟田氏寶桂田劉

初三日 申刻訪素仙以猴狻禊贈之

初四日 申刻訪素仙適廣友方君為素仙畫照陪至上燈時別

初六日 申刻又在素仙處陪方君畫照至上燈後猶未畫完借

其携西廂記之將逢遇雨 贈素仙小對一幅上聯云天

孫織錦素非素蘿子由巫山廟詩也若無成句為偶余自撰

廿四日

廿五日　王蹻伍從光福覓得古柏一株，數百年物也，植於歲寒草廬庭中之東南隅，換去已枯羅漢松一株，此柏古幹離奇，枝如虬鳳，爲庭中羣樹之冠。

廿六日　申刻請徐頌閣、陸鳳石、吳倩卿（請而未到）、許星叔、黃雲舫。　種黃楊一株於舫齋之北，亦百餘年物。

廿七日　申刻往訪緗芙，還其扇價廿二元。　往晤蔭甫，純如寫畫。

廿八日　申刻往訪畫仙，還雪而返。　是夕微雪。

廿九日

十二月初一日

亭招飲坐客陳仲泉沈壽森沈子梅蔣季玉馮申之培之

嚴伯雅徐頌閣張　与余之唤湘芙出局者武壽仙桂仙季

壽琴洪壽蘭姚芷卿廿七李翠嬌吳吟寶李珍生

二十日　申刻至壽全家請客所請者徐頌閣費幼亭吳子佩出局

壽仙李琴、、因余在壽全家擲擂出局不手之色揚湯士英余與吳

費幼吳步往壽琴家若孫

廿一日　酉刻至佩逖往吳陵林家會唤壽全坐客頌閣幼亭

羅少耕唐老三出局者壽仙吳銀寶石貝卿、、初光姑芙雲娟

廿二日

廿三日

十一日　午後穀之來診云病已漸愈藥亦减輕

十二日

十三日

十四日

十五日

十六日　午後香嚴來游園極大讚歎徐欣閣幼安父子字畫甚吾

十七日　午後徐欣賚幼之子畫子壽仙寄少欣生宜往頌閣汪芙卿吳子佩羅少耕余恭壽琴出局與吳培林吳吟寶

十八日　午後至壽仙處看談

十九日　午刻菩龕再至英茂文保喜接至留園赴旭人約

初七日　巳刻延新之診視　因心緒不寧辭初九日旭人等所送大
姐五十壽之局

初八日　巳刻延新之診　是日爲大姐五十壽，有清書坐客十席

初九日　巳刻延新之診

初十日　巳刻延新之診　八兒自病發後痢疾甚劇，至今日始
減，余與浦姬始放心，然連日之熱氣已不堪言狀。朱氏外孫女
二小姐嫁與趙晉沂之子損之，於初六日由木瀆接其來家，不料
其身懷孕，初八日已見紅，至今日竟小產。人皆歸咎於陸姬之
不應接來，然趙晉沂夫婦既知伊媳懷孕，不應放其出門，
兩面均有不合，不能止咎一面也

三十日

十一月初一日　穀人書森合請薛尉農徐誦閣沈子梅与余在書森公館中金煥青仙出局共麗卿芝卿書蘭

初二日　往晤織造文秋圃爲顧希山說接充庫書缺事請給余擬作下午將往坐客子青穀人培之余煥青仙出局共蘭卿芝卿書蘭

初三日

初四日　八兒發熱已五日　是日始見出痧　請吳青仙診

初五日　八兒痧點漸齊　仍延青仙診　是夕冬至

初六　辰刻請吳錦之診視　八男痢晝夜有二十餘次

同人退樓。稍間，旭人、幼亭與余共送江西報，令喚素仙出局。

廿一 芝卿、掄卿玩票。

廿二日 下午往訪恩方伯，囑其將慕莊後評，以便查信。

程蓉舫借清吟香寓請客，坐客鞠向培之、吳子佩、余子久。余喚素仙，東因素仙早去，又喚素琴出局，并李蘭芝卿、羅卿。

廿四日 下午送還素金局洋十元

廿五日 下午送還素琴局洋十二元

廿六日 下午送還素仙局洋廿元，送還郭安亭借去玉佩素金。

綉琴三幅荷袱，安亭留余處。綉琴手帕全歸之，留悶。

廿七日 下午訪素仙 恩方伯送慕莊執照來

出局。與吳蘭卿、吳綱琴、書蘭、巧齡、芝卿

廿一日　余爲旭人仰之作札，借挹綠園請吉甫、菊境、安居、鞍閣，先作竹游，余爲菊境、炙居作下一局，余陪書琴出局。與楊寶珠、綱琴、素蘭、巧齡、巧雲，是日陪俟西林女伴

廿二日　下午往訪書仙，贈以筆幅箋

廿三日　下午同慕莊子往晤吳中丞、李蔚生，論之，并賀勤少仲、吳江蕭之喜

廿四日　中丞來，書件請及蕣莊請獎，御書匾額兩奏稿，雖有河南秦安等處撥為與京捐，因有僚趙為亭先奏以奏　吉文唯再行撥矣　下午以賀沈書森、陳子之喜

十七日　午刻往弔蔣蒓卿夫人之喪，散後旭人邀往江西女倌家小飲，余與絅之、旭人先至錢江會館，偕存節步至，未遇，即在役換衣至沈家衕，衕小不容轎，進下轎，踐泥濘而入，於其小樓，珍珠、明珠伺候頗殷勤，從者來叫菜來，双珠并嫌不足為外人道乎，謂擔耳盧鈴。

十八日

十九日　申刻沈書森招飲，坐客退樓、穀甸、旭人、絅之、余，喚書琴出局，叫書仙、芝卿、書蘭。

二十日　馮培之偕濤參來，復招飲，坐客穀甸、安甫、培之、吟秀、竹樓，余與吟秀合局，多上二元，絅之後至，余喚書仙、書琴

壽芳一面今古局之夜局也

十一日

十二日　午後贊幼亭還席，演小班，打大雅班脚色十餘人共演，坐客五席，出局廿九人，余侑壽仙、湘英

十三日

十四日

十五日　張蘭坡招飲，侑觴者有江西女清音兩班廿一班，有女伶金珠若旭人所賞，姬代侯之坐客幼亭旭人，余侑湘英，幼亭侑吳壽仙，蘭坡吳芝卿，余已劉光刎与青帥竹溪下四元

十六日　四舫之子完姻，余往賀之

雅仙之母估其身價余與鞠甫皆為介紹余與朱蘭卿乃雛姬耳
意在其使女千金也
初六日　來遠構告填契去市房六間前月所構現已契去一所得運氣乙
初七日　至壽仙處若俠向以壽仙為癡慧一流若與細談似尚懂書佳耶
子雅秀外慧中者耶
初八日
初九日
初十日　已刻往拜黃幼香太夫人壽鞠甫約往退樓李步東朱竹
將申刻羅局余下二元往約壽仙至幼香處出局及余先往則賓客
五席觀劇衣冠濟濟未便令壽仙侍飲因令其陪內眷同坐終席

萬串之多，亦可提用。賑濟中丞又以芮埜撤在七濠口設廠賑濟未渡江之飢民，在仁隆設廠賑濟已渡江之飢民。中丞皆以爲然。余胸中有此底稿，往晤李薇生，即以昨所告知，又以義莊可託其速即上詳。又以武廟道士朱仰仙求添經費之事託其轉詳藩司。又往見藩司，託其義莊可速即上詳，并附詳撥案請匾。又遞請建吳姓義倉各呈。又代徐燮書遞求補缺履歷。

初四日

初五日　巳刻費幼亭招飲，坐客兩席，官紳皆有。熟人止旭人、吾

散後旭人邀往武家完結雅仙之事，以八百元代劉蔭樾贖妓与

江西陳女伶彈唱，坐客柔巖、退樓、仲復、叔雨、偉如、旭人、幼亭、培之、安亭与余，出局者除余喚素仙外，周墨卿、方麗卿、楊寶珠、李翠娥、雪燕琴阿小迎春、張湘芙、姚芝卿并其妹小七、張月卿、小翠、周小寶。

初三日　午後答拜偉如，詢知昨日伊与盛杏蓀往見吳中丞，談及賑濟饑民無款可籌，杏蓀言上海道馮竹儒指上海殷商銀五萬兩預備賑濟福建饑民，沈制軍因非本省之事何如苦累商人，拒而不收，而吳中丞又批准，事在兩歧，何不以此款賑濟本省饑民，中丞以為然。杏蓀又言上海招商局及沙船運米往天津，每担扣水腳錢三十文，此款統計當數

廿八日

廿九日

三十日 鄭安庭與其韓劉兩君爲張菊坨做壽即在安庭設席備請青并請子青與余據云早晚兩席另有揚州許王二君另請芝青同席 作竹游四轉余下四元

十一月初一日 昨夜至是日皆大雨送數不雨已有好日矣喚伙莫白船及蒲鞋頭兩只爲菊坨祝壽并請子青作主其香巖幼字拔間與余未到李小舫退樓仲復旭人出局共素仙素琴寶珠星卿桃山寶及其妹小七賜已二枝

初二日 午後至拙政園拜菊坨六十壽出公分四元在遠香堂

廿一日

廿二日　張子青邀飲蔔苑午飯　坐客小舫、運樓、仲浚、屬年

佛如

廿三日

廿四日　佛如借杜筱園請客，即廿三日所請之客

廿五日　午後秀溪天果會　途遇顧鐙予同往元異前

廿六日　首存三叔約午後請洪紳士往元妙觀方丈議

留雖成了

廿七日　至密陰楊珠寶鋪　遇濤梅若同至高銀寶家

落後

卷共二名畫爲潘家所得亦盛矣哉　天和顧肇熙東山之孫，傳

莘之子　吴縣王芸蓀　尤先甲

十七日

十八日　退樓在旌楓山館設席，飛坐客爲石青、仲復、石生、

鞠向、山舫、偉如、與余

十九日

二十日　勒少仲借旌楓山館請客，并議保甲。石坐客鞠向、

偉如、仲復、石生、少舫、退樓　是日費仲蕃之太夫人生日，余

前往拜壽。晚向邈吃壽酒，有悄見戲，偉如、鯨伯、余、偉如、壽山、

主人、唤陳巧雲

十二日 上虞卯掃墓巳刻起身余偕八兄弟與侄三兄暨孫輩坐船而去 午刻祭掃畢 在船午餐 仍遊留園 是日始開梅花假前立一照等 頗陰微 与朱竟乙峯巒峙

十三日 至頤樓園 程臥雪兩家賀伊孫姻喜 拜浦六舅嫂五十壽

十四日 午後聞雷而雨 惜雨不大 今年交夏以來雷聲甚少 是晚大雨 并已方修日豈家雪屏甚殷 園中池水久涸魚皆枯死矣 王壽仙季若侯 金陵榜信元吳中式共七人

十五日

十六日 北闈榜信 順之之孫志案 律如之子志俊 皆中式 七省官

元敬請檀香雕琢西方三聖 衡峯和尚為余設長生位殆
以臻治功耳
初十日 酉刻在壽仙家設席 旭人先到吾家 同往彼家 栽
前從出喚芳麗卿 數去[illegible]
十一日 巳刻勒少仲借碓楓山館請坐（宴）家倪仲後數間偉
如山館迎接余談一夜俟甲子 青寶定祿
贈陸丹山以集樂詩句 頰上三毛自有神 悔來始識歲
寒人 相逢握手一大笑 義録請臨繪此圖 鳩杖先生
余廿年郎牧獨到秋庵館 年來鬢髮老蒼蒼 已向閒
中作地仙

初三日巳刻至寶積寺建水陸道場七日并為余與先室浦
夫人張浦兩媳及嬰伯夫婦還壽生是日為始
初四日至寺拈香
初五日至寺拈香 是日為先室浦夫人亡男嬰伯還壽生
初六日至寺拈香
初七日至寺拈香
初八日至寺拈香
初九日是日圓滿功德并為余及兩媳大媳還壽生親友
來拜壽堂共三席午後焚化紙房及庫箱等觀者如
堵 水陸道場及還壽生共費四百元張媳出百元 余以二十

大同出冥故去服其藥

廿七日　至周印茗談

廿八日　至青仙及孫家茗談詢知十九日旭人以二千元為秀寶贖身在葉家衖租屋而居旭人之妻張巧珠廉得其實於廿三日率領女僕轎夫趕至新居將秀寶及家人痛毆并飾箱器具席捲而去并將旭人毆辱禁錮閉秀寶已往上海去知作何結局也

廿九日　往謄費初處談旭人事　訪青仙茗談

九月初一日

初二日

廿二日

廿三日 至閶門茗談

廿四日 往訪壽仙約其明日網師園小敘 往向少肪病未痊 往聘
退樓幼亭適幼亭登家四人偕游怡園不得其門而入余遂
偕引導徧游園中

廿五日 巳刻至瞿園赴禹巖之招登家張子青黃幼亭諸
敘間吾退樓余與壽仙幼亭與壽琴 敘向侯壽蘭芷卿敘
向因長女病不能痊而去 汪羅小作句留敘巳申初矣

廿六日 大孫女病傷寒已十餘日矣 昨日燒劇今日稍定服曹
寅甫某方致退樓函視并邀名醫馬培之來診方與寅甫

舟湖心大小船約數百艘人如蟻待月上晚飯艘舟畫舫留此寥寥閒至夜半月到天心擠洞中多有一月數船名第月並及見其趣無人矣　昨接京信知研生告病開差使孫免於迴避口入場矣

十九日午後至閣仰若候後訪壽仙病雖愈而體猶弱未出門以孫環相示云取於倪源源共金許其代售

二十日　晨覺傷風游後園在桂花亭坐受風吹體冷而歸鼻塞更甚

廿一日　傷風服雷實甫藥兩劑　令三兒送彭芍亭北上之行并託其招呼宅白義莊入奏請御書匾事

仍馬頭下船小憩而返

十五日　是夜月色朦朧，照常早寢

十六日　巳刻至北寺會館赴吴語樵、郭安甫之招，子青、菊坨散，同安甫先作竹游，余與菊坨合影，郭氏兄弟來游園，酉刻余與菊坨同先散，至聽楓山館與退樓同作主人，爲壹芳言餞行，并請其弟錢霖，戌刻散

十七日　約同邵游瑞園，巳刻至大馬頭下船，到園已未刻，吴園不放游人，園中寂無一人，登陟頗暢，惜桂花未開，歸時已上燈

十八日　子青約石湖看串月，巳刻至大馬頭下船，坐家常雲衢、郭安甫作竹林之游，午刻至石湖，遊行春橋，泊

李季玉託余周旋此事　午後至愛姐處看護陪
節費八餅
十二日　午後至群宜處還局中五元至李琴處還局
三元并賞下人二元
十三日
十四日　吳中丞來答彭雪琴宮保來晤因舟無定所
故未往送　往答彭雪琴二次未晤二兄弟代雪琴弁詢夫
之子告其前居至吳中丞許隨同糧銷晉其　往晤
李香嚴託其寄一函道鞍閱出李鑑樓其年假兩個
至閣郎王家告以往揚請因舟已喚定十七日起程

蕭蓮士先生即汪前蕭雝家先生之子，聘其助筆

年課八兒，送與聘金兩元，往拜寫照之舅友林豬

池，共寫四照，送與潤筆四十八元。舍輿徒行至周卯

及李家叢談。

初九日

初十日 小五房新生達生剃頭，余抱之剃頭，早晚坐宴十

席。晚間出局，蔡麐卿彈琴，芝卿銀窑，余所唤者龍官，因

李琴未在家耳，演唱見戲，三小女孩止十歲左右。

十一日 往謁吳中丞，適為口撥以南巡捐錢，詞夫請證云呈。

又謁恩方伯，為汪秉宗興學公所董事設安學堂請撤

吉華精舍轉擲　至秋家若

初四日　請卿年進至閘邸王家小松先至寓春經

竹游余十二元　均至秋家若

初五日　在小滄浪二雨書仙病略已稍念蕭生樵舉

初六日　午後至王蓮姐處適小松与二友先在遂作竹游之

游晚膳而歸余贏一元

初七日

初八日　午後赴宜穩寺拜杜小舫之太夫人九十冥壽從

游程臥雲託其謀楊鑄生家所居予因買楊氏之居

由伊議合此時楊氏欲加價另生枝節如祀史排解也拜

廿七日 李玉卿爲在李家招飲坐客郭安甫與余余喚陳桂卿因其

侍婢袁寶珠爲安甫所眷芝卿周小寶陳翔雲

廿八日 溫明卿來談 余與安甫合擺李蘭溪寶寶家各出八元

廿九日午刻赴李蘋之招坐客芍亭偉如 蓉溫伯琳

三十日 至桂卿家茶錢送還局十三元

八月

初一日 午後少松錦卿來偕至周卿坊王愛棠家竹游余下二元

初二日 午刻赴張菊坨之招大蒲鞋頭船坐客蔡問安安甫

竹游出局共墨卿緗琴芝卿李蘭余喚李琴 周李仙

病甚劇

初三日 午後至迎榜看戲驗某 問李仙病請服藥

人数墅素宝为寿，已还价二千元，而旭人秘不告余，殊不自解。往问素仙病，热尚未退，小坐片时，嘱其珍重而别。

廿五日 偕林锦纯西画第二四号，余与郑安寿为小题赌做生日，余请旭人来，并送礼洋四元。安寿请诸大扬、纯卿、吴友菘景云、八咏、张桂卿、吉侍译、名金、陈敬年、黄色谈、余佐卿、啸果卿。余与安寿拇战，欢酣畅，已微醉。

廿六日 巳刻赴易严之招，坐客子青、退楼、旭人、仲复、伯俊。往问素仙病，热尚未退，卧床呻吟，情态可怜。林诚以各十四元。往访湘芙，还其扇资五元。

廿一日　張菊攏招飲，匡剡先往竹游，余與子青、菊堯均合夥同局。其敦問其言，祝局其琴勝也。晚飲，余喚素琴出局，其墨卿、何敬銀宮吳家素蘭姓洪，查軒家作夥席散，余與安亭送素琴、素蘭回家，苦候而歸。

廿二日　為虞洽畫四　以七十元得趙松雪楷書《蓮華經》一冊，計十二頁，鄭蘭石跋，盧南石藏本，彭鉞霖跋。

廿三日　余畫第二冊像。　匡剡赴旭人之招，在張家坐宴敘，聞劫奪余像書仙出局，其麗卿、素琴知素仙當趣但

廿四日　悔

廿五日　匡剡至張家，旭人、劫富俱在，余密詢潘財知旭

十七日城鄉閧傳妖人以邪術翦髮為人擒獲者甚至有翦
辮者小戶及各鋪家每有通宵不寐鳴鑼鼓以驅邪余與
杜蘇齋議請吳中丞西諭府縣在元妙觀建醮三日
各紳士及官公在大關帝廟建醮三日余為領袖巳刻
赴廟拈香
十八日鄭安齋約游虎邱在胥門城外下船坐寶子青毅甫
在船竹游余上四元喚小灘瞎安齋喚巧舒
十九日為寶如補完小照退樓邀竹游子青毅甫先飛余
上五元
二十日為凌波畫照

痰寅則吃秀室亦外遇之一勝也

初十日

十一日

十二日　旭人邀游虎邱在接良亭下船坐沈芙白船　客止李秀巖與余、喚書仙　旭人喚秀寶偕虎邱小泊往至留園

歸

十三日

十四日

十五日　廣孝林啟朕為余畫四清　吟舫偕廣孝約茸共

十六日　續畫昨四之未竟者又為客姊畫一幅

培之皆出貲，多至四元，有清音，各出貲一元，余與小疑贈墨壽屏去

局出麗卿、芝卿、巧雲。

初七日　在迎樓季為張子青做壽，共兩席，作主其事者旭人

幼亭、穀閒、小舫先作竹林之游，余下二元。

初八日　往賀子青壽，爲閽人所阻，往芸昊備卿，晤濤頎之，共西

席。王仙舟先生爲請蕭蓮生課八股讀也。午後子青來邀

再往坐家，穀閒、幼亭、旭人、鄭老三。余喚緗芙、嵩生、芝卿來。

仙壽琴秀寶有偕見，戲女擬黃

初九日　余先往小金寶若候，申刻至孫家，余與幼亭請客

坐家到此止。培之一人，穀閒以腹疾辭，梅若、曾子亦未來，旭人與託

初二日　敦甫兩次來約竹游，余皆以蘇慕莊稿辭之。

初四日　頌琴觴乞書周宣靈王廟匾對，名其堂曰善寶堂。對聯云：負米養母，抱樂療人，一念孝慈成其正果；川媚藏珠，山輝韞玉，集四方珠璣惠我蒸民。其廟蓋珠玉舖中所建造者。申刻旭人在秋家招飲，坐客敦甫、梅若、培之、余，喚畫仙出局，并麗卿、芝卿、巧雲。

初五日　桂縣趙少亭，若錢調甫之子，已還太倉矣。孫嚴招游網師園，坐客敦甫、旭人。大石頭巷鄭姬挈其二女來游。申刻散。

初六日　旭人招飲，為祺愛生燙髮，坐客余與敦甫、幼亭、梅若

已入局余到後与石青菊塍皆各夥出局共申石之间
陸續而来余與湘芙此外有麗卿綉琴楚卿墨卿
巧雲

廿七日 玉田樓李与小舫数間竹樓余賸二元

廿八日 踵昨局下四元 玉壽仙湘芙家送還局洋

廿九日

七月初一日 辦義莊祝莊稿

初二日 申刻 旭人約在彼家小飲余邀壽仙偕往坐客止幼
亦伊所喚小凝係馬壽卿在京娶蘇家年十四歲秀出一時余
嘅羨久之

廿二日　馮培之招飲仍在七襄公所余未到往堂寓穀閒旭人劭甫吳植卿侖僕書仙出局廿芝卿麗卿秀寓

廿三日　携善偕兩姬游怡園

廿四日　午初一刻五孫生一男是日為蓮花生日周子愛蓮說有亭亭靜植一語查新孫五行缺木因以則植名之取小名曰蓮生天氣不甚熱出產甚速皆可喜也

廿五日　在退樓受子小舫穀閒竹僧余勝亞元先至方麗卿家與穀閒茗談復至湘芙處邀其明日至八旗館

廿六日　至八旗館竹僧先在方青蘭施穀閒郭安亭

十九日 旭人招飲適毅甫未晤遂偕往余候素仙毅甫候小宝

史文叔候陳巧雲

二十日 香巖招往網師園觀荷荷係新栽者業已滿池

花尤蘩茂中開臺蓮未開時其形如鉢盂放足時外層

蓮瓣中層如牡丹蓮蓬內出花如芍藥乃異種也詢之

種花人亦不知其何自來 香巖倩顧若波繪圖後作

四絕句以張之是日坐客毅甫旭人退樓余候湘芙素仙

毅甫候麗卿芷卿 旭人候秀宝申刻散

廿一日 彭葛亭招飲七襄公所荷花亦盛素標細種並不及

網師園矣坐客退樓少舫旭人毅甫偉如未刻散

十五日 濟成濟興管事吳仰范朱槐叙來城議典事余邀旭人退樓集議至嚴未到議定將兩典虧本三萬三千串停利以免虧本實本之累典事應有轉機矣

十六日 往拜黃太夫人兩周往晤至嚴告以昨議典事

十七日 旭人邀往張家小飯坐客戴簡幼亭馮培之王介臣余喚湘芙出局者方雁卿壽仙芝卿玉佩并議武雅仙事雅仙與其母對質其母理屈詞窮當不敢另生枝節矣 是夕張姬忽發冷麻痧手足拘攣急令挑痧并鍼刺并磨辟瘟丹和丸服之漸愈然已竟夕不能成寐矣

十八日 青卿招往於勝因昨宵疲倦辭之

初七日　午後玉田邀綠園作與小時敘間竹牌負嚴之在坐余上五元

初八日

初九日　湘芙祀財神余往吃淡飯

初十日　旭人邀游花蕩觀荷坐客青帥幼韋余與素仙右已付押席面

旭人與秀寶挈家眷屬俱往

十一日

十二日　挈眷游花蕩快艇兩度抵暮而歸

十三日　青帥邀余及旭人幼韋花和敘間觀局余與湘芙敘

間與方麗卿乃初見者秋娘老矣旭人與秀寶幼韋與素仙

十四日

疾未到

十一月初一日　大雨

初二日　巳刻退樓招飲，坐客勤少、仲杜、小舫、清季、玉飯、倚竹、晴少

仲觀局

初三日　徐燮堂之子以謀缺事相託，午後往勝因竹樓，勤少、仲以

此事託之

初四日　午後至素仙處做堂折　復訪書全

初五日　巳刻往弔張子青之姊出殯

初六日　申刻旭人在祺家招飲，余與素仙、季玉、喚芝卿、幼甫、喚

小峯

後至裕家赴旭人招飲，余唤書金、佐宸、幼甫。

廿六日　至素仙家置局，負十五元。素仙出局未歸。

廿七日　午後赴秋波園之叙，先往約書金，叫坐同往，与子青、語樵、季玉、郭安甫、竹勝。余与子青、菊坨合書，金先到，余携之游園，出局于周墨卿及其徒小宝、秀玉，唤新到南英，佼不知其姓名。

廿八日　已刻約子青、季香、小精、季玉、竹勝、菊坨千後踏青，余偕与之合文下，四元。子青借惲南田花卉册一本去備閲。華卷一厨子所製熊掌甚佳。

廿九日　未刻請宸，余唤書金先到旭人，与秀宝、佐宸、幼甫唤小翠，梅若唤陸巧雲偕往游園，拉暮入席，戌刻散。吴語樵回目

二十日

廿一日　午刻至祥家偕旭人往大石頭巷鄭家与吳禮植濤季玉端卿竹樵余与旭人各五出移家賀分二十元二弟特設款客散後復趨旭人邀至祥家便飯余喚書倉上燈後散

廿二日

廿三日

廿四日　蓉薇綸生赴拙政園竹樵余与竹憲合共三人去青小舫季玉余賸三元

廿五日　至富郎中巷丁宅与陸小松新之及其帳友竹樵散後

俊民所藏俊民摯卷逃雖死於徽州遺囑子孫永保此卷於其夫人甚珍秘不輕示人余託陸小松介紹始得一見　与湯卿小松偕訪吳增甄尚未梳洗中人之姿後至富郎中巷丁家竹牆有姊妹花妹甚平平姊頗秀媚中刻散　後訪鄭少舫未見　訪王松南之侄女名書金僅十五歲頗文雅鼻有微麻

十八日陸伯周家演劇請客九人鈍宧梅庵皆主人坐客香玉清元之汪雲峯余喚書金而主人先為余喚壽仙郎兩義夫侍出局共十人天氣極熱勉坐至戌刻散

十九日　傍晚至壽仙處略談

隨至祐家遇旭人幼亭竹圃梅若均在旭人即作東余喚壽

仙幼亭喚張小宝竹圃喚姚芝卿梅若喚陸巧雲更許而散

十三日午後余以洋七十元買趙氏天官佩袍祐家老媼為介

紹尚有皮子至孫漢玉勒兩件還之

十四日

十五日

十六日旭人喚沈愛白船請客未初下船坐客費幼亭馮培之余喚

壽仙由局放秀宝小宝小翠

十七日余往約潘緯卿至汪宅觀江南春卷此卷青色箋倪

雲林楷書江南春詞文衡山補圖和詞七明賢十餘人汪

在殿蕙卿姚芷卿亦在余与子青答之蕙卿竹儕步
陪旭人携秀宝来余偕素仙扶病而来身热畏寒
余脱半臂衣之

初七日

初八日　因竹儕过访作书复

初九日　刘蔚卿来谈　访素仙疾已渐愈

初十日　与江子山何寿林三兄拣和　曲局同期移在遏云
楼下送琼琴舫之请也

十一日

十二日　遏楼邀小酌同子青秀玉与余竹儕酉刻而罢余下五元

閏五月初一日　下午盛旭人請金逸亭在穆家邀費幼亭、包余作陪。余喚書仙，逸亭喚王秀英，幼亭喚楊寶珠。

初二日　未刻旭人、幼亭請逸亭在沈斐白船，接官亭下船。晚喚女伶，均由昨日定。申添邀請季玉々々喚姚芷卿。先請劉園條武治芳居

晚膳約在閶門。

初三日　下午余與書玉、吳季芷請逸亭在穆家邀旭人、幼亭作陪。晚喚女伶，亦如昨日。

初四日　下午至書仙家送還三次出局洋十一元。復至朱寶庭一樓

初五日

初六日　請吟香、梓飲，坐客張子青、盛旭人、余子時、王吉先

廿三日　旭人在秀寶家招午飯　至楊寶珠家送還出局洋
七元
廿四日
廿五日　至王秀英家　已送洋十七元
廿六日　旭人招飲未往
廿七日
廿八日　午後往秀寶家還局洋十七元托孔大姐還壽仙出局洋
十元　往睦遠樓取其所書扁額　贊鈞之函來請
廿九日　大雨
三十日　早晚大雨

二十日　丟楊宝珠梅秀宝雨亭君談知双鳳從良回金陵素仙從湯錦翠樓後仍返還家現在寓居錦秀家

廿一日　訪人招飲在秀宝家坐客黃錦亭湯梅君金侯宝珠仍可喚秀英梅君喚陸巧卿

不恨楊家恨李家煙波一舸即天涯飄搖風雨孤飛翼淪落江湖薄命花桃葉迎來愁打鴨桐陰栖處怕隨鴉圓蟾三五空惆悵漫說芳時未破瓜

枕上口占惆悵詞下首令人欲喚奈何也　大雨竟夜

廿二日　大風雨竟日

十三日　酉刻旭人幼沂來諾惜園至秀宣家旭人作東余喚素

仙幼沂喚秀蘋

十四日

十五日　酉刻旭人約往秀宣家便飯余訪素仙不遇　是日微霰

旭老与秀宣似已成好事

十六日　午後与壽安江石山子卿拇和

十七日　旭人招往秀宣家午飯　接天津信知鈞華於初八

到津巳雨早後遊秀英

十八日

十九日　余邀旭人至秀宣家便飯

初九日午後至費幼亭家因其夫人開弔請題喪也

初十日巳刻往弔幼亭夫人之喪陪張青翁文尚衣午飯

至秀宝處茗談

十一日午刻旭人招飲在秀宝處坐客宋文翰吳海翁出　是晚余在秀宝處請旭人

局強仙　十二日酉刻濤毅閣梅若陸竹園招飲在梅若家

出局強仙芷卿秀英陸巧雲秀英余所喚者素仙

三鼓與子年梓書傍楚媚因赫中年之弟與強仙有隙

加從中爭有光一筆

十二日午刻娬人招飲在秀宝家坐客余幼珊　酉刻濤穀閣

陸竹園濤梅若云請在梅若家坐客余幼泳帨

殿試狀元曹鴻勳 山東濰縣　榜眼王廣榮 山西朔州　探花馮文蔚 浙江烏程

傳臚吳樹梅 山東歷城　章志堅 二甲二名 吳縣　殷李堯 二甲九名 昭文

龐鴻文 二甲十四名 常熟　閔福培 二甲卅八名 太倉　吳福保 二甲五十一名 吳縣

陸宜忠 二甲六十二名 太倉　王炳燮 二甲六十六名 元和　李士贊 二甲七十九 昭文

錢陸春 二甲百〇六名 常熟　沈恩槃 二甲百〇八名 吳江　繆荃孫 二甲百廿五 江陰

王祖儀 三甲百廿二 吳縣　汪麟昌 三甲百五十[illegible]

初七日　小雪雨[?]。[illegible]事，詣園至宅內賀益母壽華誕[?]。旭人來偕秀室處便夜飯。

初八日　申刻，旭人在秀室處招飲，坐客濤梅、若陸、竹園與余也。[illegible]

[illegible]梅若、[illegible]、[illegible]巧、[illegible]、[illegible]園、[illegible]桂室

說合是日余先往双鳳家邀其出局双鳳並無一語提及余嗔其踏我頗加誚讓

初三日余與旭人攜菊玉挂破圍各出五元為酒席費子青菊垞敦甫與余作游濤吟各旭人後到各局墨卿芝卿余改喚秀寶敦甫喚双鳳席散後始到其不招陪昨事余頗銜之

初四日未刻至秀寶家茗談

初五日午後旭人偕余至秀寶家小飲余喚秀英出局隨帶侍婢小金小金乞余過其家飲因節日無局為秀英張羅門面余允之即翻局至秀英家旭人仍喚秀寶出局

初六日天氣大熱而以露體

廿五日

廿六日

廿七日

廿八日在二寿家竹游

晤吴诗樵沈枧家娼中之鞋间旭人

廿九日申刻余在双凤家设席款客坐客旭人鞋间书森枧人出局秀

英秀宝素仙芝卿侍婢小金秀英所携乃昔中之魁

五月

初一日余为介绍以卧云所嫱刘团集与旭人议价五千六百五十金

是日在余家成交余不取中费程落安亦在中保之列

初二日申刻旭人来偕往秀英家小饮鞋间先到嗅稚仙余唤双凤

鞋间告余双凤托伊代一办赎身事有安顿备一笔转托王介生

到者勤少仲杜小舫因是日往陪沈制軍閱兵也　玉諸秀

宝家茗談　史偉堂来瞻

十九日　玉双鳳家茗談約其廿二日出局　玉退樓吏談

二十日

廿一日

廿二日簽甸借余花厩請史偉堂陪客旭人書森出局姚芝卿請秀宝

武雅仙金唤双鳳

廿三日午後旭人邀往秀宝家小飲坐客偉堂簽甸出局秀英芝卿余

唤双鳳

廿四日午刻仲滋招飲坐客少仲小舫簽甸退樓

半氈浦張 十月初二起 十二月初八止
十二月初十止

張子青借山水扇面冊

仲復借渭老畫冊

西圃借衛南畫已還

退樓借漁山軸卞文瑜冊

光緒二年四月十二日 勤少仲杜小舫招飲 座客張青翁李香嚴潘季玉

十三日

十四日 往晤彭芍亭，顧以伊弟菊尊之女許配八兒，歸途即往晤蔣心香告以屬作伐，心香欣然允諾

十五日

十六日 蔣心香來照求親帖送往彭宅 吳引翁道杭省乞假來信

沈幼丹制軍來拜 偕季玉玉姚世寶雙鳳雅仙家茗談

十七日 往大馬頭答沈制軍 往晤吳引之芍亭，已將菊亭之四女八字均交引之送來 答前吳令汪慶雲

十八日 邀俞蔭甫沈仲復蔣心香吳引之彭芍亭午飯 邀而

人，以三元賞擲賣穀價，與翠舫各得四元，出局三人墨卿、少寶、余所嘆其双鳳也。以十元得石如篆假畫軸。

初九日 午初赴少仲、小舫招飲，席設秋楓山館，座客青帥、孟翁、季玉、散僧。偕季玉至墨卿、壽仙、張二姑娘家，若謨、翠珍已出局，未遇。退樓示余潘玉鈞與余所藏拓鉤，如出一手。壽僊太昇去，請餘伯香。

初十日 費幼亭來訖租房。

十一日 季秀巖來，讀幼亭看租房，託余起租契稿。彤濟興利券。午后乘車出雲送去。玉双鳳、季若謨。

初四日 偕瑞卿約往通聞坊竹樓藉以觀花雨阻不果約俟晴日再往

初五日 午後瑞卿吉儀小松昆季約往通聞坊鄭宅以竹樓為名藉觀姊妹花也妹勝於姊姊止能於竹樓時提刀備略同坐精近鄰澤再飯第四篁出照無餅可謂廣矣

初六日

初七日 送還吳新室出局洋五元并贈以阿膠六片因其素患血症也丞

双鳳家茗候

初八日 午初往約双鳳玉往隨園遊畢後與壽卿昆仲季玉作遊先有頃琴舫代余言明合局至上燈時結賬余工十三元以兩元支下

四月初一日午後旭人來偕往劉園徧游內外兩園古木參天奇峯拔地真吳中第一名園惜失修已久將來修葺約在萬金以外香嚴亦來遂復又徧游一次歸已抵暮

初二日有南京人持來書畫多件內有唐六如白描東坡笠屐畫上幅方長題識白板彝真絕品也汪琴雲亦持六如字卷來一日之中兩見六如真跡亦奇緣也

初三日午後毅聞來偕出訪范先生稱秀寶家次至葑門張二姑娘家見玉佩銀寶小寶皆平平有名翠玲者止十一歲秀色可餐乃寓居學曲者往西園訪監以病辭至双鳳家坐稍久吃點心遇雨而歸

楊稚

廿四日

廿五日　午後往吳秀宝、新宝、双鳳、褚秀宝三處茗

談

廿六日

廿七日

廿八日　送還褚秀宝出局洋五元

廿九日　午後盛旭人來，同至香巖處，費仲深亦在坐。談租屋事，旭人

邀往褚家小飲，余往邀双鳳，適双鳳已爲蔚堂先招去，遂送還其飲次

出局洋十元。隨往褚家，唤吳新宝出局，香巖亦來。入席後，飲適半，而

双鳳亦趕來。費仲深因夫人中風，不果來。是夕共夫人竟設

揩○ 揩○

旭出局并孙小宝补秀宝金氏嵘并杨双凤也

廿日张菊坨招饮申刹赵之同席者盛旭人曲文彩出局者周墨卿武雅仙琴仙孙小宝金氏嵘者双凤也

廿二日余寿诞午筵六席晚演傀儡戏

廿三日请客两席张子青李秀山萧莲功高盛旭人清李西侪如吴平斋请而来出者沈素森张菊坨坐客为余补祝并送揩贵戏洋出局双凤秀宝

（弟）新宝王素英孙小宝武雅仙余贵出局者先二元揩贵五元戏洋三元

褚○

十五日

十六日挈眷至下沙塘掃墓泛舟游瑞周并游其內

周佛如適來城不值

十七日

十八日

十九日 午後往訪沈書森適值請客拜四留余同

席者潘季玉先生客三人出局者武稚仙孫小宝吳秀

宝王秀乃葉金彩喚者褚秀宝也

二十日李秉衡招游虎丘坐沈芸白船 午後王枝

安家下船同席者張子青吳平齋潘季玉盛

初七日

初八日巳刻至虎丘掃墓余自覓乘輿而往三兒及孫孫坐船而行

午刻登掃畢 游張公祠并看殘石聞云約六十餘塊以十五元得

之運費在外

初九日

初十日 敬閒來申刻至退樓家長談蘇游及柳南書屋

十一日

十二日

十三日

十四日

較勝於先種兩株移植石桂琴室前之紫薇位置亦甚合式　午後退樓來視余以新得硯台退樓甚賞識

三十日　芭蕉不忍踏蒼苔為惜風前有古梅老雀嗔予頻倒睨
以助園勤日不見筆

三月初一日

初二日　沈仲復招飲同席者王青香嚴退樓穀同

初三日

初四日

初五日

初六日　是夜大房二曾女以疾卒於內直外祖母趙恩沂家

刑措西岐派衍昭盛大　伯仲季遞開王業傳家一脈功崇南國根蟠矣

遺澤在三吳主廟欣依曾伯祖　守成垂萬世祥刑肖仰古賢王

廿八日　王揚仙又覓得大白皮松一株種在歲寒草堂紫薇穴內其紫薇移植於石耕琴室之南老柏穴內老柏移在小滄浪亭之右

因楊知含病昭聞書數種為消遣內潛菴漫筆錄一種儀徵陸蘭畦著跋之云近者稗官小說層出迭見士大夫數皆拾撦陳言拾人牙慧聞之生厭潛菴漫筆以其自出己意不襲陳言敘次簡潔諸無支蔓且有合於擾那之旨間有先為已見於他說者並述所聞亦勒諸膏固知此可傳之作也

廿九日　自廿四日小病已來不到怡園者五日矣因惦記新植之白皮松遂戴風帽往觀亭亭獨立雖粗而尚嫩似不

廿二日　五姑太太挈二外孫女、四外孫女赴閩，直為二外孫女于歸趙魯衎之石樵之子，自幼品貌頗佳，研生見而悅之，因以女許字，不料至十七歲忽患外症，串流注之疾，已愈而已損成駝背矣，豈非命哉

廿三日　午後至察院場付還各鋪珠翠等物，取回幾件

廿四日　日見午後微覺不適，尚照常至園睡，後至夜半忽寒冷不已，晚復熱，手脚得汗即止。戌刻請張少林來診

廿五日　三兒與大孫同赴閩，直賀喜，仍請小林來診，醫後去，而寒冷又作，氣逆幾至上下不接，兩腿酸痛如墜，逾刻始止

廿六日　僵卧竟日，寒熱未來，仍邀小林診

廿七日　午後始起床而坐。撰康王廟聯云：文武咸貽厥孫謀，積德四朝

十八日

十九日 訪沈仲復 送吳子敍所藏恪敬墨蹟冊與閱 并游其東西兩園 房宇陳設皆精潔 惟少湖石耳

二十日 仲復送還恪敬冊 即將還吳封面 偕華匠至議星廠閣吳興造康王廟基地 以戲臺後住班生房基方合式 擬即在此地興工 令華匠與劉忠卿商之 又往詣顧鎧亭 乞其宅存舊堂木料 鎧亭慨然許助

廿一日 吳子敍老翁求售書畫 又以四十元得其白陽花卉冊八頁 石濤補四頁 共作數件送與仲復閱 為潛大家藏并數件 仲復留賞小松禪冊一件 鄧亦吳物 餘皆退還

白陽花卉八頁大條子補四頁冊國朝名人集書二冊大西洞端硯一方供取來閱看尚有沈石田雁宕圖卷未取索之已為他人借去

十六日託金枝仰去知其隻書畫已為蔡保卿購去十二件據云不肯送出與人閱看恐張升徒勞往返也

十七日 盛杏蓀從上海來知其已將招商局事辭退李中堂委其在湖北廣濟縣地方會同漢黃德道辦理開煤礦事現在不過試辦俟所購外國開煤機器到時便可大開矣

張升從上海回云蔡某之書畫不肯付出寧可尚向其無緣也

以五十元得吳封翁送閱端硯一方餘物俱還之

十四日　午後往觀前多琢宝鋪為浦姪取數种物　吳九老封翁字子嚴，次垣介山之父也，卅年前在京師曾往借觀其所藏晉唐宋小楷帖四冊，王麓臺甚愛，仿元六家直幅，積慧卷等件，遂一別忽未見廿年矣。弟吳門三兒以九百金購其王右軍千文卷，又以七千元得其烟客山水卷，今又携書画來訪，適與相左。

十五日　余與三兒偕出，過前街駿升寓，為吳封翁觀其攜來懷素草書、顏魯公楷書冊四本，即上年携來索價萬金三兒羽千元押之而未成者。此件的係舊物，然亦未敢遽信為真，因唐宋以來名家均無題跋也，止有元時人跋，亦非著名人筆。此外晉唐集帖四本，閣帖殘本二冊，既祝枝山行草書冊，陳

高節士竹分老韓似日殘此不過戲語而已不足存也 九華峯畔蔭如鳳子龍孫

初十日雨 復種玉蘭於梅廳之前 種大垂柳三株於池上

十一日

十二日雨 昨得金檢部與三兄書云 曾觀曾笙巢所携書画有上上

妙品用一目録來約有數十件 余圈出四十餘件 自經彭訥生秀西記

其跋書與伊任心和即笙巢之婿也 笙巢現寓伊家上海文匯里 今

張升即日往還所書画未知肯緣得購幾件否 枕上又占一聯云

梅開姊妹花連理 蕊紅英綠 松對雌雄樹兩株 分一本雙歧

亦戲語也

十三日

有名醫葉配山者，杜小舫請來診其夫人之病，余托其轉邀其
診孫婦之疾，爲開一丸方而去，請封四元，賞下人一元

初六日　余爲去一事落印日回家

初七日

初八日

初九日　王瑞仙在木瀆覓得羅漢松、玉蘭各一樹，植於歲寒草廬之南院。松之圓與前所
尼菴之松相仿而較嫩，蓋年代不及前松之古。前松一幹直上，枝
葉皆緊；此松由一幹而分雙歧，枝葉稍散而茂。余以前松一本爲
雄，以此松雙歧者爲雌，遂戲撰一對云：羅漢比邱尼，松判雌
七寶林中皆似金童玉女
雄，如夫婦而來者；佛向圓南墻下得種竹，遂對云：此君

三十

二月初一日

初二日

初三日　金君來未晤，即往若之，亦未晤。是日在退樓，李公請君去作主，北山所書簽，伊復余書，退樓也。余至退樓，李君先至，談家陸續所來法器，觀君所送烟火四架，共八盞，不及寓波所製。

初四日　駿琳贈晉太元之磚一塊，黃山塢中掘出古墓一座，土人爭取墓磚，磚之側有太元八年八月一日作，對面有相虎，知係晉時古墓。幸而坑門尚未掘開，余即致書肖存、書藹生，屬其立候地方官封禁，俾徽生與雅翁繼書知照，務祈保全舊觀也。常州孟河

廿四日

廿五日　應敏齋轉求吳曉帆祠書楹聯，余撰句云

大勳推籌餉，合師祀當年危局挽回，東海旌旗壯顏色

祀典重報功，當路欣此日殊綸榮寵，西湖頻藻薦馨香

虎邱艷說真娘墓，湖上爭誇蘇小墳，千古美人身後福，湖山光水

色許平分

廿六日

廿七日

廿八日

廿九

十七日　午後拜客　往北頭會館預祝張老太太八十九歲生辰　因老太太偶感冒辭客不見　過樓以三十五元代購史閣部字軸何蘧盦物也

十八日

十九日

二十日

廿一日

廿二日　申刻李薇生招飲泰居芳飛席　同席者蔣少美　顧樸園　盛旭人　費幼亭　吳瑞楨　程蔭安　王仙根　席間談及段譜經之子四僖以喉症去世譜經止此一子已得庶吉士忽遭此變可悲已

廿三日

初九日　午後公請李質堂軍門、鞠少仲、黃雨席主人，仲復、秀孫、朵生、毅甫、張子青與余在迎樓新造之書室

初十日　午刻鞠少仲招飲，同席迎樓、秀孫、毅甫、秀蓀

十一日

十二日

十三日　午刻吳中丞招飲，黃雨席同席，其潘順之、毅甫、偉如、蔣心禾、仁卿、顧樓園

十四日

十五日

十六日　午後張子毅甫在迎樓手牌，余下卅二元，後共淨十六元

光緒二年歲次丙子春王正月吉立

初一日 昨夜風雪達旦竟日不休余已刻出門拜年傍晚午飯後出城暮而歸

初二日 申刻至退樓處推牌九日局共小舫敍甫下卅四元

初三日 申刻赴昨局平

初四日 申刻赴昨局上廿四元

初五日 和敍甫元旦試筆詩集雜詩

初六日 張子青請春酒同席者退樓敍甫小舫仲復香嚴 赴前局上五元

初七日 偕退樓仲復香嚴往弔英茂文悼已開弔

初八日 在退樓處與笨香敍甫牌九

光緒二年丙子　宥波回

乃周氏虔林山乃置賣者經陳培男錢孝說合實及半年今言代

貼出洋八十五元合原價十五元共百元作爲了結將周氏紅契三紙交

出　以四元酬李石仙以楷冊

廿八日　仲復所送乳鹿因折足而斃腹有胎鹿取出尚全鹿尤

廿九日

卅日

三月

初一日

初二日　阮仲復招飲午刻往同席者北張子青李香巖吳臣楊濤

暨同寓余也

初三日

同夜青止向捐廿千文他無應者

廿二日

廿三日

廿四日

廿五日

廿六日　是夕過年

廿七日　江子山來託頭幫貼江雲樵打樁養閑佯一百文因昔年在滬時

多結風欠並打樁頭賭仍此補情也　同錢氏空地在康王廟東華何友雲

經手言定價弍百元收年底契　怡園云系張氏屋攤債了改造祠堂亡

何友雲經手還價一千四百元大約可成　先與族桂山空地像查些

東邨步園故址然已改頭換面止一水閣尚依稀可認可興築之
費傳聞在四萬金外席上盛饌之器皿俱用古銅器皿鍍錫作膳飲
具新奇可喜僖亦極精仲復之友德硯香林故後所蓄古玩俱
托仲復銷售是日所見畫卷數件皆不佳銅器最佳玉器次之向
人分取各件合取所看提梁卣一件周甗一件皮糙白玉搬指一件
與取索之價逼樓評以對折令仲復復之未知前途肯售否
也　歸已申刻往晤長邑令葛小亭托以繼獅地保及華芬士根
查問債事

廿一日　午刻往晤香嚴比較昨所取搬指香嚴取出四只相校
一只相仿餘皆不及仰在香嚴家午飯而歸　盛旭人來談社
往書塾了結傳書折賬子廳與所轄股分給一廳數百
串　以善堂募捐來託旭人助募百元之數及

十四日

十五日

十六日　晤杜小舫，屏所書南雪廟潘跋。晤香嚴，觀其藏硯數方。

十七日　午刻赴濤蔚如招飲，同席者張子青、李香嚴、吳平齋、杜小舫、沈仲復、濤玉泉。託玉泉為八兒執柯，即蔚如之侄女

十八日　全匋吳退樓、杜小舫、濤李玉公請張子青、菊坨、蓉菊坨上席

也。李玉丞辭移樽往八旗會館，午刻往，申刻散。

十九日

二十日　午刻赴沈仲復招飲，同席者張子青、李香嚴、杜小舫、吳退樓、濤李玉。沈仲復買宅在齊門新橋巷，即瀛林一舊居址，東兼井兩三宅至涉園而止。涉園者，即鄭季虎舊居。四十年前常觴詠於斯，亂後化為瓦礫場。仲復大興土木，構成東西兩園

賓日 是日迎送尚在大行皇后國服之內 三孫晨坐小轎往縣學謁

聖 此外親族俱不往 客來者首府三縣及府縣學老師 親友來者

不甚多 因竟日雨雪耳 清音一堂 鞭炮二枝

初五 仍雨 午後往首府三縣謝步 惟胡縣長邑令萬因

關帝廟主持道士朱仰儒為衆債主所逼 有存縣告狀者

邑令為之說情 故往見之 債係挪全之所欠 不應向朱仰儒索

取 全非主持之過也

十一日 先晴後雨 曲局竟日 親友來者頗多 約夜共八席

十二日雨

十三日雨

大樹山房巨擘

三十日

十二月初一日　椽雲燈史瑞蔣侯行　蔣侯遣家人（郎姓來）并送礼四色

初二日

初三日

初四日

初五日　蔣侯將買妾，令陳福（郎姓）加價以六百五十金得一常州女子，適羅媼將歸，遂倩送西去

初六日

初七日　後燈史行送首烏二枚　後蔣侯行送趙松雪仇十洲畫卷

初八日　滿佛如來賀三孫入泮之喜　余即往吾之并賀其兩郎入泮

是夜大雪

廿四日 窗後市上向有賣空買空之弊最為地方之害余嚴禁之業近因此風
熾余遣書房瑞芾侯會懂查辦明向懂查信知已出示嚴禁矣

廿五日

廿六日

廿七日

廿八日 書致余季瞻托存銀一筆余允之

廿九日 是日張子青之姊在秀象庵開弔余往弔送祭幛 小倉口
有一尼庵之中有羅漢松一株長二丈許大合抱三兒擬移入園中令
王蹻仙與尼相商尼卜之於佛得大吉籤遂允移廿七日掘起廿八日用
兩舟並載至言子廟河干復漢人靜用擡車推至園門今晨拆牆
而進植於歲寒草廬之東階下根幡入地七枝條干霄園中

八元

十八日

十九日　張袁三偕往妻王寺觀畫與三兒同去瞻古月和為大江北僧所契之畫笠一件其惟古月所藏吳漁山小立幅猶早年筆致佳惜纖色已黯

王石泉公殯往弔之

二十日

廿一日

廿二日　張子青之姉病故於八旗會館是日移柩於向鮮香象菴余往弔之官紳畢集

廿三日　歲寒草廬之南牆下立石筍十九株是日植二柳一松於石筍之中另植五松於小滄浪亭之西皆王躋仙經手

初十日

十一日

十二日

十三日

十四日　更去老許孫後謀將丈許兩翁碣銘帳甚樓々

十五日

十六日　錯寄第二集在過雲樓下福家李眉生沈仲復杜小舫
吳平齋盛旭人潘玉泉潘佛如午刻入局申刻散

十七日　午後往蒼勤少仲秀瞻為吳中丞來賀三孫入學之喜特
往湖步　薈報祠生眠候　午後代騰風寫魚腦誌視候

初三日　王双鳳家還六角々五元

初四日

初五日　往勝小舫退樓

初六日　是日四孫媳二十誕辰，賀客早晚散席，唤江西女伶侑觴。午刻吴巖招飲，坐客退樓、仲復、雲孫、鞠向，作為銷寒第一集。

長庚所藏仇十洲畫赤壁圖卷，售與吴蔚，價百廿元，舊係三十五元。

又買唐六如書畫卷。

初七日　周中山上主起三峯，頗極玲瓏嶙峋突兀之觀。

初八日　是日為大媳卅九誕辰，賀客早晚散席，唤魁士章說書。

初九日

付裱素本(?)

石甚多，連餘頁約廿開，索價千元，賜(?)第全經手含還價六百元，此必易若成，因中石不必再添矣。董乙青來，取陸撝(?)微卷、白玉擬指鉤還之陸卷本偽品，擬指佑佐止之，四十元前途必不售耳。

廿九日 鄭(?)請(?)與由常州求仙水四本隨(?)。午後即往送之，并送第四稱(?)紹(?)二物。春(?)仍歸裝已四本執(?)矣。春(?)五樣目未騰(?)。

三十日 以六十元得石谷卷子四段，山水四十二頁，作有悼題琴家往(?)來。

青

初一日 琴家攜示宋元所書畫譜卷，惜紙已蟲蛀，有所甚精，索價七十元，還價十元不售。

初二日 退保(?)報(?)聞，擬領去。余所藏世之居(?)當寄東莞仲復，如暇報南屏。南屏從廣東返，其弟人納生田稻(?)，明日即回粵矣。

兵燹上時爲其代購皆佳物也　汪琴雲攜示王石谷山水四段卷有惲南田史遠公周而衍題王廉州陸墾密積鏤軸皆佳　有西山人蔣恂如攜示程姓所藏仇十洲畫蘭亭卷適琴雲在坐云云則偽品也

廿六日

廿七日　秦淡如之子號乙青者華留秋之婿也從無錫來留秋託其攜示省華陸探微卷昔年在滬曾見之乃偽跡也不知留秋何以視爲珍品又示白玉搬指一只亦不見甚白昔年貴重蓋讀爲羊脂玉亦未必不確與祥泰新白玉簪相較已遜其白矣

廿八日　唐刹攜三兒至梵門橋王氏宅觀楠木廳三大間前有石闌三面湖

付評壽の書元伯元龍卷
付孫壽可元
付琴侍司元寅
孫三三与甫

廿二日

廿三日 藝芳亭夫人開弔在雲龍寺夜刹往弔且陪賓候三六雲巖到賻送之即返 午後藝圃退樓來談將濤園所藏

廿四日 午後赴張蔚挽之招同席者退樓藝圃倩觴者余侯双鳳蔚挽噗周墨卿藝圃侯揚山寶 子青亦在坐各出漢器多件貴阮皆佳品也余所心醉者以子青所珍畫鉤為最 子青戲述人聯双鳳一联双手擒人來十箭鳳頭向右刃初宮余嫌其似為易五字云双手彈箏來十節鳳頭蹴踘月初鋤便覺雅馴矣

廿五日 赴陳達甫藥開弔 何壽林棋示循來仇十洲畫壁園并且同山水卷紙本唐六如書畫合璧卷皆肯筆迹

廿一日　午後旭人李溪揚州典當張子青行合影，先祀季玉說合，謂旭人將入股，托余寫扇面，令詢旭人所願，遂謂作羅綺篇。

龍蟠大街竹器店朱慎甫，即樸誠與園居甚近也。

高處登臨眼界開。相將移步上崔嵬。祝君他日健於我，握手吳山絕頂來。

園之西南積土成高阜，余與朱郯登高眺遠，朱郯謂余他日到君之年如君之健，於願足矣。

一條家衖東西屋。衡宇相望還往頻。卻怪滄浪蘇學士，無端邀去作東比鄰。

朱郯與余同居鐵瓶巷，近今購得網師園，大興土木，將移居。其地與蘇舜欽滄浪亭相近，故名其園曰蘇東鄰。

手闢荒園只自怡。余自名新闢之園曰怡園。幾間茅屋與疏籬。輸君鄰近滄浪水，不愧烟波舊網師。君家移住蘇東鄰。

我亦怡園結構新。杖履往還先有約，鶯花分作兩家春。

十四日　往拜鄭譜香、盛旭人、潘季玉、俞蔭甫

十五日　盛旭人招飲，坐客鄭譜香、費幼亭。散後往晤張子青

十六日　勒少仲來晤

十七日　潘季玉來晤

十八日　李眉生、費幼亭來晤。李薇生代欲由唐庫徐達買鄧尉西南地墓價，庫紋一千〇六十八兩

十九日　往晤潘季玉、陸存齋，觀其所藏震澤王興書湖南公之墓志、序、像，有李東陽、王世貞等贊，文恪家跋及名款，裝爲三冊，陸芝皆以爲僞跡，明日還之

二十日　李香嚴來，往拜滄浪園。午後寒院卷一帖

幕得吐血病而歸，順途至秀院前一勝而回　三孫招覆試第三名

陽偉如兩子亦同進　三孫來就縣府試因吾元俏舜生乃該俏生學台點名

時見是俏生遂爾坐堂號凡十名及幼童皆坐堂號進者十有八九三

孫之進未始非得力於此　枕上口占一聯云履厚席豐當思培元

氣以報天地求田問舍不如積陰德以貽子孫他日當書

之懸於堂中

十一日　三孫覆試　接秦漢如信先還書紋一百兩在押局內矣　接瑞弟

候曹愷堂覆信　王石系忽然中風神識糢糊吉凶未卜也

十二日　王石系作古

十三日

初六日　郁正卿來晤　題項琴舫獨立拈花小照　謄子無來

獨領輕衫厭撲緇塵　雜挽詅世紀佩　又隨陽光譜東風也怕花嗔　留滯存多　寄園芳蹤

味默未應開了芳情推寫一枝雅澹湘皋西開　立雙清　集玉田詞　子乎是日寸意於我晚

初七日　是日三孫名小壽　文題不以人廢言至貴田有一言

固明推方仲來晤　以六十五元得天文鐘一具　華芸莊所薦

初八日

初九日　往路邑樓　携子文蘭卷　午後無錫退樓來　觀書畫并

游後園　退樓携去徐天池卷又取携去王文成楷書冊　得研生

來信知二孫薦至西杭州清切　三孫備四孫未薦　晚飲開倉係其主薦

初十日　開倉　午後往問汪爾生病未晤爾生入清風堂處州府

淒晚後雨散

廿八日　華芸莊留共午飯，飯後同萬台房、韓元泰月梢耳。芸莊攜示漢玉劍璏一枚、老素一件、貓兒眼兩粒，俱還之。

廿九日

卅

十月初一日　以十元得徐天池花卉、文徵明蘭竹兩卷。

初二日

初三日

初四日　李薇金來。

初五日　往晤恩竹、盛杏蓀、勒少仲，未晤。

廿二日

廿三日　申刻沈書森招飲同席潘季玉偉如璪堂吳楨卿倚觴者殷蕙卿

廿四日

廿五日

廿六日　午刻與李季玉偉如公請應敏齋邀李香嚴作陪

廿七日　先是府學西南楊家巷有陳湯毛三姓地基售與陳楹卿轉租與洋人天主堂造屋郡人以其有碍風水紳衿多遞呈到府請其查办經而衆議照原價贖回援爲有事約於是日成交原中上虞生員陳英甫及當中交友彭漢齋江子山曹益齋飲少愚汪夢萱等均集待楹卿到後令其寫絶契售與郡學正價一千五百元中費百元皆余墊付備酒兩席留

二十日　秋壽送來西珠廿元　琴舫送來翠帽正一元　翠手一只

廿一日　昨日何白英之世兄借其甥吳引之之僱車何世兄婦妹邑資則借吳甥之田契抵押余處之今日從若補送白英質今十二元贖今十元　頃進翁移長洲縣當公次書森濤頃之偶如均不諳　挖璞高厭山玉簽一只对

門古玩攤購得根一株今除一至　題六如出山畫　飛瀑下天來○鵬翼排回○五雲兩二望三台○畢竟東山留不住○踏破蒼苔○桃李趁時栽○鳳月過陰○深山一片畫圖開○寶馬雕車來滿路○旋拂塵埃○　集蘇辛

頗怪崔書遲○玉殿綸恩○山頭人地翠雲旗○山下朝來雲出岫○明日送君天上去○疊嶂西施柳塘傾倒○便有别離情○雲間題詩○故人今有霄崇悔○鏡新山林都是夢○强説方知○

十七日　取視原原珠搭心一只　翠帽正一支　刻扇珠十五一合　祥泰新珠十二散　一三一串

至蕙卿處還其十四日函局洋五元　索書楹帖　許之　即擬嵌字一聯

云　戲拈(評)花榜(譜影)呼紅蕙○　細揀簫村選綠卿○　待買金錢書之

十八日　五孫新生一女　今日剃頭　合家俱叩賀　家中母俱不見　悼煩也悵

讀李玉泉見之　言及瞻將郡學西南賣與洋人造天主堂地基價

銀一千兩　可照日成交　當將余墊銀千兩　余許之　既而李玉泉又有信來

云成交尚須限期　余乃復一信　云前年將省城還城隍山天主堂

房屋銀一萬一千兩　均由洋庫局籌給　紳富並未損捐　錢似可援

以不必紳富籌捐　即託李玉泉為文至憲臺商　李玉泉

十九日　答李玉泉　拜黃仿亭未晤

十一日

十二日

十三日

十四日　申刻赴張子青潘季玉之招席設遠香堂同席者何煦齋郭侑觴者武雅仙楊双鳳余懐殷董卿　南樵嵩三縣中五兵一簡余所識者曽某某一人而已官巷申嚴寶笙之子

十五日　午後香岩來談携去宋拓十三行靖難三忠卷季玉佛如經畲皆長談而去

十六日　取陸蕅原刻翠双連一付藝吉二面翠雲佛手一只裕泰刻翠佛手一只祥泰翡翠綠帽正五…一枚

初三日　午後張叔來訪

初四日

初五日

初六日

初七日　三孫偕五女二曾孫女從都中至津沽搭船至滬由滬

至蘇午刻到

初八日

初九日

初十日　挈三兒八兒二三四五六孫至胥門馬頭下船往下沙塘掃墓未刻到

適大雨在墓門設祭回舟至吳縣學場登岸已薄暮矣

廿二日　劉慧卿近來濱，奉委勒修儀王府殿基，余先從館出錢五百，俾委負支費。殿基及戲台旧基，有鄰牆侵佔之事，託館正清理。

廿三

廿四

廿五

廿六

廿七

廿八

廿九日　先太夫人三十周忌，在寶積寺大悲懺，親友來者留飯共四桌。

九月初一日

初二日

十七日 卯初祀財神開典，是日當廿有六百兩。余於午後往蕩口村華笛秋，觀其所藏書畫，以王廉州大冊小卷、王蓬心大冊爲佳。又往拜華芸莊，觀其古玉、銅器，攜[illegible]漢玉杠頭一個、商卣一個而歸。

十八日 辰正仍攜大孫坐原船而回。

十九日

二十日 寄與瑞芾侯信，令施桂、張福貴往杭城。又寄與曹愷孝信。

廿一日

廿二日 傍晚往訪蕙卿，小坐。婢三人：阿巧、巧雲、壽子；阿金甚活動而靚俊極。出門時余過吳二官其數年前開烟館之故宅也，一見尚相識，邀余過其住家小坐，談一番而還。頗訴近況之窘，蓋門前冷落久也。

十四日　午刻至晉門馬頭，旭人預備紅單船一只（係湖北帶哨船与紅船等），燈船只至，吾与嚴季玉、旭人皆先在，同坐在紅單船上。未幾，所喚羣花畢至，遂移舟至青楊里（距馬頭數里）泊，當先吃點心，隨羣花各抱琵琶唱小曲及京調不等，以燈船上一雛姬爲最，而貌甚不佳。上燈時，命燈船張燈往來數次，遂坐席。余与季玉及許雅拇戰數十合，局散已二鼓矣。

十五日

十六日　甘露鎮有典當一所，昔年爲程蔚齋所開，亂後捐於華姓，於同治四年重開，有華、錢、馬、朱數姓朋開，因各友不睦，於去年底停止。孫朗君從合股，余獨開當，并及押租生財共四萬數千串，前數日議定盤，已擇於十七日開張。余与大孫是日巳初坐快船前往，至抵暮而至。

園中石大小數百塊內有一峯皺瘦透三美皆備爲諸石之冠自來何緣得此奇物前代米顛下拜之石未知視此如何也價得二百元運之之費加二三倍然內有一峰名東坡中峯據云當年楊氏得此出五百金則其價遠過於此時矣

十一日　旭人來約明請張子青邀余作陪

十二日　旭人所約須多喚一花余意中無人乃遍訪之因与項琴舫於午後作紫曲之游共往四露書房兩雯一殷蕙卿一李畢娥寓鄰兩雯有雛姬名素仙素琴其皆十三歲頗可人意余屬意於蕙卿而以素仙薦於朱嚴

十三日　季玉來云旭人所約定於十四日所喚之花歸伊儕喚蕙卿素仙之外有双鳳與歸子青有雅雲與歸香玉有雅仙與歸旭人

初四日

初五日

初六日

初七日

初八日　光福山中王曉雲善種花樹，在管春花園作夥，所見書識之。從山中載出桂花樹五十本，皆如椽口粗，連日在園中觀其種植，亦一樂也。假山石新立，嫌其骨出如飛龍，今以花樹環植，如裸體人得衣一襲，鬱葱大有生色。

初九日

初十日　園中之骨石皆取給於趙園，近又得山塘楊鑄蕉家

廿四日

廿五日　与麦甫麦林均和挂和下一元

廿六日

廿七日

廿八日

廿九日　与麦甫麦林均和挂和

三十日雨

八月初一日

初二日

初三日

十六日晴　与江子山陸于如程壽甫挂和

十七日　午刻起陣大雷雨風暑氣頓消爲之一快

十八日雨　次曾孫耀生剃頭賀客來者午五席晚四席有江西女檔子陪清唱　會与程壽甫江子山陸于如挂和全勝一元

十九日

二十日

廿一日　与程壽甫陶均如何青林挂和全勝八元

廿二日　李眉生邀午飯同席者張子青沈仲復盛旭人潘季玉任筱
与季玉至護龍街察院場閒遊而返

廿三日

初七日　在醉楓山館與少膺餞行　巨樓旭人皆至人即花和

初八日　何君睦程老四年卿樣和

初九日　致書英嶽峯託其將所存各錄交郵公費

初十日　濤弟泉來與謙卿夜梅三兒作游　金逸之來滬

十一日　張子青逐去為其弟菊坨畫符治癰　答金逸之

十二日　拜俞丛廬甫之太夫人九十壽　晤李友琴

十三日

十四日

十五日晴　雇大快船兩隻攜眷往虎邱看會　分男女兩舟　余與八兒大五六孫一舟　大孫媳大孫四孫媳兩姬一舟　辰往酉歸　是日游人頗盛

廿六日

廿七日

廿八日

廿九日

七月初一日

初二日

初三日

初四日

初五日

初六日

十九日雨 看生招飲同席如前 馮羿花和 浦嬌挈八兒至定盦

燒香與旭人之姬人張巧珠賭為結八兒與旭人之女親事

二十日晴

廿一日晴 夜刻招宴晤李玉泉 順之 蔡安 皆為僧造友 孫玉大 殿之

嚴通公呈一事并約玉泉從旭人處作媒 未晤去 徐璧孝 浦佩卿

佛如 瑤仙 靖卿

廿二日晴 申刻赴金羿西耕 楓山館花和

廿三日晴 山腰旦樓李錦花和 怕熱未去

廿四日晴 汪子山 鈕東卿 程老周春樓和

廿五日

初十日晴

十一日晴

十二日晴

十三日晴

十四日小舫借睡楓山館招飲同席者有金旭人退樓五泉律如浮罍与退樓旭人小舫花和

十五日晴

十六日旭人借睡楓山館招飲同席者即十四日所請之客浮罍花和

十七日晴

十八日晴

初六日晴半雨 是日申刻三孫媳生第二曾孫取名則誠小字耀台。是刻邀請張子青、李眉生、杜小舫、吳退樓、戚旭人、清香玉飲，六客皆紅頂，子青又是狀元，而曾孫誕生，六客飛來送喜，豈非大吉之兆。子青、旭人、小舫平六五，余合如為一手，兩花和至暮而散。

嘉賓方盈坐，佳兒正誕生。德星壇瑞气，英物試啼聲。麟趾羣稱頌，龍頭肇錫名。當同九齡以燕謀，侯門迎。眉菴喜賦一律示諸孫

初七日晴 發書与硯生，附發三孫信、瑞甫侯信言代祈懂事宜，并懂甫復函侯信。未刻得順來談三嫂因緣。

初八日晴

初九日

常　午刻偕香嚴、杜小舫、唐芹、吴退樓同赴張子青招飲，坐有沈仲復、潘季玉在遠系堂設席。余親携長然卷，子青留觀。子貴亦出黄子久山水、梅道人山水、山谷小像軸、徽宗竹禽畫，皆僞本。王叔明山水軸、錢舜舉花卷，皆紙本，見出皆真跡也。

初二日晴　香嚴來談。跋書黄筌八花冊、蒋孫桂昌後任。

初三日晴

初四日晴　申刻潘季玉招飲，借郁氏花廳，同席者香嚴、伯雅、吴植卿、朱憬萱、吴頤楂，倩觴者雅雲、雅仙。

初五日　拜若文秋圃，治新授江蘇織造也。午後至退樓，季逸唐破三來，與小舫敘談，隨樓演花和

廿四日雨　得研生及瑞芾侯信知乞請雲書樸分

廿五日晴　發曹樸如信附去黃運河邊仲田信　往勝退樓小舫長談

廿六日　陳達甫於前日病故今其殮令三兒往送　琴霞携示靖難三忠

卷三忠者方正學黃子澄俞貞木也　黃令之携示魏大中獄中遺囑冊

以上二件皆陳良登物也

廿七日晴　申刻小舫退樓來談

廿八日晴　是日甲子晴則主望其久

廿九日　吳語樵弟儘萱招飲借花駁岸都氏宅坐有潘玉泉

嚴伯雅沈問梅三客　余託疾不赴　往訪沈仲復於耦園在清東園長之西邑今

六月

初一日　往圓通菴拈香　謁中丞吳元炳勒少仲方伯竹楂吳令秋書

十五日雨

十六日晴　明日三媳三十誕辰，先親友俱於今日預祝，喚說書大小書者二人，演戲法者一人，四更而散

十七日雨

十八日雨　發研生信交二孫帶去

十九日雨

二十日雨

廿一日雨

廿二日雨　與馮申之、江子山、程履安抹和，輸五元，晚間夢魂不安，且微精神漸衰

廿三日雨

氏石蓋竹友廬園也其石玲瓏瘦透在我家南院兩大石之次復到張公祠一游歸途至吊橋坐轎往晤盛旭人

初九日雨　申刻雨稍止往晤張子青

初十日雨

十一日晴　吳退樓邀飲同席者李香嚴杜小舫陳蓴齋潘玉泉觀西齋携示東坡行書昆陽城賦卷吳漁山寄耕烟卷宋刻四家帖

十二日晴雨間作往下沙塘掃墓仍偕八兒三侄

十三日雨祀天地神祇謝連年平安福佑兼祀武帝往讓王廟拈香

午後往晤程臥雲王竹菴薛心農俞蔭甫

十四日晴　李香嚴來談

向馮豫如借燈船一只護送　此行購得李龍眠羅漢唐人寫經卷文衡山寫古冊唐子華卷王石谷兩軸張瑞圖陸青彙兩對在李達利購得鐘表洋貨等四百餘元　暮泊黃渡

黎明開船竟日大順風雨兩次大冒雨張帆舟子衣服盡濕薄暮至婁門乘轎至家已上燈矣家人盡見禮四五孫媳尚初次見面也

初四日

初五日

初六日

初九日晴　請王泉伟如遨飲同席者李為嚴張子青杜小舫吳退樓

初十日晴　偕八兒三孫坐船至席卿上老墳至山塘觀斟酌橋畔觀戲

向四孫祀保三買膏藥並還付訖 答王子梅信

晝莊觀劇 偕訪仝保三同其至花桂林家及王又婿家薛毅又婿回

病未見

三十日 晴 午上燈後雨歸 偕金桂園觀劇 申刻至徐家花園程蓉安

馮墻之招飲 仝保三來約偕往 坐有葉朵兩實及出局四人 此園正平

廳樓廳前後兩層 中開小池 四周環以湖石 小小結構頗有邱壑

五月

初一日 晴 午後盛杏蓀邀往周月林家飲 仝喚濤秀寶出局 席散

偕訪秀寶還局 得三元與爭一局 棋甚低 饒其五子 所活數十子而已

蔡深卿榮蘆庭邀往沈梅出局三人 保三及鍾康保同坐 保三喚

秀寶相陪 兩鍾畫莊往丹桂觀劇

初二日 晴 備蒲鞋頭一只 無錫快兩只 巳正挈眷及幕友七人登舟

行

廿七日雨 黄軍門英道邊太守伊倅孫令等俱來送行 稅務司德璀琳亦來

廿八日雨 未刻登輪船文武各官俱至北門送行 家眷暮支下人等同時登輪 曹懷翁方蒙鏡陸季壽李小琴佛領事德稅務司俱來船送行 申正展輪夜半大風雨頗覺顛簸霧又甚濃即停輪 黎明開行風尚未止顛簸如前旋即平穩

廿九日微雨 午初抵申江旗昌馬頭 卅日先遣王奎至滬雇轎雇船約在馬頭相候 王奎因昨日雨驟然不起程遂未雇轎伺候故也不能由輪登岸船不得已挈眷至怡和洋行暫住 兩婿至丹桂園

天久不雨園庭花木須勤於澆灌

邊有之僕凡有家事均無皆遣倘不敢有人備之隶

十七日晴　發卅九號家信

十八日晴　接十六日信　發四十號信

十九日晴　有人攜示八大山人條幅四幀皆水墨山水滿幅淋漓畫所罕見此畫西元　留之

二十日晴

廿一日　發四十一號信

廿二日

廿三日　發四十二號信　英嶺峯來信　華生帶衛安勇送葛名傘

廿四日　答看英嶺峯長談　答謝華生

廿五日　飭家人將木器家具搬下白鹽殼船半日已畢

廿六日　雨　午後雨稍止　往黄軍門及英道邊太守伊二府孫令等處辭

初十日晴　軍門來晤　高子明來見　爲只設法委作潤務委員　因廿五會務爭後任如錫歷久須多敷衍矣　以十二元向李復雪花巢券

十一日晴　兩姨与八兒偕至阿育王廟折余飯食利　接郡吾家信　第卅七号信　忘了年紀月生此諺語也余偶將此語一咀嚼竟如清夜鐘聲當頭棒喝發聵之聾識爲刻不可緩

十二日晴

十三日晴

十四日晴

十五日晴　接十三日家信　第卅八号信

十六日晴

前殺氏墨銘

設法借張芙卿所得文衡山冊未知即所見之花卉否柳另是一本

據芙卿云並未嘗有此冊當係傳聞之訛

初四日晴 接初二日家信 寄廿二號信 答金保三信 口占一律

感荷君恩疾許移，歡然喜氣上雙眉。始知衰宦辭官日，炎似頑童放學時。如箭歸心雖少緩，飽帆風力尚嫌遲。榴紅蒲綠端陽節，好酌團欒酒滿卮。

宦如兒戲以請假喜形於色謂似兒童放學故有此聯

初五日 晚間三孫偕天童歸

初六日雨

初七日雨 接初四日家信 寄廿三號信 小三二房是日午後動身回蘇

初八日雨

初九日雨 接初七日家信 寄廿四號信

廿八日晴

廿九日晴 接廿七日家信 發卅二号信

四月

初一日晴

初二日晴 接廿九日家信 發卅三号信 有人携示唐六如仕女小立軸 白題七絶一首 紙稍破碎 故印章亦失去 紙色亦略黯 然決為真蹟無疑 左押角有潤州戴培之珍藏印 戴亦培之所題 以三十二元得之 另有董思翁山水册兩本一箱一套 錢還價未諧 是日立夏 俗例秤人 余秤得一百十五斤 接上年輕三斤 八兒秤得四十斤 浦姬秤得七十五斤

初三日晴 三孫偕我庚孟衡暨和縄甫 邀游天童 惜堂因感冒不果行 晚偕浚乘舟而去

園中之屋水極太細皆已方便可藏拙

歐陽文忠公晚知書畫真有益此七字刻作圖章印於收藏書畫甚妙

廿三日晴　以十三元得吳仲圭竹軸有陸硃松徐紫珊藏印

廿四日晴　接二十日家信　發三十〇號信　浦姬因大便不通服保三藥三劑大便仍未通而腹痛頗甚又發寒熱骨節及腰皆痛仍服保三之藥　金少逖寄示張爾唯水墨山水小軸價三保三以為真跡還價十一元

廿五日晴以廿八元得孫雪居花卉卷　浦姬寒熱已退

廿六日　發卅一號家信（是夜復咯血五六口）　金保三回滬前後住八日送伊八十元程儀八元下人四元

廿七日晴　發致研生妻信告以告病之由　以四十元得龍眠揭鉢圖以三十元得化度寺碑皆保三攜示即上雲倪氏物畫尚非真跡碑亦非原拓不過皆舊物耳　黃軍門李視庚　告病開缺摺中丞於是日發

跋拜決為偽跡，乃羅之不見書畫作手，疑似其便是偽作

朱任之攜來小松扇面冊，每頁非二元不售，以此核之，此冊甚便宜矣

爲令郎定一方，所言與嗜初大同小異。復延其爲張甫兩姬診視，各定一方。復請嗜初診脉開方，余仍服嗜初方。

以二十六元得宋拓顔平原忠義堂原刻瘞鶴銘帖單種一本，後有翁覃溪長跋。有人携示黄文節書劉明仲墨竹賦卷，字如拇大，有四百餘字，余未能定其真膺，請保三觀之，亦不能決，特由信局寄蘊玉取見決之。

二十日　張誠自省中函，知病等中丞已批准吳委令衛嚴道英庫署事。是日午晚略血兩次

廿一日　以廿四元得黄小松訪碑冊廿四頁，以一元得吳讓之隸書十二言對。

廿二日　晴　接二十日家信，發廿九號家信。是日余誕辰，因國服期內，止平酒請幕友兩席。近有人携示小松爲錢梅溪畫梅花書屋圖卷，長不及三尺，後有陸曼采汪鈞擇一詩一詞，索價百元，可謂望天討價，余還價十二元。

此患如果肺癰，如用陳芥菜滷治好，歸家後當每年備一二甏埋在僻處，俟年陳施行方便，以答 神庥。凡可行方便之單方，如冬霜蘿蔔之類，皆當俻備。

推始祖化民成俗，貽謀開南國冠裳；海國春深柳絮飛，小園花謝綠陰肥，日長睡起渾無事，閒看滿湖蝴蝶歸。（自叅隸篆侍並）

十六日 晴

十七日 晴 四孫偕王膺初、鈕阜卿坐輪船來甯，即請膺初診視，據云積熱所致，用甘寒之劑。發廿七號家信。酉刻復咯血，自覺喉間血涌騰沸，咯之不及而嘔之，出紫血塊幾至半碗，以後陸續痰中夾血，至臨臥時始淨。膺初為服花蕊石散，次早再服之，並用童便送下。咯血以來以此次為最盛。

十八日 晴 臨臥時復服花蕊石散。

十九日 晴 接十七日家信。發廿八號家信。金保三從上海來視余疾。

十日 家信并寄還參三七半枝 發廿五號家信 未刻後吐血數口 即磨三七半枝服之 酉刻後吐血數口

十二日 晴 歸田後擬募修讓皇廟大殿并重建康王廟於讓皇廟側 先擬康王廟楹聯云 匹馬渡江來 業創偏安半壁 湖山支宋室 六龍扶輦下 地鄰交讓 千年香火庇神庥

十四日 晴 戌刻吐血數口

十五日 雨 辰刻吐血四十餘口 接十二日家信 知十三日四孫偕王澂和鈕年卿來甯 發廿六號家信 擬讓皇廟聯 難弟繼高蹤 國讓西岐 肇八百載周家基業 遜民成至德 化行南國 開二千年江左人文 采藥侍難兄 斷髮文身 抗志並西山薇蕨 逃荊

槐廳一日連請廚　廚房大小兩付　汪媽　鍋灶　託隆老爺全氏物

初四日晴　初三夜吐血後已淨矣今日痰中又帶血非前日滿口皆血之比雖明知是肺熱之血究不淨總不妙也　發廿二號信與羽笙

初五日　戌刻又吐血十餘口

初六日　申刻又吐血十來口

初八日雨　接初四初六家信　發廿三號信　自起居病草稿

初九日雨晚晴　亥刻及次日平明仍吐血約共三十口左右　令張誠賫病草進省

初十日晴　接初八日家信　發廿四號信

十一日晴

十二日晴　徐五送蘇貴州向培德堂所索陳芥菜滷一餅初十坐腳划船十一搭輪船今晨來甯可謂速矣余因醫家皆言決非肺癰故暫停不服　接初

廿九日雨　是日輪船遲接廿八日家信并及後信

三月初一日

初二日雨　日本國領事品川忠道偕譯官神代延長從上海來

有上海道信為之先容來談時留其茶果送掛鐘一架磁盆十只

方子穎從温州坐伏波輪船來寓來談　午後往答日本領事

接廿四日家信　送子穎冒雨登舟話別　送日本領事及偕譯水禮并子穎

初三日雨　接三兒初一日稟　發廿一號信　夜十點鐘臨卧時因咳嗆忽吐

鮮血十餘口心中並不跳蕩知為肺中熱血也即靠高枕而睡竟夜酣卧至

天明後復吐淤血數口帶紫黑色

初四日晴

張雨生據云云勒有楊大陸白山集四本成秋玉詩一付，因九月取寓，估其價白以文帶也

廿四日晴

廿五日晴　喜詔頒到，隆宗門因病未到，文武各官出郊跪接，迎至萬壽宮先行禮，隨即開讀，復行禮而退。接三孫廿二日寫 第十九號信

廿六日晴

廿七日晴　接大孫廿五日寫 第二十號家信，又退老信。退老老布袱寄大人閣下

兩奉手書，敘出起居安吉爲慰。三小兒 得投來萬金煩命恆閱，切能感同極。其書性拘禮悟於工作一面，因舊日舊退補拙直之所書，以力爭爲之，遂改日積交海輕之，鬱結致病之由〔〕〔〕，或左手時現見病，因其以靜，據度曾理了乎，日前一省龍接兩地以無信。二月初起連病兩日，近始請醫爲來診之，將送病氏寄以益擇耶

廿八日雨

十七日晴

十八日晴　接二孫十六日寄知孫之血越吐血服童便而止　寄十四号信

是日祭風神未去

十九日晴

二十日晴　接四孫十八日寄知孫兒於十七夜復發肝氣血去淨腸紅亦而去止

請信陵園工程　寄十七号信　昨服趙慶堂溫命門之劑始止腹泄

廿一日晴

廿二日晴

廿三日晴　接七孫二十日寄知孫兒吐血已止不服藥而靜養止服並常童便

寄十八信　白退老十九二十日信　張丙生携物來佳耳寒

汝擇藏文衡山大水幼虞卷未知在否託張丙年訪之　如有售與滌卿之物必須先開目錄以寄示取有以為無在內

閏中以每遊一樓　寄信託端煥料理碧霞、蓮蓬、海苑

初八日　晚間形寒微覺哮執

初九日晴　是日丁祭因病不與　延丁蕙鏡服藥腹中泄瀉夜不成寐

初十日晴　是日祭壇山未去　仍臥床不起

十一日晴

十二日晴　是日祭龍神未去　改延趙慶堂診視

十三日晴　是日祭呂未去　發十四號信

十四日晴

十五日晴　是日祭文昌帝未去

十六日晴　是日祭武帝未去　發十五號信

十七日晴

伯四信，知上年寄旬之百元已收到。茲又作唁信一封，并奠分百两，

託阜康寄去。

三十日

二月

初一日陰

初二日陰 接芃三十日家信 發十号信 接顧月汀信兩封

初三日晴 辰刻致祭文昌宫 天后宫 均素服行禮 接顧月汀信

初四日雨 午刻雷 辰刻致祭炎帝 發十一号信

初五日晴 巳刻見官 接初二日家信 發十二号信 沈級齋來

初六日陰 夜放烟火一架

初七日晴 接初四日家信 發十三号信

藥精頂下等款每月五十金賜之非先來商余要得做好人情只照辦并須佰餘余推出不管矣

廿六日晴　園中有梅八九株入春以來風風雨雨殆無晴日花開適逢其厄余向畏寒未能冒冷游也今日霽色大開余挈兩生往游惜零落殆盡止存一樹花矣夕陽滿地游蜂在林徙倚徘徊殊增悵惋　樸曉峯之子邀非來每邀其在署小住

入春兩月雨如麻冰泮平池漲轉加新晴霽日光烘蘚迹初番風信落梅花蠅貪薄驟煖栖溪幕蜂抱餘香趁晚衙病起窺園拖履去為尋詩句手頻叉

廿九日晴　驟煖　接廿七日家信　發九號信　張芙卿字函　汪鉅

由衛司刊刻謄黄頒發是日頒送提督謄黄出甯文武各官在西門馬頭迎
接至公所東北各官行禮跪聽宣讀學憲再行禮而退已於初六日先行哭臨
之禮故此次止舉哀一次也　昨晚已覺體中不適今日又值大風勉強行禮
而歸至夜又覺形寒若熱似更甚於昨夜至曉得大汗乃退熱　廿七号信8
廿六日晴　倦卧不起邀丁鏡蓉診視服桂枝湯
廿七日晴　病起　發八号信8　金少芝處示子毋漢銅印　索價卅元　秦小印　索價六元
楊說石刊青田石印　篆金石緣索四元　余皮價共十五元　上年楊中丞書來因
金眉生老境甚窘又得王補帆中丞吹噓之蘭嶠為設法全用此間公閒款可
籌歇自紓囊助以每年百二十元請中丞示遵中丞並無回信余遂以百卅
元託宋肆元轉交眉生姪少退回肆元又得陳伯敏信本中丞諭嶠於洋

嘯旅之邨白水年　白衣寺佛龕高一尺八寸闊六寸半　同太乙針

一切禮節俱免

二十日雨　鮮衛　接十六日家信第六号信

廿一日雨

廿二日晴　三孫之外岳汪蔭卿杏表子率男蔭試錄府試文也　為南海普陀送子觀音寺扁書慈悲航送四大字又書觀音座前以對自擬聯云念佛千聲異口同音共命鳥　心香一瓣開花結子並頭蓮　為姬人凌汝書也

廿三日晴

廿四日雨　夜間微覺畏寒不能成寐

廿五日雨　禮部頒發一大行皇帝遺詔各省督撫止有一道此外將軍都統學政提督總兵各頒謄黃一道由督撫分送至道府州縣及各營官等又

十四日雨

十五日雨 強玉送傳補尾數進省寄回門條一紙并知十一日 遺詔已到各官迎接宣讀並未再行舉哀禮聞即刊刻謄黃未必有 詔到外府矣 在縞素期內不拈書 鏵衡

十六日晴 巳刻邀同黃軍門邊仲思宋琴元至寶德坡觀水雷先是日人占據台灣海防吃緊之際宮昭中丞託葛格從西洋購買水雷拾个前由上海運到故往觀之擬安頓於火藥局內已屬琴元承辦矣

十七日晴

十八日晴 接十六日家信 發五號信

十九日雨 午刻開印於二堂設香案拜印仍素服冠綴纓行三跪九叩首禮

復初齋極推重夏承碑今顧氏所藏能復舊觀之否此等天壤間有數之物勝於尋常書畫多矣雖重價為之亦所不惜可

詔除書曰〇金階侍漏年〇趨蹌欣有路〇對越恨無緣〇　庚午十月蒙〇〇

恩擢甯台道詣〇闕謝〇恩未蒙〇〇召見〇身自南溟寄〇心常〇北闕懸〇〇

垂簾扶幼主〇國祚慶綿延〇　酉刻往哭臨

初八日晴　辰刻赴梓宮哭臨　接承兒与大孫初五日字　即作第二號信〇

酉刻哭臨　前賦　大行皇帝輓詩意有未盡續賦絕句八首

初九日晴

初十日晴　肆徹

十一日晴　接初九日家信　發第三號信〇

十二日晴雨

十三日雨　接十一日家信　發第四號信〇

少頃文武各官齊班先行三跪九叩禮甫畢舉哀之止後行三跪九叩禮而

散　是日伸耆未到堅持待詔之說不能強也　得研生臘月十五日來信

接第一号家信　夜雪　酉刻往哭臨

初七日雨　辰刻赴授衣哭臨　昨夕枕上口占大行皇帝輓詞五律四首

隆盛追三代　肅夔奉兩宮　痌瘝縈聖抱　宵旰瘁皇躬　瓊霄（玉步）

歸天上　丹承湛全星遐降（貫日中）　上年十一月朔金星退度大行皇上即於是日不豫　錫歌思胡不

祚　撐首問蒼穹　天縱推神武　中興頌太平　梯航咸悅服　烽火

盡澄清　大度忠言納　沖年聖學成　仍符多壽祝　不朽放

勳名　薄海悲（宣）遺詔　三年遏八音　竹斑虞后淚　葵向舜（盡）臣心

羲羽嗟無及　龍髯戚不禁　普天同一慟　德澤入人深　丹

已六十有五桑榆晚景知有幾何徒以索寞銷磨之豈不可惜今秋
嘗決計乞病歸家之後或可冀少增興致耳
追仲思送示杭府陳伯敏信云省中奉到 新皇帝上諭即照歷屆
成案行舉哀禮縞素二十七日 照外府參差不一特此通知遵照一律
辦理前者軍門之意本欲舉行因余力持 詔之議勉強中
止今得省信堅欲遵照余亦不能止之遂約府縣出示定於初六
日舉行哭臨之禮
初四日雨 上燈後祀財神
初五日雨 見官 軍門來晤於午後往答晤
初六日陰 在校士館齊集哭臨辰刻縞素至館在官廳藉地而坐

使從統之可親政今皆舍之而獨立襁褓之孩以仍垂簾之局如

物議何其誤六（現在）醇親王已請（告）病假并有曲賜矜全之語妻（為天子父）子回寓

（人生之樂自以踰此）為皇帝其父之心滿意足不待言而可知何其言若有十分（反有）為難

（之福）豈不以瞽瞍由北面而朝為千古難處之境故耶明季僕王已死

尚起大案況醇親王尚在將來更難安頓其誤七新皇帝以弟繼

兄而上諭中有欲持三年之喪之語其誤八種之錯謬豈不貽譏

於天下後世不禁拍案歎息（遺腹之說得於張子騰家信嗣得研生來信並未提及知此說不確矣惜哉）

余自履任以來精神尚好腰腳亦健惟興致則日減一日平昔博奕

飲酒無所不好今一概置之獨書畫癖如故暇則手一編或作書或

繪閱書畫否則蕭然枯坐如在家僧人生如白駒過隙今年

長沙云植遺腹朝委裘而天下不亂植者立也占現在時勢

適合他日果誕　聖嗣萬千之幸不幸生女再議立後未爲遲也

今絶不提起其誤一及此不提他日再提天下毋有疑心其誤二即

謂天下不可一日無君亦應立侄不應立弟惇親王業已有孫以侄

從伯名正言順命立醇親王之子舍侄立弟其誤三且在新皇帝既

他日　皇后誕生　聖嗣作何位置若令新皇帝讓位是置君

如弈棋若不讓位是嫡嗣反不能從大統也其誤四　兩宫皇太

后懿旨命新皇帝入承咸豐皇帝大統併其生子仍從自　大行

皇帝爲嗣但計及新皇帝後日所生之子統不計及　皇后遺

腹之子其誤五即欲以弟從兄惇親王恭親王皆有已冠之子假

遵旨大清會典待　遺詔到日舉行正在持議未決之際今日接
到部文云　遺詔本省遣員賫徙各省因車馬之煩即由提塘分送　詔
到之日文武各官摘纓素服出郊迎接安設公所行五跪九叩禮宣讀　詔
書舉哀再行三跪九叩禮臨三日縞素二十七日文官百日不嫁娶期年不
作樂民人二十七日不嫁娶百日不作樂官民均百日不薙髮云云軍門與
府縣再來集議全堅持待　詔到舉行之說軍門不能強其事乃
定兩曹憬公亦欲強余照省中辦理余堅執不允幾致齟齬　夜雨
初三日陰　張子騰太史家驤在南書房行走其家書云　皇后
有遺孕此固普天之下所仰望而祈禱者也　大行皇帝升遐之
後必應首先將此節布告中外虛立年號以繫天下之望貫

光緒建元歲次乙亥春王正月

初一日先晴後陰黎明至萬壽宫行朝賀禮以次至文廟天后宫炎帝廟郡城隍廟武廟文昌宫貴神廟楊嘉廟署内武帝殿土地祠竈君殿拈香出門穿素服行禮換吉服文武各官均如此 春属仍行禮但除红耳 夜雪

初二日陰 大行皇帝賓天之信於上年十二月十六日接到户部催餉文書鷟用藍印知必有大喪續接禮部文書行知 大行皇帝於十二月初五日賓天此旨省督撫提鎮等大員不必叩謁 梓宫又疊接部文宣諭 新皇上上諭一道改元光绪年號省中文武各員即於廿四日在督署舉哀穿縞素此間得有信黄軍门之意欲與省中辦理余与邊仲思孫歡伯皆欲

光緒元年乙亥　甯波囘

顧文彬日記

（三）

过云楼第一代主人顾文彬云："书画之于人，子瞻氏目为烟云过眼者也。"

苏轼，字子瞻。

烟云过眼，意出自苏轼著《宝绘堂记》"烟云之过眼，百鸟之感耳"之句。

又，南宋周公谨著《云烟过眼录》。

过云楼由此得名。

过云楼第一代主人顾文彬云："书画之于人，子瞻氏目为烟云过眼者也。"

苏轼，字子瞻。

烟云过眼，意出自苏轼著《宝绘堂记》"烟云之过眼，百鸟之感耳"之句。

又，南宋周公谨著《云烟过眼录》。

过云楼由此得名。

“十三五”国家重点图书

“过眼烟云——过云楼历代主人手书精粹”丛书

顧文彬日記（四）

（清）顾文彬 / 著

苏州市档案馆　苏州市过云楼文化研究会 / 编

文匯出版社

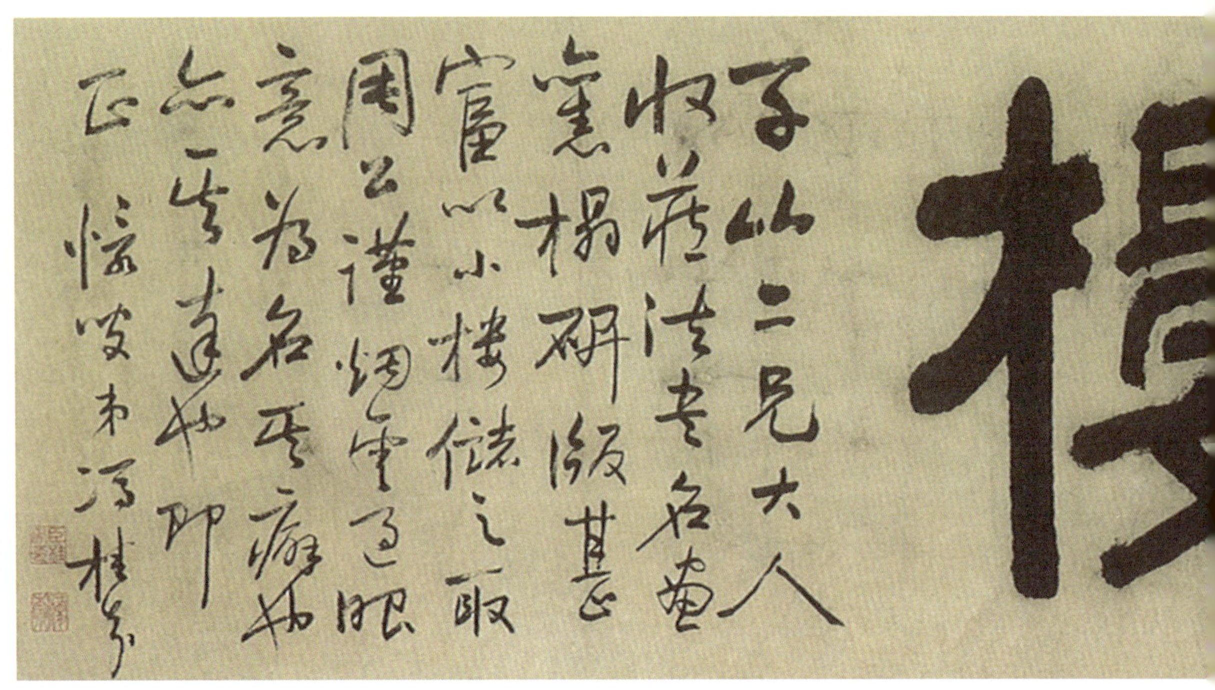

冯桂芬书“过云楼”

子山二兄大人收藏法书名画、旧拓碑版甚富，以小楼储之，取周公谨烟云过眼意为名，其癖也，亦其达也。即正。怀叟弟冯桂芬。

遇
雲

一枝粗穩三徑初成

商略遺編且題醉墨

過雲樓者余收藏書畫之所也蓄意欲搆此樓十餘年矣塵事牽率卒卒未果乙亥夏余移疾歸里樓適落成乃集辛幼安詞句題之時方有書畫録之輯故次聯云爾

艮菴顧文彬識并書

顾文彬晚年书“艮庵对联”

过云楼者，余收藏书画之所也。蓄意欲构此楼十余年矣，尘事牵率，卒卒未果。乙亥夏，余移疾归里，楼适落成，乃集辛幼安词句题之。时方有书画录之辑，故次联云尔。

光绪四年岁次戊寅

春　王正月

初一日　晴

巳刻，出门拜年，归，午饭后仍出拜年。当道及至亲戚家，皆亲到会。晤者浦佩卿、吴退楼。

夜雨。

初四日　晴

午后，潘季玉来晤。晚接财神，交子刻送神。

初五日　晴

午后，盛杏荪来晤，邀其游园，并谈招商局及开矿事，余劝其辞招商局而专事开矿。连日严寒。

初七日

雪竟日未积。

初八日　雨

消寒会。竹游两席，余下八元，又贴席费三元。

初十日　晴

藩台勒少仲招饮年酒，共席者沈仲复、盛旭人、费幼亭与余也。

十二日

余与江子山、陆于如、何吉仪抹和，余下五元。

十三日

作信三封，一答曹恺堂，一贺瑞苇侯，一答杜小舫。

十四日

往晤勒少仲，托其上详立义庄一案，上年托过恩竹樵，不料其遗忘，耽搁至今。

十七日

盛旭人在留园招饮年酒，共两席，共席彭漱芳、程藻安、冯培之、陆竹园、欧阳春生、恽××、费××。

十八日

八旗会馆演京班，季玉邀余搭席，余独往。适大有恒请坐，邀余同坐，抵暮即归，因张姬抱小恙耳。

二十日

吴中丞之太夫人生日，巳刻往拜寿，吃面而散。

往胥门码头答李质堂军门、李仲良太守。

廿二日　雨

童际庭、潘季玉请在八旗会馆观演京班，答上年做寿之席也。冯培之拟复捐赈照会稿，适谭曙初太守来谈此事，即以复稿示之。抵暮即归。

廿六日

吴中丞还席，演剧请客。巳正往，共三席，同席者潘顺之、蒋心香、顾棣园、沈仲复、盛旭人、费幼亭、吴语樵、费云舫、潘玉泉、蒋仁卿、冯培之。亥刻散席。

廿七日

史伟堂请春酒，余以奉斗斋不茹荤辞。伟堂特设素席，再三邀余，勉赴之，同席者吴语樵、费幼亭、汪川渠、恽××。

廿八日

先府君九十冥诞，拜大悲忏三日，清香一堂，待灵客至者，朝饭四席，夜两席。

廿九日

史伟堂因前日余茹素复邀此叙，同坐者潘玉泉、汪川渠及此间候补者两人。余因与退楼公请勒少仲，先散。即至退楼处，陪坐李香严、沈仲复、潘季玉。戌刻散。

二月

初九日

吴中丞来晤谈。中丞接廷寄，欲借义仓谷，有疏止之。

初十日

答吴中丞，谈捕蝻子冬末春初，虽连得大雪，而土中蝻子仍未冻死，故严檄江南北各邑，令勤加搜捕、劝农各事。

往答新署太守钱伯声，缴捐户找洋四十八元。

魏紫姚黄富贵家，满园金带吉祥花，犹种故侯瓜。
青络索边松偃盖，碧参差处石排衙，官样傲烟霞。

偶得句云："栖禽和梦袅风枝。"

深巷鸡声断续啼，主人曳杖叩园扉。游春客早，翻讶我来迟。　孤蝶倦飞投露草，双禽争立袅风枝。凭栏凝眺，花韵午晴时。

十二日

幼亭邀请浙绍会馆观京班，同坐者闵沛农、长云渠、彭漱芳、岱灵，抵暮返。

十四日

午刻，怡园请客，费幼亭、蒋心香、吴语樵、彭漱芳、彭岱灵。申刻散。

十六日

沈仲复耦园请客。午刻赴之，坐客勒少仲、李香严、潘季玉、吴退楼。申刻散。

十七日

臬台龚易图之叔故，在宝积寺开吊，午刻往吊。答金眉生，并以《怡园杂咏》示之。

十九日

退楼、季玉在金石寿世居请客，坐客勒少仲、金眉生、杜小舫、李香严。申刻散。眉生以神仙肉及红毛为织锦之戏，余于枕上得句云：

神游仙岛肉芝香，红笺名刺欲生毛。
仙管神弦搀竹肉，红灯绿酒荐溪毛。
起死神仙肉白骨，轻生荡子殉红颜。

此联似为赵揆之而发。

廿一日

怡园请客，到者史伟堂、费幼亭、潘季玉、陆竹园、郭安庭。午集申散，请而未到潘梅若。

廿二日

怡园请客，到者勒少仲、杜小舫、李香严、吴平斋、潘季玉，请而未到者金眉生，因已返棹耳，未集申散。

廿三日

至虎丘扫墓，归途游留园。

廿四日

至下沙塘扫墓。男女眷属共三舟，行至中途，雨，到岸雨略止。墓祭毕，复至祠屋孙老姨太停灵之所上祭。屋后新添一进，尚未完工。归途复遇雨。

送杜小舫行，未晤，知其即日回家矣。小舫以苏诗“上楼筋力强扶持”嘱对，余对以“归老江湖忘岁月”，并嘱余书联赠之。

廿五日

在怡园请总捕厅及长、元、吴三邑尊，总捕朱公辞而未到。陪客请程藻安，于午刻先到，长洲万小亭、元和阳小谷、吴县汪岸青迟至未正始到。酉刻散。

廿六日

金保三从沪上来，携视柳如是、黄皆令设色山水合卷，有钱牧斋题及送皆令序。近人郭频伽、彭甘亭、姚春木皆有跋，系孙古云旧藏，近为张祥伯之物，索价太昂，恐不得矣。欧阳文忠题《杂法帖》，有“寓心于此，其乐何涯”八字，若搞此八字刻一印章，印于书画跋尾甚妙。可与“足我所好，玩而老焉”作对。

廿八日

怡园请客，营官窦 ××、田 ××，中军韩进之，候补道陈仲泉、汪赓虞，请而未到中军崔松圃。

三十日

彭岱灵借园请客，共三席，余与三儿皆赴之。

种罗汉松于岁寒草庐、五色山茶于牡丹厅，从古庵中移来。

三月

初一日

开怡园，雷雨大作，游人寥寥。

初二日　雨

敤闲来书云，史伟堂造一旱船，以东坡“相与枕藉乎舟中”索对，余以坡诗“我视去来皆梦耳”答之，然究不如“不作风波于世上”老对之佳，惜不知何人句也。老对是余十六七岁时在三山会馆会考时所见，爱其自然凑拍而记之。至今逾五十余年犹不忘也。

除却窥园事事慵，不衫不履不支筇。游人耳语，猿鹤主人翁。　习种树书移古木园中新栽松柏，皆百年外物，弃登山屐面奇峰。拨开蛛网，怕罥抱花蜂。

也仿兰成赋小园，也随长吉赋高轩。批风抹月，几费薛涛笺。　　松顶云归宽鹤地，萍根风约拓鱼天。茶烟一 榻，消遣日如年。

游岳人归修石谱，出山泉洁制花笺。更搜墨史，研麝试松烟。

缟袂临风夜叩门，啁啾翠羽致殷勤。山家清供，茶温与香温。　　窈窕明窗云一片，横斜浅水月三分。半床疏影，诗梦压花魂。

僻巷苍苔屐印稀，为寻春去款林扉。清明近也，风片雨丝丝。　　万柳当门人系马，双柑携酒客听鹂。杏花零落，红湿燕巢泥。

篱鹤久驯除竹挡，笼鹦调熟唤茶来。瓶笙声沸，落日生平台。

初七日

赵揆之病故。

初八日

巳刻，至史家巷送冯林一入专祠，方伯来主祭。

初十日

未刻，送陶凫香先生入乡祠，方伯主祭。

（眉批：十一日至廿九日俱失记。吴子健署总督，勒少仲获抚，薛世香署臬，皆月内事。龚易图罢藩，赵揆之病故。）

四月

初五日

是日立夏。赴李眉生之招，坐客少仲、退楼、仲复、季玉。未刻归。余称重一百十七斤。

木怪花妖魅阮郎，生机未绝得还乡。
倘教埋没桃花涧，何异将身葬北邙。

阮刘分袂泪沾巾，重访花溪境隔尘。

生怕凡心终不死，又流花片引他人。张衍重之子，号念曾。

六月

初二日　晴

沈书森招饮，申集，同席者李香严、吴退楼、潘季玉。戌刻散。

初四日

新得潘和丰酱园，有东西两店，房屋、店货、生财，约共七千余金。先已成交，是日盘店，三儿、四孙及账房友俱往。

晚大雨。

初六日　大雨

池水深一尺。吴子佩借怡园为其太夫人祝寿，余赴其晚席，出局者约有六七人，余未唤一人。

十一日

园池荷花虽不及上年之盛，然已开数十朵，红白相间，皆重台细种。是日请勒少仲、吴退楼、潘敉闲赏荷，用五簋八碟，沈仲复、李香严皆因病未到。

十二日

昨晚睡至夜半，忽然寒凛，复以絮被两条，尚不止，遂发热。时出大恭，皆不畅，大有下疖之意。请江花卿来诊。

午后，热势颇盛，似觉昏沉，幸汗出甚透，至晚即退热。

十四日

始起床。

十五日

沈问梅、陆竹园皆病故，是日大殓。

十九日

沈仲复招饮，午初赴之，同席者少仲、香严、退楼、敉闲。

廿一日

所填《望江南·词咏怡园各景》，是日始脱稿，约千余首。

三十日

潘星斋同年夫妇之柩到胥门码头。

七月

初二日

潘星斋夫妇之柩遵例入城，暂停在狮林寺。巳刻往唁。

星斋今年七十一岁，夫妇同庚，于正月同日病故，妇先夫后，一卯刻一巳刻，亦不多见之事。诗云“死则同穴”，若死则同日，乃不可必者也。

初三日

勒少仲在退楼处闲谈，余往晤，并交与一呈及义田庄房清册四本，因奉抚院批驳止念，以此复之也。

初四日

同端卿、子山、景之竹游，下三元。

初十日

潘星斋夫妇开吊，巳刻往狮林寺唁之而还。虽请陪宾，天暑不能留也。

是日立秋。小雷雨。

十二日　小雷雨

泼墨云中掣电丝，轻雷催雨雨催诗。
秋声新上芭蕉叶，负手回廊觅句时。

十四日

项琴舫借怡园设曲局，马小宝来游，余未之见。

十八日

往访桂卿，并赠以小照一帧，不见已两月矣。

马小宝者，马公馆中之假女也，王景之许以三千元娶之，为钱扆臣以三千五百元夺去。扆臣之父调甫，昔年与余同避兵在上海，余首倡请兵于曾帅，调甫赍书而去，因此机缘得入李小泉中堂幕中，荐保道员，不数年巡抚河南，卒于任所。今其子如此之阔，语云“愚而多财，则益其愚”，洵然。其事未确，小宝为提督杨鸿河买去。

廿二日

为豫省捐赈递房捐公呈于抚院，绅士列名者十余人，余其首也，冯培之主稿。

廿四日

退楼招饮于听枫山馆，坐客少仲、香严、仲复、季玉与余也。

廿六日

潘季玉、吴语樵借怡园为彭漱芳饯行。因山东巡抚文格以漱芳熟悉洋务，奏调到省，择于廿八日起程也。邀费幼亭、冯培之与余作陪，酉刻入席。出局者，郑阿男与佳茗先至，未入席即去，余三人：素琴余所唤、小翠幼亭唤、双凤培之唤。

廿七日

余与幼亭同饯漱芳，陪客即潘、吴、冯三君，未刻入席，出局者昨所唤三人仍旧，添石月卿漱芳唤、小红季玉唤、银珠幼亭唤。

廿八日

往晤少仲，谈房捐事。往送漱芳，未晤。

廿九日

巳刻，赴郭安庭竹游，晚席有崔松圃、韩进之两中军，出局金昭龄、杨月卿，皆城外弹唱伎。

八月

初一日

与潘端卿、陆老四、三儿竹游。

初二日

湖北同知宋菊坻熙曾携其弟炽曾，号陶仙来晤。菊坻于咸丰十一年，余避兵至宜都县曾经见过，乃故友汤子卿所引见者；其弟陶仙系浙江知县，余昔年当浙江乡试提调，伊当闱差，亦曾见过。此次晤谈良久而去。

初三日

巳刻，赴李香严招饮，同席者少仲、仲复、退楼、季玉。申刻散。

初四日

午后，余挈三儿至颜家巷，唤雇小舟，访宋菊坻、陶仙，见其在谷城任所得古铜器共十一件，有字者半，乡人犁田山下得之，价只十二千文。

游拙政园，古木参天，莲叶平岸，居然有山林气，不但胜怡园，并非留园所及，惜能领略其胜趣者少耳。新辟南轩一间，面临高阜深池，屏嵌大玻璃镜，广丈许，修数尺。此镜外洋新到，每架需二百余番饼，昔日所未见者。望古之镜殿铜屏，不过尔尔。

初六日

三儿以文画祝字致书于宋菊坻，欲易其铜器两种，而宋公竟不允。

初十日

访孙兰于富仁坊，即方丽卿之故居，意甚殷勤，坚留小饮，不觉微醺。归途访双凤，归家微觉不适，提痧于项背，色紫赤，余不料是痧也。

十一日

身倦思卧，宛如病后。

十五日

桂卿来园一晤。口占《蝶恋花》一阕：

香斗氤氲瓜果设，儿女青红，争拜园栾月。世界大千秋一色，今宵另眼看承别。　　回忆童年如电掣，每遇今宵，踏遍霜街白。屈指颓龄过六十，又逢八度中秋夕。

十七日

俞荫甫之太夫人大殓，往唁之，年九十三。

十九日

寅正浦姬腹痛，余急起，遣人邀收生陈媪。卯正三刻生男孩，母子俱平安。

二十日

沈问梅开吊，往唁之。郑阿男来游园。

廿一日

杨绶臣太守来晤，伊戚王吉斋托其告帮，送十二元。

廿三日

潘季玉因逃犯张松明事牵涉，被人贴匿名帖，托余于当道处剖白。午后，往晤本府钱伯声及勒少仲，略为剖白，然季玉声名益狼藉矣。

廿八日

幼亭借怡园请客，邀余往陪，午刻入席。张瀚泉前任天津知，因焚毁教堂、杀法国领事案罢官，从新疆释回、陆存斋、盛旭人、任毓华筱园方伯之子。

廿九日

勒少仲借听枫山馆请客，午刻入席，李香严、沈仲复、潘季玉、退楼与余。少仲还余罗两峰画册两本，各题一跋。退楼出所藏徐青藤画册两本示余，共三十六页，青藤杰作也。

九月

初一日

余携米题褚《兰亭》墨迹，托退楼题跋。

孙兰来游园。

初九日

连日天晴，盛暑，人皆赤膊。自来重阳所未有也。

夜雨。

初十日　雨

天气骤凉，可穿棉衣，桂花始开，亦从来所少见。

褚《兰亭》墨迹卷、宋拓《十三行》小册，退楼皆题就送来，考据甚精，小草亦精绝。

十四日

俞荫甫之太夫人开吊，往唁之。

十七日

潘敹闲借听枫山馆作率真会，坐客勒少仲、李香严、退楼与余也。

廿八日

二鼓出案，五孙麟颐本名寿，今易此名取入元庠十四名，亲友中同取者季玉之孙、藻安之子。

廿九日

小雅仙来游园，在小楼坐谈，溯自上海见时已十余年矣。

十月

初五日

先访栖梧，见枇杷花下，深闭双扉，废然而返。

随访媚香，甚为款洽。

初六日

新生桊儿剃头，清音款客，客到者六十余人。

初九日

偶然感冒，鼻塞涕垂。

初十日

连日大便秘结，巳刻努力大解，内痔翻出，分两次始毕，中气大伤，甚矣其惫。

十五日

连日俱因便结努力，是日竟至三次出恭，尤觉其惫。因服润肠之剂，过于滑下，竟成泄泻，且有寒热。

十六日

寒热已退，腹痛泄泻，日有七八次，夜仍发热，请姚寿门诊视。

十七日

泄泻仍未止，表热已退。请邵小杏、苏少卿诊视，服小杏方。

十八日

仍服小杏方。

十九日

请李朴存诊视，方用附子、厚补，痛止而泄泻未止。

二十日

仍请朴存，泄泻渐稀。

廿一日

服昨方。

廿二日

请朴存，泄泻已止，而小解未通。

廿三日

童际庭观察中风而殁。

廿四日

初至园中岁寒草庐，前后新种梅柏有虬龙之姿。

十一月

初六日

袁子辛来，为余画照。

初七日

子辛于午后来，补完昨照。

十二日

往访媚香。

十三日

昨日于枕上口占一词云：

> 柔橹飞无蒂，圆波晕有花。碧溪菱镜净于揩，照见灵岩山影一眉斜。
> 枫岸鸥为国，芦汀雁作家。三三两两钓人家，比似桃源风景不争差。

此词无意得之，不知何兆，留以待验。

十五日

是日入学，五孙未出。先晴后雨，不出亦好，演清音一堂。

十六日

以请客为还席，演小清音折，班中脚色十人。

十七日

李眉生自沪回，来访。

廿三日

郭安庭、张莼溪请，俱辞之。访媚，适病。

廿四日

往谒吴子健，求其书家祠对。答薛世香。午后，晤李香严。

廿五日

答彭讷生。

邀请马培之为浦姨、三孙媳诊病。

往晤钱伯声。答勒少仲、忠心一、潘敫闲、汪赓虞、陶桂门、朱竹石、潘西圃、杨绶卿，俱未晤。

廿六日

《怡园杂咏词》两本，已经香严点定，再请西圃选定。

廿八日

是夕冬至。

廿九日

是日九儿百日。

十二月

初二日

潘端卿、陶钧如、汪云峰在坡仙琴馆与余默戏。

约小雅仙来游园。

初三日

往访媚香，赠以丝棉衣裤。

初四日

三儿与扬客易得曹云西立轴、渐江《黄山图》六册、明瓷印盒、青田石图章，易去南田《十万图》册，赝作也，王麓台、吴墨井各一轴。

初八日

园中作消寒会，与贝康侯、陶平如、吴子渊默和，下三饼。

初九日

午后，往晤钱伯声，为朱仰仙被连琴溪指控解围。答晤俞荫甫。拜长洲吴令，未晤。

初十日

纫兰为佩。

昨夜大孙新姨房中草窠烧去，楼板俱穿，幸未成灾，可谓化险为夷。

十四日

晨起洗痔，忽觉尾闾骨一酸，遂致伛偻。

十五日

在仁寿堂蘸忏谢大神。

请陈子云为九儿诊视，云是癞，留药治之，渐愈。

十七日

腰酸渐愈。

十九日

雇定郁姓乳妪，乳多而性情和平，胜于斥去之前妪多矣。

二十日

吴子健撰书祠堂楹联送来。

廿一日

昨患伤风，涕洟交下，晚服自开之发散方药，今日霍然。自来伤风未有如此次之速愈者。

廿二日

老姨太下葬，午时登位。

廿三日

虎丘老坟补种松柏一百九十三棵。

廿四日

访媚香，坐有竹游者，略谈而归。

廿七日

访媚，遡客，即归。

廿八日

是夕过年，祀神祀先。

夜雨。

光绪五年岁次己卯

春　王正月

初一日

晨起，执香烛于天地神佛前虔叩。受家人叩贺，新添棨儿，济济一室，顾而乐之。

午后，出门拜年，现任当道几遍，而雨与雪珠大作，舆夫衣帽沾 濡，踉跄而返。

夜雪约数寸。

初二日

嫩晴，至怡园瞻眺，亭台木石，粉装玉琢，光景甚佳。

初四日

粮道英茂文请年酒，在八旗会馆演京班。余未刻赴之，看二三出即归，并未扰其晚饭。顺道往晤潘西圃，上年曾以《怡词》就质，渠已阅过，略为点定，即袖之而归。

晚祀财神。

初八日

在八旗会馆公请年酒，余与沈仲复、史伟堂、盛旭人、费幼亭、潘季玉共六人为主。所请者司道及现任、候补厅州县共四十余人。到者共坐五席，仍演京班。至亥刻，客有散有不散，余即潜归。所派公份每人三十二元，可谓费矣。

十六日

史伟堂请年酒，午刻赴之，同席者彭器之、潘季玉、程藻安、唐老三。

十八日

汪赓虞、陈仲泉、忠心一共主七人，余不悉记，共两席，在汪寓，午刻赴之。

二十日

杨绶臣、杨见山等共主五人，在怡园请年酒，共四席。余午刻赴之，客多不能记也。

廿二日

往晤吴退楼，以潘孚之携示之汉玉琴拂柄请其赏鉴，估值五十元，然与索价相悬数倍矣。此件满红，微露白地，映日照之，通体透彻，汉器中上品也，旧为赵子卿所藏。

九儿伤风已七日，咳呛颇甚，今日始渐止，心为之安。

《怡园词》亦于今日始定去取，存者六百七十四阕，删去四百余阕。

廿三日

陈仲泉与候补道共三人借怡园公请两司与何子容，薛书翁与子容让坐，让之不已，子容拂衣而去，口出怒言。其事虽小，然亦罕见也。

廿四日

费幼亭借园请彭器之、汪君谟、史伟堂与余。午集申散。

廿五日

盛杏荪来晤，谈及招商局事，其意欲将各码头栈房及轮船三只抵与官项，作银二百万，请李中堂入奏，如果准行，以二百万巨款买此破屋，吃亏不小矣。

三十日

以百六十元买汉玉琴拂，赵子卿旧藏，潘孚之经手。

二月

初一日

《怡园词》至今日录竟，计六百四十四阕，共一万八字，时作时辍，十日始毕。昔赵松雪、鲜于伯几每日能作小楷一万数千字，文衡山每晨楷书千文一篇，古人真不可及也。

初二日

闻张子青先生新得疯疾，其为人也孝悌，待人亦忠厚、和平，斯人而有斯疾，真欲呵壁问天矣。近日沈书森亦得疯疾，此由热中而起，不可与子青同日语矣。

初六日

巳刻，赴退楼真率会，同席勒少仲、李香严、潘羖闲，惟沈仲复因患痔未到。

归后又赴彭讷生之招，在怡园与贝康侯、程藻安抹和，夜膳而散。

初八日

亡室浦夫人七十阴寿，是日起忏拜，《大悲忏》三日。

十一日

为浦夫人冥诞正日，清音，在仁寿堂代灵。

十七日

风雨交作。是日，香严所约真率会移于明日。

十八日

午刻，赴网师园，坐客少仲、退楼、仲复、羖闲。见香严新押之《醴泉铭》，张小华旧藏，帖之边纸，翁覃溪精楷题满，固是宋拓佳本，尤以翁题增重。此外尚有宋拓《王圣教序》，王石谷《趋古册》，石涛《山水对题》册，张得天、陈香泉两字册，共押千金，已是足价，未必取赎矣。《醴泉铭》数年前曾许过五百元，未成交，今为香严所得。信乎有前定因缘，不可强也。

廿三日

下沙塘扫墓。辰刻起身，家眷共坐四船，下人一船。午正上祭，归途逆风，到家已抵暮。

廿四日

虎丘扫墓，天已微雨，儿孙辈均已下船。余恐遇雨，未去，去者冒雨上祭，未免踉跄矣。

廿六日

巳刻，赴仲复真率会之招，坐客仍少仲、香严、退楼、羖闲，申刻散。往晤程藻安，告以婴堂猪捐事，少仲已嘱钱伯声出谕矣。

廿八日

媚来游园，晤之。

廿九日

枕上得绝句云：

> 弦管当头壁月高，银屏画烛洒兵鏖。
> 捧觞劝饮十分满，泼湿诗人宫锦袍。

三月

初六日

余招集真率会于怡园，即前五人。

十二日

潘敉闲招集真率会于听枫山馆，即前五人。

十三日

答请史伟堂、彭讷生、岱霖、吴广庵、冯培之。酉集，戌散。

十四日

承儿自沪归，买得铁橱两具，分给两姨贮首饰。

十六日

自订年谱，是日断手。

廿一日

儿孙为余预祝，在仁寿新构戏台一座，高于平地约二尺许，先演大雅班一日。

廿二日

为余诞辰。亲友来者，朝饭八席。

廿三日

真率会中五人及亲友共二十余人公送大雅班一部，酒筵四席。

廿四日

还席，仍演大雅班，添请亲友。

廿五日

往当道处谢寿。

廿九日

少仲借听枫山馆集真率会，同集者香严、仲复、敦闲、退楼与余也。少仲以友人托售宋徽宗画山水卷出示，余因不收绢本，让与香严，以二百元得之。

闰三月

初三日

潘西圃邀看娑罗花，同集者即真率会之六人也。

初九日

署臬司薛世香升署藩司接印，遣人往贺。

十一日

藩司勒少仲护理抚台接印，遣人贺之。

十六日

吴子健中丞往金陵署制台，因沈制军陛见，故也来辞行。

十七日

往送吴中丞行，往答吴引之，俱未见。访媚，略谈。

十九日

以九元得金银珀烟壶。

廿一日

未刻，赴府学送巢松先生慈鹤入乡贤祠。

廿三日

以三十元得汉玉一块，如药铲，然色泽绝品。

廿四日

在怡园与敹闲公请吴引之、蒋心香、彭讷生、贝康侯，未刻散。

廿八日

未刻，退楼约至仲复耦园一游，香严亦至，扰其点心、酒果而散。

廿九日

挈张姬、八儿、三孙媳、外孙女坐船至齐门外西汇，看延圣会。游人如蚁，画舫如云，几于倾城而出。会中有抬阁十座，轮义十座，其余小轿、旗伞亦称是。归途至耦园一游。

三十日

季玉借怡园请辛丑同年梁吉甫之弟随季，邀仲复作陪，唤素琴、双凤侑觞，饮酒颇多。

四月

初二日

送梁随季行，赠程仪十二元。谒勒少仲，未晤。

初六日

退楼约仲复、香严、敹闲来游园，因雨不果。

初八日

严伯雅、缁生为其太夫人预祝八十寿，邀往八旗会馆观剧，辞之。

初十日

往八旗会馆祝严太夫人寿，观剧，午往申归。

十一日

同人踵昨局，公份，未往西归。

十九日

敉闲与愉庭公请新署臬台沈彦徵，作陪者香严、仲复与余也。

香严点定《怡园词》，交还，余又删去五十二首，共剩六百首，较初稿删去其半。

廿四日

勒少仲作点心东道，在网师园，未集申散，坐客仍真率会中人也。

是早，送俞荫甫夫人殓。

廿五日

还素琴局钱。

廿六日

三邑尊公请，席设沧浪亭，坐客史伟堂、费幼亭、潘季玉、吴语樵、汪赓虞、钱伯声、刘蕙卿与余，共两席。余与伯声拇战三十拳，胜负各半，其余均操全胜。

归访潘西圃不值，以《怡园词》托其删定、作序。

廿七日

西圃送来双小麋，因不能离乳而死。

廿八日

退楼请沈彦徵，邀余与仲复、香严、季玉作陪。

三十日

余与幼亭请沈彦徵廉访，邀仲复、季玉、退楼作陪。

五月

初二日

午刻，彦徵借听枫山馆请余与季玉、仲复、幼亭。散后，余往答任筱园，未晤。

答拜彭味之、潘顺之、王仙根，托仙根代合延寿丸四斤。

幼亭借怡园请任筱园，邀余与杏荪作陪，幼亭唤石月卿、高双林、姚小七，杏荪唤双凤，余唤素琴、何文卿侑觞，各唱大小曲四五出，筱园亦从而和之，拇战亦酣。席散已子刻。

初三日

幼亭、杏荪借怡园请彭味之，邀史伟堂、汪川如与余作陪。席散后大雨不止，三客冒雨先去，余与杏荪、幼亭冒雨至高家还局洋。

初四日

午后，余访素琴还局洋。王仙根送来延寿丸，计洋廿九元零。

幼亭、杏荪来，同访素琴、双凤。

十七日

答吴子健中丞，交署督印，从金陵归，晤谈。

十八日

吴中丞接印，勒少仲交卸，时少仲已升闽抚矣。

十九日

因九儿夜寐不安，往马云龙处起课。

八月

自五月至六、七两月，天气炎热，亢旱不雨，绝不起阵。每日如坐洪炉，手不停扇，仍然挥汗成雨，百事俱废，无论握管，并日记亦不复记，故此数十日内之事置而不书。

怡园中荷池中一池，地形最高，故最先涸。荷花本不盛，至涸后，尽在旱地，遂无一花。东西两池，幸各有大井，故井面尚有一泓之水，金鱼数千头，毕聚于斯，大有涸辙之势，亟谋急救之法。遂于八月初四日于东池开一大井，开至第三日尚未及泉，忽得大雨，池水稍涨，开井人无所措手，前工尽废，而池有盈尺之水，不致有枯鱼之叹矣。

中秋日，天气阴，午后微雨，至黄昏后月色微露。是夕费幼亭招饮，在怡园设席，坐客刘冠经、朱秀亭、吴广庵与余，出局双凤、迎子、胡四与其伙一人。双凤，余所唤也。

冠经、广庵皆自负高拳，每次拇战必以十计，互有胜负，然余曾连胜冠经十拳，胜广庵八拳，在据全胜之局。然饮酒各至四斤，遂至大醉，到家后已觉模糊，明日连吐三次，惫卧竟日。如此大醉已为二十年来所未有。甚矣！好胜之心，难于尽净也。

十七日

海红先有杯酒之约，觉精神尚未复元，不能不一往践约，仅赠四饼，茗谈而返。

十九日

午刻，赴愉庭招饮，坐客李香严、彭讷生、沈仲复、潘羖闲、吴谊卿。席散后，往晤俞荫甫，送与《吴中七老》卷，求题。

廿七日

陶桂门开吊，余往唁之。归途答史伟堂，未晤。

廿八日

连日怡园及宅中桂花盛开，到处香风扑鼻，如入众香国中。惜风雨之日多，晴霁之日少，未免易于衰谢。今日花已落去，如以黄金布地矣。徘徊树下，意甚惜之。

九月

初二日

李香严邀真率会，同席彭讷生、沈仲复、吴退楼、潘羖闲。

初四日

吴中丞夫人六十寿，往拜之。答陈仲泉，往晤潘谱琴，新从京中挈眷而归。晤王仙根，托其合延寿丸两料，仲复、香严所托也。

初六日

挈儿孙六人往下沙塘扫墓，祠堂东有一桥，新用百千文修理加高，坐船可以进桥，直至墓前上岸，便捷之至。新订请周子和之伯为八儿师，因其住居木渎，约其来晤，适有疾未来。子和来晤，即以聘金交与。

初九日

在怡园举真率会，午刻入席，到者李香严、吴愉庭、潘敉闲，不到者沈仲复因姐病剧、彭讷生扫墓。席散后，胡岫云来画照，香严、愉庭各画墨骨一纸。是日，天气晴和，并无风雨。

二十日

怡园梅花厅之前有两峰屹立，极嵌空玲珑，惜为竹篱遮其下半。余与承儿相商，将竹篱移绕于两峰之后，另用湖石砌成花台，预备明年种牡丹、芍药。而湖石已无处可购，不得已将宅内东西两书房旧石拆动罗挖，共得石数十块，勉强凑齐，居然可观，而两高峰之全体毕现。此举甚为快心，明岁花时必烂漫可观，时届余七十正寿，当于花前浮大白也。

三十日

吴中丞之太夫人八十寿，往祝，未登堂。

十月

初一日

往王仙根家，贺其子姪完姻之喜。往晤香严，取归《怡园词序》，扰其素饭。

初三日

往贺吴广庵及浦大内侄完姻之喜，并祝汪岸青明府之太翁七十寿。香严来，取去石曼卿、黄山谷、祝枝山、王觉斯四卷。

初十日

敉闲招集真率会，适勒少仲陛见回苏。昨日才到，今日即邀之入席。

朱研生参劾粮运英朴，外议以为出自少仲之意。席间谈及，据云虽曾晤研生，并无一语及此，或者讳莫如深耶？

十二日

往拜李香严五十正寿。往晤勒少仲。老姨太起座。

十一月

初二日

仲复在耦园作真率会，同席李香严、彭讷生、吴愉庭、潘敤闲与余。归途往晤西圃。

初七日

沈制军幼丹于初六日因病出缺。

初八日

冬至夜。

十七日

往晤陈苍舒，即良斋之子也。良斋与其兄容斋收藏甚富，今二公故后，渐皆散佚。此次以七十元得其书画、图章、古墨等，价值尚公平，余不忍欺故人之子也。

廿二日

往晤任舜琴，嘱其补真率会照。

廿三日

往晤胡岫云，送与画真率会照三元，前付五元清讫，带归少 仲、眉生两份，即送交眉生，并荐任舜琴可以补图。眉生已允他日送来。余自携少仲一份送交愉庭。愉庭嫌已照之瘤太大，玉泉面色太红，嘱余送令略改。

廿四日

两江总督沈幼丹因病出缺，特调两广总督刘坤一调补。未到任以前，命吴中丞署理，苏抚缺命谭藩台护理，藩篆委臬台许公署理，臬台委薛世香署理。

廿八日

织造立山招饮，同席潘敤闲，蔡、韩两候道，韩、□两中军，午往申归。

十二月

初三日

署藩台许星台今日接印，其夫人生日，其孙娶亲，往贺，挡驾。

初四日

愉庭之四媳，即大孙女之姑，昨以病殁。余于午后往晤愉庭，慰唁之。

初九日

送吴中丞赴金陵署制台，未见。往晤香严，午饭而归。访彭讷生，未值，见南屏。

十六日

往晤任舜琴，欲托其画照。因彼有喜事，不果。

访俞荫甫，游杭未归。访愉庭。

光绪六年岁次庚辰

春　王正月

初一日　晴而阴

神、佛、祖先各处行礼，受家人贺岁礼。

午后，由东至葑门，绕西路而返。凡各当道皆贺岁，归已抵暮。

初二日　晴而阴

午后，由东而西贺岁，归亦抵暮。

初三日　晴而阴

复落左辅一齿，计已落四齿矣。

初四日　晴而阴

夜雨达旦，祀财神。

初五日

得其酱园店友石介生及新执事徐顺卿来谈，商定汰去旧伙十六人，新添六人。

棨儿甫三岁，见酒辄喜饮，戏与一诗：

偶见当筵酒一卮，便将两手欲来持。

饮中仙合前身是，又似阿翁年少时。

独步园中得句云：

柳新舒叶嫩，梅老著花疏。

初八日

潘伟如之太夫人大殓。

十八日　晴

以六十六元得汪西生家零星售存之物，有马远《人物园亭》一页、张渥《右军像》一页，颇佳；祝枝山、王虚舟两字卷亦佳。

廿二日

公局请春酒，主共五人：潘季玉、史伟堂、汪川如、费幼亭与余也。在八旗会馆演京班，共八席。未初开场，至戌刻，余已倦不能支，逃席而归。幸尚有四主足以陪坐也。署藩台许星台精神炯炯，至丑初方散。张姬请潘孚之之如夫人在东厢房搭席。是日公份每人派四十三元，可谓费矣。

廿七日

下午在祠堂演礼。

廿八日

是日为先府君冥诞，即奉神主入祠。辰刻，望阙谢恩，先安神，次家祭，执事人皆孙辈为之。当道只元和县阳小谷来，亲友来者共六席。

廿九日

午后，择要处往谢。

二月

初一日

是日为先府君忌辰，在宝积寺礼忏，亲友来者三席。

程卧云为伊侄朗甫控告案悬经年未结，适直督李中堂因水灾行文苏省劝捐，吴谊卿、潘西圃劝卧云捐万金藉以了案。卧云居然应允。于是谭曙初中丞主持其事，严饬长令吴春舫即日了结，卧云得以摘释。此案系汪安斋与朗甫搭棚图诈，而竟不果。安斋之声名益坏，谚所谓“羊肉未吃着，惹了一身臊”者是也。

初二日

往拜韩中军之太夫人寿，谊卿来辞行。往晤愉庭。

廿三日

胡岫云来为余画册页小影，面如指顶大。据云伊从未画过如此小者。尽日之长，画成二纸，颇为神似，皆正面。

廿四日

潘谱琴邀看书画，午后，诣之。有陆稼书楷书册、翟琴峰山水花卉册、李檀园山水册、渐江山水卷、王忘庵花卉卷、成亲王字卷、戴醇士山水卷，此外无甚可记者。

廿五日

挈儿孙辈至六房庄扫墓，余与八儿乘舆去，余皆坐船。是日因三节会，山塘街极热闹，余略游而归。

廿六日

本拟下沙扫墓，雨阻不果。

廿八日

艺孙为余写第三照，侧面。

廿九日

答拜吴子实，不遇。艺孙写第四照，即昨墨骨。敉闲来谈，官绅合局送余七十寿礼，定送戏席，借徽州会馆。沈仲复来约三月初二日在耦园举真率会。

竹径萧森通鹤步，蘋波清浅及鱼肩。

三月

初一日

少仲送神面枣糕，以红笺附入愉庭中，谢之。芑孙画照。

初二日

仲复举真率会第一集，同席者讷生、愉庭、敉闲、香严也。

初三日

午后，芑孙来写俯面照。

初四日

午后，芑孙来写仰面照。

初八日

辰刻，下船，至下沙塘扫墓。

初九日

午后，芑孙来写照。瞿厚甫送来延寿丸廿斤，有葛绳甫信介绍，以二十四元得之，即从前曹恺堂之旧友。

初十日

午后，芑孙来写照。

十一日

芑孙写照，至此共得十二帧，送与润笔十元。

有盛寅谷与程小庐顾访，持示石谷山水轴有朱竹垞、王麓台两题、恽南田荷花轴，索价二百元，余还八十元，相悬殊甚，只得任其携去，然颇惜之。尚有周《师趛鼎》拓本一轴，有铭约三十字，索价千元，余嘱其携示，再行议价。

费幼亭来商公份送戏事。

十二日

王仙根之父开吊，往唁之。

十四日

潘伟如之太夫人开吊，请司丧。余午后往，客已散矣。

十六日

潘太夫人开吊，请余陪宾，见谭曙初护院、许星台署藩司及候补道诸君。护院谈及直省赈捐，除程卧云已捐万金之外，意欲续捐，余答以且与众绅商之。

伟如庭中豢一鹤，朱顶青脚，的系真鹤，编竹为笼，甚不宽舒，其鹤往来无停趾，似甚不适。假使豢于怡园，宽可十倍，惜不能向乞也。

午后，曾伯伟、翁渌卿来晤，邀之游园。

十七日

渌卿来换济成典租契，伯伟原中，晚间设席款之。

十八日

汪小樵开吊，往唁之。鹤汀弟媳大殓，往拜之。

盛寅谷送阅恽南田仿云林、严荪友《茂陵秋雨》两轴。

二十日

儿孙为余预祝，演大雅班，戏台搭于仁寿堂，以纱屏分界内外，男席六桌，女席三桌，演戏至子初而罢。

廿一日

各厅陈设齐备，寿幛共有七十余轴，凡墙壁皆满。

盛寅谷送来之画，以三十三元得陈白阳芭蕉、严荪友《茂陵秋雨》两轴。前所见恽、王两轴，香严以二百二十元得去，可谓善价矣。

廿二日

余因避客不见，往各庙拈香。是日来拜寿者，文武各官自署中丞以至府县、织造及候补道府，武自参游以下俱到，亲友亦无不到者。中午用盆面十五席，菜十一席，清音一堂。

廿三日

在大厅院中搭戏台，翻轩内搭女眷看台，用纱屏风障隔。

廿四日

演苏班，亲友公份，每份两元，共八席。

廿五日

演京班，亲友公送，每份两元，共十二席。

廿六日

演京班，许星台方伯、织造、候补道共二十份。到者十二人，绅友只费幼亭、潘季玉两人，共四席。

廿八日

演京班，答廿六日公份之客，亦四席。

自二十日起俱晴。

四月

初三日

织造立豫甫山招饮，未刻赴之。先因育婴堂欲办猪捐事，为陆稿荐、李三珍两铺户抗阻，并有吞捐等事，因府尊有照会，令绅士会议，余为首列。余谓但须筹捐，不必换董。因往晤长邑令吴春舫，嘱其究办抗捐，挽回捐事，以全善举。随赴织造署，共两席，观演京班，每客赏二元。子初归，途逢起阵雷电以风，幸到家始雨。

初四日

午刻，赴听枫山馆真率会，坐客香严、仲复、讷生与余也。愉庭于院中新构茅亭，枫树下环筑假山，移石笋三株，索余楹联，余集稼轩词句赠之曰：

> 今古几池台，新葺茆斋，倚栏看碧成朱，揩拭老来诗句眼；
> 风月一丘壑，醉扶怪石，有客骖鸾翳凤，横斜削尽短长山。

沈仲复奉征召入京之旨，因病不赴，请署中丞代奏。

仲复新得翁覃溪隶书对一付，价八十元，其联句：

有情今古残书在；
无事乾坤小屋宽。

乃张瘦同句也。下方录瘦同原唱七律及覃溪、蒋心余、吴谷人诸君诗，故如此名贵，仲复夫妇亦和原韵两首，复嘱诸同人和，余亦和两首：

招邀修禊续消寒，嘉树阴中几席安。
峭石倚空云影瘦，小楼近水月容宽。
藤床促膝同评画，花架低头屡整冠。
我辈行藏堪一笑，不辞行乐只辞官。

养疴息影一庐寒，频望时贤策治安。
酒后纵谈风雨快，茶余闲话海天宽。
隐忧何计眉开锁，感愤空教发指冠。
愿食乾坤无事福，煮茶烧笋课园官。

初六日

愉庭、香严请许星台方伯，邀余作陪。午初赴之，坐客季玉、汪赓虞、南屏。至上灯始散。

晚饭后，云千之妾房中窝茶，草窠失火，几至延烧，幸即浇灭，真天幸也。

初七日

在神佛前及祠堂拈香，谢昨夜保护之恩，并限令大孙将其妾撵出宅内，以杜祸根。此妾于前年十二月已失火一次，幸亦未成，真不祥之人。天既示警，不可姑容矣。盖其调唆婆媳夫妇不和，恶迹多端，不只为此一事也。

十一日

藻安信来，闻肉店为猪捐一事，有投藩台词者，嘱余往托许星翁，为先发制人之计。余于午后往晤星翁，剖析其事，已允批驳矣。

十三日

往答吴引之。贺元邑令阳小谷之次子合卺之喜。

十五日

在让王庙斋醮谢火神，余往拈香。

十七日

大孙女嫁于吴愉庭之长孙幹臣为妻，已生三子一女，今年二十八岁矣，于上年生肾盂痰，初生时不肿不痛，未免大意，失于医治，及溃后而疾不可为矣。转辗床褥者数月，备尝苦楚，延至今日而逝。最奇者，十五日已经气绝两时，忽然复苏，又隔一日而卒，洵乎生死有定日也。

十八日

三邑会试，中者六人，长、元居其五，亦仅事也。

十九日

师竹斋经手，以七十元得汉玉钱一枚，坐色白糯，红晕满身，可谓精品，此钱系吴引之之婿陈馥卿物，数年前见过，索价三百元，久无售主，今仍归余，亦前缘也此件未成交，至今尚无售主。

二十日

槐卿弟之婿朱少卿伤寒，两候而亡，幸有两子，已可怜之至！

师竹斋持示宋拓《云麾碑》，系张祥伯之物，与合所藏相较，同时拓本，惟多出二三十字为胜。

廿一日

作答研生信。

廿二日

香严招集真率会，同坐讷生、平斋、仲复、季玉。

廿六日

送忠心一诚夫人大殓。

贺许星台令孙完姻。

廿七日

为沈仲复题翁覃溪楹联，先题二律，续题二律，皆小楷书。

廿八日

槐卿弟之长子紫垣因痨病而殁，无子只一女，已残疾，更可怜。

三十日

许星台来谈。

五月

初二日

许星台、汪赓虞、史伟堂招饮，席设赓虞寓中，坐客李香严、吴愉庭、潘敉闲，抵暮始散。

十三日

浦佩卿病故。

六月

十四日

在怡园偕幼亭请许星台、立豫甫，邀季玉、南屏作陪。

十五日

吴子健中丞卸署督事回苏，于今日接抚篆。

廿一日

吴中丞来晤谈，与谈猪捐，甚畅，其如吾言不用何。

三十日

往晤吴佩卿，谈婴堂捐事，嘱其往谒中丞。

七月

初二日

送谭曙初赴署漕督之行。

浦佩卿出殡，往吊，并为点主，赴者程藻安、张月阶。

初三日

与费幼亭、朱竹吟、潘端卿竹游。许星台署藩司、薛世香署臬司均于今日接印。

初五日

广东胡蘧庵购去宋人《群仙高会》卷、张即之残经册、宋拓《家庙碑》《夏承碑》《线断皇甫君碑》、恽南田画鸡扇面，共价洋七百三十元。

初七日

吴愉庭邀集真率会，香严、讷生、季玉、仲复，新邀谱琴。香严携示新得董东山画册，价洋二百元。

初八日

吴子实邀往抹戏，同贝康侯、吴子渊，上六元。

初九日

踵昨局，以蔡滋斋易子渊，平。

十一日

为李香严题其尊人梦莲先生画兰卷，集苏诗绝句八首。

廿一日

往晤许星台方伯，托婴堂捐事。

往晤胡三桥，观其画余小影册页，仅起稿数纸。

廿三日

至贝康侯家与子实、滋斋抹戏。

廿四日

在余家，踵昨局。

八月

初二日

愉庭之子茶仙因瘵而殁，年三十九。

初三日

午后，往唁愉庭，愉庭自言享名太甚，致干造物之忌，然乎？否乎？

十二日

往答吴谊卿、王观察、潘西圃，俱未晤。晤仲复，略谈。

十三日

以二百得赵松雪草书《千文》卷，此卷向为孙莲塘侍郎藏。

十四日

往晤愉庭，示以赵卷，同深叹赏。

十五日

是日为三孙玉书夫妇三十双寿，午后，唤江西班款客。四孙星东戏取一花一果凑合戏文一出，取声相同者，如山茶、荸荠为茶叙之类，共十六出。过云楼下拼两桌，复以红毡，每一出配以一瓶一碟，瓶碟凡磁铜玉石俱备。昔年约集百余件，此择其最精者，以供养月中常仪。翌日复移往怡园，设于碧梧栖凤，俾来游者耳目一新。

廿一日

吴子实四十九岁生辰，往祝，与蔡滋斋、贝康侯、何寿林抹和。

廿三日

蔡滋斋四十寿，同人集怡园公祝，共二十一人，余与滋斋、子实、康侯抹和。

廿四日

彭讷生七十寿，往祝。往晤阳小谷，托其追欠事。过许星台、汪柳门，均未晤。致书于星台，托其以茶馆捐归还婴堂。

廿六日

赴吴子实之招，与藻安、滋斋抹和。

廿七日

粮道王 ×× 借怡园招饮，同席者史伟堂、费幼亭。

园中寒露，桂花大开，芙蓉亦盛，一年秋景最佳时也。

九月

十五日

署臬司薛世香病故。

二十日

费幼亭之太夫人常诞，往祝。王露轩观察署臬司，往贺之。答潘芸台，未见。

午后，至圆通庵拈香并验工，因庵之第二进将圮，命匠拆卸重建，并铺楼板三间及窗槅等。

十月

初八日

滋斋、子实、藻安来叶戏。

初十日

许星台署方伯邀食蟹生并赏菊。

十一日

赴潘西圃赏菊之招，同席者彭讷生、蒋心香、汪岭梅、潘季玉、伟如、谱琴，未刻席散。即赴立豫甫尚衣之招，演京班，官绅并集。

十二日

仍踵昨局，乃为尚衣祝四十寿。

李眉生自上海归，往晤之。

十四日

讷生之太夫人冥诞，在圆通寺，即在寺午饭。往祝豫甫寿。

十六日

以二十五元得宋拓《黄庭经》一本，内缺一页。粤客胡蘧庵愿出六十元售去，余因沈仲复求之在先，故仍送与仲复。

廿二日

以二百元得仇十洲《瑶台清舞》卷，汪鉴斋之物，其子铜士让出，托潘季玉宛转得之，此物求之已十余年矣。

廿四日

以九十元得汉玉琴拂柄，精品也，何寿林经手。

廿六日

久旱不雨，各大宪在元妙观求雨已三日矣，今日得雪。

十一月

初五日

往晤吴愉庭，出新得汉玉两件示之，皆叹赏不置，决为真品。

廿六日

许星台招吃西洋大餐，同席十人，半官半绅。

十二月

初四日

廿六日许星翁招饮之官绅，因星翁之夫人亦是六旬大庆，昨送帽儿戏与戏法，今又送两席至臬署。酉刻赴席，余先散。

初五日

曹恺堂之子在结草庵开吊，往唁之。

因换新得吕氏房产执照，往晤阳小谷托之。晤李眉生谈。

初九日

愉庭邀作蝴蝶会，即真率会之变局，亦即真率会中人，惟添入许星台，而星台携来之肴独多。愉庭以熊掌款客，余食之屡矣，了不觉其味之佳，列入八珍乃浪得虚名耳。

十四日

三儿房中柜内检查契券，忽少去房契二十张，惊惶无措，遍觅不得。余往马应龙课馆起课，据断此物并未出门，当从西边寻觅。

十五日

往安节局及祝息耕家，欲叩门乩仙，不遇而返。忽从大孙媳觅出，因当年大孙值年时收存，未经交出故也。

昨日起牙牌，数有“履霜坚冰，其象已见”之句，盖大孙字履吉也。

十六日

彭雪琴之孙女嫁与俞荫甫之孙，史伟堂之女嫁与汪赓虞之子，皆往贺喜。

原稿不知何时外流，现藏上海图书馆，此册托瞿济沧兄抄录，公硕识于一九六二年。

——《子山公日记》（自光绪七年至十年）

光绪七年岁次辛巳

春　王正月

初一日，往各当道及至亲戚友处拜年。

初五日，立春。上年入冬以后，亢旱不雨，怡园中池水尽涸，旧有三井，复新开两大井，枯鱼得庆再生，而金色大鲤鱼已死十余头。至立春之后，雪雨连绵，池水已盈尺矣。

余大便向来干结，立春后腹中不适，大便溏泄，服药数剂，十余日后始复元。凡邀请春酒者一概不赴。

二月

二十日，真率会第一集，余作主人，设席怡园。李香严、吴退楼、彭讷生、潘季玉、谱琴。惟沈仲复未到，因其夫人自去年病起至今未愈也。

二十九日，真率会第二集，潘季玉、谱琴作主，集于敦闲草堂，李香严、吴退楼、彭南屏与余。惟沈仲复仍未到。

三十日，挈儿孙至虎丘扫墓。

俄国和议已成，皆曾劼刚一人之力，未几而俄主已被国人用开花炮轰毙。左继高补授大学士，管理兵部，在军机大臣上及总理衙门行走。以上二事皆大有关系，故特志之。陕甘总督以曾元甫代之。

三月

初二日，挈儿孙至下沙塘扫墓，上年冬间在坟旁余地为张、浦两姬封寿穴，此次特延地师叶子谦覆视。据云所封寿穴前隔河，恰对北石桥，须用土照山障蔽之乃妥。周视大局，甚佳，已为罕有之吉壤，来龙从西南而来，而下沙庙适当其处，能设法移开最妙，而庙墙尤不宜用红色，吾子孙当谨志之。

初十日，东宫慈安皇太后升遐。太后体素康强，初九日忽患痰塞，越日而殂，年四十有五。部中先发蓝印文书，省中得信，官民均常服以待哀诏。

四月

廿八日，哀诏到省，官绅至胥门码头迎接，至承天寺齐集。官绅俱至，常服行礼，开读哀诏。举哀一次，即易缟素，再举哀一次，抵暮又举哀一次。是日为始，至三十日止，每日举哀二次。余始终到二次。

五月

初四日，吴子健中丞之太夫人病故，初六日大殓，绅士往唁者六七人，余亦与焉，以素褂罩于素袍之上行礼。十一日，绅士复往祭奠，到者十余人。

谭曙初方伯护理巡抚、许星台廉访署藩司、候补道部云官署臬司。

八月

家祠举行秋祭。

朱二外孙女与外曾孙女住在余家已二年，年得研生调奉天府丞兼学政之信，意欲进京，适值吴子实令郎研生之婿就亲赴京之便，遂与结伴，令二孙送至上海，登轮船北上。

十一月

二十四日黎明，长元学大成殿灾。人见殿角冒烟，门尚扃锁，救火者毁门而入。殿上火势迅猛，梁栋俱燃，比及水龙四集，不及救援，幸未延及殿外。四无邻屋，火自何来？殊不可解。各官救火者只有两学官，火熄后两县及许藩司踵至查勘，此外各官均未一顾也。

先是府学祭扫之期，司事者至明伦堂，见大门内高悬一匾，金地龙蟠，极其壮丽。中书“立德配天”四字，上款书“光绪七年”，下款书“万历某年南京国子监祭酒爱弟翟某”，众目共睹，无不骇然，其匾大而且重，非搭高架，集十余人共举不能悬挂，何以守门之人毫无闻见，府教谕包潜匿内室，并未详报上宪，亦未查访。越数月而有长元学之灾，皆咄咄怪事也。

大成殿灾，谭中丞意不欲上闻。廿八日府县教官邀请绅士在沧浪亭集议，意在劝捐。余谓此事重大，应办奏案，俟旨意云何再行遵办，众皆唯唯。因此中丞始附片奏闻。

苏抚之缺新简南河总督黎 ×× 调补，未及交卸，忽患中风，旋即因病出缺，复简山西巡抚卫荣光调补。

署吴邑令高伯足心夔素有文名，而性情乖戾，断案多出情理之外，民怨大兴，谭护抚每曲袒之。署藩司许星台因高令办案荒谬，屡加斥驳，抚藩由是不和。高令所办之案，荒谬者甚多，而以诬良为娼，逼毙陆某之妾金氏为尤甚，遂为顺天府丞朱研生所劾。旨交新抚查办，而高令已先病故，传闻临殁时有冤鬼索命之说，或不诬也。

怡园中有益斋书画馆，馆之西有屋一大间，新辟作旱船式小院，中种石笋两株，一高一低，横石一方，有孔如月，室中置白石几五座，迤西另开月洞门，以通回廊。一转移间，化无用为有用矣。

定慧寺僧素喜放生，人皆呼为痴和尚，欲在西方殿造接引佛像，久而未成。余乃募捐成之，又因西方殿仅存立壁，复商诸陈仲泉观察，合力修葺，次第告竣。开光日士女辐辏，香火颇盛，惜不善主持，恐无以善其后耳。

十二月

十九日，许星台借吴愉庭两罍轩作坡公生日，同集者李香严、潘敫闲、伟如、彭讷生、南屏、汪柳门与余共八人。愉庭绘坡公像，装成立幅，征同人诗题之。

两江总督沈葆桢殁后，谥文恪，其缺特简左宗棠，于是月下旬到任接印。

光绪八年岁次壬午

春　王正月

初一日，往各当道及亲友处贺年。

二月

新授巡抚卫荣光莅任。

举行家祠春祭。

直督李鸿章、湖督李 ×× 以母忧去官，旨以粤督张树声调补直督，以曾国藩补授粤督，以湖抚杜 ×× 升授湖督，以卞宝第补授湖抚。

旨令李鸿章于百日后仍驻天津，办理各国事务。李相固辞，奉旨两次慰留，并遣军机大臣王恩韶面谕，而李相坚辞如故，朝廷亦不再强也。

西邻陆筠谷大令之屋久欲出售，自上年筠谷故后，丧葬之费需用孔亟，有伊婿程福五大令作中议售与余，房价三千七百余元，去冬立过草议，延至今始立大契，而筠谷之子仍避出不面。有伊孙德安同其祖母出名画押，谅无反复，先付房价二千六百余元，写立出房日期。今年方向不利，尚不能动工也。

西商专以放债渔利，大者开票号，小者名曰印子钱，多放于小本经纪，为数无多，其利甚重。好善者思设法挽回之，特立一局，专借与小本经纪之人，按期收还，不取其利，创始于扬州。吴子实、子和昆仲欲仿而行之，商之于余，余竭力怂恿，并捐五十元助之。局名“因利”，其数由数百至二千文为止，以示限制，诚良法美意也。子实因三县各乡贫户、佃户有借债米之事，每于青黄不接之时，借米一石，逮至秋收还米一石五斗，利息已至五分，欲推广因利局之法借与贫佃，以二斗为止，名曰培元局。拟由各栈业主公凑二万石，丰备仓借出二万石作为局本，转邀彭讷生、吴引之、潘玉泉与余同递公呈，面谒卫静翁中丞。中丞致书于丰备仓董事吴佩卿商之，佩卿不以为然。中丞随即批驳，子实大愠，几欲与佩卿为难。余竭力排解而止，劝其徐图机会。此事甚大，办理颇难尽善，外间议论亦是非参半，未知将来能否有人承办此事否也。

左制军大阅来苏，十六日舟泊胥门码头。除当道外，绅士中有具舟远迎者，有在码头进谒者，余不但未往见，并未投一刺。余与左继高素不相识，昔年湖南某总兵京控一案，牵涉继翁，旨交官制军暨钱萍矼副宪查办。中丞胡文忠与继翁至交，嘱余从中排解，继翁得免置议。此中曲折，文忠当必详告继翁，继翁即不肯屈己致谢，亦必默识于心。今开府江南，虽事隔二十余年，亦不应置之若忘。然从未于同乡处一询及余，昔淮阴一饭之恩，犹不忘报，余于继翁岂仅一饭之比。余固不望报，而继翁之视淮阴度量相越岂不远哉！

上年长元学大成殿灾，谭护抚奏请捐修，已俞允矣。嗣经刘叔涛祭酒参奏，应归官修，不应民捐，复奉旨准行。于是卫静翁中丞派候补道朱竹石之榛承修，并会同绅士督修，照会彭讷生与余二人，当邀精于风鉴之吴介翁相度，因今年方向不利，须俟明年兴工矣。

七月

二、三、四、五孙赴金陵乡试。

廿五日巳刻，承儿因事至书巷。是日天气稍热，归已午刻，忽觉不适，偃息在榻，吐出宿血数口，其色带紫。旋归卧室，心中厌烦。自谓旧病复发，而饮已不进，至夜半大便黑粪。晨请程韵泉诊视，云是新暑触动旧病，先宜清理。中午复下黑粪两次，午后，神气不佳，请朱小舫诊视，其言与韵泉相同。上灯后骤觉汗出粘冷，气息不属，执六孙手曰“自觉人中吊起，恐将脱矣”，随即喘息。六、七孙呼之，则云“让我去罢”。语不及他，溘然而逝。余痛心如割，手足无措。二、五孙远在金陵，急发电报催归。廿七日小殓，其棺即用余前年预备之寿材，故尚舒齐。廿九日大殓，余凭棺大恸而已。

八月

初一日，二、五孙归家，先由金陵坐轮船至沪，复坐脚划船赶回，而已不及视殓矣。连日哀痛，惘惘若失，所见之物，所履之地，无非触目丧心。亲友中如蒋心香、潘顺之、潘敉闲、彭讷生、吴引之、吴愉庭、沈仲复、李香严、俞荫甫、许星台、立豫甫皆来慰唁。然心肝摧折，非语言所能释也。余先作行略一篇付梓印送，复成哭子七绝一百首，不及刊送，当存之家乘。

九月

十五日为承儿终七之期，是日开吊。当道及亲友来吊者二百余人，祭幛五十余幅。午刻请蒋心香题主，申刻出殡，至师子口船上，越日开至下沙塘茔屋停灵，二、五、六孙在茔屋伴灵。

廿二日，祭家祠。

三邑中式举人十四人，副榜二人，北闱六人，可谓盛矣。中式中相识者吴子实、彭南屏、马芝生、曹云州之子，张月阶之侄。

廿八日，二、五、六孙从下沙塘回家，五孙寒热似疟。

十月

初一日，二孙微觉伤风，不以为意，连日行动如常，至初四日夜间寒热大作，口渴狂饮，烦躁异常。初五日清晨，曹实甫来诊，云热已化火，舌已劫津，用清化之剂。下午宋又甫来诊，言与实甫同，药则加重几两倍，服药后夜间得寐。初六日，医药照昨，而夜间仍又烦躁不寐。初七日，曹、宋之外添请李朴臣，加用珠粉、竹沥，而病情反复，口中精液终不能回。至初八日，大汗遍身，随即气喘。延至初九日午刻而逝。病中祈祷之事毕备，最奇者向余索经，余将平日所念经咒用硃点记成一帙，焚化庭中，病人在床忽云："幸得老祖所念之经，得救我命。"而其言不验。又闻沈仲复处有吕祖所赐清灵丹，向其乞得三分，服之而亦不验。生死有命，圣言不易，虽仙佛亦无可挽救耳。随于初十日大殓，以五孙之子则义为嗣。余哭挽一联云：

兼程闻讣，庐墓伴灵，舍身殉亲，笃疾皆由纯孝致；
立品无亏，读书有得，传经期汝，美才可奈早夭何。

十八日，五孙疟疾已转时症，交两候之时，颇形危险，幸渐次向愈。至今日始渐停医。

祁世兄世长简放浙江学政，来晤，畅谈。渠去年亦抱丧明之戚，两孙只十余龄，携来任所。因即日解维，不及招饮矣。

答朱研生信答其九月朔、十九、三十三信，托蒋同泰京庄交李海帆转寄。

十一月

廿五日，为二孙开吊，即于是日出殡，停灵于狮林寺禅室之东间。其西间即归吴氏之大孙女停灵之所。同胞兄妹，死复相依，灵而有知，稍慰岑寂。

十二月

初九日，三儿灵柩安葬下沙塘寿圹。

十九日，东坡生日，余作主人，移樽于吴愉庭两罍轩，同席者许星台、立豫甫、李香严、沈仲复、彭讷生、南屏、潘季玉、吴愉庭、广庵。是日独无诗意，兴之索寞可想，未知他日能补作否。

光绪九年岁次癸未

春　王正月

初一日，天色晴朗，气象光昌。巳刻，李香严来贺岁，携往元妙观方丈，沈仲复先至，立豫甫来而先去。余与香严同登弥罗宝阁第一层玉帝前拈香，人多拥挤，不能眺览。香严先散。余至第二层斗母前、第三层地主前及东岳殿拈香。归，饭后复至各神庙拈香。当道及至亲密友，凡顺路者，穷日之力，皆往贺岁。

初五日，午后，出门，补应贺而未到者。

晤吴广庵，询乃翁之病，自上年十二月廿二日起痢疾，每日四五次，只啜薄粥瓯许，近日痢虽止，而胃气不开。愉庭体素弱，余窃忧其不能支矣。

十一日，午刻，余探愉庭病，贸贸然去，到门则愉庭已于巳刻殁矣，登堂一恸而归。

十三日午刻，愉庭大殓，撰挽联云：

棣萼联盟，卌年以外。柴桑偕隐，半里之遥。耆英会觞咏婆娑，记东坡生日相逢，顿成永别；

箕裘绍业，八世大昌。金石名家，千秋不朽。书画禅尘凡解脱，乘西域慈云而往，何啻长生。

廿六日，发朱研生信附四孙二信、吴处四信，托吴佩卿交李海帆转寄。

二月

初二日，真率会中人公祭愉庭。代研生延请之阅文幕友嘉定钱伯渊来晤，竹汀先生之元孙、江子山之内侄，一见如故，蔼然可亲。研生又托代觅厨子，适织造立豫甫荐一人来，名金顺，即托伯渊带去。月之中往上海，搭坐轮前往营口。因营口有转运局，苏人李海帆所司也。三月初八日到奉天学署，是日研生起马出棚，挈伯渊同行，可谓凑巧。

初四日，卯刻大孙举一男，取名则绎，小名成官。

三月

廿二日，余常诞，并未做寿，只拜寿忏一堂。

三十日，李香严约游虞山，分舟而往，余挈四孙同行。清晨开船，暮抵西门，香严已先到，同泊。

四月

初一日，雨。香严邀余访赵惠甫。惠甫，毘陵人，曾任易州牧，不久即告归，移居常熟之西门内。其地系某氏废园，惠甫以贱值得之，葺屋而居。中有一池甚大，厅堂、书室、上房俱在池南。屋后即虞山，池通外河，池东有石桥一座，以栅栏为界。池北有楼，有亭榭，有长板桥通往来，并无墙垣，以篱槿为樊。手植榆、柳等树，高已干霄。地中荷芰菱芡皆满，颇极幽旷之趣。余与香严盘桓至暮而归。惠甫诗、古文、词皆佳，尤深于金石，出示所蓄金石拓本十余册，多有考据，即此略见一斑。

初二日，雨。香严邀余同访赵次侯，而惠甫亦踵至，次侯住北门外，屋宇不广，庭中颇饶花木之胜。有楼三椽，面对虞山。收藏颇多，出示王元章梅花卷、钱叔美小册，皆佳。扰其午饭，鲥鱼及笋皆新鲜可口，抵暮而归。二赵留游虞山，余见雨势未必即止，遂于次晨解维，顺风扬帆，薄暮抵家。香严亦于是晚到家。余赠二赵诗七律各六首，托香严寄去。惠甫作长古答余。

五月

初三日，八儿窃其母首饰金珠等件，为徐爱生诱往上海。爱生者，浦姨娘之姊之子，向在元泰典学徒，已八年矣。因其不守典规辞退，故闲住在家。八儿平日出外游荡，多与狎比，此次撺掇八儿窃出巨款，遂于初四日赶往上海。另有徐姓两人皆其党羽，一同诱骗狂荡于花柳之场。余探访得实，遣伍礼卿、管夏初至上海，托魏秀章商办此事。先是有林姓妇曾在余家佣工，其夫在上海开洋药店，与爱生邻居相熟，因托其同缉。遂于妓馆缉得八儿及徐姓三人，搜其身畔，只有当票，其物皆归质库。礼卿等体余意，不欲严究徐姓三人，只令其出具诓骗切结。伍卿即护送八儿回家。先是余于锡类堂东首造书房一间，用栅栏界开，拘禁八儿于内。仍请胡定甫教读。所当之物尽数赎回，连川资一切约用去五百余元。

八月

初四日，大孙麟祥病故。大孙素有肠红之病，不时举发，正月间起，病势渐增，然自恃饮食照常，不甚着意。至四月间饭食骤减，自觉不支。苏中各医俱不应手。大孙谓非马培之不可，遂以三百元邀请来苏，服其药，病似稍轻。留之十日，留方而去。而病势三翻四覆，日益委顿。七月下旬，培之再来，亦复束手。延至初四日而逝。

殷补经兆镛、汪安斋堃先后病故。

九月

二十日，大孙七终，即日举襄，寄柩于宝积寺。

十月

初一日，日未出时，东方红光满天，逾时始散。日入时西方亦复如是。

十一月

初六日申刻，五孙举一男，取名则礼，小名开生。

常熟大东门外开济豫分典。先是济兴典开设东门内，预于城外租空房一所，恐他人于此处开典拦截生意，现因济兴包架不敷堆货，故分出此典。总管顾雨田，即济成旧友。

十二日，消寒第一集，在吴引之家中，与会者任筱园、彭讷生、潘敉闲、郑秋亭、贝康侯、沈澄之、吴子实与余也。

廿五日，消寒二集，在沈澄之家中。

十二月

初七日，消寒三集，在吴子实家中。

十八日，巳刻，三孙举一男，取名则立，小名饴生。

消寒四集，在余家中。

大孙、二孙皆停棺待葬，急于寻地。相度数处皆不合式。近购得光福地六亩有零，价洋四百五十元。先是王仙根家托叶子谦寻地,看中此地,议价不谐。今子谦以此地荐，而与地主一议即成，亦因缘也。

胥门外枣市有牛王庙，为收养老病之牛而设，庚申之乱，毁废无存。余目击市上卖牛肉者极多，牛之被屠，岁以千计，思欲兴复牛王庙，广为收养，庶可厉禁私宰耕牛。因集资不易，因循未举。吴子实与余有同志，纠同徐子春、宋珊宝、孙 ×× 诸君，先于八月间破土兴工，造庙屋及牛棚、牛坟共数十椽，先后落成，择日请府县及绅士致祭。开局所募捐款，以各栈及油车、油行为主。倘能源源接济，步步开拓，则夙愿偿矣。

任筱园家中有扶乩之举。降乩者为峨眉山潮云洞夏侯仲养大和尚。此坛向设在宜兴，有徐姓叔侄二人为扶手。筱园与徐公有戚谊，因夫人有病求方，请其来苏。他处扶乩，凡有所求，疏于黄纸，必先交扶手阅看，此独可以自焚，不令扶手先阅，而所求之事无不吻合，且方药皆效验，诗词皆佳妙，余故极为信服。惜二徐匆匆即去，不能久留。余已供奉大和尚之位于佛龛中，瓣香顶礼矣。

盛杏荪以济兴典股份票二万串顶替于余名下，加贯二千串，先立草议，俟明正再立大议。请伊兄伯生代主其事，又以济成股份票一万三千串抵押银六千余两。

上海倒账，层见迭出。金嘉记、顾子皆倒去各数十万，徐雨之倒去二百余万，胡雪岩倒去千四百余万。如此巨款，从来罕闻，西号钱庄有收无放，以致银根极紧，周转不通，贸易场中辄唤奈何也。

西邻陆筠谷之房屋约数十椽，筠谷故后，子尧崧、孙德安贫不能守，凭中程福五南金、张小舲售于余家，计价洋三千六百元。迟久不肯交屋，又添洋一百五十元，于小除夕始清胶葛。原中程、张皆已龃龉，柴安甫为之调停云。

自承儿殁后，余古玩之兴索然已尽，况钟售与潘伯寅，价七百金；提梁卣亦售与，价六百金；范文正手札二通、明人跋二十四家，得于京客，价八十金。终年出入，如此而已。

中旬消寒第四集，在贝康侯家中。

下旬消寒第五集，在余家。

光绪十年岁次甲申

春　王正月　吉立

初一日，天色晴明，午后，往各处拜年。当道处俱亲到。

初三日，雪约寸许，先是当道已求雪。

初五日，雪约数寸。

初七日，雪雨昼夜，约二尺许。是日消寒第六集，郑秋亭家。

初十日，消寒会中九人公请春酒。客十四人，皆同乡，到者只潘谱琴、吴子和两人。

十九日，消寒第七集，在任筱园家。筱园患喉痛，避风不出，令郎毓华出陪。

二十九日，消寒第八集，彭讷生作主，移樽于角山南榭。其地为襄王庙别墅，兵燹后新建者。厅事三间，四面皆临空旷，南俯小溪，之外皆平畴，一望无际。筱园因妇病，子实往金陵，俱未到。

三月

二十日，三孙之新姨生一男，取名则安。

廿七日，为八儿煦完姻，娶彭菊樽之第四女为媳，德容俱备，佳妇也。菊樽即芍亭之弟，已故。

四月

十二日，举七老真率会，移樽于潘西圃之三松堂，与会者蒋心香、彭钝舫、吴引之、吴语樵、潘敉闲，期而未至任筱园。庭前安罗花盛开，西圃手剪数枝分赠座客，首倡七律两章，余与诸公各有和章，并乞顾若波绘《西圃看花图》，请会中人各书和诗于后。

五月

十七日，四孙生一女。

育婴堂董事程藻安经理堂务已十余年，近因各处接婴局送堂之孩日多一日，经费入不敷出，不得已呈请退董。府尊照会郡绅，举董接办。余与诸绅集议，谓非有力之家不能任其事。况庚申以前，本有举殷商富户办理善堂之案，于是公举程卧云之孙增瑞为堂董，增瑞一再递呈推辞，经府藩严驳，始愿认捐一万两，仍由藻安任事。讵男女两堂，亦因经费不充，呈请将每年协贴婴堂之各一千五百千停止，于是婴堂甫得万金之息，又失三千千之入，愈形支绌。藻安复固辞。余复商诸同人，拟拨丰备义仓生息款二千千。男女两堂共贴一千千，请于方伯，方伯批驳，谓义仓款不宜轻拨，令郡绅公捐一千千，官场共捐一千千，以补不敷之数，其事乃定。绅捐中，余亦捐百千，然暂顾目前，决非久计，明年尚须另议耳。

每年收租之时，各栈收折色者十有八九往往高抬折价，较诸市价，每石有增数百文者。佃户重困，余不忍坐视，密商之吴引翁、彭讷翁、潘玉翁，于收租之先定一酌中之价。现时每石糙米市价约一千七八百文，遂定为一千九百文，呈请于方伯。方伯照准，檄三邑一同出示。虽强梁之户间有不遵，甚至有张贴匿名揭帖而讪谤者，然于佃户大有裨益。谤言所不恤已。

仁德坊之北旧有周康王庙，毁于兵燹。余立愿重修，春间兴工，造殿三间，大门三间，朔望拈香，与宅西之春申君小庙，同申诚敬云。

研生九年八月廿八日、九月初六日、十月望日来信。十一月初三日复。

查律载，慈母谓所生母，故父令别妾抚育者，按慈母抚育，恩重与生母之服同，斩衰三年。据《会典》云："或生母子多，或系有病，父令别妾抚育，亦为慈母，不必泥于母死二字。"八母服图。

伤风咳嗽　防风一钱，前胡钱五，白杏仁（去尖，勿研）二钱，紫苑（水煎）

钱五，牛蒡子（勿研）二钱，大贝母（去心）二钱，橘红七分，苏子（勿研）钱五，旋覆花（绢包）钱五，生甘草五分。

前胡钱五，防风钱五，桑叶钱五，白杏仁（去皮、尖）二钱，牛蒡（勿研）二钱，白蒺藜（炒，去刺）二钱，象贝（去心）二钱，橘红（水煎）七分，枳壳一钱，生甘草二分，吉梗七分。

苏子（勿研）钱五，旋覆花（绢包）钱五，桑白皮（水煎）钱五，竹茹（水炒）钱五，白杏仁（勿研，去皮、尖）二钱，象贝（去心）二钱，冬瓜子二钱，陈皮（水煎）七分，吉梗七分，款冬花一钱。

治白带　风化陈石灰一两，白茯苓二两，共为末，如桐子大，口服卅丸，空心米汤下。

马芍苋捣汁一杯，鸡蛋清调汤温服。

白扁豆研末，日服一钱，米汤下。

十一月

初六日，持范秉之所画小影，请任阜长补图。偶谈及与伊友常熟石理之说，渠有姑母，殁已廿七年矣，忽附于佣妇之身，问答幽明之事，娓娓可听，记其大概。

问姑母殁后在冥中所作何事？

答曰：为鬼无拘无束，逍遥自在，故不愿投生人身。一投人身便如堕入大海，茫无畔岸矣。

问冥中果有十殿阎罗王乎？

答曰：有之，天下之大，只此十王管辖，分为三教，儒教六王，佛教二王，仙教二王。

十王之下，最尊者城隍，其次土地，公事极忙，皆有幕友、书吏经理公事。上行者由土地上达城隍，由城隍上达十王。下行者交派地保及无常。无常极多，一无常只管数家之事，凡人为善为恶，皆由无常精察详报。

凡鬼投生，由十王递交与城隍、土地、地保、无常，分送与人家。须投生之鬼与投生之家有缘方能送与。其有福命之鬼，应投入积善之家者，由十王特送，不与寻常之鬼相同。

冥中最有用者，惟锡箔所折之锭，五金皆有余气，金银铜铁之气，形质不化，故不能入冥，惟锡锭焚后即化为灰。故冥中得而用之。

经中以《金刚经》《心经》两种为最，然须诵经之时不生杂念方为有用，若偶生杂念即废而不用。《金刚经》长诵时，难得全卷不生一念；《心经》短，易于终卷不生一念，故《心经》最为得力。

冥中地狱只有二处。其一即血河池，凡罪业重大者，一入此池，永不超身。若生产之妇，并不入此池也。此外地狱尽在人间，世间鳏寡孤独即回地狱也。

念佛之人，虽有罪业，不投畜生道。

佛事中焰口最为有益，譬如人间放赈，祖宗及无主孤魂皆得享受，此外诵经礼忏，只可消释小小冤业而已。

凡僧道念经礼忏，心苟不诚，即属无益。

凡人命终必由无常领入冥界。善者递送至十王，投生好处；恶者递解至十王，历受刑罚，投生苦处。如有无善无恶之鬼，不愿投生者，听其逍遥自在，不受拘束。

凡鬼亦须修炼，其气方可坚固久长，否则亦渐就消灭耳。

一家之人，死后有聚有散，聚则仍在一处，散则各不相顾。其中有恩有仇，报恩者报尽而散，报仇者亦报尽而散。

凡人于骨肉之间，每多系恋。为鬼之后，子孙之荣辱皆不相涉，故亦不相系念。

凡子孙祭祖宗，必须一诚相感，则祖宗之灵方能接其精气而来。若漠不相关，则祖宗亦不能来享也。

编后记

日记，是一个人最真实的情感表达。中国人写日记肇始于西汉的“日记牍”，经过唐宋以来的发展，及至清代，烦杂的社会矛盾、频繁的人际交往、活跃的思想意识，共同促成了日记的繁荣。

2015 年，苏州市档案馆、苏州市过云楼文化研究会联合点校出版顾文彬于同治九年至光绪十年撰写的《过云楼日记》，受到社会各界的广泛好评。为直观呈现过云楼历代主人手迹，我们将顾氏日记列入丛书，易名《顾文彬日记》，在初版基础上进行增补、勘误，以自然年度为序，分为四册，采取点校稿在前、原稿影印件在后的方式再次出版。其中同治九年至光绪六年为顾氏手录，多是逐日记载，较翔实；光绪七年至十年为瞿济沧抄录，仅择其要者录之，颇简要。日记主要内容有二：其一是政务处理、关税收缴、外事交往等官场事；其二是诗友雅集、书画鉴藏、怡园修葺等日常事。日记时间连续，叙事清晰，对于后人了解和研究顾家和过云楼的历史、藏品的流转、怡园的修建、典当行的发展乃至晚清文人的仕宦与交游情况皆大有裨益。

《顾文彬日记》原稿本为竖排版、繁体字、无句读，多有夹注与修改，为方便阅读，竖排改为横排，繁体化为简体，异体字与通假字规范为现行汉字，缺漏字处以“×”标识，无法辨识处以“□”代替，原稿夹注与页上注部分均加括号以小字形式置于正文中。文中书名、画名等统一使用书名号，偶见人名、书名、地名、专有名词、日期格式误写或前后不一致处，均做出修正并统一，如将“卢午峰”“卢五峰”统一为“卢午峰”、“蒋心芗”“蒋心香”统一为“蒋心香”等。另有部分日记有日期无正文，则未录入。

囿于时间与才识，书中尚有不足之处，祈请方家不吝指正！

编者

二〇一九年十月

凡鬼亦須修煉其氣方可堅固久長否則亦漸就消滅耳

一家之人死後有聚有散聚則仍在一處散則各不相顧其中有恩有仇報恩者報盡而散報仇者亦報盡而散

凡人於骨肉之間每多繫戀為鬼之後子孫之榮辱皆不相涉故亦不相繫念

凡為子孫祭祖宗必須一誠相感則祖宗之靈方能接其精氣而來若漠不相關則祖宗亦不能來享也

冥中地獄止有二處其一即血河池凡罪業重大者一入此池永不超身若生產之婦並不入此池也此外地獄盡在人間世間鰥寡孤獨即回地獄也

念佛之人雖有罪業不投畜生道

佛事中焰口最為有益譬如人間放賑祖宗及無主孤魂皆得享受此外誦經禮懺止可消釋小小冤業而已

凡僧道念經禮懺心苟不誠即屬無靈益

凡人命終必由無常領入冥界善者遞送至十王投生好處惡者遞解至十王歷受刑罰投生苦處如有無善無惡之鬼不願投生者聽其逍遙自在不受拘束

惡皆由無常精察詳報

凡鬼投生由十王遞交與城隍土地地保無常分送與人家須投生之鬼與投生之家有緣方能送與其有福命之鬼應投入積善之家者由十王特送不與尋常之鬼相同

冥中最有用者惟錫箔所摺之錠五金皆有餘气金銀銅鐵之气形質不化故不能入冥惟錫錠焚後即化為灰故冥中得而用之

經中以金剛經心經兩種為最然須誦經之時不生雜念方為有用若偶生雜念即廢而不用金剛經長誦時難得全卷不生一念心經短易於終卷不生一念故心經最為得力

十一月初六日持范東之所画小影倩任阜長補圖偶談及與伊友常熟石理之說渠有姑母歿已廿七年矣忽附於傭婦之身問荅幽明之事娓娓可聽記其大概

問姑母歿後在冥中所作何事荅曰為鬼無拘無束逍遙自在故不願投生人身一投人身便如墮入大海茫無畔岸矣

問冥中果有十殿閻羅王乎荅曰有之天下之大止此十王管轄分為三教儒教六王佛教二王仙教二王

十王之下最尊者城隍其次土地公事極忙皆有幕友書吏經理公事上行者由土地上達城隍由城隍上達十王下行者交派地保及無常無常極多一無常止管數家之事凡人為善為

前胡錢半 防風錢半 桑葉錢半 白杏仁（去皮尖）三錢 牛蒡（勿研）三錢 白蒺藜（炒去刺）三錢
象貝（去心）三錢 橘紅（水炙）七分 枳殼錢 生甘草三分 桔梗七分
蘇子（勿研）錢半 旋覆花（絹包）錢半 桑白皮（水炙）錢半 竹茹（水炒）錢半 白杏仁（勿研去皮尖）三錢
象貝（去心）三錢 冬瓜子三錢 陳皮（水炙）八分 桔梗八分 款冬花錢

治白帶 風化陳石灰兩 白茯苓二兩 共為末如桐子大每服卅丸空心米湯下

馬莧莧搗汁一杯雞蛋清調盪溫服

白扁豆研末日服三錢米湯下

研生九年八月廿八日九月初六日十月望日来信　十一月初三日復

查律載慈母謂所生母故父令別妾撫育者按慈母撫育恩重與生母之服同斬衰三年據會典云或生母子多或係有病父令別妾撫育亦為慈母不必泥於母死二字　八母服圖

傷風咳嗽　防風二錢　前胡一錢半　白杏仁三錢去尖勿研　紫菀一錢半炙　牛蒡子二錢勿研

大貝母二錢去心　橘紅七分　蘇子一錢半勿研　旋覆花一錢半絹包　生甘草五分

仁德坊之北舊有周康王廟燬於兵燹余立願重脩春間興工造殿三間大门三間朔望拈香與宅西之春申君小廟同申誠敬云

備義倉生息款二千千男女兩堂共貼一千千請於方伯方伯批駁謂義倉款不宜輕撥令鄒紳公捐一千千官場共捐一千千以補不足之數其事乃定紳捐中余亦捐百千然暫顧目前決非久計明年尚須另議耳

每年收租之時各棧收折色者十有八九往往高擡折價較諸市價每石有增數百文者佃戶重困余不忍坐視商之吳引翁彭訥翁潘玉翁於收租之先定一畝中之價現時每石糙米市價約一千七八百文遂定為一千九百文呈請於方伯方伯照准檄三邑一同出示雖強梁之戶間有不遵甚至有張貼匿名揭帖而訕謗者然於佃戶大有稗益謗言所不恤已

於後

五月十七日四孫生一女

育嬰堂董事程藻安經理堂務已十餘年近因各處接嬰局送堂之孩日多一日經費入不敷出不得已呈請退董府尊照會郡紳舉董接辦余與諸紳集議謂非有力之家不能任其事况庚申以前本有舉殷商富户辦理善堂之案於是公舉程卧雲之孫增瑞為堂董增瑞一再遞呈推辭經府藩嚴駁始願認捐一萬兩仍留藻安任事詎男女兩堂亦因經費不充呈請將每年協貼嬰堂之各一千五百千停止於是嬰堂甫得萬金之息又失三千千之入愈形支絀藻安復固辭余復商諸同人擬撥豐

襄王廟別墅兵燹後新建者廳事三間四面皆臨空曠南俯小溪之外皆平疇一望無際小園因婦病子寶往金陵俱未到

二月十二日消寒第九集在潘敦閒家子實未到

三月二十日三孫之新婦生一男取名則安

三月廿七日為八兒煦完姻娶彭菊樽之弟四女為媳德容俱備佳婦也菊樽即芍亭之弟已故

四月十二日舉七老真率會移樽於潘西圃之三松堂與會者蔣心薌彭鈍舫吳引之吳語樵潘敦閒期而未至任小園庭前安羅花盛開西圃手剪數枝分贈座客首倡七律兩章余與諸公各有和章并乞顧若波繪西圃看花圖請會中人各書和詩

光緒十年歲次甲申春王正月吉立

初一日天色晴明午後往各處拜年當道處俱親到

初三日雪約寸許先是當道已求雪

初五日雪約數寸

初七日雪雨晝夜約二尺許是日消寒第六集鄭秋亭家

初十日消寒會中九人公請春酒客十四人皆同鄉到者止潘譜琴吴子和兩人

十九日消寒第七集在任小園家小園患喉痛避風不出令郎毓華出陪

二十九日消寒第八集彭訥生作主移樽於角山南榭其地為

遲久不肯交屋又添洋一百五十元於小除夕始清膠葛原中
程張皆已齟齬柴安甫為之調停云
自承兒歿後余古玩之興索然已盡滙鍾售與潘伯寅價七百
金提梁卣亦售與價六百金范文正手札二通明人跋二十四
家得於京客價八十金終年出入如此而已
中旬消寒第四集在貝康侯家中
下旬消寒第五集在余家

瓣香頂禮矣

盛杏蓀以濟興興股分票二萬串頂替於余名下加貫二千串先立草議俟明正再立大議倩伊兄伯生代立其事又以濟成股分票一萬叁千串抵押銀六千餘兩

上海倒帳層見迭出金嘉記顧子皆倒去各數十萬餘兩之倒去二百餘萬胡雪岩倒去千四百餘萬如此巨款從來罕聞西號錢莊有收無放以致銀根極緊周轉不通貿易塲中輒唤奈何也

西鄰陸筠谷之房屋約數十椽筠谷故後子堯崧孫德安貧不能守憑中程福五 南全 張小舲售於余家計價洋三千六百元

舉吳子寶與余有同志糾同徐子春宋珊寶孫　諸君先於八月間破土興工造廟屋及牛棚牛墳共數十椽先後落成擇日請府縣及紳士致祭開局所募捐款以各棧及油車油行為主倘能源源接濟步步開拓則夙願償矣

任小園家中有扶乩之舉降乩者為峨嵋山潮雲洞吳侯仲養大和尚此壇向設在宜興有徐姓叔侄二人為扶手小園與徐公有戚誼因夫人有病求方請其來蘇他處扶乩凡有所求疏於黃紙必先交扶手閱看此獨可以自焚不令扶手先閱而所求之事無不吻合且方藥皆效驗詩詞皆佳妙余故極為信服惜二徐匆匆即去不能久留余已供奉大和尚之位於佛龕中

十二月初七日消寒三集在吳子寶家中

十八日巳刻三孫舉一男取名則立小名飴生消寒四集在余家中

大孫二孫皆傳棺待葬急於尋地相度數處皆不合式近購得光福地六畝有零價洋四百五十元先是王仙根家託葉子謙尋地看中此地議價不諧今子謙以此地薦而與地主一議即成亦因緣也

胥門外棗市有牛王廟為收養老病之牛而設庚申之亂燬廢無存余目擊市上賣牛肉者極多牛之被屠歲以千計思欲興復牛王廟廣為收養庶可厲禁私宰耕牛因集貲不易因循未

九月二十日大孫七終即日舉襄寄柩於寶積寺

十月初一日日未出時東方紅光滿天逾時始散日入時西方亦復如是

十一月初六日申刻五孫舉一男取名則禮小名開生

常熟大東門外開濟豫分典先是濟興典開設東門内預於城外租空房一所恐他人於此處開典攔截生意現因濟興包架不敷堆貨故分出此典總管顧雨田即濟成舊友

十二日消寒第一集在吳引之家中與會者任小園彭訥生潘羢聞鄭秋亭貝康侯沈澄之吳子寶與余也

廿五日消寒二集在沈澄之家中

伍鄉即護送八兒回家先是余於錫類堂東首造書房一間用

柵欄界開拘禁八兒於內仍請胡定甫教讀所當之物盡數贖

回連川資一切約用去五百餘元

八月初四日大孫麟祥病故大孫素有腸紅之病不時舉發正

月間起病勢漸增然自恃飲食照常不甚着意至四月間飯食

驟減自覺不支蘇中各醫俱不應手大孫謂非馬培之不可遂

以三百元邀請來蘇服其藥病似稍輕留之十日留方而去而

病勢三翻四覆日益委頓七月下旬培之再來亦復束手延至

初四日而逝

殷補經北鏞汪安垒望先後病故

趙詩七律各六首託香嚴寄去惠甫作長古荅余

五月初三日八兒竊其母首飾金珠等件為徐愛生誘往上海愛生者浦娥娘之姊之子向在元泰典學徒已八年矣因其不守典規辭退故閒住在家八兒平日出外游蕩多與狎比此次攏掇八兒竊出巨款遂於初四日趕往上海另有徐姓兩人皆其黨羽一同誘騙狂蕩於花柳之場余探訪得實遣伍禮卿管夏初至上海託魏秀章商辦此事先是有林姓婦曾在余家傭工其夫在上海開洋藥店與愛生鄰居相熟因託其同緝遂於妓館緝得八兒及徐姓三人搜其身畔止有當票其物皆歸質庫禮卿等體余意不欲嚴究徐姓三人止令其出具誆騙切結

即虞山池通外河池東有石橋一座以柵闌爲界池北有樓有亭榭有長板橋通往来並無牆垣以籬槿爲樊手植榆柳等樹高已干霄地中荷芰菱芡皆滿頗極幽曠之趣余與香嚴盤桓至暮而歸惠甫詩古文詞皆佳尤深於金石出示所蓄金石拓本十餘册多有攷據即此略見一班

初二日雨香嚴邀余同訪趙次侯而惠甫亦踵至次侯住北門外屋宇不廣庭中頗饒花木之勝有樓三椽面對虞山收藏頗多出示王元章梅花卷錢叔美小册皆佳攖其午飯鰣魚及筍皆新鮮可口抵暮而歸二趙留遊虞山余見雨勢未必即止遂於次晨解維順風揚帆薄暮抵家香嚴亦於是晚到家余贈二

順即託伯淵帶去月之中往上海搭坐輪前往營口因營口有轉運局蘇人李海帆所司也三月初八日到奉天學署是日硯生起馬出棚挈伯淵同行可謂湊巧

初四日卯刻大孫舉一男取名則繹小名成官

三月廿二日余常誕並未做壽止拜壽幟一堂

三十日李香巖約游虞山分舟而往余挈四孫同行清晨開船暮抵西門香巖已先到同泊

四月初一日雨香巖邀余訪趙惠甫惠甫毘陵人曾任易州牧不久即告歸移居常熟之西門內其地係某氏廢園惠甫以賤值得之葺屋而居中有一池甚大廳堂書室上房俱在池南屋後

矣登堂一慟而歸

十三日午刻愉庭大殮撰挽聯云　棣蕚聯盟卅年以外柴桑偕隱半里之遥耆英會觴詠婆娑記東坡生日相逢頓成永别　箕裘紹業八世大昌金石名家千秋不朽書畫禪壓凡解脱乘西域慈雲而往何處長生

廿六日發朱硯生信附四孫上信吴處四信托吴佩卿交李海帆轉寄

二月初二日真率會中人公祭愉庭代硯生延請之閲文幕友嘉定錢伯淵来晤竹汀先生之元孫江子山之内侄一見如故藹然可親硯生又托代覓厨子適織造立玉甫薦一人来名金

光緒九年歲次癸未春王正月

初一日天色晴朗氣象光昌巳刻李香嚴來賀歲偕往元妙觀方丈沈復仲先至立玉甫來而先去余與香嚴同登彌羅寶閣第一層玉帝前拈香人多擁擠不能眺覽香嚴先散余至第二層斗姆前第三層地主前及東嶽殿拈香歸飯後復至各神廟拈香當道及至親密友凡順路者竭日之力皆往賀歲

初五日午後出門補應賀而未到者晤吳廣菴詢乃翁之病自上年十二月廿二日起痢疾每日四五次止啜薄粥甌許近日痢雖止而胃氣不開愉庭體素弱余竊憂其不能支矣

十一日午刻余探愉庭病貿貿然去到門則愉庭已於巳刻歿

十二月初九日三兒靈柩安葬下沙塘壽壙

十九日東坡生日余作主人移樽於吳愉庭兩罍軒同席者許星臺立玉甫李香嚴沈仲復彭訥生南屏潘季玉吳愉庭廣菴是日獨無詩意興之索寞可想未知他日能補作否

可奈早夭何

十八日五孫瘧疾已轉時症交兩候之時頗形危險幸漸次向愈至今日始暫停醫

祁世兄世長蕳放浙江學政來晤暢談渠去年亦抱喪明之戚兩孫止十餘齡攜來任所因即日解維不及招飲矣

荅朱研生信荅其九月朔十九三十三信托蔣同泰京庄交李海帆轉寄

十一月廿五日為二孫開弔即於是日出殯停靈於獅林寺禪室之東間其西間即歸吳氏之大孫女停靈之所同胞兄妹死復相依靈而有知稍慰岑寂

實甫同藥則加重錢兩倍服藥後夜間得寐初六日醫藥照昨而夜間仍又煩躁不寐初七日曹宋之外添請李樸臣加用珠粉竹瀝而病情反覆口中精液終不能回至初八日大汗徧身隨即氣喘延至初九日午刻而逝病中祈禱之事畢備最奇者向余索經余將平日所念經呪用硃點記成一帙焚化庭中病人在牀忽云幸得老祖所念之經得救我命而其言不驗又聞沈仲復處有呂祖所賜清靈丹向其乞得三分服之而亦不驗生死有命聖言不易雖仙佛亦無可挽救耳隨於初十日大殮以五孫之子則義爲嗣余哭輓一聯云兼程聞訃廬墓伴靈舍身殉親篤疾皆由純孝致立品無虧讀書有得傳經期汝美才

九月十五日為承兒終七之期是日開弔當道及親友來弔者二百餘人祭幛五十餘幅午刻請蔣心薌題主申刻出殯至師子口船上越日開至下沙塘塋屋停靈二五六孫在塋屋伴靈

廿二日祭家祠

三邑中式舉人十四人副榜二人北闈六人可謂盛矣中式中相識者吳子實彭南屏馬芝生曹雲州之子張月階之侄

廿八日二五六孫從下沙塘回家五孫寒熱似瘧

十月初一日二孫微覺傷風不以為意連日行動如常至初四日夜間寒熱大作口渴狂飲煩躁異常初五日清晨曹寶甫來診云熱已化火舌已劫津用清化之劑下午宋又甫來診言與

七孫呼之則云讓我去罷語不及他遽然而逝余痛心如割手足無措二五孫遠在金陵急發電報催歸廿七日小殮其棺即用余前年預備之壽材故尚舒齊廿九日大殮余憑棺大慟而已

八月初一二五孫歸家先由金陵坐輪船至滬復坐脚划船趕回而已不及視斂矣連日哀痛惘惘若失所見之物所履之地無非觸目喪心親友中如蔣心香濤順之潘敦閒彭訥生吴引之吴愉庭沈仲復李香嚴俞蔭甫許星臺立玉甫皆來慰唁然心肝摧折非語言所能釋也余先作行略一篇付梓印送復成哭子七絕一百首不及刊送當存之家乘

派候補道朱竹石之棪承脩并會同紳士督脩照會彭訥生與余二人當邀精於風鑑之吴介翁相度因今年方向不利須俟明年興工矣

七月二三四五孫赴金陵鄉試

廿五日巳刻承兒因事至書巷是日天氣稍熱歸巳午刻忽覺不適偃息在榻吐出宿血數口其色帶紫旋歸卧室心中厭煩自謂舊病復發而飲已不進至夜半大便黑糞晨請程韻泉診視云是新暑觸動舊病先宜清理中午復下黑糞兩次午後神氣不佳請朱小舫診視其言與韻泉相同上燈後驟覺汗出粘冷氣息不屬執六孫手曰自覺人中爭起恐將脱矣隨即喘息六

具舟遠迎者有在馬頭進謁者余不但未往見并未投一刺余與左繼高素不相識昔年湖南某總兵京控一案牽涉繼翁旨交官制軍暨錢萍矼副憲查辦中丞胡文忠與繼翁至交囑余從中排解繼翁得免置議此中曲折文忠當必詳告繼翁繼翁即不肯屈己致謝亦必默識於心今開府江南雖事隔二十餘年亦不應置之若忘然從未於同鄉處一詢及余昔淮陰一飯之恩猶不忘報余於繼翁豈僅一飯之比余固不望報而繼翁之視淮陰度量相越豈不遠哉

上年長元學大成殿災譚護撫奏請捐修已俞允矣嗣經劉叔濤祭酒參奏應歸官修不應民捐復奉旨准行於是衛靜翁中丞

美意也子賓因三縣各鄉貧戶佃戶有借債米之事每於青黄不接之時借米一石遠至秋收還米一石五斗利息已至五分欲推廣因利局之法借與貧佃以二斗爲止名曰培元局擬由各棧業主公凑二萬石豐備倉借出二萬石作爲局本轉邀彭訥生吴引之潘玉泉與余同邀公呈面謁衛静翁中丞中丞致書於豐備倉董事吴佩卿商之佩卿不以爲然中丞隨即批駁子賓大愠幾欲與佩卿爲難余竭力排解而止勸其徐圖機會此事甚大辦理頗難盡善外間議論亦是非參半未知將來能否有人承辦此事否也

左制軍大閲來蘇十六日舟泊胥門馬頭除當道外紳士中有

西鄰陸筠谷大令之屋久欲出售自上年筠谷故後喪葬之費需用孔亟有伊婿程福五大令作中議售與余房價三千七百餘元去冬立過草議延至今始立大契而筠谷之子仍避出不面有伊孫德安同其祖母出名畫押諒無反復先付房價二千六百餘元寫立出房日期今年方向不利尚不能動工也

西商專以放債漁利大者開票號小者名曰印子錢多放於小本經紀為數無多其利甚重好善者思設法挽回之特立一局專借與小本經紀之人按期收還不取其利創始於揚州吳子寶子和昆仲欲仿而行之商之於余余竭力慫恿并捐五十元助之局名因利其數由數百至二千文為止以示限制誠良法

光緒八年歲次壬午春王正月
初一日往各當道及親友處賀年
二月新授巡撫衛榮光蒞任
舉行家祠春祭
直督李鴻章湖督李　以母憂去官旨以粵督張樹聲調補直
督以曾國藩補授粵督以湖撫杜　升授湖督以卞寶第補授
湖撫
旨令李鴻章於百日後仍駐天津辦理各國事務李相國辭奉
旨兩次慰留并遣軍機大臣王恩韶面諭而李相堅辭如故朝
廷亦不再强也

坡公像裝成立幅徵同人詩題之

兩江總督沈葆楨歿後謚文恪其缺　特簡左宗棠於是月下

旬到任接印

怡園中有益齋書畫館館之西有屋一大間新闢作旱船式小院中種石筍兩株一高一低橫石一方有孔如月室中置白石几五座迤西另開月洞門以通迴廊一轉移間化無用為有用矣

定慧寺僧素喜放生人皆呼為癡和尚欲在西方殿造接引佛像久而未成余乃募捐成之又因西方殿僅存立壁復商諸陳仲泉觀察合力脩葺次第告竣開光日士女輻輳香火盛惜不善主持恐無以善其後耳

十二月十九日許星臺借吳愉庭兩罍軒作坡公生日同集者李香嚴潘敎聞偉如彭訥生南屏汪柳門與余共八人愉庭繪

滄浪亭集議意在勸捐余謂此事重大應辦奏案俟旨意云何再行遵辦衆皆唯唯因此中丞始附片奏聞

蘇撫之缺新簡南河總督黎　調補未及交卸忽患中風旋即因病出缺復簡山西巡撫衛榮光調補

署吳邑令高伯足心夔素有文名而性情乖戾斷案多出情理之外民怨大興譚護撫每曲袒之署藩司許星臺因高令辦案荒謬屢加斥駁撫藩由是不和高令所辦之案荒謬者甚多而以誣良爲娼偪斃陸某之妾金氏爲尤甚遂爲順天府丞朱研生所劾　旨交新撫查辦而高令已先病故傳聞臨殁時有寃鬼索命之説或不誣也

集不及救援幸未延及殿外四無鄰屋火自何來殊不可解各官救火者止有兩學官火熄後兩縣及許藩司踵至查勘此外各官均未一顧也

先是府學祭埽之期司事者至明倫堂見大門內高懸一匾金地龍蟠極其壯麗中書立德配天四字上款書光緒七年下款書萬歷某年南京國子監祭酒爰弟瞿某衆目共睹無不駭然其匾大而且重非搭高架集十餘人共舉不能懸挂何以守門之人毫無聞見府教諭包潛匿內室並未詳報上憲亦未查訪越數月而有長元學之災皆咄咄怪事也

大成殿災譚中丞意不欲上聞廿八日府縣教官邀請紳士在

唁者六七人余亦與焉以素褂罩於素袍之上行禮

十一日紳士復往祭奠到者十餘人

譚曙初方伯護理巡撫許星臺廉訪署藩司候補道鄧雲官署

臬司

八月家祠舉行秋祭

朱二外孫女與外曾孫女住在余家已二年年得研生調奉天

府丞兼學政之信慂欲進京適值吴子寶令郎研生之婿就親

赴京之便遂與結伴令二孫送至上海登輪船北上

十一月二十四日黎明長元學大成殿災人見殿角冒烟門尚

扃鎖救火者毁門而入殿上火勢迅猛梁棟俱焚比及水龍四

已為罕有之吉壤來龍從西南而來而下沙廟適當其處能設法移開最妙而廟牆尤不宜用紅色吾子孫當謹志之

初十日東宫慈安皇太后升遐太后體素康强初九日忽患疾，塞越日而殂年四十有五部中先發藍印文書省中得信官民均常服以待哀詔

四月廿八日哀詔到省官紳至香門馬頭迎接至承天寺齊集官紳俱至常服行禮開讀哀詔舉哀一次即易縞素再舉哀一次抵暮又舉哀一次是日為始至三十日止每日舉哀二次余始終到二次

五月初四日吴子健中丞之太夫人病故初六日大殮紳士往

二十九日真率會第二集潘季玉譜琴作主集於鞠間艸堂李香巖吳退樓彭南屏與余惟沈仲復仍未到

三十日挈兒孫至虎邱掃墓

俄國和議已成皆曾劼剛一人之力未幾而俄主已被國人用開花炮轟斃　左繼高補授大學士管理兵部在軍機大臣上及總理衙門行走　以上二事皆大有關係故特志之　陝甘總督以曾元甫代之

三月初二日挈兒孫至下沙塘掃墓上年冬間在墳旁餘地爲張浦兩姬封壽穴此次特延地師葉子謙覆視據云所封壽穴前隔河恰對北石橋須用土照山障蔽之乃妥周視大局甚佳

光緒七年歲次辛巳春王正月

初一日往各當道及至親戚友處拜年

初五日立春上年入冬以後亢旱不雨怡園中池水盡涸舊有三井復新開兩大井枯魚得慶再生而金色大鯉魚已死十餘頭至立春之後雪雨連綿池水已盈尺矣　余大便向來乾結立春後腹中不適大便溏洩服藥數劑十餘日後始復元凡邀請春酒者一概不赴

二月二十日真率會第一集余作主人設席怡園李香嚴吴退樓彭訥生潘季玉譜琴惟沈仲復未到因其夫人自去年病起至今未愈也

原稿不知何時外流現藏上海圖書館此冊託

瞿濟滄兄抄録　公頎識于一九六二年

子山公日記

自光緒五年至十年

十二

十三

十四　三兒房中櫃內捡查契券，忽少市房契二十張，驚惶無措，徧覓不得。令往馬君張福階起課，據斷此物並未出門，當從西邊尋覓。

十五　往安節局及祝魚耕家，引叩問乩仙，不遇（過）而返。忽從大孫媳覓出，因當年大孫值年時收存未經交出故也。昨日起牙牌數有「履霜堅冰，其象也」見之句，蓋大孫字履書也。

十六　彭雪琴之孫女嫁與俞蔭甫之孫，史保吏之女嫁與汪慶震之子，皆往代賀喜。

初五　曹愷堂之百在徐升菴聞而往唁之　因換新同呂氏房屋執照徐

晤陽以谷談之　晤李眉生談

初六雨

初七

初八

初九　愉庭邀作燜蹄會即真率會之變名亦即真率會中人惟添入許星臺而星臺攜手之者獨多愉庭以熊掌款客余食之屢矣了不覺其味之佳列入八珍乃浪得虛名耳

初十

十一

廿五

廿六　許星臺招吃西洋大餐同席十人半官半紳

廿七

廿八

廿九

十二月

初一

初二

初三

初四　昨日許星臺所招飲之官紳因星翁云大人亦是六月大慶特送帽兒戲與戲法今又送兩席至臬署酉刻赴席余先散

十五

十六

十七

十八

十九

二十

廿一

廿二

廿三

廿四

廿三

廿四日　久旱不雨，各大憲在元妙觀求雨廿三日矣，今日得雪

廿五

廿六

廿九

十二月初一

初二

初三

初四

初五　往晤吴榆庭，出新得漢玉兩件示之，皆欽賞不置，吴為

十五日

十六日　以二十五元得宋拓黃庭經一本內缺一頁粵省胡蘧菴所出

十七日　六十元售去余因沈仲復求之在先故仍送與仲復

十八日

十九日

二十日

廿一日

廿二日　以二百元得倪十州瑤臺清舞卷汪鑑齋之物其子劍士讓出

廿三日　祝濤季玉花航得之此物求之七十餘年矣

廿四日　以九十元得漢玉琴拂柄精品也何書林經手

初七

初八 滌齋子寅落成可華戲

初九

初十 許星臺署方伯邀食蟹并賞菊

十一 赴清西園賞菊之招同席者彭訥生蔣心鄰汪欽梅清香至蔚如譜琴處刻席散即赴立緣甫尚衣之招演京班官伶並集

十二日 仍踵昨局乃為尚衣祝四十壽 李眉生自上海歸往晤之

十三日

十四日 訥生之太夫人冥誕在圓通寺 即在寺午飯 往祝豫甫壽

廿七

廿八

廿九

三十

十月

初一

初二

初三

初四

初五

初六

十九

二十　費幼亭之太夫人帶誕往祝王霞舫觀察署臬司往賀之

吞濤莒甚未見　午後至園亙菴招集并驗工用菴之弟二

進將圮命匠折卸重建并鋪樓板三間及曲橋等

廿一

廿二

廿三

廿四

廿五

廿六

初九

初十

十一

十二

十三

十四

十五 署臬司薛世香病故

十六

十七

十八

廿八

廿九

九月

初一

初二

初三

初四

初五

初六

初七

初八

桂和

廿二

廿三 蔡游齋四十壽同人集怡園以祝共二十一人余与游齋合

賓康侯桂和

廿四日 袁訥生七十壽往祝往晤陽筱谷視其退史事至許星

臺汪柳門均未晤 跋書於星臺視其以董陵指畫遺墨

廿五

廿六日 赴吳子實之招与蔡安游齋桂和

廿七日 穫芝王 偕怡園招飲同席者史偉堂費幼高 園中

寒露桂花大開芙蓉占盛一年秋景最佳時也

四孫星東戲取一花一果湊合戲文一齣取聲相同者如山茶蕓
薺為茶敍敍數共十六齣過雲樓下攢兩棹長以紅氈每一齣配
以瓶一碟瓶碟凡磁銅玉石俱備昔年所集而餘件此擇其
最精者以供養月中常儀望日後移往怡園設於碧梧栖
鳳俾來游者耳目一新

十六

十七

十九

二十

廿一　吳子實四十九歲生辰往祝與蔡滋齋貝康侯何壽林

初六

初七

初八

初九

初十

十一

十二　從若吳謁鄉王觀察　清西園偕夫晤晤仲復晚談

十三　以二百得趙松雪草書千文卷此卷向爲孫蓮塘侍郎藏

十四　從眭愉庭示以趙卷同深欣賞

十五　是日爲三孫玉書夫婦三十雙壽午後喚江西班歎家

廿六

廿七

廿八

廿九

三十

八月

初一日

初二 喻庭之子叔仙因瘵而殁，年二十九

初三 午後往唁喻庭，喻庭自言喜名太甚，殆干造物之忌，然年吾之

初四

初五

十七日

十八日

十九日

二十日

廿一日　往晤許星台方伯託照書摺子　往晤胡三橋觀其畫金小影冊頁，借起稿數紙

廿二日

廿三日　至貝康侯家与子實澄齋抹戲

廿四日　在余家鍾所居

廿五日

初八日　吴子寅邀往抹戲同康侯吴子渊上六元

初九日　强孫局以暮滋齋易玉渊平

初十日

十一日　為李香嚴題共當人夢蓮先生畫蘭卷集蘿詩

絕句八首

十二日

十三日

十四日

十五日

十六日

壹方霖題丹程藤家張月階

初一日 与黄钞亭朱作舲涛瑞卿竹游 许墨壶罗蒲司

薛世香罗泉司均於今日接印

初二

初三

初四日

初五日 广东胡遯蕃携古宋人群仙高会卷张即之残经册宋拓家

初六日 庙碑夏承碑钱叔盖甫君碑恽南田画隶扇面共价洋七百三十元

初七日 吴愉庭遯集真率会 香岩纳生季玉仲复叔遂谱琴

香岩携示叔乃蓋东山画册价洋二百元

廿三日

廿四日

廿五日

廿六日

廿七日

廿八日

廿九日

三十日　往晤吳佩卿談要事捐事囑其往謁中丞

七月

初一日

初二日　送譚璆初赴署漕督之行　浦佩卿出殯往弔並為

十三日

十四日　在怡園請許星臺之孫甫過秀玉南屏作陪（借紀事）

十五日　吳子健中丞卸署督印回蘇於今日接撫篆

十六日

十七日

十八日

十九日

二十日

廿一日　吳中丞來晤談自陝撫楷甚暢其好處言不用何

廿二日

初三日

初四日

初五日

初六日

初七日

初八日

初九日

初十日

十一日

十二日

廿二日

廿三日

廿四日

廿五日

廿六日

廿七日

廿八日

廿九日

六月初一日

初二日

十二日

十三日　浦佩卿病故

十四日

十五日

十六日

十七日

十八日

十九日

二十日

廿一日

切記

李香嚴吳愉庭傳教聞撫募始發

初三日

初四日

初五日

初六日

初七日

初八日

初九日

初十日

十一日

廿三日

廿四日

廿五日

廿六日　送忠心一誠夫人大殓　贺许星台令孙完姻

廿七日　为沈仲复题翁覃溪楹帖先题二律续题二律皆为楞书

廿八日　槐卿弟之长子紫垣因痨病而殁年十五止一女已残疾更可怜

廿九日

三十日　许星台来谈

五月

初一日

初二日　许星台汪庆云史伟堂招饮席设庆云寓中坐客

而平向平生死有定日也

十八日　三邑會試中者六人長元居其五亦僅事也

十九日　叩竹齋經手以七十元得漢玉錢一枚紫色白糯紅暈滿身可謂精品此錢係吳引之之婿陳毅卿物數年前見過索價三百元久無售主今仍歸余亦前緣也　此件余藏交至今尚無售主

二十日　槐卿弟之婿朱少卿偏寒兩候而已幸有兩子已可憐

又函　叩竹齋持示宋拓雲麾碑係張祥伯之物與余所藏相較同時拓本惟多出三十字為勝

廿一日　作答衎生信

廿二日　香巖招集真率會同坐訥生平安仲復季玉

已允拙懇矣

十二日

十三日　繼吾吳引之　賀元邑令陽筱谷之次子合卺之喜

十四日

十五日　在儀王廟齋醮謝　火神余侍拈香

十六日

十七日　大孫女嫁於吳愉庭之長孫舜臣爲妻已生三子一女今年二十八歲矣於上年生產後疾初生時不腰不痛未免大意矣於醫治及遺後而疾不可爲矣雖輾牀褥者數月備嘗苦楚延至今日而始逝最可异者十五日已經氣絕兩時忽然復甦又隔一日

草窠失火，幾至延燒，卽澆滅矣。天幸也。

初七日　在神佛前及祠堂拈香，謝昨夜保護之恩，并限令大孫將其妾攆出宅內，以杜禍根。此妾於前年十二月已失火一次，事亦未成，真不祥之人。天厭之，警不可姑容矣。蓋其調唆婆媳夫婦不和，蹤跡多端，不止爲此一事也。

初八日

初九日

初十日

十一日　藻安信來，聞肉店爲豬捐局有投藩台詞控。余往託許星台爲先發制人之計。余於午後往晤星台，討論其事。

卷詩於如此名貴仲復夫婦亦和原韻兩首後屢該同人和余亦

和二首　招邀修禊借寒嘉樹陰中几席安嶂石倚空雲氣

疲小樓近水月容寬藤床促膝同評畫花架低頭屢整冠我

輩行藏堪一咲不辭行樂亦辭官　養病息影一廬寒頻唸

時賢策治安酒後縱談風雨快茶餘閒話海天寬隱憂何計

眉開鎖感懷空教髮指冠願食乳坤長事福素茶燒筍課

困安

初五日

初六日　愉庭香巖請許星臺方伯邀余作陪午初赴之坐客李

玉汪廣霖南屏至上燈始散　晚飯後雲十之妾房中寫茶

共五席觀演京班每客費二元子初歸途逢起陣雷電以風聿
到家始雨
初四日　午刻赴聽楓山館真率會坐客魯巖仲復納生與余
如愉庭於院中新構荷亭楓樹下環築假山移石筍三株索
余楹帖余集稼軒詞句贈之曰今古幾池臺○新葺荷齋○信
閑看碧石成朱○背拭老苔詩句眼○風月一邱壑○醉扶怪石○有客
驂鸞騎鳳○橫斜前畫短長山○　沈仲復來徵召入京之旨
因病不赴請署中丞代奏　仲復新得翁覃溪隸書對一
付價八十元其聯句有情今古殘書在無事乾坤小屋寬乃
張瘦同句也下方錄瘦同原唱七律及覃溪蔣心餘吳穀人諸

廿七日

廿八日　演来班答廿六日公分之客六四席　自二十日起俱晴

廿九日

三十日

四月初一日

初二日

初三日　織造主玉甫山招飲未刻赴之先因育嬰堂札辦豬捐事爲陸稿薦李三珍兩鋪戶抗阻并有吞捐等事因府縣有照會令紳士會議全局首列全謂但須集捐不必換董因從將長邑令吳委酌屬其究辦抗捐挽回捐事以全善舉　隨赴織造署

盛寅谷送來之畫以三十三元得陳白陽芭蕉嚴山稼友茂陵秋雨兩軸　前所見惲王兩軸香嚴以二百二十元得去可謂善價矣

廿二日　余因避客不見往各廟拈香　是日來拜壽者文武各官自署中丞以至府縣織造及候補道府武自参游以下俱到親友亦無不到者

中午用盆面十五席菜十一席　清音一堂

廿三日　在大廳院中搭戲臺翻軒内搭女眷看臺用紗屏風障隔

廿四日　演蘊素班親友公分每分兩元共八席

廿五日　演素班親友公送每分兩元共十二席

廿六日　演素班許星臺方伯織造候補道共二十分到者十二人紳友止

費幼亭潘季玉兩人共四席

舒其鶴往來全家趾似甚不適假使養於怡園突五十
倍惜不能向之也　午後曾伯偉偕滌卿來贈邀之游
園
十七日　滌卿來換濟成典租契伯偉原中晚間設席款之
十八日　汪少植病殁往唁之　室何弟媳大殮往拜之　盛寅谷送
閲惲南田仿雲林嚴簃友茂陵秋雨軸
十九日
二十日　兒孫爲余預祝演大雅班戲臺搭於仁壽堂以紗屏分界
内外男席六桌女席三桌演戲至子初而罷
廿一日　各廳陳設齋備壽幛共有七十餘軸凡牆壁皆滿

惜之尚有周師蘧鼎拓本一軸有銘約三十字索價千元余

嫌其昂未肯行議價 費幼亭年高公分送戲券

十二日　王仙根之父開弔往唁之

十三日

十四日　潘偉如之太夫人開弔請司賓余午後往客已散矣

十五日

十六日　潘太夫人開弔請余陪賓見譚曙初護院許星臺

冢藩司及候補道諸君護院談及直省賑捐除程卧雲已

捐萬金之外意欲續捐余答以且與眾紳商之　偉如

庭中蓄一鶴朱頂青腳的係真鶴編竹為籠甚不寬

初四日 午後苣孫來寓仰西過

初五日 理卷吴子實來晤

初六日

初七日

初八日 辰刻下船至下沙塘掃墓

初九日 午後苣孫來寓 瞿厚甫送李延泰九廿斤有葛佩甫信 有借以二十四元付之即從前寄惺堂之回友

初十日 午後苣孫來寓

十一日 苣孫寫照至此共得十二幀送与潤筆十元 有盛賓谷与程小廬顧訪持示石谷山水軸 有宋竹垞王麓臺兩題 惲南田荷花軸當價二百元余還八十元相熟殊甚只日任其攜去並贖

廿七日

廿八日　芝孫為余寫第三照側面

廿九日　蒼孫吾子實不還　芝孫寫第四照即昨墨骨

救聞東諸官紳合局送余七十壽禮定送戲席借徽州會館

沈仲復來約三月初二日在耦園舉真率會

竹徑蕭森通鶴步（蘋）池波清淺及魚肩

三月初一日　少仲送神麯棗糕以紅牋附入愉庭中謝之　芝孫盈照

初二日　仲復舉真率（會）第一集同席者訥生愉庭救聞香嚴也

初三日　午後芝孫來寫側面照

廿一日

廿二日

廿三日　胡岫雲來為余畫冊頁山影面北指頂大概云伊從未畫過

凡此山者畫之長畫成三纖妖為神似皆正面

廿四日　潘譜琴邀看書畫午後偕之有陸稼書楷書冊翟琴峯山水花

卉冊李檀園山水冊漸江山水卷王忘菴花卉卷成親王字卷戴醇士山水

卷此外亦無甚可紀者

廿五日　挈兒孫輩並六房莊掃墓余與八兒乘輿去餘皆坐船是日因

三節會山塘街極熱鬧余晚游而歸

廿六日　本擬下沙掃墓雨阻不果

廿九日 午後擇要雪往謝

三十日

二月初一日 是日為 先府君忌辰在寶積寺禮懺親友來者三席 程卧雲為伊姪朗甫控告案懸經年未結適值皆李中丞因水災行文蘇籍者勸捐吳復卿偕西圃勸卧雲捐萬金藉以了案 卧雲屢並應允於是譚曙和中丞主持其事嚴飭長令吳春舫即日了結 卧雲得以摘釋 此案係汪安齋與朗甫搭棚為詐而竟不果安齋之聲名益壞諺所謂羊肉未吃着惹了一身腥者是也

初二日 往探韓中軍之太夫人疾 復卿來辭行 往晤愉庭

神烱々至丑初方散張姬請濤郁々々九夫人在東廂房搭席
是日公分每人派四十三元可謂費矣
廿三
廿四
廿五
廿六
廿七　下午在祠堂演禮
廿八日　是日為　先府君冥誕即奉　神主入祠展剩望　厥謝
恩先安　神次家祭執事人皆孫輩為之常道止之和縣
陽山谷來親友來者共六席

十六日雨

十七日雨

十八日晴 以六十六元得汪酉生家雲居售存之物有馬遠人物團扇一頁張渥右軍像一頁頗佳祝枝山手書舟雨字卷亦佳

十九日

二十日

廿一日

廿二日 公局請季泛壬共五人潘季玉史偉堂汪月如黄幼亭与余也在八旗會館演京班共八席未初開場至戌刻余已倦不能支逃席而歸 幸尚有四五旦以陪坐也署藩台 許星台 蕚精

初六日晴

初七日晴雨陰

初八日　清蔚如之太夫人大殮

初九日

初十日

十一日

十二日

十三日晴

十四日晴

十五日晴

光緒六年歲次庚辰春王正月

初一日晴而陰　神佛祖先各處行禮　受家人賀歲禮　午後由東至蔚門繞西路而迴見各常道皆賀歲歸已抵暮

初二日晴而陰　午後由東而西賀歲歸亦抵暮

初三日晴而陰　復落左輔一齒計已落四齒矣

初四日晴而陰　夜雨達旦　祀財神

初五日　得其醬園店友石介生及新執事徐順卿來談商定汰去舊夥十六人新添六人

榮兒甫三歲見酒輒喜飲戲與一詩　偶見前[嘗]筵酒一卮便將兩手欲來持飲中仙合前身是又似阿翁年少時

獨步園中得句云　柳新飾葉嫩梅老著花疏

光緒六年

十二月初一日
初二日
初三日　署藩台許星臺今日接印其夫人生日與孫媳親往賀攜篤
初四日　愉庭之四媳即大孫女之姑昨以病殁余於午後往晤愉庭慰唁之
初五日
初六日
初七日
初八日
初九日　送吳中丞赴金陵署制台未見往晤秋嚴午後雨歸訪趙訥生未值見雨庭
初十日
十一日
十二日
十三日
十四日　雪
十五日
十六日　往晤任舜琴執坑其孫血因彼有喜事不果訪俞蔭甫將杭去歸訪愉庭
十七日

十八日 二分加倍所借款供此次以七十元得其書畫圖章古墨等價值尚公平余

十九日 而恐欺於人之手也

二十日

廿一日 壯陛任彝琴卿出補真平令缺

廿二日 桂陛胡岫雲送與蜀東草参四三元茗付五元請花帶將少仲君壽兩

壽即送壽君出并薦任彝琴弟以補缺君意已允他日送來余日擬

少仲一分送之愉庭之嬸已無之癌太大玉泉面色太紅嫣余送之

廿三日 臨洮

廿四日 西江總督沈幼丹因病出缺特調兩廣總督劉坤一調補未到任以前命吳中

原署理雍揆缺命譚薦台護理廣篆奎皐台許公署理皐台妻

薛世香署理

廿五

廿六

廿七

廿八 鐵造立山招飲同唐濤穀問蔡韓兩侄送韓 西平軍ケ往申阿

廿九 微雪

三十

數間与余　歸途往晤西園

初三日

初四日

初五日

初六日

初七日　沈制軍幼丹於初六日因病出缺

初八日　冬至夜

初九日

初十日

十一日

十二日

十三日

十四日

十五日

十六日

十七日　借臨陳蒼舒邵良齋二本也良齋与其兄容齋收藏甚富今

十三

十四

十五

十六

十七

十八

十九

二十

廿一

廿二

廿三

廿四

廿五

廿六

廿七

廿八

廿九

十二月初一

初二日　仲復在靜園作其壬午會同席李香嚴藝訥生吳恰庭諸

初三 往賀吳廣菴及浦大內侄完姻之喜。并祝汪屏青明府之太翁七十壽。來嚴耳所見石曼卿、黃山谷、祝枝山、王覺斯四卷。

初四

初五

初六

初七

初八

初九

初十 敘前招集之華會，邀勒少仲、陸見田、穉晴、德劻合用邀之入席。朱研生、秦勳、釋邀英、樸外、蔣少周少仲之之意席間談及穆云鍾英照研生並無一語及此，或者諱莫如深耶。

十一

十二 往拜李來嚴五十正壽。往賀勒少仲老嫂太夫起座西邑將宅內東西兩書房以石拆動羅攏苦得石數十塊勉強湊齊屋並可觀西邢葛峯之全體畢現此峯甚爲快心所嵗花時必爛熳時(不观)居余七十正壽嘗於花前浮大白也

廿一

廿二

廿三

廿四

廿五

廿六

廿七

廿八

廿九

三十 吳中丞之太夫人八十壽往祝未登堂

十一月初一 往王仙根家賀其子娶(完)姻之喜 往顧子巖所留怡園詞序撰其壽敘

初二

香巖偷庭為畫墨骨一張是日天氣晴和並無風雨

初十日

十一日

十二日

十三日

十四日

十五日

十六日

十七日

十八日

十九日

二十日　臨園梅花廳之前有兩峯屹立極嶔空玲瓏惜為竹蘿遮其下半今日與兒相商將竹蘿移繞於兩峯之後另用湖石砌成花臺預備明年種牡丹芍藥而湖石已無處可購

新匯京中擎眷而歸，煩王仙根託其合延壽丸兩料，仲
復急嚴所託也
初五
初六 擎兒孫六人往下沙塘掃墓，祠堂東有一橋，新用万
千文脩理加高，坐船可以進橋直至墓前上岸，便捷之至
新竹請周子和之伯 為八兒師，因其住居本宅，約其
來瞧，遂有疾者專子和來瞧，即以聘金交与
初七
初八
初九日 在怡園峯真率會，午刻入席，到者李香嚴、吳惰庭、書鞍
前不到者沈仲復，因姐病；劉趙訥為掃墓；席散後胡岫雲來畫照

廿五日

廿六日

廿七日　陶桂门開吊余往唁之歸途答史佛壺未晤

廿八日　連日怡園及宅中桂花盛開到處香風撲鼻如入衆香國中惜風雨之日多晴霽之日少未免易於衰謝今日花已落去如以黄金布地矣徘徊樹下意甚惜之

廿九

九月初一

初二　李香嚴邀真率會同席彭訥生沈仲復吳退樓潘穀閣

初三日

初四日　吳中丞夫人六十壽往拜之晤陳仲泉桂睦濤謙琴

十七日 海紅先有杯酒之約覺精神尚未復元不能不一往踐約

僅啖四餅茗談而返

十八日

十九日 午刻赴愉庭招飲 坐客李香巖彭訥生沈仲復潘敦閣吳復卿 席散後往晤俞蔭甫送與吳中七老卷求題

二十日

廿一日

廿二日

廿三日

廿四日

遂於八月初四日於東池開一大井開至第三日尚未及泉忽得大雨
池水稍漲開井人無所措手前工盡廢而池有盈尺之水不致
有枯魚之歎矣
中秋日天氣陰午後微雨至黃昏後月色微露是夕費幼亭
招飲在怡園設席坐客劉冠緟朱秀亭吳廣菴與余出局
双鳳迎子胡四與其婦一人双鳳余所喚也冠緟廣菴皆自負高
拳每以拇戰均以十計互有勝負並余皆連勝冠緟十拳勝
廣菴八拳在據全勝之局並飲酒幾至四斤遂至大醉到
家後已覺糢糊明日連仕之次憊卧竟日如此大醉已第二
十年來所未有甚矣好勝之心難於畫淨也
十六日

十六日

十七日　荅吳子健中丞交署督印從金陵揚帆時候

十八日　吳中丞攜印勒少仲交卸時少仲已升閩臬矣

十九日　因大覺夜寐不安往馬雲舫處起課

二十日

自五月至六七兩月天氣炎熱亢旱不雨絕不起陣每日如坐洪鑪手不停扇仍然揮汗成雨百事俱廢無論握管并日記亦不復記故此數十日內之事置而不書

怡園中荷池中一地地形略高故略先涸荷花本不盛至涸後盡在旱地遂無一花東西兩池本各有大井故井面尚有一泓之水金魚數千頭畢聚於斯大有涸轍之勢亟謀急救之法

初六日

初七日

初八日

初九日

初十日

十一日

十二日

十三日

十四日

十五日

根代合延壽丸四斤　幼言借怡園請任小園遊余与
杏蓀作陪幼言喚石月卿　高雙林姚小七杏蓀喚雙鳳余
喚素琴伍文卿　倩觴者唱大小曲四五齣　小園亦從而和之　梅
戲六齣席散已子刻
初三日　幼亭杏蓀借怡園請彭味之　遊史佛生汪川如与
余作陪　席散後大雨不止　三家冒雨先去　余与杏蓀幼
亭冒雨至亭家還局　夕
初四日　午後余訪素琴還局　王仙根送來延壽丸
計洋廿九元零　幼亭杏蓀來　同訪素琴雙鳳
初五日

幼亭、濤香、玉吳、穆趙、汪虞雲、錢伯聲、汪劉蕙卿與余共兩席，余與伯壽梅戰三十拳，勝負各半，廿餘坊擇全勝。歸訪濤西圃不值，以怡園詞稿其刪定作序。

廿七日　西園送李雙小摩，因不能辭，亂而免。

廿八日　退樓請沈彥徵，邀余與仲復、系嚴、季玉作陪。

廿九日

三十日　余與幼亭請沈彥徵康訪，邀仲復、季玉、退樓作陪。

五月

初一日

初二日　午刻彥徵借聽楓山館請余與季玉、仲復、幼亭，散後余偕答任小園步瞻，蒼存畫味之濤，頃之玉仙根花仙

十九日　穀间与愉庭公請新署臬台沈彥徵作陪者香嚴仲復与余也

二十日　香嚴點定怡園詞交還余又刪去五十二首共剩六百首較初稿刪去其半

廿一日

廿二日

廿三日

廿四日　勒少仲作點心東道在網師園未集申散坐客仍真率會中人也　吳平齋送俞蔭甫大人殮

廿五日　還麥琴局錢

廿六日　三邑等公請席設滄浪亭學究史傳堂費

初九日

初十日　往八旗會館祝蔭太夫人八壽　觀劇午後申歸

十一日　同人醒時局公分未往酉歸

十二日

十三日

十四日

十五日

十六日

十七日

十八日

作陪唤書琴双鳳侑觴飲酒頗多

四月初一日

初二日　送果隨季行贈程儀十二元謁勒少仲未晤

初三日

初四日

初五日

初六日　退樓約仲俊至嚴鞍前年樓園因雨不果

初七日

初八日　嚴佑稚緇先生為其太夫人預祝八十壽邀往八旗會館觀劇辭之

庚候未刻散

廿五日

廿六日

廿七日

廿八日　未刻退樓，約王仲復耦園一游，兵嚴六王樓買點心歸，畢而散

廿九日　挈張姪、八兒、三孫、姪外孫女坐船至齊門外西匯看延聖會游，人如蟻，畫舫如雲，幾於傾城而出。會中有擡閣十座、輪又十座，其餘小轎旗傘亦稱是。歸途至耦園一游

三十日　季玉借怡園請辛丑同年畢吉甫之弟，隨季邀仲復

十五日

十六日 吳子健中丞往金陵署制台，因沈制軍陛見故也，來辭行。

十七日 往送吳中丞行，往看吳引之，俱未見。訪媚舫談。

十八日

十九日 以九元得金銀珀烟壺。

二十日

廿一日 未刻赴府學送葉松先生慈主入鄉賢祠。

廿二日

廿三日 以三十元得漢玉一塊，如葉錶盤，色澤絕品。

廿四日 在怡園與韓閬公、吳引之、蔣心香、趙訥生只

初五日

初六日

初七日

初八日

初九日　署臬司薛世香升署藩司接印遣人往贺

初十日

十一日　署藩司勤少仲護理撫台接印遣人贺之

十二日

十三日

十四日

廿六日

廿七日

廿八日

廿九日　少仲借陸楓山館集真率會同集者季巖仲復

敉甫退樓與余也少仲以友人託售宋徽宗畫山水卷出示

余因不收繪事讓與季巖以二百元得之

閏三月初一日

初二日

初三日　潘西圃邀游安羅花園集者即真率會之六人也

初四日

十八日

十九日

二十日

廿一日　兒孫為余預祝在仁壽新搭戲臺一座高於平地約二尺許先演大雅班一日

廿二日　為余誕辰親友來者約飯八席

廿三日　真率會中五人及親友共四席二十餘人送大雅班一部酒筵四席

廿四日　還席仍演大雅班請親友

廿五日　謝當道賀祝壽

初八日

初九日

初十日

十一日

十二日　偕兹闻、哲集、其章会于醉枫山馆，即前五人

十三日　答请史伟堂、赵讷生、戴霖、吴广庵、冯培之，酉集戌散

十四日　承见自庵，仍买旧镜橱两具，分给两媳作首饰

十五日

十六日　自修年谱，是日戡手

十七日

廿九日 枕上得絕句云：經營當頭辟日高，錦屏畫燭酒兵鏖，捧觴勸飲十分滿，潑溼詩人宮錦袍。

三十日

三月

初一日

初二日

初三日

初四日

初五日

初六日 余與姪樓招集真率會於惜園，同前五人。

初七日

廿三日 下沙塘掃墓辰刻起身家眷共坐四船下人船

午正上祭歸途逆風到家已抵暮

廿四日 虎邱掃墓天已微雨兒孫輩均已下船余恐遇雨未去

李丑冒雨上祭未免踉蹌矣

廿五日

廿六日 巳刻赴仲復真率會之招坐客仍少仲吾嚴退樓

鞍甫申刻散往晤稚藻安告以器查稚指多少仲已歸

錢伯聲出諭矣

廿七日

廿八日 招查階周照之

嚴新押々醴泉銘張小華所藏帖々邊纖寫覃溪精
楷題滿圖是宋拓佳本尤以翁題增重此外尚有宋拓
王聖教序王石谷趙古冊石濤山水對題冊張得天陳
香泉兩家冊共押千金已是足價未必取贖矣醴泉
銘數年前曾許還五百元未成交今爲余嚴所得信
乎有前定因緣不可強也

十九日

二十日

廿一日

廿二日

初九日

初十日

十一日　為浦夫人卌冥誕正日　請青在仁壽寺代靈

十二日

十三日

十四日

十五日

十六日

十七日　風雨交作　是日香嚴所約年友會移於明日

十八日　午刻赴網師園　坐客少仲退樓仲復數閒見香

沈書森亡得瘋疾此由熱中而起不可与子貴同日語矣

初三日

初四日

初五日

初六日　巳刻赴退樓率真会同席勒少仲李香嚴清籛閒惟倪仲復因患瘡未到　傍晚又赴彭調生之招在怡園与顧康侯程藻安拌和夜膳而散

初七日

初八日　七寶浦夫人七十陰壽是日起懺于大悲懺三日

廿七日

廿八日

廿九日

三十日　以百六十元買濮玉琴攜趙子卿舊藏唐備之經手

二月

初一日　臨圍詞至今日録竟計六百四十四闋共一萬八字時作時輟十日臨畢昔趙松雪鮮于伯幾每日能作小楷一萬數千字文衡山每日晨楷書千文一篇古人真不可及也

初二日　聞張子青先生新得瘋疾其爲人也孝弟侍人亦忠厚和平斯人而有斯疾真難呼蒼而問天矣近日

六日 百七十四關剛去四百餘關

廿三日 陳仲泉與候補道共三人偕怡園以請兩司與何石容薛書原與石容議坐議之不已石容拂衣而去口出怨言其爭鍾山紫亦罕見也

廿四日 費幼亭偕園請彭器之汪君謨史偉堂與余午集申散

廿五日 盛杏生來暢談及招商局事其意欲將碼頭棧房及輪船三只抵與官項作銀二百萬請李中堂入奏如果准行以二百萬巨款買此破屋吃虧不小矣

廿六

两席在汪寓午刻赴之

十九日

二十日　杨缦君杨见山等共五人在怡园请年酒两四席余午刻赴之实多不能记也

廿一日

廿二日　姪婿吴退楼以清容三携示之汉玉琴拂柄请我赏鉴估值五十元然与索价相悬数倍矣此件满红徽霞白地映夕照之通体透澈汉器中上品也旧为赵子卿所藏　九儿伤风已七日咳嗽颇甚今日始渐止心为之安　怡园词亦于今日将定本所存者

初十日

十一日

十二日

十三日

十四日

十五日

十六日　史偉堂請年酒午刻赴之同席共彭器之潘李香程藩安唐老三

十七日

十八日　汪廣雲陳仲泉忠心一共七人餘不逮記共

即神之而歸　晚祀財神

初五日　雨

初六日

初七日

初八日　在八旗會館公請年伯　余與沈仲復史偉堂盛旭人費幼亭潘季玉共六人為主所請者司道及候補（現任）存廳州縣共四十餘人到者共坐五席仍演重班至亥刻完有救者不救余即潛歸所派公分每人三十二元可謂貴矣

初九日

光緒五年春王正月

初一日　晨起爇香燭於天地神佛前虔叩　受家人叩賀孫保榮見濟濟一堂頗為樂之　午後出門拜年現任堂道幾徧而雨與雪珠大作輿夫衣帽沾濡狼狽而返夜雪約數寸

初二日　微晴至怡園瞻眺亭臺木石粉裝玉琢光景甚佳

初三日

初四日　糧道英茂文請年酒在八旗會館演來班余未刻赴之看二三齣即歸並未擾其晚飯順道往晤潘西圃上年曾以怡詞就質渠已閱過略為點定

光緒五年

廿二日　老姨太下葬午時登位

廿三日　虎邱老墳補種松柏一百九十三棵

廿四日　訪媚香坐有竹庵者略談而歸

廿五日

廿六日

廿七日　訪媚香遇客即歸

廿八日　是夕過年祀神祀先　夜雨

廿九日

十五日　在仁壽堂薩滿大神　請陸子雲方九兒診視

云是癥留藥治之漸愈

十六日

十七日　腰痠漸愈

十八日

十九日　崔宅郁姓乳媪乳多而性情和平，賸於斤十

之前媪多矣

二十日　吴玉健撰書稍重極酸送來

廿一日　昨患傷風渧涕交下，晚服自用之葛根方藥，今

日霍然自來傷風，未有如此次之速愈者

初七日

初八日　園中作消寒會，與貝康侯、閻平如、吳子彌題和下三餅

初九日　午後　往收錢，付卅為弟仰仙救近芹漢抗控好

園叔陸、俞蔭甫、打長聯吳介來晤

初十日　由蘭舟俶　昨夜大雄賊入房中，竹窠燒去，樓板俱穿，幸未成災

不必消化，險為害

十一日

十二日

十三日

十四日　晨起洗痔，忽覺尾閭骨一酸，遂致作痛

三十日

十二月初一日

初二日　潘瑞卿陶鈞九汪雲峯在坡仙琴館與余默戲

約小雅仙來游園

初三日　往仿姑家贈以結柳衣褲

初四日　三兒與揚家易得曹雲西三軸衢江黃山畫山冊那

緒齋邨盦青君畫田季易之南田十萬畫冊贋作也王麓臺

吳墨井山水一軸

初五日

初六日

廿一日

廿二日

廿三日　郭安亭張蓮溪請供饌之　訪婿還寓

廿四日　往謁吳子健求其書宗祠對答薛世兄午後晤李香嚴
答彭納生　邀請馬墻之為浦媳三孫媳診病

廿五日　往晤錢伯升黃勤甫仲恕心一清蘇同往廣霞閣桂門朱竹石
諸西園楊俊卿俱未晤

廿六日　悟園雜詠詞兩本已經香嚴點定　再請西園選定

廿七日

廿八日　是夕冬至

廿九日　是日九兒百日

雁作家兩三〻雨〻白釣人家比似桃源風景不爭差此詞無言

因〻不知何兆留作後論

十四日

十五日　是日入學五孫來出先晴後雨不出二小演清音堂

十六日　以清音爲罷席演以清音新班中約十人

十七日　李眉生自滬回來訪

十八日

十九日

二十日

初五日

初六日　袁子年來為余留照

初七日　子年於午後來補完昨照

初八日

初九日

初十日

十一日

十二日　往訪翼六

十三日　昨日於枕上口占一詞云柔櫓飛無帶圍波暈有花碧層菱鏡淨於揩照見靈巖山影一眉斜　楓岸鷗旁國畫付

廿四日　初至園中歲寒草廬前後新種梅柏皆虬龍之姿

廿五日

廿六日

廿七日

廿八日

廿九日

十一月初一日

初二日

初三日

初四日

因服潤腸之劑過於滑下竟成泄瀉且有寒熱

十六日 寒熱已退腹痛泄瀉日有七八次症仍苦熱請姚壽門診視

十七日 泄瀉仍未止寒熱已退請鄭小杏蘇少卿診視服小杏方

十八日 仍服小杏方

十九日 請李樸存診視亦用附子厚朴痛止而泄瀉未止

二十日 仍請樸存 泄瀉漸稀

廿一日 服昨方

廿二日 請樸存 泄瀉已止而小解未通

廿三日 童壽庭觀察中風而殁

初七日

初八日

初九日　偶然感冒鼻塞涕垂

初十日　連日大便秘結已刻努力大解内痔翻出分兩次

始畢中氣大傷甚矣其憊

十一日

十二日

十三日

十四日

十五日　連日俱因便結努力是日竟至三次出恭尤覺其憊

廿七日

廿八日　二鼓出案，五孫驊騵本名壽，今易此名取入元庠十四名　覩

廿九日　友中同年甘季玉之孫蔭安之子
小癡仙來，勝園在此樓，坐談，渠自上海見，別已十餘年矣

三十日

十月

初一日

初二日

初三日

初四日

初五日　先訪柳橋，見枇杷花下深閉双扉，廣然而返，隨訪留雲，共力談洽

初六日　新生禁帶見，蔣頌清，孝頌宴之，計共六十餘人

書系巖退樓与余也

十八日

十九日

二十日

廿一日

廿二日

廿三日

廿四日

廿五日

廿六日

初十日雨　天氣驟凉，穿棉衣。桂花始開。出從直廠少見禊蘭亭墨跡卷、宋拓十三行小冊，退樓皆題跋，就爲其攷據甚精，小篆亦精絕。

十一日

十二日

十三日

十四日　俞蔭甫之太夫人開弔，往唁之。

十五日

十六日

十七日　濤穀同借聽楓山館作率集會，坐客勒少仲

满闺

初二日

初三日

初四日

初五日

初六日

初七日

初八日

初九日　連日天晴盛暑人皆赤膊自早垂暘形未有也

夜雨

廿六日

廿七日

廿八日　幼亭借怡園請客邀余往陪午刻入席張嘯泉前任天津知府因焚毀教堂殺法國領事案罷官戍邊疆釋回陳存台

盛旭人任縣華筱園方伯之子

廿九日　勒少仲借聽楓山館請客午刻入席李香嚴沈仲復清李玉過樓與余少仲還余羅兩峰畫冊兩本乞題一跋過樓出所藏徐青藤畫冊兩本示余共三十六葉青藤傑作也

九月

初一日　余攜米題褉蘭亭墨跡從過樓題跋　松蘭女

十九日　寅正浦腹痛，余急起遣人邀收生陳媼，卯正三刻

生男孩，母子俱平安。

二十日　沈問梅開司從信之　鄭河男來潘同

廿一日　楊從良太守來，晤伊戚王吉齋，託其告帮，送十二元。

廿二日

廿三日　請李玉園、趙范、張松齡事牽涉被人貼匿名帖，託余

於當道處說白，午後往晤朱府錢、傅及勒少仲、晚光說白，然

季玉翻了名益狼藉矣。

廿四日

廿五日

十二日

十三日

十四日

十五日　桂卿寄團一綃　口占憶戀花一闋　香斗氤氳依黑。設兒女青紅。爭拜團欒月。世界大千秋一色。今宵另眼看離別。　回憶童年如電掣。每過今宵。鐺偏霜街壓白。屈指頻歌周匝六十。又逢八度中秋如夕

十六日

十七日　俞蔭甫之太夫人大殮往信之年九十三

十八日

初五日

初六日　三兒以文画祝宮跋書于宋菊墟所易於銅器兩種，而宋公竟不允

初七日

初八日

初九日

初十日　訪孫蘭于富仁坊印方麓卿之故居，意甚殷勤，堅留以飲，不覺微醺。歸途訪双鳳橋家，微覺不適，提痧手頂背，色紫赤，余不料是痧也

十一日　身倦畏臥，竟如病後

亦曾見過此次暢談良久而去

初三日 巳刻赴李香巖招飲同席者少仲仲復退樓李玉申刻散

初四日 午後余挈三兒至顧家巷喚唐小舟訪宋菊坻陶仙見其在敦城任所得古銅器共十一件有字者半鄉人犁田山下得之價止十二千文 游拙政園古木參天蓮葉平岸居然有山林氣不但勝怡園并非留園所及惜館頗敗勝趣無多耳新闢南廳一間面臨高阜深池屏山嵌大玻璃鏡廣丈許價數千此鏡外洋新到每架需二百餘番餅昔日所未見者即古之鏡殿銅屏不過爾爾

廿七日 余与幼亭同饯漱芳陪客即清吴厲三果未刻入席

出局廿昨所唤三人仍旧係石月卿 漱芳唤 小红 季玉唤 銀珠

幼亭唤

廿八日 往候少仲谈 房 稍事往送漱芳未晤

廿九日 巳刻起 郭安亭竹楼晚席有崔松浦韩俊之两

中军出局余昭歌杨月卿皆城外弹唱妓

八月

初一日 与清瑞卿陆老四三兄竹楼

初二日 湖北同知宋菊城 邸曾 偕其弟 织曾 号陶仙 来晤菊城於咸丰十

一年余遊岳至宜都县曾经见过乃都友满子卿所引见者其

弟陶仙係浙江知县余昔年常浙江乡试提调伊曾闱差

廿二日　為豫省捐賑處勸捐出呈於撫院紳士列名者十
餘人余其首也偶培之主稿

廿三日

廿四日　退樓招飲於拙楓山館坐客少仲禾嚴仲復香玉與
余也

廿五日

廿六日　偕香玉吳語樵借怡園為彭漱芳餞行因山東巡撫
文格以漱芳獨秉洋務奏調到省擇於廿八日起程也邀費
幼亭偶培之與余作陪酉刻入席出局者鄭阿男與佳若先去
未入席即去修三人畫琴余所喚小翠仲辛喚双鳳培之喚

十七日

十八日 往訪桂卿并贈以小照一幀不見已兩月矣 馬小寶要馬公傳中之假女也 王崇之許以三千元要之 為錢辰臣以三千五百元奪去 辰臣之父調夫昔年與余同避兵在上海 余昔偶請兵於曾帥 調夫處壽而去 因此機緣得入李少泉中丞幕中 游保道員 不數年巡撫河南 卒於任所 今其子以此之闊綽去 愚而多財則益其愚 洵然（其子未礎小寶為提督楊儁珂買去）

十九日

二十日

廿一日

初九日

初十日 清皇廢夫婦雨師也刻往師林寺唁之而還雖請陪從天晏不能留也 是去去秋 小雷雨

十一日 小雷雨

十二日 小雷雨 潑墨雲中擊電〇絲[輕]雷聲催雨〻催詩〇

秋聲移上芭蕉葉〇自手迴廊覓句詩〇

十三日

十四日 頂琴舫借怡園設出局馬小寶書勝余未之見

十五日

十六日

刻往唁　墨齋今年七十一歲夫婦同庚於正月　同日

病故婦先夫後一卯刻一巳刻亦不多見之事詩云死則

同穴若死則同日乃不可必者也

初三日　勒夫仲查退樓李甫讀余往晤并為寫一畫及慕

由莊民請丹中丞因李撫院批駁此奏以左復之也

初四日　同謁卿石山景之竹樓下三元

初五日

初六日

初七日

初八日

廿三日

廿四日

廿五日

廿六日

廿七日

廿八日

廿九日

卅日　潘星齋同年夫婦之柩到胥門馬頭

七月

初一日

初二日　潘星齋夫婦之柩蓋例入城暫停在師林寺巳

十三日

十四日 始起床

十五日 沈向梅陳竹垣皆病故是日大殮

十六日

十七日

十八日

十九日 沈復仲招飲午初赴之同席北少仲季薇退樓敍

閏

二十日

廿一日 所填望江南詞詠怡園各景是日始脫稿約千餘首

初七日

初八日

初九日

初十日

十一日 園池荷花雖不及上年之盛然已開數十朵紅白相間皆重臺細種是日請勒少仲吴退樓清鞋間賞荷用五簋八碟沈仲復李香嚴皆因病未到

十二日 昨晚睡至夜半忽然寒凜及以棄被兩條為不止遂發熱時出大茶皆不樂去者下痢之意請江花卿來診 午後熱勢頗盛似覺昏沉幸汗出甚透至曉即退熱

六月初一日雨

初二日晴　沈書森招飲申集　同席者李杏嚴　吳退樓　清季玉　戌刻散

初三日

初四日赴滬　和豐墾園有東西兩店　房屋店貨生財約共七千餘金　先已成交　是日點店　三見四孫及帳房友俱往　晚大雨

初五日雨

初六日大雨　池水深一尺　吳子佩借怡園為其太夫人祝壽　余赴其晚席　出席共約百六七人　余未喚一人

初七　趙揆之病故

初八　巳刻至史家巷送馮林一入專祠　方伯主祭

初九

初十　未刻送閻息存先生入鄉祠　方伯主祭

十一日　先俱未記　吴子健署漕督　勒少仲護撫　蔡名園署藩　薛世香升臬　皆月內事　趙揆之病殁

四月初五　是日立夏　赴李眉生之招　坐客少仲　退樓　仲復　季玉

未刻偏　余稱重百十七斤

木怪花妖魅阮郎　生機未絕滿還鄉　仙教埋徑桃花洞　仍異將身葬北邙　阮郎分袂依依袖中　重訪花溪境隔塵　生怕凡心終不死　又派花片引他人　張衍青之子　芳念晦

僻巷蒼苔履印稀芳草春去歎林康清明近也風片雨

絲絲　萬柳當門人繫馬双柑携酒客聽鸝黃花零落紅

涇燕巢泥　[illegible]

雜英又剝除竹欄花影凋熟喘茶等瓶笙

專佛前日生平一壺

初二

初三

初四

初五

初六

人翁

曾種樹書移古木園中新栽杉柏皆百年外物羅登山殷樹奇

峰措閑蛛網物冒抱花蜂

也仿蘭成賦小園如居隨長吉賦高軒批風抹月載薪萍

濤箋松頂雨竹雞子研學寬望地池攜萍根風竹拓暢魚天茶烟一榻清遣

日如年

潛嶽人歸借石譜出山泉潔浣製花箋更披墨史研

麝鬟試松煙

縞袂臨風夜叩門擬翠羽殷勤山家清供茶侶名盈

當窗明向雲一片橫斜淺水月三分半林踈影詩夢

繞花魂

種羅漢松於戲鷗草廬五色山茶於牡丹廳從古菴中移來

三月初一日閱格園雷雨大作游人寥寥

初二日雨　翻閱李書年史館造一旱船以東坡相與枕藉乎舟中索對余以按諸我視東坡李茂夢耳答之並寢者如不作風波於世上老封之作惜不知何人句也老封是余十六七歲時在三山會館會考時所見者只自然湊拍而記之至今踰五十餘年猶不忘也

習種樹書求史木撤（移古羅漢）登山履封壽峯

除卻窺園事之慵不欲不復不支節濟人耳種樹蒙至

合卷有錢牧齋題及送塔人令序近人郭頻伽題廿手姚春木皆有跋係孫古雲收藏近為張拜伯之物索價太昂恐不得矣　歐陽文忠題雜法帖有寓心於此其樂無涯八字若摘此八字刻一印章印於書畫跋尾甚好　可与呈我所好說而老手作封

廿七日

廿八日　怡園請客營官宴　田中軍錦進之　候補道陳仲泉汪慶雲請而未到中軍崔松圃

廿九日

三十日　趙伯雲借園請客共三席余与三兒皆赴之

廿四日　至下沙塘掃墓男女眷屬共三舟行至中途雨
到岸雨晚止墓祭畢後至祠屋孫老姊太信雲之弟
上祭屋後新添一進尚未完工歸途後遇雨　送杜小
舫行未能知其即日回家矣　小舫以藉詩上樓以筋力
強扶持屬其余對以歸老江湖忘歲月并屬余書聯
贈之

廿五日　森怡園請搓補及長元吳三邑尊搓補朱公
彝翁未到陪客請程從安於午刻先到長洲萬筱
亭元和陽小谷吳縣汪丁青遲至未正始到酉刻散

廿六日　金保三從滬上來攜視柳如是黃皆令設色山水

旁懺錦〻截金於枕上得句云神游仙島向芝兵紅賤
名刹羽毛仙骨神經攙竹肉紅燈綠酒薦湊毛詳起
死神仙向白骨精生薦否贏俟殉紅顏此聯似為題撰之兩言
二十日
廿一日 怡園請客到者史偉堂黃幼亭浦季玉陸行緣
鄭安亭午蘭申枚待兩未到清梅若
廿二日 怡園請客到者勤夫仲杜小舫李秀庭吳子
慈潘季玉諸兩未到者金眉生因口返擺手未集
申枚
廿四日 玉虎邨掃墓歸途游留園

十四日　午刻怡園請客　費幼亭　蔣心余　吳誼楨　彭漱芳　趙岱靈　申刻散

十五日

十六日　沈仲復邀園請客　午刻赴之　坐客　勒少仲　李香嚴　李玉　吳退樓　申刻散

十七日　吳台壽畬園之胞叔在寶積寺開弔　午刻往弔　晤金石老　并以怡園雜詠示之

十八日

十九日　退樓李玉在金石子希世居請客　坐客　勒少仲　金眉生　杜小舫　李香嚴　申刻散　眉生以神仙肉及紅毛

魏紫姚黄富貴家滿園金帶吉祥花　猗
種邵侯瓜　青絡索邊松偃蓋碧參差處石排衙
官樣　倚煙雲　偶伴白云棲舍和夢鼻風枝
深巷雞聲歌讀啼。主人曳杖叩園扉。游春嗜早。翔詩
我來遲。孤。歸。倦。亂。捲。露。草。双。舍。争。立。影。風。枝。恍
園凝桃。花静千晴時。
十一日
十二日　仰亭邀請斷從舍傻欢喜班同坐安閣席晨
長雲裊趣楸芳低雲枢暮返
十三日

初三

初四晴

初五晴

初六

初七

初八日

初九日　吳中丞來晤謀　中丞接　廷寄所借義倉穀奏疏止之

初十日　答吳中丞謀捕蝻子　冬未有雨雪能連得大雪入土中蝻子仍未淨死故嚴檄江南北各邑令勤

加檄捕　勸農文一首　往答蘇新昌太守錢伯升徵捐

已捐洋四十八元

惲

廿八日 先府君九十冥誕拜大悲懺三日請香一堂待雲

賓至者頗夥飲四席夜兩席

廿九日 史倚堂因前日余蘇素後過此餞同坐者潘玉

泉汪川縣及此間候補丞卒兩人余因與退樓公請勸少仲

先發即至退樓處陸生李香嚴沈仲復潘季玉成

刻散

三十日雨

二月初一日雨

初二日雨

壽之席也　馮培之撥交指贓與會稽遣譚曙初太守未
識此事何以交稿示之　極慕知悔

廿三日

廿四日

廿五日

廿六日　吳中丞還席演劇請客巳正往共三席同席者潘順之蔣心薌顧棣園沈仲復戚旭人黃幼亭吳謹庭黃雲舫倩玉泉蔣仁卿馮培之亥刻散席

廿七日　史偉堂請春酒余以李斗齋不若肯辭偉堂特設素席再三邀余勉赴之同席者吳謹庭黃幼亭汪月樵

十六日

十七日 戴旭人在留園招飲，筆陣共飛席，共席彭傲芳、程藻安、馮培之、陸竹垣、歐陽春生、惲　費

十八日 八旗會館演京班，李玉邀余搭席，余獨往，適大有恒請客，邀余同坐，拜壽，即偕同張姬、枝山、星年

十九日

二十日 吳中丞之太夫人生日，臣到往拜壽，喫麵而散。往各門馬菴孝賢堂軍門、李仲良太守

廿一日 雨

廿二日 雨 黃鏡庭濤、李玉請在八旗會館觀演京班，恭上年節

初七日雨　消寒會竹報兩席余卜八元又貼席費三元

初八日

初九日晴　舊墨勒少仲招飲年伯共席安沈仲復盛旭

人費幼亭與余也

十一日

十二日　余自江子山陸子嫩何吉儒拂和余卜五元

十三日　作信三封一答曹愷堂一賀瑞茀侯一答杜小舫

十四日　徐晴勒少仲託其上詳主義莊一案上年託道

因竹樵不料其遠忘就搁之今

十五日雨

光緒四年歲次丙寅春王正月

初一日晴　巳刻出門拜年歸午飯後仍出拜年嘗道及至親戚家皆親到會晤者浦佩卿吳退樓　夜雨

初二日雨

初三日晴

初四日晴　午後清季西耳暇　晚接財神　亥子刻進神

初五日晴　午後盛蓉生來晤　邀其赴園異謀招商局及開礦事余勸其辭招商局而專事開礦　連日嚴寒

初六日

初七日　雪竟日未積

光緒四年戊寅

『十三五』国家重点图书

『过眼烟云——过云楼历代主人手书精粹』丛书

过云楼梦——大变革时代江南文脉之一隅（总册）

顾公硕残稿拾影

顾公柔日记

鹤庐画识

鹤庐画趣

读书随笔

顾承信札

过云楼书画录初笔

过云楼书画录再笔

顾文彬日记

宧游鸿雪

顾文彬诗文稿

过云楼题画词

楚游寓目编

顧文楙日記

（四）